CSR Performance of Guangdong Provincial State-owned Enterprises and Policy Suggestions

广东省人民政府国有资产监督管理委员会研究课题（2013年）

CSR Performance of
Guangdong Provincial State-owned Enterprises and
Policy Suggestions

广东省属企业履行社会责任实践与政策导向

《省属企业履行社会责任实践与政策导向》课题组

经济管理出版社

《省属企业履行社会责任实践与政策导向》课题组

承接单位： 广东工业大学　广东省委党校　广东省社会科学院

负　责　人： 唐更华（主持人、执笔人）：广东工业大学经济与贸易学院教授、博士

蔡　兵：广东省委党校省情研究中心教授、博士

林平凡：广东省社会科学院企业管理与决策科学研究所研究员

课题组成员：

谭蓉娟（执笔人）：广东工业大学经济与贸易学院副教授、博士

罗美娟（执笔人）：广东工业大学管理学院讲师、博士

许维利（执笔人）：广东工业大学经济与贸易学院副教授

邓晓锋（执笔人）：广东工业大学经济与贸易学院讲师、博士

李巧毅（执笔人）：广东工业大学经济与贸易学院讲师、博士

刘　伟：广东省社会科学院国际经济研究所研究员

张海梅：广东省委党校省情研究中心教授、博士

赵　超：广东省委党校省情研究中心副教授、博士

《省属企业履行社会责任实践与政策导向》课题评审专家

组　　长：彭华岗：国务院国资委研究局局长、博士

评审专家：

　　陈佳贵：中国社会科学院原副院长、全国人大常委、中国社会科学院学部
　　　　　　委员、经济学部主任、研究员、博士生导师

　　白津夫：中共中央政策研究室经济局局长、教授、博士、博士生导师

　　黄群慧：中国社会科学院工业经济研究所党委书记、研究员、博士、
　　　　　　博士生导师

　　钟宏武：中国社会科学院经济学部企业社会责任研究中心主任、副研究员、
　　　　　　博士

鸣 谢

本课题研究得到以下单位的大力协助与无私帮助，在此鸣谢！

  国务院国资委研究局
  中国企业联合会（中国企业家协会）
  中国社会科学院经济学部企业社会责任研究中心
  联合国全球契约中国网络
  上海市浦东新区企业社会责任办公室
  北京融智企业社会责任研究所
  中国石油化工集团公司
  国家电网公司
  中国移动通信集团公司
  中国五矿集团公司
  广东省交通集团有限公司
  广东省机场管理集团公司
  广东省广业资产经营有限公司
  广东省广弘资产经营有限公司
  广东省广晟资产经营有限公司
  广东省粤电集团有限公司
  广东省航运集团有限公司
  广东省物资集团公司
  广东省商业企业集团公司
  广东省建筑工程集团有限公司
  广东省广新控股集团有限公司
  广东省丝绸纺织集团有限公司
  广东省旅游集团有限公司
  广东省中旅（集团）有限公司
  广东粤海控股有限公司
  广东省盐业集团有限公司
  广东省水电集团有限公司
  广东省铁路建设投资集团有限公司

广东白天鹅酒店集团有限公司
广东联合电子服务股份有限公司
南方联合产权交易中心

《省属企业履行社会责任实践与政策导向》课题组
2013年1月

目 录

上篇 理论与背景

第一章 企业社会责任基本理论与发展演变 …… 003
第一节 企业社会责任的概念与分类 …… 003
第二节 企业社会责任的压力与动力机制 …… 016
第三节 企业社会责任的发展演变 …… 032
第四节 国有企业社会责任的特点与边界 …… 044
第五节 企业的社会责任与社会义务 …… 049

第二章 广东省属企业履行社会责任的背景与意义 …… 053
第一节 中央企业与地方企业社会责任的异同 …… 053
第二节 省属企业履行社会责任的着力点与意义 …… 061
第三节 省属企业履行社会责任的条件 …… 072
第四节 省属企业活力、控制力与影响力 …… 075

第三章 广东省属企业的基本状况 …… 079
第一节 企业数量 …… 079
第二节 经济规模 …… 082
第三节 经济效益 …… 089
第四节 行业分布 …… 099
第五节 监管架构 …… 107

第四章 广东省属企业履行社会责任的制度环境 …… 117
第一节 法律制度与企业社会责任 …… 117
第二节 税收制度与企业社会责任 …… 122
第三节 监管制度与企业社会责任 …… 128
第四节 文化传统与企业社会责任 …… 137

中篇 实践与探索

第五章 广东省属企业履行经济责任的实践与探索 ········· 143
第一节 经营成本控制 ········· 143
第二节 经营风险防范 ········· 149
第三节 国有资产保值增值 ········· 153
第四节 市场竞争力提升 ········· 160

第六章 广东省属企业履行诚实守信责任的实践与探索 ········· 171
第一节 履行政府的指令性任务 ········· 171
第二节 守法守信 ········· 179
第三节 依法纳税 ········· 184
第四节 防治商业腐败和反不正当竞争 ········· 186

第七章 广东省属企业履行产品质量责任的实践与探索 ········· 191
第一节 产品质量责任 ········· 191
第二节 消费者权益保护 ········· 196

第八章 广东省属企业履行资源和环境责任的实践与探索 ········· 203
第一节 生态环境保护 ········· 203
第二节 节能减排 ········· 210
第三节 循环经济 ········· 217
第四节 清洁生产 ········· 221

第九章 广东省属企业履行自主创新责任的实践与探索 ········· 225
第一节 技术创新实践 ········· 225
第二节 知识产权保护 ········· 231
第三节 产业转型升级 ········· 236
第四节 自主品牌培育 ········· 243

第十章 广东省属企业履行生产安全责任的实践与探索 ········· 249
第一节 安全生产意识 ········· 249
第二节 安全生产管理 ········· 254
第三节 安全生产技术 ········· 258
第四节 应急管理系统构建 ········· 261

第十一章　广东省属企业履行员工权益保护责任的实践与探索 ………… 265

第一节　履行劳动合同 ………… 265

第二节　创造平等发展机会 ………… 270

第三节　加强职业教育 ………… 275

第四节　推进民主管理 ………… 279

第五节　改善员工工作环境和生活条件 ………… 284

第十二章　广东省属企业履行社会公益责任的实践与探索 ………… 291

第一节　慈善捐赠 ………… 291

第二节　对口援建 ………… 296

第三节　灾害救助 ………… 301

第四节　社区参与和发展 ………… 304

第十三章　广东省属企业履行社会责任的总体特征与不足 ………… 309

第一节　总体特征 ………… 309

第二节　管理者认知调查 ………… 319

第三节　主要不足 ………… 324

下篇　借鉴与对策

第十四章　中央企业与其他地区推动企业社会责任工作的经验与启示 ………… 335

第一节　中央企业履行企业社会责任的现状与启示 ………… 335

第二节　其他地区与行业组织的企业社会责任推进工作 ………… 357

第十五章　广东省属企业社会责任管理体系设计 ………… 365

第一节　企业社会责任管理体系概述 ………… 365

第二节　省属企业社会责任管理体系设计 ………… 369

第十六章　广东省属企业社会责任管理指标体系设计 ………… 379

第一节　企业社会责任管理国际标准与规范 ………… 379

第二节　中央企业社会责任标准选择及对省属企业的启示 ………… 385

第三节　省属企业社会责任管理指标体系设计 ………… 388

第四节　省属企业社会责任管理绩效评估方法 ………… 395

第十七章　广东省属企业社会责任政策导向 401

第一节　政府引导 401

第二节　企业自觉 407

第三节　社会监督 411

附录1　企业家谈社会责任 415

附录2　课题调研报告 431

附录3　调查问卷 435

参考文献 441

后记 447

上 篇　理论与背景

第一章　企业社会责任基本理论与发展演变

把握企业社会责任的基本理论是研究广东省属企业履行社会责任实践与政策导向的基础与前提。本章对企业社会责任的概念与分类、企业社会责任的发生机制与发展演变趋势、国有企业社会责任的主要特点等进行梳理与研究，为该项研究提供理论支撑。

第一节　企业社会责任的概念与分类

由于不同社会经济条件下不同学者对"社会"的理解存在较大差异，企业社会责任概念始终处于不断发展与演变过程中。20世纪50年代以来，越来越多的研究社会责任的学者开始注重企业责任概念的界定与研究，形成了大量的研究成果。以是否将经济责任纳入企业社会责任概念之中为判断依据，学者基本遵循两个思路界定企业社会责任，即狭义定义思路与广义定义思路。

一、狭义企业社会责任概念

狭义企业社会责任概念将企业社会责任限定于追求利润最大化以外的社会公共利益。鲍文（Bowen，1953）认为，企业社会责任是指企业根据公共目标和社会价值观念进行决策和生产经营的义务。戴维斯（Davis，1960）将企业社会责任定义为"至少在某种程度上超越直接经济和技术目标的企业决策与行为"；戴维斯此后多次对自己的企业社会责任定义进行修正与完善，但其企业社会责任定义的狭义思路基本未变。迈克奎因（McGuire，1963）的企业社会责任是指企业应该关注政治、社区福利、教育、职员利益乃至整个社会利益。艾尔斯和沃尔顿（Eells and Walton，1974）更明确地指出，企业社会责任是指企业对超越单纯经济目标以外的社会需求和社会目标的关注。贝克曼（Backman，1975）与艾尔斯和沃尔顿有十分相似的看法，将企业社会责任定义为企业应该重视经济绩效以外的目标的行为与动机，如减少污染、资助社区等。菲奇（Fitch，1976）认为，企业社会责任是企业解决自身生产经营活动所引起的社会问题的行动与愿望。

狭义概念的早期代表人物是迈克奎因，他首次将企业所应承担的责任区分为经济责任、法律责任和社会责任三种，而企业承担社会责任是指企业应该关注政治、社区福利、教育、职员利益乃至整个社会利益。狭义概念的集大成者是布鲁梅尔。布鲁梅尔（Brummer, 1991）[①]进一步拓展和发挥迈克奎因（1963）的定义思路，认为企业应该承担四种相互并列的不同"企业责任"（Corporate Responsibility）。这四项责任分别是企业经济责任（The Economic Responsibilities of Corporations）、企业法律责任（The Legal Responsibilities of Corporations）、企业道德责任（The Moral Responsibilities of Corporations）和企业社会责任（The Social Responsibilities of Corporations）。显然，布鲁梅尔企业社会责任概念具有明显的迈克奎因概念的痕迹，并在迈克奎因概念的基础上细分出道德责任一项。在以布鲁梅尔为代表的学者看来，企业经济责任是指企业维护投资者（股东）权益、追求股东利润最大化的责任；企业法律责任是企业遵守法律法规的责任；企业道德责任是企业遵守道德规范的责任；企业社会责任则是企业关注企业股东以外的其他利益相关者或社会公众利益的责任。在这里，企业经济责任与企业社会责任相对应，区别在于两者所关注的利益主体不同，前者强调关注股东利益，后者强调关注社会公益；企业法律责任与企业道德责任相对应，区别在于两者所受到约束的性质不同，前者是强制性正式制度约束，后者是非强制性非正式制度约束。我国学者刘俊海（1999）和卢代富（2002）也基本认同狭义企业社会责任概念。

二、广义企业社会责任概念

广义概念将企业追求股东利益最大化的基本经济责任也包含在企业社会责任概念之中。弗雷德里克（Frederick, 1960）、约翰逊（Johnson, 1971）、美国经济发展委员会（1971）等少数学者遵循广义思路界定企业社会责任概念。弗雷德里克（Frederick, 1960）认为，企业社会责任意味着企业应该以能够满足公众预期的方式运行，即企业生产经营活动应以增进社会经济福利为目标。约翰逊（Johnson, 1971）强调，企业承担社会责任意味着企业应该平衡多种利益关系，即企业不仅要关注股东利益，还要兼顾职员、供货商、客户、社区及国家的利益。美国经济发展委员会给出的广义社会责任概念独具特色，它使用三个同心圈说明三个不同层次的企业社会责任（见图1-1）：内圈指企业有效地承担经济职能，如提供产品、就业机会和推动经济增长；中圈指企业在有效承担基本经济职能的同时，也应该关注不断变化的社会价值观念和主流民意，如环境保护等；外圈指企业积极主动地全面关注不断出现的新的社会与环境问题，如贫困与贫民窟问题等。

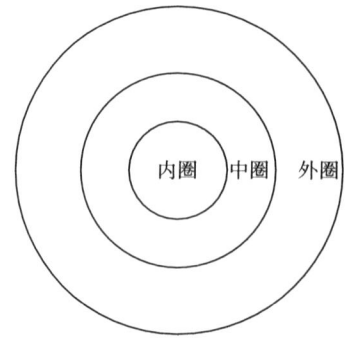

图1-1 CED企业社会责任同心圈

资料来源：乔治·斯蒂纳、约翰·斯蒂纳. 企业、政府与社会. 华夏出版社，2002：132~133.

[①] 卢代富. 国外企业社会责任界说述评[J]. 现代法学，2001 (6).

广义概念的集大成者是美国佐治亚大学教授卡罗尔。卡罗尔（Carroll，1979）认为，企业社会责任是社会寄希望于企业履行的义务；社会不仅要求企业实现其经济上的使命，而且期望其能够遵法度、重伦理、行公益，因此，完整的企业社会责任乃企业经济责任（Economic Responsibility）、法律责任（Legal Responsibility）、伦理责任（Ethical Responsibility）和自主决定履行与否的责任（Discretionary Responsibility）。1991年，卡罗尔将第四种责任（自主性责任）明确界定为"慈善责任"（Philanthropic Responsibility）。[①] 卡罗尔（Carroll，1991）还进一步构造了一个四层次企业社会责任金字塔模型（见图1-2）。该模型隐含企业所承担的四种责任具有轻重缓急之分，经济责任被视为企业责任的基础，企业只有在有效地承担经济责任的基础上才能承担其他三种企业社会责任，因此企业经济责任被置于金字塔的底部；法律责任是企业依法经营的责任，位于经济责任的上方；伦理责任要求企业正确、正义、公平地从事生产经营活动，位于法律责任的上方；处于金字塔顶端的是企业慈善责任，是企业主动为改善社区和公众生活质量所承担的责任。总之，企业应该努力"盈利、守法、有德，并做好的企业公民"。卡罗尔还认为，随着经济和社会的发展以及企业整体经济和社会影响力的不断扩大，企业伦理责任和慈善责任在企业社会责任的地位变得越来越重要。

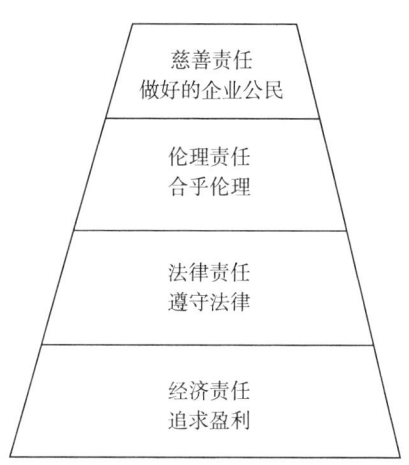

图1-2 卡罗尔企业社会责任金字塔模型

资料来源：Carroll B.A.. The Pyramid of Corporate Social Responsibility: Toward the Moral Management of Organizational Stakeholders [J]. Business Horizons, 1991 (6).

三、狭义概念与广义概念的比较

广义概念与狭义概念各有特色。广义概念具有更强的包容性，亦能与传统主流经济理论相互兼容。传统主流经济理论认为，企业作为一种经济组织，其唯一的目标就是追求股东利润最大化；广义企业社会责任概念将经济责任视为企业社会责任的基础和首要内容，在一定程度上化解了企业社会责任理论与传统主流经济理论的直接对抗和冲突。然而，这种将经济责任等各种不同性质的企业责任视为企业社会责任的观点也具有明显的缺陷，如无所不包的广义企业社会责任概念为反对和否定企业承担本来意义的社会责任提供了可能性。因为在有些学者看来，既然经济责任是企业所应承

---

① Carroll A. B. Three Dimensional Conceptual Model of Corporate Social Performance [J]. Academy of Management Review, 1979 (10).

担的首要和核心责任，那么只要企业竭力追求利润最大化，就是承担了企业社会责任。早在20世纪60年代初期，这种看法就在当代著名保守主义经济学家弗里德曼（Friedman，1962）的著作中得到集中体现。在其重要著作《资本主义与自由》中，弗里德曼明确地指出，企业负有一项且仅负有一项社会责任，那就是在游戏规则许可的限度内追求股东利润最大化。显然，无所不包的广义企业社会责任概念最终导致社会对企业社会责任的怀疑与否定。

狭义概念强调企业社会责任仅仅是企业所应承担的各种责任中的一种，从而将企业社会责任与企业所应承担的其他不同性质的责任，尤其是经济责任明确地区分开来。但以布鲁梅尔为代表的学者所给出的狭义企业社会责任概念也存在分类逻辑不够清晰等缺陷。从这些学者对企业不同责任类型的解释看，他们在区分企业经济责任和企业社会责任的时候遵循了相同的分类逻辑和分类标准，这个标准就是企业所追求的目标到底是什么。企业经济责任强调企业以追求和维护企业的重要参与者之一——股东权益为目的，而企业社会责任则要求企业关注企业股东以外的其他利益相关者或社会公益。然而，狭义概念在区分企业法律责任和企业道德责任的时候却又遵循了完全不同的另一个分类逻辑和分类标准，这个标准是企业到底为什么要承担某种责任。企业法律责任是企业迫于法律制裁和威慑而承担的责任，而企业道德责任则是依据伦理道德规范而承担的责任。分类标准混乱导致概念和理论混乱。事实上，以布鲁梅尔为代表的学者所给出的四种企业责任相互交叉、相互包含，完全没有将四种责任严格区分开来。企业在承担经济责任，即追求和维护企业股东利益时，一方面是迫于法律压力，另一方面也是道德规范约束的结果。企业在承担社会责任时，同样也是或者来自法律压力或者迫于道德规范（卢代富，2002）。

显然，广义企业社会责任概念的广泛包容性更加有助于企业社会责任理论的传播，也更加有助于企业社会责任实践的推进。从理论传播的角度看，尽管保守主义学者强烈反对企业承担社会责任，但由于广义概念并未排斥与否定经济责任，因此能够较大程度调和传统保守学者与企业社会责任学者的尖锐对抗。从企业社会责任实践角度看，广义企业社会责任概念更加切合企业生产经营实际。不包含经济责任的企业社会责任概念与观念更易于遭到管理者的排斥与回避，不利于企业积极承担社会责任；广义企业社会责任概念将经济责任视为最基本社会责任，不仅与企业追求经济利益的本性基本一致，也有助于推动企业在承担经济责任的基础上积极主动承担其他形态的社会责任。

四、ISO26000 的社会责任概念

20世纪90年代以来，企业社会责任研究逐步由理论分析向应用和操作的方向发展，研究主体逐步由以单个专家学者的学术探讨为主导转向以各种国际组织或非政府组织的操作性标准研究为主导。为了引导和推进企业积极主动承担社会责任，这些组织纷纷出台不同形态的社会责任标准或指南。这些标准或指南从不同侧面界定社会责任概念与内涵。1997年，社会责任国际组织（Social Accountability International，SAI）发起并联合欧美跨国公司和其他国际组织制定社会责任国际标准体系（Social Accountability 8000 International Standard，SA8000）。该标准是全球首个社会责任与道德规范国际标准，并用于第三方认证。基于国际劳工组织宪章（ILO宪章）、联合国儿童权利公约、世界人权宣言，SA8000明确界定了以保护劳动环境和条件、劳工权利等为主要内容的社会责任管理标准体系。

1995年，在世界社会发展首脑会议上，联合国秘书长科菲·安南提出"全球契约"（Global Compact）设想。1999年1月，科菲·安南在达沃斯世界经济论坛年会上提出"全球契约"计划。2000年7月，该计划在联合国总部正式启动。全球契约倡导企业应遵循"全球契约"10项原则，包括人权、劳工、环境和反腐败四个方面的内容。世界银行将企业社会责任界定为企业与关键利益相关者的关系、价值观、遵纪守法以及尊重人、社区和环境有关的政策和实践的集合，强调企业社会责任是企业对改善利益相关者的生活质量和可持续发展的一种承诺。世界可持续发展工商理事会认为，企业社会责任是指企业以符合道德规范的方式，在推进经济发展的同时，改善员工及家属、所在社区以及社会的生活质量。《OECD跨国公司行为准则》强调，企业应以追求企业与社会可持续发展为重要目标，切实保护生态环境，公平竞争，反对垄断。

● 资料

"全球契约"10项原则

全球契约在人权、劳工、环境和反腐败方面的10项原则享有全球共识，这些原则来源于《世界人权宣言》《国际劳工组织关于工作中的基本原则和权利宣言》《关于环境与发展的里约宣言》《联合国反腐败公约》等。

人权

原则1：企业应该尊重和维护国际公认的各项人权。

原则2：绝不参与任何漠视与践踏人权的行为。

劳工标准

原则3：企业应该维护结社自由，承认劳资集体谈判的权利。

原则4：彻底消除各种形式的强制性劳动。

原则5：消除童工。

原则6：杜绝任何在用工与行业方面的歧视行为。

环境

原则7：企业应对环境挑战未雨绸缪。

原则8：主动增加对环保所承担的责任。

原则9：鼓励无害环境技术的发展与推广。

反腐败

原则10：企业应反对各种形式的贪污，包括敲诈、勒索和行贿受贿。

进入21世纪，国际标准化组织（ISO）界定的企业社会责任概念获得广泛支持与认同，为国际社会的社会责任对话与交流奠定了基本概念基础。ISO26000界定社会责任：组织通过透明和合乎道德的行为，为其决策和活动对社会和环境影响所承担的责任，这些行为致力于可持续发展，包括健康和社会福祉；考虑了利益相关方的期望；符合适用法律并与国际规范一致；被融入整个组织并在其关联关系之中实施。该社会责任概念涉及组织、道德行为、环境、影响、可持续发展、利益相关者、国际行为规范七个关键术语，这七个关键术语紧密相连、相互支撑，共同构成ISO26000的社会责任概念体系。我们认为，国际标准化组织（ISO）至少从以下五个方面进一步明确界定了社会责任的概念与内涵。

第一，明确界定了社会责任的主体。在ISO26000看来，社会责任的主体是"组织"，是对职责、权限、关系做出安排并有确定目标的实体或人与设施的集合。显然，ISO26000有效拓展了社会责任主体的范围，首次明确将社会责任指南的适用范围拓展到包括政府在内的所有组织。但值得注意的是，ISO26000的"组织"不包含履行国家职能（如行使立法、执法和司法权力，履行维护公共利益的公共政策制定职责，或履行国家的国际义务等）时的政府。换句话说，在不履行上述国家职能时，例如提供公共服务等，政府也可包括在"组织"之中。

第二，明确界定了社会责任的基本特征。组织的社会责任表现为实施一系列的透明和合乎道德的行为。"透明"意味着组织需以清晰、准确和完整的方式，合理并充分披露其社会责任相关政策、决策过程以及组织行为对社会和环境的已知和可能的影响。"合乎道德"指组织行为符合特定背景下公认正确或良好的行为准则，并与国际规范一致。因此，组织承担社会责任不仅限于遵守法律法规（最低要求），还应符合伦理道德要求。

第三，明确界定了组织社会责任的具体内容。ISO26000认为，组织的社会责任包含组织行为的社会影响责任和环境影响责任两方面，即ISO26000从组织决策和活动的社会影响和环境影响来界定其社会责任。环境是指组织所处的自然环境，包括空气、水、土地、自然资源、植物、动物、人和太空以及这些环境因素之间的相互关系。值得注意的是，影响可能是积极的，也可能是消极的；影响可能是实际的，也可能是潜在的。从承担社会责任的角度看，组织应该致力于促进积极影响，最大程度地避免或减少消极影响。在此基础上，ISO26000还进一步界定了组织社会责任的七大主题和37个具体议题。

第四，明确界定了组织社会责任态度类型。组织或者"主动"或者"被动"地履行社会责任。"主动"意味着组织在决策和行动过程中主动采取相关措施，以尽可能促进积极影响、消除或缓减消极影响；"被动"意味着组织对决策和行动过程及结果所持的敢于担当的态度，即在面对来自各种利益相关者的质疑时，组织能够积极回应，并承担责任。

第五，明确界定了判定组织是否履责的依据。这些依据主要包括：是否坚持可持续发展；是否关注与回应利益相关者的期望；是否符合法律法规并与国际规范一致；责任行为是否融入整个组织并在其关联关系之中实施。

● 资料

ISO26000的产生

国际标准化组织（International Standard Organization，ISO）从2001年开始着手进行社会责任国际标准的可行性研究和论证。2004年6月，最终决定开发适用于包括政府在内的所有社会组织的"社会责任"国际标准化组织指南标准，由54个国家和24个国际组织参与制定，编号为ISO26000，是在ISO9000和ISO14000之后制定的最新标准体系。ISO26000的开发经历了一个复杂而漫长的历程，大致可分为准备、草拟和发布三个阶段。2005年9月在泰国曼谷举行的ISO社会责任标准第二次会议是整个标准开发的一个重要转折点。此次会议确定了ISO26000标准的最终草案完成时间至发布前的工作安排，确定了制定标准的机构和主要内容，使标准的开发进入了实质性阶段。2006年5月，在葡萄牙首都里斯本社会责任标准第三次会议上，拟订了标准的第一稿；2007年1月，在澳大利亚西尼社会责任第四次会议上，则确定了标准的核心内容。2010年11月1日，国际标准化组织（ISO）在瑞士日内瓦国际会议中心举办了社会责任指南标准（ISO26000）的发布仪式。

五、企业社会责任概念界定

分析表明，随着研究的不断深化，企业社会责任概念不断向精细化与应用化的方向发展，但也存在以下明显不足。

第一，这些研究都是基于西方社会经济发展实际与企业社会责任实践，难以完全适用于中国企业社会责任实践的实际，尤其难以兼顾国有性质企业的社会责任实际。西方现代企业与现代企业制度已经有100余年的发展演变历史，无论在生产经营还是企业社会责任实践方面都积累了丰富的经验，而我国严格意义的现代企业与企业制度在20世纪90年代才开始形成。此外，国有企业无论在企业所有权还是具体生产经营管理上都具有明显的特点，国有企业在正常参与市场竞争以外，其国有性质赋予企业更多的经济与社会责任，尤其在承担社会责任方面，除了要承担一般意义的社会责任以外，还必须承担政府与政治方面的独特社会责任。

第二，未能说明企业社会责任行为的形成机制，忽略了各种社会利益集团对企业的巨大影响力。20世纪20~30年代以来，发达资本主义国家日益呈现明显的多元化社会发展趋势，即大量自动或半自动生成的相互制约但又不能相互控制的社会利益集团不断涌现（Steiner，1971）。多元化趋势使得企业不得不面临大量来自外部社会利益集团的压力。如20世纪30年代，美国企业面临来自工会和联邦政府的日益强大压力；而50~60年代，不断壮大的环保团体、消费者权益保护运动、反种族歧视运动等，对企业产生越来越大的影响。同时，20世纪中期以来，企业也日益明确地意识到，企业作为一种法律实体，只有在得到社会的广泛认同和支持的条件下才能生存和发展。在上述两种因素的共同作用下，企业不得不通过承担社会责任响应社会各种要求和预期，否则就会遭致广泛的社会批评和制裁。

第三，忽略了企业自主自愿承担社会责任的可能性与现实性。企业一方面迫于外在压力（法律和道德压力）不得不承担社会责任，另一方面越来越多的企业自愿自觉地承担社会责任。如有些企业投入人力物力自愿参与社区建设，资助社会弱势群体，投资于教育、保健和环保事业等，而这些企业社会责任行为既非社会利益集团所推动，也非道德规范所提倡，更不是当前法律所强求。有些企业甚至将承担社会责任与企业竞争战略有机结合起来，企业社会责任行为因此演变成为企业赢得竞争优势的重要手段，如有些企业自动自主地承担社会责任的目的主要是提升企业声誉、改善客户关系、助销某种产品或服务等。早在20世纪70年代，某些企业社会责任行为的自愿自觉特征已经被学者们注意到。1971年6月，美国经济发展委员会（CED）发表《商事公司的社会责任》的研究报告，该报告详细列举了企业应该承担的10大类58种社会责任，并进一步将其分为两个基本类型，即纯自愿性社会责任行为和非自愿性社会责任行为，其中纯自愿性社会责任行为是指企业自愿自觉地承担社会责任（卢代富，2002）。

综合以上分析，本书将企业社会责任概念界定为：企业迫于外部压力或出于自身赢利动机而对各种利益相关者所承担的责任的总称。这一概念首先说明了企业社会责任的形成机制，即企业社会责任是在外部压力（法律法规和伦理道德规范）以及内部动力（改善利益相关者关系、提升社会声誉、助销产品等）的双重推动下形成的。同时，考虑到狭义社会责任概念的局限性，该概念将企业社会责任对象界定为包括政府、股东、债权人、生态环境、客户、供应商、社区等在内的各种企业利益相关者。因此，我们的概念不仅将经济责任视为企业社会责任的基本内容，也将基于国有所有权的政府责任或政治责任视为企业社会责任的重要内容，因而具有更加广泛的包容性。

六、企业社会责任的分类

研究企业社会责任的学者根据各自的概念界定思路和不同的分类标准对企业社会责任进行分类，如美国经济发展委员会（1971）用外延方法定义企业社会责任，并详细列举了企业应该承担的10大类58种社会责任；卡罗尔（1979）在给出内涵式广义企业社会责任定义后，将企业社会责任分为经济责任、法律责任、道德责任和慈善责任四类。考虑到本书研究对象的独特性，我们在借鉴传统分类的基础上尝试采用新的角度对企业社会责任进行分类。

（一）企业社会责任分类的动态性

企业社会责任的对象和具体内容并非一成不变，具有明显的动态性质。19世纪末20世纪初，企业社会责任的对象主要是与企业有着直接经济交易关系的雇员、债权人，如在日益强大的工人运动和工会组织的推动下，企业逐步改善雇员的工作和生活条件。20世纪60年代和70年代，在消费者运动的推动下，众多消费者保护法令在美国国会获得通过，消费者日益成为企业社会责任的主要对象。20世纪60年代，公众对污染问题的忧郁不断升级，并强烈要求企业对生态环境负责。从1969年开始，美国进入了20世纪70年代所谓的"环境十年"，大量环境保护法律得以通过，企业因此不得不对生态环境承担越来越多的责任。

20世纪90年代，大规模的公司兼并与重组运动引发一系列全新的社会与经济问题，公众要求企业承担社区建设责任的呼声越来越高。同时，企业特定社会责任的具体内容也在不断发生重要变化，如早期企业对雇员的社会责任主要是确保安全的工作条件和基本的生活水平，而现在企业还必须关注工作机会均等、工作多样性、雇员隐私保护以及雇员职业发展前景等越来越多的问题。总之，随着经济与社会的发展，企业作为一个整体对越来越多的利益相关者承担越来越多的社会责任。

（二）企业社会责任的传统分类

企业社会责任分类也是企业社会责任研究的主要问题之一。长期以来，学者对企业到底应该承担哪些具体的社会责任并未取得一致看法。从目前情况看，以下几个方面的企业社会责任内容得到较多学者的认同与强调。

一是雇员责任。一方面，作为企业重要的内部利益相关者，雇员投入到企业的人力资本是企业生存与发展的基础。随着技术的进步和知识经济时代的来临，人力资本对于企业的相对重要性不断提升。另一方面，传统劳资关系中普通雇员的相对弱势地位使雇员各方面权益还得不到应有的保护。当前，各国政府以及社会公众都十分重视和强调雇员权益的保护。根据各国雇员保护法律的具体规定以及雇员权益保护组织的要求，当前企业主要应该承担以下雇员责任：第一，提供合理劳动报酬的责任，即企业应该主要依据雇员的劳动能力、技术能力以及工作情况支付雇员足够和体面的报酬；第二，反对雇员歧视，提供公平就业和工作机会，所有企业应该杜绝基于民族、性别、年龄、肤色和宗教等的雇佣歧视和工作机会歧视；第三，确保工作环境与职业的安全性，杜绝安全事故、职业伤害，确保雇员的健康和安全；第四，保护雇员隐私，使每个雇员的私人生活不受企业不守信和无保证行为的损害；第五，提供足够的职业发展机会，使雇员通过工作获得更大的发展空间。

● 案例

广新控股关爱员工

广东省广新控股集团有限公司切实维护职工合法权益，依法与职工签订并履行劳动合同，按时足额缴纳社会保险，使员工享有养老、医疗、工伤、失业、生育等保险。关心职工生活，切实为职工排忧解难。不断向员工提供各种学习、培训机会，以保障和提高员工持续发展和适应现代职业的能力。集团每年安排300万元设立教育培训基金，针对不同阶段面临的业务形势和发展要求，适时调整培训规划，全面提升干部员工的品德修养、思维观念和国际化与专业化水平。近年来，建立规范培训中心运作，通过参与成员企业新生代产业工人"圆梦计划"，输送89名一线员工"圆梦北大"。

二是消费者责任。一方面，消费者的消费选择权以及消费者群体对其他社会利益集团的广泛而持久的影响能力，使得消费者对企业行为具有了越来越大的直接或间接影响力。另一方面，由于商品结构和信息日益复杂、专业化，以及商业广告不恰当的宣传，消费者在其与企业的交易关系中弱势地位仍未发生根本变化。因此，企业在向消费者提供他们所需要的商品和服务的同时，确保消费安全以及消费者的其他权益，是企业的基本社会责任之一。企业承担消费者责任的关键是消费者合法权益的保护问题。笔者认为，20世纪60年代初期，美国前总统肯尼迪倡导的消费者四种权益仍是当前消费者权益保护的核心内容。这四种权益分别是安全权、知情权、选择权和听证权。20世纪90年代，消费者权益保护进一步超出保护消费者免受劣质制品和高价商品与服务损害的权利，而高消费对生态环境的负面影响、食品安全和营养、商品过度包装与广告负面影响等问题，日益成为消费者权益保护的重要问题。

● 案例

交通集团通过创新公路联网收费模式给消费者带来实惠

广东省交通集团有限公司积极创新高速公路联网收费模式，既提升企业效益、支持经济发展、降低能耗，也带给消费者更多便利。截至2011年底，粤中片区共撤销和取消建设18个主线收费站，加上应用ETC技术，结合应急保障措施，大大提高了收费站的通行能力，尤其在黄金周发挥了重要的疏通作用。春节期间,广州收费站、火村收费站、广惠萝岗收费站在车流量分别同比增长 8.13%、7.46%、9.1% 的情况下,高峰小时通行能力分别提高了 8.2%、4.17%、8.5%。

三是社区责任。社区是企业生产经营活动直接和基本的经济社会环境,社区环境、教育水平和文化氛围、潜在雇员的素质、社区对企业的认同和支持程度等对企业至关重要。同时,企业总是置身于具体的社会环境之中,其生产经营活动对其所在的社区会产生多方面的重要影响。社区作为受企业生产经营活动直接影响的地理和政治区域,是众多的利益相关者的集合,这些利益相关者主要包括社区居民、当地政府、学校、医疗保健机构等。企业在依赖社区获得各种重要资源的同时,必须对社区中各种利益相关者承担起必要的责任,如推动社区经济与社会发展、资助教育以及文化与艺术事业、提高医疗和保健水平等。根据美国 1983 年 180 家保险公司统计的资料,企业支持社区发展的各类主要项目多达 20 余个,其中投入资源最多的六个项目分别为教育项目、文化和艺术项目、地方健康项目、青年项目、邻里关系改善项目、面对穷人和无家可归者项目,被调查企业总体上资助这六个项目的资源占这些企业社区资助项目总支出额的 86%、76%、72%、69%、66% 和 55%(Post, Federick, Lawrence, Weber, 1996)。

● **案例**

粤海控股积极参与驻地养老事业

2012 年 4 月 12 日早晨,新长江公司横县路政执法大队的队员与横县、云表收费站的同事一起,前往位于横县校椅镇的养老院进行慰问。养老院里,大多是七八十岁的老人,他们平时缺少家人的陪伴和呵护,生活略显孤单。我们亲切地向老人们询问平时的生活和身体情况,陪他们聊天、下棋、打牌,还给他们表演节目、包饺子。我们给老人们送去了问候、送去了欢声笑语、送去了温暖,在让老人们快乐的同时,我们的心灵也得到了慰藉,他们能够健康快乐,就是我们最大的幸福。沿线群众为兴六高速的建设、安全畅通做出了很大贡献,兴六路政执法支队多年来一直重视与沿线群众的横向联系,通过开展丰富多彩的活动,增进与沿线群众的感情,以树立服务型路政执法队伍的良好形象,为更好地开展路政执法工作打下坚实的群众基础。

四是资源与环境责任。企业之所以要承担越来越多的资源与环境责任,主要是因为企业生产经营活动对生态环境和自然资源系统产生日益严峻的负面影响,同时,良好的生态环境和可持续利用的自然资源是确保企业以及经济社会可持续发展的重要条件。企业一般通过以下几个主要途径承担资源与环境责任:①防治污染,如通过安装污染控制设备对"三废"进行无害化处理,或通过技术与生产工艺创新预防或减少"三废"排放或实现"零排放";②强化产品责任,即企业不仅要努力防控生产过程所产生的污染,而且要使产品在整个生命周期中对环境冲击最小化,即企业对产品负面环境影响实行"终身负责制";③创新经营模式,如企业由销售耐用物品转为提供租赁服务,这不仅能够节约大量资源和减少污染,企业还能因此赢得成本优势;④发展循环经济,使物料和能源在不断进行的经济循环中得到合理和持久的利用，以最小成本获得最大经济效益和环境效益，并能从根本上解决企业生产经营活动的负面生态环境影响。

● **案例**

粤电集团节能减排成效突出

2011年12月22日，由中国电力企业联合会主办的火电厂除尘器改造技术推广现场会在上海召开。粤电集团湛江电力公司2号锅炉改造袋式除尘器所取得的良好效果，得到了与会领导和代表的一致认可。该公司4号30万千瓦机组，通过实施增容改造和改烧烟煤两项技改后，机组额定达到33万千瓦，汽机热耗率较改前降低了511.7千焦/千瓦时，达到60万千瓦亚临界机组水平，实测综合供电煤耗同比下降27克/千瓦时以上，改造后每年节约发电成本超过1.7亿元，被国家能源局、广东省发改委列为综合升级改造示范机组。

（三）本书的分类

2008年是我国国有企业社会责任实践与相关公共政策的关键年。2008年1月4日，国务院国资委发布了《关于中央企业履行社会责任的指导意见》（国资发研究〔2008〕1号）（以下简称《指导意见》），要求中央企业成为依法经营、诚实守信，节约资源、保护环境和以人为本、创建和谐企业的表率。《指导意见》的出台标志着我国企业社会责任政策与制度建设水平达到了新的高度。《指导意见》不仅全面分析了中央企业履行社会责任的重要意义，也确定了中央企业履行社会责任的指导思想、总体要求与基本原则，尤其明确具体界定了中央企业履行社会责任的八大内容，即中央企业社会责任的八种类型。

● **资料**

中央企业履行社会责任的八种类型

坚持依法经营诚实守信。 模范遵守法律法规和社会公德、商业道德以及行业规则，及时足额纳税，维护投资者和债权人权益，保护知识产权，忠实履行合同，恪守商业信用，反对不正当竞争，杜绝商业活动中的腐败行为。

不断提高持续盈利能力。 完善公司治理，科学民主决策。优化发展战略，突出做强主业，缩短管理链条，合理配置资源。强化企业管理，提高管控能力，降低经营成本，加强风险防范，提高投入产出水平，增强市场竞争能力。

切实提高产品质量和服务水平。 保证产品和服务的安全性，改善产品性能，完善服务体系，努力为社会提供优质安全健康的产品和服务，最大限度地满足消费者的需求。保护消费者权益，妥善处理消费者提出的投诉和建议，努力为消费者创造更大的价值，取得广大消费者的信赖与认同。

加强资源节约和环境保护。 认真落实节能减排责任，带头完成节能减排任务。发展节能产业，开发节能产品，发展循环经济，提高资源综合利用效率。增加环保投入，改进工艺流程，降低污染物排放，实施清洁生产，坚持走低投入、低消耗、低排放和高效率的发展道路。

推进自主创新和技术进步。建立和完善技术创新机制，加大研究开发投入，提高自主创新能力。加快高新技术开发和传统产业改造，着力突破产业和行业关键技术，增加技术创新储备。强化知识产权意识，实施知识产权战略，实现技术创新与知识产权的良性互动，形成一批拥有自主知识产权的核心技术和知名品牌，发挥对产业升级、结构优化的带动作用。

保障生产安全。严格落实安全生产责任制，加大安全生产投入，严防重、特大安全事故发生。建立健全应急管理体系，不断提高应急管理水平和应对突发事件能力。为职工提供安全、健康、卫生的工作条件和生活环境，保障职工职业健康，预防和减少职业病和其他疾病对职工的危害。

维护职工合法权益。依法与职工签订并履行劳动合同，坚持按劳分配、同工同酬，建立工资正常增长机制，按时足额缴纳社会保险。尊重职工人格，公平对待职工，杜绝性别、民族、宗教、年龄等各种歧视。加强职业教育培训，创造平等发展机会。加强职代会制度建设，深化厂务公开，推进民主管理。关心职工生活，切实为职工排忧解难。

参与社会公益事业。积极参与社区建设，鼓励职工志愿服务社会。热心参与慈善、捐助等社会公益事业，关心支持教育、文化、卫生等公共福利事业。在发生重大自然灾害和突发事件的情况下，积极提供财力、物力和人力等方面的支持和援助。

国务院国资委主要依据广义企业社会责任概念界定社会责任的八种形态，因而其社会责任分类包含了企业在生产经营过程中所应承担的经济、社会与环境等各方面的广义社会责任。这种分类为我国中央企业以及其他各种所有制企业承担何种形态的社会责任提供了明确具体的指导。广东省属企业与中央企业具有基本相同的企业所有权性质，即无论是中央企业还是广东省属企业都是政府拥有或控股的企业，唯一的差别是作为所有者或控股者的政府层级的不同，中央企业由中央政府拥有或控股，省属企业由省级政府拥有或控股。因此，我们也主要参照《指导意见》的分类思路，将广东省属企业社会责任分为八种类型。

（四）社会责任不同类型的关系

1. 经济责任与其他责任

广义企业社会责任概念将经济责任纳入企业社会责任范畴，有效地拓展了企业社会责任的边界。企业经济责任是指企业维护投资者（股东）权益、追求利润最大化的责任，是提升企业市场竞争能力的责任。相对于其他形态的社会责任内容，经济责任在企业社会责任内容体系中具有独特的地位与重要性。不能有效承担经济责任的企业不仅难以承担其他类型的社会责任，还将必然被市场淘汰。在卡罗尔四层次企业社会责任金字塔分类模型中，经济责任被置于金字塔的底部，被视为企业社会责任的基础，企业只有在有效地承担经济责任的基础上才能承担其他三项企业社会责任。具体而言，在企业社会责任内容体系中，经济责任的地位和作用突出地体现在以下两个方面。

（1）经济责任是企业社会责任的核心。承担社会责任要求企业生产经营成果在各种利益相关者之间进行公平合理的分配，而这一能力的高低最终取决于企业经营绩效，即企业承担经济责任的能力。经济责任是企业社会责任的基础与核心，企业承担经济责任的能力决定企业提供社会支持的能力的高低，经营绩效直接决定企业承担社会责任的能力和水平。

（2）经济责任是企业的本能责任。在社会经济体系中，企业的基本功能是向社会提供产品和服务；市场经济条件下，稳定的获利能力是实现这一基本功能的前提和内在动力。经济责任是企业的本能责任，亏损企业不仅不能有效地履行社会责任，也必将丧失生存与发展机会。

2. 显性社会责任与隐性社会责任

从社会公众认知的角度看，企业社会责任还可以分为显性与隐性两种形态。显性社会责任主要是公众比较熟悉和易于认知的社会责任，如企业参与慈善捐赠、保护生态环境等。隐性社会责任指不易于被社会公众认知的社会责任，主要体现为企业所承担的经济责任以及技术创新责任等方面的责任。显性社会责任一般有以下三种主要形态：

（1）参与慈善捐赠。企业慈善捐赠是显性特征最明显的显性社会责任。作为典型和传统的爱心行为，企业无偿捐赠常常最能引起社会公众的关注与认可，在新闻传媒高度发达的条件下尤其如此。因此，企业慈善捐赠很多时候具有明显的"双赢"特征，即慈善捐赠不仅有助于社会公益，也是企业赢得独特竞争优势的重要手段。1998年，南方发生水灾时众多企业在赈灾晚会上的义捐，让许多名不见经传的小公司瞬间进入公众视线；2008年，汶川地震时，加多宝公司等企业的慷慨捐赠迅速为企业赢得了巨大社会声誉。

（2）保护生态环境。企业生产经营活动难免对生态环境产生直接或间接影响。在社会公众看来，企业投入资源保护生态环境是企业对自身负面社会影响应该承担的义不容辞的责任。在生态环境问题日益严峻的条件下，社会公众要求企业承担生态环境保护的责任越来越强烈。从短期来看，企业投入资源用于保护生态环境，会导致生产成本的上升。但从长期来看，这是企业稳健发展的必要保障，企业只有和当地环境和谐共存，才能成为具有竞争力和发展潜力的企业。

（3）符合伦理道德。企业作为重要的社会经济主体，在进行生产经营的过程中，必须坚守道德底线。"缺德"的企业虽然可能短期内获利，但最终会受到社会公众唾弃。"三鹿事件"不仅让一个拥有数十年历史的优秀国有企业轰然倒下，其"多米诺骨牌效应"也使得中国庞大的奶业产业陷入严重的信任危机。因此，无论从社会公益的角度还是企业自身的发展看，企业都应该坚守应有的道德底线，不去伤害公众的人身安全和感情，应建立良好的社会美誉度。

● 案例

航运集团的显性社会责任

广东省航运集团有限公司积极响应省委省政府及省国资委的号召，加大投入力度，做好扶贫工作。2004年以来，切实抓好信宜市镇隆镇六双村、汕头市澄海窖东村、南澳县南台村、怀集县连麦镇、丰顺县上村等扶贫点的扶贫工作，共投入扶贫资金780万元，扶贫工作多次被评为优秀等级，取得了较好成效。航运集团积极参与广东省"6·30扶贫济困日"捐款活动。2010~2012年"6·30扶贫济困日"合计捐款1213余万元。积极赈灾捐款捐物。2005年向印度洋地震及海啸灾区、2006年向台风"碧利斯"灾区、2008年抗击雪灾、2008年汶川抗震救灾、

2010年向玉树地震灾区等捐款近320万元。在抗击2008年雪灾中,充分发挥集团航运运输优势,确保了粤港澳旅客运输,保障和加大电煤运输工作和救灾物资的运输工作。

● 案例

交通集团的隐性社会责任

广东省交通集团有限公司是广东省高速公路最重要的建设和经营主体,在广东省高速公路行业中保持绝对的竞争优势。集团投资与管理的高速公路通车里程达3328公里,占全省高速公路通车里程5049公里的66%。"十一五"期间,广东省交通集团有限公司勇于承担省委省政府交办而民营企业所不能办、不敢办的粤东、西、北等欠发达地区和沿海、跨省高速公路建设。目前已有15个招标失败项目由集团兜底建设运营,合计里程1710公里。其中经营性项目11个,1134公里,1277亿元;政府还贷项目4个,576公里,534亿元。"十二五"期间,广东省12个"县县通高速"项目,广东省交通集团有限公司将负责9个共1350公里的建设任务,预计需要投资1337亿元。集团目前在建拟建的高速公路里程2529公里,与集团2000年组建后至今建成通车的高速公路里程2542公里相当。2011年,广东省交通集团有限公司研究与开发投入达3.896亿元,全年共有54个科研项目获得省交通运输厅的立项,获得政府补助经费780万元。多项科研成果获得奖项:利通广场项目获得全国建设项目管理成果一等奖和广东省钢结构工程金奖;长大公司《珠江黄埔大桥建设成套技术研究》获得广东省科学技术二等奖,另有4个项目获得三等奖;有9个项目分别获得中国公路学会科学技术一、二、三等奖。

第二节 企业社会责任的压力与动力机制

作为以追求经济利益为核心目标的经济组织,企业不可能自动自主地投入资源关注社会公共利益,除非这种投入能够给企业带来足够的经济利益回报。因此,企业或者是在面对外部压力的推动下被动地承担社会责任,或者是在赢利动机的推动下主动承担社会责任。本书尝试利用利益相关者的概念和分析思路对企业社会责任的压力与动力机制进行初步分析。

一、企业社会责任的压力机制

(一)企业面临来自利益相关者的压力

企业或其他组织必须对各种外部压力做出必要的反应,其根源在于企业作为社会经济环境的组成部分在根本上无法独立自足,必须依赖外部环境获取必要的资源,如资本、劳动力、原材料、信息、消费市场、社会和政治支持或合法性支持等。不同参与者根据自身对组织存续和成功的不同程度的贡献而获得影响和控制能力。普费尔和萨兰尼克（Pfeffer & Salancik，1978）认为，一个组织对另一个组织的依赖程度取决于三个决定性因素：资源对于组织生存的重要性；组织内部或外部一个特定群体获得或处理资源使用的程度；替代性资源来源的存在程度。如果一个组织非常需要一种专门知识，而这种知识在这个组织中又非常稀缺，并且不存在可替代的知识来源，那么这个组织将会高度依赖掌握这种知识的其他组织。企业对环境或各种要素提供者的依赖并非意味着生产要素可以独立于企业，生产要素以另一种方式依赖于企业。生产要素对企业的依赖性突出地体现在企业作为一种"团队生产"（Team Production）方式为要素提供者提供更高的要素生产率（Alchian and Demsets，1972）。正如一个组织依赖于另一个组织，两个组织也可以同时地相互依赖。当一个组织的依赖性大于另外一个组织时，形成非对称相互依赖或不公平相互依赖。从利益相关者理论角度看，资源提供者对企业的依赖体现为企业为利益相关者提供足够的利益回报，企业对利益相关者的依赖则体现为企业必须依靠利益相关者所投入的资源赢得生存与发展机会，如图1-3所示。

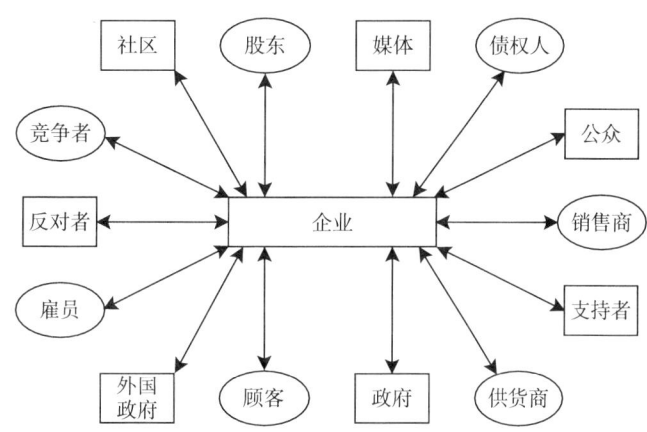

图1-3　企业与其各种主要利益相关者相互依赖

注：椭圆形表示市场型利益相关者，长方形表示非市场型利益相关者；双向箭头表示相互作用与相互依赖。

借鉴弗雷德里克1988年提出的分类方法，我们将利益相关者分为两类：①直接利益相关者，即与企业直接发生市场交易关系的利益相关者，主要包括股东、债权人、供货商、员工、分销商、消费者、竞争者等；②间接利益相关者，即与企业发生非市场交易关系的利益相关者，主要包括政府、社会活动团体、媒体、公众等。企业与直接利益相关者形成一种更为直接和密切的关系。如股东和债权人为企业提供金融资本，供货商提供原材料，员工提供劳动技能和智力，分销商帮助企业将产品送到消费者手中，而所有的企业都需要消费者自愿购买其产品或服务，并在市场中与其他企业形成竞争或互补关系。直接与间接的划分并不意味着间接利益相关者及其所控制的资源对于企业不重要，而是意味着间接利益相关者与企业的非市场交易关系派生于直接利益相关者与企业的市场交易关系，如企业生产经营活动和产品消费过程所产生的环境污染使公众利益受到损害，公众因此成为企业重要的间接利益相关者。同时，直接利益相关者与间接利益相关者的界限也不是截然分明的，而是相互交叉和渗透的，如汽车的安全性和环境影响，对一个消费者来说是直接利益相关者权益问题，而汽车在使用过程中汽车尾气对整个社会和生态环境的影响则是间接利益相关者权益问题。

各种资源的提供者或利益相关者通过控制资源迫使企业或组织满足其权益要求，如工会要求企业关注职员福利和健康，环保组织则要求企业投资于环保等。不同利益相关者根据自身所拥有的资源的不同对企业施加不同性质的影响力，弗里曼（Freeman，1984）[①]将这些影响力分为投票权利（Voting Power）、经济权利（Economic Power）和政治权利（Political Power）三种。投票权利源于企业股东根据所持股票数量所拥有的在股东大会和董事会中投票影响和控制企业的法定权利。20世纪80年代以来，西方发达国家一些有影响力的机构投资者（如美国乐来多姐妹、荷兰ABP、美国加州公务员退休基金Calpers等）纷纷利用投票权直接向它们认为不遵守商业道德的公司施压。消费者、供货商、分销商等利用其与企业所构成的市场交易关系对企业施加影响，这种影响力被称为经济影响力，如消费者可以通过罢购影响企业，供货商能够通过提高价格或中断原材料供应制约企业等。政府和立法机关通过制定规章制度和立法对企业施加影响，这种影响力被称为政治影响力。同时，其他利益相关者也会运用其所控制的资源对政府施压，要求政府和立法机关通过新的法律法规以制约企业。利益相关者或社会利益集团往往同时拥有并能够调动多种影响力，如消费者不仅可以罢购（经济影响力），也可以通过消费者权益组织推动政府向企业施压（政治影响力），甚至还可以通过大量购买某个企业股票而获得投票权利。企业也常常同时面临多种压力，如20世纪90年代初以来，壳牌石油公司同时受到环保组织、东道国政府、消费者、媒体、人权组织、教会等各种社会利益集团的强烈指责和批评。

● **案例**

机构投资者的投票权

1983年开始，通过购买通用动力公司的股票，乐来多姐妹（The Sister of Loretto）在长达十年的时间里不断提出股东议案，强烈要求通用动力公司放弃生产核武器、巡航导弹等不道德产品，并迫使通用动力公司于1992年对其军火活动的道德标准进行研究。

（二）利益相关者的三种施压方式

依据利益相关者的组织程度和组织方式，可以将利益相关者的施压方式分为三类：个体行动、集体行动和联合行动。个体行动方式是指利益相关者单独采取行动，如单个消费者利用"货币选票"对企业施加影响，单个雇员向企业提出权益要求，受到企业生产经营活动负面影响的居民分别采取行动对企业或政府施压等。个体行动方式的优点和缺点都十分明显：其优点是利益相关者能够对事关自身权益的问题迅速做出反应；其缺点是单个利益相关者势单力薄，常常难以与企业抗衡。集体行动方式是指在企业中具有相同或相似权益的利益相关者采取一致行动，雇员组建工会、消费者通过参与消费者协会争取和维护自己的权益等，是利益相关者采取集体行动的典型例子。集体行动方式的优点是共同行动改变了单个利益相关者与企业力量极端不对称格局。20世纪中后期，发达国家的消费者运动、工会、环保组织等在推动企业承担更多的社会责任方面发挥着越来越大的作用。集体行动方式的缺点是难以克服"搭便车"难题。联合行动方式是指各种具有不同利益要求的利益相关者组织采取联合一致行动。如工会、消费者组织、环保组织等采取联合一致的行动对企业

---

① Freeman, R. E. Strategic Management: A Stakeholder Approach [M]. Boston: Pitman Publishing, 1984: 56.

施压。20世纪90年代中后期，消费者组织、人权组织、动物保护组织、宗教组织、环保组织等，不断对英/荷壳牌石油公司施加强大的压力，迫使该公司承担更多的环保与人权保护方面的责任。联合行动方式进一步从根本上改变利益相关者与企业力量的非对称关系，企业常常因此面临巨大的外部压力。

从行动策略看，可以进一步将利益相关者迫使企业关注自身权益的方式分为两大类，即直接施压和间接施压。直接施压指不凭借外部力量而直接向企业施加压力和影响，如单个消费者罢购、消费者组织直接主张某种消费者权益、多种利益相关者组织联合直接向企业施加环境保护压力等。间接施压指借助某种外部力量对企业施加压力和影响。在现代社会中，由于新闻媒体的广泛影响力和惊人的传播速度，各种利益相关者常常试图利用新闻媒体揭露企业在社会责任方面的不正当行为、提出自己或公众对企业的权益要求。新闻媒体能够迅速使单个利益相关者对企业的评价和看法转变为公众和社会评价甚至国家意志，从而使企业陷入全面的公共危机之中。

● **案例**

环保激进主义者对壳牌公司间接施压

1995年4月，通过大量不断的新闻报道、电视采访以及震撼人心的录像纪录片，来自绿色和平组织（Greenpeace）的环保激进主义者迅速将公众团结在自己的周围。壳牌公司因此迅速陷入全面的公共关系危机之中，其所生产的天然气因此很快遭到几百万消费者的强烈抵制，环保组织的同情者甚至动用火焰炸弹袭击了壳牌公司在德国的两个天然气站（托马斯·唐纳森、托马斯·邓菲，2001）。

由于国家权力机构和行政机构拥有确定社会基本制度或直接干预资源配置方式的潜在和实际权力，利益相关者在维护自身权益时，越来越多地通过向国家权力机构和行政机构施加影响和压力，以推动有利于维护自身权益的立法程序和行政程序。立法事关社会各种权利和资源配置，行政管理具有强制性和权威性。因此，向国家权力机构和行政机构施加影响和压力，往往能够更持久、更有效地维护自身权益。从发达国家情况看，由利益或基本态度相同的利益相关者组成的社会利益集团一般可以通过游说、公开运动、和平示威、影响选举、停止合作等合法方式对国家权力和行政机构产生重要影响。

游说主要是指利益集团将利益主张直接传递给议员或国会工作人员，主要途径包括在立法听证会上作证、给议员打电话或写信、呈送研究报告或法律草案等。公开运动的形式包括投书电台、报社，公开演讲，张贴标语和举行记者招待会并向记者提供新闻和真相，由电台、杂志、报纸等加以报道，其实质是利用第三方来影响立法决策和政府行为。和平示威是指采取非暴力手段向国家权力和政府机构表达意愿，并促使政府做出妥协和让步，影响选举。当一个利益集团（如工会）人数众多、支持者众多、影响较广时，大范围的和平示威往往能形成压力。停止合作是与政府或立法机构有密切合作关系的利益集团经常采用的一种手段。他们通过停止提供国会所需要的合作，或是只是暗示可能打算停止提供合作向国会施加压力，就可以影响某一领域的立法，如公务员工会等。正是在各种社会利益集团的不断推动下，20世纪中后期以来，西方发达国家通过了大量旨在强制企业承担各种社会责任的法律法规。同时，这些国家的行政管理部门也在不断强化针对企业社会责任问题的行政管理措施。

（三）社会预期与企业社会业绩的三种关系

公众压力或利益相关者权益要求实质是社会公众或利益相关者对企业社会业绩的预期。社会预期是公众观念、态度以及对企业社会业绩看法的集合，常常体现为社会舆论、规范、习俗以及法律法规。如居民认为企业排放废气是一种不负责任行为，一些动物保护主义者强烈反对动物实验，职工抗议工作环境恶劣，政府制裁雇用童工的企业等。社会预期与企业社会业绩的关系有三种：①两者基本一致；②社会预期高于企业社会业绩；③企业社会业绩高于社会预期。如果社会预期高于企业社会业绩，企业将被公众认为是不承担社会责任的，并将遭到社会公众的谴责和制裁；如果企业社会业绩与社会预期基本一致，或者企业社会业绩高于社会预期，企业将被公众认为是承担社会责任的，并将得到社会公众的支持和褒奖。现实经济中，无论是社会预期还是企业社会责任态度都在不断发生变化。一个重要的变化趋势是公众要求企业承担越来越多的社会责任，即公众对企业的社会业绩预期不断提高。19世纪末20世纪初以前，公众和政府只要求企业能够在最大程度地为投资者赚取利润的同时，也能够生产更多的商品以解决物质生活资料严重匮乏问题；20世纪中期以来，企业则被要求承担越来越多的社会义务，如关注消费者和职员权益、保护生态环境、资助社区建设、扶贫济困等。在各种利益相关者的推动下，企业作为一个整体的发展演变的历史实质上就是不断承担越来越多的社会责任的历史。然而，社会预期常常以更快的速度发展变化，企业社会责任业绩往往难以满足社会预期（见图1-4），企业因此也在事实上永远面临层出不穷的社会预期与社会问题。某些社会问题被解决，新的社会问题立即产生。这也许是20世纪中后期以来，企业作为一个整体越来越受到社会公众广泛谴责的根源之所在。

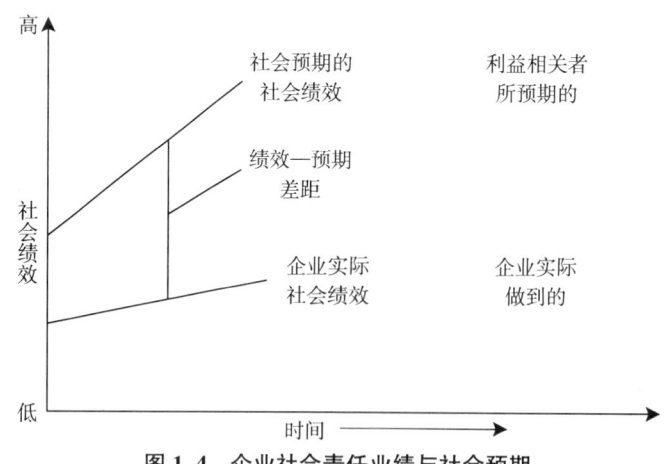

图1-4 企业社会责任业绩与社会预期

注：纵轴表示利益相关者预期与企业社会责任业绩，横轴表示时间进程；绩效—预期差距意味着社会对企业的预期常常高于企业实际社会业绩，这种差距表现为社会问题。

资料来源：波斯特等．公司与社会（英文版第8版）．机械工业出版社，1998.

公众社会预期的不断发展与变化同时也体现在特定社会问题的形成与演变过程中。西蒙·查德克（Simon Zadek，2004）将企业所面临的社会问题形成与演变过程划分为四个阶段，即潜伏期、显现期、稳定期和成熟期。当社会问题处在潜伏期时，社会活动分子或非政府组织（NGOs）已经觉察到该问题，由于缺乏足够充分的证据，企业一般会忽略或回避该问题；当社会问题处在显现期时，该问题已经受到政府和大众媒体的注意，虽然该社会问题的证据仍然不足，但证据的收集和研究不断取得进展，领头企业尝试采取措施解决该社会问题；当社会问题处在稳定期时，越来越多的企业关注并试图解决该社会问题，解决该社会问题的行业性行动初步形成，越来越多的诉讼案件和社会舆论意味着针对该社会问题的立法要求被提上议事日程，自发性行业标准被建立起来，集体行动机制逐步建立起来；当社会问题处在成熟期时，法律法规和商业规则基本形成，该问题的解决已经内化为优秀企业日常经营管理活动的有机组成部分。在特定社会问题发展演变的四个不同阶段中，企业面临来自利益相关者的程度不等的外部压力，如在潜伏期和显现期，企业所面临的压力要远远小于稳定期和成熟期。企业应该密切关注社会预期的发展与演变，努力在观念和行动上与公众对企业社会功能和社会责任的看法保持一致。企业能够在某种程度上忽略或回避处于潜伏期和显现期的社会问题。但是，若不能有效地控制和解决处于稳定期和成熟期的社会问题，企业将受到广泛谴责甚至法律制裁。

（四）企业的六种社会责任态度

面对各种利益相关者的施压，企业试图对环境进行管理和控制，即企业将采取各种策略以减少其对外部环境的依赖和来自外部环境的制约。西方学者将这一过程定义为企业的社会响应（Social Responsiveness）（Ackerman and Bauer，1976；Sethi，1975；Carroll，1979）。20世纪60年代中后期以来，众多学者对企业社会响应策略与过程进行描述与概括。戴维斯和布洛姆（Davis and Hlomstrom，1966）认为，企业一般采取五种不同的策略响应外部压力，这五种方式分别是逃避、进行公关、诉诸法律、协商、化解问题。伊恩·威尔逊（Ian Wilson，1975）提出影响较大的"四策略模式"——消极应付、被动防御、协商调和、积极行动。卡罗尔（Carroll，1979）采纳伊恩·威尔逊（1975）的"四策略模式"以说明企业对于承担某种社会责任的不同态度，消极应付意味着企业完全不承担社会责任，积极行动则意味着承担大量社会责任。波斯特等学者（Post, Federick, Lawrence, Weber，1996）进一步发展和完善了企业响应策略研究，认为企业采取四种不同策略响应社会压力，这四种策略分别是消极策略、反应策略、超前行动策略、相互影响策略。波斯特等学者与上述学者的主要差异在于他们注意到企业可能采取一种互动策略——相互影响策略以解决社会问题。相互影响策略强调企业在响应具体社会压力的过程中与相关社会利益集团的相互交流和沟通，从而不仅具有更强的主动性，也更有助于企业与相关社会利益集团建立良好合作关系。

企业响应社会压力的不同策略或方式，实质上就是企业对于承担特定社会责任的不同态度。以伊恩·威尔逊（1975）的"四策略模式"为例，企业在响应社会压力的过程中逐步由消极应付向积极行动转变，反映了企业的社会责任态度逐步由尽力回避到积极承担的转变过程。不同的响应策略意味着不同的社会责任态度。企业应对特定社会问题与社会压力的社会责任态度因此可以大略分为以下六类：漠视社会责任、回避社会责任、被动承担社会责任、自觉承担社会责任、积极承担社会责任、策略性地承担社会责任（见表1-1）。艾尔斯（Ells，1960）、威尔逊（Wilson，1974）、卡罗尔（Carroll，1979）和西利瑟克（Zenisek，1979）等学者正是从企业社会责任态度变化的角度定义社会责任。艾尔斯（1960）认为，任何企业行为都可以被置于两个极端（最低限度的企业社会责任和最高限度的企业社会责任）连续流（Continuum）中加以考察。最低限度的企业社会责任的一端表示企业除了最大程度地追求股东利益以外完全不承担任何社会责任，最高限度的企业社会责任的一端则表示企业除了满足股东利益要求外，还尽可能地关注和满足其他非物质资本投入者的利益，即尽可能地承担广泛的社会责任（见图1-5）。从这个角度观察，任何企业行为都不能被评价为是否承担了社会责任，但可以被认定在多大程度上承担了社会责任，或企业采取了一种什么样的企业社会责任态度，即该企业行为究竟更接近于哪一个社会责任态度极端。

表1-1 企业响应社会问题策略与企业六种企业社会责任态度

Davis（1966）	逃避责任	进行公关	诉诸法律	协商	解决问题	—
Mcadam（1973）	长期抵制	消极应付		不断改进	行业表率	—
Wilson（1975）	—	消极应付	被动防御	协商调和	积极行动	
Post（1996）	—	消极策略	反应策略	—	超前行动策略	相互影响策略
本书六种企业社会责任态度	漠视社会责任	逃避社会责任	被动承担社会责任	自觉承担社会责任	积极承担社会责任	策略性地承担社会责任
企业社会责任态度举例	"血汗工厂"	富士康起诉记者	跨国公司制定生产守则	安利名校支教	摩托罗拉回收废旧手机	电池租赁替代电池销售

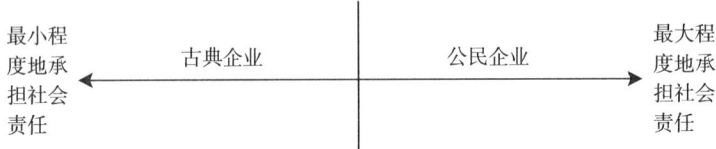

图1-5 艾尔斯企业社会责任连续流

资料来源：Zenisek, Thomas J. Corporate Social Responsibility: A Conceptualization Based on Organizational Literature [J]. Academy of Management Review, 1979 (6).

漠视社会责任是指企业完全不顾社会公共利益而从事生产经营活动，企业生产经营的唯一目标就是追求股东利益最大化，企业甚至不惜以危害公共利益为代价获得商业利益。回避社会责任是指企业在面对外部压力时采取回避和置若罔闻的态度，这类企业一般极力抵制、回击来自社会各方面的批评和调查，隐瞒自己的不负责任行为，在社会上造成极坏的影响，并导致公众进一步对企业施加更大的压力。企业常常凭借其强大的经济与社会权势并通过精心策划的司法程序响应这些质疑与谴责。被动承担社会责任是指企业在面临较大的外部压力的情况下才被动承担某种社会责任。持这种企业社会责任态度的企业基本接受公众的批评与指责，并逐步采取慎重措施调查和满足利益相关者的要求。自觉承担社会责任是指企业比较自觉地使其行为与公共预期与法则保持一致，并尽力对公众的期望负责，以适应社会对企业的要求。积极承担社会责任的企业会提前采取行动担负起社会赋予它的责任，防患于未然。策略性地承担社会责任的企业能够巧妙地将承担社会责任与企业商业利益有机结合起来，企业承担社会责任不仅有助于社会公益，也能有效地增进商业利益。

● 案例

跨国公司漠视企业社会责任

20世纪80年代以来，随着经济全球化的迅速发展，跨国公司纷纷将生产线转移到生产成本低廉的发展中国家。为了进一步获得成本竞争优势，许多灵活的雇用机制被引入发展中国家劳工市场，劳工的安全和福利保障被大幅度地削弱，工作时间长、工资低、强迫加班、性别歧视、缺乏职业健康保障、禁止加入工会等是这些发达国家劳工普遍面临的问题。这些被人们斥为"血汗工厂"的跨国公司海外加工企业显然是在漠视社会公共利益和准则。现实经济中，一些企业采取欺诈手段获取不正当利益，一些企业忽视生态环境保护、掠夺性使用自然资源，这些企业行为均属于漠视企业社会责任的行为。

（五）法律法规推动企业承担社会责任

从制定与执行的主体看，推动企业承担社会责任的法律法规可以分为国家法律法规和国际法律法规；从是否具有强制性特征的角度看，推动企业承担社会责任的法律法规可以分为鼓励企业承担社会责任的国家法律法规和强制企业承担社会责任的国家专项法律法规。

1. 鼓励企业承担社会责任的国家法律法规

20世纪30年代开始，支持和鼓励企业承担社会责任的美国制定法不断增加。1936年，美国国会修订《国内税收法典》，明确规定公司慈善、科学、教育等方面的捐赠可予扣减所得税，扣减额最高可达公司应税收入的5%。同时，美国各州公司立法也日益朝着支持和鼓励企业承担社会责任的方向发展。得克萨斯州早在1917年就在其公司法中赋予公司进行慈善捐赠的权利。此后，美国其他各州纷纷仿效。根据我国学者卢代富的统计，做出类似规定的州在1928年为5个，1938年为9个，1948年为15个，1959年为41个，1970年为48个（仅亚利桑那州和爱达荷州未做此类规定）。美国鼓励和支持企业承担社会责任立法运动在20世纪80年代和90年代达到高潮。以宾夕法尼亚州为代表的35个地方州，从20世纪80年代初开始相继修改公司法。公司法修改的核心内容是允许经理对包括股东在内的更广泛的利益相关者负责。除康涅狄格州采纳强制性立法以外，这些公司立法大多以许可型立法的形式出现，即修改后的公司法规定，管理者"得"（May）考虑非股东利益相关者的利益。

2. 强制企业承担社会责任的国家专项法律法规

发达国家还制定各种专项法律以强制企业承担不同性质的社会责任。以美国为代表的发达国家的这类立法主要由以下三个方面的法律法规组成：①雇员权益保护法。20世纪30年代以来，强制企业承担各种雇员责任的美国联邦立法运动先后形成了三次高潮。30年代的第一次立法高潮主要赋予了工人通过参加工会争取和维护自身权益的权利，并将劳动关系的标准和规则具体化。第二次高潮出现于1963~1974年，这一时期美国通过的雇员权益保护法案强调保护民权、雇员健康和安全以及退休金权利的新领域。1986~1993年形成第三次高潮，这一时期的联邦劳资关系立法进一步将雇员权益保护范围扩展到细节性就业问题。②消费者权益保护法律法规。美国消费者权益保护法律法规出现于20世纪初，并在20世纪六七十年代通过了大量有关消费者权益保护的法案。③环境保护法律法规。从1969年开始，美国进入了20世纪70年代所谓的"环境十年"。这一时期，美国国会通过了一系列针对企业的环境保护法案，包括著名的《国家环境政策法案》（1969）、《清洁空气法案》（1970，1977）、《联邦水污染控制法案修订案》（1972）等。

3. 强制企业承担社会责任的国际公约与规则

这类公约与规则大体可以分为三类。①生态环境保护公约与规则，主要有《联合国环境大会宣言》（1972）、《环境行动计划》（1972）、《内罗毕宣言》（1982）、《气候变化框架公约》（1992）、《二十一世纪议程》（1992）等重要文件与公约。这些国际公约与规则在推动企业承担社会责任以及推动各国政府出台针对企业的环境立法方面产生了广泛而持久的影响。②消费者保护的国公约和法规，包括《关于产品责任法律适用的公约》（1972）、《关于人身伤亡产品责任的欧洲公约》（1976）《控制限制性商业行为的多边协议的公平原则和规则》（1980）、《使成员国产品责任法相互接近的指令》（1985）、《保护消费者准则》（1985）、《消费者保护宪章》（1985）等。③雇员权益保护国际公约与规则，主要有《国际劳工组织关于工作中的基本原则和权利宣言》（1998）、联合国"全球契约"（1999）等，其中"全球契约"要求企业在各自影响范围内遵守、支持以及实施一套在人权、劳工标准及环境三个方面的9项基本原则。

（六）伦理道德规范推动企业承担社会责任

企业迫于法律规范而承担社会责任仅仅满足了社会对企业最低程度的预期。企业仅仅在法律的强制下承担社会责任显然难以满足公众对企业的要求。企业违反法律法规将被剥夺生存与发展机会，但企业仅仅遵守法律法规并不足以确保企业存续。现实经济活动中，企业往往并非因为触犯法律法规而被逐出市场，而更多的是在日益强大的社会舆论和公众压力下走向没落和崩溃。

法律法规作为正式约束通过惩治、威慑强制企业承担社会责任也具有明显的缺陷。首先，类似市场失灵、政府失灵，现实经济与社会生活中也广泛地存在着法律失灵现象。法律失灵一方面体现为执法者徇私枉法导致法律失效，另一方面法律等正规制度只能细化到一定程度，不可能事无巨细都由正规制度加以规定。其次，法律在本质上是反应性的或滞后性的，法律法规很少能够预见问题，而只是对已经出现的问题做出被动反应。例如，工业污染以及公众对环境污染问题的关注早在19世纪末20世纪初就不断升级，但直到20世纪60年代末，发达国家才逐步通过有关法律法规强制企业承担环境责任。再次，法律约束必须遵循严格的程序，造成较大的资源耗费。法律规范的制定过程、法律规范的实施、法律判决的执行等都需要付出成本。最后，企业行为评判标准在现实社会中的体现总是处于不断发展变化之中，某个行为过去可能不成问题或为人们忽略，但今天则可能变为尖锐严重的社会问题。新技术带来的效率和效益总会推动社会进步，人们往往首先感受到实施新技术的种种好处，而当人们的认识能力进一步提高之后，才会突然认识到这种技术可能带来诸多危害，这种状况进一步使得仅仅凭借法律规范调节企业行为成为不可能。

法律失灵、法律约束滞后等为伦理道德规范约束企业行为提供了可能性和必要性。与法律等正式约束相比，伦理道德规范具有两个重要特点：①伦理道德规范是一种非正式制度规范。法律规范总是明文规定的正式制度规范，并由权力部门等制定和监督实施。伦理道德规范则一般不是颁布、制定或规定出来的，而是处于同一社会或同一生活环境的人们在长期的共同生活过程中逐步积累形成的要求、秩序和理想。②伦理道德规范是一种非强制性规范。伦理道德规范主要借助于社会舆论发挥规范社会经济主体的作用。非正式制度性特征和非强制性特征使伦理道德规范在约束企业行为方面具有不可替代的作用。伦理道德规范的非正式制度性特征使得伦理道德约束在针对特定社会经济问题正式法规没有形成之前以及正式法律规范未明确界定的领域发挥作用，如在20世纪60年代末以前以美国为代表的发达国家环境立法并未建立起来之前，社会舆论与伦理道德规范在规范企业行为方面发挥着主要作用。因此，伦理道德规范通过社会舆论和内心情感信念以善恶好坏为标准去评价和规范社会经济主体的行为，它对经济主体行为和社会关系的调整比法律规范更为广泛和及时。

约束企业行为的伦理道德规范可以分为两个不同层次。首先，任何经济组织必须受到普遍伦理道德规范的约束。普遍伦理道德规范触及人类伦理的根部，是各种宗教、政治和哲学思想的趋同点，如一个普遍的正义或善的概念，一套所有的社会都能坚持的标准，反对谋杀、欺诈、虐待、压迫和暴政的规则。其次，任何企业或经济体又处在特定的社会经济环境中，企业行为必然受到基于不同文化价值观念和经济发展水平的伦理道德规范的约束。如在亚洲国家的文化价值观念中，裙带关系能够得到某种程度的认同，而西方国家更重视机会平等。同时，发展中国家和发达国家对企业生产经营活动所导致的环境污染的看法和容忍程度亦有明显的不同。在不违背普遍伦理道德规范的前提下，不同经济体或经济组织会确定与选择千差万别的自我约束规范，而这些规范可能是相互冲突和矛盾的，如上述不同地区的人们对裙带关系和公平竞争的不同看法等。在经济全球化背景下，这种规范冲突常常是一些企业跨国经营陷于困境的重要原因之一。

二、企业社会责任的动力机制

企业除了在法律法规和伦理道德的约束下承担社会责任以外，还常常在追求商业利益的动机的驱动下承担社会责任。被动和强制性企业社会责任常常难以持续，一旦外部压力减弱或发生变化，相应的企业社会责任行为就可能终止。商业利益与社会责任的有机结合才是企业承担社会责任最持久和最根本的动力。

（一）企业社会责任有助于获得商业利益

企业生产经营活动不仅对各种非股东利益相关者产生影响，如破坏生态环境、损害雇员身心健康等，各种非股东利益相关者对企业生产经营活动和业绩也能够产生重要影响，如雇员偷懒、消费者抵制、生态恶化等都将对企业生产经营活动产生重要影响（Freeman，1984）。企业与其利益相关者关系的第一个方面——企业生产经营活动对利益相关者产生负面影响，意味着社会公众将采用各种措施迫使企业尽可能降低这种负面影响，如通过舆论谴责、政府管制、法律强制等手段要求企业保护雇员和消费者利益、消除污染等，这是上文所分析的企业在外部力量的推动下承担社会责任。企业与其利益相关者关系的第二个方面——各种非股东利益相关者对企业生产经营活动可能产生重要影响，则为企业通过改善利益相关者关系而赢得商业利益提供了潜在可能性，如企业通过承担社会责任（资助社区发展、关注雇员和消费者利益等）而赢得竞争优势。显然，企业在这种情况下承担社会责任是商业利益驱动的结果。因此，在弗里曼（Freeman，1984）看来，那些能够对企业生产经营活动产生影响的利益相关者，必须受到管理者的密切关注。企业基于商业利益而承担社会责任，意味着企业承担社会责任的真实目的并非是要关注利益相关者权益。相反，企业关注利益相关者权益（承担社会责任）是一种手段，其目的在于企业自身的商业利益。企业承担社会责任因此成为实现商业利益的工具。

因此，企业承担社会责任是有选择性的，企业不会无缘无故地承担某种社会责任。在许多情况下，企业是否承担某种社会责任取决于这种利益相关者是否有能力影响到企业的商业利益，企业承担某种企业社会责任的程度则取决于某种利益相关者影响企业商业利益的程度。企业之所以在20世纪60年代以后才逐步开始关注消费者权益问题，是由于此前消费者对企业生产经营活动一直难以发挥强有力的制约作用。企业之所以越来越多地关注环境问题并投入资源解决环境问题,是20世纪70年代以来社会公众环保意识越来越强、政府和非政府环保压力不断强化的结果。弗里曼(1984)使用"潜在"影响和"实际"影响概念简单区分了不同利益相关者对企业的影响程度;潜在的利益相关者对企业商业利益和商业目标将发生潜在的可能影响,实际的利益相关者对企业商业利益将发生现实的和直接的影响。管理者因此需要一个"具有广泛包容性的利益相关者概念,这个概念不能遗漏任何即将或正在对企业目标发生影响的组织或个人,因为这些组织或个人将阻止企业达成预定目标"。企业要尽可能多地关注利益相关者权益,或者说企业要尽可能多地承担社会责任。企业因此也就能够尽可能有效地降低各种利益相关者对企业商业目标的负面影响。

20世纪80年代初以来,利益相关者分类研究日益成为利益相关者理论的核心课题。研究的主要目标就是为企业有选择性地关注利益相关者权益提供策略指南。克拉克森(Clarkson,1995)将利益相关者分为"首要利益相关者"和"次要利益相关者",其"首要"和"次要"所传达的策略性含义是明确而确定的——尽管不能忽略次要利益相关者的权益,但企业必须首先关注和满足首要利益相关者的权益。米契尔和伍德(Mitchell & Wood,1997)将利益相关者分为"确定型利益相关者"、"预期型利益相关者"、"潜在的利益相关者",是要明白地告诉管理者:必须十分关注确定型利益相关者,适当关注预期型利益相关者,潜在的利益相关者则可以被暂时忽略。塞维奇等学者(Savage et al.,1991)认为,利益相关者对企业的"潜在威慑能力"和"合作意愿"是区分不同类型利益相关者的两个基本变量,并根据这两个变量的不同组合将利益相关者区分为四类:一是"支持型利益相关者"(低威慑、高合作);二是"边缘型利益相关者"(低威慑、低合作);三是"非支持型利益相关者"(高威慑、低合作);四是"混合型利益相关者"(高威慑、高合作)。塞维奇在分类研究的基础上为企业及其管理者应对不同利益相关者提供了四种不同的管理策略:"笼络"支持型利益相关者、"合作"混合型利益相关者、"防御"非支持型利益相关者、"监控"边缘型利益相关者(见图1-6)。显然,这四种不同的管理策略意味着企业承担社会责任的态度由积极不断向消极转变的过程,即企业从积极承担社会责任逐步向消极承担社会责任、被动承担社会责任和放弃承担社会责任转变。而企业之所以针对不同利益相关者采取不同的社会责任态度,其根源就在于企业的趋

	利益相关者对企业的潜在威慑	
	高	低
利益相关者对企业的潜在合作意愿 　高	类型4 混合型利益相关者 企业战略:合作 积极承担社会责任	类型1 支持型利益相关者 企业战略:笼络 消极承担社会责任
低	类型3 非支持型利益相关者 企业战略:防御 被动承担社会责任	类型2 边缘型利益相关者 企业战略:监控 放弃承担社会责任

图1-6 基于利益相关者分类的管理策略矩阵

注:方框中四种企业社会责任态度(积极承担社会责任、消极承担社会责任、被动承担社会责任、放弃承担社会责任)为笔者根据论文需要所添加。

资料来源:Grant T. Savage, Timothy W. Nix, Carlton J. Whitehead, and John D. Blair. Strategies for Assessing and Managing Organizational Stakeholders [J]. Academy of Management Executive, 1991, 5 (2).

利避害动机。在最大程度地降低利益相关者对企业所构成的潜在威胁的同时，企业会尽可能通过与利益相关者合作而实现自身商业目标。

(二) 企业社会责任的内部商业利益

本书进一步将企业利益相关者区分为内部利益相关者和外部利益相关者，并将资源区分为内部现实资源和外部潜在资源。内部利益相关者是指被企业"内化"的利益相关者，主要指在企业内部直接从事生产经营活动的管理者和雇员，内部现实资源是指企业通过各种市场或非市场手段获得并拥有自主控制权的资源（如企业购买的原材料、设备、政府优惠政策等）；外部利益相关者是指处于企业外部并与企业形成各种直接或间接利益关系的利益相关者（如消费者、供应商、生态环境等），外部潜在资源是指企业生产经营活动必不可少的、被外部利益相关者所控制的资源。企业承担社会责任不仅有助于提高内部利益相关者的劳动生产率和内部资源的使用效率，而且有助于改善企业与外部利益相关者的关系、提高企业自身吸引外部优质资源的能力。本书将企业承担社会责任所能够获得的这两类利益定义为内部商业利益与外部商业利益。

企业承担社会责任从两个不同的角度对内部利益相关者（管理者和雇员）产生积极影响。首先，企业承担更多的雇员社会责任，能够直接调动雇员积极性和提高雇员归属感。如合理的工资水平、整洁与安全的工作环境、培训机会、保健和教育福利、弹性工作制度、工作轮换制度等与雇员切身利益直接相关的企业社会责任行为，不仅能够调动雇员工作积极性，而且能够降低缺勤率和雇员流失率。积极性和士气的提高直接导致劳动生产率的提高，而雇员流失率的降低将节约大量雇员招聘和培训费用。艾宾格和弗里曼（Albinger and Freeman，2000）、巴克豪斯（Backhaus et al.，2002）、格林和特本（Greening and Turban，2000）、彼得森（Peterson，2004）等人的实证研究显示，企业社会责任行为对雇员具有重要影响。被公众认为具有强烈社会责任意识的企业越来越能够吸引优秀人才、留住优秀人才、提升雇员士气。Fulmer 等（2003）和 Ballou 等（2003）的研究发现，若选择《财富》杂志年度"100家最受雇员欢迎的美国企业"排名作为车间质量的替代性指标，工作车间质量雇员评价与企业业绩之间的关系是：车间质量评价是企业竞争优势的重要来源，从而也是影响企业财务业绩的重要因素。

其次，企业对其他利益相关者承担社会责任，能够间接调动雇员积极性和提高雇员的自豪感、归属感。科恩/罗伯公司（Cone Inc.）在2003年进行的一项调查显示，与没有报告公益活动的企业相比，在那些从事了公益活动的企业中，对本公司价值观感到骄傲的员工的比例要高出38%。"9·11事件"以前，48%的被调查者表示，在选择雇主时，企业对公益活动的承诺具有重要影响。"9·11事件"以后，这一比例进一步上升到76%。该公司在全美国范围内抽样调查了1040位具有代表性的各界人士，其中80%的被调查者承认如果他们发现一家企业在社会责任实践方面存在污点，那么他们将拒绝为该企业工作。由网络冲击（Net Impact）完成的一项调查显示，2100名接受调查的MBA学员中，有一半以上的人为了到一家负责任的企业工作，愿意接受相对较低的工资。

企业承担社会责任产生的内部商业利益还体现在内部资源使用效率的提高。以企业承担生态环境责任为例，污染防治的实质是减少资源浪费或提高资源的使用效率，减少废弃物意味着更高的资源使用效率，也有助于减少用于处理这些废弃物的雇员和机器设备。污染防治要求企业建立新的生产工艺流程，因此采取积极主动姿态处理环境保护问题的企业常常需要重新设计生产制造过程和物料输送过程,以减少废弃物和提高运行效率。新的生产与工艺流程一旦建立起来,企业将因此获得竞争优势。污染防治强调全体职员积极参与,从而有助于企业整体管理水平的提高。同时,良好的环境保护业绩还能够通过节约废物处理费用和行政处罚和监管费用而为企业赢得收益;获得企业社会责任认证(如 ISO14001 环境管理系统认证等)常常是企业进入发达国家市场的重要条件,同时也为企业产品获得高额溢价收益创造了条件。

(三)企业社会责任的外部商业利益——营销效应

企业承担社会责任的外部商业利益分为两类,即市场营销效应和声誉效应。市场营销效应体现为:企业社会责任行为有助于企业产品或服务项目的销售。消费者的购买行为发生以前要经过一系列的准备阶段。一般而言,购买者的准备过程通常包括前后相继而又相互交叉重叠的六个阶段:知晓、认识、喜爱、偏好、确信、购买(范云峰,2003)(图 1-7 虚线箭头表示购买者从知晓到最终购买的决策过程)。企业可以通过商业广告、人员推销、营业推广等方式或这些方式的组合,达到推动或引导潜在购买者做出购买决策。但是,在市场竞争越来越激烈的情况下,公众对商业广告以及其他各种传统营销方式本能地排斥;传统营销方式越来越难以引起公众的关注。企业承担社会责任给企业带来的商业利益主要体现在:营销活动借助公众对企业社会责任的日益广泛的关注而获得更好的效果。企业社会责任活动对购买准备过程中六个阶段都会产生积极的影响(图 1-7 实线箭头表示企业社会责任实践对六个阶段的影响方向),即与企业社会责任活动紧密结合起来的行销活动不仅能够更易于获得公众"知晓"和"认识",也更易于赢得公众的"喜爱"、"偏好"和"确信",并最终促成消费者"购买"。因此,企业承担社会责任虽然不是一种独立的行销手段,但它能够有效地提高广告、人员推销、营业推广等传统营销手段的有效性。

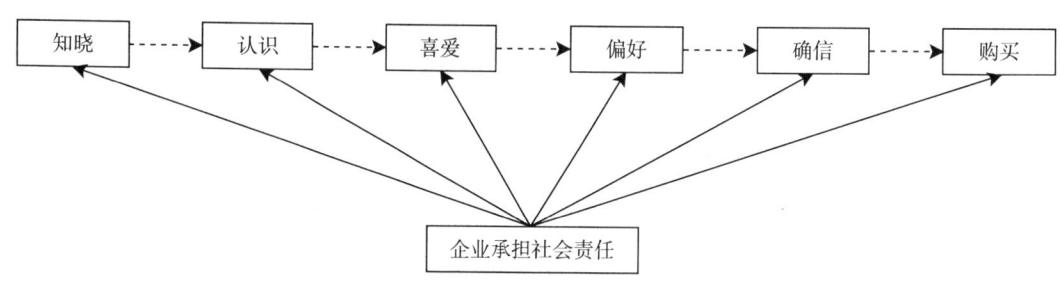

图 1-7 企业承担社会责任的市场营销效应

瓦罗达拉迦和孟罗尼(1988)较早强调和概括了企业承担社会责任的市场营销效果。他们用列举的方法提出了企业社会责任对企业营销活动的 15 种推动作用,这些推动作用包括"获得公众了解"、"增强品牌认知"、"强化公司形象"、"抑制公众负面看法"、"安抚消费者"、"培育回头客"、"引导相关购买"、"赢得新的消费者"、"进入新市场"、"扩大销量"等。企业承担社会责任的市场营销效果也得到越来越多的实证调查研究成果的支持。美国著名的调查公司科恩/罗伯公司(Cone Inc.)1993 年和 1994 年的调查显示:78%的成年被调查者更愿意购买某种与自己关心的公益事业有关联的产品;66%的被调查者会为了支持某项自己关心的公益事业而改变购买的品牌;62%的被调查者会为了支持某项自己关心的公益事业而改换光顾的零售商店。该公司 2001 年、2002 年的类似调查进一步证明这一观点。克里尼(Clein)1990 年的调查说明,企业社会责任行为有助于改变消费偏好,如该调查显示,75%的被调查对象承认他们的购买决定会受到一家企业环保声誉的影响,80%

的被调查对象承认他们愿意为购买对环保有利的产品多花些钱。

(四) 企业社会责任的外部商业利益——声誉效应

企业社会责任的声誉效应体现为企业社会责任有助于企业赢得良好的社会声誉。在信息严重不对称的条件下，企业声誉传达给消费者的主要是"值得信赖"、"负责任"、"关注社会问题"等众多正面信息。积极承担企业社会责任的企业更易于与投资者、银行、供应商、竞争对手以及消费者等各种外部利益相关者建立良好和持久的关系。如良好的企业社会声誉有助于提高企业获得资本的能力。一些研究成果显示，企业承担社会责任能够提高企业股票价值，有助于吸引新的投资者和减少遭到公众攻击的风险。克兰森和麦克洛林（Klassen and McLaughlin，1996）发现，企业获得环保方面的奖励能够推动企业市场价值的提升，而企业在环境保护方面的负面事件（如原油泄漏等）将对企业市场价值产生消极影响。由国际环境调查有限公司（Environics International Ltd.）等调查和研究机构1999年联合主持的一项针对23个国家25000名公民的调查显示：60%的被调查者认为，他们会基于对企业社会责任的感觉来形成对一家公司的印象；40%的被调查者承认对于他们认为没有尽到社会责任的企业，他们要么会消极地对待，要么会消极地评论；17%的被调查者承认如果他们觉得企业没有尽到社会责任，他们实际上会远离这些企业（科特勒，2006）。

同时，良好的企业社会责任业绩和企业声誉有助于消费者形成对企业产品质量的正面评价，对于那些经验性商品（即使用后才能确定其质量和价值的商品，如食品和服务项目等）尤其如此。由于缺乏其他确定的直观评价指标，消费者常常利用有关企业的外界评价，尤其是企业的社会声誉作为初步评价经验性商品质量和价值的重要指标。因此，从某种意义上说，生产和销售经验性商品的企业常常比生产非经验性商品（可以事先评价其质量和价值的商品）的企业更能够从承担社会责任中获得商业利益。因为承担社会责任能够为这些企业赢得值得信赖的社会声誉，而在消费者看来，这种企业所生产的商品一定是高质量的、值得购买的。

企业承担社会责任能够为企业积累声誉资本，放弃承担社会责任将使企业面临巨大的声誉风险。只有在得到各种利益相关者的支持时，如雇员认同、消费者忠诚、投资者偏爱、合作者支持、行动集团认可、媒体称赞，企业声誉资本才能逐步积累起来；相反，当各种利益相关者不支持企业时，如雇员偷懒、消费者抵制、投资者厌恶、合作者反目、行动集团攻击、媒体批评，企业声誉资本将迅速荡然无存。企业声誉具有两个重要特点：首先，企业声誉是一种难以"获得"和"维持"的企业资源，企业声誉的形成需要企业长期一贯的努力，而一件微小的负面事件就能够使企业长期积累起来的声誉毁于一旦；其次，企业声誉也是最难以被其他企业复制或模仿的无形资产，良好的企业声誉是企业获得核心竞争优势的重要基础。企业社会责任能够以两种相反的方式改变企业财务业绩：良好的企业社会责任业绩提升企业财务业绩；不良的企业社会责任业绩不利于企业财务业绩的提升。

有助于企业获得外部商业利益的企业社会责任或企业公益行为被学者定义为"公益型市场营销"（Cause Related Marketing）。根据梅斯科尼和狄尔森（Mescon and Tilson，1987）、瓦罗达拉迦和孟罗尼（Varadarajan and Menon，1988）等学者的解释，所谓"公益型市场营销"是指"通过资助特定公益事业以助销企业产品和提升企业形象的企业市场营销活动"，是"市场促销、慈善或资助行为、公共关系的有机结合，又与它们具有本质的差别"。在这里，企业慈善行为与企业商业目标融为一体、相互推动。"公益型市场营销"具有两个重要特征：①区别于传统企业公益行为，其费用常常并非来自企业慈善基金会的预算，相反，一部分典型的广告或产品助销预算常常可能被用于有助于推进企业营销目的的公益行为，事实上，"公益型市场营销"策略就是美国运通公司市场营销部于1981年创立和运作的（Mescon and Tilson，1987）。②企业花费于"公益营销"活动的总费用往往比企业公益资助金额要大得多，如1983年美国运通公司花费600万美元发起"修复自由女神"募捐活动，而所募资金额仅为170万美元（Varadarajan and Menon，1988）。"公益型市场营销"的"双赢"特征首先体现在其对社会公益事业的推进作用，如人们普遍认为，它在为特定公益事业开拓捐赠资金来源和提升公众对特定公益事业及其宗旨的认知度方面具有不可替代的作用。

● 案例

美国运通公司的"公益型市场营销"

美国运通（American Express）是"公益型市场营销"的开创者和成功的实践者。首先，该公司利用这一策略有效地提高其信用卡业务的市场占有率。1981年开始，该公司通过资助高雅艺术团体推广公司信用卡业务，旧金山艺术节、达拉斯芭蕾舞团、圣荷西交响乐团（San Jose Symphony）等一些重要地区性艺术活动和团体都因此得到公司的资助。该策略的"双赢"效果十分明显，如在为圣荷西交响乐团的筹款活动中，乐团获得捐赠资金23万美元；而公司信用卡使用率以及新卡申领率均因此上升25%。其次，美国运通利用"公益型市场营销"迅速提升公司整体形象和声誉。1983年，公司承诺消费者每使用一次公司信用卡或成为公司信用卡新用户，公司将为自由女神修复计划捐出1美分；女神修复基金会最终因此获得捐赠170万美元。该活动当时在美国引起轰动，迅速为公司树立了良好的公众形象，美国运通从此成为"有社会责任心甚至是爱国的公司"。根据有关资料，美国运通信用卡的市场占有率因此进一步大幅上升，与1982年同期相比，公司信用卡使用率上升了20%，而新卡用户足足上升了45%。美国运通的成功实践具有明显的示范效应，其他著名公司（如可口可乐公司、美国航空公司、旁氏化妆品公司等）群起仿效。

（五）企业社会责任与企业竞争优势

企业竞争优势是企业能够以区别于现实和潜在竞争对手的独特方式创造价值或获得商业利益的能力，其具体体现是更高的劳动生产率、更高的资源使用效率、更大的市场份额、更友好的供应商、更好的竞争环境、更好的社会声誉等。竞争优势是一个含义广泛的概念，它不仅涵盖了较高的企业内部资源使用效率，也意味着企业应对各种外部利益相关者的能力。迈克尔·波特（Michael E. Porter，2002）认为，一国产业或企业的竞争优势由四组因素决定，它们分别是：要素条件，需求条件，支持性产业与相关产业，公司的战略、结构和竞争。[①]这四组因素的每一组都可以单独发生作用，但又同时又相互依赖，任意一项要素所产生的效果都是建立在与其他要素的相互配合上。如果

---

① Porter M. E. and Kramer M. R.. The Competitive Advantage of Corporate Philanthropy. Harvard Business Review, 2002（10）.

拥有成熟、挑剔的国内消费者，但缺乏充足的高级人才，企业便无法满足消费者需求，市场本身也无法带动新产品的创新。四组因素构成一个有机体系，共同决定企业的基本竞争环境（Competitive Context），如图1-8所示。

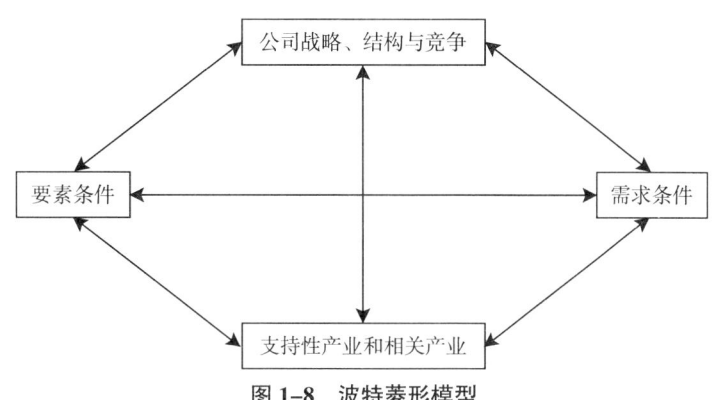

图1-8　波特菱形模型

资料来源：[美]迈克尔·波特. 竞争论. 中信出版社，2003.

要素条件是指一国拥有的生产要素状况。它们包括劳动力、可耕地、自然资源、资本和基础设施等。波特进一步将要素条件分为五大类：人力资源、物质资源、知识资源、资本资源、基础设施。国内需求主要通过国内买主的结构和买主的性质对竞争优势产生最重要影响。国内市场有三个特征对竞争优势有十分重要的影响：老练的、挑剔的买主，前瞻性的买方需求，国内独立的买主数量、需求的增长速度、需求的规模以及市场饱和的时间，这三者将对一国公司的竞争优势产生重要影响。支持性产业或供货商以下列几种方法为下游产业创造竞争优势：以最有效的方式及早地、迅速地为国内公司提供最低成本的投入，不断地与下游产业合作，促进下游产业的创新。相关产业为新进入者带来新的资源、新的技术、新的竞争方法，从而能促进产业的创新和升级。公司战略、结构和竞争包括公司建立、组织和管理的环境以及国内竞争的性质。竞争优势来自于对它们的选择和搭配。

企业或产业自身主动行为也是改善和提升竞争环境的重要途径，精心策划的策略性企业社会责任行为（包括慈善行为）能够通过改善企业竞争环境而赢得竞争优势（见图1-9）。策略性企业社会责任行为能够对竞争环境的四个方面都将产生十分重要的影响。

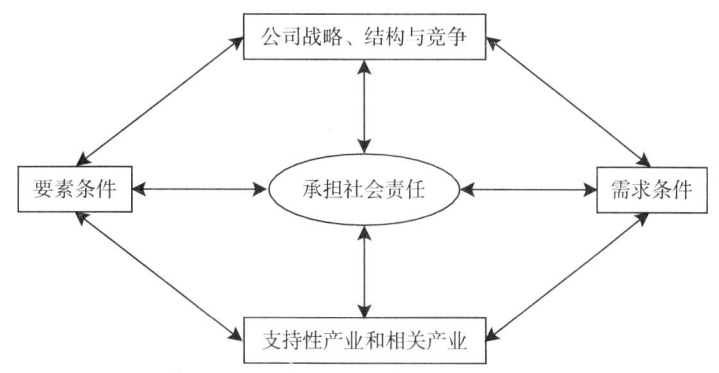

图1-9　企业社会责任与企业竞争环境互动关系

首先，从要素条件的角度看，企业捐助对其各个方面都能产生重要影响，具体体现在以下三个方面：①企业在教育方面的捐助能够改善教育和培训状况，从而为企业提供大量高素质劳动力储备；②企业捐助活动能够改善企业所在地居民的生活水平，从而对专门人才具有强大的吸引力；③除了能够改善熟练劳动供给状况以外，企业捐助还会有效提升所在地研发机构水平、当地行政管理机构（立法机构等）的效率、基础设施质量以及自然资源开发利用水平。

其次，从需求条件的角度看，企业承担社会责任不仅可以影响本地市场的规模，还可以有效改善本地市场的质量，如思科网络学院通过帮助客户获得良好培训的网络管理人员而极大改善了需求条件；苹果计算机公司通过向各级学校捐赠而将苹果计算机巧妙地推荐给了年轻消费者，从而有效地扩展其产品市场，并造就大量更为成熟的消费者。

再次，从企业战略与同业竞争的角度看，企业承担社会责任对于创建更有效率和公开透明的竞争环境至关重要。

最后，从相关和支持性产业的角度看，企业承担社会责任可以推动簇群和支持性产业的进一步发展。如美国快运公司很大一部分收益依赖于旅游公司等支持性产业，通过资助旅游等支持性产业的人才培养，美国快运公司一方面通过改善教育而承担社会责任，另一方面也因更具竞争实力的旅游企业簇群而获益匪浅。

第三节 企业社会责任的发展演变[①]

企业社会责任是企业迫于外部压力或出于企业自身盈利动机而对各种利益相关者所承担的责任，其实质是企业出于自我保护和经济利益动机投入经济资源服务于社会公共利益。企业社会责任的产生与发展演变是政治经济制度、文化传统、企业整体实力、法律制度等众多因素共同作用的结果。

一、西方企业社会责任发展演变的四个阶段

从发展演变过程看，西方企业社会责任的发展演变具有明显的阶段性特征。我们认为，以美国为典型代表的西方企业社会责任实践大致经历了以下四个发展演变阶段。

（一）企业社会责任的萌芽

早在真正意义的现代企业产生以前，企业社会责任就以商人社会责任的形态长期存在。无论是中国还是西方的古代社会，商人的社会地位都十分低下。在古代中国，"士农工商"的职业等级序列意味着商人的社会末流身份；而在古希腊，商人比奴隶的地位高不了多少（Eberstadt，1978）。古代社会占统治地位的商业伦理观强调的是社会精神，即商业被赋予服务社会的职能，社会的压力迫使商人追求社会利益。中世纪，在占据社会政治经济统治地位的基督教会看来，商人和商业价值观不仅不值得信赖，而且被认为是反基督的。教会要求商人绝对诚实，并必须承担十分广泛的社会义

[①] 该节以及本章第一节和第二节部分内容参阅《企业社会责任发生机理研究》（唐更华著，湖南人民出版社2008年第1版）。

务，如切实照料吉尔特（Guild，即行会或同业工会）成员、关心所在社区的公共福利等（卢代富，2002）。

西方社会进入重商主义时代以后，文艺复兴运动彻底改变了中世纪基督教宗教价值观一统天下的格局，倡导宗教与教育和国家相分离的世俗主义（Secularism）受到普遍推崇。世俗主义的盛行，动摇了中世纪基督教价值观念中对商人的偏见，财富甚至被加尔文教视为上帝对人类进行恩赐的神迹（Signs）（Clarence C. W., 1967）。同时，加尔文教派也要求富人资助贫困者。显然，在加尔文及其信徒那里，商人的社会地位和商人社会义务得到了提升。民族国家的兴起和重商主义经济哲学的盛行进一步将商人社会责任提升到前所未有的高度。在重商主义看来，只有金银才是真正的财富，对外贸易顺差是主权国家增加金银储备的根本途径。商人的对外贸易活动因此成为国家富强的基础，商人的社会责任突出地表现是为确保和维护国家利益而从事商业活动。

18世纪，工业革命不仅极大地推动了西方世界工商业的跨越式发展，也带来了社会文化和价值观念的根本变化。亚当·斯密"看不见的手"的自由竞争理论为社会所普遍信仰，经济竞争中成败得失被社会达尔文主义者解释为"适者生存"的自然选择过程。在这种思想观念的支配下，商人以及不断涌现的工厂制企业的最高行为准则是追求利润；重商主义时代崇尚的国家利益观念和使命感以及较早的朴素的商人社会责任观念逐步被利润最大化观念所取代。

19世纪中后期是世界经济中心逐步向美洲新大陆转移的时代，同时也是现代企业制度形成和不断发展壮大的时代。伴随着财富的集中和企业规模的不断扩大，追求利润的商人或企业家逐步学会关注公共利益和社会弱势群体。早在1831年，美国银行和船业大亨斯蒂芬·杰拉德开始捐赠公益事业；19世纪50年代，美国金融家乔治·菲布迪捐赠大量资金以资助教育和无家可归者；19世纪末，美国钢铁大王安德鲁·卡内基捐赠巨款修建公共图书馆和音乐厅；20世纪初期，石油大王洛克菲勒捐赠大量资金以"改善全人类生活"，安德鲁·卡内基进一步捐赠大量资金资助范围广泛的社会公益事业等（Steiner, 1997）。

尽管上述早期商人社会责任行为和19世纪中后期的企业家社会责任活动在本质上只是个人的社会责任行为，还不是真正意义的企业社会责任行为，但无论是商人还是企业家的社会责任行为，都对后来的企业社会责任实践产生重要的影响和示范作用。本书将这种个人性质的商人或企业家社会责任行为视为企业社会责任的萌芽形态。这种萌芽形态的社会责任主要包含商人或企业家所应该承担的一般性社会公益责任，如维护国家利益和社区利益、资助教育和弱势群体等。

● 案例

商人社会责任的典范——早期的卡内基基金会

安德鲁·卡内基是美国20世纪早期的著名实业家，是与"汽车大王"亨利·福特、"石油大王"洛克菲勒等美国大财阀齐名的美国"钢铁大王"。在功成名就后，他将几乎全部的财富捐献给社会。为了更好地选择与管理捐赠项目，卡内基于1911年在纽约注册创立卡内基基金会，目的是促进知识的增长和普及，增进美国和某些英联邦国家（不包括英国、印度和巴基斯坦）之间的了解。基金会主要兴趣在教育、政治与国际事务方面。有时也给其他领域的一些特殊研究项目拨款。拨款项目涉及基础研究，以及这些研究结果的有效利用。具体包括学前教育、社会地位低下者的教育、城市教育，还包括改进地方、州和联邦各级政府的行政管理等方面。卡内基的终生愿望是建立公共图书馆，使每个人能够掌握自我教育的方法。他和他的公司花了5600多万美元在世界各地建立了2509个图书馆。在1919年安德鲁·卡内基逝世前，他本人任董事长兼会长，这个阶段他个人的意图起主导作用。在卡内基去世后的漫长的岁月中，基金会在不断研究新形势中提出新的工作重点。20世纪60年代之前，贯穿始终的是教育，60~80年代倾向于平等和改良。80年代以后的几大目标是避免核战争，改善美苏关系；教育全体美国人，特别是青年，以适应一个以科技为基础的社会；防治各种对儿童和青少年的伤害，包括吸毒、酗酒和少女怀孕等社会问题；在第三世界培训和开发人力资源。

（二）企业社会责任的产生

区别于个人性质的商人社会责任和企业家社会责任，企业社会责任是一种组织性质的企业行为，它既不是单纯的管理者行为，也不是单纯的投资者（股东）行为，而是双方甚至多方相互妥协与共同决策的结果。真正意义的企业社会责任产生于20世纪初，主要原因是单个企业家或商人越来越难以解决社会剧烈变动时期涌现的各种社会问题，公众理所当然地希望拥有巨大经济资源的企业能够积极介入社会公益事业。早期形态的企业社会责任的重要特点是，企业社会责任逐步由被法律法规所忽视和禁止的企业行为转变为法律法规所支持和鼓励的行为。这一特点还与20世纪70年代前后法律法规所强制企业承担的各种具体社会责任具有重要区别。从企业所关注的社会问题以及解决社会问题的方式看，早期企业社会责任与企业家或商人社会责任的主要区别在于两者资助或关注的社会问题有所不同，即尽管承担企业社会责任的企业与商人或企业家慈善家都以捐赠资金资助社会公益事业（如建造房屋、教堂、学校和图书馆等）和帮助社会弱势群体等为主要内容，但企业在承担社会责任时逐步将重点转移到关注企业内部员工权益问题上来，企业纷纷建立养老金计划、员工持股和生活保障计划、失业基金等，同时限制工作时间，提高工资（张志强、王春香，2005）。

20世纪初期，现代企业制度的确立、企业规模迅速扩大以及这两个因素所引起的公众对企业社会经济职能预期的变化导致现代意义的企业社会责任的产生。20世纪20年代，美国现代企业制度基本确立起来（钱德勒，1987）。在两权分离的现代企业中，拥有企业经营管理控制权的管理者不再是完全拥有自己企业的企业主。在20世纪20年代，美国社会出现了两种有利于企业承担社会责任的有关管理者职责的观点。一是受托人（Trustee）观念。根据这一观念，管理者实际控制的现代企业虽然属于私人所有，因而必须为其股东创造利润；但管理者也实际上被置于公众信托人的位置上，他们应该运用其所控制的巨大的社会资源为社会总体而不仅仅为股东谋取利益。从这个意义上说，管理者不但是股东的受托人，同时也是顾客、员工和周围社区的受托人。作为受托人，管理者首先要满足和平衡这些集团的利益要求。管理者是整个社会利益的受托人，他们被期待以有利于社会公共利益的方式经营管理企业。二是有关管理者职责的新观念是服务原则（Service Principle）。该原则强调，以追求利润为主要目的的企业及其管理者，应该通过捐助或承担社会责任来回报社会和公众，从而为减少社会不公、缓减贫穷以及解决其他社会问题做出贡献。显然，现代企业制度条件下的受托人观念和服务原则十分有助于推动企业承担社会责任。

20世纪初期不仅是现代企业制度基本确立的时期，也是企业规模不断迅速扩大和企业社会经济影响力日益增强的时期（Berle and Means，1932）。企业规模不断扩大和企业社会经济影响力日益增强，主要从两个方面对企业社会责任产生重要影响。首先，社会公众对企业社会经济职能预期随之发生重要变化，公众要求掌握巨大社会经济资源的企业不能仅仅满足于追求利润，而应该承担与其巨大社会经济影响力相匹配的社会责任。20世纪初期是美国社会剧烈变动的时期，贫富差距迅速扩大，社会保障体系远未建立起来，社会弱势群体迫切需要得到来自政府以外的救助。其次，在现代企业制度不断发展演变以及企业规模不断扩大的过程中，企业自身的生产经营活动带来越来越多的社会问题，如工伤、职业病、产品质量、环境污染等，这些社会问题使得企业不得不面临此起彼伏的劳工运动和无休止的法律诉讼。企业因此也不得不投入更多的资源以解决这些社会问题，以缓解来自各方面的压力。

这一时期，美国法律法规对企业社会责任态度的根本改变对推动美国企业承担社会责任发挥了十分关键的作用。长期以来，美国法律体系对企业社会责任持消极态度，这种消极态度集中地体现在传统法律体系的"越权原则"中。"越权原则"将公司行为严格限定在公司章程所表述的范围以内，因而在事实上成为企业承担社会责任的根本障碍。从20世纪30年代开始，"越权原则"逐步被突破，支持和鼓励企业承担社会责任的法律法规不断增加，企业社会责任逐步由法律法规所禁止的行为发展成为法律法规所倡导和鼓励的行为。1936年，美国国会修订《国内税收法典》，明确规定公司慈善、科学、教育等方面的捐赠可予扣减所得税。美国各州公司立法也日益朝着支持和鼓励企业承担社会责任的方向发展。在公司法中赋予企业慈善捐赠权利的州在1928年为5个，1938年为9个，1948年为15个，1959年为41个（卢代富，2002）。1954年，美国新泽西州最高法院判定公众公司捐赠在不直接有利于股东利益的情况下也是合法的。这一判决最终将企业社会责任行为认定为一种与企业其他生产经营活动没有本质区别的企业自主行为。

（三）企业社会责任的发展与深化

20世纪60~80年代末是企业社会责任进一步完善和快速发展的时期。这种完善和快速发展主要表现在三个方面。首先，企业社会责任范围进一步扩大，企业参与和支持的社会责任项目不仅包括教育、公共健康、就业福利、住房改善、城区改造、环境保护、资源保护、家庭护理等传统项目，也进一步扩大为对种族主义问题、战争、暴力、传染病以及失败的学校教育等更加广泛的社会问题的关注。其次，尽管支持和鼓励企业承担社会责任的法律法规仍在发挥重要作用，大量强制性专项法律法规逐步成为推动企业承担特定社会责任的主导性力量，这些强制性专项法律法规主要包括20世纪60~80年代美国国会通过的大量有关生态环境保护、消费者权益保护以及雇员权益保护等方面的法律法规。最后，企业日益将承担社会责任与赢得商业利益紧密结合起来，企业承担社会责任不再被认为仅仅是资源的无偿付出，精心策划的企业社会责任行为常常给企业带来巨大的商业利益回报。

20世纪60~80年代末，企业生产经营活动负面影响的加剧、各种独立于企业的社会利益集团和非政府组织的形成以及美国政府财政紧缩政策，都对这一时期的企业社会责任产生了重要影响。进入20世纪60年代，企业生产经营活动对社会经济环境及其各种非股东利益相关者所产生的负面影响日益明显，这些负面影响导致企业与社会公众以及一些主要非股东利益相关者关系的全面恶化，生态环境保护组织、消费者组织、劳工组织日益成为企业行为的强大约束力量。这些具有不同价值取向的社会利益集团或者直接向企业施加压力，要求企业关注特定社会问题，如环保组织直接要求企业承担生态环境保护责任、劳工组织直接与企业就劳动条件和劳动报酬进行谈判等；或者联合其他各种社会与政治力量，极力推动强制企业承担特定社会责任的法律法规的通过。在这些社会利益集团的推动下，20世纪60~80年代末，美国通过了大量直接以约束企业行为为核心内容的专项法律法规，企业社会责任进一步由法律法规所倡导和鼓励的行为演变成为法律法规所强制承担的义务。从生态环境保护立法的角度看，1969~1980年，美国通过了16项重要环保立法，其中包括著名的《国家环境政策法案》（1969）、《清洁空气法案》（1970，1977）等。进入20世纪70年代，在拉尔夫·纳德及其领导的消费者运动的推动下，美国通过了近10部消费者权益保护方面的联邦法律。此外，美国劳工权益保护立法也在这一时期出现了两个高潮；1963~1974年以雇员健康和安全保护为主要内容的立法高潮；1986~1993年以反就业歧视为主要内容的立法高潮（乔治·斯蒂纳、约翰·斯蒂纳，2002）。

20世纪60~80年代末是美国各种社会经济矛盾集中爆发的时代，各种社会问题层出不穷。同时，美国20世纪80年代初开始实施的"经济复兴计划"，大幅度削减联邦政府支出（尤其是社会福利支出）。由于来自政府的资金日益萎缩，非营利机构纷纷寄希望于企业提供慈善资金。然而，20世纪70~80年代美国企业不仅日益面临来自日本和联邦德国企业的强有力竞争，这一时期美国国内长期低迷的"滞胀"宏观经济环境也大大削弱了美国企业的获利能力。一方面，社会公众要求企业投入更多的资源解决社会问题；另一方面，企业不得不紧缩支出以自保。这一尖锐矛盾推动美国企业社会责任模式发生根本变革，不计回报的传统企业社会责任模式面临挑战。美国企业逐步尝试寻找一种能够兼容社会责任与商业利益的社会责任模式，越来越多的美国企业将承担社会责任与企业产品或服务的营销以及企业公众形象的提升与改善有机结合起来。这种具有"双赢"特征的企业社会责任新模式无论对于企业还是公共管理部门都是巨大的诱惑，并因此在20世纪80年代中后期以来逐步发展演变为美欧诸国主导性企业社会责任模式。越来越多的企业由排斥与被动承担社会责任逐步向积极主动与策略性地承担社会责任转变。

（四）企业社会责任的成熟与国际化

20世纪80年代末以来，企业社会责任逐步步入成熟与国际化时期，其主要特征有三个。首先，这一时期，政府间国际组织、国际非政府组织以及跨国公司所确定的企业行为规范逐步成为推动企业承担社会责任的主导力量，此前局限于各主权国家内部的企业社会责任不断发展演变成为突破国界的国际化现象，不同国家的企业日益受到多种多样的国际性企业行为守则的约束，大型跨国公司也不得不对其遍布全球上下游合作企业的行为承担责任，企业社会责任日益发展演变成为声势浩大的全球性企业社会责任运动。其次，从20世纪80年代末开始，美国各州纷纷修改公司法，新的公司法要求或允许管理者对包括股东在内的更广泛的利益相关者负责，而不仅仅是对股东利益负责（崔之元，1996；沉艺峰，2000）。这种修改突破了传统公司法"股权至上"的基本原则，将承担社会责任确定为企业基本的法律义务之一。最后，20世纪90年代中后期以来，企业承担社会责任的策略意识进一步强化；企业界以及社会公众关于企业社会责任问题的争论日益从"企业是否应该承担社会责任"向"企业到底应该如何承担社会责任"转变（Smith C.，2003）。

经济全球化进程的迅速加快对这一时期的企业社会责任具有广泛而深远的影响。经济全球化一方面在全球范围内促进了资源的优化配置，另一方面也打破了全球传统利益格局，发展中国家在与跨国公司的经济交往过程中面临一系列严峻的社会与经济问题，如资源耗竭、生态环境恶化、劳工权益受损等。这些问题的不断恶化最终导致各种全球性社会与政治力量纷纷对跨国公司施加影响，要求跨国公司在全球范围内承担必要的社会责任。三个不同层次的社会与政治力量所制定的企业行为准则在推动企业社会责任国际化过程中发挥了重要作用：①在国际消费者组织和劳工组织等各种民间力量推动下跨国公司根据自身特点制定的内部生产守则，其中李维—史特劳斯（Levi-Straus）、耐克、沃尔玛、迪斯尼、阿迪达斯（Adidas）以及锐步（Reebok）等著名跨国公司的内部生产守则最具有代表性。②各种非政府组织制定的民间标准，即以外部社会约束为主要特征的企业外部生产守则，如美国"公平劳工协会"（FLA）、"社会责任国际"（SAI）、荷兰的"洁净衣服组织"（CCC）、英国的"道德贸易行动"（ETI）等机构制定的生产守则等，其中又以美国"社会责任国际"制定的"社会责任8000"（SA8000）最为我国公众和企业所熟悉。③政府间组织制定的企业行为标准，如国际劳工组织于1998年6月通过的《国际劳工组织关于工作中的基本原则和权利宣言》，联合国秘书长科菲·安南1999年倡导、2000年全面启动的"全球契约"计划等。在上述三种力量的共同作用下，一场声势浩大的企业社会责任运动在全球范围内形成并迅速扩展。根据经济合作组织（OECD）的统计，到2000年，全球各种机构制定的各类生产守则共有246个，其中118个是由跨国公司自己制定的内部生产守则，92个由商贸协会制定，32个由非政府组织制定，4个由国际机构制定（谭深、刘开明，2003）。

20世纪80年代末，以"恶意收购"为主要特征的美国第四次企业并购浪潮对这一时期的企业社会责任也产生了重要影响。"恶意收购"盛行是企业股东利益最大化的极端反映。股东接受"恶意收购"的短期获利行为，常常是以企业非股东利益相关者（企业职工、债权人、顾客以及社区等）利益严重受损为代价。"恶意收购"迅速在美国遭到各种非股东社会利益集团和公众的强烈反对，并引发了美国各州纷纷修改公司法。据统计，以宾夕法尼亚州、特拉华州和纽约州为代表的35个地方州，先后对各自《公司法》的立法理念和具体条文进行了根本性修改（沉艺峰，2000）。一般而言，修改后的美国各州公司法一方面对股东权力的行使施加适当的限制，另一方面则增加了要求管理者保护处于相对弱势地位的非股东利益相关者（雇员、消费者等）的条款。如修改后的宾夕法尼亚州公司法规定任何股东不再享有超过公司发行在外股票20%股权的投票表决权，并要求管理者恶意收购得逞后优先保护一般雇员利益。相对于美国20世纪30年代前后鼓励企业承担社会责任的一般性法律法规和70年代前后强制企业承担特定社会责任的专项法律法规而言，新的公司法为企业承担社会责任提供了最基本和直接的法律制度基础。

在企业社会责任运动的推动下，从20世纪90年代中后期开始，企业承担社会责任的态度和方法发生了一些重要变化。变化之一是，企业社会责任活动和企业社会责任业绩逐步成为企业对外展示企业形象和企业综合竞争能力的重要指标。越来越多的著名企业像公布主要财务业绩一样公布年度社会责任活动和企业社会责任业绩。张志强、王春香（2005）的研究显示：2002年全球前250家大企业报告社会责任的比例为45%，而各国前100家大企业报告社会责任的比例为23%；2005年，这两个比例分别上升到52%和33%；如果把包含了企业责任信息的年终财务报告算在内的话，这两个比例则高达64%和41%。企业社会责任报告之所以盛行，主要是因为这一制度对于改善企业公共关系、缓减公众对企业的质疑以及提升企业美誉度具有重要作用。变化之二是，企业社会责任管理日益成为企业经营管理活动的一部分。20世纪90年代中后期以来,越来越多的企业,尤其是跨国公司,在企业内部设立专门管理机构或企业社会责任董事会,以负责企业社会责任方面的事务。这些专门机构或专业董事会不仅负责公司一般公共关系事务,更将工作重点放在企业社会责任策略的研究和策划上。如耐克公司1998年设立公司社会责任部,2001年创立董事会层次的责任委员会,并逐步在具体经营管理层次上设立劳工和环境部、安全和健康部、社区事务部等专门负责解决特定社会问题的职能机构。

二、西方企业社会责任的发展趋势

随着外部制度环境的演变以及企业社会经济权势的扩展,不同历史时期的企业社会责任实践具有明显的阶段性特征。我们主要从不同历史时期企业对待社会责任的不同态度的角度,对企业社会责任的总体演变趋势进行研究与概括,试图为我国企业尤其是省属企业的社会责任的实践提供借鉴。

(一) 总体趋势

从企业对于企业社会责任的态度来看,西方发达国家企业逐步由强烈排斥和推卸社会责任转化为积极主动承担社会责任。早期的企业社会责任主要是一种自发自愿的行为,而当前越来越多的企业积极将承担社会责任与企业生产经营活动以及企业战略紧密结合起来,企业社会责任日益成为企业获得竞争优势的重要手段。企业社会责任实践的总体发展趋势具有以下三个阶段性特征。

(1) 自发自愿阶段。传统主流理论和观念要求企业在特定法律法规环境下追求利润最大化。19世纪和20世纪前半期,崇尚"勤勉致富以获得救赎"的加尔文思潮进一步强化了这一企业行为标准。因此在这一段历史时期里,管理者认为承担经济责任以外的社会责任侵蚀企业资源;而股东则认为,经济责任以外的社会责任损害企业利润(Stroup and Neubert, 1987)。19世纪中后期以来,在一些工商巨头和受到早期现代工业严重不良影响的人群的推动下,一些企业与企业家日益关注社会公益事业,纷纷自觉自愿地从事慈善活动。如当时船业和银行大亨斯蒂芬·杰拉德1831年捐赠600万美元建立一所孤儿学校;而积累起巨额财富的石油大王洛克菲勒于1913年设立洛克菲勒基金会以"改善全人类生活",一生共捐赠5.5亿美元财富(Steiner, 1997)。这一时期的企业社会责任实践具有明显的自发自愿性质,且在很大程度上是企业家良心发现的个人行为。但一些学者注意到,即使在企业社会责任的萌芽期,企业与企业家亦试图通过承担社会责任获取商业利益(Keim, 1978; Morris and Biederman, 1985)。事实上,美国早期相关法律规定,企业社会责任只有在被证明有益于股东的情况下才是合法的。这种状况一直持续到1954年新泽西州最高法院判定公众公司捐赠在不直接有利于股东利益的情况下也是合法的。

(2) 被动被迫阶段。20世纪20年代和30年代,两个重要因素共同推动企业社会责任模式发生根本变化。①美国公众公司股权日益高度分散,如30年代初,美国一些巨型公司(美国电话电报、美国钢铁和宾夕法尼亚铁路等)的最大股东的持股比例均低于公司总股份的1%(Berle and Means, 1932)。股权高度分散导致股东控制权不断被削弱,管理者日益成为公司的实际控制者,股东控制权的弱化,还导致其他利益相关者(雇员、顾客、供应商和社区等)作用的相对上升,管理者因此必须关注和协调各方权益。②日益明显的多元化社会发展趋势,即大量自动或半自动生成的相互制约、但又不能相互控制的利益集团不断涌现（Steiner，1971）。多元化趋势使得企业不得不面临大量来自外部利益集团的压力。如20世纪30年代，美国企业面临来自工会和联邦政府的日益强大压力；而20世纪50年代和60年代，不断壮大的环保团体、消费者权益保护运动、反种族歧视运动等，对企业产生越来越大的影响。同时，20世纪中期以来，企业也日益明确地意识到，企业作为一种法律实体，只有在得到社会的广泛认同和支持的条件下才能生存和发展。在上述两种趋势和企业自我意识的共同作用下，企业不得不通过承担社会责任回应社会各种要求和预期，否则就会遭致广泛的社会批评和制裁。

（3）主动自觉阶段。20世纪70年代，一些新的影响深远的经济与社会因素推动美国企业社会责任模式再次发生根本变化。①美国经济在经历20余年的长期高速增长期后，以1973~1975年经济危机为转折点，进入"滞胀"病态阶段。同时，美国汽车、微电子、家用电器、化工等产业在20世纪七八十年代还面临来自日本和联邦德国企业的日益激烈竞争；长期低迷的宏观经济环境和来自外部的严峻挑战大大削弱了美国企业的获利能力，企业因此纷纷实施紧缩支出计划。②20世纪80年代初，里根实施"经济复兴计划"，导致联邦政府支出尤其是社会福利支出大幅减少，非营利慈善机构资金来源日益萎缩，并纷纷寄希望于企业弥补资金缺口。显然，20世纪70年代以来，美国企业面临一个日益尖锐而难以化解的矛盾，一方面公众希望企业提供更多捐赠，另一方面企业又不得不紧缩支出。这一矛盾的激化推动企业社会责任模式再次发生根本变革，主动自觉的策略性企业社会责任模式应运而生。策略性企业社会责任模式的核心特征是强调企业社会责任的投资性质，即"行善"可获回报，企业能够"通过行善做得更好"（Doing Better by Doing Good）。策略性企业社会责任的"双赢"特征无论对于企业还是公共管理部门都是巨大的诱惑，并因此在20世纪80年代中后期以来逐步发展演变为美欧诸国主导性企业社会责任模式。

（二）策略性企业社会责任的两种类型

学者对策略性企业社会责任的关注与研究主要集中在企业慈善行为的研究上。最早关注策略性企业社会责任的管理学文献是美国学者哈尼特（Hunt A.）于1986年发表的论文——《策略性企业慈善行为》。该文未对策略性企业慈善行为做出明确的界定，但他通过介绍企业从事慈善活动的六种新思路和新方法，基本概括了策略性企业慈善行为的一些核心特征。较早对策略性企业慈善行为进行明确定义的是美国管理学者伍德（Wood）和罗格斯顿（Logsdon）等。伍德（Wood，1990）将策略性企业慈善行为定义为"一种蓄意将企业捐赠与企业经济目标联系起来的努力"。罗格斯顿等人（Logsdon，Reiner and Burke，1990）认为，策略性企业慈善行为是"企业捐赠被导向既有利于企业商业利益又服务于受益组织或个人的慈善行为"。此后，其他学者（Cloud，1991；Burke，1992；Smith H.，1993；Smith C.，1994；Marx Jerry D.，1998；Roger Martin，2002）纷纷关注策略性企业慈善行为，并从不同角度对其进行界定和进一步分析。如施米斯（Smith C.，1994）倡导"新企业慈善行为"（The New Corporate Philanthropy），强调将慈善活动管理与其他生产经营活动整合起来，以达到通过慈善活动提升企业知名度、提高雇员生产率、降低研发费用、缓减政府管制、推进企业各职能部门的协调发展的目的。而在马丁（Martin，2002）看来，策略性企业慈善行为是一种源于管理者内在冲动、并能兼容社会和股东利益的潜在工具性企业慈善行为。显然，尽管不同的学者定义的表述方式和侧重点各有不同，但其共同点是显而易见的，即均将策略性企业慈善行为定义为能够兼容社会公益和企业商业利益的企业慈善行为。

策略性企业慈善行为的实践和理论在发展和演变过程中，逐步形成两种不同的思路和方法：公益型市场营销（Cause Related Marketing）；竞争环境导向型慈善行为（Context-focused Philanthropy）。所谓公益型市场营销，是指"通过资助特定公益事业以助销企业产品和提升企业形象的企业市场营销活动"，是"市场促销、慈善或资助行为、公共关系的有机结合"（Varadarajan and Menon，1988）。慈善与商业利益因此融为一体、相互推动。公益型市场营销具有两个重要特征：①区别于传统企业公益行为，其费用常常并非来自企业慈善基金会，相反，一部分典型的广告或产品助销预算常常被用于公益活动，事实上，公益型市场营销策略就是美国运通（American Express）市场营销部于1981年创立和运作的（Mescon and Tilson，1987）。②企业用于"公益营销"活动的总费用往往比企业公益资助金额要大得多，如1983年美国运通花费600万美元发起"修复自由女神"募捐活动，而所募资金额仅为170万美元（Varadarajan and Menon，1988）。公益型市场营销首先有益于社会公益事业，如它在拓展公益资金来源和提升公众对公益事业的认知度方面具有不可替代的作用。对于企业而言，收益主要在于两个方面：有助于公众和政府形成对企业的肯定性社会评价，从而有利于企业培育差别化市场地位；有助于企业争取和稳定热心公益的消费者。美国运通是公益型市场营销的开创者和最成功的实践者。1981年，该公司通过资助高雅艺术社团（达拉斯芭蕾舞团、迈阿密大歌剧院等）迅速提高公司信用卡市场占有率。1983年，该公司积极为自由女神修复计划募集和捐赠资金，迅速为公司树立了良好的公众形象，美国运通从此成为"有社会责任心、关心公益甚至是爱国的公司"（Mescon and Tilson，1987）。

竞争环境导向型慈善行为是由著名学者迈克尔·波特所倡导。借用其竞争战略理论钻石架构分析模型，波特强调慈善行为改善企业竞争环境的功能，即慈善行为应该对企业竞争环境相互关联的四个方面（要素条件，需求条件，公司的战略、结构和竞争以及相关和支持性产业）产生积极影响。首先，对要素条件将产生三个方面的重要影响：改善教育和培训状况，为企业提供大量高素质劳动力储备；改善企业所在地居民生活水平，从而对专门人才具有强大吸引力；提升所在地研发水平、行政机构效率、基础设施质量以及自然资源生产效率。其次，从需求条件角度看，策略性慈善行为不仅可以影响市场规模，还可以有效改善市场质量，如思科公司通过帮助客户获得训练有素的网络管理人员而有效改善了需求条件。再次，从公司的战略、结构和竞争角度看，策略性慈善行为对于创建更有效率和公开透明的竞争环境至关重要，如60余家美欧企业共同支持国际透明化组织（Transparency International）反对国际商业贿赂，不仅有利于当地居民，同时为推动这种活动的企业提供进入市场的更便捷途径。最后，从相关和支持性产业角度看，策略性慈善行为可以推动簇群和支持性产业进一步发展，如美国快运公司资助旅游等支持性产业，也因更具竞争实力的旅游企业簇群而获益。思科系统公司（Cisco Systems, Inc.）是"竞争环境导向型慈善行为"最成功的实践者。

● 案例

思科系统公司的社会责任实践

20世纪90年代初，为了缓减网络管理人员长期短缺对公司发展的制约，思科公司投巨资创办网络技术学院，免费为在校中学生提供网络管理技能培训，这一计划逐步扩展到社区大学和中等职业培训机构。2002年前后，该公司与联合国合作进一步将该培训项目引入发展中国家。到2002年底，该培训项目扩展到全美50个州和全球147个国家，拥有并运作9900余家网络技术学院，并还在以每周新办50~100所网络技术学院的速度不断快速发展。思科公司充分利用自身独特资源优势（网络技术）和遍布全球的分支机构从事公益和慈善活动，其"双赢"效果十分突出。思科公司估计，到2002年底，已有11.5万余名学员获得该项目的两年制培训班结业证书，而正在接受培训的学员人数多达26.3万。同时，该培训计划也卓有成效地改善了思科公司的竞争环境，如企业与所在地政府及社区的关系、网络管理人员素质、公司社会声誉、客户关系以及员工工作热情等都有明显改善。IT产业内的其他著名企业（太阳微系统、惠普、Adobe Systems和Panduit等公司）因此纷纷效仿，或参与思科公司培训计划，或结合自身资源特色和需求创新培训计划。

（三）策略性企业社会责任的理论基础

20世纪70年代初以来，管理和经济学家尝试从不同的角度论证策略性企业慈善行为的合理性，试图为策略性企业慈善行为建立理论基础，代表性的成果有三个。

1. 开明自利论（Enlightened Self-interest Theory）

开明自利论并不完全否定传统"自利"假定，但强调通过"利他"实现"利己"目的。开明自利论较早以一种朴素和直观的形态表现出来，如俄亥俄标准石油公司在1963年将这种观念简单地概括为"要获益必行善"（To Do Good, You Must Do Good）（Stendardi Jr., 1992），而戴维斯在1960年就断言企业慈善行为会给企业带来长期回报。这种朴素的看法得到经济发展委员会（Committee for Economic Development, CED）的充分肯定。CED认为，企业公益行为符合"开明自利"原则，如良好的社会环境有利于企业利益。

开明自利论的规范论证和充分发挥由瓦李奇和麦高威（Wallich and McGowan）两位学者在1970年完成。他们将开明自利论建立在组合投资（Portfolio）理论的基础上。组合投资理论认为，追求投资预期收益最大化、且躲避投资风险的投资者（股东）倾向于进行组合投资，即将资本分散投资于多个不同企业以降低投资风险。他们还假定，投资者对管理决策具有重要而直接的影响，即忽略伯利—米恩斯"管理者控制"问题。

基于以上假定，投资者不仅鼓励管理者追求投资收益流贴现值最大化，也可能支持企业投资于现值收益小于企业投资成本贴现值的投资项目。由于组合投资者拥有众多企业股权，某个企业的经营活动所产生的收益可能被其他企业分享，但所有企业都包含在投资者的投资组合之中。组合投资者因此支持有利于一群企业甚至整个产业的决策活动，并导致组合投资者鼓励企业从事某些不仅有益于某家企业、而且有益于一群企业和社会的行为，如企业慈善行为。虽然基于组合投资理论的开明自利论受到各种质疑如现实中投资者一般不可能拥有某一行业或地域所有企业的股权，从而无法遏止某些企业无成本地分享其他企业慈善行为的收益。但开明自利论强调通过利他而实现利己目的的主张得到一些重要学者的认同，库伯（Copper）、戴维斯（Davis）、斯蒂纳（Steiner）和萨默（Summers）等分别于1974年、1973年、1972年和1974年纷纷发表论文或著作支持、发挥这一主张。开明自利论也因此逐步成为企业从事慈善活动的重要理论依据。

2. 利益相关者论 (Stakeholder Theory)

此论源于斯坦福研究所（Standford Research Institute，SRI）1963年一份内部研讨备忘录中"利益相关者"（Stakeholder）一词，该词被SRI用以指称"那些除股东（Stockholder）以外对组织存续具有重要利害关系的团体"。弗里曼1984年的经典研究成果使利益相关者概念及其理论体系日益成为备受关注的研究课题。尽管不同学者的利益相关者定义各不相同，但弗里曼经典定义的基本精神得到多数研究者认同，越来越多的学者认为，利益相关者就是能够影响企业并受企业决策影响的个人或团体。

利益相关者论与传统"股权至上论"具有根本区别。"股权至上论"认为股东是企业的所有者，管理者作为代理人应无条件地维护股东利益。而在利益相关者论看来，企业是一个由众多投入了一定专用性资产的参与者所组成的组织（Clarkson，1994），企业的发展离不开各种利益相关者的投入与参与，管理者与各种利益相关者形成"多元信托"（Multi-fiduciary）关系（Goodpaster，1991）。换言之，企业是各种利益相关者相互作用、相互依赖的利益协调和均衡机制，管理者应该维护所有利益相关者的利益，而不是某个主体的权益。

学者一般根据其与企业的不同关系类型将利益相关者区分为"初级"和"二级"利益相关者（Post，1996；Trevino，1999）。前者指与企业形成正式契约关系的市场交易主体，如股东、债权人、雇员、消费者、供应商等；后者指与企业形成非正式契约关系的非市场交易主体，如政府、居民、社区、媒体、自然环境以及非人物种等。一般而言，作为市场交易主体的利益相关者的权益主要通过价格机制得到满足，如股东通过分红以及资本和经理市场获得收益和控制权。作为非市场交易主体的利益相关者的权益，一方面要通过强制方式得到满足，如政府和环保主义者的权益；另一方面企业慈善捐赠是其权益得以满足的重要方式，如企业对社区、环境、生态等问题的关注等。琼斯（Jones，1995）还令人信服地证明，企业通过慈善捐赠等方式回应利益相关者的权益要求，有利于企业与其建立长期互信关系，从而大大降低体现为缔约、监督、搜寻等方面费用的交易成本，并因此为企业赢得竞争优势。显然，企业慈善行为能够有效兼容社会公益与企业商业利益。

3. 偏态选择论 (Skew Selection Theory)

偏态选择论源于弗雷德里克（1995，1998）研究企业社会责任问题的自然科学方法论。从这一角度观察，企业与其所处环境构成一种基于生物和物理原则的共生（Symbiotic）系统，各组成部分相互依赖、互为制约。弗雷德里克进一步将企业描述为一个不断从外界获取资源以生产商品的"能量转换装置"（Energy-transforming Entity）。企业一方面努力积聚能量以自保，另一方面与弱者分享能量以维持生态系统。西尔和卡西尔（Hill and Cassill，2004）进一步发挥了这一开创性研究思路，构造了一个将贪欲（Greed）、竞争（Competition）、合作（Cooperation）和慈善（Philanthropy）整合于一体的生态经济模型——偏态选择论。所谓偏态选择论，是指企业各部门以及企业与社会相互作用和不断调适的动态过程。企业在贪欲推动下，尽力获取收益（Income）、积累资本（Capital）以提高生存几率。收益指用于满足当前直接需要的资源，并可以转化为不同形态的资本以备不时之需。如动物在夏季食物充足时为冬季储存食物。贪欲分为善意贪欲和恶意贪欲，前者指在资源充裕时储存资源，故能在不危及他方生存的情况下提高自身长期生存几率，后者指在资源短缺时夺取他方资源，以降低他方生存几率为代价提高自身生存几率。

在一个生态系统中，若受损者群起反抗，恶意贪欲必然消失；受损群体灭绝亦将导致恶意贪欲消失，并使恶者失去保护而处于被掠夺的险境。为了不被反抗或外来掠夺所摧毁，贪者将与其他个体分享资源。因此，与人分享可被视为有利于自身的投资行为。虽然与人分享减少自身收益和降低自身短期生存质量，但也通过确保多数个体的生存而提高捐赠者抗击外来掠夺的能力，从而提高长期生存几率，故分享亦是一种生存驱动的利己战略。但分享并不排斥竞争。竞争是个体努力获得群体中心地位的机制与过程，如企业职员为职位、收入和荣誉等展开竞争，CEO常常居于职员中心地位。竞争也并非意味着相互排斥和敌对。偏态选择论将这种竞—合关系（Competitive-cooperation）定义为"渗漏分享"（Trickle-down Sharing），即居于优势地位者在保留更多资源的同时捐赠少量资源以确保群体生存及自身中心地位。基于这一逻辑，企业只是一个有机系统的组成部分。企业在贪欲推动下通过竞争获得优势社会地位，而企业作为有机系统的组成部分通过分享与捐赠获得其他组织与社会的认同，并因此赢得更多生存与发展机会。显然，在偏态选择论看来，企业社会慈善行为决非出于利他动机，而是企业维持生存和获得长期发展的必然选择。

● **案例**

耐克将承担社会责任与耐克品牌产品促销有机结合起来

耐克公司在美国本土实施的标志性公益计划项目是2002年启动的NikeGO公益行动。该项目包括一个校内项目和六个校外项目，其目的在于引导9~15岁的美国青少年发现体育活动的乐趣、推动青少年积极参与体育锻炼。NikeGO的校内项目叫做NikeGO体育（NikeGO PE）。2003~2004学年，耐克公司首先在芝加哥、洛杉矶、孟菲斯、纽约、波特兰和阿克伦城六个城市的小学中实施NikeGO体育项目。目前，该项目正在80所美国公立学校中实施，9000余名学生因此受益。NikeGO的六个校外项目，其中NikeGO课后项目的主要目的是鼓励和支持学生在课后参加体育活动；NikeGO先行计划是一个为社区学生及其家庭提供的体育教育项目，该项目注重高质量早期体育教育和体育锻炼；NikeGO土著居民项目将NikeGO课后项目课程引入土著印第安青年中；NikeGO场地项目的主要内容是回收废旧耐克运动鞋，在重新将其加工成运动或游乐场地地胶后，无偿捐赠给社区或学校，以支持它们改善或修建运动和游乐场地；NikeGO女孩捐赠项目鼓励9~15岁的女孩更多地参与运动。NikeGO公益行动能够给耐克公司带来的直接商业利益主要体现在其有助于耐克品牌消费者群体的扩大。耐克公司资助和推广体育运动和青少年体育锻炼，事实上是在以从事社会公益的方式巧妙地培育运动产品和运动器材的稳定消费群体。

三、我国的企业社会责任进展

由于真正意义的企业生产经营活动20世纪80年代初才开始在我国逐步出现，企业社会责任在我国主要是从西方国家引入。国内企业社会责任实践起步较晚，但在迅速与西方社会责任运动接轨以后，自主探索社会责任实践方面不断取得进展。

（一）萌芽阶段（1984~1999年）

1984年，《中共中央关于经济体制改革的决定》的颁布标志企业获得独立的商品生产者和经营者地位。《环境保护法》（1989）、《工会法》（1992）、《公司法》（1994）、《消费者权益保护法》（1994）、《劳动法》（1995）、《捐赠法》（1999）等推动企业承担社会责任的法律法规先后颁布，企业社会责任的法律环境基本形成。这一时期，国内企业社会责任实践处于萌芽阶段，主要以参与"希望工程"（1989年启动）、"中国光彩事业"（1994年启动）和中国慈善总会的"慈善活动"（1994年启动）等具有政府背景的社会公益活动为主。

（二）快速发展阶段（2000~2005年）

2000年，《外资企业法》和《中外合作经营企业法》颁布，2001年，中国正式加入世界贸易组织，中国经济与企业全面参与经济全球化进程。《职业病防治法》（2002）、《安全生产法》（2002）、《清洁生产促进法》（2003）先后颁布，企业社会责任的法律环境进一步健全。这一时期，国内企业社会责任快速实现与国际社会责任运动接轨，跨国公司内部生产守则与各种外部生产守则的影响不断扩大，雇员权益保护日益成为国内企业社会责任的核心内容。广东省等东南沿海地区的出口加工企业较早接受基于跨国公司内部生产守则的各种社会责任审计。SA8000等外部生产守则稍晚进入中国，影响较大，但社会责任审计的有偿认证特征使其逐步沦为变相的国际贸易壁垒。联合国"全球契约"等倡议性社会责任行动指南得到社会各界的广泛认同。

（三）自主发展阶段（2006年以来）

2006年，《公司法》修订案在其总则第五条中明确要求企业"承担社会责任"，标志着国内企业社会责任实践步入发展新阶段。这一时期，国内各级政府推动企业社会责任实践与企业自主承担社会责任的积极性明显提高。深圳证券交易所（2006）、上海浦东新区（2007，2009）、国务院国资委（2007，2011）、杭州市人民政府（2010）、宁波市法制办（2011）、沈阳市环保局（2011）、厦门市国资委（2011，2012）等先后出台有关推进政策和评价标准。企业尤其是中央企业的社会责任实践与管理水平明显提高。目前，已有61家中央企业建立了或正在筹建由公司高层领导的社会责任委员会或领导小组，25家中央企业加入了各种企业社会责任国际组织。2006年，国家电网公司率先发布中国大陆第一份企业社会责任报告。截至2011年底，发布社会责任报告的中央企业已达76家。

第四节 国有企业社会责任的特点与边界

区别于民营企业，国有企业具有独特的产权特征与监管模式。国有企业不仅体现了国家与该类企业之间的支配性资本联系，还具有社会经济制度赋予它的特殊属性，承载着与民营企业不同的特殊功能。因此，国有企业社会责任实践也具有区别于民营企业的明显特征。

一、企业与现代企业

企业是指以营利为目的,运用各种生产要素(土地、劳动力、资本和技术等),向市场提供商品或服务,实行自主经营、自负盈亏、独立核算的具有法人资格的社会经济组织。罗纳德·科斯(Ronald Coase)等西方经济学家认为,企业作为生产的一种组织形式,在一定程度上是对市场的一种替代。作为一种资源配置方式,企业之所以存在,或者说企业和市场之所以同时并存,是因为有些交易在企业内部进行成本更小,而有些交易在市场进行成本更小。企业替代市场是因为在企业内部配置资源能够节约交易成本(Transaction Costs)。从企业所有权与经营权的关系看,企业制度大致有三种形态。

第一种是业主制,即通常所说的独资企业。在业主制企业中,出资人既是企业的所有者,又是经营者,并独自获得全部经营收益。这种企业形式一般规模小,经营灵活。正是这些优点,使得业主制这一古老的企业制度一直延续至今,其数量占企业总数的绝大多数。但业主制企业资本来源有限,投资者承担无限责任,经营风险大,企业存续期限短等。因此业主制企业难以适应社会化生产和企业规模不断扩大的要求。

第二种是合伙制。这是一种由两个或两个以上的人共同投资,并分享剩余、共同监督和管理的企业制度。合伙企业的资本由合伙人共同筹集,扩大了资金来源;合伙人共同对企业承担无限责任,可以分散投资风险;合伙人共同管理企业,有助于提高决策能力。但是合伙人在经营决策上也容易产生分歧,合伙人之间可能出现偷懒的道德风险。因此,合伙制企业一般都局限于较小的合伙范围,以小规模企业居多。一般而言,对固定资产投资依赖较少、对个人技能与特殊社会关系有较强依赖的生产经营活动,比较适合采用合伙制方式,如会计师事务所、律师事务所、管理咨询机构等一般都是合伙制企业。

第三种是公司制,即现代企业制度,主要形式是有限责任公司和股份有限公司。从所有权与经营权的关系看,现代公司制企业的核心特征是两权分离,即投资者(股东)是公司的法定所有者,但不一定是公司的经营管理者;公司生产经营活动由职业化的经营管理者控制,职业经理社会化,为科学管理奠定了基础。美国著名企业史学家钱德勒(D. Chandler, 1977)这样定义现代企业:由一组支薪的中、高层经理人员所管理的多单位企业即可适当地称之为现代企业。此外,现代公司制企业还具有以下主要特征:企业的资本来源社会化,使大规模生产成为可能;投资者(股东)只承担有限责任,投资风险降低;公司拥有独立的法人财产,保证了企业决策的独立性、连续性和完整性,正如美国管理大师德鲁克(Drucker, P. F.)在1946年所指出的那样:公司是永恒的,股东才是暂时的。现代公司制企业在经济中的数量不多,但单个企业的规模较大。因此现代企业在经济中的影响力和控制力巨大。

从企业制度演变的过程看,现代企业制度是适应现代社会化大生产和市场经济体制要求的一种企业制度,最早出现于19世纪中后期的美国,而铁路企业是美国最早的现代企业。逐步建立与完善现代企业制度也是我国企业制度改革与创新的重要方向,党的十四届三中全会把现代企业制度的基本特征概括为"产权清晰、权责明确、政企分开、管理科学"十六个字。1999年9月党的十五届四中全会再次强调要建立和完善现代企业制度,并重申了对现代企业制度基本特征"十六字"的总体要求。

> ● **案例**
>
> **美国的铁路企业为什么成为最早的现代企业**
>
> 铁路企业是美国历史上的第一个现代企业,它们最早大量雇用专职经理人员。这种技术和企业制度创新开始于19世纪50~60年代。铁路企业几乎一开始就是所有权与管理相分离的企业,其中有两个因素起了关键作用。
>
> 其一,铁路的筹资方式。修铁路需要大量资本,而这只有通过资本市场才有可能筹集,19世纪40年代后的铁路繁荣时期因此也是以纽约为中心的美国资本市场的形成时期。以发行股票的方式进行筹资,直接导致了所有权的分散化。
>
> 其二,铁路的管理要求专门技能和训练。19世纪40年代,铁路运输技术迅速提高,使得迅速而且全天候的铁路运输得以实现,但要保证客货运输的安全、准时,以及机车、车站、库房和其他设备的调度、保养与修理,这都需要具有专门知识和技能的管理人员来承担。铁路管理人员都是受过训练并且具有铁路和桥梁修筑经验的土木工程师,他们在管理知识和能力方面与出资者相比占有明显的优势。
>
> 由这两点决定,出资者尽管在高层管理中仍具有较大的权力,但已不可能再像传统企业主那样亲自管理自己的企业了。一般来说,他们行使否决权较为容易,提出方案和建议则较为困难。因此,管理企业成了支薪管理人员的专门职业。

二、国有企业的性质

"国有企业"在各国有着不尽相同的定义。在法国是指那些国家或地方政府部门掌握30%以上股份的企业,在美国多指政府的公共服务机构,而在加拿大仅指联邦政府和地方政府的全资公司。按照世界银行的定义,[①] 国有企业是指政府(包括政府部门)拥有的或(不管通过什么方式和途径)实际控制的经济实体。我国1954年和1975年《宪法》确立了"全民所有制企业"的概念,1993年八届人大修改《宪法》时,正式采用国有企业的名称。可见,我国的国有企业不仅体现了国家与该类企业之间的支配性资本联系,还具有社会经济制度赋予它的特殊属性,承载着与民营企业不同的特殊功能。在市场经济中,国有企业是政府干预经济的一种重要手段,是克服市场失灵和市场功能缺陷的重要制度安排。通过国有企业,政府可以更好地提供公共产品、控制关键产业、平衡经济结构、稳定经济运行。由于是特定社会制度与历史条件的产物,我国国有企业的性质与西方国家有所不同。

首先,产权全民所有是我国国有企业的根本性质。我国《宪法》规定:国有资产归全体人民所有,政府代表全体人民行使国有资产所有者的职责。我国建立国有企业的根本动因是要通过建立生产资料公有制,从经济和制度上确保人民当家做主的地位和利益。社会主义基本经济制度的基础是

---

① World Bank. World Development Indicators 1999: States and Markets, 2000.

生产资料公有制。因此，我国国有企业不仅是国家干预经济的重要手段，也是巩固社会主义制度和通过带动经济发展以满足人民群众日益增长物质文化需要的必要手段。由于我国国有企业是全民所有，其最终的所有者呈现出高度分散的特征，产权具有不可分割性和不可转让性。国有企业产权最终行使只有通过"全民—国家（政府）—企业"的多级委托—代理关系来实现，并导致政府成为国有企业产权的实际控制者，国有企业实质上是政府企业。国有企业出资人的职责是由国务院和地方人民政府依照法律、行政法规来履行，并享有出资人权益。其中国务院确定的关系国民经济命脉和国家安全的大型国家出资企业、重要基础设施和重要自然资源等领域的国家出资企业，由国务院代表国家履行出资人职责。其他国有企业，由各级地方人民政府代表国家履行出资人职责。

其次，我国国有企业在社会经济系统中发挥着主导性作用。我国国有企业不仅是政府干预经济的重要手段，也是政府参与经济的重要方式。垄断及非经营性领域的国有企业主要是政府干预经济的手段；竞争性、营利性领域的国有企业则主要是政府参与经济的手段。以中央企业为例，2011年国民经济行业分类的20个门类，全部涉及；国民经济的95个大类行业中，中央三级以上企业涉足85个，分布面高达89.5%。在2012年中国大陆上榜全球500强的70家企业中，中央企业有42家，占中国大陆上榜数的60%。

根据《中华人民共和国企业国有资产法》，国务院和地方人民政府分别代表国家对国家出资企业履行出资人职责，并享有出资人权益。中央企业是由国务院确定的关系国民经济命脉和国家安全的大型国家出资企业、重要基础设施和重要自然资源等领域的国家出资企业，由国务院代表国家履行出资人职责。其他的国家出资企业，由各级地方人民政府代表国家履行出资人职责，其中由省级人民政府管理的企业是本书所指的省属企业。与中央企业相比，省属企业更多地处于市场竞争比较激烈的行业或产业领域，省属企业经营规模与资产规模一般较小，省属企业也更多地存在于一般民生领域。

三、国有企业社会责任的特点

国有企业社会责任的特点是由国有企业的性质决定的。国有企业兼具有营利功能和社会功能，国有企业的经济组织本性决定了它的营利功能，而社会功能则源于我国的社会经济制度与国有企业的产权特征。从目前的情况看，我国国有企业的社会功能主要包括：落实国家宏观经济政策，优化配置社会经济资源；积极参与战略开发，承担关键技术创新与技术攻关任务，带动产业与经济结构升级，为经济发展提供支撑与保障；推动区域经济平衡发展，优化经济布局；控制国民经济命脉，确保国家经济安全、政治安全和军事安全；实现其他重要政策目标。

国有企业的营利功能主要体现为国有企业追求经济目标的功能。市场经济条件下，作为经济组织，企业必须以追求利润最大化为基本目标。处在竞争性领域的国有企业，追求经济利益是生存的前提，因而天然地具有营利性的经济功能。在垄断领域，国有企业能够凭借垄断地位与垄断资源获取稳定的收益，这些收益也是国家或地方政府重要的财政收入来源。若企业丧失营利功能，市场经济也就失去了发展的基本动力。追求经济目标是国有企业追求广义社会责任的基本内容之一，也是国有企业承担其他形态的社会责任的基础与前提。如果仅仅赋予国有企业社会功能，那就没有必要采取企业这种组织方式，公益事业单位和一些特殊的非营利机构都能够有效地承担这种职能。

国有企业的社会功能主要体现为国有企业所承担的社会公益性责任。国有企业的全民所有性质，使其在本质上具有了非营利性的社会功能。从目前的情况看，国有企业的社会功能有：维护人民的根本和长远利益，参与和谐社会建设；服务国家宏观经济和区域经济发展；保障国家经济安全、政治安全和军事安全；实现政府其他政策目标。在社会主义市场经济条件下，国有企业的社会功能是国有企业产权特征的必然产物。充分发挥国有企业的社会功能，不仅对国有企业自身的发展具有重要意义，也对保障正常社会经济秩序、改善与优化宏观经济环境、维护社会稳定与国家利益具有十分重要的意义。

以上分析说明，国有企业是经济功能和社会功能的对立统一体。一方面，国有企业承担着形式多样的社会功能，这些社会功能可能与企业的经济功能存在相互矛盾与冲突；另一方面，全民所有的产权特征意味着国有企业追求经济目标的最终目的是为了全民利益，因此与一般企业不同，国有企业经济功能根源于社会功能。不同类型国有企业的经济功能与社会功能的主次顺序也存在明显的差异：对于竞争性国有企业而言，经济功能居于首位，只有先生存（实现经济功能）才能承担社会功能；垄断性、非经营性国有企业拥有稳定的垄断收益，社会功能应当放在首位。

四、国有企业社会责任的边界

政府作为国有企业所有者代表，其行使所有权的目标函数具有更加多元性的特征。国有企业的第一责任是经济责任与发展责任，经济效益和企业发展潜力是其他各种形态社会责任的基础，但经济责任与其他一般意义的社会责任并不是政府作为所有者所追求的全部责任。国有企业的特殊性决定了国有企业社会责任的边界应当大于民营企业社会责任的边界。除了与民营企业承担相同的社会责任之外，国有企业还应担负特殊的社会责任。同时，应该公平地要求国有企业履行社会责任，不能因为企业的国有性质，就要求国有企业过度履行社会责任。国有企业首先是企业，然后才是国有企业。国有企业履行社会责任应该有确定的边界。

第一，贯彻落实党的路线方针政策和国家发展战略是国有企业肩负的重要责任。许多国有企业处在关系国家安全和国民经济命脉的重要行业和关键领域。在生产经营活动中，国有企业能够自觉体现国家意志，能够服从国家全局发展需要和长远需要，在引导国民经济发展方向、确保经济稳定增长和优化经济结构等方面发挥重要作用，同时也是克服市场缺陷与局限性的重要力量。目前，在全球经济不景气的大背景下，我国经济之所以表现良好，与国有企业在应对危机中的独特作用是分不开的。虽然从经济效益的角度看，国有企业付出了一定的代价，但是为我国国民经济平稳健康发展做出了突出贡献。任何民营企业和外资企业都不可能站在整个社会利益上来看待企业的自身发展和利益问题，这是由企业性质所决定的。

第二，国有企业是维护国家经济安全的重要力量。从国有企业所处的领域与所生产经营的产品或服务的特性看，国有企业在国民经济中起着基础性作用，是社会经济活动正常有序运行的重要支撑与保障。为了确保市场稳定，保证国家经济的良好运转和人民群众的正常生活秩序，就必须要增强国有经济的控制力和影响力。维护经济安全与社会稳定，既是国有企业的政治责任，也是国有企业的历史使命。

第三，国有企业是促进共同富裕的重要推动力量。实现共同富裕是社会主义的本质要求。国有企业的全民所有性质，从根本上消解了劳动与资本对抗的产权基础。按劳分配原则能够在国有企业中得到更充分的体现，初次分配中的收入差距因此能够得到更有效的控制。国有企业的税收收入和经营收益是确保国家转移支付、提高低收入人群收入水平、缩小贫富差距的重要保证。同时，我国国有企业还能够积极参与"第三次分配"，如通过参与慈善活动与社区建设等，帮助社会弱势群体脱贫致富，提升发展能力，推动共同富裕目标的实现。

第四，国有企业需要承担政府"急难险重"任务。近年来，在我国载人航天、北京奥运会、上海世博会、广州亚运会等重大事件中，国有企业都发挥了重要作用；在抗击低温雨雪冰冻、汶川地震、玉树地震、舟曲泥石流等重大自然灾害过程中，国有企业在关键时刻都发挥了重要的保障作用，社会和谐稳定和经济持续健康发展都离不开国有企业的支持。

第五，国有企业要成为履行社会责任的表率。目前，我国企业的社会责任意识还不够强，企业承担社会责任的激励机制和压力机制都还没有有效地建立起来。这种状况不仅不利于国民经济的可持续发展，也不利于企业竞争力的提升。国有企业产权特征意味着国有企业能够更加积极主动地承担社会责任，通过高质量发展回馈社会，并在承担社会责任方面成为民营企业的榜样。只有在国有企业与民营企业共同积极主动承担社会责任的条件下，才能在社会中营造企业勇于承担社会责任的良好氛围。

第五节 企业的社会责任与社会义务

目前，在多数情况下，我国学者与企业管理者不加区分地使用企业社会责任与社会义务概念，本书前面的分析也是如此。但是，无论在日常用语还是严格的法律术语中，社会责任与社会义务的内涵与外延具有明显的差异。

一、义务与责任

义务和责任是相辅相成的，二者不可分离。从民法的角度看，权利、义务和责任是同一阶位的概念。在规范层面上，同一个民事法律关系包含民事权利、民事义务和民事责任这三个对立统一的概念。民事权利、民事义务和民事责任共同构成民事法律关系的内容，即民事法律关系的内容是作为民事法律关系主体双方之间的权利义务关系和权利责任关系。这两种关系不会同时存在，两者具有先后相继的时序性关系，即民事权利责任关系和民事权利义务关系在特定时点上不可能共存。民事法律关系的内容在具体时点上或者表现为权利义务关系，或者表现为权利责任关系，并且权利义务关系先于权利责任关系。义务的存在是责任产生的前提与基础，无义务也就无所谓责任，义务与责任有一个转化的过程。

二、企业的社会义务

个体义务和社会义务是企业义务的两个构成要素。企业个体义务是企业对股东承担的追求利润最大化义务，该项义务的相对人是企业全体股东，是强制性法律义务。而企业对整个社会所承担的维护和增进社会整体利益的义务就是企业的社会义务。企业社会义务的相对人是社会公众，包括法律义务和道德义务。法律义务是企业必须在法律范围内履行的强制性义务，如劳动法规定的劳动保障义务、按时付薪义务、保证工作安全义务，企业法规定的保障职工参与企业管理，环保法规定的生态环境保护义务等。企业为追求社会公共利益而自愿履行的义务则是企业的道德义务，如企业以高于环保法的要求投资生态环境保护，参与社区建设，进行慈善捐赠等。

学术界一般将企业的社会义务称为社会责任。虽然责任有时也被称为义务，但是在一般情况下，责任被认为是不履行义务或违反义务所应承担的否定性法律后果，故企业社会责任应属法律责任，但企业的社会义务并不都是法律义务，企业即使违背了其中的道德义务，法律也不能对企业进行惩戒。因此，"责任"一词易使人们产生误解，特别是在我国绝大多数企业的社会义务观念还比较淡薄的条件下，这种表述可能会导致企业本能地排斥，不利于企业社会责任观念和制度的确立。

三、企业的社会责任

经济责任和社会责任是企业的两大核心责任。经济责任是指企业为了盈利必须生产社会所需要的产品，也就是企业在追求自身利润最大化的同时，为社会提供优质的产品和服务，是企业最基本的责任，也是企业的本能责任。企业若不能有效地承担经济责任，企业不仅没有能力承担其他责任，也必然面临生存困境。在一些学者看来，经济责任也可以看作广义企业社会责任的一部分，本书也基本接受这种看法。

企业社会责任是指企业对各种利益相关者应负的责任，企业在追求利润最大化的同时，必须坚持可持续发展的观念，除了企业自身的经营状况需要考虑外，企业还必须要对社会和自然环境所造成的影响加以考量。利益相关者是指所有能够影响企业生产经营活动或被企业生产经营活动所影响的个体或群体，包括员工、顾客、供应商、社区、合作伙伴、股东和债权人等。企业社会责任主要包括两方面的内容：一是在企业内部为其员工创造安全和良好的生产条件，提高员工工资和福利待遇，依法保护雇员的各种合法权益，构建良好工作氛围；二是在企业外部，要诚信守法，维护消费者的合法权益，为社会创造财富，坚持科学发展观，大力发展循环经济，保护生态环境，积极承担对各种利益相关者的义务，同时要充分发挥自身资源与技能优势扶贫济困，大力支持社会公益事业等。随着经济和社会的发展，企业不仅要追求经济效益，也要对生态环境负责，勇于承担相应的社会责任。

尽管从理论上能够清晰地区分社会责任与社会义务，但在实际操作中往往难以界定，这应该是目前我国学者与企业管理者经常不加区分地使用社会责任与社会义务的重要原因。本书在研究过程中也不严格区分民法意义上的企业社会责任与企业的社会义务。从社会责任的角度看，本书主要强调企业生产经营活动对整个社会经济带来越来越多的负面影响，企业因此必须承担相应的社会责任。从社会义务的角度看，本书侧重企业作为一个整体日益拥有巨大的社会财富和社会影响力，企业因此必须承担足够的社会义务。

四、企业应该对生产经营活动的负面影响承担责任

改革开放以来，我国经济与社会发展取得了举世瞩目的成就，2011年国内生产总值达到47.3万亿元，经济规模位居世界第二，综合国力迅速提升，人民生活水平大幅提高。总之，我国经济与社会已经步入快速而稳健的增长与发展阶段。然而，随着市场经济的发展，新的经济与社会矛盾不断出现，社会进入了一个充满多种经济与社会矛盾的稳定而又不和谐时代。当前我国社会不和谐主要体现在两个方面。

首先，社会不和谐突出地体现在不同利益群体之间的利益冲突甚至对抗上，主要表现为：贫富差距扩大和贫富阶层矛盾加剧；劳动关系失调和劳资纠纷加剧；城乡发展失衡和城乡差距扩大；地区发展失衡和地区差距扩大；物质文明与精神文明发展失衡。

其次，社会不和谐还突出地体现在经济发展与生态环境的矛盾上。随着经济的快速发展，我国面临日益严峻的水资源和空气污染、水土流失、土地荒漠化、资源短缺等生态与环境问题。同时，新的环境问题亦日益凸显，如江河湖海的富营养化、城市饮用水源地微量有毒有害化合物污染、大城市光化学烟雾污染以及废旧汽车和家电造成的污染等。环境污染和生态破坏不仅直接导致人与自然环境关系的恶化，也不利于社会稳定，如污染企业与周边群众矛盾不断激化，上下游和跨界污染纠纷日益增多，甚至造成地区之间的冲突。

我国当前经济与社会发展诸种失衡现象的原因是多方面的，如以点带面的经济体制改革策略导致东南沿海地区获得经济与社会发展的"先动"（First Mover）优势，资源禀赋差异则是地区发展失衡与地区差距扩大的重要根源，宏观收入分配政策的欠完善加剧贫富差距。然而，我国当前经济与社会发展中的不和谐，尤其是日益突出的经济社会发展与生态环境的矛盾，与企业生产经营活动有着重要的直接或间接关系。众所周知，体现为水资源和空气污染、水土流失、土地荒漠化等生态环境问题的经济发展与生态环境的不和谐关系，主要就是企业生产经营活动的直接结果。劳动关系恶化则主要是部分企业掠夺性地利用劳动资源的必然结果。贫富差距扩大和贫富阶层之间的冲突又常常体现为企业内部少数高级管理者与一般职员悬殊的收入差距，以及垄断优势企业职员收入与弱小劣势企业职员收入的巨大差距与矛盾。而城乡差距和城乡冲突、地区发展失衡等社会经济发展的不和谐亦与企业生产经营活动有着不同程度的因果关系。显然，企业对我国当前经济以及社会发展的不和谐负有不可推卸的责任。

五、企业应该承担应尽的社会义务

企业不仅应该为自身行为的不良后果负责，还必须承担与其日益强大的社会权势（Social Power）相匹配的社会义务，否则，从长远看，社会最终将剥夺企业占有财富和影响社会的力量，此所谓"戴维斯责任铁律"（Davis Iron Law of Responsibility）。一个重要的例子是，在20世纪头25年里，美国企业对技术进步和经济衰退所引起的失业麻木不仁，美国政府和工会不得不出台强制性

政策迫使企业承担失业补偿责任；企业最终不但必须承担责任，还丧失了解决这一问题的主动权。显然，一旦企业权势和企业义务失去平衡，各种利益集团必然通过各种途径（立法、管制、制裁、罢工、"货币投票"等）迫使企业承担更多的责任，以推动企业权势与责任实现均衡。

经过30余年的改革与发展，我国企业逐步积累了相当的经济实力和社会权势。2012年中国企业500强数据显示，中国500强企业2011年营业收入总额达到44.9万亿元，比2010年增长了23.6%；入围门槛为175.1亿元，比2010年提高了23.3%；中国500强企业2011年纳税总额为3.3万亿元，比2010年增长了22.3%，占2011年我国税收总额的37.2%；中国500强企业2011年共投入研发资金5116亿元，比2010年增长了16.5%，从研发的专利产出看，中国500强企业共拥有专利25.8万项，比2010年增加了17.03%，其中有发明专利7.5万项，比2010年增加了28.9%，发明专利在全部专利占比上升。值得注意的是，国有企业在我国社会经济中的主导作用十分突出，中国企业500强前30强都是国有企业。

从世界范围看，中国企业的实力和市场影响力也在逐年扩大。在全球500强排行榜中，1989年，中国银行成为中国大陆第一家上榜全球500强的企业，2002年中国11家企业上榜，此后中国上榜企业数量不断攀升，2012年，已有70家大陆企业上榜全球500强，入围数量首次超过了日本（见表1-2）。在连续两年入围世界500强的57家中国大陆企业中，有47家企业的排名进一步提升。越来越多的企业开始国际化经营，海外投资、并购活动日趋活跃。2012年中国企业500强中，261家企业平均实现海外营业收入191亿元，比2011年增长了39.3%；平均海外资产达到290亿元，较2011年增长28.2%；平均海外员工为3108人，较2011年增长29.9%。

表1-2　四大经济体全球500强上榜企业数（1990~2012年）

	1990年	1996年	2000年	2005年	2008年	2010年	2011年	2012年
中国	1	2	11	18	35	54	69	79
其中：大陆	1	2	9	15	26	43	59	70
中央企业	—	2	5	10	19	29	38	42
美国	164	153	179	177	153	140	133	132
欧盟	129	154	149	160	168	161	148	137
日本	111	141	108	81	64	71	68	68

资料来源：根据历年《财富》全球500强排名整理。

广东省是我国大型企业数量较多的省份，2012年，37家广东企业入围中国500强，上榜数排在全国第5位，仅次于北京（98家）、江苏（51家）、山东（48家）以及浙江（42家）。在上榜的广东企业中，省属企业8家，占40.5%，其中，南方电网以3913亿元的营业收入排在第17位，是广东省上榜企业中排名最高的企业。随着经济实力的不断增强，企业在政治与文化等方面的影响力也在不断扩大，企业整体社会经济影响力的不断上升不仅提升了我国企业承担社会责任的能力，也迫使企业必须承担越来越多的社会义务。

第二章 广东省属企业履行社会责任的背景与意义

"十一五"时期,在省委、省政府的领导下,广东省属企业认真贯彻落实党中央、国务院的各项方针政策,各方面实现了跨越式发展,为经济社会发展作出了积极贡献。当前,社会经济发展要求省属企业进一步转换发展思路,积极履行社会责任,成为履行社会责任的先行者。

第一节 中央企业与地方企业社会责任的异同

企业承担社会责任情况是与其自身的性质和特点分不开的。中央企业作为中央政府直接掌握的一种经济力量,与普通国有企业和其他所有制形式企业相比,正是其特殊的性质和在国民经济中的重要地位及作用决定了中央企业应当承担与普通国有企业和其他类型企业截然不同的、特殊的社会责任。

一、我国国有资产分级管理体制

新中国成立至改革开放初期,在高度中央集权的计划经济体制背景下,企业国有资产属于中央所有,中央与地方对企业国有资产归属划分是一个无须争论的问题。改革开放以来,尤其是随着计划经济体制向市场经济体制转型的推进,我国中央与地方的经济权责利关系不断发生重要变化。20世纪80年代,我国的经济改革是中央对地方不断放权让利以调动地方积极性的过程。20世纪80年代末90年代初,企业微观层面的产权制度改革逐步成为我国经济改革的主要内容。20世纪90年代中期,随着社会主义市场经济体制改革目标的确立,社会及宏观层面的经济资源产权改革开始启动,其中中央与地方企业国有资产产权改革逐步推进。党的十六大以前,我国中央与地方在企业国有资产关系方面的基本定位是"统一所有,分级管理或分级监管"。党的十六大以后,我国国有资产"统一所有、分级代表"管理体制逐步形成。

我国国有资产分级代表的管理制度具有坚实的法理基础。《中华人民共和国宪法》(以下简称《宪法》)第三条规定:"中央和地方国家机构职权的划分,遵循在中央统一领导下,充分发挥地方的主动性和积极性的原则。"《宪法》同时规定,地方政府由地方人民代表大会产生,并对人民代表大会负责,受人民代表大会监督,地方政府依照法律规定的权限,管理行政区域内的经济、财政、城乡建设事业等行政工作。显然，我国《宪法》承认地方政府是国家在地方的经济和政治利益的独立代表。事实上，我国《宪法》、《民法》以及行政法律等基本法都确认了地方政府的主体地位。因此，地方政府应该拥有代表国家行使包括国有资产所有权在内的经济权益的独立资格，即地方政府的所有决定都必须由唯一有权的中央政府追认才具有有效性。

我国国有资产分级代表的管理制度具有明确的政策依据：按照党的十六大报告，"分级所有"的国有资产管理体制，是一种在坚持国家所有的前提下，由"中央政府与地方政府分别代表国家履行出资人职责，享有所有者权益，权利、义务和责任相统一，管资产和管人、管事相结合的国有资产管理体制"。显然，虽然"坚持国家所有"没有改变，但可以理解为国家或全民拥有法律意义上的国有资产终极所有权。而所有权实际上是指经济主体资产依法享有的占有、使用、收益和处分资产的权利。地方政府"代表国家履行出资人职责，享有所有者权益"，也就意味着地方政府拥有了所有权的四项基本权力，地方政府就是其资产管理范围的国有资产产权主体，从而具备以出资人的身份行使对资产完整的支配权。党的十六大报告在明确地方政府作为国有资产所有权主体的资格后，进一步界定了"分级所有"的具体内容，即"关系国民经济命脉和国家安全的大型国有企业、基础设施和重要自然资源等，由中央政府代表履行出资人职责，其他国有资产由地方政府代表国家履行出资人职责"。

从国外情况看，国有资产分级所有的管理制度为世界主要国家所普遍采用。在西方发达国家，国有资产管理模式的共同特点是，在国家所有制内中央和地方分级所有。世界绝大多数国家的国有资产在法律上属于中央及地方政府所有，各级政府的财产划分十分明确，如政府不能侵害私人企业财产支配权和收益权，上级政府对下级政府的资产也不拥有支配权和收益权。如在美国，联邦、州和地方三级政府都拥有相对独立的财产权利，对自己拥有并管理的财产拥有所有权。早在1948年，日本颁布《国有财产法》，对中央所有的国有财产的范围、分类、财产管理和处分等做出了基本的规定。此外，法国、德国、澳大利亚等国家都对国有资产实行分级所有，各级政府有明确的财产划分。

二、中央企业概念界定

国有企业长期以来是中国国民经济的重要支柱，而中央企业则是我国国企的主力军。在我国，按照资产的用途，国有资产可以划分为经营性资产和非经营性资产。而在经营性资产中，按照政府的管理权限划分，国有企业又可以进一步划分为中央企业（由中央政府监督管理的国有企业）和地方企业（由地方政府监督管理的国有企业）。

中央企业简称央企，是指由中华人民共和国国务院授权国有资产监督管理委员会履行出资人职责的国有企业。广义的中央企业包括三类：①由国务院国资委管理的企业，从经济作用上分为提供公共产品的企业，如军工、电信；提供自然垄断产品的企业，如石油；提供竞争性产品的企业，如一般工业、建筑、贸易（见图2-1）。②由银监会、保监会、证监会管理的企业，如金融行业。③由国务院其他部门或群众团体管理的企业，如烟草、黄金、铁路客货运、港口、机场、广播、电视、文化、出版等行业。

狭义的中央企业通常指由国务院国资委监督管理的企业，本书所提及的中央企业特指狭义的中央企业。相对于其他一些国家来讲，中国国务院国资委监管的范围是比较窄的。

在 2003 年国务院国资委成立之初，国务院国资委所管理的中央企业数量是 196 家，经过几年来的不断重组，截至 2012 年 9 月，中央企业数量已经调整为 117 家，如表 2-1 所示。

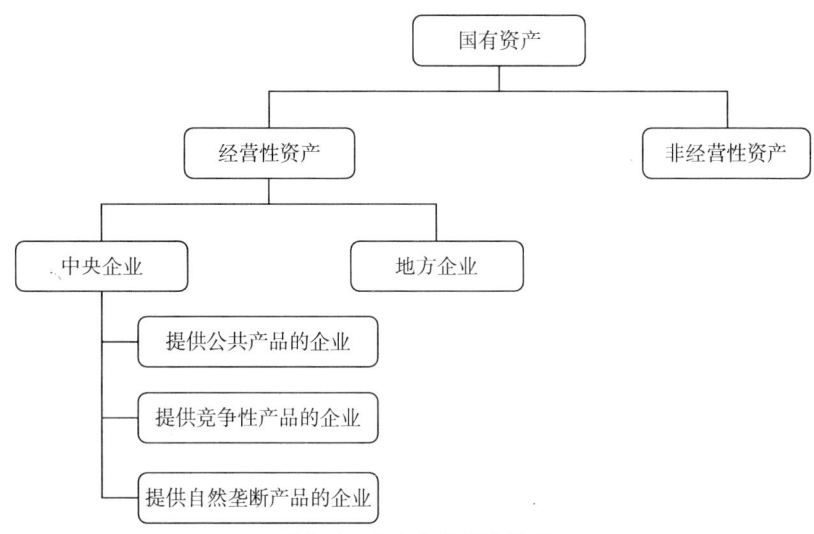

图 2-1 中央企业概念界定

表 2-1 我国中央企业名单

序号	企业（集团）名称	序号	企业（集团）名称
1	中国核工业集团公司	28	东风汽车公司
2	中国核工业建设集团公司	29	中国第一重型机械集团公司
3	中国航天科技集团公司	30	中国第二重型机械集团公司
4	中国航天科工集团公司	31	哈尔滨电气集团公司
5	中国航空工业集团公司	32	中国东方电气集团有限公司
6	中国船舶工业集团公司	33	鞍钢集团公司
7	中国船舶重工集团公司	34	宝钢集团有限公司
8	中国兵器工业集团公司	35	武汉钢铁（集团）公司
9	中国兵器装备集团公司	36	中国铝业公司
10	中国电子科技集团公司	37	中国远洋运输（集团）总公司
11	中国石油天然气集团公司	38	中国海运（集团）总公司
12	中国石油化工集团公司	39	中国航空集团公司
13	中国海洋石油总公司	40	中国东方航空集团公司
14	国家电网公司	41	中国南方航空集团公司
15	中国南方电网有限责任公司	42	中国中化集团公司
16	中国华能集团公司	43	中粮集团有限公司
17	中国大唐集团公司	44	中国五矿集团公司
18	中国华电集团公司	45	中国通用技术（集团）控股有限责任公司
19	中国国电集团公司	46	中国建筑工程总公司
20	中国电力投资集团公司	47	中国储备粮管理总公司
21	中国长江三峡集团公司	48	国家开发投资公司
22	神华集团有限责任公司	49	招商局集团有限公司
23	中国电信集团公司	50	华润（集团）有限公司
24	中国联合网络通信集团有限公司	51	中国港中旅集团公司［香港中旅（集团）有限公司］
25	中国移动通信集团公司	52	国家核电技术有限公司
26	中国电子信息产业集团有限公司	53	中国商用飞机有限责任公司
27	中国第一汽车集团公司	54	中国节能环保集团公司

续表

序号	企业（集团）名称	序号	企业（集团）名称
55	中国国际工程咨询公司	87	中国农业发展集团总公司
56	中国华孚贸易发展集团公司	88	中国中纺集团公司
57	中国诚通控股集团有限公司	89	中国外运长航集团有限公司
58	中国中煤能源集团公司	90	中国中丝集团公司
59	中国煤炭科工集团有限公司	91	中国林业集团公司
60	中国机械工业集团有限公司	92	中国医药集团总公司
61	机械科学研究总院	93	中国国旅集团有限公司
62	中国中钢集团公司	94	中国保利集团公司
63	中国冶金科工集团有限公司	95	珠海振戎公司
64	中国钢研科技集团有限公司	96	中国建筑设计研究院
65	中国化工集团公司	97	中国冶金地质总局
66	中国化学工程集团公司	98	中国煤炭地质总局
67	中国轻工集团公司	99	新兴际华集团有限公司
68	中国工艺（集团）公司	100	中国民航信息集团公司
69	中国盐业总公司	101	中国航空油料集团公司
70	华诚投资管理有限公司	102	中国航空器材集团公司
71	中国恒天集团公司	103	中国电力建设集团有限公司
72	中国中材集团公司	104	中国能源建设集团有限公司
73	中国建筑材料集团有限公司	105	中国黄金集团公司
74	中国有色矿业集团有限公司	106	中国储备棉管理总公司
75	北京有色金属研究总院	107	中国广东核电集团有限公司
76	北京矿冶研究总院	108	中国华录集团有限公司
77	中国国际技术智力合作公司	109	上海贝尔股份有限公司
78	中国建筑科学研究院	110	彩虹集团公司
79	中国北方机车车辆工业集团公司	111	武汉邮电科学研究院
80	中国南车集团公司	112	华侨城集团公司
81	中国铁路通信信号集团公司	113	南光（集团）有限公司
82	中国铁路工程总公司	114	中国西电集团公司
83	中国铁道建筑总公司	115	中国铁路物资总公司
84	中国交通建设集团有限公司	116	中国国新控股有限责任公司
85	中国普天信息产业集团公司	117	中国华粮物流集团公司
86	电信科学技术研究院		

三、中央企业的主要特征

（一）中央企业地位的特殊性

从行业分布看，中央企业在国防军工、石油石化、电力、电信、重要矿产资源开发等关系国家安全和国民经济命脉的重要行业和关键领域拥有一批重要骨干企业；在机械、电子、冶金、化工、建筑等基础性、支柱产业拥有一批对国民经济发展起重要支撑作用的大公司大企业集团；在商贸流通、交通运输、农业、医药、建材等领域拥有一批行业排头兵企业。这些企业规模大、综合实力强，对国家的经济社会发展有较大的影响，因而具有普通国有企业无法具备的特殊社会影响力。

从经济实力来看，2002~2011年，全国国有企业营业收入由8.53万亿元增加到39.2万亿元，年均增长 18.5%；实现利润由 3786.3 亿元增加到 2.58 万亿元，年均增长 23.8%；上缴税金由 6960.4 亿元增加到 3.45 万亿元，年均增长 19.5%。2002~2011 年，国务院国资委监管的中央企业营业收入由 3.36 万亿元增加到 20.5 万亿元，年均增长 22.2%；实现净利润由 1622.3 亿元增加到 9136.1 亿元，年均增长 21.2%；上缴税金由 2926.8 亿元增加到 1.7 万亿元，年均增长 21.8%；资产总额由 7.13 万亿元增长到 28 万亿元，年均增长 16.4%。一批大型国有企业发展成为世界级企业，2012 年上榜美国《财富》全球 500 强的 70 家内地企业中，国有及国有控股企业 64 家，占上榜总数的 91.4%。[①]

从中央企业布局和调整的方向看，中央企业逐步向关系国家安全和国民经济命脉的重要行业和关键领域集中，向国有经济具有竞争优势的行业和未来的主导产业集中，向具有较强竞争力的大公司、大企业集团集中。中央企业在经济社会发展的一些重要领域，比如，在自主创新方面，中央企业是国家技术创新的骨干力量；在节约能源、保护环境、积极"走出去"等方面，中央企业都发挥着带头和表率作用。所以，中央企业在国民经济中具有强大的控制力、影响力和带动力，充分体现了在国民经济中的骨干和支柱作用。

（二）中央企业作用的特殊性

国有企业作为社会主义公有制的主要实现形式，是国家引导、推动、调控经济和社会发展的基本力量，是实现广大人民群众利益和共同富裕的重要保证。中央企业作为国有独资或控股企业，由中央政府代表国家行使所有者权力。毫无疑问，国家是企业利益相关者中最重要的一方，企业在经营活动中，必须体现国家的意志和要求。国家代表全体人民的利益，着眼于全社会长远的发展需要，必然会要求中央企业在实现经济目标的同时，承担更多的社会目标。特别是在某些关乎经济社会发展的基础行业和某些特殊时期，中央企业的社会目标甚至要优先于经济目标。

中央企业作为国有企业最重要的组成部分，作为由中央政府直接掌握的干预和参与经济的一支重要的力量，承担着为实现经济社会协调稳定发展，实施经济政策、服务社会的任务。比如，分布在国民经济基础性行业的中央企业，它们在依法开展经营性活动的同时，还必须执行国家有关的稳定价格、保证供应等方面的政策。中央企业作为国民经济的骨干力量，还是国家施行宏观调控和产业政策的有效工具。

中央企业的性质决定了其自建立起就肩负着国家赋予的社会责任，拥有大量的社会责任实践经验，企业各方面的条件也比一般企业更为优越。因此，中央企业理所应当成为探索中国特色社会责任的主力军。由于企业社会责任在很大程度上是超出法律要求的企业自愿行为，在我国广泛开展企业社会责任，就需要为全国企业树立承担社会责任的先进榜样。中央企业由于其特殊性的地位和影响，毫无疑问应当在这方面发挥先锋模范作用。

（三）中央企业性质的双重性

中央企业性质的特殊性表现为双重性，即公司性和公共性兼具的特征。

首先，中央企业是公司法人，具有"公司性"。国务院国资委拥有和履行着中央企业出资人的

---

① 王勇. 完善各类国有资产管理体制//十八大报告辅导读本. 人民出版社，2012.

权利和义务。中央企业承担着独立的责任，这与一般企业并无区别。

其次，中央企业还具有一般企业所不具备的"公共性"。①中央企业的所有者具有"公共性"——中央企业的出资人是国务院国资委，而国务院国资委是国务院直属特设机构，是中央政府的组成部分之一，国有资产归根到底是全民所有的，因此中央企业具备了"国有性"，即由公共所有；②中央企业所处的行业属性带有"公共性"。中央企业多处于军工、国防、通信、能源等公共性行业，所谓公共性的行业是指行业提供的产品或服务是为满足一般企业或公众的生产、生活，那么从事这些行业的中央企业本质上就是为公众服务的，其存在的根本不是在市场运作中牟取暴利，而是为了保证公众的正常基本的生产、生活的顺利开展，为整个社会的发展提供基础的保障，促进国家和社会的可持续发展。

在我国市场经济的实践进程中，中央企业既有同一般企业存在市场竞争的竞争性企业，也有非竞争性的垄断后者部分的垄断企业。这种不同的分类也决定着在两种属性做出权衡时的选择是不同的。竞争性行业中的中央企业与其他类型企业在市场上竞争求生存和发展，追求利润是基础目标，更偏重"公司性"，但是非竞争性行业中的中央企业，主要的存在目的就是为整个社会的生存和发展服务，更强调"公共性"。

需要进一步指明的是，在大多数中央企业的"公司性"和"公共性"双重属性中，"公共性"是根本属性，在"公共性"和"公司性"发生冲突时，"公共性"是优先属性。

（四）中央企业属性的特殊性

中央企业同一般企业比较，在企业设立程序、企业的权利义务、国家对企业的管理关系等方面，其规定有所不同。中央企业设立的法律程序较其他企业更为严格、复杂。中央企业往往享有许多国家给予的政策性优惠和某些特权，如某些行业经营的垄断性、财政扶助、信贷优惠以及在资源利用、原材料供应、国家订货和产品促销、外汇外贸等方面的优惠、亏损弥补和破产时的特殊对待等。但同时它也受到国家和有关主管部门的政策性限制，承担许多特别的义务，如必须执行国家计划、价格权限制、生产经营自主权的限制，要优先保障国家和社会需要，满足国家调节经济的要求，有时微利或无利也得经营，等等。国家对其他企业的管理，主要是制定其组织和活动的一般规则，要求其守法和照章纳税，而对于中央企业，国家需要以政权和所有者双重身份进行管理，在许多方面，国家（其代表者）要以自己为一方主体同企业和企业中有关各方直接发生各种法律关系。

作为法人，中央企业同一般企业法人比较，也有其特殊性。在所属法人类型上，中央企业法人也有其特殊性，法人通常可分为私法人与公法人、社团法人与财团法人、营利法人与公益法人等。一般的企业法人属于私法人、社团法人和营利法人；中央企业却兼具有不同类型法人的特点。

四、地方企业的基本属性

地方企业是指由各级地方人民政府授权本级国有资产监督管理委员会履行出资人职责的国有企业。作为一种企业类型，地方企业具有一般企业所具有的基本属性：

（1）从事生产经营活动。如前所述，国有资产可以划分为经营性资产和非经营性资产。而在经营性资产中，按照政府的管理权限划分，国有企业又可以进一步划分为中央企业（由中央政府监督管理的国有企业）和地方企业（由地方政府监督管理的国有企业）。可见地方企业所从事的是经营性资产的经营活动，这一点与其他企业并无区别。

（2）由多数人组成的组织体。企业作为组织的一种形态，是人的组织体。而中央企业更是"超大型组织体"。

（3）依法设立，法律确认其一定权利和义务。地方企业是公司法人，具有"公司性"。各级地方政府国资委拥有和履行着地方企业出资人的权利和义务。地方企业承担着独立的责任，这与一般企业以及中央企业并无区别。

五、地方企业的主要特征

相对于中央企业，省属企业具有自身的特征。从广东社会经济发展的历史与现实条件看，广东省属企业主要具有以下几个特征：

（1）更多地处于市场竞争比较激烈的行业或产业领域。全部24家广东省属企业中有12家属于充分竞争行业，这些企业主要从事批发零售、建筑施工、住宿和餐饮业、一般制造业等竞争十分激烈的生产经营活动。其余12家虽然属于准公共性企业，但其中广东省航运集团有限公司等4家企业也处在竞争十分激烈的生产经营领域。

（2）企业规模较小。2011年，全部24家广东省属企业实现营业收入3682亿元，而同年中国石油化工股份有限公司一家中央企业的营业收入就高达25056亿元。

（3）更多地处于一般民生领域。从广东省的情况看，较多的省属企业的主营业务涉及高速公路、电力生产、污水处理、机场、盐业、水上航运、肉类储备、药品储备等基本民生行业和产业领域。中央企业则较多地处于关系国家安全和国民经济命脉的重要行业和关键领域。

六、中央企业与地方企业社会责任的异同

（一）责任压力的异同

中央企业同时面临来自国际与国内的承担社会责任的外部压力。中央企业往往是在走出去参与国际竞争的过程中，才深刻意识到系统梳理企业所履行的社会责任的重要性与关键性，因为往往不履责或者没有系统的梳理履责便无法很好地进入供应链。此外，西方的履责环境与制度化要求往往比国内更为严格和更具有强制性，这就要求企业在走出去的过程中，必须将履责纳入战略体系。这是央企履责的外部环境。

央企也受到了国内政治与政策环境、社会环境包括舆论环境的多重压力。随着环境污染问题、食品安全问题、能源问题和消费者权益保护等诸多问题的进一步恶化，社会对于这些问题的关注度空前提高。中央企业作为我国大企业的典型代表，是许多行业的龙头企业，关系着国民经济的稳定和人民生活水平的提高。因此，中央企业社会责任的履行情况的受关注度也明显高于其他企业。央企的特殊属性与特殊作用及复杂的性质，使得其往往成为公众关注的焦点，时刻受到媒体、公众与社会的检视，甚至于经常被使用"放大镜"与"显微镜"审视，因此必须谨慎对待履责事宜。同

时，国务院国资委也积极推进企业社会责任工作，从2007年开始系统部署，并从2008年起进行了一系列政策性的推进工作，对中央企业的履责进行了制度化的要求和规范。2008年1月4日，国务院国资委发布了《关于中央企业履行社会责任的指导意见》，明确指出了中央企业履行社会责任的指导思想、总体要求和基本原则，要求中央企业从八个方面履行社会责任。中国标准化研究院高级工程师陈元桥认为，国资委发布的这一指导意见是我国社会责任运动史上的一个重要里程碑。此后，国资委多次召开中央企业社会责任工作会议。因此，可以说中央企业履责具有外部动力与内部压力兼具的动力系统。

地方企业更多地受到来自区域经济发展的内部压力承担社会责任。一般而言，相对于中央企业，省属企业的国际化程度较低，因此面临的来自国际社会的社会责任压力较小。在调研过程中，我们发现，只有广新控股、丝纺集团、广东粤海等少数广东省属企业面临国际社会的社会责任压力问题。其他多数广东省属企业主要是在回应区域社会经济发展要求的过程中承担社会责任。

（二）责任类型的异同

作为国资委授权经营国有资产的企业，中央企业在某种意义上是中央政府职能的延伸，天然具有一些其他企业不具备的特征，作为由中央政府直接掌握的干预和参与经济的一支重要的力量，承担着为实现经济社会协调稳定发展，实施经济政策、服务社会的任务。如执行国家有关的稳定价格、保证供应等方面的政策。因此，毫无疑问，中央企业自诞生的那天起就天然地承担着确保国家社会经济稳定发展的重大社会责任，在某些关乎经济社会发展的基础行业和某些特殊时期，中央企业的社会目标甚至要优先于经济目标。而且，有些中央企业承担社会责任并不像一般企业在盈利的基础上去承担，有时即使牺牲经济利益也要承担。比如，军工行业，为了保障国家的安全，经济利益是可以放弃的。中央企业承担社会责任的程度也比一般企业要深、要广。而某种意义上作为政府职能的延伸，中央企业的履责在特定的时期具有浓重的"政治性"。

省属企业更多处在社会民生领域与竞争性领域，在解决国家全局性和宏观性社会经济问题方面难以发挥关键作用，但在解决当地社会经济发展方面发挥着突出的作用，如确保当地人民群众的基本生活需求、保护生态环境、建设基础设施、提供高质量就业岗位、改善与优化社会经济发展基本条件等方面发挥着难以替代的作用。

（三）信息披露的异同

中央企业较早开始披露社会责任信息。早在2006年，国家电网公司已经发布了中国大陆企业第一份社会责任报告。从2006年开始，中国企业社会责任运动快速发展，一个突出的表现就是中国企业发布社会责任报告的数量迅猛增长，从最开始的36份增加到2010年的710份。截至2011年底，已有76家中央企业发布了社会责任报告或可持续发展报告。中国石油、中国五矿、中钢集团发布了国别报告，不少中央企业的报告获得了国内外有关机构的高度评价。

广东省属企业社会责任报告的发布还处于起步阶段。在广东省国资委的指导和推动下，2011年，粤电集团发布了广东省属企业第一份社会责任报告。2012年8月，交通集团、粤电集团、机场集团、广晟公司、广业公司5家广东省属企业相继发布了企业社会责任报告，这标志着广东省属企业社会责任报告的发布工作开始进入全面推动阶段。

(四) 责任主动性的异同

主动性是指行动主题自觉自愿地执行或追求整体长远目标任务的程度，其外在表现为热情、兴趣等，内在表现为责任心、职责意识等。主动性是行为主体对自己行为能力的评价（行动依据）与行为主体的利益心理相结合并最终由责权意识所激发而产生的对立统一体，也就是通俗所说的能、责、权、利的统一。

中央企业对于履行社会责任的理解较其他企业往往更为深刻。国务院国资委"中央企业社会责任研究"课题的研究成果显示，总体看来，中央企业在社会责任方面的知识储备较为丰富，社会责任意识总体水平较高，对国企承担更多社会责任的认识较为统一，多数企业积极地看待社会责任作用，认为履行社会责任能提高企业形象和员工凝聚力。对企业社会责任的基本概念比较熟悉，其中，国际劳工公约、企业社会责任报告的知名度最高，对企业公民、联合国契约、OECD 公司治理、生产守则等知识也有所了解，一些企业还补充了其他流行的社会责任概念（SA8000）。

部分广东省属企业在承担社会责任的主动性方面已经进行了很好的尝试，一些省属企业巧妙地将自身优势资源以及技能与承担社会责任有机结合起来，并取得了良好的效果。交通集团充分发挥集团优势，在公路交通抢险救灾、应急保障等方面，出色地履行了省属大型国有企业应尽的社会责任。此外，广弘公司"药材种植扶贫"、丝纺集团"蚕桑种养扶贫"、中旅集团"援疆旅游"项目等，都取得了良好的社会与经济效益。

第二节 省属企业履行社会责任的着力点与意义

党的十八大报告明确提出要深化国有企业改革，完善各类国有资产管理体制，国有企业要不断增强国有经济活力、控制力、影响力。而作为国有省属企业，一般都是全省经济和社会发展的主力军，它们大都是关乎民生的企业，在推进全省"十二五"发展规划顺利实施、构建和谐社会中担负着光荣的使命和责任。省属企业应立足战略高度认识和推进履行社会责任工作，促进企业与社会、环境的和谐发展，实现做优做强的发展目标。

一、省属企业履行社会责任的着力点

省属企业要努力做模范履行社会责任的领先者，做社会主义核心价值观的践行者，为构建和谐社会、满足人民群众日益增长的物质文化需要做出积极的贡献。因此，国有省属企业应该着重从以下几方面加强日常经营工作：

（1）坚持依法经营诚实守信。模范遵守法律法规和社会公德、商业道德以及行业规则，及时足额纳税，维护利益相关方的合法权益，保护知识产权，忠实履行合同，恪守商业信用，反对不正当竞争，杜绝商业活动中的腐败行为。社会主义市场经济是法制经济、信用经济，依法经营、诚实守信是市场经济的必然要求，也是企业最基本的社会责任。作为国有省属企业，在市场经济中一定程度上代表着国家的形象。因此，要带头树立依法经营、诚实守信的意识，严格遵守国家法律法规和有关方针政策，做市场经济中的健康力量。

（2）不断提高持续盈利能力。保持良好的经营状况和持续盈利能力，是企业生存和发展的基础，也是企业履行社会责任的根本保证。作为国有省属企业，必然承担着促进社会主义经济发展的重任，同时也要求其能够依法缴纳国家的税收。这就要求省属企业要科学决策，正确制订企业发展规划，合理统筹安排生产经营各项活动，及时适应国内外经济社会发展趋势，开拓创新，挖掘潜力，降低成本，提高劳动生产率，最大限度地提高资源利用效率，优化发展战略，突出做强主业，缩短管理链条，强化企业管理，提高管控能力，降低经营成本，加强风险防范，提高投入产出水平，增强市场竞争能力。为投资者带来长期良好的回报，为国家强大、经济繁荣和人民生活幸福做出积极贡献。

（3）切实提高产品质量和服务水平。保证产品和服务的安全性，改善产品性能，完善服务体系，努力为社会提供优质安全健康的产品和服务，最大限度地满足消费者的需求，保护消费者权益。

（4）加强资源节约和环境保护。我国是一个人口大国，虽然资源总量大，但是人均较少。而且我国的经济发展大多依赖于资源的消耗，资源利用率比较低下。改革开放以来，我国的经济虽然取得了长足的发展，但也付出了资源过度消耗、环境污染严重的代价。资源相对不足和生态环境恶化已对我国经济进一步发展构成严重制约。为了社会主义市场经济的长远发展，必须要求企业落实科学发展观、实现人与自然和谐发展。省属企业要认真贯彻落实国家的政策方针，坚持走新型工业化道路，发展循环经济，保护生态环境，形成低投入、低消耗、低排放和高效率的节约型发展方式，努力提高资源综合利用效率和投入产出水平，认真落实节能减排责任，带头完成节能减排任务。努力建设环境友好型和资源节约型的"两型"企业，实现企业和社会、环境的协调可持续发展。

（5）推进自主创新和技术进步。建立和完善技术创新机制，加大研究开发投入，提高自主创新能力。加快高新技术开发和传统产业改造，着力突破产业和行业关键技术，增加技术创新储备。强化知识产权意识，实施知识产权战略，实现技术创新与知识产权的良性互动，形成一批拥有自主知识产权的核心技术和知名品牌。

（6）保障生产安全，维护职工合法权益。企业要履行自己的社会责任，必须要把安全生产和职工权益放在企业重要位置。安全生产事关人民群众生命财产安全，关系社会稳定大局。保障安全是企业从事生产经营活动的重要前提，是一项非常重要的社会责任。省属企业要把安全生产放到一个非常突出的位置，高度重视安全生产工作；要全面落实安全生产责任制，提升安全生产管理水平，加大安全生产投入，健全安全生产组织体系，严防重、特大安全事故发生。建立健全应急管理体系，不断提高应急管理水平和应对突发事件能力。为职工提供安全、健康、卫生的工作条件和生活环境，保障职工职业健康。同时，要不断改善职工劳动条件和福利待遇，促进职工全面发展。省属企业要依法与职工签订并履行劳动合同，坚持按劳分配原则，健全绩效考核体制，建立职工收入与企业效益挂钩的正常合理增长机制，按时足额缴纳社会保险。尊重职工人格，公平对待职工，加强职业教育培训，创造平等发展机会。加强职代会制度建设，深化厂务公开，推进民主管理。关心职工生活，切实为职工排忧解难。加强职工社会道德教育，提高职工综合素质，树立社会主义核心价值观。

（7）积极支持民生工程，热心参与社会公益事业。省属企业应该全力支持和保障全省民生事业建设，确保重点民生工程建设的顺利推进。认真落实企业地方共建协议，加快项目建设，带动地方共同发展。持续推进扶贫工作的深入，创新扶贫方式，扶持"老少边穷"地方社会经济发展，实现共同富裕。投身公益事业是中华民族的传统美德，也是对每一个公民，包括企业公民的道德要求。企业是社会的经济细胞，也是社会的一个重要成员，关注民生、回报社会是企业应尽的责任和义务。国有省属企业有责任参与社会救助和慈善事业。在发生重大自然灾害和突发事件的情况下，要以大局为重，积极提供财力、物力和人力等方面的支持和援助，妥善应对危机，共渡难关，促进社会和谐。省属企业要关心支持教育、文化、卫生等公共福利事业，救危济困，服务城乡、区域协调发展。

（8）切实抓好企业稳定工作。省属企业要对企业重大改革进行社会稳定风险评估，妥善处理改革发展稳定关系，认真解决历史遗留问题，健全扶贫帮困机制，消除潜在的不稳定因素。建立健全信访工作快速反应机制，切实解决职工群众的合理诉求，防范不稳定事件的发生。

二、省属企业履行社会责任的意义

省属企业积极履行社会责任不仅有助于社会公共利益、消解社会矛盾，也是提升广东省属企业国际化水平和企业竞争力的重要手段，越来越多的广东省属企业通过承担社会责任获得独特的竞争优势。同时，企业积极履行社会责任也是我国和谐社会建设的重要内容和重要推动力量。

（一）有助于推进企业国际化

随着经济全球化的不断深化，国际环境对于企业的社会责任要求也越来越高，社会责任履行状况评估已经成为国际社会对企业评价的一项重要内容。对于国有省属企业而言，在经济全球化和加入世界贸易组织的形势下，认真履行企业社会责任，是在更大范围、更宽领域和更高层次上参与国际经济技术交流合作和竞争，是充分利用国内国际两个市场、优化资源配置的重要条件。

国有省属企业一般都实力较强，在国际上具有一定影响力。对于这些企业而言，想要获得更大的发展，必须坚定不移地实施"走出去"战略，积极开发利用海外能源资源，不断满足我国经济社会发展的需要。在这些企业走出去的同时，大多数企业都会遇到一些发达国家设立的社会责任准入条件。在国际贸易竞争失衡的环境下，尤其是在当下金融危机还没有彻底过去的情况下，发达国家试图通过设置隐蔽合法的贸易壁垒来调节本国的贸易平衡，主要的国际社会责任贸易壁垒有蓝色贸易壁垒和绿色贸易壁垒两种。

蓝色贸易壁垒是指以劳动者劳动环境和生存权利为借口采取的贸易保护措施。蓝色贸易壁垒由社会条款而来，是对国际公约中有关社会保障、劳动者待遇、劳工权利、劳动标准等方面规定的总称，它与公民权利和政治权利相辅相成。蓝色贸易壁垒的核心是SA8000标准，包括核心劳工标准（涉及童工、强迫性劳动、自由权、歧视、惩戒性措施等内容）、工时与工资、健康与安全、管理系统等方面。SA8000标准强调企业在赚取利润的同时，要承担保护劳工人权的社会责任。

绿色贸易壁垒是指在国际贸易活动中，进口国以保护自然资源、生态环境和人类健康为由而制定的一系列限制进口的措施。中国的国际贸易问题专家对此的定义是："绿色贸易壁垒是指那些为了保护环境而直接或间接采取的限制其至禁止贸易的措施。主要包括国际的和区域性的环保公约、国别环保法规和标准、ISO14000环境管理体系和环境标志等自愿性措施等分系统。"这两种贸易准入条件对于省属企业乃至全国外向型企业国际化进程来讲都将具有双面性的影响。

国际社会责任贸易壁垒对我国国有省属企业国际化的不利影响主要有以下几个方面：

（1）影响企业的产品出口量。近年来发达国家的经济增长缺乏动力，甚至出现不同程度的衰退，以至于这些国家要通过扶持本国劳动密集型产业来缓解目前的社会问题。但碍于国际贸易的法律约束，使用社会责任指标审核发展中国家的出口企业就成了发达国家有效而隐蔽的贸易调节手段。这些年来，利用社会责任相关指标的审核方式迫使我省企业出口受限的案例俯拾皆是。我国企业在国际化竞争环境中的其中一项优势就是相对廉价的劳动力，而发达国家主要以维护劳工权益和保障产品的安全环保性能为由所设置的贸易标准，无疑使企业在产品出口的环节上受到了前所未有的阻力。

（2）增加了企业的生产成本。企业在应对出口中的贸易壁垒时所增加的企业成本主要有两方面：①企业需要通过国际认证的相关标准审核，如SA8000、ISO14000等，这些标准的审核和认证申请都需要增加企业的时间和资金成本；②省属企业为达到国际贸易的准入条件就必须对企业内部的生产环境和生产技术等进行整改，省属企业每一部分社会责任标准的改进都需要付出一定的生产成本。

国际社会责任贸易壁垒对我国国有省属企业国际化的正面影响主要有以下几个方面：

（1）有助于优化企业的劳资关系。发达国家所设置的蓝色贸易壁垒主要是运用SA8000来考核企业的社会责任履行情况，相应的这就要求国有省属企业在国际化战略中必须注重劳资关系的改进。因而，企业在外部压力下会主动履行对员工的社会责任，包括提高员工待遇、予以员工民主公平的待遇、保障员工的生产安全、关注员工的身心健康等。这些企业管理成本的增加是有利于增强企业内部的凝聚力和提升员工的工作效率的，故就长期发展而言这无疑优化了企业的内部关系。

（2）有助于提高企业的自主创新的能力。以企业技术水平为国际贸易考核准则，有利于我国企业在国际贸易博弈中主动地去加大自主创新的投入，以增强产品的竞争力。企业创新是社会进步的重要推动力，但我国企业对于国际环境而言是相对缺乏创造力的。国有省属企业在国际化过程中，通过履行自主创新的社会责任来提升企业技术水平，虽影响了短期的资金流，但也符合了企业的长期发展目标。

（3）有助于强化企业的生产链。发展中国家出口企业的产品质量常常受到质疑，其主要原因除了生产技术水平有限以外，往往就是由于产品生产过程中监管责任的缺失。产品质量标准的提高，从正面看，有利于企业加强生产过程中的质量监管系统，注重生产过程中的质量安全措施，强调材料选用时的环保性能等。使国有省属企业在国际化进程中生产出环保高性能的产品，跟上国际竞争的需求。

（4）有助于树立良好的国际品牌形象。在国际市场竞争的环境中，挑战与机遇并存。对国有省属企业来说，一直以来，有相关社会责任政策的正确引导以及较为坚实的经济实力，国有省属企业在国际化进程中进行相关的社会责任程序优化，正是企业在国际上通过对比树立国际企业形象的良好时机。

从深层考虑，其实与社会责任相关的贸易限制给我国企业带来的好处要远远大于其弊端，这些弊端都是短期的、可控的。而给企业在竞争环境中所带来的外部压力却更能使企业主动地检讨自身的问题，优化企业的组织结构，增强企业的国际竞争力。因而在外部压力下履行社会责任的企业也为自身的可持续发展提供了动力。

在经济全球化迅速发展的背景下，国有省属企业在国际经济领域代表着中国企业的形象。随着企业社会责任逐渐成为一种世界潮流和趋势，国有省属企业需要进一步加强国际交流与合作，了解世界企业社会责任发展的过程和趋势，学习借鉴国际著名跨国公司在履行企业社会责任方面的做法和经验，顺应国际背景下企业履行社会责任的大趋势。总的来说，履行企业社会责任，对国有省属企业的发展是利大于弊的。切实履行社会责任是国有省属企业把握国际化契机的有效手段。

（二）有助于增强企业竞争力

竞争是当今市场经济的主旋律，国有省属企业是市场经济活动的主体，企业竞争力是影响一个国家或地区的产业乃至一个国家本身综合国力的基本因素，一个企业为了在激烈的市场竞争中能拥有一席之地，就必须要提高自己本身的竞争力，使得自己在激烈的市场竞争中能够立于不败之地。企业竞争力最早来源于亚当·斯密提出的绝对优势理论和大卫·李嘉图提出的比较优势理论。企业竞争力是指企业面向市场和顾客，合理地利用企业内外部的经营资源，提供市场和顾客所需要的产品和服务，在与竞争对手的角逐中建立竞争优势的能力。国有省属企业将社会责任纳入到企业的整体战略中，可以使企业充满活力，充分调动包括企业利益相关者在内的社会成员的积极性，为企业的发展注入活力，进而增强企业的核心竞争力，为企业的进一步成长产生助推力。

国有省属企业加强社会责任建设，坚定履行社会责任，有利于塑造企业文化，吸引优秀的人才，提高企业的自主创新能力，进而提升企业的竞争力。企业文化客观存在于每个企业之中。企业文化在企业经营中起着不可替代的作用，企业与企业文化之间相互渗透，相辅相成，互相依赖，是一种互动式的关系。一方面，企业的生产需要决定着企业文化，没有企业就没有企业文化；另一方面，企业文化反过来作用于企业，并且有时候这种反作用力是非常巨大的。积极的文化会促进企业的发展，优秀的企业文化使企业长盛不衰，而消极落后的文化却极大地阻碍企业的发展。企业文化的内容较为广泛，总的来说，企业文化由精神文化、制度文化和物质文化等层次构成。企业精神是企业文化的核心；企业的制度文化是企业的各种规章制度、道德规范和员工行为准则的总和；而物质文化则是指企业环境、企业标志、文化设施、文化传播网络等。[①]

企业的核心文化中应当包含一定的社会责任的内容，这是构建企业文化时必须解决的问题。包含和突出社会责任的企业核心文化，将会给企业带来好的声誉和信誉，有助于企业吸引优秀人才。因为社会责任的核心内容之一是倡导以人为本的经营理念，强调以人为本，高度重视企业员工和其他利益相关者，更包括对人才的重视，人力资源特别是人才资源是企业最重要的资源。积极承担社会责任的企业必定重视人才，自觉构建人才发展平台，建立人才创新机制，帮助人才脱颖而出，从而达到留住人才的目的。只有留住了人才，企业的创新发展才可能获得更大进步。

企业的自主创新是指企业通过自身的学习和研发活动，探索技术前沿，突破技术难关，研究开发具有自主知识产权的技术，并快速使之商品化，进而提高企业的核心竞争力。企业要在市场上保持竞争优势，必须生产出满足消费者需求、高质量、低成本的产品，这就要求企业不断提高生产率、不断提升其创新力。企业积极主动地履行社会责任还有利于吸引和留住人才，现代企业的竞争

---

① 苏慧慧. 浅析企业社会责任履行对企业竞争力的影响. 魅力中国，2011（3）.

最终是人力资源的竞争，企业的任何创新都是由人来完成的。

国有省属企业履行社会责任有助于使其品牌地位得以提升，赢得消费者的青睐，进而提高企业的销售额和市场份额。消费者是企业的宝贵资源之一，消费者不仅是企业的商品和服务价值实现的最终力量，也是创造需求的原发力量，失去了客户，企业也就失去了其生存的基础。如果企业能对消费者履行在产品质量或服务质量方面的承诺，坚持提供优质产品和满意服务，可以增强消费者的信任和情感沟通，赢得消费者的好评，能吸引更多的消费者选择该企业产品，企业才能得以提升销售额，进而提高产品在市场上所占的份额。

国有省属企业履行社会责任能够优化政企关系，建立和谐的劳动关系。在现代市场经济条件下，政府的本质就是服务，政府与企业的关系是社会组织为企业提供服务，企业为社会组织支付费用并影响社会组织活动范围的一种双向制约关系。企业承担社会责任，为社会的发展尽自己的义务，政府也必然要为企业发展提供服务，营造良好的政策环境、市场环境、法制环境、政务环境和舆论环境。企业坚定地履行社会责任，能够建立起政府与企业之间的良性互动机制，更进一步建立良好的政企关系，促进企业更好地履行社会责任，推动社会的可持续发展。一个具有竞争力的企业，它能够为企业的员工提供良好的工作环境，不仅是合理的薪酬和福利，更重要的是它包含了平等、无歧视、安全卫生、通过对话解决冲突等要素。企业通过改善员工的工作环境、建立合理的福利薪酬制度来提高员工的积极性，培养员工积极向上的价值观，把员工的价值和企业的价值统一起来，使全体员工团结协作、共同奋进，以实现有效管理。企业通过建立完善的医疗保险、养老保险等福利制度和对员工的再教育制度，不断提高员工的文化水平和技术素质，给员工建立一个在公平基础上能施展才华、实现价值的舞台，使员工、企业的目标一致化，实现效率最大化，间接地节约了成本。因此，构建和谐的劳动关系，能够促进企业竞争力的提高。

国有省属企业将社会责任纳入到企业的整体战略中能够提升企业的形象、提高自有品牌的竞争力。企业形象是企业文化的外显形态。在经济全球化的今天，企业面临更多的机遇与挑战，如果企业的生产过程严重污染环境，而且没有相应的补偿措施，将给企业带来负面的公众形象，进而损害企业的长期竞争力。一个具有社会责任的企业有助于保持员工的忠诚，赢得公众的信赖，提升企业的品牌效应和企业形象，从而获得长期的回报。品牌竞争力是指某一品牌开拓市场、占领市场的能力。品牌竞争力具有不可替代的差异化能力，是使企业能够持续盈利的能力，是企业的核心竞争力。另外，如果企业把维护社会公平正义、参与公共事业作为必需的社会责任，则会使企业形成良好的社会形象，而良好的社会形象则是品牌竞争力提升的必要条件。

（三）有助于提升企业管理水平

管理是企业永恒的主题，企业发展壮大的过程伴随着管理模式和管理方式的不断创新。[①] 企业社会责任管理要求将社会责任和可持续发展理念融入企业决策和生产经营的全过程，用社会责任的理念梳理企业的使命、愿景和价值观，审视企业发展战略、经营模式和业务流程，将企业对利益相关方和自然环境的责任纳入管理系统。从某种意义上说，加强企业社会责任管理也是管理创新的重要体现。从2012年3月起，国资委决定用两年时间在中央企业全面开展管理提升活动，并制定发布

---

① 引用国务院国资委研究局网站《邵宁在中央企业社会责任管理提升专题培训班上的讲话》，2012年8月2日。

了《关于中央企业开展管理提升活动的指导意见》，国资委将社会责任管理列入中央企业管理提升重点领域，使社会责任管理成为企业管理的一个重要方面，成为提升企业管理水平的重要手段。

国有省属企业履行社会责任有助于提高企业的人力资源管理水平。企业的人力资源管理和企业的社会责任之间存在着紧密的联系。企业在承担社会责任时，应首先在企业内部的人力资源管理中承担社会责任。企业内部社会责任的核心是保障劳动者权益，即基于员工权益的社会责任属于现代企业的核心责任。

首先，企业社会责任的实践和履行依赖于企业人力资源管理实践和活动，两者密切相关。企业能否真正承担起自己的社会责任，有赖于企业全体管理者和员工在日常工作中以及在某些特殊情况下的具体行动，一家企业只有通过自己的人力资源管理活动向管理层及员工传递、沟通、激发社会责任意识，强化社会责任行为，在企业中培育强烈的社会责任文化，才能够真正使自己的社会责任落实到企业的经营管理实践中去，成为社会公众认可的积极的社会公民。而企业如果想使自己的管理层和员工具有浓厚的社会责任意识，积极主动地帮助企业切实履行社会责任行为，最为重要的一个决定因素恰恰是企业对待自己员工的理念、政策和实践。

其次，企业的人力资源管理受到企业社会责任的深刻影响，需要企业人力资源管理者正向引导企业履行社会责任，以及在经营管理中建设基于企业社会责任的管理平台和体系。企业社会责任对企业人力资源管理的影响首先是对管理理念的更新，促使人的工作与组织的匹配和结合，以内部的规则规范企业社会责任建设。

人力资源管理在实现企业社会责任中的作用要求其管理模式必须做相应转变。首先，人力资源管理要实现效率化，是建立基于员工胜任力的人力资源机制，使员工与岗位达到最优化匹配，这就要求企业建立健全基于胜任力的选任机制、评估机制和培训机制。其次，人力资源管理要实现激励效用的最大化，科学合理的激励机制应以保障性和激励性的薪酬体系为基础，短期激励与长期激励相结合，物质激励与精神激励相结合。[①] 企业要从经济利益、权利地位与企业文化三方面对人力资源进行立体式激励。最后，人力资源管理要实现柔性化，这一方面要求建立完善工会等员工组织，重视与员工的集体谈判；另一方面要求企业积极采取情感管理方式，逐步建立、完善基于心理契约的情感管理机制，使企业员工之间形成良性的"双方"心理契约。

值得探讨的是 SA8000 所涉及的工资工时等九个方面问题几乎全在企业人力资源管理领域（见表 2-2），它的认证实施必然会系统地考察人力资源管理水平，特别是对我国企业的劳动维权情况。

国有省属企业履行社会责任，将社会责任纳入到企业整体战略目标中，将会对企业的战略管理带来巨大的提升。要让企业社会责任既有利于社会和谐发展，又能为企业持续发展服务，就必须要把企业社会责任实践与企业战略目标相结合，将企业社会责任理念融入企业的愿景与使命中，构建企业社会责任战略观。企业执行企业社会责任战略的过程，是企业以社会责任竞争力形成竞争优势的过程，也是企业实现与社会共同可持续发展的过程。

企业的愿景是企业未来发展的路线图，为企业指明了企业独特的发展方向，并提供企业所要遵循的战略路径，由此塑造企业的组织特性，描述了企业未来的蓝图。企业社会责任战略管理的第一步，就是要求企业在其愿景中体现社会责任的战略观，并以此来指导企业的发展方向。而所谓的企

---

① 王磊.论人力资源管理与企业社会责任.现代商贸工业，2009（11）.

表 2-2 SA8000 条款与人力资源管理职能对比[①]

SA8000 主要条款	人力资源管理
禁止使用童工：禁止使用 15 周岁以下的童工，确保儿童应享受的义务教育，不得将其置于不安全或不健康的工作环境之下	人力资源规划、员工招聘
废除强迫劳动：包括强迫犯人及契约劳力，不可要求员工在受雇之时交纳押金或身份证于公司	员工招聘、使用、调配
健康与安全：提供健康与安全的工作环境、对员工进行系统的健康和安全培训、采取必要措施防止工伤、为所有员工提供安全健康的工作环境	员工使用、培训
结社自由和集体谈判：员工可参加工会和与资方之间涉及待遇、工作环境等方面的集体谈判	员工使用、培训与薪酬
禁止歧视：公司不得因种族、社会阶层、国籍、宗教、残疾、性别或年龄等而对员工在聘用、报酬、培训机会、升迁等方面有歧视行为	员工招聘、使用、薪酬、培训、结束与员工关系
惩戒性措施：公司不得从事或支持体罚、精神或肉体胁迫以及言语侮辱	员工使用、员工关系
工作时间：每周不得超过 48 小时，每 7 天至少休息 1 天；自愿加班应得到比正常工作更多的工资且每周不超过 12 小时	员工使用、薪酬
最低工资：公司支付给员工的工资不应低于法律或行业的最低标准，并且必须足以满足员工的基本需求；对工资的扣除不能是惩罚性的	绩效、薪酬、福利
管理体系：制定社会责任的政策、实施、检查、改善的管理体系；委派专门的员工代表负责、加强与高管阶层的沟通	人力资源规划

资料来源：根据 SA8000 条款及其他资料整理。

业使命，就是企业在社会进步和社会、经济发展中所应当承担的角色和责任。在确定企业使命时，应该充分全面地考虑到利益相关者的各方面期望与要求，并以之作为制定企业战略目标的前提、战略方案制定和选择的依据以及企业分配企业资源的基础。在企业使命中构建社会责任战略观，将促进企业对其存在意义的思考，并且真正能够从系统的角度来审视自己，指引企业战略思维和战略理念的转变，重塑或者强化体现社会责任的企业价值观，优化企业的资源配置，指引企业发展战略的制定和执行。在经济全球化的今天，企业只有跟上社会经济发展的节奏，把握机遇，迎接挑战，把企业社会责任融入战略管理中，在企业绩效和社会责任之间找到平衡点，与各利益相关者建立合作、和谐、共赢的发展关系，才能保证在市场竞争中树立良好形象，提升企业的竞争力，最终促进企业和社会共同发展。

国有省属企业坚定地履行社会责任有助于提升其应对企业危机的能力，增强企业的危机控制和处理能力。所谓危机管理是为了应对突发的公共危机事件，以使企业损害降至最低点而提前建立的防范、处理体系和措施。对于任何一个企业来说，企业危机的发生并不仅仅是一个偶然事件，危机发生之后必然会集结利益谋取、媒体监督、舆论谴责、情绪对抗等冲突。而危机的处理，本身就是企业社会责任的重要组成部分，也可以把它叫做沟通。危机是否能够成功化解，危机管理是否有效关键是要找到危机的核心所在，以强烈的责任感去化解危机。一个企业的社会责任体现了该企业的道德，体现了它对待生命、对待公众的态度。一个富有社会责任感的企业在面对企业危机时，所呈现的绝佳的管理能力是其他企业不能比拟的。如果企业不具备较强的危机处理意识，不提升危机管理水平，则必然导致企业出现一系列问题。比如，三鹿集团奶粉事件发生后，企业领导与管理者不是积极处理解决问题，而是推卸责任，拖延时间，延误处理，使得消费者对企业失去信任，导致企业最终走向破产。因此，作为国有省属企业必须提升企业社会责任感，强化社会责任意识，提高履行社会责任的自觉性，只有这样，在面对企业危机时才能做到从容应对，将危机变为企业发展壮大

---

① 陈纬. 基于企业社会责任之下的人力资源管理探讨. 现代商业，2008 (15).

中的一个契机。

国有省属企业履行社会责任，能够增强企业供应链的竞争力。对于大型国有省属企业，除了自身履行社会责任外，对其供应链上的供应商及制造商也要提出实践社会责任的要求。同时，企业社会责任的实施需要企业间的协作，一方面，企业处于一定的供应链系统中，供应链中的每个节点都会影响到整个链条的社会责任实践水平，因此需要企业相互合作共同履行社会责任；另一方面，供应链上各企业的实力水平不同，对企业社会责任的理解和实施水平也不同，为了提高供应链整体的社会责任实践水平，需要企业间相互合作、相互支持。企业社会责任与企业供应链管理相互促进。基于供应链管理履行企业社会责任，企业间的协同效应可降低企业社会责任的实施成本，提高社会责任实践水平。反过来，将企业社会责任贯穿于企业的供应链管理中，有助于企业与合作伙伴建立共同的价值观，拓展与合作伙伴的对话平台，尝试创新客户关系实践，建立与合作伙伴的信任，降低供应链风险，与合作伙伴建立长期的战略合作关系。

（四）有助于和谐社会建设

改革开放以来，我国经济与社会发展取得了举世瞩目的成就。2011年，我国GDP总量达到471564亿元（约7.3万亿美元），经济总量超过日本成为世界第二大经济体，综合国力迅速提升，人民生活水平大幅提高。随着社会经济的发展，新的经济与社会矛盾不断出现，社会进入了一个充满多种经济与社会矛盾的稳定而又不和谐的时代。当前我国社会不和谐现象主要体现在两个方面：一是不同利益群体之间的利益冲突甚至对抗上，主要体现为区域发展失衡、城乡发展失衡、贫富差距扩大、劳动关系失衡四个方面；二是经济发展与生态环境的矛盾日益尖锐，主要体现为各种生态环境问题。

建设和谐社会已经日益成为我国经济社会发展的当务之急。和谐社会"应该是民主法治、公平正义、诚信友爱、充满活力、安定有序、人与自然和谐相处的社会"。这是2005年2月19日胡锦涛同志在"省部级主要领导干部提高构建社会主义和谐社会能力"专题研讨班上对和谐社会的主要内容的高度概括。作为国民经济的重要细胞，国有企业积极主动承担社会责任不仅有利于社会主义和谐社会建设，也有利于企业自身的发展。从和谐社会的基本内容看，企业履行社会责任与和谐社会建设的主要内容在目的上是一致的，其一致性主要表现在：

第一，守法经营、民主管理责任与民主法治原则一致。一方面，遵循法律法规、依法诚信经营是省属企业奉行的基本原则，作为国有企业，省属企业的模范作用和法律约束效果都要高于一般的企业，因而，遵循法律是省属企业发展的基本前提；另一方面，省属企业在管理层决策和员工制度上都具备了较完善的民主管理体系，保障了国有省属企业决策的相对优越性和遵从了员工机会平等的原则。

第二，公平交易责任与公平正义的原则一致。社会责任中公平交易的内容可以理解为企业对各利益相关群体的责任关系。国有省属企业在运营过程中，合理妥善地处理好社会各利益群体的关系，承担各种利益相关者责任是国有省属企业维持企业稳定发展的重要手段。而和谐社会公平正义的定义是社会各方面的利益关系得到妥善协调，人民内部矛盾和其他社会矛盾得到正确处理，社会公平和正义得到切实维护和实现。两者在思想理念上具有很高的一致性，履行公平交易的社会责任既符合促使省属企业稳定发展的要求，也符合构建和谐社会的理想。

第三，社区参与责任与诚信友爱的原则一致。社会诚信友爱强调的是对于全社会的平等、诚实、关爱精神。社区参与方面的社会责任意味着企业抱着真诚博爱的态度与企业周边的社区群体共同营造互惠互利的和谐环境，同时也将企业的发展成果回馈到社会最有需要的地方去。省属企业把社区参与社会责任与企业发展战略相结合后，省属企业将能够为周边社区及社会弱势群体提供专业技能与经济援助，赋予其自我创造经济价值的能力以维持区域的长期发展，达到构建和谐社会的目的。

第四，自主创新责任与充满活力的原则一致。自主创新是推动企业发展和社会进步的原动力。而社会活力就是指人们的创造性思维和成果得到社会的充分尊重和保障，从而不断地激发人们的创造力以推动全社会的进步。省属企业履行自主创新责任就是不断为企业注入活力。与此同时，新技术为社会创造了财富也就是为社会的发展注入了新的动力。因而，省属企业履行自主创新的社会责任就与企业的发展和社会的活力紧紧地联系在了一起。

第五，环境保护责任与人与自然和谐相处的原则一致。在社会经济发展水平处于较低水平时，经济发展难免以牺牲环境及资源为代价。当社会经济水平到达一定程度时，人们就会发现破坏环境的成本越来越高，环境保护就开始被社会所关注。良好的生态环境是经济与社会实现可持续发展的基本前提。国有省属企业履行环境保护的社会责任既是企业现阶段的发展要求，也是社会维持生产发展、生活富裕、生态良好的要求。

和谐社会是一个既充满活力又秩序井然的社会。和谐社会建设需要调动各方面的积极性，更需要优势企业的积极参与。国有省属企业是区域经济发展的中坚力量，拥有较多的经济与技术资源通过承担社会责任促进和谐社会建设。因此，在构建和谐社会的过程中它们具有其他社会成员所无法比拟的地位和作用。从实践与经验的角度看，企业通过承担社会责任方式参与和谐社会的模式主要有以下几种：

（1）产业带动模式。产业带动是指优势或核心企业通过延长产业链带动弱势产业或群体获得经济发展的利益，从而缓减城乡发展和收入差距。这种模式源于我国农牧产品加工企业开创的"公司加农户"模式。如伊利集团的生产经营活动卓有成效地带动了当地饲料种植业、畜牧业等上游产业实现了跨越式发展，奶牛饲养业进一步带动草业大发展，百万农民因此在伊利集团构筑的产业链条上找到脱贫致富良机，奶业发展还有效促进了乡村公路交通、奶站基地、种植基地等基础设施建设。广东省属企业已经在这方面的社会责任实践取得了良好的效果，广弘公司"药材种植扶贫"、丝纺集团"蚕桑种养扶贫"、中旅集团"援疆旅游"等项目，都取得了良好的社会与经济效益。

（2）循环经济模式。循环经济强调物料和能源在经济循环中得到合理和持久利用。从微观企业层面看，发达国家的两种循环经济模式值得借鉴：一是杜邦模式，即企业内部循环利用模式，杜邦公司通过厂内各工艺之间的物料循环，减少物料消耗，达到少排放甚至"零排放"目标；二是卡伦堡模式，即生态工业园模式，该模式通过整合和联结园区企业生产和输送设备，形成共享资源和互换副产品的产业共生组合，使工业"三废"在企业自身循环利用的同时，成为另一企业的能源和原料。2004年以来，广东省丝绸纺织集团有限公司下属始兴县金兴茧丝绸公司建设了水循环利用系统工程项目；该项目采用高新专利"生物降解技术"处理生产废水，同时使用回用水，回用水的水温常年保持在32℃左右，缫丝用水无需加热，煮茧用水和锅炉给水也提高了水温，既节约了水资源和原煤，又减少了锅炉废气排放。

(3) 企业慈善捐赠模式。企业通过慈善捐赠实现的社会财富的第三次分配，能够有效弥补市场主导的第一次分配与政府主导的第二次分配的缺陷与不足，尤其能够有效缓减贫富差距。根据《美国捐赠2000》的年度慈善捐赠报告，20世纪60年代末以来，美国企业慈善捐赠规模呈不断扩大趋势，1969~1999年，美国企业捐赠总额从不到10亿美元增加到每年的110多亿美元。2011年，美国13家企业捐赠了超过1亿美元，其中沃尔玛以3.42亿美元的金额排名首位。大部分企业捐赠集中于那些危及人类底线的社会问题，如疾病治疗、交通负担和清洁水源。近年来，广东省属企业也纷纷通过捐赠积极投身社会公益事业，在2012年的扶贫济困活动中，省属企业捐款总额超过亿元，其中粤海集团、粤电集团、交通集团各捐款过千万元，尽最大能力回报社会。

(4) 技术创新模式。著名环保主义者埃利希（Ehrlich）30余年前提出人类活动环境负面影响公式"$EB=P\times A\times T$"，其中EB表示人类活动所造成的环境负担，P表示人口规模，A表示富裕程度，T表示技术。在人口规模（P）不断扩大和富裕程度（A）必然不断提高的情况下，缓减人类活动负面环境影响的唯一出路在于技术（T）创新。如生产工艺（或流程）创新能够节约能耗与物耗，并能减少工业"三废"排放；而产品创新或新产品开发能在缓减经济发展与生态环境的矛盾方面大有作为。2011年，广东粤电集团加大对现有脱硫设备的技术改造力度，取消了脱硫装置的旁路，系统内电厂全年平均脱硫效率和投运率均超90%，减排二氧化硫约36万吨，占广东全省减排量的50%以上。

(5) 污染防治模式。工业"三废"直接排放是导致生态环境日益恶化的重要根源之一。对于大多数企业而言，参与建设和谐社会的第一步，就是污染防治。20世纪60~70年代，迫于日益严厉的污染治理和污染控制法律法规，发达国家企业主要通过污染治理减少"三废"排放；20世纪80年代以来，基于可持续发展观的环保政策和策略的根本变革，推动企业日益采用污染预防方式缓减环境问题。广东粤电集团大力发展清洁能源，其投资建设的新会IGCC发电试验平台项目采用整体煤气化联合循环发电技术，是新一代洁净煤发电技术，代表了未来煤电实现高效和接近零排放的主要技术途径，有效地缓减了生产经营过程所产生的环境污染问题。2011年，广东省产业资产经营有限公司全年新增装机容量163.75万千瓦，其中新增清洁能源占2.29%。清洁可再生以及新能源项目的投入使用，不仅加快了公司的能源结构优化升级，也改善了广东的电源结构和大气环境。

● **案例**

"王老吉"企业社会责任的"蝴蝶效应"

自主自觉的、精心策划的企业社会责任实践活动常常不仅有助于社会公共利益，也能够有效地提升企业的竞争力，给企业带来巨大的商业利益。2008年5月18日，民营企业的后起之秀——"王老吉"品牌持有者加多宝集团慷慨解囊，向四川省汶川地震灾区捐款1亿元人民币。"王老吉"的亿元捐赠就像美国气象学家爱德华·罗伦兹（Edward N. Lorentz）南美洲亚马孙河流域热带雨林中的美丽蝴蝶，其轻轻扇动的翅膀迅速在国内饮料市场掀起一场巨大的"龙卷风"。当天晚上，捐款后的"王老吉"的口碑效应立即在网络上蔓延，加多宝的官网几乎被网友"挤瘫"。随后"王老吉"饮料迅速遭到全国网民的集体"封杀"，网民倡议只要看到"王老吉"，见一罐买一罐，从货架上"封杀""王老吉"。"王老吉"只能开足马力"抵制封杀"。"王老

> 吉"一夜之间成为中国人特别是中国网民心目中的"品牌英雄",原本一直在北方市场徘徊不前的状态一朝之间风云变幻,"不怕上火"的北方人也越来越喜欢喝"王老吉"。2008年,红罐"王老吉"销量在2007年50亿元的基础上翻番,一举突破100亿元大关,达到105亿元。

第三节　省属企业履行社会责任的条件

一、广东社会经济发展态势良好

作为改革开放的前沿,近30年来,广东经济发展迅速,市场经济发达,是国内乃至世界最具生机与活力、经济增长最快的地区之一。整体经济实力的增强和企业竞争能力的提升为企业承担社会责任奠定了物质基础,居民生活水平的提高也使得企业面临承担更多社会责任的外部压力。

(一) 中国第一经济大省

改革开放30多年来,广东经济一直保持年均两位数增长。2011年,全省生产总值(GDP)达52673.59亿元,约占全国GDP的1/9,连续20年居全国各省市之首。2011年,全省进出口贸易总额达到9134.76亿美元,约占全国的1/4。全省国际外汇旅游收入达到139.06亿美元,约占全国的1/4。此外,广东固定资产投资总额、社会商品零售总额、居民储蓄存款余额、城乡居民人均可支配收入、地方财政收入等主要经济指标均列全国前列。"十一五"以来,广东地区生产总值的年均增长速度为12.1%,高于全国同期平均增速10.2%。较高的经济发展水平为广东居民生活水平的提高奠定了物质基础。2011年,城镇居民人均可支配收入达26897.48元,农村居民人均年纯收入9371.73元,是全国平均水平的1.3倍,如图2-2所示。

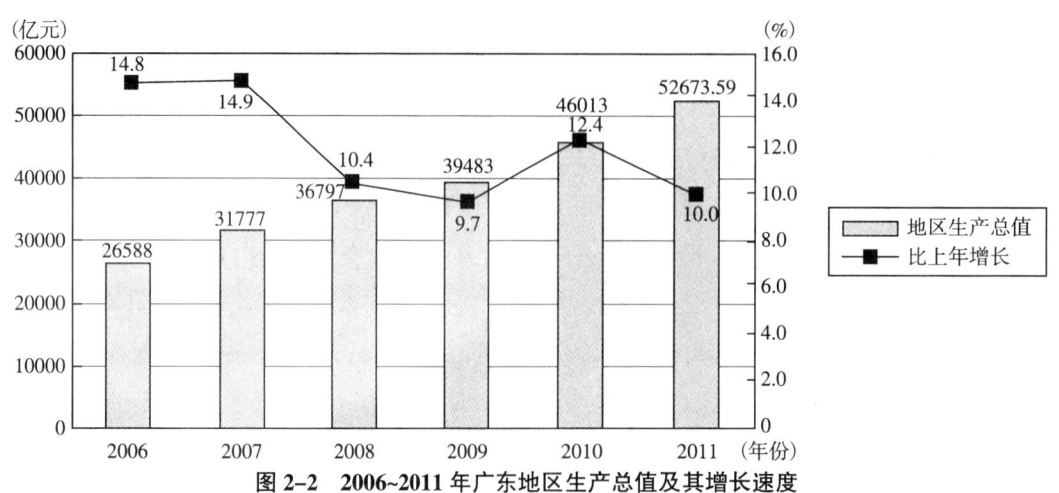

图2-2　2006~2011年广东地区生产总值及其增长速度

(二)产业体系比较完整

广东目前已进入工业化中后期,工业结构由轻型加工为主向轻重并举转变。近年来,广东省三次产业结构调整明显,逐步向产业高级化格局转变,三次产业比重逐渐增大。2011年广东省第一、二、三次产业比重达到5.0∶49.8∶45.2。2011年,广东第二产业增加值26205.30亿元,增长11.3%,对GDP贡献率为56.6%;第三产业增加值23808.46亿元,增长9.1%,对GDP贡献率为41.4%。在第三产业中,金融保险业增长6.3%,批发和零售业增长11.1%,住宿和餐饮业增长5.4%,房地产业增长6.0%。现代服务业增加值占第三产业增加值的比重为56.3%。九大支柱产业增加值比上年增长12.3%,其中三大新兴支柱产业增长11.9%,三大传统支柱产业增长15.3%,三大潜力产业增长9.4%。旅游、教育、科技、信息、文化等服务业发展迅速,现代物流业发展势头良好。从产业高级化程度看,广东省生产劳动密集型产业逐步向IT、机械、高新技术等资金和技术密集型产业转变,如图2-3所示。

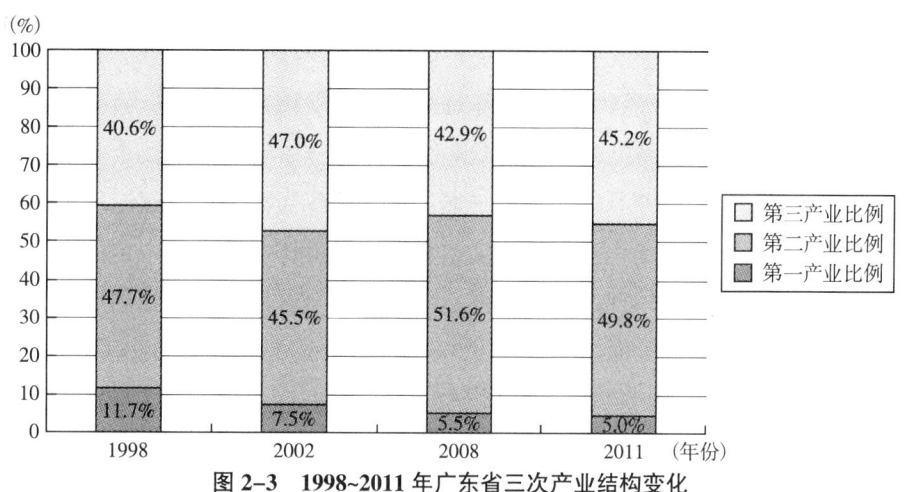

图2-3 1998~2011年广东省三次产业结构变化

金融业和现代物流业作为现代服务业的重要构成,是广东省着力发展的重点。广州的服务业具有明显优势,其中交通运输、仓储和邮政业具有较强竞争力,产值比重占全省2/5,深圳作为我国重要的金融中心,其以金融业为代表的现代服务业具有较强优势,产值比重占全省一半以上。

(三)外向型经济发达

广东与世界上200多个国家和地区建立了贸易关系,世界《财富》500强在广东投资、设立了400多家企业或机构,对外贸易从1986年以来一直居中国内地首位。2011全年进出口总额9134.76亿美元,比2010年增长16.4%。其中,出口5319.42亿美元,增长17.4%;进口3815.34亿美元,增长15.0%。进出口实现顺差1504.08亿美元,比2010年增加290.74亿美元。全年经核准境外投资中方协议投资额28.99亿美元;对外承包工程完成营业额113.42亿美元,比2010年增长38.2%;承包工程和劳务合作年末在外人员共4.26万人。珠江三角洲成为国际资本和跨国公司、国际大财团投资最活跃的地区之一,是全球重要的制造业基地之一。珠江三角洲电子信息产业发展迅猛,成为当今世界重要的电子信息产业生产基地之一,珠三角地区电脑部件的产量已超过全球产量的10%。

广东是我国华侨最多的省份,有侨眷和归侨100多万人,华侨、外籍华人50多万人,港澳台同胞近 100 万人，还有每年往返广东的外国人以及港澳台地区人士 200 多万人次。

二、优势企业较多

广东社会经济的快速发展造就了一批大型企业和优势企业。2012 年，37 家广东企业上榜中国 500 强，上榜数在全国排名第 5 位，仅次于北京（98 家）、江苏（51 家）、山东（48 家）以及浙江（42 家）。在上榜的 37 家广东企业中，广东物资集团公司、广东省广新控股集团有限公司、广东省粤电集团有限公司、广东省交通集团有限公司等 7 家省属企业上榜，占广东省上榜数的 18.9%。

2011 年，省属企业实现营业收入 3682 亿元、利润总额 191 亿元，分别比 2008 年增长 34.43% 和 105.38%。涌现了交通集团（1842 亿元）、粤电集团（1311 亿元）两户企业资产超千亿元的国企航母，物资集团等 7 家省属企业上榜 2011 年中国企业 500 强。目前，《珠三角规划纲要》"四年大发展" 84 项重大项目和 23937 亿元总投资中，省属企业承担或参与 17 项，总投资达 7008.86 亿元，截至 2011 年底，已完成投资 3014.8 亿元。

企业社会权势是企业社会责任发生的内在决定因素。企业社会权势一方面为企业承担社会责任提供基本的经济条件，缺乏足够经济实力的企业难以有效地承担社会责任；另一方面，企业社会权势变化必然改变企业与社会的关系结构，使公众对企业在社会中的地位以及企业所应该承担的责任与义务的看法发生根本变化。这种看法的形成与强化常常表现为特定社会舆论的形成和法律法规的通过。因此，尽管企业社会权势变化对利益驱动型企业社会责任也能产生一定的影响，但它对企业社会责任发生与演变的主要影响体现在对压力强制型企业社会责任（法律强制型企业社会责任和伦理推动型企业社会责任）的影响上面。

早在 1960 年，美国学者戴维斯就突出地强调，企业不仅应该为自身行为的不良后果负责，还必须承担与其日益强大的社会权势（Social Power）相匹配的社会责任，否则，从长远看，社会最终将剥夺企业占有财富和影响社会的力量。这个观点被我国学者刘俊海（1999）进一步发挥，他认为，民事权利中社会义务与其在社会中的实际影响成正比，社会影响越大，社会义务越多，反之亦然……公司的巨大社会影响，决定了公司决策权比普通自然人所享有的民事权利应当蕴涵更重、更广泛的社会义务，公司社会责任应当与公司力量的规模挂起钩来。

三、社会公众迫切要求

社会公众要求是推动企业承担社会责任的重要因素。随着经济与社会的发展，社会公众对企业的社会经济职能的预期也在不断发生着变化，西方社会工业革命以来，社会公众对企业的社会经济职能的预期大致经历了以下三个不同的发展阶段：即利润最大化预期阶段（1800~1920 年）、"多元信托" 预期阶段（20 世纪 20~50 年代）和提高生活质量预期阶段（20 世纪 60 年代末以来）。在这一过程中，西方社会日益要求企业为提高社会整体生活质量而承担责任。

随着广东省经济实力的不断提升，广东人均收入水平不断提高，居民生活水平日益提高（见图 2-4）。2011 年，广东省全年城镇居民人均可支配收入 26897.48 元，比 2010 年增长 12.6%；扣除价格因素，实际增长 6.9%。全年农村居民人均纯收入 9371.73 元，比 2010 年增长 18.8%；扣除价格因素，实际增长11.9%。农村人均收入增长速度相对较快。随着居民生活水平的提高，社会公众要求企业承担更多的社会责任，企业不仅要提供高质量的产品和服务，更要积极承担社会责任，为进一步提高居民生活质量做出应有的贡献。

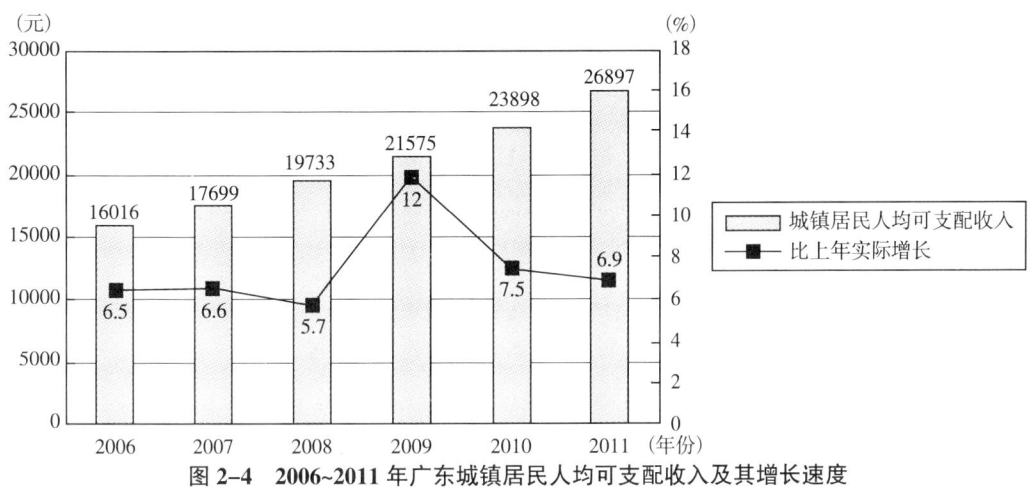

图 2-4　2006~2011 年广东城镇居民人均可支配收入及其增长速度

第四节　省属企业活力、控制力与影响力

在全面建设小康社会这一新的历史时期，国有企业将继续在中国经济社会的发展中发挥不可或缺的重要作用。当前，国有企业在社会经济中的作用主要不是体现在数量上，而是体现在国有企业的活力、控制力与影响力上。

一、国有企业的活力、控制力与影响力

党的十五大以来，我国党和政府越来越强调国有企业要在社会经济中发挥重要作用，增强国有企业的活力、控制力与影响力。十五大报告明确指出："国有经济控制国民经济命脉，对经济发展起主导作用。这是就全国而言，有的地方、有的产业可以有所区别。公有资产占优势，要有量的优势，更要注重质的提高。国有经济起主导作用，主要体现在控制力上。要从战略上调整国有经济布局。对关系国民经济命脉的重要行业和关键领域，国有经济必须占支配地位。在其他领域，可以通过资产重组和结构调整，以加强重点，提高国有资产的整体质量。"党的十五届四中全会《关于国有企业改革和发展若干重大问题的决定》要求："调整和完善所有制结构，积极探索公有制多种实现形式，增强国有经济在国民经济中的控制力，促进各种所有制经济公平竞争和共同发展。"党的十六届三中全会《关于完善社会主义市场经济体制若干问题的决定》明确指出："完善国有资本有进有退、合理流动的机制，进一步推动国有资本更多地投向关系国家安全和国民经济命脉的重要行业和关键领域，增强国有经济的控制力。"党的十七大报告指出："深化国有企业公司制、股份制改革，健全现代企业制度，优化国有经济布局和结构，增强国有经济活力、控制力、影响力。"党的十八大报告强调："要毫不动摇巩固和发展公有制经济，推行公有制多种实现形式，深化国有企业改革，

完善各类国有资产管理体制,推动国有资本更多投向关系国家安全和国民经济命脉的重要行业和关键领域,不断增强国有经济活力、控制力、影响力。"

从我国的经济实际看,国有经济控制力主要体现在两个不同的层面:首先,从国家层面的角度看,国有经济的控制力主要是指大型中央企业对国家经济命脉的控制力。多数学者所指的国有经济控制力主要是国家层面的控制力。其次,从地方政府的角度看,国有经济的控制力主要是指省、自治区和直辖市层面国有经济控制力。在各级地方政府,国有经济在地方公用事业领域发挥重要作用,这些公用事业性质的国有经济既可以稳定供给优质公共物品,以确保国民生活及社会生产的正常运行,又可以作为政府对垄断性公用事业进行监管的替代工具。同时,从实际情况看,在各级地方政府中,国有经济在竞争性领域也发挥了重要作用,为提升区域内经济整体竞争力做出了重要贡献。

作为改革开放的前沿,广东省属企业在国民经济中的支撑与保障作用非常突出。2005~2011年,广东省属企业资产总额从3538.78亿元增加到6744.20亿元,增长了90.58%;营业收入从1683.71亿元增加到3724.90亿元,增长了121.23%;利润总额从102.80亿元增加到193.00亿元,增长了87.72%;上缴税金从107.33亿元增加到175.80亿元,增长了63.79%。省属企业在推动广东社会经济发展、促进和谐社会建设、打造幸福广东等各个方面,都发挥了难以替代的重要作用,为广东社会经济发展做出了突出贡献,企业活力不断增强,控制力与影响力不断提升。

二、省属企业是广东经济发展的"加速器"

通过承担重点建设项目,省属企业在促进广东省经济发展和区域经济协调发展等方面发挥重要作用,影响力和控制力不断增强。根据测算,2008年国际金融危机以来,交通集团的高速公路建设总投资824亿元,直接拉动GDP增加2346亿元左右;机场集团2011年直接拉动GDP增加649亿元,占广东省经济的1.22%;物资集团的"广东汽车市场"每年创造汽车购置税等税费20多亿元,为中小企业提供仓单质押融资总额超过100亿元;航运集团在珠江三角洲拥有独资或合资的客货运口岸31个、各级代理点超过100家,仅在肇庆地区就拥有肇庆新港、高要港、四会马房港、德庆康州港、大旺车检场等港口物流企业,为肇庆地区的经济建设做出了积极贡献。

三、省属企业是广东社会民生的保障者

省属企业在经济社会发展中的支撑和保障作用日益凸显。目前,省属企业控股了全省6个民用机场中的4个,承担通车里程66%的高速公路的建设、运营和管理(3328公里),拥有近30%的电力装机容量(2121万千瓦),粤东、粤西、粤北地区90%以上的污水处理项目,广州市场70%以上的冻肉储备与销售,以及华南地区的棉花储备,港澳地区100%的供水和80%以上的鲜活农产品供应;全省市场30%以上的汽车销售和30%的木材销售。

四、省属企业是广东生态环境保护的生力军

通过承担社会责任，省属企业在确保广东省生态环境持续改进方面发挥重要作用。广业公司全面推进粤东西北地区12个市76个污水处理项目，项目合计的总投资预算63亿元，截至2011年底，已完成的投资额合计57亿元，日处理污水规模超过192万吨。粤电集团专项投资26亿元的"蓝天工程"一期脱硫工程于2008年底全面完成，每年可减排二氧化硫约36万吨，"蓝天工程"二期也于2008年启动，预计每年可减排氮氧化物近7000吨。广晟公司所属大宝山矿投入7000多万元建设李屋拦泥库外排水综合治理工程，该工程2011年5月正式竣工投产，较好地解决了几十年都没有解决的环保难题。

五、省属企业是广东先进制造业的先行者

省属企业积极参与先进制造业基地建设。广新控股牵头建设的中山广新海工造船基地已列入广东省现代产业500强，一期建设投资7.9亿元。铁投集团持股49%的广东南车轨道交通装备项目已完成投资10亿元。基地第一批进口设备招标工作已完成，第二批进口设备、第二、三批国产设备招标准备就绪，配套园区的3条道路及软基处理已全面施工。恒健公司持股10%的中航通用飞机项目累计完成投资28.8亿元，总装基地进展顺利，已完成工装厂房、部装厂房网架安装，复材工装进口设备7台已签订合同，综合实验厂房施工图方案已完成。

六、省属企业是广东新能源产业的主力军

省属企业积极投资新能源产业，为优化广东能源结构做出重要贡献。粤电集团先后推进了湛江徐闻勇士、红心楼，茂名信宜、热水等一批风电项目，以及南沙东方重机光伏发电项目和广州开发区光伏发电项目等一批光伏发电装机项目，世界单机容量及总装机容量最大的广东粤电湛江生物质发电项目。广业公司粤能集团公司承建的徐闻县灯楼角风电场项目，装机容量4.95万千瓦，总投资5.5亿元。

七、省属企业是"幸福广东"建设的推动者

通过积极主动履行社会责任，广东省属企业在推动"幸福广东"建设中发挥了重要作用。广新控股、铁投集团、恒健公司等通过大力发展先进制造业推动广东经济社会发展转型升级。广业公司、铁投集团、中旅集团、广弘公司等积极主动解决历史遗留问题，有效消解了潜在社会矛盾。机场集团、交通集团、粤电集团、盐业集团等为广东经济社会发展提供了支撑和保障。广业公司污水处理项目、粤电集团"蓝天工程"、广晟公司李屋拦泥库外排水综合治理工程以及其他省属企业相关工程与项目，为保护生态环境、提升生活质量奠定了坚实基础。省属企业积极参与驻村扶贫、慈善捐赠等活动，帮扶社会弱势群体，推动欠发达地区经济发展，为社会经济均衡发展与和谐社会建设做出贡献。

第三章 广东省属企业的基本状况

经过 30 多年的改革，广东国有企业大部分展开了多种形式的改革，绝大多数国有企业转变为公司制企业，国有企业在长期计划经济体制下形成的僵化的体制基本被冲破，国有企业的管理体制由党委领导下的厂长负责制逐渐转变为公司法人治理结构，计划生产、计划供应和"大锅饭"式的分配制度逐渐被按需生产、市场营销和员工按劳分配、按贡献大小取酬所取代。国有企业初步成为自主经营、自负盈亏的市场主体，现代企业制度建设日趋完善。尤其是新国有资产监管体系的建立，使国有经济的结构逐步趋于优化，国有资产的质量逐步提高，国有企业的竞争力有所增强。本章从省属企业的经济规模、经济效益、行业分布和监管体系四个方面展开分析，以此了解省属企业的基本状况。

第一节 企业数量

根据有关资料统计，2011 年广东省国有企业数目 8439 家（含中小型企业），其中，省属国有企业 2713 家和地市国有企业 5726 家，省属国有企业又包括省属监管企业 2261 家和省属非监管企业 452 家。省属监管企业又包括纳入合并报表范围的省属监管企业 1889 家和未纳入合并报表范围的省属监管企业 372 家。本书研究对象所称的"省属企业"主要指的是纳入合并报表范围的省属监管企业（1889 家），而它们则归属于 24 家一级省属监管企业，如表 3-1 所示。

表 3-1 广东 24 家省属一级监管企业及其主营业务所属行业

序 号	企业名称	主营业务所属行业
1	广东物资集团公司	H 批发和零售业；G 交通运输、仓储和邮政业
2	广东省广业资产经营有限公司	C 制造业；D 电力、燃气及水的生产和供应业；H 批发和零售业
3	广东省广弘资产经营有限公司	C 制造业；H 批发和零售业
4	广东省广晟资产经营有限公司	B 采矿业；C 制造业；I 住宿和餐饮业
5	广东省商业企业集团公司	H 批发和零售业；L 租赁和商务服务业
6	广东省建筑工程集团有限公司	E 建筑业
7	广东省丝绸纺织集团有限公司	A 农林牧渔；H 批发和零售业
8	广东省旅游集团有限公司	H 批发和零售业
9	广东省中旅（集团）有限公司	H 批发和零售业
10	广东省广新控股集团有限公司	C 制造业；G 交通运输、仓储和邮政业；H 批发和零售业
11	广东省水电集团有限公司	E 建筑业；D 电力、燃气及水的生产和供应业
12	广东省机场管理集团公司	G 交通运输、仓储和邮政业
13	广东白天鹅酒店集团有限公司	I 住宿和餐饮业

续表

序号	企业名称	主营业务所属行业
14	广东省航运集团有限公司	G 交通运输、仓储和邮政业
15	广东省粤电集团有限公司	D 电力、燃气及水的生产和供应业
16	广东省交通集团有限公司	G 交通运输、仓储和邮政业
17	广东省盐业集团有限公司	C 制造业；H 批发和零售业
18	南方联合产权交易中心	L 租赁和商务服务业
19	广东粤海控股有限公司	C 制造业；H 批发和零售业；I 住宿和餐饮业
20	广东南粤集团有限公司	C 制造业；H 批发和零售业；N 水利、环境和公共设施管理业
21	广东联合电子股份有限公司	I 信息传输、软件和信息技术服务业
22	广东恒健投资控股有限公司	L 租赁和商务服务业
23	广东省铁路建设投资集团有限公司	G 交通运输、仓储和邮政业
24	广东新广国际集团有限公司	E 建筑业

注：行业前字母为国民经济行业分类（GB/T 4754—2011）的部门代码。

资料来源：根据广东省人民政府国有资产监督管理委员会网站 http://www.gdgz.gov.cn/focus_profile.html 中对省属国有企业主营业务的描述性介绍整理。

一、广东省属企业数目与其他省市的比较

从图 3-1 可以看出，2011 年广东省拥有的国有企业数目在全国各省市中排名第 2 位，仅次于上海市，其中北京市属监管企业占市国有企业的比重（63.89%）为最高，上海居其次（比重为 47.99%）。

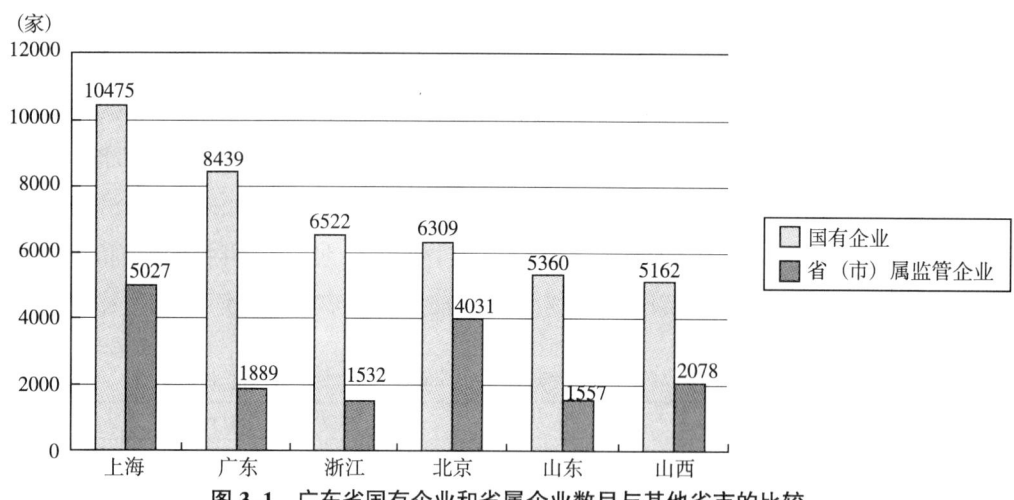

图 3-1 广东省国有企业和省属企业数目与其他省市的比较

资料来源：根据有关数据整理。

广东省属企业占全省国有企业的比重为 22.38%，在图 3-1 六省市中的比重最低，说明广东省作为发展市场经济改革的前沿，市场化进程发展较快，企业改制促进力度较大，省属监管企业比重逐渐减少，且大都以准公共性企业为主，如交通集团、机场集团和铁投公司等，企业家数虽少，但经济规模大，对民生经济的作用和影响也比较大。

二、一级省属企业所属企业数量

2011年，归属于省国资委监管的一级企业24家，委托管理企业2家、持股企业4家。其中，1889家纳入合并报表范围的省属监管企业则分属于24家一级省属监管企业。具体分布见图3-2，其中粤海集团拥有企业数目250家，居24家一级省属企业之首，粤海控股是目前广东省在境外规模最大的综合性企业集团，资产总额为516亿港元，员工总数为12652人。涉及公用事业及基础设施、制造业、房地产业、酒店及酒店管理业、零售批发业五大板块、14个行业。其他拥有100家下属企业以上的企业还包括广晟公司、广业公司、广新控股、交通集团和物资集团。

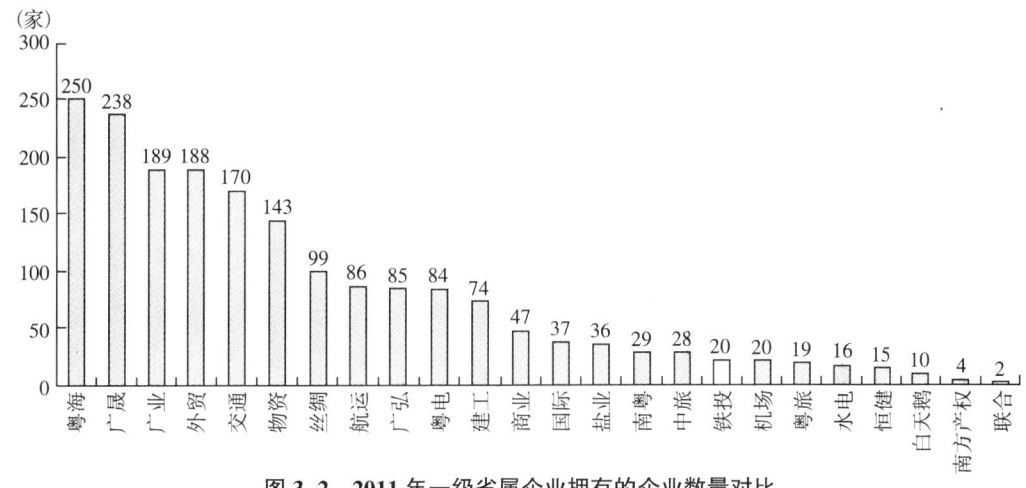

图3-2　2011年一级省属企业拥有的企业数量对比

资料来源：根据有关数据整理。

三、不同规模的广东省属企业数量比较

图3-3显示，省属企业数量由2009年的1604家增加到2011年的1889家，其中2011年小型企业1163家，中型企业407家，微型企业213家。相比2009年，省属企业中的中小型企业数目比

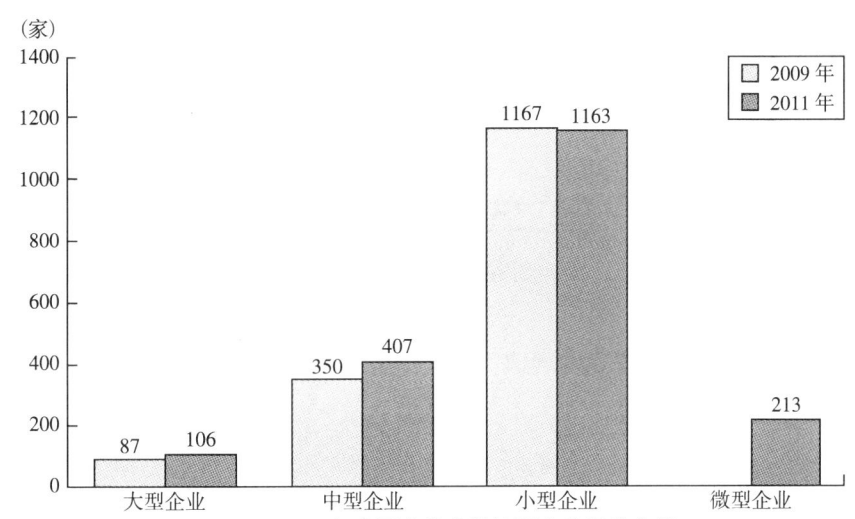

图3-3　2011年省属企业家数按照企业规模分类

资料来源：根据有关数据整理。

重正在增加，大型企业的数量和比重则都在下降，其中，2009年统计口径中无微型企业。说明伴随广东省国有企业改革步伐加快，建立了更加灵活、市场适应能力更强的产业组织结构，国有企业的活力也随着改革的进程不断提升。

四、股份制改革过程中的省属企业数目变化

激发省属企业活力需要破除体制机制障碍，而建立现代企业制度是国有企业改革的方向。省属监管企业中，基本实行了公司制，2004年有70%左右的国有企业进行公司制改造，到2011年，省属监管企业实行公司制的企业有1786家，所占的比重上升到94.55%。同时，广东省充分利用国家大力发展资本市场的有利机遇，实行股份制改造，省属企业通过引进战略投资者、股权置换、经营管理层和业务技术骨干持股、职工持股等多种形式，实现投资主体多元化，使股份制成为广东省属企业的主要组织形式。

图3-4显示，省属企业中，国有控股企业比重占66.49%，由2009年的1053家增加到2011年的1256家，而企业化管理事业单位则从2009年的18家减少到2011年的3家。省属企业资本结构的逐步改善，为提升企业的活力和竞争力、实现企业的跨越式发展建立了良好的基础。

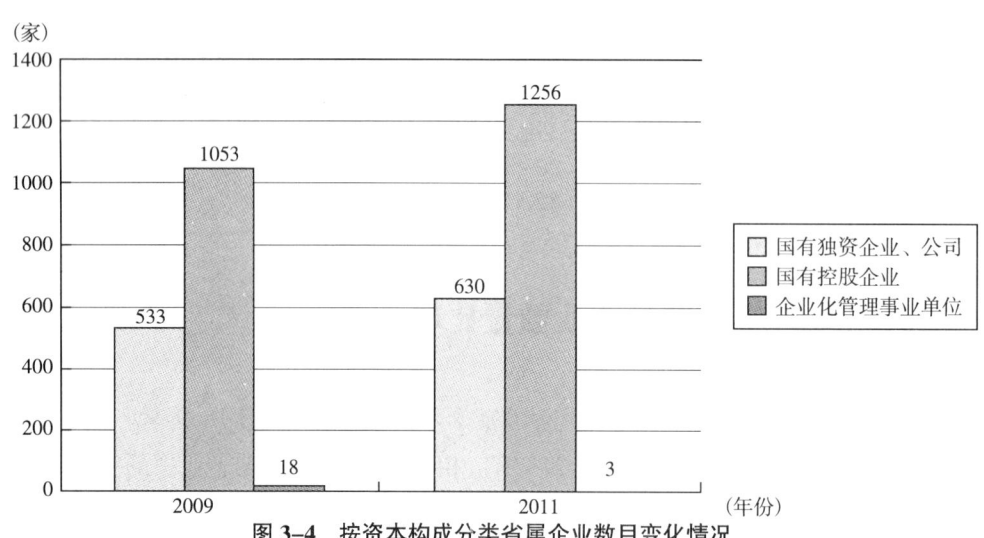

图3-4 按资本构成分类省属企业数目变化情况

资料来源：根据有关数据整理。

第二节 经济规模

近年来，广东省属国有企业改革发展取得了明显成效，企业运营规模不断壮大，省属企业对广东经济的影响力和控制力也越来越显著。本节将从营业收入规模、资产规模、利润总额等方面展开分析。

一、营业收入

大企业的崛起是过去10年发生在我国和世界范围内的重要现象。一大批规模庞大、具备一定市场竞争能力的大企业逐渐增多,不但直接改变着我国经济的发展面貌,甚至对全球范围内的企业竞争格局也有深远的影响。近几年,包括物资集团、广新控股在内的7家省属企业连续跻身"中国企业500强"(见表3-2),显示了广东省属企业正在发展壮大,也凸显了省属企业对区域经济的影响力。

表3-2 中国企业500强中的广东省属企业

2011年			2012年		
名 次	企业名称	营业收入(万元)	名 次	企业名称	营业收入(万元)
143	物资集团	5831123	162	物资集团	6559131
146	广新控股	5579451	168	广新控股	6323500
197	粤电集团	4299980	194	粤电集团	5342692
238	交通集团	3308711	251	广晟公司	3608244
271	丝纺集团	2773446	287	丝纺集团	3195849
316	广晟公司	2368231	296	交通集团	3088660
348	建工集团	2129624	386	建工集团	2323889

资料来源:财富中文网,http://www.fortunechina.com/fortune500/c/2012-07/13/content_107377.htm。

广东省属企业的营业收入也获得了快速发展,2008年营业收入总计为2760.78亿元,以平均年增长率11.6%的速度发展,到2011年营业收入总计为3724.9亿元,如图3-5所示。

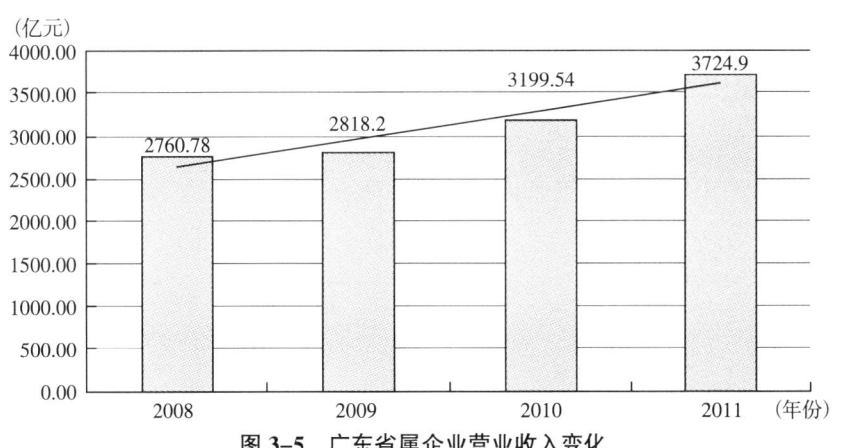

图3-5 广东省属企业营业收入变化

资料来源:根据有关数据整理。

横向来看,2011年广东省属企业的营业收入在全国36家省(计划单列市)中排名第11位,如图3-6所示。家均营业总收入为1.97亿元,在全国排名中也属于偏低水平。这与广东省国有企业的原有经济基础就比较薄弱是有关联的,再加上产业结构调整和市场化改革过程,使得许多营业收入较好的国有企业改制后退出省属监管范围。不过相比其他省份,广东省属企业的营业规模比较小,还具有做大做强的发展空间。

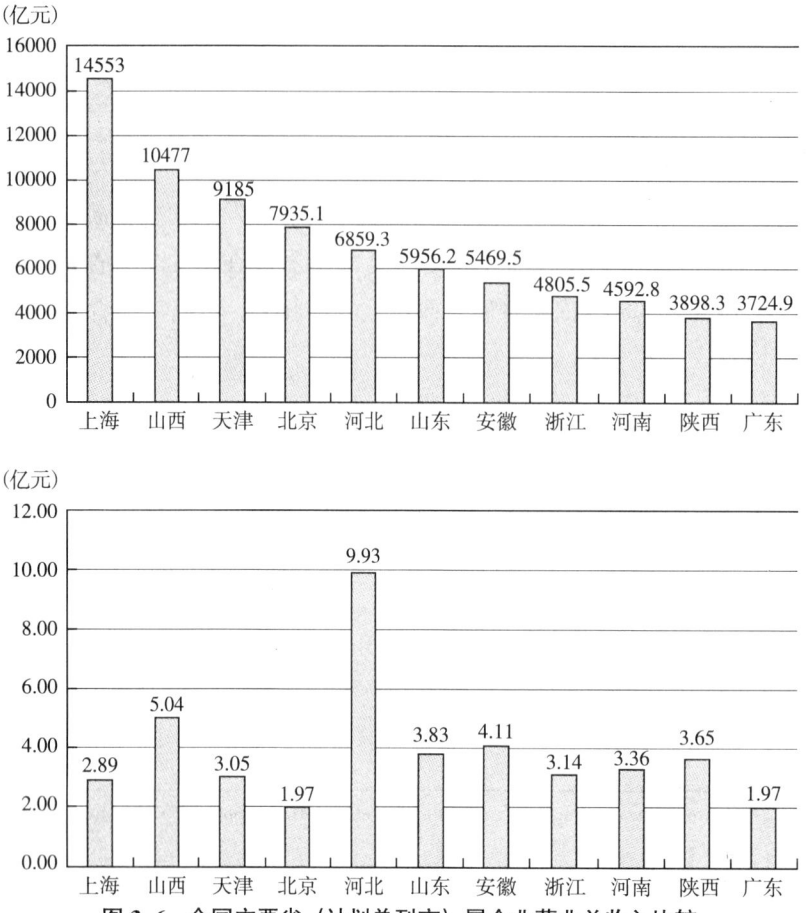

图 3-6　全国主要省（计划单列市）属企业营业总收入比较

资料来源：根据有关数据整理。

2011年广东一级省属企业的营业收入超过500亿元的有3家，分别是物资集团、粤电集团和广新控股。其中，物资集团2004年至2012年6月累计实现收入2854亿元，2011年实现收入550.7亿元是2004年的3.2倍，平均增长率为20%，近3年收入增长率均超过25%，物资集团连续8年位居中国企业500强和中国服务业500强前列，其影响力不言而喻，如图3-7所示。

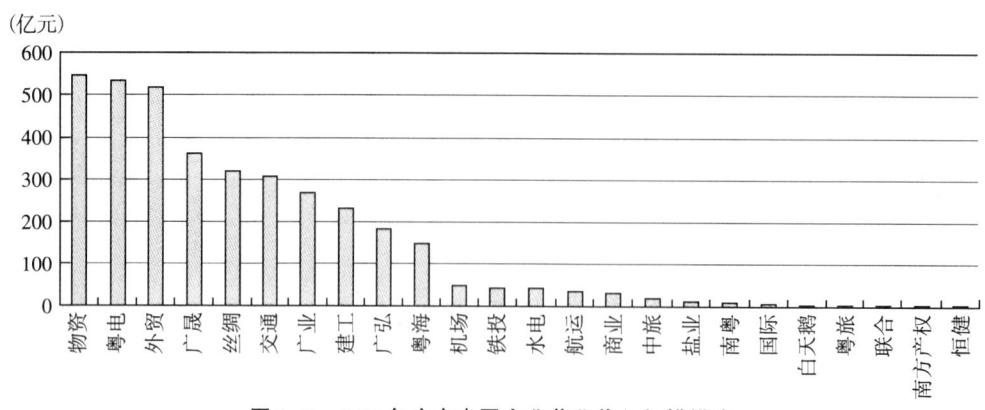

图 3-7　2011年广东省属企业营业收入规模排序

资料来源：根据有关数据整理。

二、资产规模

近年来,省属企业国有资产的总量和质量都有较大提升,成为广东省国有经济的主要力量,为国民经济和社会发展做出了重要贡献。截至2011年12月底,全省国资监管企业资产总额22744.06亿元,同比增长12.6%,其中,省属企业资产总额6718亿元,同比增长14.02%,归属于母公司所有者权益1585亿元,同比增长5.75%。

从省属企业的资产总规模的数据可以看出。2011年,广东省属企业的资产总额6744.2亿元,在全国省市中排名第10位,处于中上游位置,广东省属企业平均每户的资产总额约3.6亿元,在全国省市中也属于中等资产规模水平,如图3-8所示。

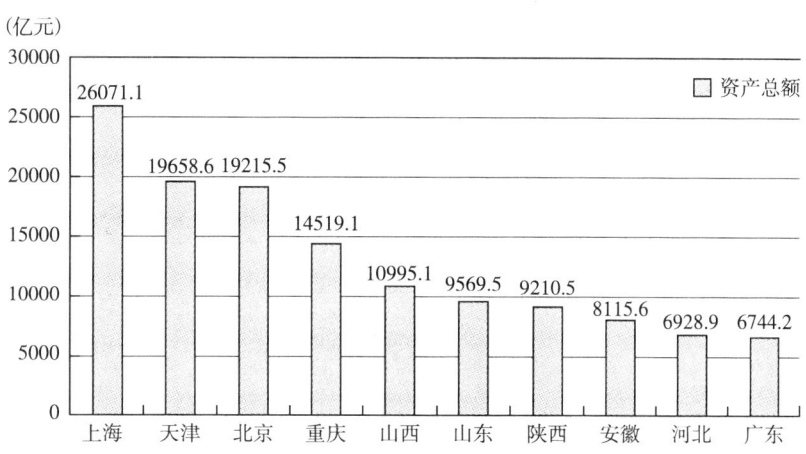

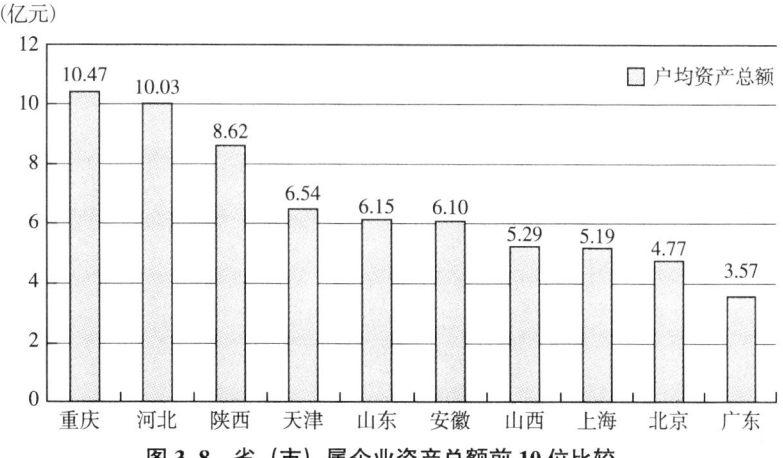

图3-8 省(市)属企业资产总额前10位比较

资料来源:根据有关数据整理。

不过,纵向比较来看,近年来广东省属企业的资产规模一直处于快速扩张之中,其中2008年省属企业的资产规模约4861.8亿元,以平均每年约13%的增长速度达到2011年的资产规模水平,如图3-9所示。

从省属各企业来看,大部分企业资产规模在不断增长。涌现了上千亿元资产规模的企业两家,分别是交通集团和粤电集团(见图3-10)。其中广东省交通集团在完成高速公路建设任务的同时,实现了资产规模的快速增长,成为主业突出、产业链紧密、核心竞争力强的省属国企集团。从2000

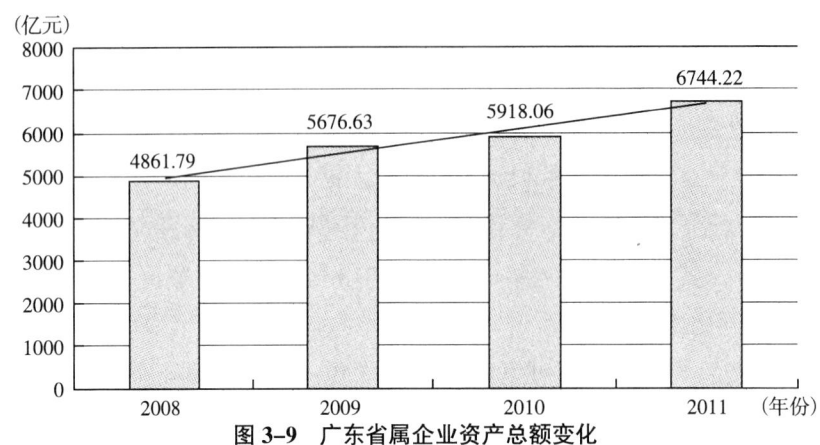

图 3-9 广东省属企业资产总额变化

资料来源：根据有关数据整理。

年成立至 2011 年底，总资产由成立之初的 512 亿元增加至 1816 亿元，归属于母公司净资产从 189 亿元增加到 466 亿元，分别增长 260% 和 146%。可见，随着省属企业改革的日趋深化，省属企业改制增资明显，省属企业对资本的控制力进一步增强。

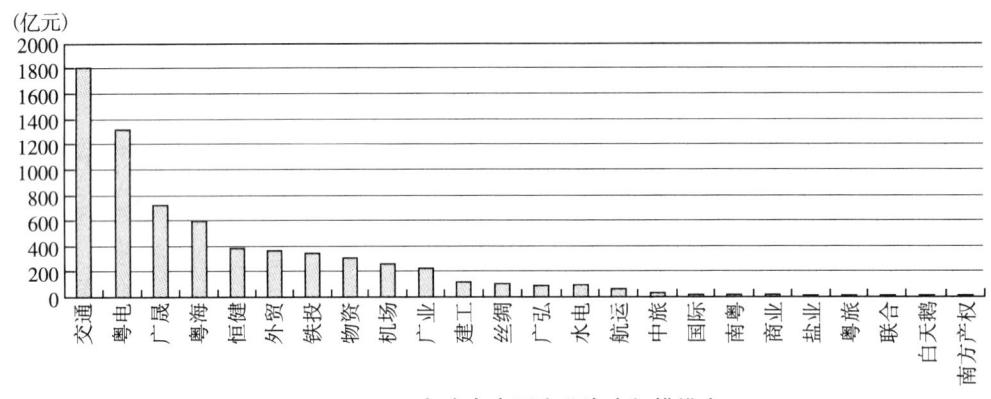

图 3-10 2011 年广东省属企业资产规模排序

资料来源：根据有关数据整理。

从省属企业的国有资产总量来看，2011 年广东省属企业国有资产总量 1612.8 亿元，在全国 36 家省（计划单列市）国资监管企业中排名第 7 位，单个企业平均拥有国有资产总量为 0.85 亿元，和全国其他省市比较，户均国有资产总量比较少（见图 3-11）。这与历史上较少国有大型项目落户广东有关，同时随着现代产业体系建设进程加快，省属企业的产业结构也开始向轻资产、重民生的方向演进。

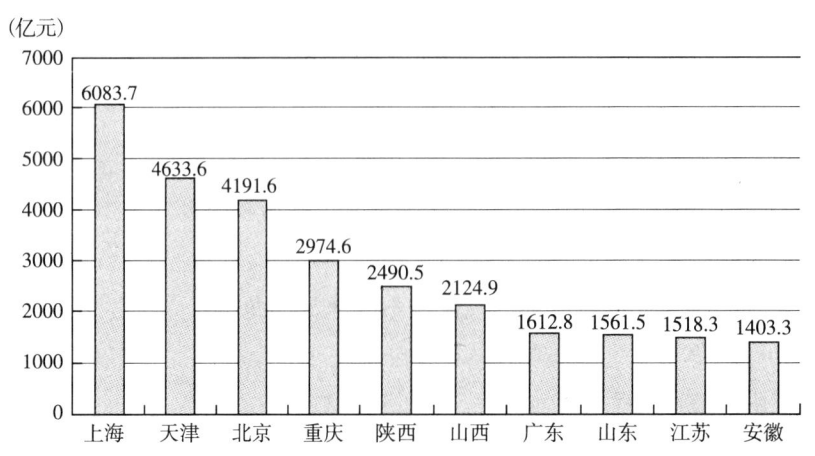

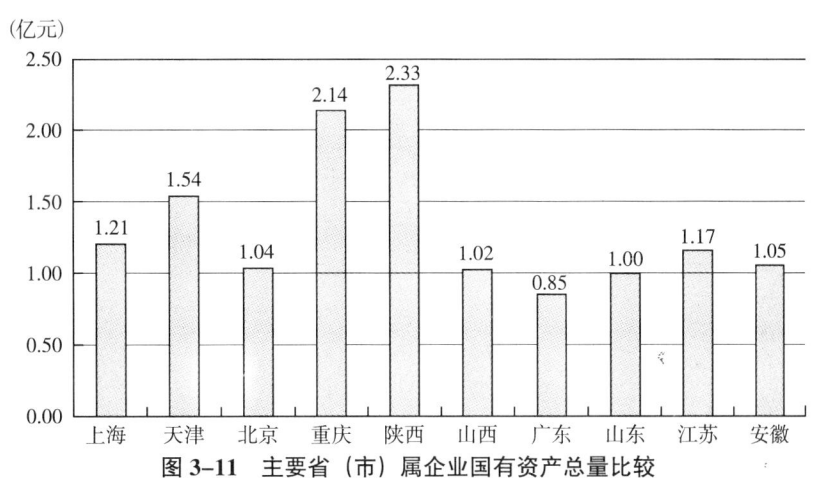

图 3-11 主要省（市）属企业国有资产总量比较

资料来源：根据有关数据整理。

三、利润总额

从广东省属企业的利润发展情况来看，2011 年广东省属企业的利润总额约 193 亿元，在全国省市中排名第 8 位，广东省属企业平均每家的利润总额约 0.1 亿元（见图 3-12），与北京市属企业的水平相当，在全国省市中也属于较低利润规模水平。作为外向型经济为主的广东省受金融危机和出

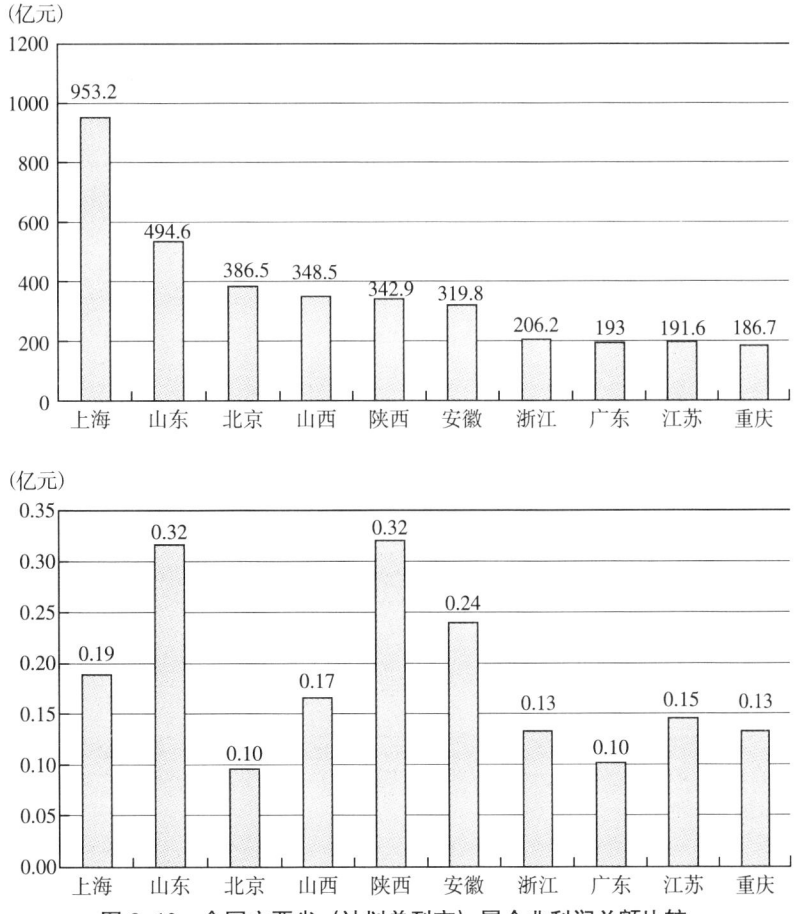

图 3-12 全国主要省（计划单列市）属企业利润总额比较

资料来源：根据有关数据整理。

口危机的影响较大,压缩了广东省属企业的总体利润水平。另外,近几年省属企业基础设施投资和民生投入加大,短期内无法运营实现盈利,也导致利润规模偏低。

广东省属企业的利润总额发展情况如图3-13所示,2008年省属企业的利润总额约88.03亿元,以平均每年约39.74%的增长速度达到2011年的192.97亿元的利润规模水平。

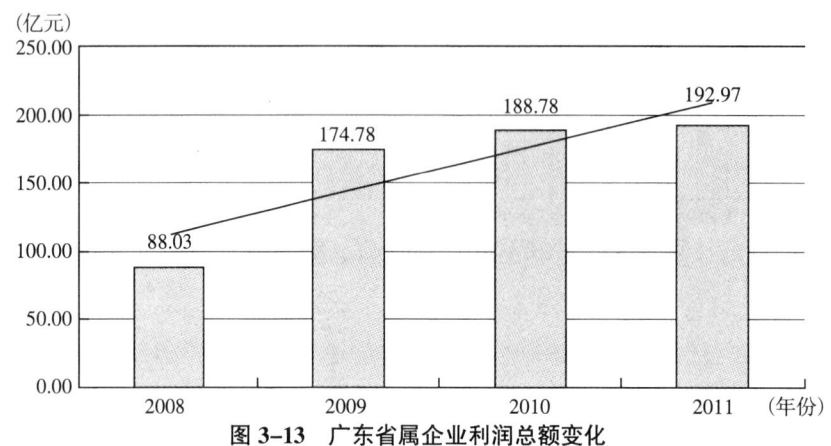

图 3-13 广东省属企业利润总额变化

资料来源:根据有关数据整理。

四、就业人数

党的十八大报告指出就业是民生之本,省属企业以"科学发展观"为指导,以构建和谐企业为宗旨,高度重视就业工作,积极贯彻劳动者自主就业、市场调节就业、政府促进就业和鼓励创业的方针,实施就业优先战略和更加积极的就业政策。紧紧围绕就业工作目标任务,主动承担社会责任,在加快发展中采取各种举措,努力挖掘岗位,就业工作取得了积极的进展。目前为止,省属企业在岗职工26.01万名,如图3-14所示。

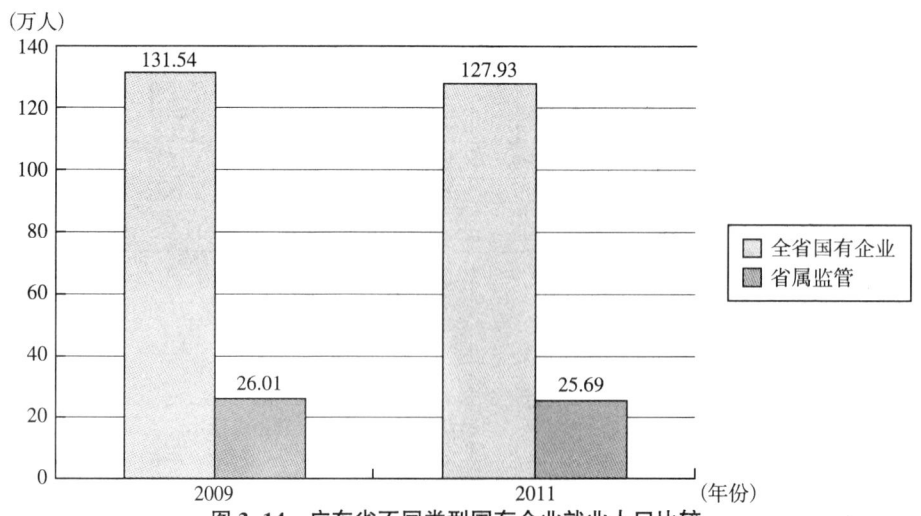

图 3-14 广东省不同类型国有企业就业人口比较

资料来源:根据有关数据整理。

图3-14显示,2009~2011年广东省国有企业的就业人数有所减少,进一步从图3-15可知,平均每家省内国有企业的就业人数也在减少。比较不同类型的就业人数,可以发现2009年省属企业

的每家就业人数要高于全省国有企业,而到了2011年则反过来。说明广东省属企业的就业人数这几年有所减少,但是总体来讲就业人数变化不大,保障了基本就业。这也和近几年广东省属企业积极推进产业结构调整和主辅分离辅业改制等变革有关。同时,省属企业注重推动实现更高质量的就业,不仅仅追求数量上的扩张,这也是省属企业盘活资产、做强做大主业、深化国有企业改革举措的体现。

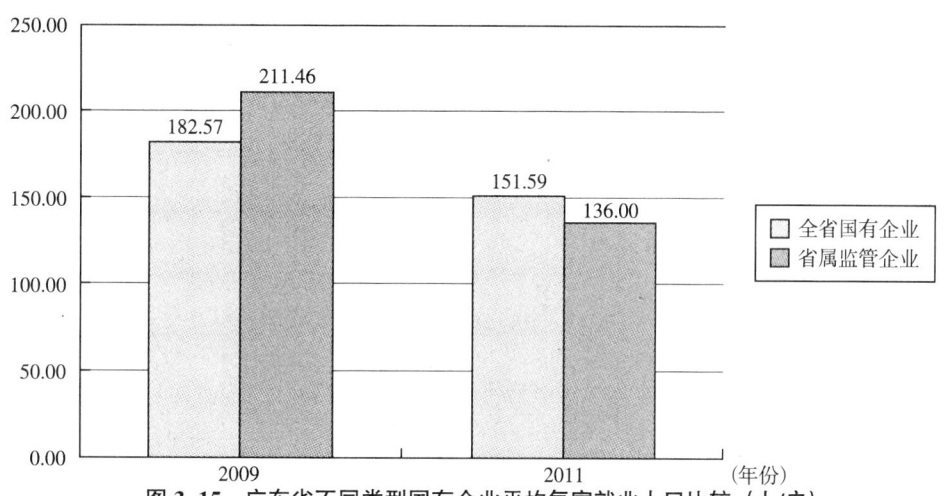

图3-15 广东省不同类型国有企业平均每家就业人口比较(人/户)

资料来源:根据有关数据整理。

图3-16显示,2011年为社会提供就业最多的省属企业是交通集团和广晟公司,目前交通集团本身从业人员就接近了5万人。截至2011年12月31日,省交通集团从业人员为49710人,其中经营管理人员2996人、专业技术人员6426人,合计9422人。

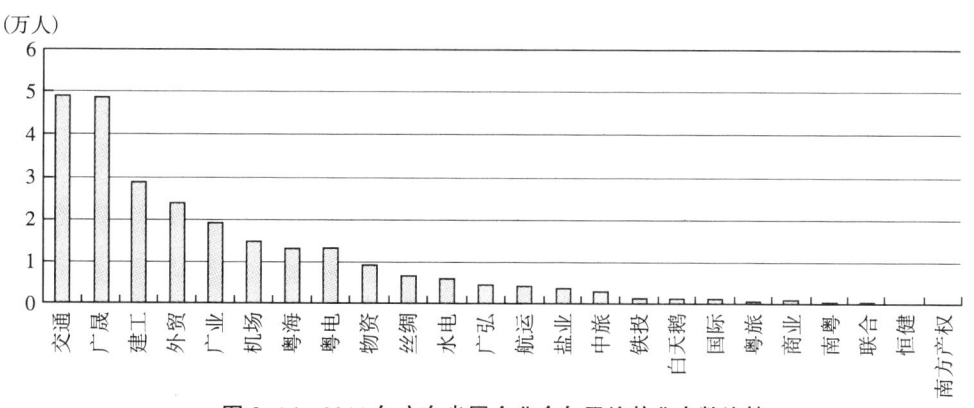

图3-16 2011年广东省属企业全年平均从业人数比较

资料来源:根据有关数据整理。

第三节 经济效益

本节将从盈利能力、偿债能力、资产管理能力和成长能力四个方面对省属企业的经济效益展开分析,同时将广东省属企业的经济效益与全省国有企业和兄弟省市监管企业进行比较,以此比较全面地对广东省属企业的经济效益进行介绍。

一、盈利能力

盈利能力是企业的经营管理状况、生产产品的销售状况以及企业财务状况的综合反映，是衡量企业是否有长足发展能力的重要指标，在企业财务绩效评价体系中占有很大权重。本节选取净资产收益率、总资产报酬率、成本费用利润率等财务指标来反映盈利能力。

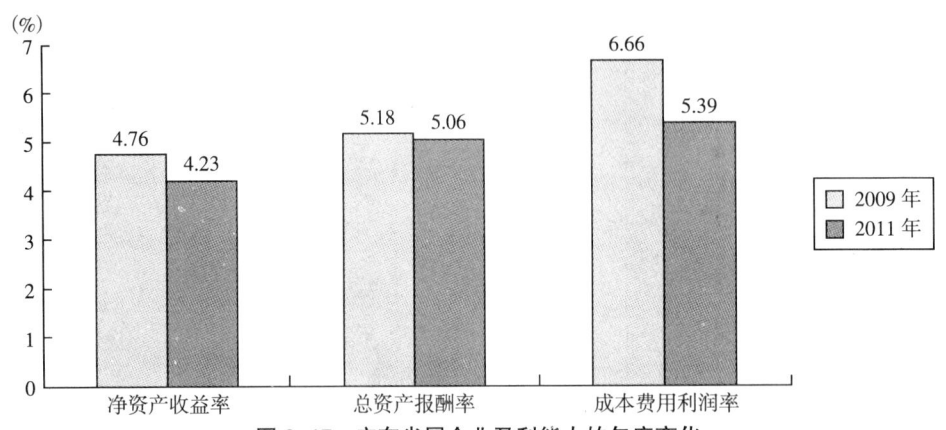

图 3-17 广东省属企业盈利能力的年度变化

资料来源：根据有关数据整理。

由图 3-17 可知，广东省属企业的盈利能力表现比较平稳，略有下降。下降较多的是成本费用利润率，从 2009 年的 6.66% 下降到 5.39%。对比本省其他类型的国有企业，省属企业的盈利能力总体相差不大，其中总资产报酬率要高于全省国有企业和地市国有企业平均值，净资产收益率则略低，但是成本费用率方面则与全省国有企业和地市国有企业有较大的差距，如图 3-18 所示。

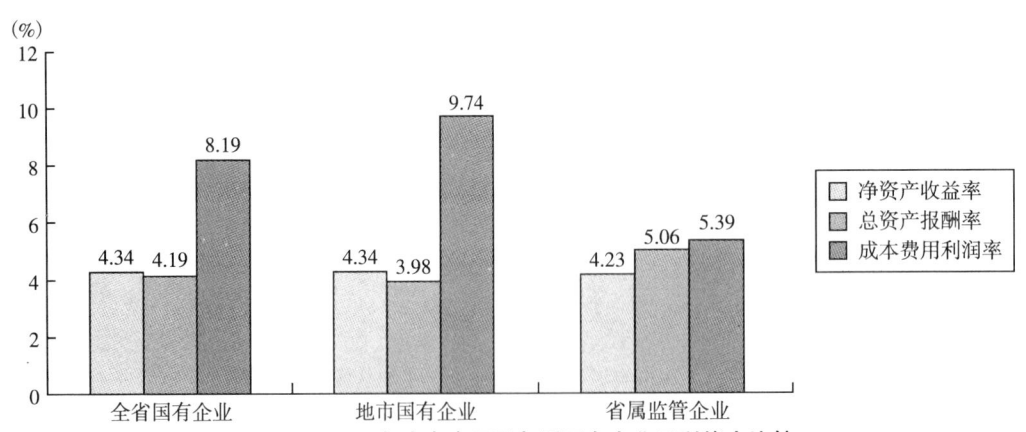

图 3-18 2011 年广东省不同归属国有企业盈利能力比较

资料来源：根据有关数据整理。

（一）净资产收益率

与兄弟省市的盈利能力比较，广东省属企业净资产收益率在全国 36 家省市属监管企业中排名第 16 位，最高的三家为内蒙古、贵州和山东。这进一步说明广东省属企业一方面受金融危机和产业结构调整的影响；另一方面近几年基础设施和民生工程投资加大，使得净资产收益率偏低，如图 3-19 所示。

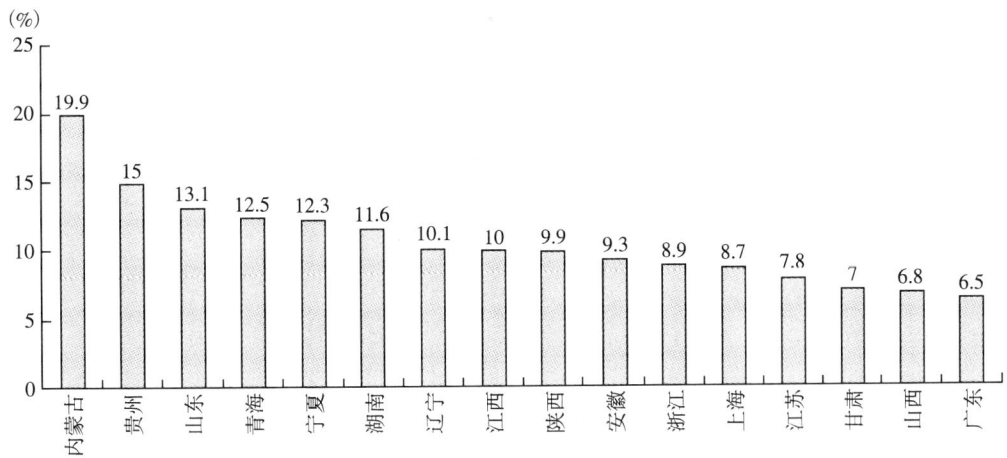

图3-19 全国主要省（市）属企业的净资产收益率的比较

资料来源：根据有关数据整理。

从24家省属企业的净资产收益率的比较来看，各企业在净资产收益率上差异性比较大，体现了省属企业的资产运营模式和特性的较大差异。其中，排在前三位的企业分别是南粤集团、商业集团和联合电子公司，如图3-20所示。

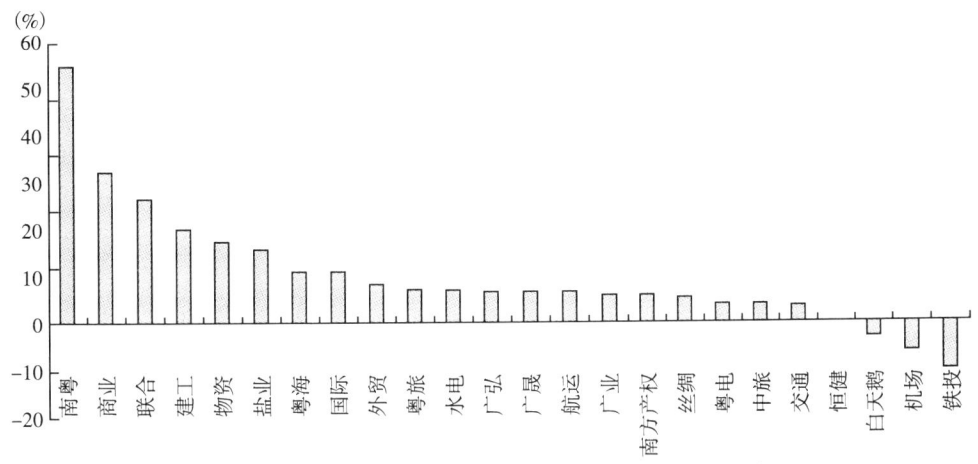

图3-20 2011年广东省各省属企业的净资产收益率比较

资料来源：根据有关数据整理。

（二）总资产报酬率

在与全国其他各省市比较中，广东省属企业的总资产报酬率约为5.1%，排名为12位。排名最前3位的仍然是内蒙古、贵州和山东（见图3-21）。说明广东省属企业全部资产的总体获利能力还有待提高。

图3-22显示，24家省属企业的总资产报酬率差异性也比较大。其中，排在前三位的企业分别是南粤集团、盐业集团和商业集团，联合公司排名有所靠后。

（三）成本费用率

与其他省市比较，广东省属企业的成本费用利润率排名为17位，属于中游地位，排名前3位的是宁夏、内蒙古和贵州（见图3-23）。说明广东省属企业正常的营业活动获利能力还有待提高，营业利润前发生的各类成本及费用有待进一步改善。

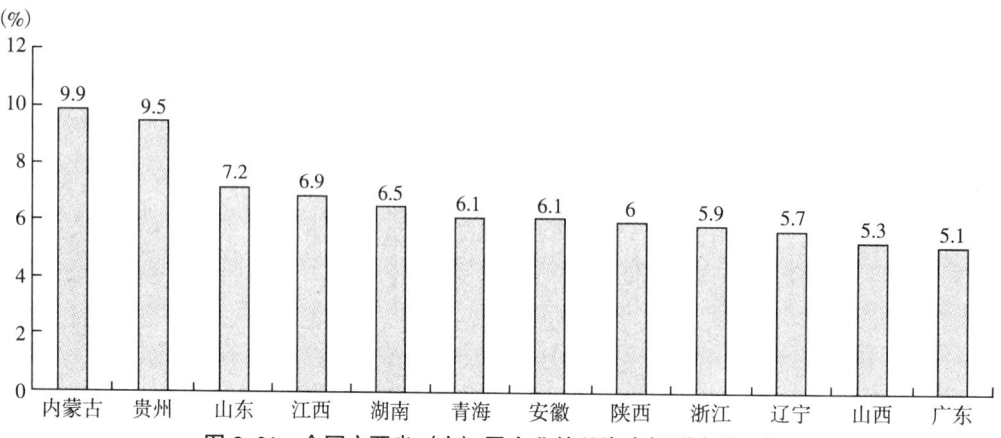

图 3-21　全国主要省（市）属企业的总资产报酬率的比较

资料来源：根据有关数据整理。

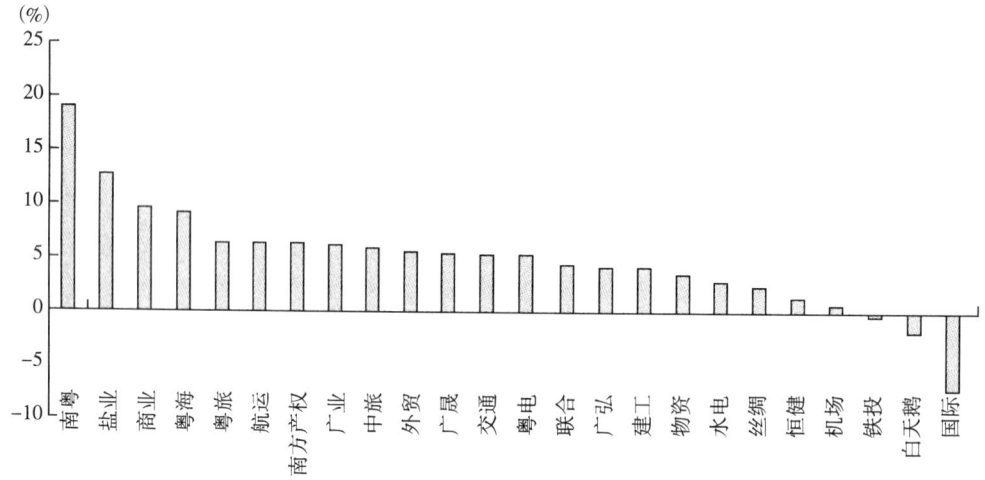

图 3-22　2011 年广东省各省属监管企业的总资产报酬率比较

资料来源：根据有关数据整理。

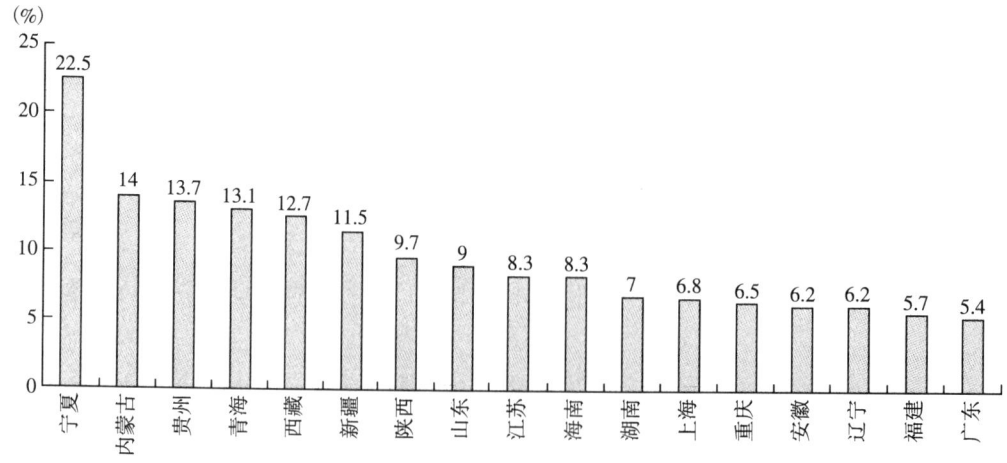

图 3-23　广东省属企业成本费用率的分行业比较

资料来源：根据有关数据整理。

从 24 家省属企业的成本费用利润率的比较来看，各企业在成本费用率上差异性也比较大。其中，排在前三位的企业分别是粤海集团、粤旅集团和南方产权，如图 3-24 所示。

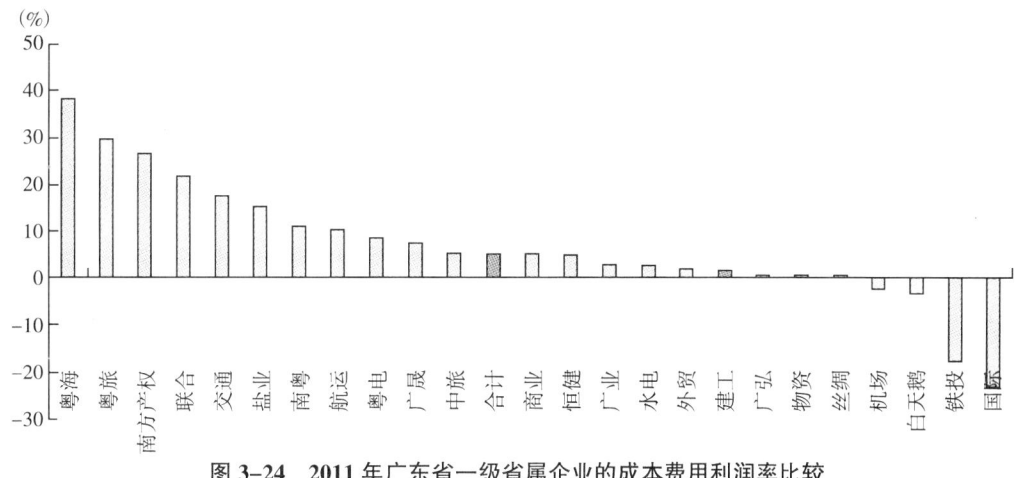

图 3-24 2011年广东省一级省属企业的成本费用利润率比较

资料来源：根据有关数据整理。

从盈利能力的指标反映来看，广东省属企业的总资产报酬率、净资产收益率和成本费用利润率在全国各省市排名比较靠后，而且发达地区国有企业的盈利能力要低于欠发达地区，如宁夏、贵州、内蒙古等地区的盈利指标都较高。作为广东省属企业而言，通过产业结构调整和主辅分离改革，大部分是以准公共性资产为主，加上基础设施和民生工程投资增加，投资回收期长，进一步受金融危机导致的外部市场环境恶化影响。另外，省属企业承担的社会责任成本也不断增加，改制过程中许多历史遗留问题也影响了企业正常经营，从而使得广东省属企业的总体盈利能力水平偏低。

二、偿债能力

偿债能力是反映企业财务状况好坏的重要标志，是考察企业持续经营能力和风险状况的重要指标。本节选取资产负债率、流动比率、速动比率来反映省属企业的偿债能力。

（一）资产负债率

资产负债率是指企业一定时期负债总额同资产总额的比率。资产负债率用来衡量企业总资产中有多少是通过负债筹集的；对于资产负债率的最佳值业界现无统一结论。此指标为适度指标。在与全国其他各省市比较中，广东省属企业的资产负债率为67.8%，处于中游地位，同时我们发现上海、北京等跟广东经济差不多的较发达地区的资产负债率也在65%左右（见图3-25）。说明广东省属企业的资产负债比率是合适的。

从近几年的发展变化来看，广东省属企业的资产负债率也是维持在65%左右，负债的比例有所提升，资产负债率从2009年的62.42%上升到2011年的67.79%，抗风险能力还算是比较稳健，如图3-26所示。

与省内其他类型国有企业进行比较来看，2011年省属企业的资产负债率最高，全省国有企业的资产负债率次之，地市国有企业的资产负债率最低，不过都是在60%以上（见图3-27）。

比较24家省属企业的资产负债率，除了新广国际过高的资产负债率而导致该企业出现危机外，其他省属企业的资产负债率所体现的风险处于可控之内。其中白天鹅和南方产权的资产负债率最小，这两家企业具备较小的欠债，自有资金充裕。而排在较后的分别是联合电子和物资集团，具有

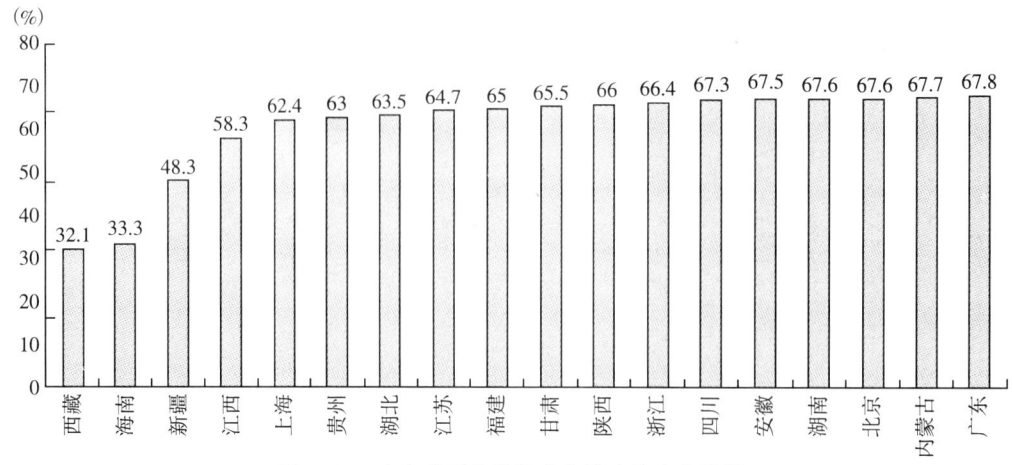

图 3-25 广东省属企业资产负债率的省市比较

资料来源：根据有关数据整理。

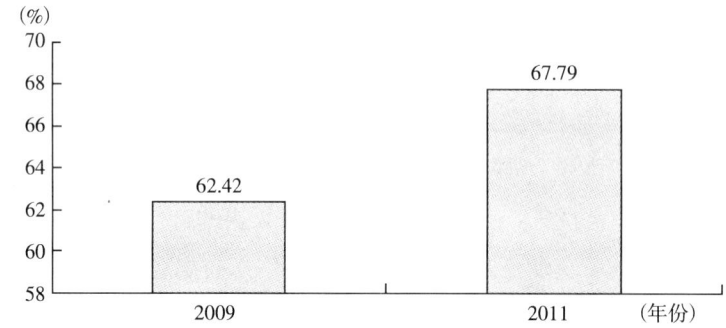

图 3-26 近几年广东省属企业资产负债率的变化

资料来源：根据有关数据整理。

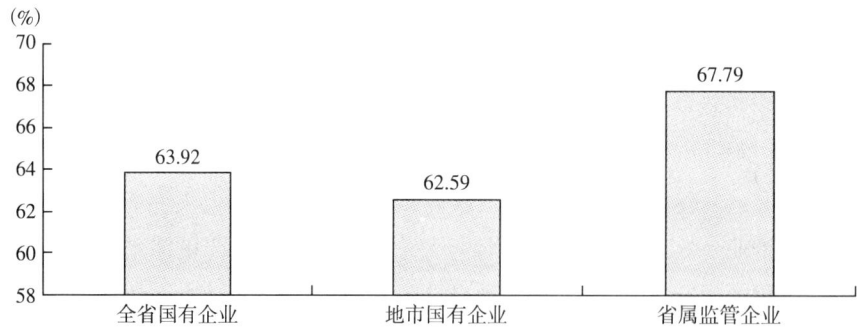

图 3-27 2011年广东省不同归属国有企业资产负债率比较

资料来源：根据有关数据整理。

较高的对外欠债风险。不过这两家企业的现金收入比较充裕且稳定，相应其风险问题也不大，如图3-28所示。

（二）流动比率和速动比率

流动比率是流动资产与流动负债的比率，它表明企业每单位流动负债有多少流动资产作为偿还保证。速动比率指速动资产对流动负债的比率。它是衡量企业流动资产中可以立即变现用于偿还流动负债的能力。因此，速动比率比流动比率能够更加准确可靠地评价企业的短期偿债能力。根据省内不同归属国有企业的比较来看，省属企业的流动比率（1.02）低于全省国有企业的平均值（1.26），也低于地市国有企业的流动比率（1.35）。说明省属企业短期内转变为现金的流动资产偿还到期流动负债的能力较弱。从速动比率来看，也是省属企业距离最佳速动比率值（1）最远，进一步证明省属企业的短期偿债能力在省内国有企业中较弱，如图3-29所示。

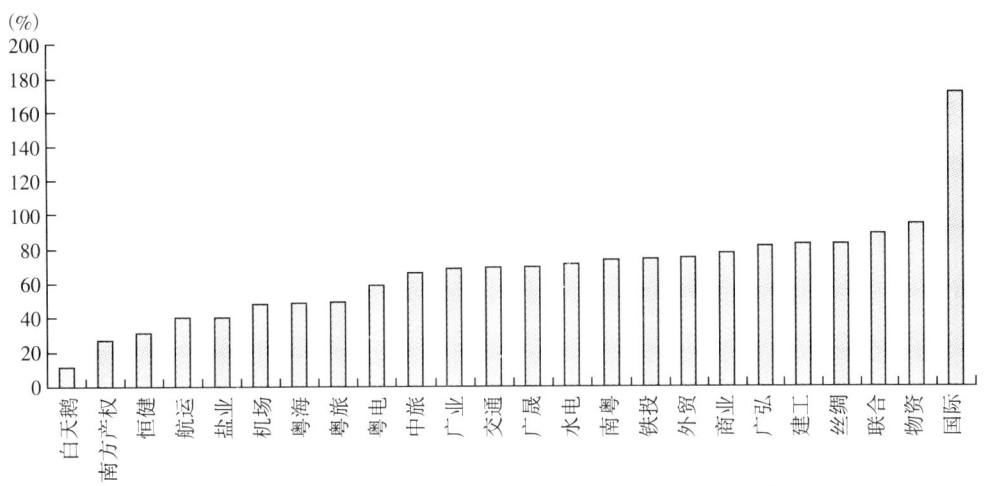

图3-28　2011年广东省各省属企业的资产负债率比较

资料来源：根据有关数据整理。

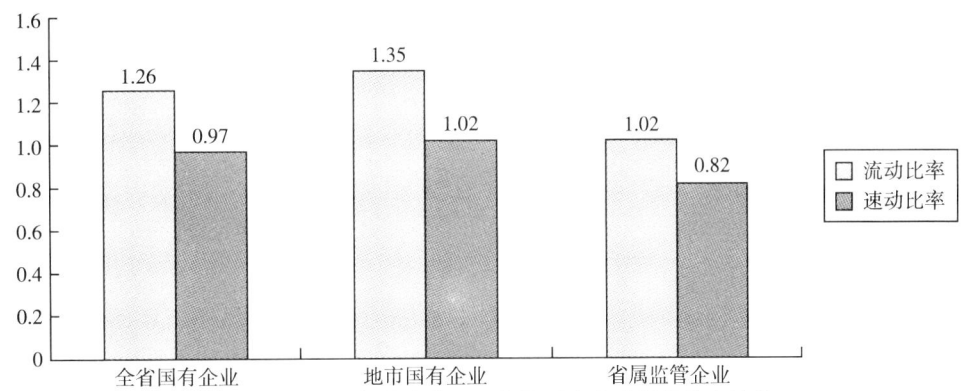

图3-29　2011年广东省不同归属国有企业偿债能力比较

资料来源：根据有关数据整理。

从近几年的变化值来看，省属企业的流动比率和速动比率的变化都不大，偿债能力近几年表现平稳，如图3-30所示。

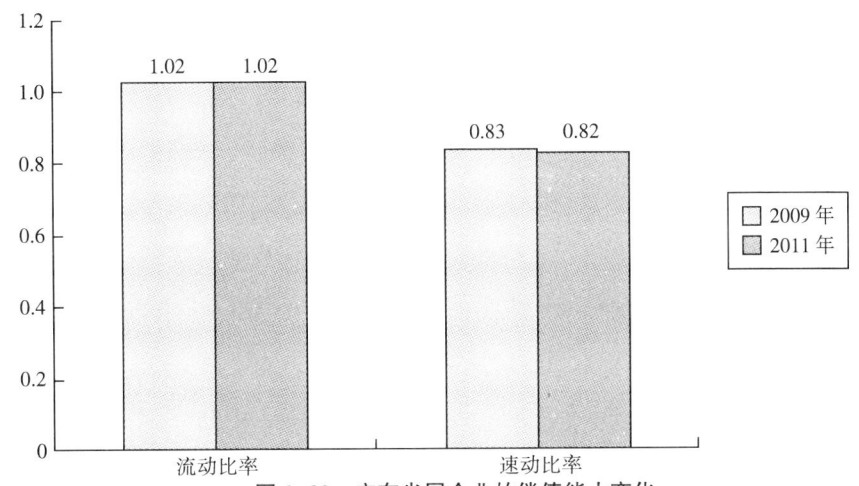

图3-30　广东省属企业的偿债能力变化

资料来源：根据有关数据整理。

2011年，各省属企业的流动比率和速动比率，白天鹅的数值一枝独秀，具有较高的流动比率和速动比率。盐业集团、南方产权和铁投公司次之，流动比率和速动比率比较低的是恒健公司、新广国际和机场集团。其余企业的偿债能力指标都比较接近于标准值，具有稳定的偿债能力如图3-31、图3-32所示。

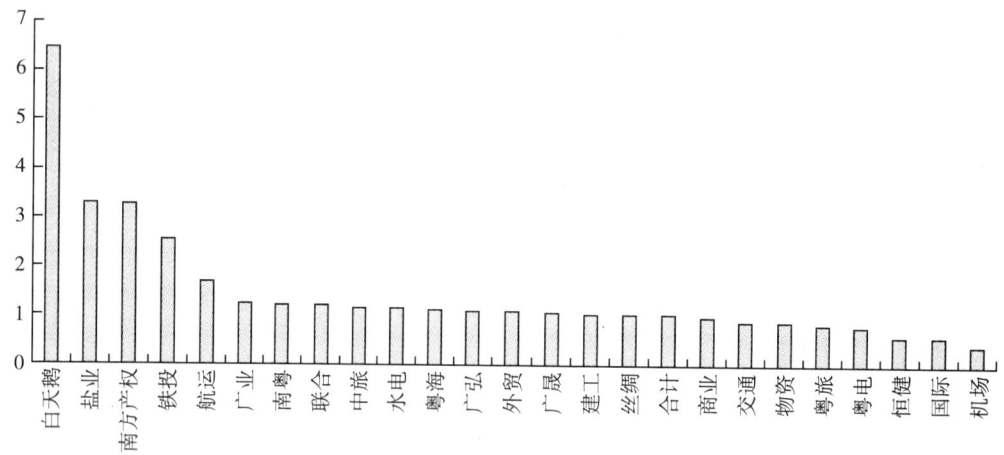

图3-31 2011年广东省各省属企业的流动比率比较

资料来源：根据有关数据整理。

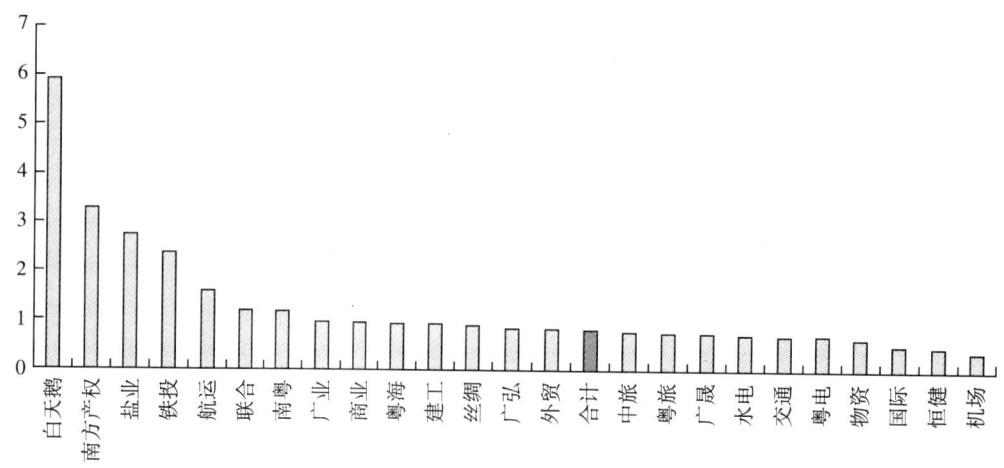

图3-32 2011年广东省各省属企业的速动比率比较

资料来源：根据有关数据整理。

从上述对省属企业的偿债能力指标的分析可知，省属企业的负债比重较高，且短期内转变为现金的流动资产偿还到期流动负债的能力也较弱。这跟广东省属企业接受财政资金注入和补贴要逐渐减少，主要依靠企业自主融资是有关系的。省属企业这几年充分利用资本市场采取多样化融资手段有关，如交通集团、机场集团、水电集团、广业公司、广晟公司和航运集团等省属企业都通过发行企业债券获得融资，有效地抵御了金融危机带来的影响，对全省经济发展起了一个重要稳定作用。

三、资产管理能力

资产管理能力反映了企业经营管理的效率以及对资金的利用能力，经营业绩良好的企业应该具有较好的资产管理能力。本节选取存货周转率、总资产周转率来反映省属企业的资产管理能力。存货周转率是企业一定时期营业成本与平均存货余额的比率，反映企业生产经营各环节的管理状况以及企业的偿债能力和获利能力。总资产周转率是指企业一定时期营业收入总额同平均资产总额的比值，是综合评价企业全部资产经营质量和利用效率的重要指标。

如图3-33所示2009年与2011年的资产管理能力指标的变化来看，省属企业的总资产周转率的变化不大，存货周转率则有所上升。总体来看，省属企业的资产管理水平略有提高，如图3-34所示。

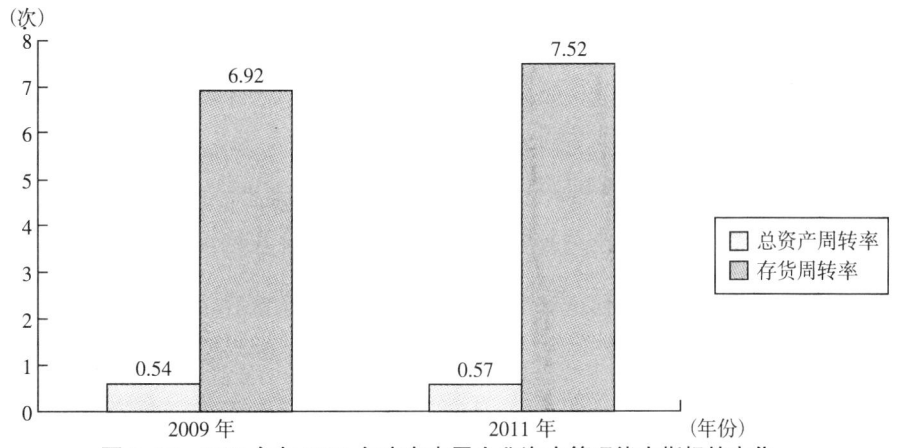

图3-33　2009年与2011年广东省属企业资产管理能力指标的变化

资料来源：根据有关数据整理。

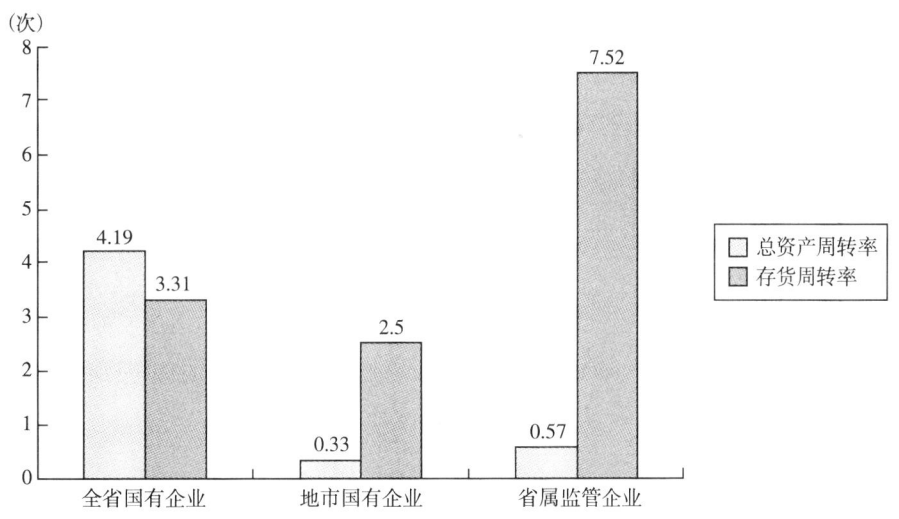

图3-34　2011年广东省不同归属国有企业资产管理能力指标比较

资料来源：根据有关数据整理。

存货周转速度的快慢，反映了企业采购、储存、生产、销售各环节管理工作状况的好坏。对比省内其他类型的国有企业，省属企业的存货周转率明显高于全省国有企业的平均值，也高于地市国有企业的存货周转率。显示了省属企业资产管理的高效率，不过由于省属企业承担不少准公共性产品服务和民生工程建设，社会责任承担较多，导致其营业收入偏低，营业成本较高，进而使得省属企业的总资产周转率较低于全省国有企业的平均值，如图3-35所示。

从2011年各省属企业的资产管理能力指标来看，丝绸行业的综合资产管理能力最好，南粤集团、建工集团的资产管理指标也比较靠前。由图3-36同样可以看出，如机场集团、铁投集团、水电集团和交通集团这样的准公共性企业，承担了大量投资回收期长的基础设施建设，因而其总资产周转率和存货周转率都比较靠后。

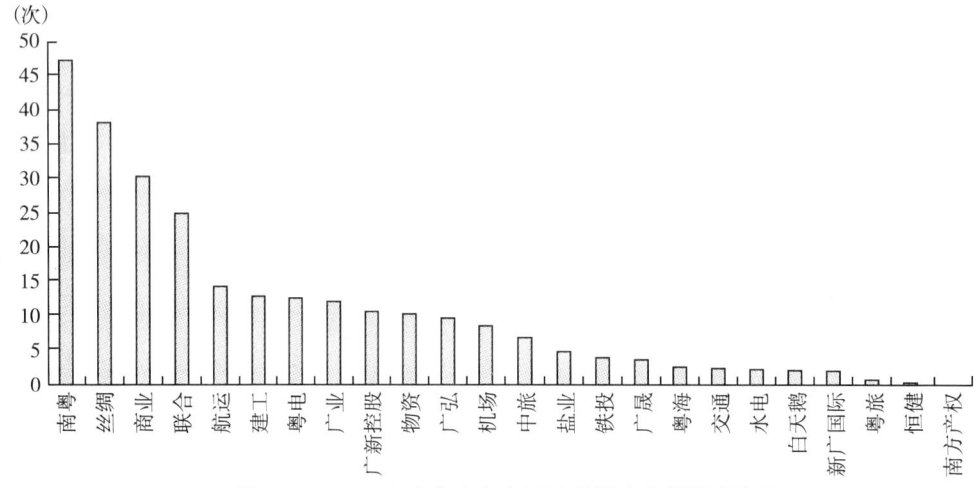

图3-35　2011年广东省各省属企业的存货周转率比较

资料来源：根据有关数据整理。

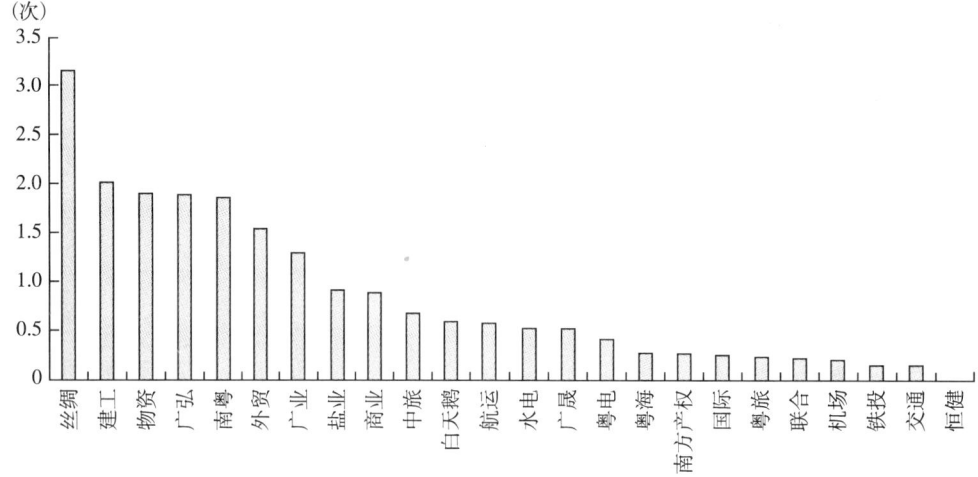

图3-36　2011年广东省各省属企业的总资产周转率比较

资料来源：根据有关数据整理。

四、成长能力

成长能力是反映企业持续经营的重要指标，也是能否不断吸引投资者的重要因素。我们选取营业收入增长率、利润增长率来考察省属企业的成长能力。营业增长率是企业本年营业收入增长额同上年营业收入总额的比率。利润增长率是反映企业利润增长比率的指标，是衡量企业成长状况和发展能力的重要指标。

图3-37显示，2009~2011年广东省属企业的营业收入增长率越来越大，由2009年的2.48%上升到2011年的16.42%，增幅较大。但是从利润增长率来看，近年来，省属企业的利润增长率有较大的降低。从两者指标的表现来看，成长能力指标的变化幅度大，说明省属企业的成长能力不是很稳定，看来受金融危机和外部市场环境恶化的影响比较大，如图3-38所示。

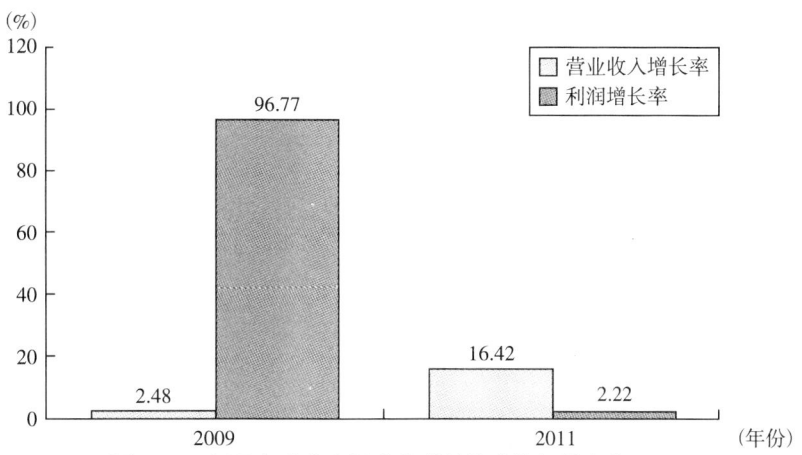

图 3-37 近几年广东省属企业成长能力指标的变化

资料来源：根据有关数据整理。

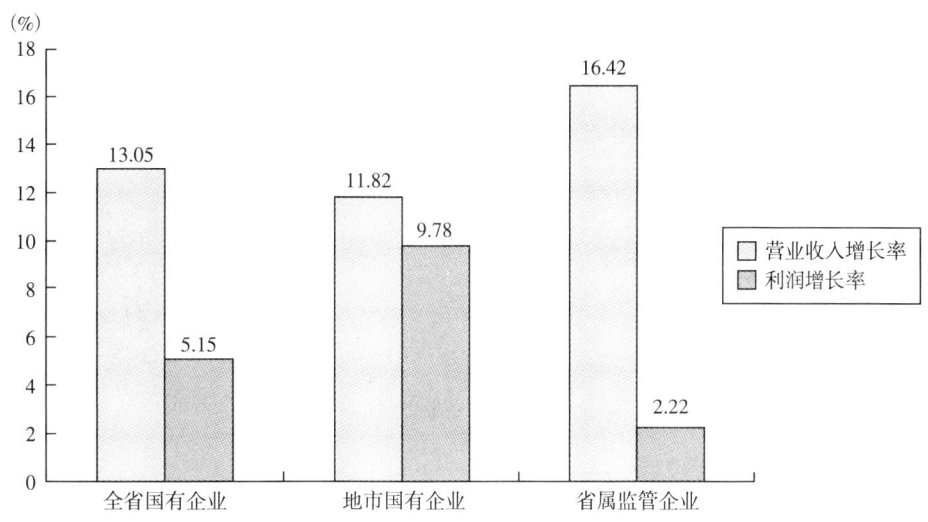

图 3-38 2011 年广东省不同归属国有企业成长能力指标比较

资料来源：根据有关数据整理。

比较省内不同类型国有企业的成长能力，省属企业的营业收入增长率要高于全省国有企业和地市国有企业的营业收入增长率水平。但是因承担不少投资回收期较长的基础设施建设，社会责任成本也增加不少，使得省属企业的利润增长率要低于另外两类。由此看出，省属企业的成长能力指标波动性比较大，说明在应对市场环境变化方面的适应性能力有待提高。

第四节 行业分布

根据有关部门的资料统计区分，广东省属企业根据行业可划分为以下三种类型：基础性行业、一般生产加工行业和商贸服务及其他行业。本节将主要按照此种产业划分，对广东省属企业的企业数目、就业情况、运营规模等指标进行分析。

一、分行业的经济概况分析

(一) 分行业的企业家数

2011年,省属企业共计1889家,其中大部分属于商贸服务及其他行业,有1118家,所占比重为59%。基础性行业共计509家,所占比重为27%。一般生产加工行业共计262家,所占比重为14%(见图3-39)。进一步通过对比2009年数据发现,所有行业企业数目都在增加,但是基础性行业和一般生产加工行业的企业数目比重在增加,商贸服务及其他行业比重在减少,说明近几年省属国有资本更侧重于对基础性行业和一般生产加工行业的投资。

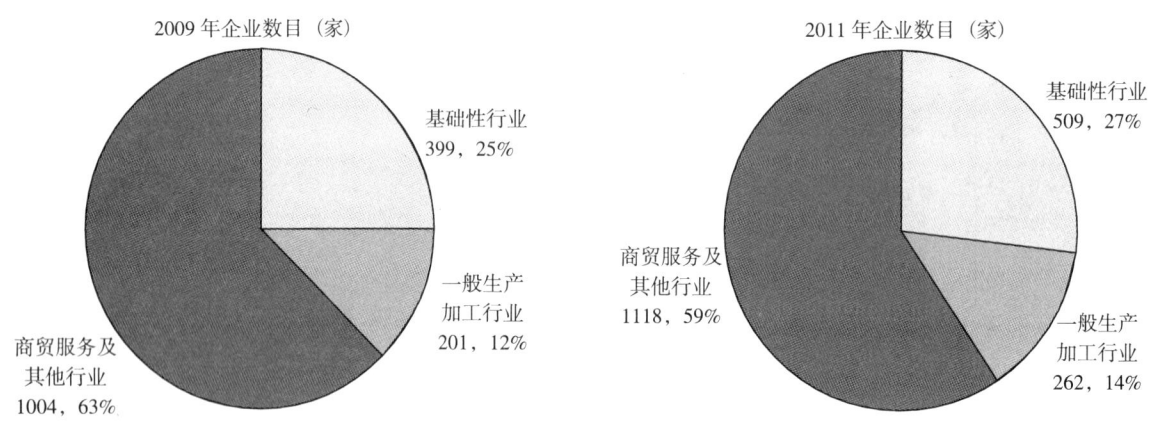

图3-39 广东省属企业数目的分行业比较

资料来源:根据有关数据整理。

(二) 分行业的就业人数

从就业规模来看,根据统计,虽然商贸服务及其他行业具有较多的企业数,但就业人数却大都是在基础性行业,其中2009年基础性行业从业人员数占省属监管企业总从业人员数的60%,共计157609人,这个数字到2011年下降了10000多人,减少到143664人,但其比重仍然高达56%,要高于一般生产加工行业和商贸服务及其他行业。不过后两个行业的从业人数比重2009~2011年都有所上升,分别由19%、21%增加到21%、23%,如图3-40所示。

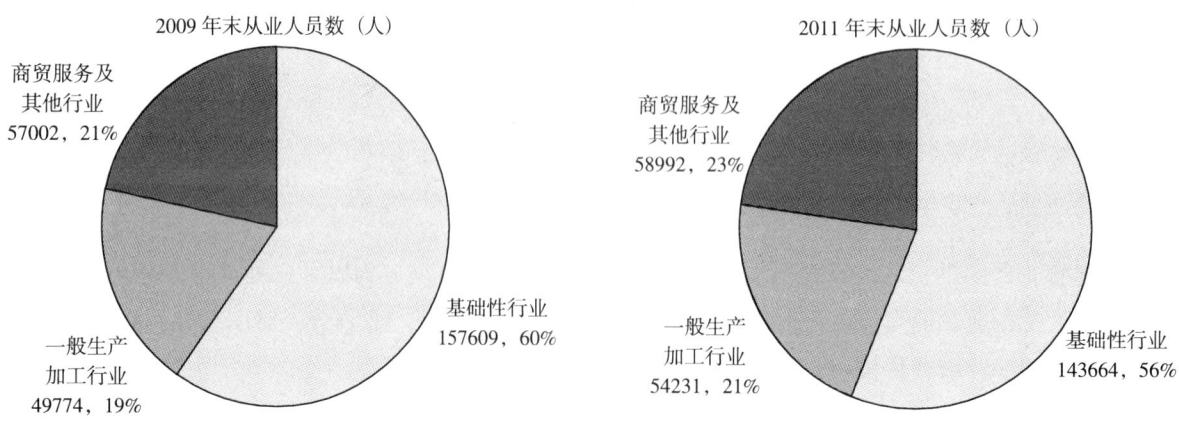

图3-40 广东省属企业就业人数的分行业比较

资料来源:根据有关数据整理。

(三) 分行业的运营规模

1. 资产规模

从各行业的资产规模来看，基础性行业由于投资规模大，其积累的资产规模也占据较高比重，并且随着近几年省属企业陆续增加对基础设施项目的投资，基础性行业的资产规模由2009年的3396.14亿元增加到2011年的4210.42亿元，比重也从60%增加到63%，如图3-41所示。一般生产加工行业的资产规模比重较低，仅占5%，且从2009年到2011年保持比重不变。而商贸服务及其他行业资产规模比重在减少。

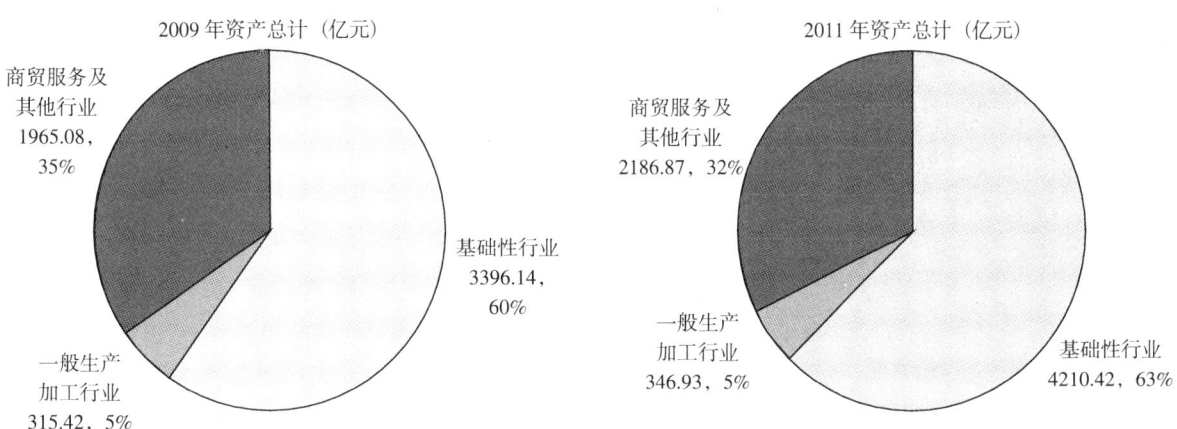

图3-41 广东省属企业资产规模的分行业比较

资料来源：根据有关数据整理。

2. 营业收入

由图3-42可知，2009~2011年，省属企业所在三个行业的营业收入都在增加，与资产规模的行业比较不一样的是，商贸服务业及其他行业的营业收入比重要高过其他行业，超过50%以上，当然这是因为此类行业更接近消费者。基础性行业的营业收入比重在这三年也有所增加，从38%上升至39%，一般生产加工行业所占的比重保持不变，如图3-42所示。

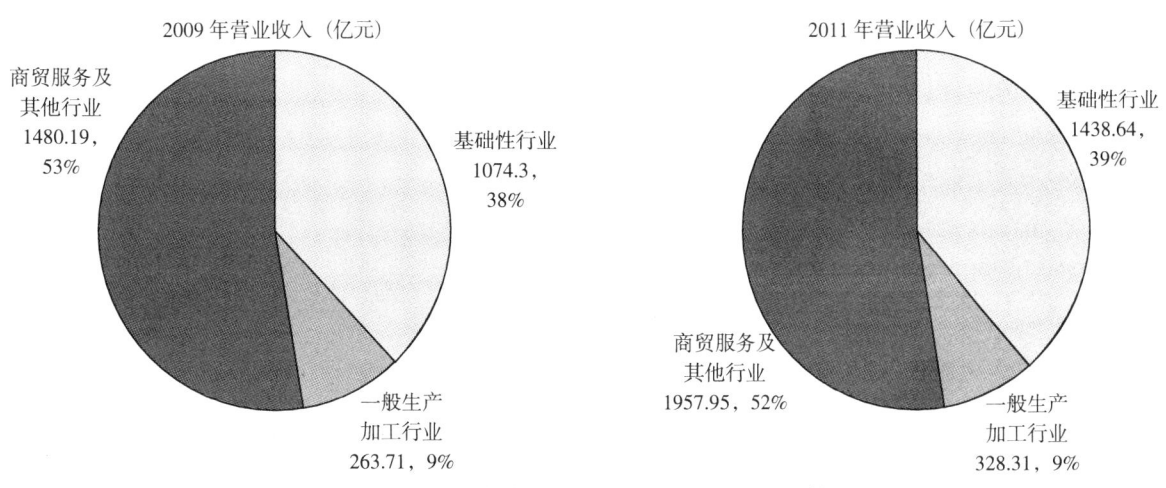

图3-42 广东省属企业营业收入的分行业比较

资料来源：根据有关数据整理。

3. 利润总额

由图3-43可知，基础性行业的省属企业贡献了更多的利润，近几年的比重一直保持在70%以上，而一般生产加工行业的利润比重也由2009年的3%增加到2011年的9%。可是，商贸服务及其他行业利润总额由2009年39.66亿元减少到2011年的32.57亿元，比重也由23%减少到17%。这说明，随着这几年金融危机和外部经济环境的恶化，以竞争性为主的商贸服务及其他行业的市场压力加大。

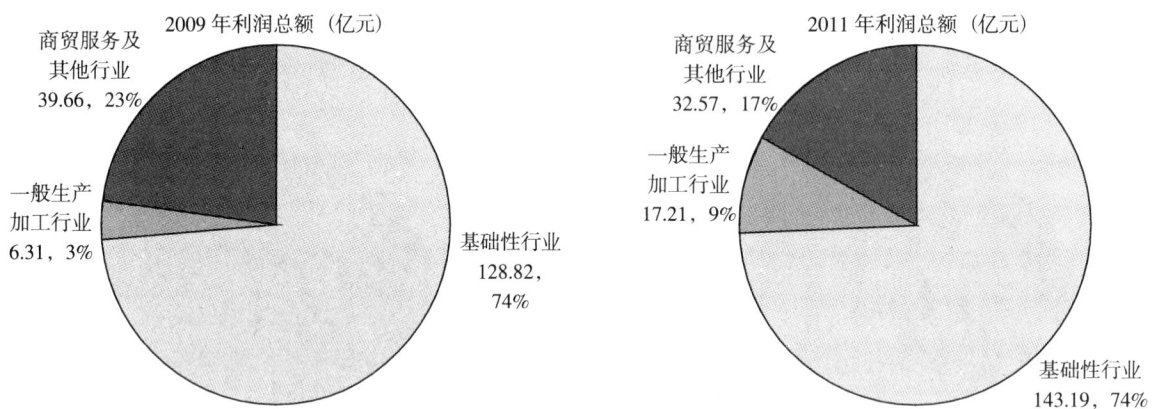

图3-43 广东省属企业利润总额的分行业比较

资料来源：根据有关数据整理。

二、分行业的经济效益

(一) 分行业的盈利能力

1. 净资产收益率

由图3-44可知，在净资产收益率方面，三种行业具有明显的区别。基础性行业的净资产收益率比较稳定，一直保持着6%左右。这与基础性行业中的省属监管企业具有一定的垄断性和准公共产品地位有关系。这几年净资产收益率增长幅度比较大的要属一般生产加工行业的省属监管企业，其总的净资产收益率由2009年的2.96%增长到2011年的13.57%，说明该行业内的资产运作效率得到了很好的改善。但值得一提的是，商贸服务及其他行业的净资产收益率由于受到市场金融危机影

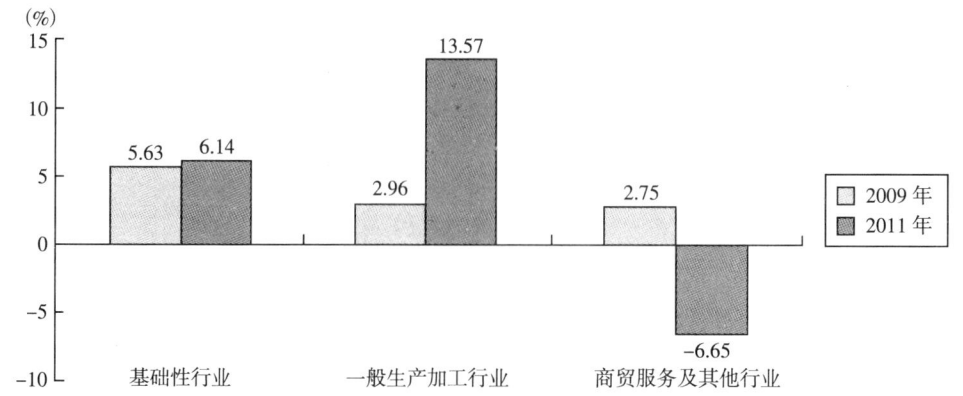

图3-44 广东省属企业净资产收益率的分行业比较

资料来源：根据有关数据整理。

响比较大，发生了大幅度的锐减，由2009年的2.75%缩减到-6.65%，净资产收益变成了负数，因此，此类省属企业需要进一步改善资产运营，提升自有资本的盈利能力。

2. 总资产报酬率

尽管这几年商贸服务及其他行业的净资产收益率有所下降，但是该行业的总资产报酬率却表现比较稳健，还略有上升，从2009年的3.54%提升到2011年的3.68%（见图3-45）。基础性行业的总资产报酬率仍然表现平稳，稍微有所下降。一般生产加工行业的总资产报酬率依然保持较好的上升势头。

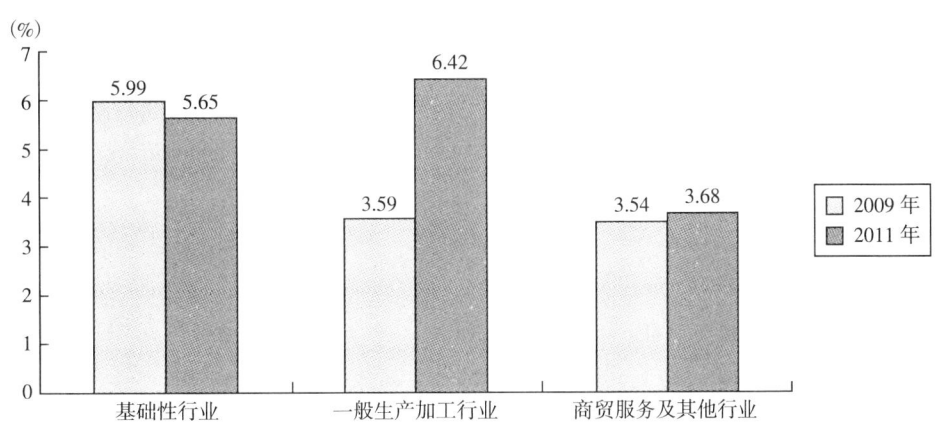

图3-45 广东省属企业总资产报酬率的分行业比较

资料来源：根据有关数据整理。

3. 成本费用率

从三个行业的成本费用率来看，基础性行业的成本费用率表现最好，超过10%以上。而另外两类行业的则比较低，且在2009年都保持在3%以下，但一般生产加工行业营业活动获利能力提升比较快，到2011年上升到5.37%（见图3-46）。商贸服务及其他行业的成本费用率则略有减少，进一步说明商贸服务及其他行业的省属企业受市场萎缩和竞争加剧的冲击比较大。同时，基础性行业这几年的成本费用率也有所减少，所以此类省属企业也需要对运营活动效率问题引起重视。

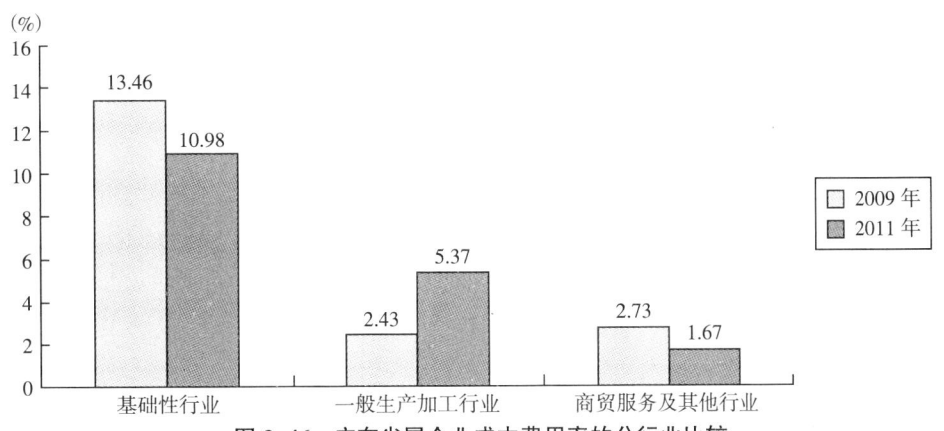

图3-46 广东省属企业成本费用率的分行业比较

资料来源：根据有关数据整理。

以上三个指标体现了省属企业的盈利能力在不同行业的表现，总体来看，基础性行业的省属企业盈利能力最强，表现也比较稳定，受金融危机影响小，只是略有下降。一般生产加工行业的省属企业这几年在盈利能力方面的进步最大，其中2011年的净资产收益率和总资产报酬率甚至超过了基础性行业，这说明该行业内的省属企业具备了较好的竞争力。但是商贸服务及其他行业则受金融危机和市场冲击比较大，盈利能力有所下降，运营效率需要适应市场环境进一步提高。

（二）分行业的偿债能力

1. 资产负债率

由图3-47可知，基础性行业由于资产规模较大，其体现的资产负债率在上述三个行业中最低，且其负债比例仍是小于资产比例的，说明绝大部分省属监管企业的偿债能力都比较好。商贸服务及其他行业的资产规模比较小，其资产负债率也是最高的。从这几年的发展来看，三个行业的总体资产负债率都有所提升，也就是负债水平提高了，因此其经营风险也可能有所提高。

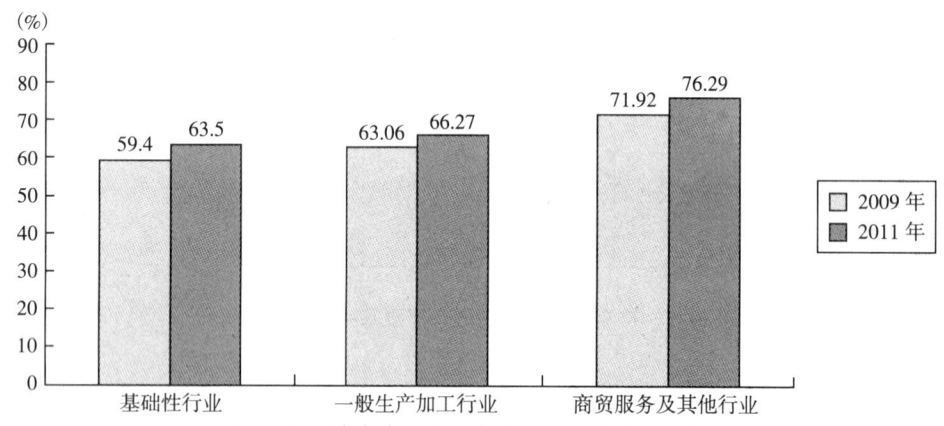

图3-47　广东省属企业资产负债率的分行业比较

资料来源：根据有关数据整理。

2. 流动比率

从图3-48可以看出，商贸服务及其他行业的流动比率最接近2，而基础性行业最小。当然这是因为商贸服务及其他行业的现金流比较大，流动资产相对于另外两个行业要比较多。从这几年的变化来看，除了基础性行业的流动比率有所下降外，其他两个行业的流动比率都有所增加。

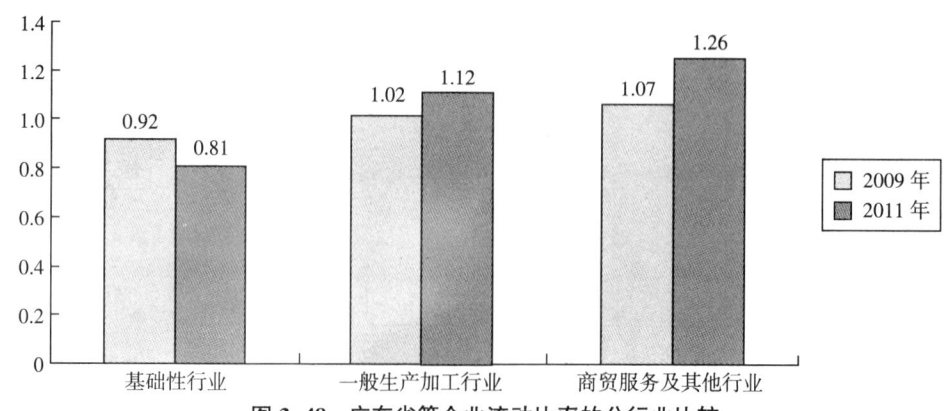

图3-48　广东省管企业流动比率的分行业比较

资料来源：根据有关数据整理。

3. 速动比率

速动比率的行业表现跟流动比率有些相似，也是基础性行业的较低，而商贸服务及其他行业的速动比率较高，尤其是商贸服务及其他行业非常接近速动比率等于1的理想值。但是从近几年的变化来看，基础性行业和一般生产加工行业的速动比率都有减少，说明这两个行业的速动资产的偿债能力正在变弱，如图3-49所示。

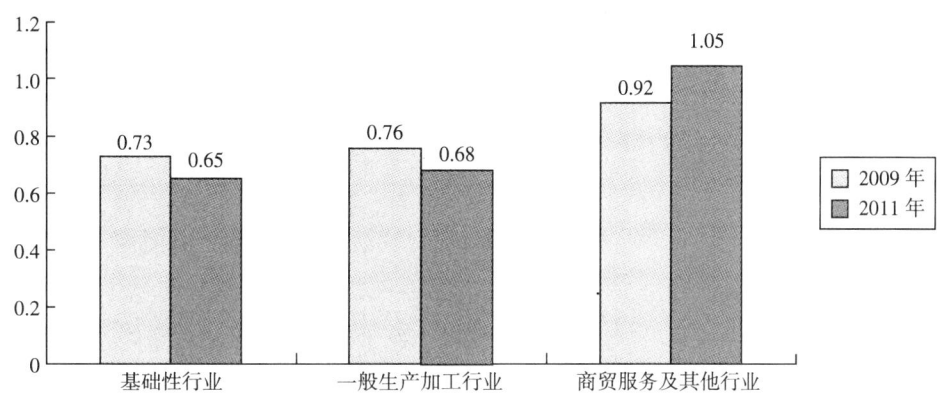

图3-49 广东省属企业速动比率的分行业比较

资料来源：根据有关数据整理。

上述三个指标反映了不同行业的省属企业的偿债能力情况，总体来看，我们可以发现商贸服务及其他行业的偿债能力较接近理想值，且近几年其偿债能力有提高的趋势。基础性行业和一般加工行业的偿债能力近年来表现比较平稳。

（三）分行业的资产管理能力

1. 存货周转率

存货周转速度越快，表明其变现的速度越快、周转额越大，资金占用水平越低。从三个行业近几年的表现来看，存货周转率都比较平稳。其中商贸服务及其他行业由于其行业的轻资产性质而表现出比较高的存货周转率。除了一般生产加工行业的存货周转率有所下降外，其他两个行业的资产存货周转速度都得到了提高，其中基础性行业的发展最快，由2009年的4.99次提升到2011年的6.9次，如图3-50所示。

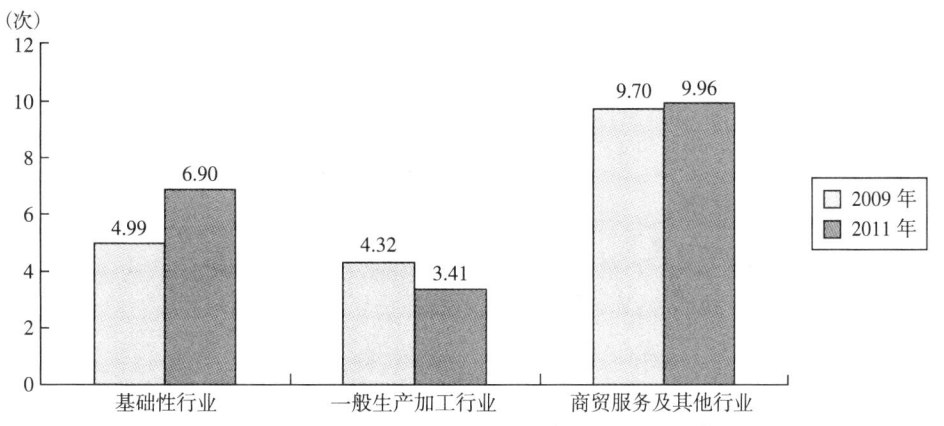

图3-50 广东省属企业存货周转率的分行业比较

资料来源：根据有关数据整理。

2. 总资产周转率

总资产周转率越高，说明利用其资产进行经营的效率越高，从三个行业的表现来看，基础性行业资产规模大，资产经营效率较低，总资产周转率保持在0.4次以下，而一般生产加工行业和商贸服务及其他行业的总资产周转率则都位于0.8次以上，尤其是一般生产加工行业这几年资产运营效率提升速度加快，由2009年的0.8次增长到2011年的0.99次，如图3-51所示。

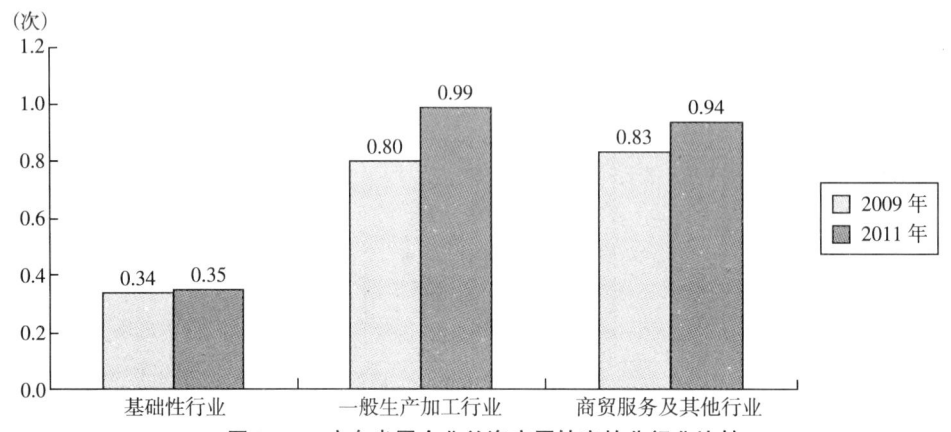

图3-51 广东省属企业总资产周转率的分行业比较

资料来源：根据有关数据整理。

（四）分行业的成长能力

1. 营业收入增长率

从营业收入增长率数据来看，商贸服务及其他行业和一般生产加工行业的营业收入增长速度较快，尤其是商贸服务及其他行业，摆脱了2009年受金融危机影响导致其增长率为-8.1%的趋势，到2011年营业收入增长率上升为18.1%（见图3-52）。说明此行业中近期内经营状况改善，在市场占有和销售方面的拓展能力得以提高。基础性行业近几年则一直保持较高的营业收入增长率。

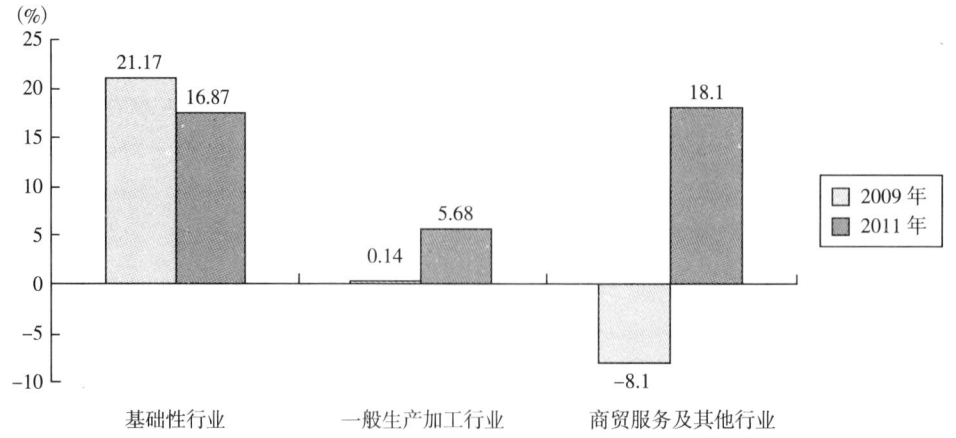

图3-52 广东省属企业营业收入增长率的分行业比较

资料来源：根据有关数据整理。

2. 利润增长率

利润增长率反映了企业实现价值最大化的扩张速度，由统计数据分析可知，基础性行业和一般加工生产业的利润增长率不是很稳定，下降较多，其中基础性行业的利润增长率在2011年有所下降，呈现为-8.57%的利润增长率，而一般生产加工行业的利润增长率也有所减缓，从2009年的271.93%下降到2011年的20.43%。商贸服务及其他行业则成长能力有所加强，其利润增长率由2009年的29.86%上升到2011年的82.26%（见图3-53）。商贸服务及其他行业是竞争性行业，其成长能力的加强，显示了此类省属企业的市场竞争力在不断提高。

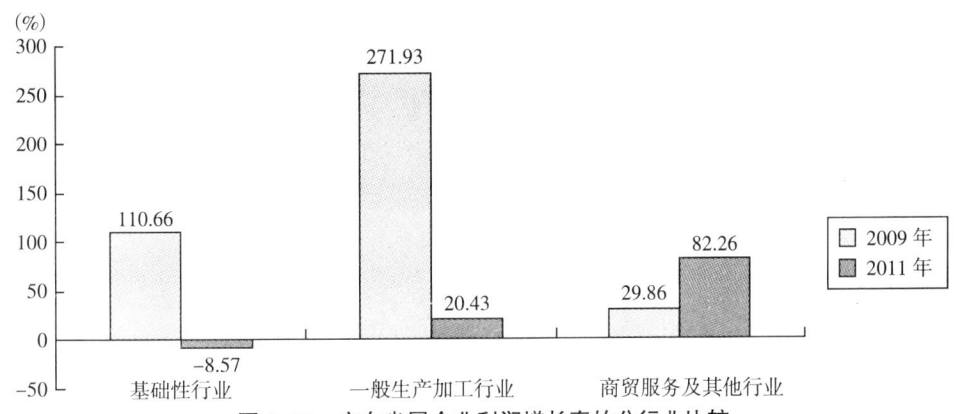

图3-53 广东省属企业利润增长率的分行业比较

资料来源：根据有关数据整理。

第五节 监管架构

2004年6月广东省国资委成立以来，省国资委和省属企业认真贯彻广东省委省政府的决策部署，全力推进国资监管和国企改革发展，紧紧围绕国有资产保值增值目标，健全监管制度，强化监管手段，逐步建立和完善省属国资监管体系，促进国资监管工作制度化、程序化和规范化。本节首先从国家层面介绍国有资产监管体制，然后重点介绍广东省国有企业监管体系建设情况。

一、我国监管体制概况

改革开放以来，我国确立了社会主义市场经济体制的改革目标，建立了公有制为主体、多种所有制经济共同发展的社会主义初级阶段基本经济制度。国有企业从改革开放初期的扩权让利、承包经营到建立现代企业制度，从破产关闭、重组并购到国有经济布局战略性调整，从三年改革脱困到做强做优、培育具有国际竞争力的世界一流企业，经历了不断探索、不断深化改革的历程，走出了一条中国特色的成功之路。

1978年，国务院提出要给予企业部分必要的独立地位，使它们能根据自身发展的实际需要，自主进行经济核算。此时的国有企业改革，是对于国有资产管理所进行的最初尝试。

1988年，国务院成立了国有资产管理局（简称国资局），不过国资局的职能非常简单，没有真正的监管权力。

1998年，国务院撤销国资局，财政部设立国有资本金基础管理、财产评估管理和国有资产统计评价三个司专门负责企业国有资产的管理工作。国资局撤销了，但国有资产管理的问题依然存在，矛盾不仅没有解决，而且还有加剧的趋势。

2003年3月10日，十届全国人大一次会议第三次会议表决通过了关于国务院机构改革方案的决定，设立国务院国有资产监督管理委员会（简称国资委），基本确立了国有资产管理的新体制，拉开了国有企业资产管理与财务监督工作的新序幕。国资委这个机构，整合了国家经贸委、中央企业工委以及财政部有关国有资产管理的职能，代表国家履行出资人职责，专门承担监管国有资产的工作，被确定为既不同于对全社会各类企业进行公共管理的政府行政机构，也不同于一般的企事业单位，而是具有特殊性质的国务院直属正部级特设机构。新修订的《公司法》中也明确，国有独资公司由国务院或地方人民政府委托本级人民政府国有资产监督管理机构履行出资人职责，国有独资公司不设股东会，由国有资产监督管理机构行使股东会职权；公司的重大事项，必须由国有资产监督管理机构决定。这些从法律层面确认了国有资产监督管理机构的出资人职责定位。因此，特设机构的核心就是履行出资人职责。

党的十六大以来，国有资产管理体制改革取得了积极的进展和成效，国务院、省（区、市）、市（地）三级国资监管机构相继建立，明确了政府层面的出资人代表，大部分经营性非金融国有资产纳入监管体系。[①] 目前，国有资产管理体制实行的是国家所有、分级产权、分级管理的原则，即在中央、省一级和市（地）一级的三级政府中，分别设立国有资产监督管理机构，管理本级国有资产，其架构如图3-54所示。[②]

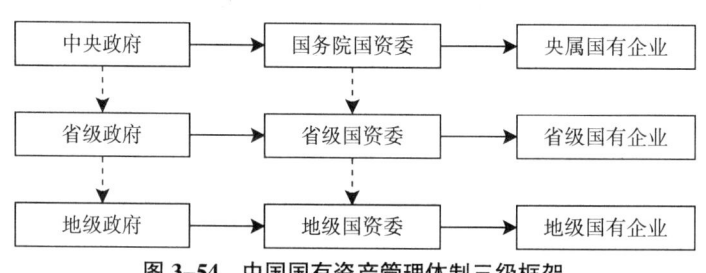

图3-54　中国国有资产管理体制三级框架

资料来源：根据袁东升（2012）整理。

通过逐级授权，明确管理国有资产的范围，各级政府分级行使出资人职能，负责所辖范围内国有资产的管理、收益和处置。政府行政管理部门与行使出资人职能的机构分设。地级以上政府成立专司国有资产管理的机构，如国有资产监督管理委员会依照《中华人民共和国公司法》、《中华人民共和国国资法》、《全民所有制工业企业法》、《国务院国资委监管条例》等法律和行政法规履行出资人职责，国资委作为国有产权代表参与国有企业治理，与企业管理者间是委托代理关系。在现行管理体制下，大部分国有企业已经依据《中华人民共和国公司法》，成立了股东会、董事会和监事会，起草了相关章程，在形式上完成了国有企业治理结构的框架，实现了公司制改造。

从2003年国务院国资委组建运行开始，我国国有资产管理体制和国有企业改革取得了积极重大进展。①政企分开迈出了实质性的步伐。随着财政体制改革和金融体制改革的深入，财政预算不再安排用于补充国有企业资本金性质的支出，也不再安排资金来弥补企业的经营性亏损，银行也不再为困难企业输血。国有企业以全部法人财产对外承担责任，成为独立的法人实体。②政府公共管

---

① 王勇. 解读十八大报告"完善各类国有资产管理体制". 中国经济网—经济日报，2012-11-19.
② 袁东升. 国有资产管理体制调整探究. 社会科学家，2012（5）.

理职能与出资人职能初步分离。党的十六大确立了"权利、义务和责任相统一,管资产和管人、管事相结合"的国资监管重大原则。各级国资委的组建,在政府机构设置上实现了公共管理职能和出资人职能的分离。《中华人民共和国企业国有资产法》和《企业国有资产监督管理暂行条例》,从法律层面确立了国资监管机构的职责定位。③对国有企业监管方式不断完善。建立和完善业绩考核、重大责任追究等机制,使国有资产经营责任得到层层落实;建立根据经营管理绩效、风险和责任确定企业负责人薪酬的制度,实现"业绩升、薪酬升,业绩降、薪酬降";深化内部分配制度改革,加强职工收入分配调控;加强产权流转监督,形成覆盖全国的国有产权交易监控平台,从制度上遏制国有资产流失;强化财务监督、外派监事会监督、审计监督、纪检监察监督和巡视监督,加强境外国有资产监管,基本形成企业国有资产经营管理重点环节的监督体系;建立并逐步完善国有资本经营预算制度,落实国有资本出资人收益权。同时,充分尊重企业作为独立市场主体的法人财产权和经营自主权,不干预企业生产经营活动。

同时,国有企业经营机制发生重大变化。①公司制股份制改革深入推进。全国 90% 以上的国有企业完成了公司制股份制改革,中央企业的公司制股份制改制面由 2003 年的 30.4% 提高到 2011 年的 72%。②公司治理结构逐步规范。按照《中华人民共和国公司法》和《中华人民共和国企业国有资产法》的要求,多数国有企业建立了股东会、董事会、经理层和监事会等机构。在部分地方国有企业和 50 家中央企业进行建立规范董事会的试点,企业科学决策水平和风险防范能力明显提升。③劳动、人事、分配三项制度改革逐步深化。国有企业普遍实行全员劳动合同制、员工竞争上岗和以岗位工资为主的基本工资制度。积极探索党管干部与市场化选聘企业高层管理者相结合的有效方式,中央企业有 141 个高管职位在全球公开招聘,累计选聘各级经营管理人员 60 万人。①

通过深化国有资产管理体制改革,完善国有资产监管机制,促进了国有企业现代企业制度的建立,激发了国有企业的活力,国有企业发展质量和运营效率有了大幅度提升。2002~2011 年,全国国有企业营业收入由 8.53 万亿元增加到 39.2 万亿元,年均增长 18.5%;实现利润由 3786.3 亿元增加到 2.58 万亿元,年均增长 23.8%;上缴税金由 6960.4 亿元增加到 3.45 万亿元,年均增长 19.5%。2002~2011 年,国务院国资委监管的中央企业营业收入由 3.36 万亿元增加到 20.5 万亿元,年均增长 22.2%;实现净利润由 1622.3 亿元增加到 9136.1 亿元,年均增长 21.2%;上缴税金由 2926.8 亿元增加到 1.7 万亿元,年均增长 21.8%;资产总额由 7.13 万亿元增长到 28 万亿元,年均增长 16.4%。一批国有大型企业已经成长为世界知名企业,进入 2012 年美国《财富》杂志世界 500 强的 70 家内地企业中,国有及国有控股企业有 64 家。②

二、广东省经营性国有资产监管运行状况③

(一)广东省国资委的概况

2004 年 6 月 26 日,广东省国资委正式挂牌,为省政府直属正厅级特设机构,设 12 个职能处室

---

① 国务院国有资产监督管理委员会主任王勇在 2012 年 10 月 24 日第十一届全国人民代表大会常务委员会第二十九次会议所作国务院关于国有企业改革与发展工作情况的报告。
② 王勇. 解读十八大报告"完善各类国有资产管理体制". 中国经济网—经济日报,2012-11-19。
③ 根据广东省国资委有关资料整理。

（办公室、综合法规处、规划发展处、统计评价处、考核分配处、产权管理处、改革重组处、监事会工作处、预算财务处、企业领导人员管理处、党群工作处和监察室）。作为广东省人民政府的直属特设机构，广东省国资委坚持政资分离、政企分开、所有权与经营权分离原则，实行"权利、义务和责任相统一，管资产和管人、管事相结合"的国有资产管理体制。

我国国有资产包括经营性国有资产（含国有金融资产）、行政事业性国有资产、资源性国有资产。广东省国资委的监管范围是省属经营性国有资产，不含金融性国有资产。省国资委将原分属部分省直其他部门的部分职能整合起来，代表省政府履行出资人职责，主要职能包括：省经济贸易委员会的指导国有企业改革和管理的职能、省财政厅有关国有资产管理的部分职能、省劳动和社会保障厅的拟订省属国有企业经营者收入分配的有关政策、审核省属国有企业的工资总额和主要负责人的工资标准的职能、省委组织部的对省管企业董事会成员（除董事长）、党委成员（除党委书记）、纪委书记、经营班子成员的管理职能、省直属机关工作委员会的有关省属国有企业党建工作的职能。

广东省国资委的成立，建立起"三位一体"（管人、管事、管资产）的体制和"三层架构"机制的方式节约了交易成本。以前的省属经营性国有资产管理是分散由省政府各个行业主管部门来管理。这不仅使政府和企业通过利益关系形成政企不分，而且使政府面对众多国有企业直接履行所有者职能的交易成本太大。省政府通过"三位一体"的省国资委来统一管理省属国有企业，并通过"三层架构"的机制建立若干个资产经营公司（授权经营集团）从事国有资产的经营活动，以降低交易成本。

（二）广东省国资委监管的主要做法

近年来，广东省国资委不断建立健全国有资产监管工作体系。积极推动全省国有资产监管条例立法，推进经营性国有资产集中统一监管。在监管国有资产范围方面，将逐步把地方金融、文化、教育、卫生等领域的经营性国有资产，事业单位投资形成的经营性国有资产，非经营性转经营性国有资产也纳入监管范围，实现国有资源的统一战略规划布局，强化国有资源的整合、配置、协同和掌控。在监管区域方面，通过加强上级国有资产监管机构对下级国有资产监管工作的指导监督，完善地（市）县（区）国有资产监管机构建设，力争实现大部分县区建立起专门的国有资产监管机构。

广东省国有资产监管方式也不断完善。通过推进财务监管、业绩考核、产权管理、外派监事会、审计、法律审核等监管体系建设，加强协同配合，提升监管效能。健全国有企业风险防范体系，加快推进国有资产信息监管系统建设，积极落实境外国有资产监管制度，强化境外国有资产监管。具体来讲，广东省国资委的监管工作主要体现在财务监管、监事会监督、产权管理、投资监管、考核分配和企业领导人员管理六个方面，分别介绍如下：

1. 财务监管

在财务监管方面，广东省国资委主要从资本经营预算管理、资金监管和预警预测着手，有力保障了省属国有企业可持续的规范运行。具体做法如下：

（1）规范国有资本经营预算管理，制定了《广东省国资系统国有资本经营预算管理工作规则》，明确界定预算收入和预算支出范畴。

（2）引导省属企业开展全面预算管理，运用现代管理方式实行精细化管理。目前，14家省属企业实行了全面预算管理。

(3) 加强资金监管，要求并指导省属企业全面建立财务结算中心或财务公司，实行集团财务管控。至今已有20家省属企业建立了财务结算中心或财务公司。

(4) 加强预警预测，根据企业的经营状况、发展趋势、管理成效和存在问题，形成每月的省属企业经济运行情况通报，强化对省属企业财务分析和预测，以指导和监督企业健康运营。

其中，为了进一步发挥投资和财务监管的防控作用。省国资委通过规范省属企业投资行为，明确企业要围绕主业投资，非主业投资要支持和促进主业发展，以做强做大主业；规范省属企业投资程序，明确企业投资必须经过充分的科学论证，杜绝出现新的"半拉子"和"烂尾"工程。制定《省属企业财务监管暂行办法》，督促省属企业稳健理财，尤其要注重现金流管理，统筹规划生产经营与投融资活动的资金供求，确保资金链安全。督促省属企业加大应收款项管控力度，及时回收资金；适度控制负债水平，严控资金支出，特别是严控短贷长投和短钱长用。继续加强对企业运行的预警预测，加大不良资产处置力度，切实防范经营风险。

2. 监事会监督

监事会是针对公司最高决策与经营机构而设立的监督机构，由全体监事组成的、对公司业务活动及会计事务等进行监督的机构。由于我国国有企业建立法人治理结构的经验较少，涉及监事会工作的各项规章制度也还不完善。为了充分发挥监督职能就必须不断创新工作模式，广东省国资委着重从以下五个方面展开工作，不断增强监督的实际效果。

(1) 制定《广东省国资委派出监事会工作规则》等制度，完善监事会制度，明确监事会职责定位。

(2) 加强当期监督，采取包括参加企业董事会等所有重要会议、定期审阅财务报表、审查重要合同、参与重大招投标和产权转让全过程、督促企业加强对下属企业的监督管理等有效做法，加强对企业的经营管理活动和董事、经营班子成员的经营管理行为的监督和评价。

(3) 建立健全重大问题快速反应机制，对于特别紧急或重大问题，监事会直接报国资委领导，对于日常监督中发现的问题及时提交有关业务处室跟踪落实。仅2009年就提交各类监督报告254份，披露问题565个，提出整改建议431条。

(4) 抓好监督检查成果运用，对监督检查中发现的苗头性、倾向性问题，及时提醒企业，督促企业整改。

(5) 理顺了监事会体制，通过社会化招聘、市场化管理模式，建立了一支薪酬水平市场化、劳动关系合同化、实现有效激励约束的监督队伍。

为了进一步发挥监事会与审计监督的保障作用，省国资委建立健全监事会与审计监督制度，修改完善《监事会工作规则》等相关规定，制定《省属企业出资人审计暂行办法》等文件，进一步理顺工作机制。加强监事会监督与审计监督的配合使用，形成监督合力，提高监督检查工作的信息化水平，改进当期监督，开展对二级公司法人代表离任审计。探索将监事会与审计监督情况，与企业领导人员任用、业绩考核和薪酬分配直接挂钩，充分发挥监事会与审计监督的效果。

3. 产权管理

广东省国资委成立以来，企业国有产权管理工作有序开展，产权管理制度逐步完善。产权登记、资产评估等基础工作不断加强，产权转让行为和上市公司国有股权监管工作日趋规范。国有资产管理的核心是产权问题，产权问题无小事，产权决策稍有不慎就可能造成国有资产流失。

广东省国资委产权管理的重点是健全产权基础管理、流转制度，加强国有产权市场监督。通过联合省财政厅、工商局下发《广东省企业国有产权转让管理实施意见》和《广东省企业国有集体产权交易暂行规则》及其相关文件，明确了国有产权转让的流转程序，使广东省国有产权进场交易规范。出台《广东省省属企业国有资产评估管理实施办法》，在全国率先推行重大评估项目专家咨询评审制度和评估结果公示制度。制定《广东省省属企业重大资产处置规范意见》，规范企业处置法人财产行为，保障国有股东权益。制定《广东省省属企业国有资产评估项目评审专家管理办法》，规范评审专家行为，加强对企业国有资产评估项目的监管，维护出资人权益。加强产权市场建设和监管，推动以南方联合产权交易中心为基础的全省产权交易平台建设。

为了进一步发挥产权监管的基础性作用。省国资委通过规范国有产权有序流转，支持和推进国有经济布局和结构调整。针对省属国有资产评估项目管理存在的问题，完善国有资产评估项目专家评审管理制度，维护国有资产出资人权益。针对省属企业产权交易过程的薄弱环节，联合省监察厅、省金融办等部门对企业国有产权转让进行专项检查，进一步规范企业国有产权转让行为；针对省属企业境外投资规模不断扩大和境外国有产权管理相对薄弱、缺乏具体的操作规范的问题，建立健全境外国有资产管理制度，防止国有资产损失或流失；针对混合所有制下省属国有资产逐步向股份公司集中的情况，完善股份公司国有股权管理，规范国有股东行为。

4. 投资监管

通过建立健全制度，规范管理。根据企业实际合理确定企业主业，广东省国资委制定了《广东省省属企业投资监督管理办法》，明确界定了省国资委和企业的有关职责，对重大投资项目年度计划实行备案管理、重大投资项目实行审核管理。总的原则是注重合规性审核，对于主业投资适度从宽，对于非主业投资严格控制，有效防范企业投资风险。建立责任追究制度，制定《广东省省属企业违规决策造成资产损失领导责任追究暂行办法》等相关规定，进一步完善了包括重大投资在内的决策程序、操作规范和责任追究制度，强化了企业经营的风险防控。

5. 考核分配

广东省国资委不断完善业绩考核工作体系。

（1）注重考核的导向性，重点是完善企业目标值申报确定机制，加大对企业创新发展的考核力度，引导企业着眼于长远发展。

（2）注重考核的针对性，在分类考核中设置节能环保指标，引导企业重视科学发展，增效降耗。

（3）注重考核的规范性，重点是规范净利润指标考核范围，客观评价企业经营业绩；对企业虚假信息行为加大处罚力度，确保考核结果客观真实。

（4）注重收入分配的可控性，按照先考核、后分配的原则，重点是改进企业工资总额管理，建立企业领导人员薪酬与职工薪酬联动机制，保证职工收入合理增长。

其中，为了进一步发挥业绩考核的导向作用，广东省国资委进一步修改完善省属企业负责人经营业绩考核办法，加大企业自主创新的考核力度，将企业科技研发投入视同考核利润，重大创新发展项目在考核中单列，引导企业切实转变经济发展方式，提高可持续发展能力。结合董事长任期，逐步推行任期考核。借鉴国务院国资委以及兄弟省市的做法和经验，稳妥推进经济增加值考核，引导企业更加关注价值创造，加强风险控制，提高发展质量。

6. 企业领导人员管理

根据省委粤发〔2004〕9号文和粤组通〔2008〕39号文，目前对企业领导班子的管理分为两类：

一类是企业正职由省委管理，副职由省国资委党委管理。正职的拟任人选由省国资委党委提名，组织部会同省国资委组织民主推荐、考查，征得省政府分管领导同意后，报省委审批；副职的任免由省国资委党委考查、审批，任免前征求省政府分管领导和省委组织部意见。

另一类是企业正副职均由省国资委党委管理，管理模式与上一类企业副职的管理模式基本相同，如白天鹅宾馆、联合电子、南方产权、南粤集团。两类企业纪委书记的拟任人选，省纪委派人参加考查，决定任免前征求省纪委的意见。

（三）广东省国资委监管工作的主要成效

广东国资委成立伊始，就制定了制度建设总体规划，突出抓好制度建设。目前，已经形成了以50多项国有资产监管制度为基础、涵盖国资委与企业权责界定，以及企业发展规划、改制重组、产权转让、业绩考核、监事会监督等各个方面的省属国有资产监管制度体系，初步实现了以制度管资产、管人、管事。同时，根据形势和情况的变化，不断调整和完善，如考核方面，2005年出台了《广东省省属国有企业负责人经营业绩考核暂行办法》、2007年和2009年相继做了修改完善，使考核更加科学、合理。各级国资委认真履行出资人职责，不断完善监管体制和制度，增强国资监管工作的导向性，强化全面风险管控，不断拓展经营性国有资产监管范围，努力构建国资监管大格局，取得了明显成效。[①]

1. 国资监管制度体系和组织体系进一步完善

各地结合贯彻《企业国有资产法》，不断完善国资监管制度。惠州、东莞、河源等市出台了一系列管理制度，进一步规范了国有企业生产、经营、投资、融资、财务管理和产权转让。省国资委共出台包括董事会建设、监事会监督、审计监督、财务管理、投资管理、资产评估管理、资本运营、信息化等10多项制度。各地认真落实国务院国资委"25号令"等政策文件，不断健全组织体系，新设立和加强了茂名、韶关南雄、惠州惠阳、汕尾陆丰等一批市县级国资委。目前，全省21个地级以上市中有19个市单独成立了国资委；49个县（区）单独设立了国资委或相应机构，占全省121个县（区）的40%，位居全国前列，全省县（区）国资监管机构监管的实际资产超过3000亿元。

省国资委参照行政机关转变政府职能的要求和做法，按照"能放则放，能减则减，能便则便"的原则，对历年来出台的监管制度文件进行梳理，该修订的修订，该完善的完善，该制定的制定，以更好地提升监管效率和科学化水平。建立省属企业专题汇报制度，以更好地落实国资委出资人代表的知情权和监督权，提高监管的针对性。

此外，按照国资监管大格局的理念，加强省、市、县国资监管机构沟通联系，增强全省国资系统凝聚力，加强和改进市县（区）国资监管工作，重点指导县（区）建立健全国资监管机构，完善国有资产监管制度。成立市、县国资监管工作研究会和相关协会，作为工作平台，深入探讨培育国资系统共同价值理念、凝聚监管工作合力、共享监管资源等重大问题，组织开展国资监管和国企改革等相关理论调研、考察和学术活动，以及相关的综合评比、业务培训和文体活动。

2. 国资监管工作导向性和有效性进一步增强

近年来，各地不断完善国有企业经营业绩考核制度，充分发挥业绩考核对促进企业科学发展的

[①] 摘自广东省国资委主任温国辉于2012年2月在广东省国有资产监督管理工作会议上的工作报告。

引导作用。广州市国资委进一步修订完善了《广州市国资委监管企业负责人经营业绩考核与薪酬管理暂行办法》，加大了对市属企业的激励约束力度，一些做法值得各地借鉴。深圳市国资委不断完善经济增加值（EVA）考核办法，得到了国务院国资委的充分肯定。中山按照企业所处的不同行业和不同的资产质量，实行"一企一策"分类考核，提高了考核精准度。

同时，省国资委加大了对省属企业创新发展的考核力度，通过单列考核（重大科技创新和投资发展项目）、单独加分（科技创新、重大项目和资本运营取得明显成效的）、单项奖励（企业转变发展方式、科技创新、资本运营），同时对科研投入、勘探支出和解决历史遗留问题民生支出视同考核利润等措施，引导省属企业加快创新发展、提升发展质量；不断改进收入分配政策，完善了《广东省省属国有企业工资总额预算管理暂行办法》及其工效联动办法，建立了企业职工工资正常增长机制和业绩、薪酬联动机制。

3. 全面风险管控进一步强化

各地国资委不断完善财务监管，积极探索和完善监事会和审计监督履职方式和工作机制，加强产权监管、全面风险管理和法律审核，从源头上防范经营风险。珠海建立了面向出资人的专项财务报告制度，准确掌握企业资产及财务状况。惠州强化对企业大额资金监管，将20家重点企业、涉及13家银行的178个账户大额资金使用情况纳入实时监管范围。

省国资委进一步整合监事会、审计、财务、产权、法律风险防范等监管资源，形成监管合力，多措并举有效防范了企业违规调用大额资金、超股比提供担保等重大风险；推动南方产权中心以及广州、深圳、珠海四大产权交易所接入国务院国资委国有企业产权交易监测系统，实现对国有产权交易过程的全程和即时监管，做到了产权转让"零投诉"；物资集团向所属企业派出财务经理，其考核及薪酬发放由集团负责，强化了财务集团管控。

4. 地方经营性国有资产统一监管进一步拓展

各地不断拓宽监管范围，扩大监管资产规模。通过近年来努力，在推进国资监管全覆盖方面，广州、深圳等地基本实现经营性国有资产统一监管，佛山制定了"大国资、全覆盖"总体工作思路和方案，重点发展城市基础设施和城市中央商务区建设、公用公共事业。在延伸监管范围方面，顺德将土地及区域开发、民生公用事业、金融文化及高校经营性资产、政策性及公建物业等纳入监管范围，江门台山市、广州番禺区等由国资部门对工业园区实行统一规划、统一监管。

5. 国资监管大格局初步形成

每年组织召开由地市和省属企业参加的国资监管工作会议，互通情况、增进交流、加强合作。分片区召开国资监管工作座谈会，总结交流各地市国资监管和国企改革发展的做法和经验。组织了部分地市国资委赴兄弟省市学习交流。举办了广东省国资监管机构领导干部培训班，全省18个地级市和顺德区国资监管机构共40名领导干部参加了培训。与省直部门形成合作机制、共同推进工作，如与建设厅共同推进棚户区改造、与国土资源厅共同推进"三旧"改造。各级国资委和国有企业与新闻媒体保持畅通的沟通渠道，大力宣传国有企业改革发展典型，树立了国有企业良好形象。

按照"开放、包容、共生"的理念，广东省国资委积极推进国有企业省内、国内、境外全方位多层面的合作，促进了结构优化和产业升级。2011年3月14日在北京钓鱼台举行了广东省与中央企业战略合作座谈会暨签约仪式，广东21个地市以及24户省属企业与75家中央企业签署了290个合作项目，合同协议投资达2.09万亿元，重点投向城际轨道交通、船舶制造、航空航天等先进制造业和新能源等领域，成为广东与央企合作新的起点，为双方深度合作打下了良好基础。在新广州新商机系列推介活动中，广州与央企签约项目共29个，总投资额796.77亿元。肇庆、湛江、中山、汕头分别与中石化、中海油、招商局、保利、中远、华能等中央企业开展了深入合作。省国资委优化韶钢集团股权置换方案，推进韶钢集团办社会职能移交，有力促进了广东省与宝钢集团的重组，使广东省国有资产实现保值增值，也促进了广东省钢铁行业结构调整和产业升级。

第四章　广东省属企业履行社会责任的制度环境

企业社会责任的履行受到相关制度的约束和影响。国有企业履行社会责任制度环境的完善程度反映了经济社会协调发展的程度，强化国有企业社会责任、探讨国有企业社会责任制度环境的构建是新时期深化国有企业改革的需要，是提高经济法律制度层次的需要，更是践行科学发展观、创建和谐社会的需要。当前对广东省属企业履行社会责任影响较大的制度主要包括法律制度、税收制度、监管制度和文化传统等。

第一节　法律制度与企业社会责任

我国是一个由计划经济转型市场经济的国家，政府的规制对现存的社会经济依然具有较大的影响。因此，这种"政府主导型"的市场经济发展模式决定了我国企业社会责任发展尚不能完全依赖企业的自觉自主来履行，政府对企业的社会责任的推动作用显得更为重要[1]。政府[2]的推动措施之一就是制定强制或鼓励企业履行社会责任的法律制度。

一、全国性的法律制度

目前，我国已出台了众多关于企业社会责任的全国性立法。从立法层次来看，全国人大及其常务委员会、国务院、国务院国资委、商务部、发改委、环保部等部委，都发布了有关企业社会责任的规范性文件；从调整对象的角度来看，已出台了调整各种企业社会责任关系的法律法规，其中，以消费者权益保护、安全生产、环境保护、员工权益保护等方面的最为完善，如表4-1所示。

在企业社会责任法律体系中，《宪法》是效力层次最高的法律，企业需要履行的各种社会责任大都可以从中找到原则性规定。比如，《宪法》规定国有经济是国民经济中的主导力量。国家保障国有经济的巩固和发展（第七条），这是省属企业履行其经济责任的宪法依据；《宪法》规定国家保障自然资源的合理利用，保护珍贵的动物和植物，禁止任何组织或者个人用任何手段侵占或者破坏自然

---

[1] 钟宏武，张唐槟，田瑾，李玉华. 政府与企业社会责任——国际经验与中国实践. 经济管理出版社，2010.
[2] 此处"政府"指国家机构，而非仅指行政机关。

表 4-1 调整企业社会责任关系的主要法律和行政法规

分 类	法律名称	行政法规名称
综合	宪法	全民所有制工业企业转换经营机制条例
	公司法	全民所有制工业企业厂长工作条例
	全民所有制工业企业法	—
国有资产经营责任	企业国有资产法	企业国有资产监督管理暂行条例
	预算法	预算法实施条例
	—	国有企业监事会暂行条例
消费者权益保护	消费者权益保护法	食品安全法实施条例
	产品质量法	工业产品生产许可证管理条例
	食品安全法	工业产品质量责任条例
	标准化法	乳品质量安全监督管理条例
	计量法	娱乐场所管理条例
	药品管理法	药品管理法实施条例
	广告法	广告管理条例
	进出口商品检验法	认可认证条例
	价格法	化妆品卫生监督条例
安全生产	安全生产法	生产安全事故报告和调查处理条例
	矿山安全法	建设工程安全生产管理条例
	建筑法	放射性废物安全管理条例
	铁路法	安全生产许可证条例
	港口法	石油天然气管道保护条例
	消防法	烟花爆竹安全管理条例
	公路法	易制毒化学品管理条例
	—	危险化学品安全管理条例
	—	铁路运输安全保护条例
环境保护	环境保护法	民用建筑节能条例
	循环经济促进法	公共机构节能条例
	清洁生产促进法	—
	环境影响评价法	—
	水污染防治法	—
	水法	—
	固体废物污染环境防治法	—
	大气污染防治法	—
	矿产资源法	—
	节约能源法	—
	土地管理法	—
	森林法	—
	草原法	—
	海洋环境保护法	—
	野生动物保护法	—
	水土保持法	—
员工权益保护	劳动法	劳动合同法实施条例
	劳动合同法	劳动争议处理条例
	劳动争议调解仲裁法	职工带薪年休假条例
	社会保险法	劳动保障监察条例
	工会法	工伤保险条例
	职业病防治法	失业保险条例
	妇女权益保障法	使用有毒物品作业场所劳动保护条例
	—	企业职工生育保险试行条例

续表

分　类	法律名称	行政法规名称
纳税	企业所得税法	企业所得税法实施条例
	税收征收管理法	增值税暂行条例
	海关法	消费税暂行条例
	车船税法	营业税暂行条例
	—	车船税暂行条例
	—	船舶吨税暂行条例
	—	城镇土地使用税暂行条例
	—	耕地占用税暂行条例
	—	契税暂行条例
	—	进出口关税条例
	—	土地增值税暂行条例
	—	印花税暂行条例
	—	城市维护建设税暂行条例
	—	车辆购置税暂行条例
	—	资源税暂行条例
自主创新和技术进步	著作权法	国家科学技术奖励条例
	专利法	知识产权海关保护条例
	商标法	—
	科学技术进步法	—
	促进科技成果转化法	—
公平运行	反垄断法	—
	反不正当竞争法	—
	价格法	—
参与社会公益事业	公益事业捐赠法	基金会管理条例
	红十字会法	特殊标志管理条例
	—	公共文化体育设施条例

资料来源：根据全国人大、国务院官网资料整理。

资源（第九条）；国家保护和改善生活环境和生态环境，防治污染和其他公害（第二十六条），这对企业履行资源与环境责任提出了原则性要求；《宪法》规定国家发展自然科学和社会科学事业，普及科学和技术知识，奖励科学研究成果和技术发明创造（第二十条），推广先进的科学技术（第十四条），这包含了对企业进行自主创新、推进技术进步、履行消费者教育责任的要求；《宪法》规定国家建立健全同经济发展水平相适应的社会保障制度（第十四条），国有企业通过职工代表大会和其他形式，实行民主管理（第十六条），公民有劳动的权利和义务，国家通过各种途径，创造劳动就业条件，加强劳动保护，改善劳动条件，并在发展生产的基础上，提高劳动报酬和福利待遇（第四十二条），国家保护妇女的权利和利益，实行男女同工同酬，培养和选拔妇女干部（第四十八条）等，这对企业履行其员工权益保护责任提出了原则性要求。

《公司法》是企业社会责任法律体系中对促进企业履行社会责任影响较大的法律。公司是当代市场经济最活跃、最重要的主体，而《公司法》则是调整公司关系的基本法。我国《公司法》制定于1993年，2005年10月修正，修正后的《公司法》自2006年1月1日起施行。新《公司法》第五条明确规定："公司从事经营活动，必须遵守法律、行政法规，遵守社会公德、商业道德，诚实守信，接受政府和社会公众的监督，承担社会责任。"这是我国第一次以法律的形式对公司社会责任做了宣示性规定，表明我国立法接受了企业社会责任的理念。新《公司法》确立企业社会责任理论，不仅是我国公司立法改革的重大进步，在各国公司立法中也是一项先进的立法举措。① 当然，早在《公司法》颁布之前，甚至是早在企业社会责任理念未受到广泛关注前，我国在相关责任立法方面就已经取得了一定进展，这些立法虽非是在企业社会责任的指导思想下制定的，但客观上契合了企业社会责任理念的需求。

《公司法》不仅将强化公司社会责任的理念列入总则条款，而且在分则中设计了强化公司社会责任的具体制度。①《公司法》设置了关于加强保护职工权益的制度。在劳动和社会保障方面，《公司法》规定公司必须保护职工的合法权益，依法与职工签订劳动合同，参加社会保险，加强劳动保护，实现安全生产，加强职工的职业教育和岗位培训，提高职工素质（第十七条）；《公司法》还规定公司应当为本公司工会提供必要的活动条件，工会代表职工就职工的劳动报酬、工作时间、福利、保险和劳动安全卫生等事项依法与公司签订集体合同；在职工民主管理方面，公司通过职工代表大会或者其他形式（第十八条），如设置职工董事和职工监事制度，保障职工参与公司民主管理和监督的权利（《公司法》第四十五条、第五十二条、第六十八条、第七十一条、第一百零九条和第一百一十八条）。②《公司法》强化了保护债权人权益的规定。《公司法》第一条规定了公司法的宗旨包括保护债权人的合法权益。在其他章节的条文中，也有不少内容涉及对债权人利益的保护。例如，公司注册资本最低限额、资本维持、资本不变等规定，公司合并分立的规定，公司设立登记的规定，公司财务会计的规定，公司信息披露的规定，公司人格否认制度的规定（该制度同时也保护公司其他利害关系人），等等。

广东省属企业从企业组织形式的角度划分，一级企业多属于国有独资公司，有的一级企业和大多数的二、三级企业属于股权多元的有限责任公司或股份有限公司，均适用《公司法》的规定。从企业生产资料所有的角度划分，大多数广东省属一级企业和有的二、三级企业属于全民所有制企业，还适用《全民所有制工业企业法》、《全民所有制工业企业转换经营机制条例》②等国有企业法。在《全民所有制工业企业法》中，对于国有企业应履行的社会责任作了较为完整的规定。如：企业必须履行国有资产保值增值的义务，履行依法缴纳税费的义务（第六条）；职工的合法权益和民主管理、民主监督权受法律保护（第九条、第十条、第十一条、第三十七条、第四十二条）；企业必须推进科学技术进步，厉行节约，反对浪费，提高经济效益，促进企业的改造和发展（第十二条、第四十三条）；企业必须完成指令性计划，必须履行依法订立的合同（第三十五条）；企业必须保证产品质量和服务质量，对用户和消费者负责（第三十八条）；企业必须提高劳动效率，节约能源和原材料，努力降低成本（第三十九条）；企业必须贯彻安全生产制度，改善劳动条件，做好劳动保护和环境保护工作，做到安全生产和文明生产（第四十一条），等等。

发展是国有企业的首要社会责任。在党的十八大报告中，明确提出国有经济要不断增强控制力和影响力，在经济发展中发挥主导作用；国有企业要不断增强活力和竞争力，真正成为市场经济的重要主体。因此，省属企业必须将履行经济责任作为首要的社会责任。在调整各种企业社会责任关

---

① 刘俊海. 改革开放30年来公司立法的回顾与前瞻. 法学论坛, 2008, 23 (3): 8.
② 该法律、行政法规除适用于国有工业企业外，其原则也适用于国有的交通运输、邮电、地质勘探、建筑安装、商业、外贸、物资、农林、水利等企业。

系的法律法规中,《企业国有资产法》、《企业国有资产监督管理暂行条例》重点规定了企业国有资产的经营责任,同时也规定了各级国资部门代表本级人民政府对国家出资企业履行出资人职责的国有资产管理体制。这是广东省属企业履行经济责任及接受广东省国资委监管的主要法律依据。

新《公司法》实施后,我国迎来了企业社会责任的实践浪潮。中国石化集团在2006年率先发布了社会责任报告,以此展示企业责任理念,建立诚信文化,强化企业责任管理,塑造企业责任文化,检验企业战略方向以及培养责任感。随后,越来越多的央企发布了自己的社会责任报告,企业社会责任获得了政府和企业较高的关注和重视。现在,地方企业、民营企业也纷纷加入了履行社会责任的行列,各地方政府也开始研究和制定鼓励企业履行社会责任的政策。

当然,我国现行法律制度在落实和激励企业承担社会责任方面还有很多需要完善之处。以安全生产方面的立法为例,目前我国已初步建立了以《安全生产法》为核心的安全生产法律体系,安全生产已初步实现了有法可依、有章可循。但是,我国安全生产形势依然十分严峻。①由于配套法规不健全,《安全生产法》规定的许多具体制度在实践中缺乏可操作性,对安全生产行为的规制作用有限。②我国目前的安全生产立法呈现不平衡状态,主要体现在监督性法律规范少于管理规范,管制性措施少于服务性措施,程序性规范少于实体性规范,从而导致立法局限于具体行政部门的权力视野和管理手段,缺乏统一性、协调性和可操作性。③存在着重治标轻治本、重事后补救轻事前防范的立法倾向,也导致了执法的被动和低效。①

二、地方性的法律制度

在地方层面,广东省人大、广州市人大、省市政府及政府有关主管部门纷纷出台有关政策措施,为企业履行社会责任营造良好的制度环境。广东省关于企业社会责任的地方立法,相比其他省区立法,具有立法范围较为全面、责任内容具体和法律责任重大的特点。这些特点是与广东省的经济发展和社会进步的要求相适应的,客观上对广东省属企业履行社会责任提出了更高的要求。

从立法范围看,广东省的地方性立法已经包括了消费者权益保护、安全生产、环境保护、员工权益保护、社会公益、自主创新和技术进步等各方面社会责任的立法,门类比较齐全。消费者权益保护方面的地方立法有《广东省实施〈中华人民共和国消费者权益保护法〉办法》等;安全生产方面的地方立法有《广东省民用核设施核事故预防和应急管理条例》、《广东省道路运输管理条例》、《广东省高速公路管理条例》等;环境保护方面的地方立法有《广东省东江西江北江韩江流域水资源管理条例》、《广东省固体废物污染环境防治条例》、《广东省建设项目环境保护管理条例》、《广东省矿产资源管理条例》、《广东省节约能源条例》等;员工权益保护方面的地方立法有《广东省工伤保险条例》、《广东省社会养老保险条例》等;社会公益方面的地方立法有《广东省志愿服务条例》、《广东省农村扶贫工作条例》、《关于进一步促进慈善公益类社会组织发展的若干规定》等;自主创新和技术进步方面的地方立法有《广东省自主创新促进条例》等。

从立法内容看,广东省的地方性立法对企业履行社会责任的要求更为具体、法律责任更为重大。以《广东省实施〈中华人民共和国消费者权益保护法〉办法》为例,该办法规定了各行业企业

---

① 钟宏武,张唐槟,田瑾,李玉华. 政府与企业社会责任——国际经验与中国实践. 经济管理出版社,2010.

应当承担的消费者责任、企业处理消费者各类投诉的时限、适用双倍赔偿的各种欺诈行为、人身损害赔偿的具体标准等，比《消费者权益保护法》更加具体。该办法第三十二条规定，侵害消费者的人格尊严或者侵犯消费者人身自由的，应当停止侵害、恢复名誉、消除影响、赔礼道歉；情节严重的，并应赔偿50000元以上的精神损害。明文规定50000元以上的精神损害赔偿，这在全国范围内都属于较重的法律责任。

我国通过全国性和地方性两个层面的企业社会责任立法，对企业履行社会责任提出了明确的要求，企业必尽责任的范围越来越大，愿尽责任的范围在缩小，越来越多原来属于道德上的要求，已经上升为企业必须严格遵守的法律义务。

第二节 税收制度与企业社会责任

根据税收制度对企业履行社会责任的影响作用，可以将我国现行税收制度划分为强制性税收制度和激励性税收制度。依法纳税是每一个企业都必须履行的强制性社会责任，同时，国家为了引导企业履行某些特定的社会责任，又设置了一定的激励性税收优惠措施。本节主要介绍激励性税收制度。对广东省属企业履行社会责任影响较大的激励性税收制度主要包括关于慈善捐赠的税收优惠制度、关于促进就业和保护员工权益的税收制度、关于鼓励企业科技创新的税收制度、关于鼓励企业环保节能的税收制度。

一、关于慈善捐赠的税收优惠制度

慈善捐赠是社会财富第三次分配的一种形式，在帮扶经济困难群体、维护社会稳定方面发挥着积极的作用。为了发展慈善事业，各国立法上一般都对慈善捐赠给予一定的税收优惠。我国捐赠税收优惠主要体现在《中华人民共和国公益事业捐赠法》、《中华人民共和国企业所得税法》及其实施条例、《中华人民共和国个人所得税法》及其实施条例等法律制度中。

在企业所得税上，一般性税收规定是企业发生的公益性捐赠支出，在年度利润总额12%以内的部分，准予在计算应纳税所得额时扣除；特殊税收规定是允许100%全额扣除，如企业为汶川、玉树地震灾后重建、举办北京奥运会和上海世博会、支持舟曲灾后恢复重建等特定事项的捐赠。向中华健康快车基金会和孙冶方经济科学基金会、中华慈善总会、中国法律援助基金会和中华见义勇为基金会等特定途径捐赠的，也准予在缴纳企业所得税前全额扣除。此外，在契税、土地增值税、印花税、关税、增值税等税种的相关规定中，也涉及关于捐赠行为的税收优惠。

目前，美国、俄罗斯等国允许企业捐赠支出在税前扣除的比例为10%，有的国家的规定低于5%或者6%，[①]因此，相比较而言，我国准予扣除12%属于较高的水平。

---

① 田超，干胜道.企业社会责任推进机制中的税收政策研究——基于我国新旧企业所得税法的比较分析.财会学习，2010(11)：50.

我国现行税法关于慈善捐赠税收优惠有三个特点：

（1）必须属于特定的捐赠事项范围。特定的捐赠事项范围是指根据《企业所得税法实施条例》第五十一条规定，用于《中华人民共和国公益事业捐赠法》规定的下列各项公益事业的捐赠：①救助灾害、救济贫困、扶助残疾人等困难的社会群体和个人的活动；②教育、科学、文化、卫生、体育事业；③环境保护、社会公共设施建设；④促进社会发展和进步的其他社会公共和福利事业。

（2）要求通过特定的途径捐赠。特定的捐赠途径是指通过政府有关部门审核确认的公益性组织捐赠，纳税人直接向受赠人捐赠的，不允许扣除。财政部、国家税务总局、民政部以及各省陆续分批审核确认并公布获得公益性捐赠税前扣除资格的公益性社会团体的名单。目前，广东省财政厅、广东省国家税务局、广东省地方税务局、广东省民政厅已先后审核确认并公布了三批名单，共187家。[①]

（3）必须取得符合规定的捐赠凭证。我国现行立法关于捐赠税收优惠的不足主要表现在：享受税前扣除的慈善组织的范围狭窄；税前扣除缺乏结转的规定；缺乏实物捐赠税收优惠的具体规定；慈善捐赠减免税程序不尽合理、操作性不强，等等。[②]这些不足在一定程度上制约了企业的捐赠愿意。一方面省属企业不得不面对经济指标的考核，捐赠多了就直接影响经济业绩；另一方面省属企业捐赠更多而享受不到更多的税收优惠，进一步影响企业经济业绩。因此，在课题组调研过程中，很多省属企业均提出了加大捐赠税收抵扣的范围和力度的愿望。

二、关于促进就业和保护员工权益的税收制度

（一）促进就业的税收规定

1. 促进残疾人等特殊人群就业的规定

为了发挥税收政策促进残疾人就业的作用，保障残疾人的切身利益，《企业所得税法》、《残疾人保障法》、《企业所得税法实施条例》、《残疾人就业条例》、《关于促进残疾人就业税收优惠政策的通知》（财税〔2007〕92号）、《关于安置残疾人员就业有关企业所得税优惠政策问题的通知》（财税〔2009〕70号）等规范性文件制定了促进残疾人等特殊人群就业的税收优惠措施，概括如下：

（1）企业所得税方面：企业安置残疾人员的，在按照支付给残疾职工工资据实扣除的基础上，可以在计算应纳税所得额时按照支付给残疾职工工资的100%加计扣除。如果企业当期亏损，仍然可以享受加计扣除，作为允许税前扣除的基数，在以后年度继续弥补。2008年1月1日前旧的《企业所得税法》对于安置残疾人就业给予的优惠，是只有接纳残疾人就业的人数占总职工人数35%以上的企业才可以享受，现在无论什么企业，无论安置残疾人就业的人数多少，只要吸纳了一个残疾人就业，就可以享受相应的税收优惠。企业享受安置残疾职工工资100%加计扣除应同时具备如下条件：①依法与安置的每位残疾人签订了1年以上（含1年）的劳动合同或服务协议，并且安置的每位残疾人在企业实际上岗工作。②为安置的每位残疾人按月足额缴纳了企业所在区、县人民政府

---

① 根据广东省国家税务局官网 http://app.gd-n-tax.gov.cn/wssw/jsp/index/new_common/login.jsp 资料整理。
② 张天生. 慈善捐赠税收优惠政策研究，http://www.cfen.com.cn/web/meyw/2012-05/15/content_866756.htm。

根据国家政策规定的基本养老保险、基本医疗保险、失业保险和工伤保险等社会保险。③定期通过银行等金融机构向安置的每位残疾人实际支付了不低于企业所在区、县适用的经省级人民政府批准的最低工资标准的工资。④具备安置残疾人上岗工作的基本设施。

（2）流转税方面：提供"服务业"税目（广告业除外）取得的收入占增值税业务和营业税业务收入之和达到50%的企业，按企业实际安置残疾人的人数，每人每年限额减征不超过3.5万元增值税或者营业税。企业应当分别核算上述享受税收优惠政策和不得享受税收优惠政策业务的营业收入，不能分别核算的，不得享受税收优惠政策。城市维护建设税和教育费附加的减免额不包括在限额之内。由主管税务机关按月减征营业税，本月应缴营业税不足减征的，还可结转本年度内以后月份减征。兼营享受增值税和营业税税收优惠政策业务的企业，可自行选择退还增值税或减征营业税，一经选定，一个年度内不得变更。如果既适用促进残疾人就业税收优惠政策，又适用下岗再就业、军转干部、随军家属等支持就业的税收优惠政策的，企业可选择适用最优惠的政策，但不能累加执行。

（3）城镇土地使用税方面：在一个纳税年度内月平均实际安置残疾人就业人数占企业在职职工总数的比例高于25%（含25%）且实际安置残疾人人数高于10人（含10人）的企业，给予其定额减征城镇土地使用税的优惠，减征标准为每安置1名残疾人该年度可定额减征5000元，减征的最高限额为本企业当年应缴纳的城镇土地使用税税额。

2. 促进再就业的规定

企业在新增加的岗位中，当年新招用持《再就业优惠证》的人员，并与其签订1年以上期限劳动合同并缴纳社会保险费的，3年内可按实际招用人数予以定额依次扣减营业税、城市维护建设税、教育费附加和企业所得税。定额标准为每人每年4000元，可上下浮动20%。该项税收优惠政策的审批期限为2009年1月1日至12月31日。具体操作办法按照《财政部国家税务总局关于下岗失业人员再就业有关税收政策问题的通知》（财税〔2005〕186号）和《国家税务总局劳动和社会保障部关于下岗失业人员再就业有关税收政策具体实施意见的通知》（国税发〔2006〕8号）的相关规定执行。

调研资料显示，广东省属企业主动增加就业岗位，积极为下岗再就业、军转干部、随军家属、残疾人士等提供工作机会。例如，水电集团近几年已接收近20位残疾人士就业，安排他们从事力所能及的工作，①这一举措既切实履行社会责任，又实实在在享受了税收优惠。

（二）保护员工权益的税收规定

1. 员工工资和社会保障成本企业所得税税前扣除的规定

根据《企业所得税法实施条例》的有关规定，企业发生的合理的工资薪金支出和缴纳的员工社会保障成本，均准予在缴纳企业所得税前扣除。这项税收规定旨在促进企业实施公平合理的工资分配方案和鼓励企业按时、足额支付工资、缴纳社会保险。

准予扣除的员工社会保障成本包括：①企业依照国务院有关主管部门或者省级人民政府规定的范围和标准为职工缴纳的基本养老保险费、基本医疗保险费、失业保险费、工伤保险费、生育保险

---

① 笔者根据调研资料整理。

费等基本社会保险费和住房公积金;②企业为投资者或者职工支付的补充养老保险费、补充医疗保险费;③企业依照国家有关规定为特殊工种职工支付的人身安全保险费和国务院财政、税务主管部门规定可以扣除的其他商业保险费。但是,企业为投资者或者职工支付的商业保险费,不得扣除。

2. 员工教育培训费用企业所得税税前扣除的规定

党的十八大报告提出要推动实现更高质量的就业。大规模的职业技能培训是实现更高质量就业的举措之一。在鼓励企业对员工进行职业技能培训方面,《企业所得税法实施条例》第四十二条规定,除国务院财政、税务主管部门另有规定外,企业发生的职工教育经费支出,不超过工资薪金总额2.5%的部分,准予扣除;超过部分,还可以在以后纳税年度结转扣除。而2008年1月1日前旧的《企业所得税法》所规定的教育经费税前扣除率仅为1.5%,相比之下,现行税法在鼓励企业加强对员工的培训,从而提高员工的劳动技能和增加晋升机会,提升我国劳动力整体素质,实现更高质量的就业方面力度更大。

调研发现,广东省属企业十分重视员工职业生涯发展,把员工个人职业发展需求与企业发展规划予以统筹规划,每年按工资总额的一定比例计提教育经费,组织员工进行劳动法规、职业健康安全、管理知识和生产技能等方面的培训教育。例如,航运集团每年按工资总额的2%~2.5%、丝纺集团按2.5%计提职工教育经费。[①]

3. 职工福利费开支和工会经费企业所得税税前扣除的规定

根据《企业所得税法实施条例》的规定,企业发生的职工福利费支出,不超过工资薪金总额14%的部分,准予扣除。企业拨缴的工会经费,不超过工资薪金总额2%的部分,准予扣除。这些规定,对于增进企业员工福利,保障工会正常工作开展和加强职工民主管理起到了积极的促进作用。

三、关于鼓励企业科技创新的税收制度

国家竞争力的提升依靠科技的进步,而企业是科技创新和将新技术转化为生产力的重要主体之一。支持和引导企业自主创新、研发新技术是我国税法推进企业履行社会责任的又一项重要举措。

作为《企业所得税法》第四章"税收优惠"的总起,第二十五条规定:"国家对重点扶持和鼓励发展的产业和项目,给予企业所得税优惠。"这句话概括了现行《企业所得税法》税收优惠的指导思想:将原企业所得税以区域优惠为主的格局,调整为以产业优惠为主、区域优惠为辅的新税收优惠格局。

(一)实行企业所得税优惠税率

目前,我国对国家重点扶持、拥有核心自主知识产权的高新技术企业按照15%的税率征收企业所得税,低于25%的法定税率。在2008年1月1日前,旧的《企业所得税法》中该项税收优惠政策只适用于国家级的高新技术产业园区,而现在该项税收优惠已普及至全国范围,凡是按照《高新技术企业认定管理办法》被认定为高新技术的企业均可享受15%的优惠税率。

另外,符合条件的小型微利科技企业可按20%的税率征收企业所得税。

---

① 笔者根据调研资料整理。

在北京、天津、上海、重庆、大连、深圳、广州、武汉、哈尔滨、成都、南京、西安、济南、杭州、合肥、南昌、长沙、大庆、苏州、无锡20个中国服务外包示范城市，2009年1月1日至2013年12月31日，对经认定的技术先进型服务企业，减按15%的税率征收企业所得税。

（二）对科技企业实行企业所得税减免税优惠

在一个纳税年度内，居民企业技术转让所得不超过500万元的部分，免征企业所得税；超过500万元的部分，减半征收企业所得税。享受减免企业所得税优惠的技术转让应符合以下条件：①享受优惠的技术转让主体是《企业所得税法》规定的居民企业；②技术转让属于财政部、国家税务总局规定的范围；③境内技术转让经省级以上科技部门认定；④向境外转让技术经省级以上商务部门认定；⑤国务院税务主管部门规定的其他条件。

另外，我国境内新办软件生产企业经认定后，自获利年度起，第一年和第二年免征企业所得税，第三年至第五年减半征收企业所得税。国家规划布局内的重点软件生产企业，如当年未享受免税优惠的，减按10%的税率征收企业所得税。

集成电路设计企业视同软件企业，享受上述软件企业的有关企业所得税政策。集成电路生产企业的生产性设备，经主管税务机关核准，其折旧年限可以适当缩短，最短可为3年。投资额超过80亿元或集成电路线宽小于0.25微米的集成电路生产企业，可以减按15%的税率缴纳企业所得税。其中，经营期在15年以上的，从开始获利的年度起，第一年至第五年免征企业所得税，第六年至第十年减半征收企业所得税。对生产线宽小于0.8微米（含）集成电路产品的生产企业，经认定后，自获利年度起，第一年和第二年免征企业所得税，第三年至第五年减半征收企业所得税。

此外，经认定的动漫企业自主开发、生产动漫产品，可申请享受国家现行鼓励软件产业发展的所得税优惠政策。动漫企业所得税优惠政策从2009年1月1日起执行。

（三）对科技企业实行优惠的企业所得税税前扣除

研发费用可以在企业所得税税前加计扣除。这是指企业为开发新技术、新产品、新工艺发生的研究开发费用，未形成无形资产计入当期损益的，在按照规定据实扣除的基础上，按照研究开发费用的50%加计扣除；形成无形资产的，按照无形资产成本的150%摊销。企业技术开发费加计扣除部分已形成企业年度亏损，5年内可以用以后年度所得弥补。企业集团根据生产经营和科技开发的实际情况，对技术要求高、投资数额大，需要由集团公司进行集中开发的研究开发项目，其实际发生的研究开发费用，可以按照合理的分摊方法在受益集团成员公司间进行分摊。

现行《企业所得税法》关于研究开发费用的加计扣除的规定，与旧税法比较，扩大了适用对象，即由原来的制造企业、工业企业扩大到所有企业，而且取消了关于企业第二年所发生的研发费用必须比上一年增加的加计扣除条件，即只要发生了研发费用，就允许加计扣除，体现了税法对企业科技创新的鼓励。

允许加计扣除的研发费用包括：①新产品设计费、新工艺规程制定费以及与研发活动直接相关的技术图书资料费、资料翻译费。②从事研发活动直接消耗的材料、燃料和动力费用。③在职直接从事研发活动人员的工资、薪金、奖金、津贴、补贴。④专门用于研发活动的仪器、设备的折旧费或租赁费。⑤专门用于研发活动的软件、专利权、非专利技术等无形资产的摊销费用。⑥专门用于中间试验和产品试制的模具、工艺装备开发及制造费。⑦勘探开发技术的现场试验费。⑧研发成果的论证、评审、验收等费用。

另外，科技企业的职工培训费用实行优惠的税前扣除规定。软件生产企业的职工培训费用，可按实际发生额在计算应纳税所得额时扣除。对经认定的技术先进型服务企业，其发生的职工教育经费按不超过企业工资总额8%的比例据实在企业所得税税前扣除，超过部分，准予在以后纳税年度结转扣除。

（四）对科技企业实行优惠的流转税

软件产业、集成电路产业、动漫产业企业实行增值税即征即退政策，所退还的税款由企业用于研究开发软件产品和扩大再生产的，不作为企业所得税应税收入，不予征收企业所得税。对经认定的技术先进型服务企业离岸服务外包业务收入免征营业税。

税收优惠有利于激励企业自主创新。广东省属企业当中，不仅广晟公司下属广东风华高新科技股份有限公司、广州广晟数码技术有限公司、广州市广晟微电子有限公司、广新控股下属广东肇庆星湖生物科技股份有限公司等国家和省级高科技企业，其他企业也不断扩大研发费用的投入。比如，2005~2011年，广晟公司科技投入累计51.667亿元，交通集团9.01953亿元，建工集团6.530622亿元，水电集团6.373234亿元，广业公司3.358627亿元。[①] 广东省属高科技企业在技术创新方面也取得了一定的进展。例如，由广州广晟数码技术有限公司自主开发的DRA多声道数字音频编解码技术先后被国家标准化管理委员会颁布为国家标准、被国际电工委员会发布为IEC61937-12音频接口国际标准。但是，调研发现，广东省属企业整体上在善用税收优惠、自主创新方面仍需进一步加强。

四、关于鼓励企业环保节能的税收制度

保护环境、节能减排是一项公认的企业社会责任，是企业实现可持续发展的条件之一。鼓励企业改进生产工艺、节约能源、减少污染排放、治理污染，降低对环境的负面影响，改善生态环境，也是我国现行税法的一项重要内容。

（一）从事符合条件的环境保护、节能节水项目的所得可以减免企业所得税

《企业所得税法》第二十七条规定，符合条件的环境保护、节能节水项目，可以免征、减征企业所得税。该条规定的环保节能项目包括公共污水处理、公共垃圾处理、沼气综合开发利用、节能减排技术改造、海水淡化等。具体减免措施是：自项目取得第一笔生产经营收入所属纳税年度起，第一年至第三年免征企业所得税，第四年至第六年减半征收企业所得税。

（二）企业购置用于环境保护、节能节水、安全生产等专用设备的投资额可以按一定比例实行税额抵免

企业购置并实际使用《环境保护专用设备企业所得税优惠目录》、《节能节水专用设备企业所得

---

① 笔者根据调研资料整理。

税优惠目录》和《安全生产专用设备企业所得税优惠目录》规定的环境保护、节能节水、安全生产等专用设备的,该专用设备的投资额的10%可以从企业当年的应纳税额中抵免;当年不足抵免的,可以在以后5个纳税年度结转抵免。

(三)综合利用资源优惠

企业综合利用资源,生产符合国家产业政策规定的产品所取得的收入,可以在计算应纳税所得额时减计收入。减计收入是指企业以《资源综合利用企业所得税优惠目录》规定的资源作为主要原材料,生产国家非限制和禁止并符合国家和行业相关标准的产品取得的收入,减按90%计入收入总额。此项税收优惠,旨在鼓励企业综合利用共生、伴生矿产资源、废水(液)、废气、废渣和再生资源,提高资源利用率,减少污染。

税收优惠有利于激励企业发展环保产业和节能减排。课题组通过调研发现,广东省属企业积极拓展国家鼓励的新能源及节能技术、资源与环境技术等行业。广业公司已经确立了环保产业为其四大主业之一,旗下有污水处理厂、风能发电厂、水电厂等清洁能源项目,有垃圾焚烧发电厂、甘蔗制糖废弃物利用、硫铁矿尾矿处理和选矿回水利用等资源综合利用项目。水电集团成功进军清洁能源行业。粤海集团也发展了城市污水处理业务。这几年,广东省属企业不断加大环保投入,成效显著。如粤电集团2005~2011年先后投入28.2亿元对燃煤发电机组进行改造,减排二氧化硫约36万吨,占广东全省减排量的50%以上。[1]

第三节 监管制度与企业社会责任

在企业社会责任实现过程中,离不开政府和社会等各方面的监督。陈佳贵等编著的《中国企业社会责任研究报告(2009)》指出,"政府部门、社会公众、新闻媒体、员工、消费者、非政府组织、投资者、研究人员、行业协会等企业利益相关方的社会责任意识开始觉醒,从各个角度以各种方式向企业施压,形成了形式各异的责任运动",[2] 这些利益相关者共同构成了促进企业履行和承担社会责任的外部力量,也是监管企业履行和承担社会责任的主要力量,形成了一个较为全面的监管体系。

企业社会责任的监管体系是一个包括监管主体、被监管的客体、监管的对象等方面组合在一起的有机整体。从监管主体的角度分类,目前对广东省属企业履行社会责任的监管可以分为出资者监管、国家机关监管、政党监督和社会监督。关于出资者广东省国资委对广东省属企业的监管,本书第三章第五节已有论述,本章不再赘述。

---

[1] 粤电集团2011年企业社会责任报告。
[2] 陈佳贵、黄群慧、彭华岗、钟宏武. 中国企业社会责任研究报告(2009),doc.mbalib.com/view/66bed735a7219da10f36472a8070d733.html。

一、国家机关监管

我国国家机关分为权力机关、行政机关和司法机关。它们的设置、地位、职能、权限和责任各不相同,因此,对省属企业履行社会责任的监管内容也各不相同。

(一)权力机关监管

权力机关指各级人大。权力机关对省属企业的监管主要依据《企业国有资产法》的有关规定,包括两个方面的内容,即审议国有资本经营预算和进行国有资产监督。《企业国有资产法》第五十八条规定:"国家建立健全国有资本经营预算制度,对取得的国有资本收入及其支出实行预算管理。"第六十条规定:"国有资本经营预算按年度单独编制,纳入本级人民政府预算,报本级人民代表大会批准。"第六十三条规定:"各级人民代表大会常务委员会通过听取和审议本级人民政府履行出资人职责的情况和国有资产监督管理情况的专项工作报告,组织对本法实施情况的执法检查等,依法行使监督职权。"

(二)行政机关监管

1. 各行政机关在职责范围内行使监管职责

由于我国企业社会责任方面的立法比较分散,因此形成了商务部门、发改委、财政部门、审计部门、劳动保障部门、环保部门、质检部门、工商管理部门等众多部门在各自职责范围内对企业履行相应的社会责任进行监管的现实状态。例如,《广东省实施〈中华人民共和国消费者权益保护法〉办法》第三条规定:"各级工商行政管理、物价、技术监督、检疫、卫生、农业、建设、旅游、食品药品监督管理等有关行政部门应当依照法律、法规的规定,在各自职责范围内,依法受理和调解消费者申诉,查处损害消费者合法权益的违法行为。"根据该规定,工商行政管理、物价、技术监督、检疫、卫生、农业、建设、旅游、食品药品监督管理等多个有关行政部门都负有监管企业履行保障消费者权益的职责。

目前,这种多头监管不利于协调监督企业履行社会责任情况,因此,从有利于协调政府各部门的监管工作的角度出发,有必要成立专门的组织机构负责社会责任方面的监管和评价或者成立跨部门的企业社会责任工作委员会。我国还未成立国家级监管企业社会责任的机构,但有的地方和少数部委已经指定了监管工作的主导部门,如上海浦东已成立了企业社会责任监管机构。但广东省目前还没有设立这样的机构。

有学者认为,"监管"的范畴不宜无限地被扩大,行政机关在监管企业中的职能检查、行政裁决、行政处分、行政处罚等都不应属于监管的范畴,而仅仅是一种管理行为或执法行为。这是对行政监管的狭义理解。从广义上理解,特定情况下行政管理和行政执法本身就意味着对于行政相对人行为的一种控制和约束,具有一定的重合的性质。[1]

---

[1] 杨文. 国有资产的法经济分析. 知识产权出版社, 2006.

2. 建立健全企业社会责任信息披露机制

监管的前提是知情了解，行政机关作为社会公共利益的维护人和社会公共事务的管理人，无论是从方便自己履行行政监管职权的角度出发，还是从保障公众的知情权、监督权的角度出发，都应当鼓励甚至强制企业披露其履行社会责任的信息。敦促企业真实地、准确地、完整地、及时地披露其社会责任信息，加强企业行为的透明度，这无形中就是对企业履行社会责任的一种监管。然而，目前行政机关的这一监管工作还有待加强。

例如，国家环境保护总局出台了《环境信息公开办法（试行）》，该办法自 2008 年 5 月 1 日起施行。根据该办法，国家鼓励企业自愿公开下列企业环境信息：①企业环境保护方针、年度环境保护目标及成效；②企业年度资源消耗总量；③企业环保投资和环境技术开发情况；④企业排放污染物种类、数量、浓度和去向；⑤企业环保设施的建设和运行情况；⑥企业在生产过程中产生的废物的处理、处置情况，废弃产品的回收、综合利用情况；⑦与环保部门签订的改善环境行为的自愿协议；⑧企业履行社会责任的情况。该办法还规定污染物排放超过国家或者地方排放标准，或者污染物排放总量超过地方人民政府核定的排放总量控制指标的污染严重的企业应当向社会公布主要污染物的名称、排放方式、排放浓度和总量、超标、超总量情况，企业环保设施的建设和运行情况以及环境污染事故应急预案。

3. 通过制定标准引导企业履行社会责任

这里"标准"有两方面含义：一是指产品质量标准，该类标准的设置目的是保障产品符合规定的使用用途，保障消费者的人身、财产安全；二是指社会责任标准。我国已经陆续出台了部分产品的国家标准，并鼓励行业协会制定行业标准和企业制定企业标准。但是，我国还没有全国统一的社会责任标准，在地方一级，也只有极个别地方制定了本辖区内的企业社会责任标准，广东省则至今还没有制定。标准的缺失，不利于引导企业履行社会责任。现在，从中央到地方，都在研究如何建立符合我国国情的企业社会责任标准。

4. 加强与 NGO 在监管方面的合作

在实践中，广东省政府非常重视 NGO 的监管工作。政府放宽了设立 NGO 的条件。从 2012 年 7 月 1 日起，除了特别规定和特殊领域，在广东省内成立社会组织，不用找业务主管部门，并可直接向民政部门申请登记，大大降低了登记门槛，简化了登记程序。这在全国范围属于创新之举，有利于社会组织的发展。此外，各行政机关与行业协会、消费者组织、慈善组织等 NGO 建立了稳定的沟通渠道，支持 NGO 的工作。

（三）司法机关监督

司法机关监督分为检察院监督和法院监督。检察院监督是由人民检察院依法对省属企业经营管理国有资产的情况及其他有关情况实行监督，依法侦办发生在省属企业的贪污、贿赂、侵占、挪用、偷逃税、安全责任事故等违法犯罪行为。法院监督是指各级人民法院通过运用审判权对国资委、省属企业和企业领导是否遵守国家有关强制性社会责任的法律法规所实施的监督，以及对行政机关在处理有关企业履行社会责任的执法行为通过诉讼案件的审理所实施的监督。司法监督具有国家强制力，对于企业的利益相关方来说，是最权威的法律保护防线。

二、政党监督

政党属于社会政治组织，政党监督在现代社会颇受各国的重视。在我国，执政党是中国共产党。党的监督形式包括两种：党内民主监督，体现为省属企业内党员之间、党员和党的组织之间、党的纪律检查组织对违纪党员的监督；党的组织对省属企业的监督。党的纪律检查机构，在对企业的监督和反腐败斗争中发挥着积极、重要的作用。但是，调研发现，发生在省属企业的腐败案件，没有一例是由企业内党的基层组织揭发、举报的，这反映基层党组织尚未充分发挥其监督作用。除执政党外，政协是中国共产党、各民主党派、各人民团体、各界代表、爱国人士和特邀人士参加的统一战线组织，与执政党形成"长期共存、互相监督"的关系，在国有资产的监督中也发挥着重要作用。这是我国一项基本的带有政治性质的中国特色的监督制度。[1]

三、社会监督

社会监督是由国家机关以外的各种社会组织和公民个人实施的监督，包括政府间国际组织和NGO监督、媒体监督及公民监督等。本书主要介绍政府间国际组织和NGO监督。

近年来，政府间国际组织和NGO普遍接受了企业社会责任的理念，并陆续提出企业社会责任的各种原则、标准、指南、行动倡议等，鼓励企业履行社会责任。有的组织还会对企业履行社会责任的情况予以评估、认证。在企业社会责任公共政策方面，它们起着重要作用。下面介绍一些在国际社会上及在广东省内具有较大影响的政府间国际组织和NGO。

（一）政府间国际组织

1. 联合国

联合国是积极推广企业社会责任而且影响力较大的国际组织之一。它参与到很多企业社会责任倡议中，它在这一领域最重要的贡献是倡导全球契约。全球契约确立了十项原则，目的是在商业实践中推广人权、劳工、环境和反腐败的社会责任，它鼓励企业将十项行为原则纳入到自己的战略和运营中去。全球契约在中国设有网络中心，致力于推动中国企业及在中国的跨国企业更好地履行全球契约，同时，加强与地区网络之间的沟通和合作，特别是日本和韩国。截止2011年11月，已有240多家中国企业和机构加入，省属企业粤电集团就是其中之一。

国际劳工组织、粮农组织等联合国的专业机构，也都在各自的专业领域推动企业社会责任。

国际劳工组织制定了《自由结社和保护组织权利公约》、《集体谈判公约》、《废除强迫劳动公约》、《平等报酬公约》、《平等对待公约》、《反歧视公约（就业和职业）》、《最低年龄公约》以及《最差形式童工公约》八个公约，确立了劳工基本权利的最低标准，又在1998年制定了《关于工作中的基本原则和权利宣言》，主张四项劳工权利：自由结社和集体谈判的权利、废除童工、废除强迫劳动、消除工作场所的歧视。

---

[1] 杨文. 国有资产的法经济分析. 知识产权出版社，2006.

联合国粮农组织（FAO）关注农产品的安全与消费者健康问题。为了保障食品安全，粮农组织和世界卫生组织在许多领域内经常进行合作。1961年第11届粮农组织大会和1963年第16届世界卫生大会分别通过创建食品法典委会员（CAC）的决议。CAC成立后，陆续制定了一系列食品标准，涉及卫生或技术规范、农药评估、农药残留限量、污染物准则、食品添加剂评估、兽药评估等内容，已经成为全球消费者、食品生产和加工者、各国食品管理机构和国际食品贸易最重要的基本参照标准。粮农组织和世界卫生组织还积极对食品安全事件展开调查，以确定其对消费者健康造成的影响，并通过国际食品安全当局网络（INFOSAN）与各国共享有关重大国际食品安全事件的信息。

2. 经济合作与发展组织及其《跨国公司指南》

经济合作与发展组织于1976年制定了《跨国公司指南》（以下简称《指南》），此后多次修订，最后一次修订是在2000年。《指南》的内容实质是经济合作与发展组织对跨国企业的一整套建议，这些建议涉及信息披露、就业和工业关系、环境、腐败、消费者利益、科学与技术、竞争与税收等问题，目的是通过促进企业和所处的社会达成一致意见和对话，来协调企业的经营与政府政策的一致，改善企业投资环境。但是，这些建议客观上也鼓励了跨国公司自愿在东道国履行一定的社会责任，从而对促进企业社会责任作出贡献。

3. 欧盟

欧盟是最成熟的区域性国际组织之一，在发展企业社会责任方面也走在其他区域性国际组织的前面，成为其他区域性组织的表率。

早在1968年，欧盟的前身欧共体发布的《公司法》第1号指令就明确要求成员国对股东、债权人和其他与公司从事交易的利益相关方提供切实保护。1990年8月，欧盟发布了《关于发展欧洲标准化的绿皮书》，逐步制定和推广保障人体健康、人身安全、环境保护和消费者利益的欧洲统一标准。从整体上看，目前欧洲统一标准在欧盟各成员国国家标准中所占比例已高达80%以上。2001年，欧盟委员会向欧洲议会提交了《欧洲企业社会责任框架绿皮书》，正式引入"企业社会责任"的概念，并提出如何倡导和促进企业社会责任以共同建立关于这一问题的欧洲框架。2002年，欧盟建立了由社会各阶层代表参加的多方社会论坛，就企业社会责任在欧洲范围内建立对话机制和信息交流机制。到目前为止，欧盟所有国家都制定了企业社会责任战略，并得到了各国国内产业界、利益相关方、非政府组织等多方面支持。2006年3月，欧盟通过企业社会责任最新政策声明，把企业社会责任列入经济增长和就业发展战略的核心，并作为营造友好欧洲商业环境的重要组成部分。声明还承诺与其他政府合作，密切关注和推进实施企业社会责任国际指南。目前，欧洲议会正在就规范欧洲跨国企业在发展中国家业务活动的社会标准以及实行企业环保和社会行为报告制度的可行性进行咨商。[①]

这些政府间国际组织成员广泛，影响力大。例如，CAC目前已有165个成员国，覆盖全球98%的人口。对于广东省属企业出口来说，它们的企业社会责任政策深刻地影响到企业的社会责任实践。只有符合它们的企业社会责任政策，产品才能占领海外市场。从广东省属出口企业的实践看，丝纺集团的丝绸纺织产品、广新控股的珠江桥牌调味品、星湖食品和药品等产品，能够大量出口海外，其原因不仅在于产品品质达到国际标准、获得权威认证，同时也在于国际社会认可企业履行了

---

① 李雪平. 企业社会责任国际法问题研究. 中国人民大学出版社，2011.

劳工保护、环境保护、消费者权益保护等社会责任。

(二) 非政府组织 (NGO)

不只是国际组织对企业社会责任公共政策有着巨大的影响，很多（半）公共性质的 NGO 介入到企业社会责任领域。它们居于行政管理机构、企业和消费者之间，对各利益相关方起着润滑剂的作用。除了作为推动者之外，这些 NGO 还作为压力团体或利益团体存在。

1. 国际 NGO

企业社会责任领域著名的国际 NGO 有 SAI、国际标准化组织（ISO）、全球报告倡议组织（GRI）和国际绿色和平组织等。

SAI（Social Accountability International）是总部设在美国的一个社会责任国际组织，它最大的成就是在 1997 年发起并联合欧美跨国公司和其他国际组织制定了社会责任国际标准体系（Social Accountability 8000 International Standard，SA8000）。SA8000 是一种以保护劳动环境和条件、劳工权利等为主要内容的管理标准体系，它是全球首个道德规范国际标准。其宗旨是确保供应商所供应的产品，皆符合社会责任标准的要求。SA8000 标准适用于世界各地、任何行业、不同规模的公司。它与 ISO9000 质量管理体系及 ISO14000 环境管理体系一样，是一套可被第三方认证机构审核的国际标准。[①]

国际标准化组织（International Organization for Standardization，ISO）是世界上最大的非政府性标准化专门机构。ISO 的任务是促进全球范围内的标准化及其有关活动，以利于国际间产品与服务的交流，以及在知识、科学、技术和经济活动中发展国际间的相互合作。2010 年 11 月 1 日，ISO 发布了社会责任指南标准（ISO26000）。ISO26000 框架大致分为范围、参考标准、术语和定义、组织运作的社会责任环境、社会责任的原则、社会责任的基本目标、组织履行社会责任的指导等十个部分，标准的核心部分覆盖了社会责任内容的九个方面，包括组织管理、人权、劳工、环境、公平经营、消费者权益保护、社区参与、社会发展、利益相关方合作。相比其他社会责任国际指南与标准而言，ISO26000 的内容体系更加全面，更靠近全球契约十项原则的要求。该标准有三个特性：①指导性的文件；②不用于第三方认证；③不是管理体系。该标准仅仅是针对组织履行社会责任的指南和指导方针，不是强制性要求和管理体系标准，也不像 ISO9001 和 ISO14001 一样用于认证。[②]

全球报告倡议组织（GRI）成立于 1997 年，是由美国的一个非政府组织"对环境负责的经济体联盟"（Coalition for Environmentally Responsible Economies）和联合国环境规划署（United Nations Environment Programme）共同发起的。该组织在企业社会责任领域最大的贡献是提供了《可持续发展报告指南》。《可持续发展报告指南》鼓励企业发布社会责任报告（有的称"可持续发展报告"），披露其承担社会责任的信息，并提供了报告的内容框架。《可持续发展报告指南》所提供的报告框架不具有强制性，企业可以自愿选择披露其中哪些方面的信息。GRI 先后发布了三代《可持续发展报告指南》，目前正在抓紧制定第四代。GRI《可持续发展报告指南》在全球的影响已经遍布南美洲、北美洲、大洋洲、欧洲、南亚和日本。

---

① 百度百科. SA8000，http://baike.baidu.com/view/128087.htm.
② 百度百科. ISO26000，http://baike.baidu.com/view/3226546.htm.

从广东省属企业已经发布的企业社会责任报告看，粤电集团、广业公司等已自觉依据 GRI-G3 的要求编写社会责任报告，同时也参照了联合国全球契约年度进展报告的编制要求。粤电集团 2010 年度和 2011 年度的《企业社会责任报告》均被评价为"是一份符合全球报告倡议组织 GRI 可持续发展报告指南和联合国全球契约年度进展报告编写要求的、具有较高水平的社会责任报告"。[1]

国际绿色和平组织成立于 1971 年，总部设在荷兰的阿姆斯特丹，以环保工作为重点。国际绿色和平组织中国分部于 1997 年在香港成立，在北京也设有项目联络处。作为发展中大国，中国对全球环境的影响至关重要。国际绿色和平组织以实际行动，对中国的环境保护起到了一定的促进作用。全国人民代表大会制定《可再生能源利用法》时，国际绿色和平组织作为唯一的非政府组织被邀请参与了该法的咨询过程。

国际绿色和平组织中国分部持续关注由粤海集团负责供港的淡水和鲜活农产品的污染问题，成功推动香港特区立法会大比数通过议案，严格监管食物中的残余农药，对于粤海集团履行产品质量责任起到了积极的推动作用。

● 案例
国际绿色和平组织介入输港原水污染调查

香港特别行政区淡水资源缺乏，主要依靠粤海集团营运的东深供水工程提供原水。然而，东深供水工程的水源——东江水的污染问题长期困扰香港人。为改善水质，粤海集团采用了密封管道。密封管道落成一年后的 2004 年，国际绿色和平组织介入了东深工程原水水质的调查，于 3 月 18 至 19 日，分别在密封水管的入口地带抽取 32 个样本，委托香港标准及检定中心进行化验。结果显示，在源头水样本中，大肠杆菌超标 3200 倍、部分样本发现重金属如水银等。

不过，香港水务署强烈反驳该份报告，重申香港食水可安全饮用，并质疑该环保团体抽水位置。根据水务署化验报告，自密封水管 2003 年 6 月启用后，水务署在 2003 年 7 月至 2004 年 3 月，在位于香港边境的木湖抽水站抽样，发现大肠杆菌每升水含量大跌 31.7%；氨氮含量更急跌 84.6%，反映输港水质显著改善。

港府与国际绿色和平组织数字出现严重分歧，有学者相信，有可能与"枯水期"有关。不管结论如何，国际绿色和平组织的介入引起了粤港双方对于进一步改善东江水质的重视。粤海集团和港府都陆续制定了一系列的质量安全保障措施，港府也建立了与广东省政府的紧急通报机制，透过电话及传真就可将可能影响东江水水质的重大事故尽早通知对方，以便实时采取适当的控制措施和相应行动，确保供水安全。[2]

2. 国内 NGO

国内 NGO 通常又称社会团体，主要有行业协会、工会、共青团、妇女联合会、消费者协会、慈善组织等。它们通过自己有组织、有目的的活动，对企业履行社会责任的行为进行监督。对广东

---

[1] 粤电集团. 粤电发布 2011 年企业社会责任报告，http://www.cec.org.cn/yaowenkuaidi/2012-07-26/87909.html.
[2] 百度百科. 东深供水工程，http://baike.baidu.com/view/1087108.htm.

省属企业履行企业社会责任具有影响力的国内 NGO 数量较多,基于篇幅所限仅介绍其中影响较大的行业协会、消费者协会和广东省扶贫基金会。

A. 行业协会

行业协会是促进企业社会责任履行的重要社会力量。行业协会作为市场和国家之外的第三种治理结构,在促进企业社会责任履行方面有着其他力量不可替代的作用,其主要通过行业协会自律在经济部门的治理中发挥着自己的作用。

在我国,各行各业都组建了本行业的行业协会,既有全国性的,也有省、市的。全国性行业协会如中国有色金属工业协会、中国稀土行业协会、中国民用机场协会、中国电子产业标准化协会、中国电力企业联合会、中国电机工程学会、中国核能行业协会、中国电力建设企业协会等;省内行业协会包括广东省电力行业协会、广东省环境保护产业协会、广东省企业联合会、广东省对外经济合作企业协会、广东省旅游协会、广东省安全生产协会、广东省对外友好协会、广东省劳动协会、广东省人力资源协会、广东省职工培训协会、广东省地质协会、广东省有色金属协会、广州市环境保护产业协会、广州市建筑业联合会等。广东省属企业基本都加入了与本行业相关的行业协会,有的企业集团从事多种主营业务的,还同时加入了好几个行业协会。

行业协会在省属企业社会责任履行中的作用具体体现在:①加强对企业社会责任的宣传。②制定行业社会责任标准。中国纺织工业协会于 2005 年 6 月在全国范围内推出了第一个《CSC9000T 中国纺织企业社会责任管理体系》,标志着中国纺织工业协会在引导行业走新型工业化道路,以行业自律确立可持续发展模式方面迈出了重要的一步。③引导企业建立完善的社会责任管理制度。④组织和实施社会责任认证。⑤建设诚信环境。[①]

行业协会每年度的先进企业评选工作,是对积极践行企业社会责任的企业的肯定和鼓励,能够激励企业在未来的日子里更进一步,同时也为同行其他企业树立了一个榜样,是一种效果良好的宣传措施。不少广东省属企业获得了有关行业协会评选的相关奖项。例如,2007 年,机场集团下属广州白云国际机场在由中国民用航空总局主办、中国民用机场协会承办的全国文明机场评比中荣获"全国最佳服务质量机场"和"全国最佳候机环境机场"两项殊荣;2010 年,广业公司下属广业环保产业集团有限公司被广东省环境保护产业协会评为"广东省环境保护产业骨干企业";2011 年,广晟公司下属红海湾发电公司获中国水利电力质量管理协会电力分会评为"全国电力行业用户满意企业"、"2011 年全国电力行业实施卓越绩效模式先进企业"、"全国电力行业设备管理创新一等奖"及"电力行业'十一五'信息化优秀成果",等等。

● 案例

广物汽贸公司参加 2012 年度广东省汽车流通行业诚信承诺签约活动

随着国内经济的快速发展,汽车已经成为普通的消费品走进家庭,然而,近几年汽车消费类投诉呈逐年上升的趋势,汽车质量、维修问题是投诉的热点,缺乏法律规范和约束是争议发生和纠纷解决难的重要原因。

[①] 陈素玲. 行业协会在企业社会责任履行中的作用, http://www.studa.net/qiyeyanjiu/091009/1134258-2.html.

> 有鉴于此，广东省汽车流通协会发起2012年度广东省汽车流通行业诚信承诺签约活动。广东省消费者委员会作为此项活动的监督单位，将协助省汽车流通协会对签约企业进行必要的监督。此项活动的目的在于，在行业内树立起诚信经营、严格自律的良好风气，消委会以及行业协会共同构建一个公平、公正、公开的沟通平台，让消费者与汽车厂家、经销企业平等对话，完满解决消费投诉。
>
> 本次活动的签约对象包括汽车经销集团、汽车市场、汽车经销商（4S店）、二手车市场、二手车经销企业等。加入此次活动的企业，在此后一年内（2012年）应自觉遵守本倡议有关条款，如有违反，活动主办单位将取消其诚信承诺签约企业称号，情节严重者将被曝光。对表现良好的企业，将在下一年进行表彰。
>
> 物资集团下属广物汽贸股份有限公司等数十家企业参与了本次诚信承诺签约活动。[①]

但是，必须指出的是，由于我国行业协会自身存在一定的缺陷，使得其在促进企业社会责任方面还不能充分发挥作用。在发达的市场经济国家，行业协会在社会责任履行、产业协调、制定技术规范、人员培训、信息传播、解决贸易争端等方面发挥着非常重要的作用。而我国的行业协会在相关方面的作用发挥还比较有限。

B. 消费者协会

欧美等发达国家推行企业社会责任的实践充分地说明，消费者运动是监督企业承担社会责任的重要力量之一。随着经济和社会的发展，我国消费者的自我保护意识不断增强，消费者组织等维权团体积极作为，使我国的消费者运动进入新的高潮，对企业履行社会责任提出了更高的要求。

中国消费者协会于1984年12月经国务院批准成立，是对商品和服务进行社会监督的保护消费者合法权益的全国性社会团体。目前，全国县以上消费者协会已达3270个，其中省、自治区、直辖市31个。广东省和广州市都成立有消费者协会。

消费者协会主要通过如下的工作促进企业履行社会责任：①推动消费者权益保护立法的完善。②受理投诉。到2011年，中国消费者协会和各地消费者协会共受理消费者投诉1324万件，解决率超过94%，为消费者挽回经济损失约113.6亿元。[②]③倡议商家主动承担社会责任。④宣传教育。⑤比较实验，并公布比较试验结果，向消费者提供消费信息。⑥消费警示。⑦咨询服务。⑧国际交流。

C. 广东省扶贫基金会

广东省扶贫基金会成立于1994年2月，是经省民政厅批准成立的非营利性民间组织。其宗旨是扶贫济困，促进贫困地区的经济开发和扶持贫困农民改善生产、生活条件，实现脱贫致富和持续发展。多年来，在广东省委、省政府的正确领导和社会各界的大力支持下，基金会为全省扶贫开发做出了杰出的贡献。进入21世纪，基金会募集扶贫捐款已超过2亿元，其中2004年配合广东省开展"十项民心工程"，在全省范围内开展了"南粤群英献爱心"募捐活动，共募集善款8000多万元，专门用于支持农村安居工程；2005年与中国移动广东公司合作，通过短信捐赠平台这一创新的募捐方式，向移动客户募集捐款7300万元。基金会募捐的扶贫善款按照捐款人的意愿先后在粤东、

---

① 广东省汽车流通协会官网，http://www.gada.org.cn/msg.php?id=1063.
② 百度百科. 中国消费者协会，http://baike.baidu.com/view/529617.htm.

西、北地区实施了"百村万户安居工程"、"扶贫就业技能培训工程"、"千万助学金工程"、"抗洪救灾应急工程"、"医疗进村工程"和"白内障康复工程"等,有效地帮助贫困地区困难群众缓解住房难、读书难、就业难、看病难、出行难等问题。2007年,基金会获广东省民政厅颁发的"南粤慈善奖"光荣称号;2011年,被广东省民政厅评为"全省先进民间组织"。

广东省属企业多次通过向广东省扶贫基金会捐款,履行公益慈善的社会责任。例如,在2012年7月,南方产权和机场集团分别向基金会捐赠扶贫资金11040.00元和433563.50元。[①]

第四节 文化传统与企业社会责任

企业履行社会责任的宽度、广度和深度,取决于经济发展的程度和国内地区间发展的巨大差异,但社会心理,尤其是文化环境对企业在社会责任上的认识和实践也起着重要的影响。

一、中华文化传统对企业履行社会责任的影响

中国文化博大精深,源远流长。儒、释、道可称为中国传统文化的三大支柱,其中儒学是中华民族的主导文化价值观,对中国社会环境下人群和组织的行为模式产生了深远的影响。现代中国企业社会责任的论证大多从传统的儒家文化中寻找其合理性,这些观点在不同层面将企业社会责任与儒家文化联系起来。

儒家文化所提倡的核心思想是"仁、义、和、忠、礼、廉",简单地说,就是重视以人为本、人际关系和谐发展的价值观。这种价值观现在仍在一定程度上对我国企业履行社会责任产生影响。结合现代企业管理实践,"仁"体现为企业领导人具有广博的仁爱之心,爱护员工,努力为员工谋利益;"义"体现为企业正确处理好义(利益相关者权益)和利(企业利益)之间的关系,对社会广施恩惠,周济大众,谨慎维护利益相关方的利益和正当期待,把整体的利益放在首位;"和"体现为企业与社会大众、员工、客户、股东、环境等各利益相关者协调发展,同时即使在与竞争对手竞争时,也强调以和为贵,公平竞争;"忠"体现为下级对上级的效忠和服从,员工对工作的忠于职守和敬业精神,以及企业对合作伙伴、客户等的诚信;"礼"和"廉"体现为企业规范经营和"君子爱财,取之有道"的经营原则。[②]

但是,这种组成现代企业社会责任的早期伦理道德元素,虽然或多或少对企业履行社会责任产生一定的影响,毕竟与现代社会责任理念所反映的成熟的工业民主还不是一回事,尚没有起到指引企业自觉自愿承担社会责任的一致行动的作用。近年来,在我国发生了一些令人深思的问题,一些企业一味地追求经济利益,从而背离了社会责任意旨,对社会公益事业异常冷漠。如频繁发生的煤矿安全事故伤害了许多矿工的生命;食品生产企业罔顾产品质量和消费者权益引发社会对食品安全

---

① 广东省扶贫基金会官网,http://www.gdfp.gov.cn/jjh/.
② 佚名. 从传统儒家文化看现代企业社会责任价值观, http://bbs.icxo.com/thread-347819-1-1.html.

的焦虑；建筑企业拖欠员工工资伤害民工利益，等等。对此，有学者探析我国企业社会责任缺失的原因后，认为原因在于传统文化与现代工业文化的断裂，文化的缺失致使履行社会责任的自觉性不足，而政府和社会对于企业履行社会责任方面的激励也存在不足。[①]

同时，传统文化中的一些价值观对企业履行社会责任在一定程度上是产生负面影响的。如有学者认为中华文化注重人与自然的和谐是其长处，但这同时存在了缺乏探求自然奥秘的好奇心的短处。[②]这种不足反映在企业履行社会责任方面表现为缺乏科技创新、自主研发，这种情况在广东省属企业的整体实践中还是比较明显的。还有的学者认为中国传统文化中"重守成轻分财"的观念对现在的企业家具有深刻的影响，[③]使企业缺乏捐赠意愿。

二、广东岭南文化传统对企业履行社会责任的影响

广东地处岭南，岭南文化具有自身独有的特征，与中华传统文化有较大的差异，广东省企业受岭南文化的影响甚于传统中华文化。

岭南文化之所以特色鲜明，是与岭南的地理环境分不开的。岭南北面背靠五岭，东南沿海，在古代的经济与社会条件下，起着屏障的双重作用——利于防御，弊于阻抑，因而得以形成自己独有的南越土著文化。与中原文化相较，当时的岭南文化的差距是明显的。后来，随着秦朝的统一和中央集权制的逐步形成，岭南文化客观上受到了中原传统文化和周边文化的影响。到中世纪的后期，尤其是清代，岭南因沿海而成为中西方经济贸易交流的津梁，商品经济颇为发达，岭南文化又吸收了海洋文化（包括东南亚与西方），发展较快，在不少方面反而走在全国的前列。当然，这个过程是与经济、社会的发展同步的。可见，岭南文化是由南越的土著文化吸收了中原文化、周边文化，汲取了海洋文化，经由融汇、创造而形成和发展起来的。岭南文化的特点可以这样概括：重商性、开放性、兼容性、多元性、直观性、平民性、非规范性，简括为"新、实、活、变"四个字。[④]

广州十三行是集岭南文化之大成于一体的典型代表。在乾隆二十二年（1757）至道光二十二年（1842）80余年里，清政府实行闭关自锁的政策，偌大的中国，只允许广州一口岸对外通商，且又规定外国商人不得与其他中国商人发生直接买卖关系，外国商人来华交易，都要找指定的行商作为贸易的经纪和代理，这些指定的行商所开设的对外贸易行店，俗称"十三行"。十三行独享对外通商特权，吸引了大批中外精英人才，汇集了最精美的优质瓷器、丝织品、茶叶、漆器、绘画、手工艺品。来十三行交易的有英国、美国、法国、丹麦、瑞典、荷兰、巴西、俄罗斯、西班牙等多个国家，十三行起着中国封闭的社会系统与外部环境之间的中介作用。[⑤]18世纪的时代背景和广州独特的地理优势，使粤商迅速崛起，成为中国清代中叶最有国际意识、商业资本高度集中、最具有资本市场观念、取得瞩目成就的商帮。十三行为中华文明提供了全球性的视野，行商所具有的国际视野的气魄，正是粤商精神的核心和文化精髓。[⑥]

---

①③ 盛顺喜. 企业社会责任缺失的原因及强化对策. 上海企业，2005（11）：31-33.
② 叶志坚. 文化功能论. 中共福建省委党校党报，2003（10）：33-37.
④ 张磊，张苹. 岭南文化的特点：新、实、活、变，http://news.sohu.com/20040713/n220984538.shtml.
⑤ 十三行官网，http://www.gzsshc.com.
⑥ 潘刚儿. 中国第一代与全球化经济接轨的杰出商人代表潘振承. 中国评论学术出版社，2009，转引自冷东. 在中国走向世界的过程中考察广州十三行的历史地位，http://wenku.baidu.com/view/fa34db89d0d233d4b14e69a4.html.

十三行总揽了全国的进出口贸易，富甲天下，拥有跨国财团，产生了世界首富伍秉鉴和一批世界级的富豪，如潘振承、潘有度、卢文锦、叶上林等。与中国"重守成轻分财"的传统观念不同，十三行行商乐善好施。以伍秉鉴为例，他是当时公认的慈善家，名声远播。1840年6月，鸦片战争爆发时，伍秉鉴和其他行商积极募捐，出资修建堡垒、建造战船。战后，又独自捐赠《南京条约》中对外战争赔款 300 万两白银中的 100 万两白银。同年，伍秉鉴在广州伍氏花园病逝，谭莹撰墓碑文说："庭榜玉诏，帝称忠义之家；臣本布衣，身系兴亡之局。"①

上述岭南文化潜移默化地影响着广东省属企业履行社会责任，具体体现在：

（1）使广东省属企业更易于接受社会责任的新观念。岭南文化的重商性，使岭南人摒弃了北方人"耻言利"的传统意识，普遍具有强烈的功利思想。岭南文化的开放性、兼容性，又使岭南人善于应变改变了的现实，把合乎社会需要作为价值评价和取舍的标准，具有很强的现实化解功能，能快速而有效地把新思想贯彻到生活和行动中。②基于企业社会责任是"舶来品"，处于我国改革开放前沿的粤商，更容易接受社会责任的观念，并融合到自己的经营中去。广东省属企业中外贸型企业更早接受了供应链责任理念的事实印证了这一点。

（2）有利于企业形成和落实履行社会责任工作的新制度、新举措。企业社会责任在西方国家的出现虽然已经有几十年的时间了，但对于我国来说，倡导企业履行社会责任还只是近几年的事情。如何将社会责任"中国化"，如何将履行社会责任与自己的实际情况融合起来，都是需要制度创新的。岭南文化的开放性、兼容性、多元性精神有利于制度创新。广东省属企业在这一方面已经体现出了文化传统传承。比如，中旅集团将扶贫与自己的主业旅游结合起来，实行"旅游扶贫"；广弘公司也通过帮扶扶贫点当地农户种植自己需要的中草药，然后加以收购，开创了企业发展与扶贫协调统一的双赢模式。

（3）有利于企业内部员工的和谐相处。广东商品经济较发达，广州、深圳、珠海、佛山等大城市吸引了众多外来就业人员，广东成为全国人口大省和外来人口聚集的地区。岭南文化的开放性、兼容性、多元性精神，形成了广东人能平等地接受来自其他文化地区的人，岭南文化在新时期继续积极、主动地对待传统文化和外来文化，文化融合从而使得来自五湖四海的员工在同一企业里能和谐相处。

（4）使广东省属企业更乐于捐赠。广东省属企业传承了粤商乐善好施的传统，积极参与慈善捐赠、扶贫开发和对口援建工作。2010~2012 年，广东省属企业每年在"扶贫济困日"活动中捐款合计都在亿元以上；2010 年和 2011 年两年里，广东省属企业在"扶贫双到"工作中合计投入帮扶资金 1.2 亿元。③

岭南文化对企业履行社会责任也有些消极影响，例如，岭南文化的重商性使粤商过于务实和注重眼前的利益，不重视新技术的开发与创新；过于强调变通而忽视规范，使企业难以做大做强；等等。充分认识岭南文化对企业履行社会责任的双面影响，有利于我们扬长避短，实现新时期岭南传统文化和企业社会责任这一外来文化的融合和交流。

---

① 佚名. 洋船争出是官商，十字门开向二洋，五丝八丝广缎好，银钱堆满十三行，http://www.xiami.com/group/thread-detail/tid/401435.
② 刘晓斌. 岭南文化对企业竞争力影响分析，http://www.kesum.com/zjzx/xxzl/lxb/200704/36178.html.
③ 笔者根据调研资料整理。

中 篇　实践与探索

第五章 广东省属企业履行经济责任的实践与探索

国有企业是国家或全民所有的企业,其资产和利润具有公共财富的性质,最终由国家和全民共享。国有企业承担经济责任,就是要贯彻和落实科学发展观,努力提高获取资源的能力、有效利用资源的能力、开拓市场的能力以及服务客户、员工和社会的能力,生产优质的产品,提供优质的服务,不断提升竞争力,创造更高的经济效益,保证国有资产保值增值,充分发挥在国民经济发展中的骨干作用和支柱作用,促进国民经济平稳快速发展。省属国有企业作为广东经济发展的重要力量,在广东经济建设中充分发挥支撑和保障作用,不断提升综合实力,稳步提升经营效益,在广东企业履行经济责任中显示出突出的主导作用。

第一节 经营成本控制

科学地组织实施成本控制,可以促进企业改善经营管理,转变经营机制,全面提高企业素质,使企业在市场竞争的环境下生存、发展和壮大。如何控制经济资源消耗和财富损失,是国有企业成本控制的重要任务。合理的成本控制,可以促进国有企业用更低的成本创造更多的经济价值。

一、总体情况

省属企业以提高经济效益为目标,大力加强成本管理,普遍加强了财务资金管理、战略规划管理和企业信息化建设等成本控制工作。资料显示,2009年,20户省属企业(不含韶钢)财务结算中心结算量达6767.60亿元,节约财务费用6.35亿元。粤海控股采取"向零库存看齐"的对标管理模式,集团实际存货金额同比减少40%以上。2011年,大多数省属企业在营业成本不断增加的情况下,依然实现了成本费用利润率[①]的正增长。剔除机场集团、铁投集团政策性亏损因素,绝大多数省属企业实现了较好的经营效益,如表5-1所示。

---

① 成本费用利润率是指企业一定期间的利润总额与成本、费用总额的比率。成本费用利润率指标表明每付出一元成本费用可获得多少利润,体现了经营耗费所带来的经营成果。该项指标越高,反映企业的经济效益越好。

表 5-1 2011 年省属企业成本费用情况

单位：亿元

	营业成本	增长（%）	销售费用	增长（%）	管理费用	增长（%）	财务费用	增长（%）	成本费用利润率（%）
机场集团	52.38	15.96	1.57	9.79	8.35	15.17	3.14	-4.85	-2.35
广业公司	265.02	9.38	4.97	31.48	10.10	33.60	3.91	187.50	2.86
广弘公司	184.93	10.71	2.77	-0.36	3.61	7.76	2.42	41.52	0.95
广晟公司	342.67	50.56	8.10	26.96	24.64	19.67	10.99	70.92	7.49
粤电集团	501.22	34.13	0.40	110.53	20.49	0.84	23.78	56.76	8.64
交通集团	270.05	-7.19	1.40	6.87	23.97	9.80	40.35	26.09	17.63
航运集团	34.21	5.55	0.18	-18.18	4.42	7.28	0.13	18.18	10.54
物资集团	549.96	22.39	6.48	18.68	3.77	24.01	5.34	41.27	0.66
商业集团	28.82	35.56	0.54	25.58	0.94	18.99	-0.04	-180.00	5.18
建工集团	228.29	8.55	0.82	20.59	7.64	1.60	0.56	69.70	1.84
新广国际	8.71	-46.83	0.04	-60.00	2.70	-12.05	0.08	-96.06	-23.29
广新控股	520.69	16.00	10.23	17.72	12.09	15.47	6.08	38.18	2.24
丝纺集团	318.77	14.40	4.07	38.91	4.07	17.63	-1.70	-335.90	0.52
省旅集团	2.83	-0.35	0.66	17.86	1.57	9.79	0.00	—	29.85
中旅集团	19.46	7.40	2.39	13.27	1.32	22.22	0.44	-2.22	5.42
粤海集团	118.92	14.14	5.44	4.02	16.32	15.25	0.30	-23.08	38.42
盐业集团	13.45	1.59	2.22	13.85	3.06	-18.18	-0.07	0.00	15.40
水电集团	42.27	4.63	0.01	0.00	1.65	14.58	0.86	-15.96	2.84
铁投集团	52.00	6.34	0.33	32.00	1.72	7.50	6.19	20.90	-17.78
恒健公司	6.84	-32.61	0.07	250.00	1.17	48.10	5.50	8.70	5.02
白天鹅宾馆	4.45	-2.84	1.70	-3.41	1.33	35.71	0.03	400.00	-3.23
联合电子	2.41	5.70	0.18	12.50	0.31	24.00	-0.14	-250.00	21.90
南方产权	0.29	-3.33	0.00	—	0.25	-3.85	-0.02	-100.00	26.75
南粤集团	26.66	247.14	0.19	375.00	1.03	56.06	0.84	546.15	11.28

资料来源：根据广东省国资委相关资料整理。

2011年，24家省属企业中有8家成本费用利润率达到10%以上，其中4家（粤海集团、省旅集团、南方产权、联合电子）达到20%以上，粤海集团更是高达38.42%，如图5-1所示。

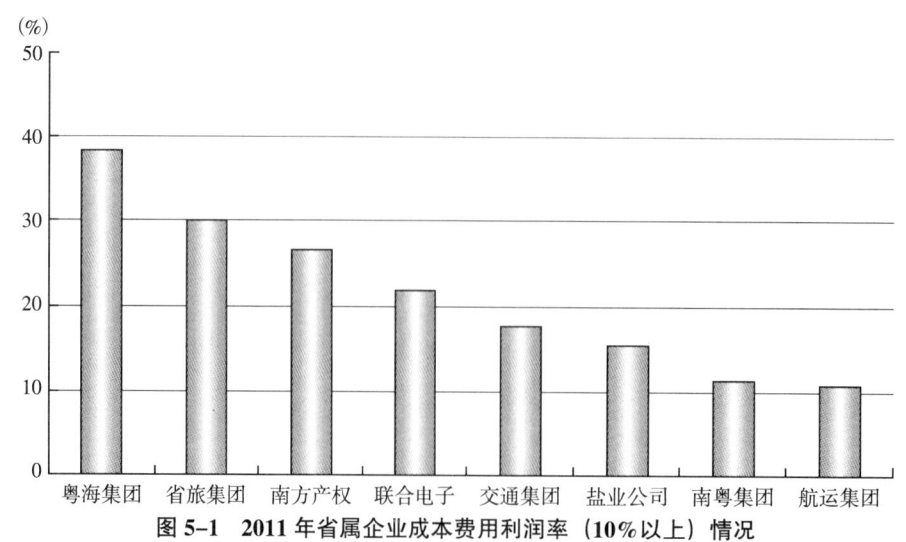

图 5-1 2011 年省属企业成本费用利润率（10%以上）情况

资料来源：根据省国资委相关资料整理。

2011年，省属企业在成本费用控制工作中取得了明显成效：

交通集团、省旅集团、恒健公司、南方产权、白天鹅宾馆5家企业的营业成本明显减少，降幅最大的为恒健公司，达到32.61%；广弘公司、航运集团、白天鹅宾馆的销售费用下降，降幅最大的为航运集团，达到18.18%；盐业集团、南方产权的管理费用有所下降，盐业集团达到18.18%；机场集团、南方产权、丝纺集团、中旅集团、粤海集团、水电集团、联合电子、商业集团实现财务费用降低，其中联合电子、商业集团、南方产权、丝纺集团财务费用大幅下降，均达到100%以上，丝纺集团达到335.90%，如表5-2所示。

表5-2 部分省属企业成本费用控制情况

单位：%

营业成本	恒健公司	-32.61
	交通集团	-7.19
	南方产权	-3.33
	白天鹅宾馆	-2.84
	省旅集团	-0.35
销售费用	航运集团	-18.18
	白天鹅宾馆	-3.41
	广弘公司	-0.36
管理费用	盐业集团	-18.18
	南方产权	-3.85
财务费用	丝纺集团	-335.90
	联合电子	-250.00
	商业集团	-180.00
	南方产权	-100.00
	粤海集团	-23.08
	水电集团	-15.69
	机场集团	-4.85
	中旅集团	-2.22

资料来源：根据广东省国资委相关资料整理。

二、实践亮点

现代的成本控制理论重视影响成本，强调事前事中控制和全员成本控制，关注贯穿产品生命周期的全部成本发生与变化；这不仅包括产品生产的过程，还包括产品的研发、工艺设计、采购、品质检验及售后等过程。

数据显示，省属企业秉承全面管理原则、效益至上原则和责权利相结合原则，树立成本意识和市场意识，对标现代成本控制理论相关指标，出台一系列加强成本管理的相关文件，对企业成本实行全过程、全系统、全指标的多层次控制，全面提升成本管理水平，增强成本竞争力，走强管理、勇开拓、控成本、求效益的持续发展之路。如机场集团出台了《加强集团公司成本管理若干意见》，对企业成本来源进行详细分析，建立多层次、全员化成本考核机制，明确成本规划，对成本控制工作实施精细化管理。航运集团通过优化企业运营流程，提高企业运行效率，实现资源消耗、采购、人工等全方位的成本降低，达到了每年单船节省的燃油成本约222万元以及采购成本下降5%的良好效果。

（一）合理制定成本控制标准

在企业经营过程中，各种成本产生的原因和表现形式有所不同。只有根据成本产生的不同原因制定差别化的成本控制措施，才能最大程度地降低成本，提升经济效益。因此，制定成本控制标准是实施全面成本控制制度的首要任务。成本控制标准是在效率良好的条件下，排除偶然性、意外情况和不该发生的浪费，以历史数据为依据，以有效经营为前提，通过准确的调查、分析与技术测定而制定的下期一般应该发生的生产要素消耗量、预计价格和预计生产经营能力利用程度等。

省属企业面对成本管理当中存在的各种问题，开展全面、深入的成本分析，通过分析单位成本构成，找出存在哪些不必要的成本、低效的成本及这些成本产生的原因，努力从成本产生源头减少无效、低效成本；通过分析单位成本构成，找出能带来价值增值的成本项目，寻求进一步降低成本的途径，尽可能地拓展价值增值空间；通过深入分析企业存在哪些流程、组织结构、运行机制等需要改造。进一步改造优化企业成本管控流程，提高企业系统的运营效率，减少成本耗费。如机场集团出台了《加强集团公司成本管理若干意见》，对企业成本进行全面分析，在企业经营中杜绝不必要的成本，减少低效的成本，利用可能带来价值增值的成本，尽可能地拓展企业的利润空间。

● **案例**

机场集团成本控制标准的制定

机场集团通过对企业不同来源成本产生原因的深入分析，确定了切实有效的成本控制标准。对于一些不必要的成本，如一些典型浪费、损失、跑冒滴漏等，提高成本意识，明确成本管理权责，尽快明确开支标准，特别是加快定额标准的建设，尽量避免出现成本管理的真空地带，使成本开支有据可依；对于一些低效而必须投入的成本，在满足集团各单位安全生产、正常经营需要的前提下，优化人力资源配置、物资资源配置等成本配置，借助社会化专业服务，降低成本支出，低效成本对应的业务非企业自身所必须的，从该业务领域退出；对于可带来价值增值的成本项目，要设立考核奖惩机制，激发各岗位员工特别是一线员工，切实为单位降低成本出谋献策；建立清晰的权责体系，明确各层级在单位成本管理中的权责；健全和完善成本管理体系，完善成本的预算管理机制、适应成本控制的核算机制、成本的分析机制、成本开支的报告审批机制、成本项目开支标准、物资消耗标准；等等。

（二）探索全过程成本控制机制

全过程成本控制是从传统的生产过程控制向前延伸到投产前的筹划过程，向后扩展到售后用户的使用过程等一切发生耗费而影响成本的活动过程。它包括前馈控制（对筹划过程中的未来经济活动进行事前预测控制）、实施控制（对生产过程中正在发生的经济活动进行事中监督控制）、反馈控制（对产品形成到售后使用过程，已经发生的经济活动进行事后反映分析控制）三个阶段。

通过调研发现，省属企业在前馈控制阶段精心筹划，在实施控制阶段严格监督，在反馈控制阶段对反馈和收集的经济信息进行综合分析、推理、判断，从成本、资金、质量、功能、工艺、设备、资源配置、售后服务、市场竞争等多方面进行研究，最终选择确定最佳的成本方案、成本目标，以约束和监督未来的经济活动，使损失浪费防患于未然。这一控制方法的本质就是通过提高企业运行效率达到成本控制的目标。

1. 通过成本规划与预算实现前馈控制

进行成本规划与预算，就是在重要成本项目发生之前要对拟投入使用的资源做好预先的筹划与安排，使日后"潜在"成本水平得到事前的控制。成本规划与预算内容包括对投资成本、融资成本、人工成本、资产管理等方面的管理，属于企业成本控制过程中的前馈阶段。

机场集团通过切实做好成本规划与预算，在企业投资、融资、人工、资产管理等成本管控的重点环节做到事先筹划、事中监督、事后评价，在投资项目中科学决策、优化设计、规范施工、严格决算，切实降低投资、融资、人工等成本，实现经济效益的提升。在投资成本规划中，在投资决策阶段做好项目的可行性研究，核心是项目的经济效益分析与评价；在设计阶段审查项目设计与可行性报告的符合性、功能上的完备性及经济上的合理性；在施工阶段，实现对工程进度造价的控制和对合同风险的控制与防范；在竣工决算阶段，严格决算审查，防止多计、多列项目成本。在融资成本规划中，进行项目融资成本规划，在项目投资开始前，合理选择融资的方式、路径、合作模式等，通过创新融资模式来多方筹集低成本资金；充分利用好目前直接融资市场低利率的窗口期，以较低的资金成本实现整体融资能力提升；积极争取政府资金及时到位。进行企业融资成本规划，一是合理确定融资规模、融资方式，确保债务结构、资本结构合理匹配；二是加快企业内存量资金的周转。在人工成本规划中，尽快建立工资总额与企业经营效益联动机制，发挥薪酬的激励与约束作用，建立以绩效为导向的分配制度。原则上要加大效益工资的比重。在资产管理规划中，确保资产安全、完整，账实相符；确保资产合理使用与维护，充分发挥资产效能；引导资产配置，实现资产利用效率最大化。资产管理规划的重点是构建起完善的资产管理体系，对重要资产项目及相关成本进行规划管理。

● **案例**

航运集团本部成本费用预算控制机制

航运集团自2011年初实施集团范围内的、以预算控制为核心的全面预算管理。作为网上费用报销系统试点单位，集团本部自2012年开始针对三大变动费用——业务招待费、差旅费及办公费进行预算控制。首先，为了减少人为干预及超预算审批事项的发生，集团本部结合金蝶EAS全面预算系统的推行，通过信息化手段建立费用预算控制目标及审批流程。其次，集团领导通过内部会议等途径强调网上费用报销管理的重要性，并经集团经营班子审核通过集团本部各部门2012年度三大费用预算额。此外，在各部门预算编制过程中，我们亦强调预算额与部门职能相匹配的原则，避免"一刀切"而使预算丧失控制目标作用。最后，财务部门对预算执行作定期跟踪、分析，将预算执行结果向集团领导汇报及通报各部门，并于第三季度末根据需要经集团批准后对预算进行必要的调整。截至2012年6月，上述三大费用共开支154万元，完成全年预算的54%，本期未发生重大非预算开支项目，成本控制效果良好。

2. 通过监督管控企业经济活动实现实施控制

资料显示，省属企业一是以市场为导向，以效益为中心，优化企业运行流程，剔除或减少经营过程中的非增值性活动，提高流程各环节的效率；二是以市场变化为目标，优化组织结构，对企业组织结构进行重塑，减少管理层级、缩短管理路径、整合管理职能、增强沟通协同效率，实现了企业经营的实施控制，从而整体提升了企业效率。如航运集团海运公司通过节能减排等措施提高企业运营效率，在控制燃油成本、采购成本和人工成本方面取得较好成效。

● **案例**

航运集团海运公司的全过程成本控制机制

面对市场环境的不景气，广东省珠江海运公司更着力于加强企业营运成本控制，提升企业内部管控能力来增强自身市场竞争力。首先，科学确定经济航速，有效降低燃油消耗成本。公司对新投入的"海保"、"海康"不断调节船舶主机转速，合理确定各类船舶的经济航速。公司自2011年下半年开始对"海保"、"海康"使用经济航速降速航行，每航次相差约18.5吨，每艘船舶每年大约节省燃油444吨。按照重油现市场价约5000元/吨计，每年单船节省的燃油成本约为222万元。其次，合理构建供应商网络，有效降低采购成本。公司集中对各供应商过去一年的服务表现和价格进行综合评价，重新确定未来一年的备选合格供应商名单。如近期润滑油采购新引入合资格供应商加入竞争，在保证产品质量的前提下降低了5%左右的采购成本。最后，尝试船员队伍建设新机制，有效降低船员人工成本。

珠江海运在建立和稳定自有船员队伍的基础上，一是境外登记注册船舶通过租赁套派（东）南亚船员上船来降低船舶人工成本；二是通过船员中介服务公司外聘部分船员与自有船员同上境内沿海运输船舶；三是定期跟踪市场船员的薪酬水平变动，紧贴市场合理调整增减自有船员队伍的薪酬。

（三）完善成本考核体系

成本考核是促进企业及其员工主动承担成本控制责任的重要手段。成本考核主要是通过评价企业生产成本计划的完成情况、评价有关财经纪律和管理制度的执行情况以及激励责任中心与全体员工的积极性来实现的。

以机场集团为代表的省属企业探索性创设适合本单位各层级成本责任量化考核的指标体系，对企业内部各单位进行分层级、分部门的成本评价，对集团员工进行全方面的成本控制绩效考核，根据考核结果对各单位进行奖惩，把成本控制工作和单位、部门切身利益紧密结合起来，真正做到成本控制工作深入人心。

> ● **案例**
>
> **机场集团成本全员考核激励体系**
>
> 机场集团健全成本考核机制，以能够科学评价考核对象责任成本的完成情况为标准，允许集团各单位根据企业自身的实际情况，创设适合本单位各层级成本责任量化考核的指标体系，设立了包括综合指标、单项指标或指标组、实物消耗指标、价值指标等在内的较为全面、完善、科学的成本考核指标体系。同时，在集团机关、集团各单位设立单独奖项，对于提出了有效建议、为单位降低或节约了成本的员工，通过公开评比、依照贡献程度、按照集团公司员工奖惩指导意见及各单位具体奖惩规定给予奖励，以鼓励员工为企业成本控制建言献策。

第二节 经营风险防范

实现全面经营风险管理，要求企业围绕总体经营目标，通过在企业管理的各个环节和经营过程中执行风险管理的基本流程，培育良好的风险管理文化，建立健全全面风险管理体系，包括风险管理策略、风险理财措施、风险管理的组织职能体系、风险管理信息系统和内部控制系统，从而为实现风险管理的总体目标提供合理保证的过程和方法。

一、总体情况

近年来，随着国际、国内经济形势的不断变化，省属企业经营环境日趋复杂。面对日益激烈的市场竞争，广东省国资委对省属企业经营风险问题高度重视，先后颁布实施了《省属企业财务监管暂行办法》及配套的《广东省省属企业大额资金使用管理工作规则》《广东省省属企业捐赠赞助管理工作规则》《广东省省级国有资本经营预算试行办法》，通过多层次、全方位的监管推动省属企业经营风险的降低。在此背景下，省属企业经营风险防范体系日趋完善，在企业内控、投资、财务等方面加强了管控。

（一）省属企业建立全面风险管理体系

从完善法人治理结构、明确风险防范职能部门入手，逐步构建省属企业风险管理的内控组织体系，建立全面风险管理体系。加强内控系统建设，围绕战略（投资）、财务、市场、运营、法律和廉政等各类风险，从重要岗位、重点部位、重要人员等关键环节入手，逐步构建了较为完善的经营风险防范制度体系。如南方产权为了维护交易各方的合法权益，防范资金结算风险，实行了统一结算制度。坚持结算账户专户专用的特性，确保账户内资金的安全；严格执行由项目经办人、风险控制人、交易部门负责人、结算部经办人、结算部负责人、公司领导六级审核制度，做到资金收付路径清晰，有效地防范操作风险；探索产权交易资金第三方存管模式，切实保证产权交易资金的安全并防范道德风险。

广晟公司建立了"四位一体"的监督机制。完善法人治理结构，着重规范董事会、经营班子和监事会的议事规则和办事程序，使法人治理结构的运行制度化、具体化、流程化；通过调整优化公司现有27家一级集团和直属企业、110家二级企业，形成了公司本部、一级集团、二级企业的"扁平化"组织管理架构；构建了纪检、监事会、财务、审计"四位一体"的综合监督机制，专门制定了《综合监督暂行规定》，对所属企业特别是"三重一大"（重大决策、重要人事任免、重点项目安排和大额资金使用）事项定期进行综合监督检查。

广新控股从强化财务监管入手，强力整顿，建章立制，先后制定出台了200多项规章制度，以设立资金结算中心和信息中心入手，实施精细化管理和全面预算管理，强化集团内部管理，提升管理水平；建立由纪检、监察、审计、监审组、工会参与的"五位一体"的监管体系，确保各项经营管理制度的执行落实；大力推动用人和分配机制的创新，大力推进公开招聘、竞争上岗、有序轮岗，保证用人机制的公开、公平、公正；规范业绩考核和薪酬制度，制定出台企业经营目标及经营业绩考核办法，实行奖惩与经营绩效相挂钩，极大地调动了各级经营管理人员的积极性。

（二）省属企业建设风险管理信息系统

省属企业扎实构建风险管控信息系统，强化ERP系统的作用，建立预算执行的整套管控体系，提高风险防控能力。目前，已有14家省属企业建立了全面预算管理，20家省属企业建立了财务结算中心或财务公司。如广新控股深入推进全方位、全过程、全员参与编制与实施的全面预算管理模式，突出预算管理在绩效考核工作中的约束作用，加强对预算执行的管理，有效地管控风险。建工集团多个信息管理平台的协同应用，基本实现通过财务结算中心控制系统，采用资金结算中心的有效管理手段控制集团各项大额资金的流动情况；通过资产、产权交易系统实现国有资产管理的精细化和规范化，从而有效地防范风险，提升了集团管理的现代化水平。目前，广业公司、粤电集团、物资集团、广新控股集团4家试点单位数据联网接口开发与数据对接工作已经完成，23家省属企业数据联网工作也已顺利完成，省属企业之间实现了资金、财务、人事、产权、投资等数据联网和数据的自动撮合。

粤电集团持续推进信息化建设，各电厂按集团部署建立了EAM（资产运维管理系统）、SIS（实时监测系统）等应用业务系统，不少核心业务系统具有国内领先水平。已建或在建的粤电商务网、EHR、ERP等系统，进一步提高了集团的集约化管理水平。如新建并投入使用的"粤电商务网"，体现出资源整合、信息共享、流程规范、全过程监督等特点，范围覆盖了全集团所有单位，构建了粤电的阳光采购商务平台，带来了显著的经济效益和社会效益。

（三）省属企业探索风险理财措施

面对日益复杂的经营环境，省属企业稳健理财，创新财务管理模式，统筹规划生产经营与投融资活动的资金供求，降低财务风险，确保资金链安全。2011年，广新控股实现了财务管理工作由"管理型"向"管理+效益型"转化，创造效益1.2亿元，占集团预计利润总额的11%。

如交通集团开创了"现金池"财务管理模式。在融资方面，2005年集团作为广东省第一家发行企业债券的企业成功发行15亿元企业债券，之后又陆续发行了"长、中、短"债券，为加快高速公路建设拓宽了融资渠道。在资金管理方面，集团成立了财务结算中心，开创了"现金池"管理模式，提高了资金集中度，盘活了存量资金，加大了资金的管控能力，有效防止资金风险。在资本运作方面，2010年7~8月，集团通过战略配售，成功投资了农业银行、光大银行10多亿元，促进了产业资本与金融资本的深度融合，使高速公路产业得以向上游资本延伸，进一步提高了企业核心竞争能力。同时，也强化了银企之间的紧密合作关系。

（四）省属企业完善运行风险预警体系

省属企业加大应收款项管控力度，及时回收资金。同时，加强对境外资产的风险管控，确保境外国有资产的安全。如铁投集团加强对企业运行的预警预测，对其下属的地铁公司进行压缩规模、降低库存、加强应收账款催收，以防范资金风险。

如交通集团主动应对外部风险和强化内部风险控制，明确了以风险管理为导向的内部控制体系建设目标；确立了管理制度化、制度流程化、流程表单化、表单信息化的建设路径；探索出了适合本企业的"三角形"风险管理基本流程。集团整体层面的风险得到系统梳理，专项风险管理工作得以深入开展，企业管理水平持续改进。同时，积极推进全面风险管理建设推广试点工作，推动全面风险管理与内部控制的有机结合，集团本部和粤高速、南粤物流编制完成了年度风险管理报告；省汽运集团等5家试点推广单位也启动了全面风险管理工作。

二、实践亮点

（一）设立集中化财务风险监管机构

调研显示，省属企业财务管理的传统做法是由集团下属各二级单位自行安排财务人员，这种财务管理模式势必造成集团层面对各二级单位财务状况的监管滞后与乏力，不利于整个集团形成完善、健全、规范的财务管理体系，更不利于集团整体经营风险的管控与降低。近年来，省属企业开始探索实行对各二级企业财务状况的集中管控，通过建立集中化、规范化的财务管理制度有效、全面地监控整个集团的资金风险状况，提升企业经营风险控制能力。目前，已有20家省属企业建立了财务结算中心或财务公司，对企业财务风险进行统一管控。多家省属企业在风险防范方面进行了多种模式的有益探索，积累了宝贵的实践经验。

2010年，物资集团首创财务经理委派制，即对属下以贸易、物流为主业的二级成员企业财务部经理，实行由集团选派人员担任的委派制，实现了集团对下属企业财务状况实时、高效、规范的管理。

> ●**案例**
>
> **物资集团财务经理委派制**
>
> 物资集团于2010年10月开始对公司内部管理进行改革。为了进一步健全内控机制，提高制度和决策执行力，不断提高监管力度，经深入调研分析，物资集团从2011年1月起，对属

下以贸易、物流为主业的二级成员企业财务部经理，实行由集团选派人员担任的委派制。集团公司委派财务经理在成员企业担任财务部经理，属集团本部人员，其人事关系、劳动合同关系、工资福利待遇等由集团直接管理，不在成员企业领取任何报酬。为了保证和促进委派财务经理发挥应有作用，完成工作任务，达到委派目的，集团不但明确了委派财务经理必须负起规范会计核算、控制成本费用、监督资金使用、履行报告制度四大主要职责和相应职权；还明确了配套管理办法，主要措施是：对委派财务经理实行日常监督管理、年度考核和计划三年一次的定期轮岗制。经过半年多的实践证明，集团实行财务经理委派制后，成员企业的资金使用得到更有效的监控，三项资产管理得到进一步加强，集团领导层了解成员企业实时经营和实时资金情况的渠道更加直接通畅，为下一步在全集团范围内推进以全面实施电子信息化为重要抓手的规范化财务管理和资金监控实时化打下了良好的基础。

（二）建立以信息化为载体的企业风险内控体系

经营风险防范与管控的水平及效率在很大程度上取决于企业内控体系建设的完善程度，建立健全企业内部风险管控体系是防范经营风险的前提。省属企业以集团发展战略规划、制度建设、目标责任考核等有效措施为基础，以风险管理信息系统为手段，积极推动企业内控体制建设工作，把风险管理工作融入到企业管理创新中，加强风险管理，提高经营管理水平和风险防范效率。

如广新控股集团初步建成信息化管理运用体系，集团资金结算系统、资金授信系统、ERP系统、人力资源管理系统、办公OA系统等相继上线，提高了集团管理和服务工作的效率，降低了经营风险；通过加强企业内控管理体系建设，建立风险防范管理机制，建立起以《重大事项决策管理规定》、《强化风险防范管理十条》、《十五条禁令》等210项管理制度为主体的制度体系；通过加强集团化的统一资金授信管理，不断提升资金结算水平，逐步建立起境外企业和外地企业资金归集的管理平台，推动项目公司落实"收支两条线"制度，降低企业经营风险。

● **案例**

建工集团信息化风险管理体系

建工集团首先建立健全的集团风险管理组织体系，完善法人治理结构，通过国有资产管理、人力资源管理、经营目标责任管理、财务结算资金管理、企业年度考核绩效管理、领导干部离任审计等有效的管理措施和法定程序，在生产经营的全过程加强风险防控。其次围绕新的管理模式，按照"制度规定流程，流程规定行为，行为优化管理，管理完善制度"的工作思路，把风险管理工作融入推进企业管理创新、管理流程优化中去，逐步构成初始信息反馈渠道畅通、风险评估及时准确、风险管理应急预案常备、风险应急处理工作措施有力的工作机制。最后基本建立集团风险管理信息系统。2008年至今，集团狠抓信息化建设，通过实现办公管理系统、人力资源管理系统、项目管理系统、财务管理系统，资产产权管理系统等信息管理平台的协同应用，基本实现集团职能部室及子公司、控股公司的信息联网系统。通过A8办公系统，集团各职能部室及全部子公司，控股公司实现人机对话，文件实现系统流程审批，通过财务结算中心控制系统，采用资金结算中心的有效管理手段控制集团各项大额资金的流动情况；通过资产、产权交易系统实现国有资产管理的更加精细化、更加规范化。

（三）完善企业内部风险预警与控制机制

省属企业涵盖的行业范围非常广泛，不同行业的经营风险形成原因存在较大差别。一些省属企业根据本企业涉及行业的具体特点和产生风险的重点领域制定差别化的风险防范与预警措施，使企业风险管控体系的运作成效得到有效发挥。如铁投集团针对自己主营业务中钢材贸易这一高风险领域，加强对这一领域的风险预警，有效促进资金回笼，降低企业经营风险。广晟公司针对自身境外业务较多的特点，大力加强对境外资产的风险管控，确保境外国有资产的安全与保值增值。

● **案例**

铁投集团经营风险预警与防范

铁投集团为切实防范企业战略、财务、经营、法律及廉政风险，集团本部和所属企业采取了一系列措施：按照《公司法》、《企业内部控制基本规范》等法律法规的要求，进一步强化了内控体系，完善了内控制度；集团本部设立了监察审计部，对所属企业的财务收支、财务预算、财务决算、资产质量、经营绩效以及其他有关的经济活动进行审计监督。目前，铁投集团所属企业以铁路运输业、钢材贸易业、勘察设计业和物业出租为主。上述业务中，市场风险较大的是钢材贸易业。钢材贸易业的毛利较低，在实际运作过程中，如果出现运费、仓储费用上涨，货款回笼超过预期会造成资金成本大幅上升，加大市场风险，带来亏损。

为此，集团开展调研并提出"风险预警"，要求地铁公司压缩规模、降低库存、加强应收账款催收、防范资金风险；深入现场指导，帮助所属企业盘活存货和资金。建立地铁物资公司周报制度，并建立物资公司经营工作指导小组，加大对地铁和地铁物资两级公司经营工作的监督指导力度；积极追收货款，力求渡过资金难关。铁投集团与所属企业联合组成的应收账款追收小组，分别由集团领导带队，多次奔赴各地欠款工程局催收货款，有效促进资金回笼。

第三节 国有资产保值增值

国有资产保值增值是指企业在考核期内，期末国家所有者权益大于或等于期初所有者权益。[①] 简单来说，就是国家投入企事业等组织中以货币表现的资产净额应在社会再生产过程中保持其原有价值并促使其增值的要求。国有资产是构成国民经济物质基础的主要部分，它能否实现保值增值是

[①] 唐文彬. 关于国有资本金保值增值率计算方法的修正. 财经问题研究，2000（9）.

中国社会主义力量能否不断得到加强并领导其他经济成分的物质前提。国有资产保值增值通常通过改革配置国企经营管理者的方式、组织结构转型、战略性改组、债转股等途径实现。

一、总体情况

广东省国资委先后印发了《广东省国资系统国有资本经营预算管理工作规则》和《广东省省属企业境外国有资产监督管理暂行办法》，通过建立健全省属企业监督管理的规章制度及内部控制和风险防范机制、国有产权管理制度、企业监察机构、国有资产经营责任体系，加强对国有资产保值增值的监督管理，落实国有资产保值增值责任，实现国有资产有效的保值与增值。

省属企业面对国际国内复杂多变的形势，不断深化改革，调整结构，强化管理，成功应对国际金融危机等重大挑战，资源配置能力明显提高，经济效益和整体实力大幅提升，资产总额、营业收入、上缴税金和税后净利润等主要经营指标实现了大幅增长，经营业绩连创新高，实现了国有资产较好的保值增值。据财务快报，截至2011年12月底，省属企业资产总额6718亿元，同比增长14.02%，归属于母公司所有者权益1585亿元，同比增长5.75%。2011年1~12月，省属企业累计实现营业收入3682亿元，同比增长16.25%；实现利润总额183亿元，与2010年基本持平，如剔除机场集团、铁投集团政策性亏损，实际完成利润总额191亿元，同比增长4.1%；上缴税金170亿元，增长11.3%。

2011年度，广东省属企业实现了良好的经营业绩，在利润总额、利润增长率、净资产收益率、总资产报酬率以及国有资产保值增值率等指标上都有良好的表现，如表5-3所示。

表5-3 2011年省属企业经营业绩一览表

单位：亿元

	利润总额	利润增长率（%）	净资产收益率（不含少数股东权益）(%)	总资产报酬率（%）	国有资产保值增值率（%）
机场集团	-1.20	-124.69	-6.40	0.76	101.69
广业公司	7.57	27.01	6.02	6.24	110.66
广弘公司	1.75	5.42	5.95	4.32	106.17
广晟公司	25.70	45.28	6.72	5.48	106.04
粤电集团	42.30	-33.85	4.22	5.31	104.22
交通集团	47.67	12.46	3.72	5.41	103.17
航运集团	3.60	1.41	6.70	6.42	103.12
物资集团	3.60	1284.62	17.48	3.58	126.72
商业集团	1.49	65.56	32.58	9.72	138.25
建工集团	4.21	31.15	20.34	4.31	123.99
新广国际	-2.03	51.44	11.02	-7.39	111.03
广新控股	11.66	2.91	8.56	5.64	84.63
丝纺集团	1.64	124.66	5.47	2.46	101.73
省旅集团	0.83	16.90	7.48	5.45	107.75
中旅集团	1.06	96.30	4.10	5.03	105.71
粤海集团	45.28	28.60	11.18	9.17	106.73
盐业集团	2.07	18.97	15.89	12.84	117.40
水电集团	1.20	-11.76	7.06	2.85	113.74
铁投集团	-9.24	-72.71	-10.26	-0.47	89.80

续表

	利润总额	增长（%）	净资产收益率（不含少数股东权益）（%）	总资产报酬率（%）	国有资产保值增值率（%）
恒健公司	0.34	152.31	0.15	1.49	98.73
白天鹅宾馆	-0.14	-125.00	-3.19	-1.99	96.87
联合电子	0.53	6.00	26.74	4.38	130.70
南方产权	0.08	14.29	5.87	6.37	106.87
南粤集团	3.01	70.06	55.32	19.05	163.11

资料来源：根据广东省国资委相关资料整理。

从表5-3可以看到，2011年度省属企业表现出良好的经营业绩，其中19家企业实现利润，15家企业的利润增长率达到10%以上，7家企业的利润增长率达到50%以上，物资集团更是以利润增长率1284.62%的成绩独占鳌头（见表5-4）。在利润增长率达到10%以上的15家企业中，10家属于竞争性企业，5家属于准公共性企业，无论是在企业数目还是在平均利润率增长水平上，竞争性企业均高于准公共性企业，如表5-4所示。

表5-4 2011年度省属企业利润增长率比较

分类	企业名称及分类	利润增长率（%）
利润增长率50%以上的企业	物资集团（竞争性）	1284.62
	恒健公司（竞争性）	152.31
	丝纺集团（竞争性）	124.66
	中旅集团（竞争性）	96.30
	南粤集团（准公共性）	70.06
	商业集团（竞争性）	65.56
	新广国际（竞争性）	51.44
利润增长率为10%~50%的企业（不含50%）	广晟公司（竞争性）	45.28
	建工集团（竞争性）	31.15
	粤海集团（准公共性）	29.60
	广业公司（竞争性）	27.01
	盐业集团（准公共性）	18.97
	省旅集团（竞争性）	16.90
	南方产权（准公共性）	14.29
	交通集团（准公共性）	12.46
其他实现利润的企业	联合电子（准公共性）	6.00
	广弘公司（竞争性）	5.42
	广新控股（竞争性）	2.91
	航运集团（准公共性）	1.41

资料来源：根据广东省国资委相关资料整理。

2011年，省属企业在国有资产保值增值方面也取得了较好的成绩，24家省属企业中有20家实现了国有资本的增值，其中，6家企业的国有资产增值率达到5%以上，9家企业的国有资产增值率达到10%以上，其中南粤集团以163.11%的国有资产增值率位列榜首（见表5-5）。在国有资产保值增值幅度达到5%以上的14家省属企业中，只有5家属于准公共性企业，但是其中南粤集团和联合电子分别以163.11%和130.70%的国有资产保值增值率占据了该项指标排名的第1位、第3位，如表5-5所示。

表 5-5 2011 年度省属企业国有资产保值增值情况

分 类	企业名称及类型	国有资产保值增值率（%）
国有资产增值率10%以上的企业	南粤集团（准公共性）	163.11
	商业集团（竞争性）	138.25
	联合电子（准公共性）	130.70
	物资集团（竞争性）	126.72
	建工集团（竞争性）	123.99
	盐业集团（准公共性）	117.40
	水电集团（竞争性）	113.74
	新广国际（竞争性）	111.03
	广业公司（竞争性）	110.66
国有资产增值率为5%~10%的企业（不含10%）	省旅集团（竞争性）	107.75
	南方产权（准公共性）	106.87
	粤海集团（准公共性）	106.73
	广弘公司（竞争性）	106.17
	广晟公司（竞争性）	106.04
	中旅集团（竞争性）	105.71
其他实现国有资产增值的企业	粤电集团（准公共性）	104.22
	交通集团（准公共性）	103.17
	航运集团（准公共性）	103.12
	丝纺集团（竞争性）	101.73
	机场集团（准公共性）	101.69

资料来源：根据广东省国资委相关资料整理。

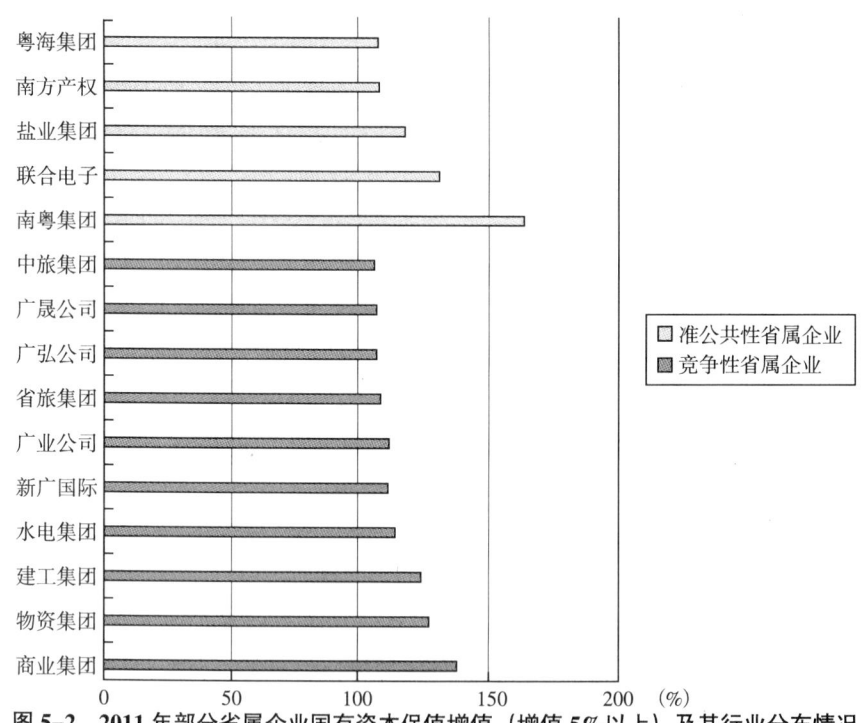

图 5-2 2011 年部分省属企业国有资本保值增值（增值 5% 以上）及其行业分布情况

资料来源：根据广东省国资委相关资料整理。

其中，商业集团从 2003 年开始，经过近 5 年的债务重组、削债解链，累计削减不良债务 27 亿元。到 2011 年末，实现净利润 1.08 亿元，国有资产保值增值率 140%，成功完成巨额的债务重组目标，通过债务重组实现了亏损老国企向现代企业集团的华丽转身，国有资产保值增值率列竞争性省属企业首位。

二、实践亮点

（一）债务重组实现亏损老国企的国有资产保值增值

2000年以后，部分省属企业经营状况恶化，连年亏损，债务沉重。为了摆脱这种现状，省属企业开始探索债务重组之路。经过10年左右的经营结构调整、巨额债务重组、现代企业改革，省属企业逐步加大债权追收力度，集中资金处置债务，以股权抵顶债务。同时，针对不同企业特点差别化实施企业整体改制、分拆式改制，通过企业经营者持股、引入战略投资者等方式，进行国有企业投资多元化的改革探索，实现了亏损老国企的脱胎换骨、重现生机。

粤海集团在2000年重组期间，原南粤集团（澳门）、老粤海属下其他子公司酒店资产并入了粤海国际。粤海依靠专业敬业的精神和粤海国际20多年来在与国际接轨的香港市场化运作酒店的成功经验，截至2007年底，管理酒店50多家，营业收入、经营利润、税后利润等各项经营指标逐年攀高。更让人欣慰的是，除了2008年全球性金融危机使所管理的酒店经营业绩有所下降之外，其余时间，粤海国际管理酒店均保持了良好的现金流水平与良好的效益，并使主业资产与国有资产保值增值。

广业公司2000年9月组建之初同样面临"老、小、散、差"的局面。12年来，广业公司大刀阔斧，果断推行产业结构"退、调、进"，其间经历了三次产业大调整、大重组，先是从18个行业调整到6个产业，后来又集中为4个主业，在4个主业中突出两大主业，即环保工程装备和清洁再生能源，着力打造绿色国企。

广晟公司组建时涉及40多个行业，公司大而不强、集而不团，企业资产实际负债率达85%。同时，由于成员企业成分比较复杂，基础条件不尽相同，各成员企业曾出现过分散经营、分权管理、各自为政的现象，集团总部难以实施有效的监管。广晟公司以发展为主题，以结构调整为主线，以改革改制和科技进步为动力，以资本经营为主营方向，全面推进广晟资产经营公司的改革与发展，提高了国有资产的营运效率和效果，长期保持了国有资产的保值增值能力，持续地维护和提高了国有资本的回报水平。

● **案例**

商业集团债务重组

商业集团从1996年开始，经营逐年萎缩，连年亏损。截至1999年12月，资产负债率超过200%，金融机构债务本金近23亿元。2003年12月，商业集团以3100万元的价格成功购得所属省五金交电公司、省化工公司7亿多元的"债权包"。2003年12月31日，商业集团与华融、东方、信达三家金融资产管理公司共21亿元的债务重组均已签署协议或达成意向，这标志着商业集团削债解链工作取得重大突破。2004~2008年，商业集团成功完成巨额债务的重组目标，累积削减不良债务27亿元，解除担保8亿元，从根本上扫除了长期困扰商业集团改革和发展的巨大障碍。短短几年时间，商业集团的资产、经营发生了翻天覆地的变化：2005年广东省国资委对商业集团进行清产核资,以 2004 年 6 月 20 日为基准日,经会计师事务所审查核实,如果将潜在资产损失 12.3 亿元反映出来,全部企业资产总额 14.1 亿元,负债总额 36.9 亿元,少数股东权益 0.3 亿元,所有者权益-23.1 亿元,资产负债率 261.7%。截至 2011 年末,资产负债率下降到 78.17%,国有资本保值增值率 140%,超过全国同行业优秀水平,实现净利润 1.08 亿元,营业收入、净资产收益等均创授权经营以来最好水平。

(二)加强管控实现境外国有资产的保值增值

广东地处东南沿海,广东省属企业中有多家在境外注册的全资附属企业和参股企业。加强对境外国有资本的管理,保障境外国有资本安全和保值增值是广东省属企业的重要职责。2011 年 12 月 31 日,广东省国资委为加强履行省属企业境外国有资产监督管理,规范境外企业经营行为,维护境外国有资产权益,保障境外国有资产安全完整和保值增值,颁布实施了《广东省省属企业境外国有资产监督管理暂行办法》。在此办法的指导下,省属企业高度重视境外资产的管理,逐步建立和完善企业境外资产的经营风险防控体系,维护境外资产的安全和保值增值。

如广新控股集团为了实现海外项目有序、高效发展,加强海外项目资金管理,实时掌握全面的账户信息,包括余额和交易情况,确保资金系统的安全性及集团总部有效的统一控制,最大程度上方便集中调动海外资金;以建设和完善集团总部财务管理中心为目标,准备依托一家拥有庞大分行网络的国际化经营银行,应用安全高效的网络技术,由各机构建立清晰有效、并与总部实时信息查阅的账户管理,形成整合全球资金管理平台,从而达到集团提高海外经营风险控制的能力,集中管理资金、配置资金的目标。

● **案例**

广晟公司境外经营风险防控

近年来,广晟公司高度重视企业境外资产管理。公司按照国家、省的有关规定,制定出台有关境外企业投资、财务、人事管理的制度规定,实现"监管制度健全,产权登记完善,个人持股规范,相关信息畅通",确保企业境外国有资产不流失以及保值增值。特别是加强境外项目管理,坚持"战略牵引投资、预算约束投资、制度规范投资、效益检验投资"的原则,采取财务监管、资金统筹、综合监督、第三方审计等多种手段,建立投资监控、财务监管、综合监督三管齐下的协同监督机制,切实把好项目投资、建设的各个关口,防止决策者执行过程中走形变样,确保重大项目安全运作,取得预期收益。下属中金岭南公司借助金蝶 EAS 实现了财务基础数据集中管理,管理政策集中控制的财务管控模式,在中金岭南的财务管理中,会计科目、核算流程、核算制度实现了"三统一"。同时,通过强化核算控制,使其财务管理从核算型会计向管理型会计转型,实现了财务核算的及时性、准确性、灵活性。全面预算管理实现了集团资源的合理配置,保障了集团各阶段经济目标的实现,规范了各下属单位的经营管理,有效规避和控制了企业的境外经营风险。

（三）加大国有资本运营力度实现国有资产保值增值

国有资本运营是指国有资本出资人和其投资设立的国有资本营运机构，运用国有资本，维护国有的权益，实现国有资本保值增值。广东省国资委出台了《关于推进广东省省属企业资本运营的意见》，大力推动省属企业资本运营工作。在此背景下，省属企业加快了国有资本运营的步伐。目前，粤电集团、交通集团正在稳步推进整体上市工作；广新控股下属星湖科技、粤水电完成增发工作，共筹集资金11.93亿元；珠江桥、宏大爆破上市材料已报中国证监会，同时成功收购在香港联交所上市的兴发铝业29.42%的股权，获得铝业的上市公司平台；南粤集团所属南粤食品集团公司在香港联交所上市的工作取得明显进展；省联合电子收费公司和铁投集团成功引入战略合作者；机场集团利用"主业＋基金"运营模式的优势，用好管好股权投资基金"中科白云股权投资基金"和产业基金试点项目"空港产业投资基金"，发挥好带头示范作用。

广晟公司自2008年以来，紧抓资本市场大发展的历史性机遇，积极稳妥推进资本运作，取得了显著的成效。2008年6月，成功收购了国内第一、世界第八的片式元器件上市公司风华高科，为电子信息资产的整合和协同发展提供了一个层次更高的平台；2009年1月，以借壳上市方式收购了海南省上市公司兴业聚酯，实现了稀土和钨资源企业的上市。属下控股上市公司中金岭南于2009年2月投资4500万澳元，成功收购PEM公司（澳大利亚证交所上市公司）50.1%的股权，成为中国有色金属行业首家成功以绝对控股方式收购发达国家资源企业的公司。2009年5月，广晟公司又与澳洲泛澳大利亚公司正式签署协议，总投资1.86亿美元入股泛澳公司，间接控制了在老挝、泰国240万吨铜、110.5吨金、624吨银的金属量和2600多平方公里范围的探矿权。2010年10月，中金岭南控股子公司——佩利雅有限公司收购一个运营中的低成本铜金银矿，新增268平方公里铜金矿勘探区域及60平方公里镍矿勘探区域和锂矿勘探项目。截至2011年底，广晟公司实际控制的上市公司已达5家，控股上市公司的公允价值总额达到730亿元，广晟系上市公司已经浮出水面，完成了广晟公司在资本市场的战略布局。在成功实施国有资本运营的同时，广晟公司积极实施股权增减持管理，发挥控股股东对上市公司的市值管理功能，为公司创利数亿元，实现国有资产保值增值。

● **案例**

广新控股立足资本运营实现集团价值提升

广新控股围绕核心产业积极推进企业股份制改造和培育上市，资本运营、资源整合及股份制改造是现阶段集团实现战略升级的主要方式。一是利用现有资本平台实现集团价值提升。经过近年一系列低成本的兼并收购和资本运作，集团已拥有星湖科技、佛塑科技、省广股份、生益科技、兴发铝业、澳洲卡加拉、澳洲麦加纳7家上市公司。二是并购符合战略发展的优质上市公司，大力培育内部优势企业上市。集团通过大量市场调研，投资2.583亿元，收购了国内铝型材生产的领先企业兴发铝业29.43%的股份，成为其第一大股东和实际控制人，进一步打造五金建材及有色金属产业的资本运作平台。珠江桥股份已向中国证监会提交公开发行申报材料；国义招标已完成战略投资者引入和省外业务布点工作；广新海工已完成股份制改造，2013年还将增资扩股。三是着力推动境外矿产资源借壳上市，搭建境外资本平台。正加快推进马达加斯加苏拉拉铁矿、钛铁锆矿、澳洲矿山等项目在境外资本市场的借壳上市工作，力争快速搭建起海外资本运作平台，推动矿业主业的快速发展。

第四节 市场竞争力提升

面对现代科技快速发展、市场竞争日趋激烈、资源环境约束加大的新形势，省属企业必须加快产业结构调整、转变发展方式，只有持续加强管理创新，才能加快转型发展步伐，有效提升省属企业的核心竞争力，保证省属企业的发展质量和效益，保持省属企业持续快速发展的良好态势。因此，推动省属企业者管理层面核心竞争力的提升，是促进省属企业产业优化升级、加快转变经济发展方式的迫切需要。

一、总体情况

企业核心竞争力包括以企业理念、企业价值观为核心的企业文化、内外一致的企业形象、企业创新能力、差异化个性化的企业特色、稳健的财务、拥有卓越的远见和长远的全球化发展目标。核心竞争力具有延展性、价值性和独特性的特征，[1]它能够助力企业在竞争中领先于其他企业而又不易被模仿。可见，企业要获得长久的竞争优势，必须具备核心竞争力。

综合国内外研究成果，我们认为，作为"企业核心理念"的企业核心竞争力至少应该涉及企业战略、观念、组织、技术、市场、文化等层面的创新，即包括企业的经营模式创新、商业模式创新、管理模式创新、文化创新以及技术创新和品牌创新。显然，技术创新和品牌创新是基于技术层面提升企业核心竞争力的重要途径，因此我们将在第九章（广东省属企业履行自主创新责任的实践与探索）中对这两个问题进行重点梳理。而经营模式创新、商业模式创新、管理模式创新和文化创新实践是基于管理层面提升省属企业核心竞争力的手段，这是我们本部分需要重点厘清的问题。

近年来，省属企业积极推进企业管理创新，企业管理领域不断扩展，企业管理内涵不断丰富，管理方法和手段不断创新，创造了许多企业管理的新经验、新方法，促进了省属企业又好又快发展。

省属企业在管理层面的核心竞争力提升途径主要体现在经营模式创新、商业模式创新、企业文化创新三个方面。

如物资集团以生产资料贸易市场、专业市场和现代物流、电子商务市场、商业地产市场和资本市场"五个市场联动"为主线，以现代流通理念和先进的管理技术为手段，改造传统的"一买一卖"物资流通方式，推进现代生产资料流通业态创新，大力发展汽车现代连锁经营、金属物资、木材中高级批发市场和现代物流，提升了现代经营管理水平，不断增强了核心竞争力。同时，坚持创新，不断适应新形势变化，保持企业可持续发展。2012年以来，集团积极推进经营模式改变与业务

---

[1] C. K. Prahalad and Gary Hamel, The Core Competence of the Corporation, Harvard Business Review, Vol.68, No.3.

发展创新，成效显著。通过实施广物汽贸改制，计划3年后培育上市；通过与央企和生产企业实施战略合作与中国五矿、中国诚通、中国建材集团和多家省内外生产企业签订战略合作协议，做长和做深产品价值链，积极实现广物集团从传统贸易型企业向现代生产性服务业的根本性转变；通过组建再生资源股份公司，整合社会资源，走合作发展的道路，发展以废旧汽车、废船、废电器、废钢为主的废金属拆解回收业务，在华南地区建立再生资源的回收、加工、销售、物流配送一体化产业链，争取3年后培育上市。

航运集团确立了企业从传统的航运业向现代物流企业转型的思路，积极推进产业结构调整，提出了"二次创业"的发展战略，创新商业模式，推动集团从粤港澳客货运输为主向"港口航运物流、近远洋运输、船舶工业"三大主业转型的经营格局转变；以项目创新带动企业跨越发展，正在启动的"六大项目"包括：加快小虎岛造船基地、南沙物流园及江海联运码头、南伟码头、南沙物流总部、近远洋船队以及新船C地块；加快由码头营运商、运输服务者向现代物流企业的转型，加快区域性港口码头有效资源的聚集，统一营销，统筹运力，实现了向现代物流企业的转变。

交通集团坚持文化创新，提出文化建设要与时俱进、持续创新，不断进行调整、改进、充实和完善，不断巩固和发展企业文化建设成果。当前，集团已经总结提炼出了具有时代特征、交通行业特点和集团特色的"大责任"文化体系，并已形成了较为完善的企业识别系统文件。集团的核心价值观是"担当社会责任、共享发展成果"，企业使命为"构建和谐交通、延伸美好生活"，企业愿景是"成为世界知名的交通产品和服务供应商"，企业精神为"敢为人先的创新精神、勤勉善为的务实精神、甘于付出的奉献精神"，这些核心理念强调的是集团对国家、社会、客户、员工、合作伙伴担当责任，用创新、务实、奉献的精神为社会提供优质的交通产品和服务，这充分展示了一个负责任的国有企业集团的良好形象。

二、实践亮点

（一）经营模式创新

有效的经营模式是建立在企业对外部环境的准确把握和内部资源的优化配置上的，经营模式的创新和发现是当今企业竞争制胜的关键，也是更加复杂的市场环境下企业应对变化的重要工具。经营模式的重要意义，不仅在于能够比竞争对手更快速地发现环境变化、价值流动与利润转移，还在于能够比竞争对手更准确地识别变化和紊乱背后的稳定与秩序。发现经营模式，就是在纷乱复杂的市场竞争中建立一种相对稳定的商业秩序与价值逻辑。从经营模式的视野，能够更准确地看到清晰的企业远景。发现和掌握一个行业的关键模式，不仅能够帮助企业做出正确的决策，还能够引导顾客做出明智的选择。

根据企业在产业链中的位置、企业的业务范围、企业实现价值的不同方式，我们可以从三个维度区分出不同的经营模式，[①] 如表5-6所示。

[①] 钱颜文，孙林岩. 对经营模式的分类研究. 科学学与科学技术管理，2003（9）.

表 5-6 企业经营模式分类

分类标准	经营模式类型
根据企业在产业链的位置	销售型
	生产（代工）（纺锤型）型
	设计型
	销售+设计（哑铃型）型
	生产+销售型
	设计+生产型
	设计+生产+销售（全方位）型
	信息服务型
根据企业的经营范围	单一化（专业化）经营模式
	多元化经营模式
根据企业实现价值的方式	成本领先模式
	差别化模式
	目标集聚模式

近年来，省属企业深入贯彻科学发展观，深刻把握全球新技术革命发展路径和未来产业发展方向，紧密结合国家和广东省经济社会发展实际以及自身产业基础和优势，以科学发展为主题，以加快转变发展方式为主线，以转型升级、自主创新为核心，以深化国企改革为动力，形成了一批具有关键性、基础性、战略性和先导性特征的、综合竞争力明显的企业集团，实现了经营模式的突破性转变，显著提升了省属国有资产规模和经济效益，进一步增强了国有经济和省属企业在全市经济社会发展中的控制力、影响力和带动力。调研资料显示，目前，省属企业主要是根据企业经营范围来划分其经营模式，其特征突出表现为单一化模式与多元化模式的并存，这种并存不仅体现在不同企业之间，也同时体现在同一企业之内。如航运集团、广晟公司通过做强主业、专业化经营模式提升企业效益，物资集团、广新控股、建工集团通过多元化经营模式提升市场竞争力。

1. 通过专业化经营模式做强做大主业

专业化经营又称单一化经营，是指企业仅仅在一个产品领域进行设计、生产或者销售，企业的业务范围相对比较单一。实施专业化经营方式的优势在于便于集中所有人力、物力和财力集中发展一类或几类业务，资金使用效率较高，同时比较容易提高企业声誉，获取更高利润，而实施这种经营方式的企业能更认真地研究自身行业的发展前景，从而制定合适的发展战略，实现更大效益。近年来，省属企业坚持专业化经营，做强做大主业，创新主业发展模式，通过对主业的着力培育实现集约化经营，有效缩短企业管理链条，降低管理成本，获得更高的经济效益。

如航运集团创新专业化经营模式，取得了良好成效。①按照"大客运、大物流"的思路，以"营销一体化、经营专业化、流程标准化、管理精细化"为工作原则，实施资源有效整合，强化统筹协调。②抓住发展机遇，加大港口码头和物流基地的投资建设。集团先后控股了鹤山港、高要港、肇庆新港、四会马房港、珠海保税区西域码头、中山黄圃港，以及广州南沙保税物流园，使集团投资参股经营的内河货运港口达到 20 个，港口网络已基本形成；高速客运业务通过输出管理，成功进入港澳航线市场。③完善片区营销管理模式。按照"统一团队、分点管理、一致对外、联合营销、效益最大"的经营思路，积极推进肇庆地区、佛山地区片区管理工作；货代系统七大片区管理初见成效，区域营销能力提高，利润同比明显增长。④在船舶工业板块建立新的经营平台和灵活的机制，借助新平台对内进行资源的有效整合，对外引进合作者，形成合力，高效地利用资源。

> ● **案例**
>
> **广晟公司专业化投资控股集团的经营模式**
>
> 广晟公司依托产业经营和资本运营的双轮驱动，成立财务结算中心，推行财务统收、统支、统贷，努力搭建多渠道、多层次的融资平台，共获得各大银行授信额度250亿元，先后发行30亿元短期融资券和30亿元中期票据，成为国内首家发行中期票据的地方国有企业；不断巩固和强化铅锌业、电子元器件业在全国的领导地位，努力在稀有稀土、钨、钼等战略性金属以及特种电子元器件、音频数码、工程建设等领域培养一批"单打冠军"和优势企业；按照"积极稳妥、量力而行、分步推进、风险可控"的原则，推进资本运营和低成本扩张。2008年，成功地收购了风华高科，并以借壳上市方式收购了兴业聚酯。2009年，又出色完成了对澳大利亚PEM公司和泛澳大利亚资源公司的股权并购工作。完成了在资本市场的战略布局，为高起点打造矿业及电子板块奠定了坚实基础。以控股的中金岭南、广晟有色、风华高科三家国内上市公司和三家国外上市公司为平台，充分发挥资本市场的融资功能、整合功能和退出机制，不断优化板块结构，提高资产质量。与此同时，争取尽快实现主营业务整体上市，由资产经营公司转变为主业突出的国际化、专业化投资控股集团，实现了经营模式的全新转变。

2. 通过多元化经营模式实现多元化资产经营

多元化经营模式分为三种基本类型：集中化多元经营、横向多元化经营和混合多元化经营。集中化多元经营是指增加新的但与原有业务相关的产品与服务；横向多元化经营是指向现有的用户提供新的与原有的业务不相关的产品或者服务；混合多元化经营是指增加新的与原有的业务不相关的产品或者服务。目前，省属企业在多元化经营模式实践中，实现了集中化多元经营、横向多元化经营和混合多元化经营模式的有机结合，充分利用各种经营模式的优势，实现企业的可持续发展。如建工集团在立足建筑主业的同时，向交通、房地产开发等相关领域拓展，在做好建筑商的同时，向与主业相关度较低的资产经营、资本运营等领域拓展，做好投资商和运营商。

广新控股针对外贸业务"主业不主、专业不专、经营无序"的状况，以战略合作为手段，以加快专业化经营、实业化发展、产业链协同为重点，发展有竞争优势的主业，实现外贸企业的"落地生根"。目前已确立了矿冶化工、有色建材、轻工食品、机械装备与电子电器、现代物流五大主业，培育了一批"主业突出、产业链明显、贸易与产业相统一、行业领先、市场有位、管理规范"的现代企业，成为集"科、工、贸、投"于一体的大型国有企业集团。

> ● **案例**
>
> **建工集团多元化经营模式创新**
>
> 建工集团积极创新思维模式，打破过去"各自为营，单兵作战"的经营方式，不断巩固和发展集团的核心竞争能力，立足施工总承包，逐步向工程总承包转变；立足发展规模经营，全

力推动集团向资本密集、知识密集的集约化方向发展；立足国内市场，实现由传统建筑经营模式向现代建筑经营模式转变，实现"科研—设计—施工一体化"、"投资—建设一体化"、"国内—国外一体化"的工程总承包管理目标，实现了由传统的单一建筑经营模式向现代的多元化建筑经营模式转变；在稳固施工主营业务盈利能力的同时，不断拓展增加长期稳定的资产性收益的渠道和途径，逐渐由单一的建筑经营向多元的资产经营转变和向外延伸企业的战略体系内容。通过立足建筑主业，向能源、交通、房地产开发、环保等投融资领域拓展；通过增加投资、收购资产，增加长期稳定的资产性收益，实现了由单一的建筑经营向多元的资产经营转变；在继续保持施工核心主业发展优势的同时，积极实施与建筑业密切相关的多元化业务战略，发展新的支柱性产业和寻获新的利润增长点，从而逐步实现集团产业重心从低盈利区向高盈利区转移，实现由单一的实体经营向多元的实体经营与虚拟经营相结合的转变。

（二）商业模式创新

商业模式是指企业价值创造的基本逻辑，即企业在一定的价值链或价值网络中如何向客户提供产品和服务并获取利润的，通俗地说，就是企业如何赚钱的（Timmer，1998[①]；Linder 等，2000[②]；Rapper，2001[③]）。商业模式概念的核心是价值创造。商业模式是一个系统，由不同组成部分、各部分间连接关系及其系统的"动力机制"三方面所组成（Afuah 等[④]，2005）。任何一个商业模式都是一个由客户价值、企业资源和能力、盈利方式构成的三维立体模式。商业模式创新企业有几个共同特征（Mitchell，2003[⑤]；乔为国，2009[⑥]）：①提供全新的产品或服务、开创新的产业领域，或以前所未有的方式提供已有的产品或服务；②其商业模式至少有多个要素明显不同于其他企业，而非少量的差异；③企业有良好的业绩表现，体现在成本、盈利能力、独特竞争优势等方面。通常，我们将作为内在要素分类标准的价值内容和作为外在要素分类标准的技术基础结合起来，就能够得到一种基于内外混合的二维商业模式分类方法。进而，我们可以将现实中的商业模式分为十二大类，[⑦]如表 5-7 所示。

商业模式是企业竞争的最高形态，未来企业的竞争将主要是商业模式的竞争。当前，许多国有企业对商业模式创新缺乏必要的认同和认识，对其自身的商业模式也没有仔细的分析和清晰的认识，商业模式一直比较保守和传统。特别是中国市场经济发展还不成熟，相当多的国有企业还处于产品导向阶段，缺乏客户导向的观念。企业要想获得优势的竞争能力就必须从制定成功的商业模式阶段开始。

近年来，省属企业以超前性、开放性、创造性、自觉性的思维方式，通过价值主张、价值传

---

① Timmer, P., 1998, "Business Models for Electronic Markets", Electronic Market, Vol. 8, No. 2.
② Linder, Jane, Susan Cantrell, 2000, "Changing Business Models: Surveying the Landscape", Accenture, May 24.
③ Rapper, Michael, "Business Models on the Web", North Carolina State University. http: ///models/models.html.
④ Afuah, Allan and Christopher L. Tucci, 电子商务教程与案例：互联网商务模式与战略. 清华大学出版社，2005.
⑤ Mitchell, Donald, Carol Coles, 2003, "The Ultimate Competitive Advantage of Continuing Business Model Innovation", Journal of Business Strategy, Vol. 25, No.5.
⑥ 乔为国. 商业模式创新. 上海远东出版社，2009.
⑦ 原磊. 商业模式分类问题研究. 中国软科学，2008（5）.

表 5-7 商业模式分类及其代表性企业

价值内容①	A：专有性技术基础②	代表性企业	B：共有性技术基础	代表性企业
一般性产品	A1：以专有性技术为基础的一般性产品提供商	可口可乐	B1：以共有性技术为基础的一般性产品提供商	通用汽车
知识性产品	A2：以专有性技术为基础的知识性产品提供商	英特尔	B2：以共有性技术为基础的知识性产品提供商	戴尔
体验性产品	A3：以专有性技术为基础的体验性产品提供商	法拉利	B3：以共有性技术为基础的体验性产品提供商	LVMH
一般性服务	A4：以专有性技术为基础的一般性服务提供商	沃尔玛	B4：以共有性技术为基础的一般性服务提供商	国美
知识性服务	A5：以专有性技术为基础的知识性服务提供商	谷歌	B5：以共有性技术为基础的知识性服务提供商	腾讯
体验性服务	A6：以专有性技术为基础的体验性服务提供商	先进电影院	B6：以共有性技术为基础的体验性服务提供商	迪斯尼

递、盈利模式、支撑体系、价值网络等途径，整合利用外部资源以构造全新的价值创造网络，根据自身产业发展特点，选择适合本企业竞争力提升的商业模式，提升了企业核心竞争力。值得注意的是，省属企业在商业模式实践中，往往不是选择单一的商业模式，而是同时选择多种商业模式。这一点与当前省属企业大多属于混业经营的情形非常吻合。按照省属企业主业的技术类型与主业价值内容，我们可以列出省属企业现有主业的商业模式，如表 5-8 所示。

表 5-8 省属企业主业商业模式一览

企业名称	主业所属行业	价值内容	拥有技术类型	商业模式
广业公司	制造业；电力、燃气及水的生产和供应业；批发和零售业	1；4	A，B	A1；A4；B1；B4
广弘公司	制造业；批发和零售业	1；4	B	B1；B4
广晟公司	采矿业；制造业；住宿和餐饮业	1；2；5	A，B	A1；A2；A5；B1；B2；B5
商业集团	批发和零售业；租赁和商务服务业	1；4	B	B1；B4
建工集团	建筑业	1；4	A，B	A1；A4；B1；B4
丝纺集团	农林牧渔业；批发和零售业	1；3	A，B	A1；A3；B1；B3
省旅集团	批发和零售业	4；6	B	B4；B6
中旅集团	批发和零售业	4；6	B	B4；B6
广新控股	制造业；交通运输、仓储和邮政业；批发和零售业	1；2	A，B	A1；A2；B1；B2
水电集团	建筑业；电力、燃气及水的生产和供应业	1	A，B	A1；B1
交通集团	交通运输、仓储	1	A，B	A1；B1
粤电集团	电力、燃气及水的生产和供应业	1	A，B	A1；B1
航运集团	交通运输、仓储和邮政业	1；4	B	B1；B4
粤海集团	制造业；批发和零售业；住宿和餐饮业	1；4	B	B1；B4
南粤集团	制造业；批发和零售业；水利、环境和公共设施管理业	1；4	B	B1；B4
盐业公司	制造业；批发和零售业	1	B	B1

---

① 一般性产品（服务）往往属于传统产品，满足边际效应递减规律；知识性产品（服务）往往属于信息类产品，满足边际效应递增规律；体验性产品（服务）往往属于高档产品（服务），消费者重视的是其中蕴涵的文化价值。

② 专有性技术基础，即企业拥有竞争对手无法模仿的异质性技术优势；共有性技术基础，即企业并不具有竞争对手无法模仿的异质性技术优势，其所拥有的全部技术都是竞争对手所能掌握的。

续表

企业名称	主业所属行业	价值内容	拥有技术类型	商业模式
南方产权	租赁和商务服务业	5	B	B5
联合电子	信息传输、软件和信息技术服务业	5	A	A5
铁投集团	交通运输、仓储和邮政业	1	B	B1
恒健公司	租赁和商务服务业	4	B	B4
白天鹅宾馆	住宿和餐饮业	4	B	B4
机场集团	交通运输、仓储和邮政业	4	B	B4
物资集团	批发和零售业；交通运输、仓储和邮政业	4	B	B4

资料来源：笔者根据省属企业调研资料分类整理。

从表5-8可以看到，目前省属企业主业商业模式大多属于多种模式并存，主业只选择单一商业模式的企业较少。其中，实施主业突出、多元化发展战略的企业集团商业模式往往较为丰富，如广晟公司、广业公司、建工集团、广新控股等，其商业模式均达到四种以上。

1. 以共有性技术类型为基础的单一产品或服务提供商模式

有相当部分的省属企业的主业处于传统产业领域，其技术类型大多为共有性技术，价值内容通常也较为单一（相对集中于单一产品或者服务），这类企业的主业发展中通常只存在一种具有优势的商业模式。在对这类传统产业进行转型升级的过程中，针对原有主业不突出或者原有主业盈利水平下降的现状，积极推进产业结构调整，推动主业的优化与转型，实现主业的突出化、高级化发展。如物资集团的三大服务体系整合以及航运集团的三大主业转型等。

● 案例

物资集团创新"三大体系"商业模式

物资集团着力完善网络营销体系，做大汽贸连锁网络，提升对整个汽车市场的控制力，使广物汽贸进入了新的上升通道。积极开拓国内二、三线城市，设立汽车销售专卖店。2011年在广东、福建、广西、湖南四省新建或收购专卖店29家，目前广物汽贸已在全国拥有汽车专卖店160家。同时，拓宽金属市场网络。2011年，集团在国内新增金属销售网点30个，增加了新的利润增长点。2011年集团钢材、铁矿石销售量增长了33%、155%。集团还着力完善终端配送体系，扩大终端客户群，利用信用评价体系把握好客户动态，培育一批忠实优质的客户群。集团着力完善延伸服务体系，拓宽服务领域，开展新车销售、旧车交易、租赁、检测维修、配件用品、评估拍卖、消费信贷、拆检定损、国际贸易、车管服务等业务，广物汽贸服务利润已占总利润的50%。创新广东金属物资市场、鱼珠木材市场、九江鱼珠木材市场、电器市场和茶叶配送中心等现代专业市场服务，延伸服务链，提高服务经济效益。创新信息化和电子商务发展。推进供应链系统集成、资金和财务连通、财务业务一体化、协同办公应用和信息安全保障系统。

2. 以专有性技术类型为基础的单一产品或服务提供商模式

拥有专有性技术的、产品或者服务种类相对单一的省属企业往往集中于信息服务等战略性新兴产业领域，这类企业通常拥有竞争者难以模仿的技术优势，如南方产权和联合电子等。这类企业通常会利用自身拥有的专有性技术，着力打造高度专业化的产业发展模式。特别要提出的是，在当前不断加大企业资本运营的背景下，这类企业深刻理解资本市场内在发展规律，准确把握现有资本市场必将提升为多层次资本市场的发展趋势，逐步将自身主业与创新性资本市场发展思路紧密结合，通过建立多层次资本市场实现企业竞争力和经济效益的提升。如南方产权中心建立的综合型产权交易平台试点。

● **案例**

南方产权中心综合型产权交易平台建设

南方产权2009年10月19日全资设立了广东省股权托管中心，为全省非上市股份公司提供股权托管登记等服务。目前，广东省股权托管中心拥有广东省1015家非上市股份公司数据库。同时，南方产权于2009年9月建立广东省环境权益交易所，承担以市场机制推进环境保护、构建环境权益二级市场的任务。2010年6月环交所注册成立，并按照省环保厅排污权交易路线图，前期重点建设排污权交易平台。2010年11月8日成立的广东省南方文化产权交易所（南方国际版权交易所），是南方产权综合型产权交易平台建设的重要举措，这一创新思路获得省委宣传部的高度重视，省委宣传部和省政府产权市场建设联席会议大力支持南方产权参股组建广东省统一的文化产权交易平台，目前该交易平台已经成为广东省实施文化强省战略的重要平台。

3. 以多种技术类型为基础的多种产品或服务提供商模式

根据表5-7的分类，有8家省属企业主业经营选择了以多种技术类型为基础的多种产品或服务提供商模式，这类企业无一例外地属于资产规模大、主业突出、多元化经营的大型企业集团，包括资产超千亿元的交通集团、粤电集团。这类企业的共同特征是具有1~3个具有极强竞争力的主业，在同行业中无论是技术水平还是产业规模都处于领导地位。这也从一个侧面说明，对于规模大、优势明显的大型企业集团往往偏向于选择多种商业模式，且更加注重通过资本运作拓展各主业上下游产业，以实现专业化与多元化经营并重、产业链与价值链整合并举的发展目标。广晟公司"以有色金属为依托，以电子信息为产业延伸，以电信股权和酒店业为融资平台，以建设业为产业服务载体"的传统产业和战略性新兴产业融合发展思路就是这类模式的突出代表。

● **案例**

广晟公司创新商业模式

广晟公司坚持一业为主与适当多元相结合。针对组建之初主业不突出、竞争力不强的先天性弊端，公司进行了两次大刀阔斧的结构调整和产业重组，将原来分布在40多个行业的510家企业，有序退出344家，保留有色金属、电子信息、酒店旅游、工程地产四大产业，形成了"以有色金属为依托，以电子信息为产业延伸，以电信股权和酒店业为融资平台，以建设业为产业服务载体"的产业关联发展格局。特别是公司独创地在资源枯竭矿山企业实施"先生后死，先立后破"的关破工作经验，得到了中国有色金属行业的高度赞扬，两次在国务院国资委召开的全国性会议上介绍经验，并被广泛推广。国际金融危机爆发后，公司适时制定了"进、保、提、控"四字方针：矿业"进"，即坚定不移地向矿业进军，不断强化矿业在公司的核心地位和市场的领先地位；电子"保"，即保创新、保业绩、保形象，培养较强的后续发展能力；酒店"提"，即提升管理、提升品牌、提升效益；工程地产"控"，即严格控制投资风险，重点加强现有项目的管理。通过认真贯彻"四字方针"，公司较好地抵御了国际金融危机的严峻冲击，国有资产的活力、控制力和影响力进一步增强，企业核心竞争力大大提升。

（三）企业文化创新

企业文化是企业成员共有的价值和信念体系。这一体系在很大程度上决定了企业成员的行为方式。它代表了组织成员所持有的共同观念。企业文化在企业发展中起到导向、维系和约束的作用，它有很强的维持现有模式的倾向。

企业文化创新是为了使企业的发展与环境相匹配，根据本身的性质和特点形成体现企业共同价值观的企业文化，并不断创新和发展的活动过程。企业文化创新的实质在于企业文化建设中突破与企业经营管理实际脱节的僵化的文化理念和观点的束缚，实现向贯穿于全部创新过程的新型经营管理方式的转变。企业文化的核心是其思想观念，它决定着企业成员的思维方式和行为方式，能够激发员工的士气，充分发掘企业的潜能。一个好的企业文化氛围建立后，它所带来的是群体的智慧、协作的精神、新鲜的活力，这就相当于在企业核心装上了一台大功率的发动机，可为企业的创新和发展提供源源不断的精神动力。面对日益深化、日益激烈的国内外市场竞争环境，越来越多的企业不仅从思想上认识到创新是企业文化建设的灵魂，是不断提高企业竞争力的关键，而且逐步深入地把创新贯彻到企业文化建设的各个层面，落实到企业经营管理的实践中。

近年来，省属企业紧紧围绕企业可持续发展战略，改革管理体制，创新经营理念，积极应对经济全球化和激烈的市场竞争，在培育企业精神、推动制度创新、塑造企业形象等方面做出了积极的探索，取得了明显成效。

（1）以培育企业精神为核心，着力培育了"敢为人先的创新精神、勤勉善为的务实精神、甘于付出的奉献精神"的交通精神、"责任、感恩、良知、奉献"的"大广晟"精神等企业核心精神，有效地激发了广大干部职工振兴企业的激情，为企业改革发展提供了不竭的动力。

（2）以创新经营理念为重点，省属企业精心提炼了具有现代气息和自身特色的文化理念，如物资集团的"诚、信、赢"文化理念，成为助推企业改革发展的思想先导和精神动力。

（3）以开展精神文明创建和创建学习型企业为载体，注重用社会主义思想道德规范和先进的科学文化知识武装员工，如"绩效、诚信、敬业、团队、执行"的广弘精神，为企业和员工的共同发展增强了创新能力和发展实力。

1. 通过提炼企业文化核心价值观加强企业履行社会责任意识

创新是文化的本质特征。先进的企业文化是推进企业改革发展，实现企业基业长青的动力。文化只有在传承创新中才能保持旺盛的生命力、创造力和凝聚力，体现时代精神。当前，省属企业着力从建立和完善企业文化体系建设、推动企业文化与战略相融合以及增强企业文化渗透力三个方面为文化创新保驾护航。省属企业通过企业文化创新凝练企业核心价值观，树立企业强烈的履责意识，推动企业社会责任的履行。

> **● 案例**
>
> ### 广弘公司企业文化创新
>
> 广弘公司在企业文化建设中重点抓好企业精神培养、品牌树立和形象塑造三方面的文化建设工作，有力提升了文化"软实力"。首先，公司自觉地践行符合社会主义精神文明要求和适应社会主义市场经济的道德行为规范，树立并培育对出资人、对社会、对企业、对员工、对历史负责的高度责任感，切实增强了企业的凝聚力、向心力和创造力；大力对外宣传企业在狠抓科学发展和破解发展难题中的各项创新举措和"亮点"，打造富有时代气息、奋发向上的广弘品牌；积极参与扶贫开发、赈灾捐助等一系列活动，树立广弘热心公益事业、积极履行社会责任的良好社会形象。10年来，广弘公司先后荣获"全国企业文化建设优秀单位"和"广东省优秀企业文化单位"等称号，从而塑造了良好的公司形象；着力打造优秀企业文化，让"务实"成为风气，树立并培育讲求"绩效、诚信、敬业、团队、执行"文化的企业核心价值观，为实现五年发展目标开好局提供精神动力；进一步增强广弘员工的幸福感，让广大员工共享发展成果，形成"共谋、共创、共享、共荣"的良性局面，不断增强企业的凝聚力、创造力和战斗力。

2. 通过建设多层次企业文化推动企业社会责任履行

为充分发挥企业文化在提高企业管理水平、增强核心竞争能力、促进企业改革发展中的积极作用，广东省委、省政府发布了《关于加快提升文化软实力的实施意见》和《广东省建设文化强省规划纲要（2011~2020年)》。省属企业按照省国资委的要求，结合自身情况，把握企业文化建设的主要内容和工作重点，积极探索企业文化建设的新路子，积极开展企业文化构建工作。广晟公司根据《广晟公司企业文化建设三年发展战略规划（2010~2012年)》，大力开展多层次的广晟特色企业文化建设工作。

> **● 案例**
>
> ### 广晟特色企业文化建设
>
> 广晟公司总结、提炼和培育鲜明的精神理念体系，建立企业理念识别体系，体现爱国主义、集体主义和社会主义市场经济的基本要求，融合"责任、感恩、良知、奉献"的精神情怀，构筑"大广晟"企业之魂；按照现代企业制度的要求，规范企业董事会、党委会、监事会和经营班子的责权利关系，有效制衡的企业法人治理结构；通过不断调整优化，强化公司本部、一级集团、二级企业的"扁平化"组织管理架构；严格遵守《关于进一步规范企业行为,加强经营管理工作的规定》和《广晟公司基本管理制度》，"三重一大"事项坚持集体决策原则，构建规范的制度文化；编印《企业行为规范手册》，调整好企业与企业之间、企业与客户之间、企业与政府之间、企业与社会之间的行为关系；建立良性的企业内外部人际关系，确保企业与社

会、企业员工之间和谐相处;建立完善的企业公关策划及服务行为规范体系,从而构建卓越的行为文化;以员工的需求为导向,加强企业文化设施建设;打造蕴涵企业文化内涵的产品体系,提升产品的文化价值和品质;加大"大广晟"文化品牌的宣贯和导入力度,形成整洁、统一、美观、易于识别的企业外部形象,从而构建和谐的物质文化。

本章小结

调研显示,省属企业在经营成本控制、经营风险防范、国有资产保值增值和市场竞争力提升四个方面推动了社会责任的履行。省属企业通过合理制定成本控制标准、探索全过程成本控制机制、完善成本考核体系实现经营成本控制;通过设立集中化财务风险监管机构、建立以信息化为载体的企业风险内控体系、完善企业内部风险预警与控制机制加强经营风险的防范;通过债务重组、加强境外国有资产的管控、加大国有资本运营力度实现国有资产保值增值;通过经营模式、商业模式、企业文化创新促进市场竞争力的提升。省属企业积极履行企业经济责任,发挥了国有经济在地区经济发展中的主导作用以及社会责任履行的表率作用。

第六章 广东省属企业履行诚实守信责任的实践与探索

市场经济是信用经济，诚信既是市场经济本质所需，也是企业应承担的社会责任。诚实守信对企业的基本要求：遵守法律法规，恪守商业信用；依法纳税；不为利益所诱惑，杜绝商业贿赂，反对不正当竞争。实践中，广东省属企业不但切实地履行了自己诚实守信的社会责任，而且还不折不扣地完成政府的指令性任务，实现地方政府的政治、经济部署，不辱使命。

第一节 履行政府的指令性任务

国有企业与其他企业相比，存在重大的区别，国有企业是国家实现特定目标，包括经济、政治和社会目标的工具之一，履行政府的指令性任务是我国国有企业的一项重要职责。这当中既有经济目标的内容，也有非经济目标的内容。就国有企业整体而言，它的非经济目标是：实现国家经济社会发展战略、调整经济结构、防止经济失衡、平抑经济周期波动等确保经济社会的稳定和协调发展，以及战争特殊时期，还要为满足国家战争需求服务。[①]

一、总体情况

广东省属企业按不同的属性和特点，分为竞争性和准公共性两种类型。准公共性国有企业主要包括交通集团、机场集团、铁投集团、盐业集团等提供公共产品和公共服务的企业，以及南方产权中心、联合电子等平台类企业。其他基本属于竞争性企业。当然，有的省属企业业务是综合性的，其中既有提供公共产品和服务的业务，也有参与市场竞争的业务。如粤海集团，其东深供水项目为香港、深圳及东莞沿线地区提供原水，属于准公共服务；同时，粤海集团的产业还包括房地产开发、酒店管理、物业管理、啤酒生产、制革等，属于竞争性业务。不同类型的企业在履行社会责任方面扮演不同的角色，发挥不同的作用。其中，准公共性国有企业在履行政府指令性任务方面尤为突出。

---

① 康伯发，汪智汉. 履行社会责任是国有企业的重要职责，http://www.hb.xinhuanet.com/interview/2008-11/04/content_14824952.htm.

（一）承担公共项目的建设

对于广东省政府规划建设的重大公共项目和重要民生工程，广东省属企业是主要的承担者、实施者和管理者，发挥了中流砥柱的作用。

1. 打造广东省便捷的立体交通

交通基础设施是国家经济和社会发展的基础，其完备程度是经济发展水平的重要标志之一。广东省属企业是省内高速公路、铁路、机场、码头等交通基础设施建设的主要力量，为打造全省便捷的立体交通建立了卓越功勋。

A. 高速公路建设

交通集团是广东省高速公路最重要的建设和经营主体，先后投资建成了佛开高速公路、广深高速公路、深汕高速公路、西部沿海高速、京珠高速粤境段、广惠高速公路、茂湛高速公路、虎门大桥、汕头海湾大桥、梅河高速公路、江中高速公路、汕梅高速公路、汕揭高速公路、惠河二期、广珠西线高速公路、英（德）佛（冈）一级公路、河（源）龙（川）高速公路、梅（州）河（源）高速公路、江（门）鹤（山）高速公路、粤赣高速公路粤境段、俞湛高速公路粤境段、湛江海湾大桥、天（津）汕（尾）高速公路梅州西环段、天（津）汕（尾）高速公路蕉岭广福至梅县城东段等省内主要路桥。交通集团投资、管理的高速公路通车里程达3328公里，占全省高速公路通车里程5049公里的66%，广东省高速公路经营规模在全国居第二位，[①]交通集团功不可没。

交通集团如期完成了广东省委、省政府确定的高速公路建设"三年三大步"的战略目标："2003年实现全省中心城市通山区高速公路，2004年实现全省地级市通高速公路，2005年实现与周边省区（海南省除外）陆路至少通一条高速公路"。

"十一五"期间，交通集团承担了民营企业所不愿投资而由省委、省政府交办的粤东、西、北等欠发达地区和沿海、跨省高速公路建设。目前已有15个招标失败项目由交通集团兜底建设运营，合计里程1710公里。其中经营性项目11个，建设里程1134公里，投资1277亿元；政府还贷项目4个，建设里程576公里，投资534亿元。[②]

目前，已明确将由交通集团承担的高速公路建设项目达25个、总投资2762亿元、建设里程2529公里的建设任务（含改扩建项目），将建成约2294公里高速公路。在"十二五"广东省12个"县县通高速"项目中，交通集团将负责9个共1350公里的建设任务，投资1337亿元。

B. 铁路建设

铁路是经济发展的大动脉，但到21世纪初期，广东省运营铁路里程仅1800公里，人均拥有路程不到2.3厘米。这个数字，只相当于我国平均水平的41%，全国倒数第四。这显然与广东占据全国1/9经济总量，1/7财政收入的经济地位极不相称。[③]铁路建设的长期滞后成为了综合交通体系中的"短板"，运营里程短覆盖密度低、出省通道的严重不足、公交化程度低下等问题，成为了广东省经济社会发展的瓶颈。

铁投集团成立于2005年，其主要任务就是与铁道部合作建设铁路省内干线，以及投资兴建珠

[①][②] 根据调研资料整理。
[③] 广东省铁路建设投资集团有限公司党委. 插上南粤腾飞的翅膀//广东省国资委编. 国企先锋. 中国广播电视出版社，2012.

三角城际轨道交通网,改善广东省铁路建设不足的状况。

2008年,为应对全球金融危机给我国造成的不利影响,国务院推出了"四万亿元"的投资刺激经济方案。广东省的刺激经济措施之一是加快现代综合交通运输体系的建设,将推动珠三角城际轨道交通网络建设作为加快珠三角经济一体化进程的重大战略举措,建设珠三角城际轨道被列为广东十大项目之首。

2009年底国家发改委批复了珠三角城际轨道交通网规划:珠三角城际网在2020年前规划建设16条线路,合计里程1478公里,预计总投资达4000亿元。线路经过珠三角地区9个城市,几乎覆盖了珠三角地区县级以上城市和主要城镇,呈现出"三环八射"架构,城镇覆盖率达66%以上,形成以广州、深圳、珠海为枢纽,与港、澳及省内其他地区相连接的轨道交通网络。实现以广州为中心、主要城市间1小时互通;广州、深圳、珠海三大都市区内部1小时互通,为珠三角地区提供"公交化"的城际旅客运输服务。

目前,广东省省部合作国铁干线项目已从最初10项增至32项,武广客专、广深港客专广东段、广珠城际广州南至珠海北段等项目已率先建成运营,穗莞深城际轨道交通项目、莞惠城际轨道交通项目、佛肇城际轨道项目等正在建设之中,珠三角城际轨道交通网络建设快速推进。广东省铁路建设里程已超2300公里,并正以举世瞩目的速度延伸着。[①]

C. 机场和港口建设

机场集团下辖广州白云国际机场、揭阳潮汕机场、湛江机场、梅县机场和惠州机场。其中广州白云国际机场是以广州市、广东省为依托,连接泛珠三角地区和全国各地,辐射东南亚和亚太地区的门户复合型国际航空枢纽;揭阳潮汕机场的建设规划是要建成为粤东地区以及我国东南沿海重要的干线机场;湛江机场、梅县机场和惠州机场则要分别建成为粤桂交界地区、粤闽赣交界地区、珠三角地区重要的支线机场。

航运集团主要从事港口航运物流、水路高速客运、船舶制造、近远洋运输和旅游运输等业务,属于竞争性企业。此外航运集团也结合自己的主营业务,以全资拥有、控股和参股方式经营着20个内河二类货运港口和5个客运港口,如:肇庆新港、高要港、四会马房港、德庆康州港、香港国际机场海天客运码头、南沙江海联运码头等。

目前,广东省已成为中国交通设施最完备、出行最便利的地区之一,拥有通往世界各大洲的国家和地区的海空航线,拥有铁路主骨架和连接省内外的公路网,以省会城市广州为中心的海、陆、空交通运输网四通八达。广东省交通设施建设取得这样的成就,省属企业作出了重要的贡献。

省属企业所从事的交通基础设施建设,不仅方便了人们的出行,更重要的是对广东省经济社会发展发挥了重要支撑和保障的作用:①基础设施的建设需大量消耗钢材、水泥、电缆、沥青等多种建材,需使用各类工程机械,因而交通基础设施的建设,客观上带动了相关产业的发展,从而间接地拉动了经济。②创造了大量就业机会。交通基础设施施工属于劳动密集型行业,大规模交通基础设施建设创造了更多的就业岗位。③有利于增加国家和地方财政收入。交通基础设施的建成和完善扩大了我国公共交通的运营规模,提高了服务质量,同时也增加了运营收入和纳税。④改善了投资

[①] 广东省铁路建设投资集团有限公司党委. 插上南粤腾飞的翅膀//广东省国资委. 国企先锋. 中国广播电视出版社,2012.

环境，助力广东省吸引外资。[①]以广州白云机场为例，根据中国民航科学研究院的研究表明，2011年白云机场为广东省经济创造的经济效益总和为627亿元，为广东省提供了58.5万个就业岗位，其中为广州市创造了经济效益总和为497亿元，为全国创造了1687亿元的经济效益。[②]

2. 承担治污减排项目建设

环境保护是社会经济可持续发展、建设循环经济的保证。近几年来，广东省由于人口剧增和工商业发展迅速，产生的大量废水、废气未能妥善处理，造成污染问题日益严重。广东省各级政府虽作出努力，但治污成效不佳，这与广东省自身经济发展地位极不匹配。如何实现治污减排，成为省政府当前的头等大事之一。

2008年8月，广业公司麾下的广业环保集团以BOT加BT模式承建广东省欠发达的东西北地区的103家污水处理厂项目，而此项工程涉及12个地市、43个县区共77个污水处理厂和36个配套管网的建设运营，总投资预算高达70亿元。

东西北地区污水处理项目的建设创造了一个奇迹：从动工到调试，280天完成了常规时间三年的任务。广东省在环境基础设施建设上取得了骄人的成绩。项目的建成运营，污水处理能力达到185万吨/天，为广东省人民提供源源不断的净化活水，也为广东省实现"十一五"污染减排目标作出了重要贡献。至此，广东省在全国减排量排名列第一。[③]

（二）保障重要民生领域产品和服务的供应

水、电、盐、肉、药，是人们生活、生产、社会发展都离不开的必需品。对于供水、供电、食盐、粮食和药品储备等重要民生产品和服务，广东省属企业发挥了国有企业的控制力和影响力，确保了供给的相对稳定，避免了产品价格出现较大波动，特别是在公共危机管理方面扮演了重要角色。

1. 粤电集团保障全省电力供应

广东省是经济发展大省，经济和社会的快速发展需要强大的能源支持。粤电集团是广东省实力最强、规模最大的发电企业。集团连续十年在省属国有资产经营责任制考核中成绩为优，在2011年度中国企业500强中位列第197位、在广东省企业500强中位列第22位。截至2011年底，全资及控股电厂装机容量达2480.97万千瓦，[④]其中装机容量百万千瓦级以上的电厂有13家；现有全资、控股、参股单位130余家，并控股上市公司——广东电力发展股份有限公司（粤电力）。公司产业涉及火电、水电、风电、核电、LNG发电、生物质发电、光伏发电等多种能源，遍布广东全境，并积极向省外和海外延伸。粤电集团的电力是支撑广东电网、保障广东电力供应的主力电源，有效地满足了广东经济、社会发展的电力供应需求。

2003年开始，在日趋紧张的电力供应形势下，粤电集团长期顶峰发电，年年超额完成广东省发改委下达的电量指标，有力地缓解了广东电力日益严峻的供应形势；圆满完成各项重大活动保电以及抗灾保电工作，得到了政府和社会各界的肯定和认同。

2. 粤海集团和南粤集团为港澳供应淡水和鲜活食品

香港由于地理条件的原因，淡水资源缺乏。随着经济发达和人口增长，淡水资源需求也随之增

---

① 那丹妮，于汶加，王高尚. 交通基础设施建设水平中外对比研究，http://www.ectime.com.cn/Emag.aspx? titleid=12336.
②④ 根据调研资料整理。
③ 廖维康. 碧水南粤//广东省国资委. 国企先锋. 中国广播电视出版社，2012.

加。为解决香港的用水困难,广东省内东江—深圳供水工程(简称"东深供水工程")于20世纪60年代开始兴建,跨越东莞市和深圳市境内,水源取自东江,是目前香港淡水供应的主要水源。东深供水工程至今已逾50年,是一项政治工程、民生工程。自2000年粤海集团重组起,东深供水工程划归粤海集团经营。10多年来,粤海集团投资改造工程,不断改善水质,一如既往地向香港供应源源活水,保障了香港生活、生产的用水需求。

香港和澳门由于自身条件的限制,鲜活食品的供应主要依靠内地,粤海集团下属的广南行和南粤集团下属的南粤食品水产有限公司分别承担起了输港澳鲜活商品的重任。香港消费的70%以上的农产品是由内地供应的,广南行是三家负责内地供港鲜活农产品的企业之一,供应量占全部供港鲜活农产品约40%,其中活鸡占85%、活猪占45%、活中猪占30%、活牛占10%、冰鲜猪肉占12%。[①] 南粤食品水产有限公司在输澳鲜活商品市场上已占有75%的份额,[②] 成为确保澳门鲜活食品市场稳定供应和品质安全的中坚力量。南粤集团还密切配合海关等执法部门打击走私活动,遏制走私集团私带鲜活商品带来的市场冲击,有效平抑了澳门食品价格。

3. 盐业集团供给全省用盐

根据国务院《盐业管理条例》、《食盐专营办法》、《食盐加碘消除碘缺乏危害管理条例》的规定,以及广东省政府《盐业管理条例》、《食盐专营办法》等法律法规的授权,盐业集团是广东省辖区内唯一合法的食盐专营企业,承担确保食盐加碘、实现消除碘缺乏病的政治责任,承担确保全省食盐市场安全供应、应对突发事件,满足各行各业用盐的社会责任。

在广东省,食盐一直较好地实现了市场的平稳供应和质量安全,而且成为10年来价格波动最小的商品之一,普通碘盐维持在每斤1.3元的价格水平上。中国实行食盐专营、防治碘缺乏病,受到联合国的支持,在WTO谈判中,世界100多个国家一致认同,盐的批发环节不放开,食盐专营能够保证人人享受公共健康服务的权利。盐业集团近5年来盐的销量增长近三成,突破120万吨大关,创历史最高,满足了人民群众生活和各行各业生产的用盐需求。

碘是人体生长发育必需的微量元素之一。人体所需碘元素主要来源于食物,但由于土壤和水中缺碘致使食物含碘量低,导致人体摄碘不足,引发碘缺乏病。其主要表现为甲状腺肿、克丁病、胎儿流产和先天畸形等。防治碘缺乏病的最好途径就是食盐加碘。国务院1994年颁布了《食盐加碘消除碘缺乏危害管理条例》,开始在我国实现食盐加碘制度。2006年卫生部宣布,实施全民加碘之后,我国儿童智商提高了10~15个智商点。盐业集团负责广东省加碘盐生产,2010年,全省顺利实现了消除碘缺乏病的规划目标。[③]

4. 广弘公司负责全省肉类和部分药品的储备

实行储备管理是政府调节市场、稳定市场的重要方式。当发生自然灾害或突发事件时,政府通过迅速、及时地调用储备商品投放市场,可有效地预防、控制、消除突发事件对社会的影响,以应对因自然灾害或突发事件造成的市场供应短缺所造成的危害,实现有效调控,以达到安定社会的目的。因此,从中央到地方,各级政府均实施粮食和药品储备。广弘公司则承担了中央、省市的肉类储备和部分药品储备的任务。

---

①② 根据调研资料整理。
③ 刘志军. 彰显盐的品质,奉献金的价值//广东省国资委. 国企先锋. 中国广播电视出版社,2012.

（1）肉类储备。广弘公司旗下全资子公司中山广食农牧发展有限公司承担国家活畜储备3000头；广弘公司旗下全资子公司广东省广弘食品集团有限公司承担广东省省级冻肉储备任务4400吨、承担广州市市级冻肉储备2000吨，冷冻肉类贸易的经营量约占广州市冻品市场份额的70%。[①]广弘公司长期履行国家、省、市政府交付的肉品储备任务，在丰富全省人民群众的菜篮子、繁荣和稳定省肉食市场、抗灾应急、稳定市场供应、平抑市场价格等方面发挥了重要作用。

（2）药品储备。目前，广弘公司承担的省级应急药品储备规模为1200万元。[②]为防治禽流感和甲型H1N1流感疫情，经广东省政府批准又增加了专项药品储备，主要是"达菲"和"依乐韦"，使省级药品储备及专项储备的总规模达到2723.4万元。[③]专项药品储备由省财政拨款，企业代储、代管；省级药品储备则采取企业自主贷款、省财政每年按储备额10%补贴的办法，实现品种和类别控制，总量平衡的动态储备，由企业在药品有效期内进行轮换，并按季度向省经信委、省卫生厅、省财厅等主管部门上报药品储备工作情况。

（三）承担抢险应急和特殊重大任务

广东省属企业在关键时刻出色地完成了省委、省政府下达的急、难、险、重的指令性任务，积极履行特殊而重大的社会责任。在抗冰救灾、扶贫、抗洪抢险、抵御金融风险、利比亚撤侨等硬仗中，广东省属企业成为政府可以信赖、能够战斗、无私奉献的铁军，在维护和谐稳定等方面，发挥示范带头作用。在广州亚运会、亚残运会的举办过程中，广东省属企业承担了大部分工程项目建设和大量重大保障性、服务性工作。

其中，交通集团担当了全省公路交通抢险救灾应急任务，参与了汶川地震震后高速公路的抢修：2006年，抢通韶关市水毁桥梁；2008年承担京珠北高速公路抗冰抢险任务，抢修阳江海陵大堤；2009年，交通集团下属广东新粤公司仅用2个月时间完成四川震后首条连接成都与汶川的交通"生命线"都汶高速路的机电工程，较计划提前12个月；2010年，受台风"凡亚比"影响，广东阳春遭遇200年一遇的特大暴雨袭击，部分村镇受灾严重，房屋倒塌，交通通信和水电设施损毁中断，经交通集团下属省长大公路工程公司等单位组成的抢险队奋力拼搏，为灾区开通了一条运送救灾物资的便道。交通集团作为广东省内公路交通抢险救灾的主要力量，很好地履行了省属大型国有企业应尽的社会责任。

再如，盐业集团多次迅速有效地平息了抢盐风波。最近10年来，广东省发生了3次大的抢盐风波。2003年"非典"期间，广东省发生大范围的食盐抢购风潮；2008年，南方雪灾期间，因交通十分不畅，尤其是铁路和公路交通紧张，严重依赖外省盐的广东省食盐供应一度告急；2011年，受日本地震引发的核电站事故影响而导致的"3·16"抢盐风潮来势最凶猛。抢盐风潮给市民造成恐慌，对地方政府造成一定的压力。每一次，盐业集团都根据党中央、国务院、广东省委、省政府关于保障食盐供应、维护社会稳定的具体要求，三管齐下（即正确引导社会舆论，宣传抢购食盐毫无必要；加大食盐供应力度，防止食盐供应断档；坚决打击造谣惑众、囤积居奇、哄抬盐价、扰乱市场等不法行为），使得食盐抢购风潮很快得到了平息，市场秩序恢复迅速。

---

①②③ 根据调研资料整理。

二、实践与探索亮点

(一) 落实省政府关于国有资本转型升级的战略部署

为实现国家、地方经济社会发展战略,近几年广东省进行了国有资本布局结构调整,通过关闭、改制、转让等多种退出方式,稳妥地退出一些非战略性、非优势行业,国有资本进一步向基础设施、基础产业和战略性新兴产业领域集聚,并稳步实施"走出去"战略。

省属企业勇于担当,认真落实省政府关于国有资本转型升级的战略部署。除保障基础设施和民生工程外,省属企业还积极开拓电子信息技术、新材料技术、高技术服务业、新能源及节能技术、资源与环境技术等战略性新兴产业,稳妥地推进海外并购。粤电集团、广业公司、水电集团等发展了清洁能源项目,广业公司、粤海集团等投资建设了污水处理厂、垃圾焚烧发电厂等环保减排项目,广晟公司控股设立了广晟数码、广晟微电子、风华高科等电子信息和新材料高科技企业,南方产权中心、联合电子、广晟期货公司等进军现代服务业,广晟公司、广新控股等走出国门,在澳大利亚、马达加斯加、越南、老挝等国投资办厂,并购战略性资源企业,布局海外市场。

● **案例**

企业国有资产转让的服务平台——南方产权中心

南方产权中心是一个典型的现代服务业企业,同时又是为广东省国有企业转型升级、实现企业国有产权转让价值最大化服务的平台。

2003年12月31日,国务院国资委和国家财政部联合发布《企业国有产权转让暂行办法》,规定企业国有产权必须通过产权交易市场公开挂牌转让,企业国有产权交易要逐步形成一整套转让定价、审批、挂牌、推介、竞价、交易、鉴证制度,确保国有资产在流通环节的保值增值。据此,我省在客观上需要一个统一的产权交易平台。2006年10月16日,南方产权中心正式成立,所有企业省属国有产权交易均必须进场交易。

如今,南方产权中心的业务除企业国有产权交易服务外,还包括金融国有资产、中小企业产权、股权托管、环境权益、文化版权,以及涉及碳排放权、行政事业性资产、涉讼资产的交易服务。

调研资料显示,所有进场交易的企业国有产权均实现增值成交。2011年,南方产权中心全年共完成各类产权交易宗数为250宗,交易金额为83.06亿元;其中国有产权交易宗数98宗,交易金额24.31亿元,项目平均增值率为53.20%,最高增值率为3100%;金融资产交易7宗,交易金额2.15亿元,平均增值率64.35%,最高增值率170%。南方产权中心已经成为一个企业产权转让价值最大化的、多层次资本市场交易的平台,能够让各类产权顺畅流转。[1]

---

[1] 南方联合产权交易中心有限责任公司.追求卓越的赶潮人//广东省国资委.国企先锋.中国广播电视出版社,2012.

（二）承担因履行指令性任务而产生的经营成本

广东省属企业虽然大都资产规模、经营规模大，但是也普遍存在历史包袱重等困难。有时为了完成政府任务，会进一步增加企业的负担，但省属企业仍然克服自身困难，为政府、社会排忧解难。

交通集团执行交通运输部、省政府等有关减免路桥费的政策，承受了巨大的经营压力。2008~2011年，仅高速公路"绿色通道"政策一项（对"绿色通道"上行驶的整车合法装载鲜活农产品运输车辆，免收车辆通行费），共减少收入37.54亿元。同时，为了保证畅通，加强节假日人员保障，当遇到车流高峰和突发事件时，车流堵塞超过一定长度实施间歇性免费放行，2010~2011年间歇式免费达2600万元。2012年国庆节开始，遇春节、清明节、劳动节、国庆节等四个重大节假日，又对小型客车实施免收通行费措施，2012年国庆节期间，交通集团因此而免收的路桥费达3亿多元。①

广弘公司负责的肉类储备，政府只负担肉类采购成本，储备的运营成本则全部要由广弘公司自行消化；省级药品储备则采取企业自主贷款、省财政每年按储备额10%补贴的办法，不足的部分仍然要由广弘公司自行消化。

建工集团根据省国资委的要求，从2012年6月起，无条件接受了原广东海外建设集团有限公司的员工167人，退休员工9人。由于海外集团处于停产整顿状态，建工集团每月为海外集团员工垫付工资等费用190多万元。②

机场集团下辖的揭阳潮汕机场、湛江机场、梅县机场和惠州机场现均处于亏损经营状态。但是，为了完善广东省航空运输网络，发展当地经济，特别是发展东、西两翼的经济，机场集团坚持内部消化，维持上述四个机场正常的航空服务。

盐业集团除盐业专营外，2007年起还承担了行政执法任务。任务加重了，但盐业集团没向政府要一个编制、没要一分钱经费，依然把盐业执行工作开展得井井有条。

（三）在保障完成政府任务的同时不断创新

广东省属企业履行政府的指令性任务，不光是完成任务，还积极探索创新，把任务完成得出色，甚至超越了预期的目标。

比如，南方产权中心最初成立的目标是搭建省级企业国有产权转让的交易平台。为出色地完成这一任务，南方产权中心创新了四大制度支柱，即会员代理制、统一结算制度、立体式的风险控制系统、信息化监管制度。南方产权中心除国有产权交易服务外，还积极拓展其他新型业务。如今，南方产权中心形成了以国有产权、金融国有资产、中小企业产权、股权托管、环境权益、文化版权，以及涉及碳排放权、行政事业性资产、涉讼资产九大业务板块相辅相成，"省政府综合性产权交易市场试点"和"工信部区域性中小企业产权交易市场试点"两个省部级试点稳步推进的较为完整的产业链。2011年，南方产权中心对于省属企业业务收入的依存度已下降至25.63%，地方企业产权业务和金融企业产权业务收入贡献率上升至66.75%以上。③再如，联合电子设立的目的是实现全省高速公路联网收费的任务，联合电子先是推出了最基本的联网收费服务，接着又推出一卡通服

---

① ② 根据调研资料整理。
③ 南方联合产权交易中心有限责任公司. 追求卓越的赶潮人//广东省国资委. 国企先锋. 中国广播电视出版社，2012.

务，然后是电子不停车（ETC）缴费服务，每一次的服务创新，都使得环保节能、降低经营成本和方便消费者的目标更上一层楼。

从广东省属企业履行社会责任的现状看，随着省属企业经济实力的增强，省属企业履行政府指令性任务的积极性日益增长，其表率作用也不断显现出来。随着国有企业的不断发展壮大，其履行社会责任的积极性和作用，将更加凸显。

第二节 守法守信

模范地遵守法律法规和社会公德、商业道德以及行业规则，维护债权人权益，保护知识产权，忠实履行合同，恪守商业信用，是社会对负责任的企业公民的基本要求之一。广东省属企业坚持依法经营，诚实守信，在社会上树立了良好的榜样。

一、总体情况

（一）遵守法律法规

调研发现，广东省属企业基本上能够做到严格遵守国家、省、市各项法律法规和国有资产管理制度，认真落实各项政策，坚持依法治企，守法经营，恪守商业道德，杜绝走私、偷税漏税、无证照无资质经营、侵犯他人知识产权、串标围标、合同欺诈等违法经营现象。

广业公司下属两家子公司曾被英国一家公司指控侵犯专利权，但是后来事实证明该公司的指控不成立。英国泰莱公司认为广业公司属下的广东省食品工业研究所和广东广业清怡食品科技有限公司侵犯了该司的三氯蔗糖生产专利技术，在2007年4月向美国国际贸易委员会（ITC）提交申请，要求对清怡公司在美国销售的三氯蔗糖产品进行"337调查"。事实上，食品研究所从2001年起就开始研究三氯蔗糖生产技术，2004年实现产业化，并获得中国发明专利授权两项，2007年获广东省科技进步二等奖。清怡公司是食品研究所的产业化基地，生产销售的三氯蔗糖产品属利用食品研究所的专利。为了维护自身的合法权益，在广业公司的支持下，食品研究所和清怡公司积极应诉。经过ITC两年的详细调查（包括事实取证、专家取证和庭审三个调查阶段），2009年4月7日，ITC作出终裁，裁定食品研究所和清怡公司全面胜诉。

当然，广东省属企业中也出现过像新广国际原董事长、总经理吴日晶那样的个别反面例子，滥用职权，违法经营，造成企业关停和国有资产重大损失。但是，这不影响广东省属企业信誉良好的整体情况。而且，中央、广东省省委高度重视像吴日晶那样的国有企业负责人的违法违纪案件，坚决查处，总结有关的经验教训。对于查证属实的，依法给予党纪政纪处分，移送司法机关处理，积极挽回和避免经济损失。

(二）恪守商业信用

调研显示，广东省属企业在自己的业务中大都有相对固定的商业伙伴，履行合同方面实现了制度化管理，合同履行情况良好。

1. 合同制度化管理

企业与银行、供应商、客户等合作伙伴之间进行的各种经济联系与交往一般是以合同为纽带，合同是企业与合作伙伴讲诚信的前提。调研显示，广东省属企业十分重视合同的管理，基本上都实行制度化管理。即在制度上，制定了专门的合同管理规章制度，规范了合同管理流程，明确了合同签约权限，并指定了专门的负责机构和负责人员，物资集团、水电集团等还设置了企业法律总顾问制度；在合同订立和履行过程中，注重强化事前防范机制，确保合同签订合法有效；合同签订后，加强合同履行中的动态监督，建立合同履行情况的报告制度，定期开展业务检查与风险排查工作，遇到问题立刻上报，并及时采取应对措施；健全合同台账管理制度，确保相关职能部门及时、全面、客观地掌握合同的签订和履行情况。

2. 合同签约率和履行率高

广东省属企业与合作伙伴的诚信关系，首先体现在依法签订合同上。调研发现，广东省属企业在经济交往中合同签订率高，尤其是履约时间长、合同金额较大的合同。在依法签订合同时，能坚持做到意思表示真实，不假借订立合同恶意进行磋商，不故意隐瞒与订立合同有关的重要事实或提供虚假情况，不恶意串通损害国家、集体或第三人的利益，不规避国家法律法规，不采取其他违背诚实信用原则的行为。

其次是在合同履行过程中，省属企业基本上能做到严格按约定执行，不欠银行本息、不拖欠货款，配合供应商和客户交货与验收及意外情况的处理，出现意外情况时，及时通知供应商和客户，合同履行总体情况良好。在交易链中，即使在自己没有收到上一手的工程款、货款等交易款项，也不会借此理由而拖欠下一手的交易款项，反而是积极筹措资金，履行合同约定的付款义务，维护合同对方当事人的期待利益。

建工集团和水电集团按时支付劳务报酬就是一个很好的例子。建工集团和水电集团都是建筑施工企业，属于劳动密集型产业，建筑用工除了本企业员工外，还常常通过劳务分包，使用大量外来务工人员。在建筑行业，垫资施工、拖欠工程款的事情时有发生，由于建筑工程成本都较高、工程款数额也较大，所以一旦被拖欠工程款，有的施工企业就无法支付工人劳务费用和材料供应商的货款，社会上曾出现过由此类原因而引起的群体讨薪事件。建工集团和水电集团也不例外地遇上过被拖欠工程款的情形，但是，他们能够体恤这些外来务工人员，即使自己没有收到工程款，也想方设法筹集资金，优先垫支劳务费用给劳务分包单位，使工人们能够按时领取工资，逢年过节时，他们还派员上门慰问。因此，多年来，建工集团和水电集团施工的工地，没有发生过工人讨薪的群体事件，为社会和谐稳定尽了自己的责任。

3. 保守合作伙伴的商业秘密

依据《合同法》的有关规定，合同当事人应当遵循诚实信用原则，根据合同的性质、目的、交易习惯履行通知、协助、保密等义务。调研发现，省属企业对在合同订立中和合同履行中所知悉的合作伙伴的商业秘密，均能坚持做到保密不泄露、不滥用。

(三）维护交易各方权益

在广东省属企业中，南方产权中心是产权交易平台性质企业，其诚实守信责任与其他省属企业不同的地方在于同时为涉交易各方着想，公平地保护交易过程中各方的合法权益。具体的做法有：

（1）对企业国有产权性质的交易标的，强制进行市场价值评估，交易价格不得低于评估价，从而杜绝交易过程中的国有资产流失；明确规定管理层收购的，不得存在收购方对国有企业亏损负有个人责任的情形、不得存在收购资金来自国有企业的情形，保障了国有资产的保值增值。

（2）实现统一结算制，通常在转让双方达成交易协议后的5个工作日内，买方必须把交易价款汇入南方产权中心监管的独立账户，需要办理产权过户手续的交易标的在款到后3~5个工作日过户到买方名下，过户手续完成后由南方产权中心将交易价款划给卖方，有效地保护了交易双方的权益。

（3）明确规定待转让产权在未解除抵押的情况下不允许交易；不允许转让方作出有指向性的受让条件；如实披露交易标的产权的亮点和瑕疵，使买方充分了解交易标的产权，保障了投资者的权益。

（4）明确规定对于整体转让的企业，交易的前提包括对职工作出留用、安置或解约补偿的妥善解决方案，否则不得入场交易，从而很好地保护了企业员工的利益。正是由于南方产权中心在产权交易服务中为方方面面的利益考虑周全，获得了各方的称赞。

二、实践和探索亮点

广东省属企业在履行遵纪守法、恪守商业信用的社会责任问题上，突出的亮点：一是商业信誉良好；二是重视债权人利益，注重通过对话实现双赢，没有发生过逃废债务的现象；三是做到在供应链中促进社会责任。

（一）商业信誉良好

广东省属企业守法守信，公平竞争，获得了良好的社会口碑。多家省属企业及其下属企业多年来被广东省工商局评为"守合同、重信用"先进单位：建工集团（1992~2011年），白云宾馆（1992~2009年、2011年），白天鹅宾馆（1993~2011年），铁投集团下属航盛公司（1995~2011年），广东物资集团汽车贸易公司（1996~2010年），广东省广弘华侨建设投资集团有限公司（1996~2010年），丝纺集团（1997~2011年），广东天河城物业管理有限公司（1998~2011），广东广南建设工程有限公司（2000~2011年），广东省食品进出口集团公司（2000~2011年），广东省高速公路发展股份有限公司（2001~2011年），广东省长大公路工程有限公司（2002~2011年），广东省南粤物流有限公司（2003~2011年），广东宏大爆破股份有限公司（2003~2011年），广东省丝丽国际集团恒通贸易有限公司（2003~2011年），广东南湖国际旅行社有限责任公司（2006~2011年），广东省汽车运输集团有限公司（2007~2011年），广东省航运规划设计院（2008~2010年），广晟公司（2009~2011年），广业公司（2009~2011年），广东广新控股发展有限公司（2010~2011年）。[①]

[①] 根据广东省工商局官网资料和调研资料整理。

(二) 落实重组债务的清偿

除了个别企业是新设立的以外，现在的 24 家广东省属企业大多数是由原来的国企改制重组过来的，而重组前的企业有的是负债累累的。省属企业在生产经营过程中，因经营管理不善，或者因企业负责人玩忽职守，也会出现资不抵债的个别现象，从而面临债务重组。调研显示，在企业改制重组或者债务重组过程中，省属企业均能做到与债权人进行充分沟通，制定具体的债务处理方案，落实债务偿还措施，实现与债权人的双赢，未借助重组、关闭破产等方式逃废债务。

广业公司下属的省煤炭总公司、南服总公司等，其下属有的煤矿、子公司或破产、或关闭，根本无力偿还金融机构等债权人的债务。煤炭总公司和南服总公司积极履行担保人的责任，千方百计筹措资金，偿还债务；另外，依法依规和债权人协商，处理历史遗留的巨额债务问题，改善企业的资产质量。经过多方努力，2001~2012 年 6 月末共处理历史债务 18.95 亿元，削减债务 15.29 亿元。①

商业集团在 1999 年 12 月的资产负债率超过 200%，金融机构债务本金近 23 亿元（未含或有负债）。2003 年 12 月 31 日，经过三年艰难的谈判，商业集团与主要债权人——华融、东方、信达三家金融资产管理公司签署债务重组协议，涉及债务金额 21 亿元，②债务清偿率超过 20%。截至 2008 年底，商业集团成功地完成了巨额债务的重组目标。

> ● **案例**
> #### 粤海集团成功实现债务重组
>
> 1998 年 12 月 16 日，正当亚洲金融危机冲击香港时，广东省政府驻香港"窗口公司"——粤海公司对公众宣布债务重组，并暂停向债权人支付债务本金。这一消息震惊了香港金融界和企业界，也轰动了中国内地和世界的资本市场。粤海重组涉及 500 多家企业，遍布中国内地、香港和澳门，以及美国、英国等 10 多个国家和地区。重组涉及债权银行 200 多家，债券持有者 300 多家，贸易债权人超过 1000 家。经全面审计，截至 1998 年底，参与重组的 4 家公司资不抵债 202.3 亿港元。广东省政府坚决依照国际惯例和香港的法律重组粤海，将价值 22 亿美元以上的东深供水工程这一优质项目资产注入粤海，赢得了债权人的信任，为重组谈判的成功奠定了基础。经过与境外债权人多轮十分艰难的谈判，终于在 2000 年 12 月成功重组了粤海公司的巨额债务，平均削债率达 42.78%。重组后的新粤海集团总资产约 483 亿港元，总负债约 339 亿港元，资产负债比例为 67%，与重组前相比得到明显改善。"粤海重组"项目被国际权威杂志《国际金融评论》评为 2001 年度"亚洲最佳重组交易"。12 年过去，粤海集团重组后的债务本息至今终于即将清偿完毕，粤海重组将划上完美的句号，粤海集团也通过重组获得了新生，发展成为一家经营状况良好的企业集团。③

---

① 根据调研资料整理。
② 广东省商业企业集团公司. 凤凰涅槃//广东省国资委. 国企先锋. 中国广播电视出版社, 2012.
③ 杨健, 赵肖峰. 年度亚洲最佳重组交易, 震动资本市场的"粤海重组", http://news.xinhuanet.com/fortune/2002-03/02/content_296767.htm.

（三）践行供应链责任管理

供应链责任是企业社会责任的一大推动力。采购企业通过重塑内部治理结构和管理程序，调整采购行为策略，采用与供应商（包括分包商）沟通与合作的方式，鼓励其遵守社会责任有关法律法规和准则倡议，并促使其实施有效的管理方案以使遵守行为系统化。供应链责任对于供应商来说，是其履行社会责任的内容之一；而对于采购商来说，是对供应商履行社会责任的监督。供应链责任充分体现了社会责任运动的主旨。社会责任的真问题是关注劳工权利、环境保护、产品质量和商业伦理等社会发展的长期难题。这些难题，一般都集中在供应链末梢产业聚集的发展中国家。在经济全球化的链条中，一边是以中小企业为主的加工厂、分包商、农产品个体经营者，一边是规模庞大、财力雄厚、品牌卓越的跨国企业巨头。有能力、有实力的企业应该帮助供应链末梢企业改善其劳工、环境等状况。这正是供应链责任的要义。[①]

广东省属企业供应链责任管理的现状是：外贸型企业（如丝纺集团和广新控股等）在供应链责任管理方面处于领先地位。根据我们调查的状况来看，外贸企业在供应链责任管理方面已有基本共识，并且切实地履行着供应链责任管理，供应链责任已成为企业管理战略的一部分。除外贸企业外，供应链责任对于其他省属企业而言还是个较新的话题，虽然也都有一些相对稳定的供应商，但在选择供应商时主要还是考虑物美价廉，与外贸企业、跨国公司相比还有较大差距。

● 案例

丝纺集团的供应链责任实践

作为全球供应链上的一环，丝纺集团与很多出口型企业一样，扮演着供应商与采购商的双重身份。一方面，丝纺集团的客户名单里不乏像TARGET这样的世界采购巨头，它们可视为全球积极推进企业社会责任的跨国公司代表；另一方面，丝纺集团也在国内各地采购拉链、纽扣等原辅材料以及委托加工，一纸订单牵动着不少企业。在"承上启下"的角色里，丝纺集团践行了自己的供应链责任管理。

丝纺集团的欧美采购商除了要求产品质量可靠外，还纷纷要求提供SA8000认证以及最近实施的WRAP（环球服装生产社会责任组织）认证。大采购商会派员验厂，逐页检查员工档案，调查企业是否录用了童工，并详细询问员工生活环境、福利待遇、环保设施与生产安全等情况，继而对企业进行综合评价，最终决定是否开始或继续进行合作。丝纺集团从刚开始的为了拿到跨国采购企业的订单而被动实施社会责任，满足采购企业的社会责任监督要求，到后来自觉对照国际通行的社会责任标准，履行劳工保护、环境保护、产品质量等方面的责任，令采购商对其青睐有加，从而占据了国际竞争的先机。

丝纺集团并不满足于"独善其身"，而是担当起监督上游供应商的社会责任的担子。近几年来，为了适应国外跨国公司对生产订单以及承担社会责任的要求，丝纺集团在广东、江苏和

---

① 佚名. 企业社会责任供应链管理，http://www.csr-china.net/templates/node/index.aspx?nodeid=7580d7b5-5ffe-4f83-830d-282f00a68940&page=contentpage&contentid=c573d6b7-8173-472d-9fb3-0f6d427573b7&l=cn.

> 浙江组织了200多家生产企业,按照统一的质量标准、要求,对工厂进行专业培训,包括对人员、产品、质量、包装、品质、卫生、环保等方面的内容,使工厂普遍按照SA8000和WRAP要求进行认证,互相之间形成了一种默契,称之为诚信供应链。目前纳入诚信供应链体系的工厂已有600多家,出口超过3亿美元。①

第三节 依法纳税

税收是国家财政收入的重要来源,依法纳税是企业履行社会责任、回馈社会的最基本要求。税收是企业对国家的贡献,依法纳税是衡量企业社会价值、责任意识的硬指标。

一、总体情况

课题组调研发现,广东省属企业在经营当中,充分认识到依法纳税对国家和企业自身发展的重要性,结合本企业实际,认真学习国家税收法律法规,熟悉税收申报和缴纳程序,不断提高依法纳税的水平。大多数企业依法依规健全财务制度,完善账册,做到会计核算真实准确,企业经营状况良好,经营收入持续稳定。广东省属企业在经营期内,遵守税收法律及行政法规,履行纳税义务,做到依法诚信纳税,按时申报、缴纳各种税款。

2011年,广东省省属监管企业实际上缴税金总额175.80亿元,在全国36个省、计划单列市国资委监管企业中排第11位,占全省纳入统计的8439家国有企业上缴税金总额747.54亿元的23.5%。②

二、实践和探索亮点

(一)在经济形势走低的情况下上缴税额保持增长

税收的增减,与宏观经济运行形势密不可分。我国宏观经济受2008年金融危机的影响,这几年经济形势走低。虽然我国实施了积极的财政政策,推动了我国经济较快回升,然而,在客观上从中央到地方,税收收入增幅还是不可避免地出现了下滑的局面。在这样严峻的经济形势下,广东省属企业仍然实现了上缴税额的增长,2005年省属监管企业纳税合计107.33亿元,2009年增长至157.73亿元,截至2011年增至175.80亿元,2011年的纳税总额比2010年增长9.2%,比2009年增长11.46%,比2005年增长63.79%。③省属企业的纳税增长体现了良好的经营能力,也体现了省属企业依法纳税的诚信。表6-1是广东省属企业2011年与2009年纳税情况的对比。

---

①②③ 根据调研资料整理。

表 6-1　省属企业 2011 年与 2009 年纳税情况对比

单位：亿元

项　目	2009 年	2011 年
增值税	66.04	57.45
消费税	2.06	2.46
营业税	24.68	28.54
资源税	0.46	0.74
城建税	3.92	5.27
教育费附加	1.97	3.72
关税	3.31	4.53
企业所得税	38.14	51.39
其他各税	17.15	21.70
年度合计	157.73	175.80

资料来源：根据调研资料整理。

（二）多家省属企业获得纳税 A 级评级

国家税务总局为加强税收信用体系建设，规范纳税信用等级评定管理，促进纳税人依法纳税，制订了《纳税信用等级评定管理试行办法》。该办法对纳税人的纳税信用从高到低依次设定为 A、B、C、D 四级，并对应以不同的税收管理待遇。广东省多家省属企业连续多年被税务部门评选为 A 级纳税企业，这是国家和社会对省属企业诚信纳税的高度评价，是企业良好商业信誉的反映。

例如，被广东省国家税务局评为 2010~2011 年度 A 级纳税企业的省属企业及其二、三级企业有：联合电子、交通集团、中旅集团、机场集团、白天鹅集团、建工集团、粤电集团、广晟公司、广东粤海控股有限公司、广东省食品进出口集团公司、广东广晟有色金属集团有限公司、广东广业云硫矿业有限公司、广东粤电云河发电有限公司、广东省云浮盐业总公司、广东粤电环保材料有限公司、广东物资君豪汽车贸易有限公司、广东南湖游乐园、广州白云国际机场商旅服务有限公司、广州白云国际机场经济发展有限公司、广州白云国际机场建设发展有限公司、广东粤电流溪河发电有限责任公司、广东省食品工业研究所、广东省珠江航运有限公司、白天鹅宾馆、广东广弘食品连锁有限公司、广东粤电置业投资有限公司、广东省长大公路工程有限公司、广东粤电环保有限公司、广东新白云宾馆有限公司、广东庄姿妮时装有限公司、广东亚洲国际大酒店、广东南湖国际旅行社有限责任公司、广晟期货有限公司等。其中，有多家企业是多次被评为 A 级纳税企业的，如白天鹅宾馆已先后 4 次被评为 A 级纳税企业，机场集团、建工集团、粤电集团、广东物资君豪汽车贸易有限公司、广东南湖游乐园、广东粤电流溪河发电有限责任公司、广东省珠江航运有限公司、广东省长大公路工程有限公司、广东新白云宾馆有限公司、广东庄姿妮时装有限公司、广东亚洲国际大酒店等先后 3 次被评为 A 级纳税企业。[②]

[①] 根据广东省国家税务局官网（http://app.gd-n-tax.gov.cn/wssw/jsp/index/new_common/login.jsp）资料整理。

第四节 防治商业腐败和反不正当竞争

商业贿赂等腐败现象是不正当竞争的表现形式之一，也是企业中高发的腐败现象。商业腐败、不正当竞争有着极大的危害性：它扰乱公平竞争的市场经济秩序，造成竞争秩序混乱，导致不公平竞争；对其他合法经营者和消费者的合法权益造成损害；造成国家经济损失，损害国有企业的形象；败坏了社会风气，影响政府和执法机关的形象；影响我国的国际声誉。因此，杜绝商业腐败，反不正当竞争，是任何一家合法经营的企业应尽的法律义务。国有企业作为国民经济的重要支柱，应起先锋模范作用。

一、总体情况

调研发现，广东省属企业在履行杜绝商业腐败、反不正当竞争的社会责任方面，除商业腐败现象偶有发生外，整体态势是良好的。当然，我们也必须清醒地认识到，当前，国有企业特别是大型国有企业参与市场竞争的层次越来越高，范围越来越大，反腐倡廉建设面临更大挑战。

（一）商业贿赂为当前省属企业不正当竞争的主要形式

《反不正当竞争法》规定了假冒、商业贿赂、虚假广告、侵犯商业秘密、倾销、搭售、诋毁商业声誉、串通投标等十一类不正当竞争行为，发生在广东省属企业的不正当竞争行为以商业贿赂为主。

近年来，广东省国有企业反腐倡廉取得了明显成效，为企业改革发展提供了坚强保障。但国有企业廉洁风险防控工作仍存在薄弱环节，腐败（含商业贿赂）案件时有发生，而且日趋复杂化、隐秘化、智能化，窝案、大案、案中案增多。其中新广国际重大经济损失案影响最为恶劣，不仅造成了国有资产损失，而且严重影响了国有企业的社会形象。

企业商业腐败案件多发易发，究其原因，①一些企业领导人员民主作风差。有的违背"三重一大"集体决策制度，个人说了算；有的违反投资规划搞短期投机行为；有的企业管理粗放、制度不严密、执行力不强。②一些企业领导人员廉洁自律意识不强，以权谋私。③纪检监察工作自身也存在一些不容忽视的问题：一些企业的纪检监察机构未能充分发挥作用，自查能力弱；企业纪检监察工作方面的法规制度建设相对滞后，特别是各级纪检监察机关干部对新形势下如何开展企业纪检监察工作的指导不够及时、有力等。[1]

---

[1] 梁万里.服务大局，突出重点，扎实推进国有企业反腐倡廉建设//中共广东省纪律检查委员会、广东省人民政府国有资产监督管理委员会.廉洁风险防控——广东国有企业的探索与思考.广东旅游出版社，2012.

（二）反腐倡廉已形成制度化管理

调研显示，广东省属企业充分认识到扎实推进反腐倡廉建设的重要性，目前均已实现了制度化管理，做好了打持久战的准备。包括制定出台有关反腐倡廉的规章制度，不断规范企业领导人员的用权行为，努力构筑不想腐败、不能腐败、不易腐败的坚强防线；规范职务消费，不断完善权力运行制衡约束机制；加强对企业重要经营领域、关键管理环节和重要岗位人员的监督，对工程建设领域等突出问题进行专项治理排查，及时研究解决专项治理工作遇到的问题等。

1. 加强反腐倡廉的制度建设

首先，从中央到地方，再到企业自身，近年来都出台了反腐倡廉的规范性文件。中央先后下发了《企业国有资产法》、《国有企业领导人员廉洁从业若干规定》、《关于进一步推进国有企业贯彻落实"三重一大"决策制度的意见》等重要文件，广东省也制定了《广东省属企业财务监管暂行办法》、《广东省属企业境外国有资产监督管理暂行办法》、《关于加强省属企业法制建设的意见》、《广东省属企业惩治和预防腐败体系建设基本框架》等相关制度和实施细则。各省属企业也针对本企业的具体情况，制定了企业的相关制度。如广新控股健全和出台了《省广新控股党风廉政建设责任制实施办法》，商业集团出台了《企业改制审批管理规定办法》、《关于开展治理产权交易领域商业贿赂工作实施意见》，水电集团制定了《企业内部监督条例》、《廉政建设八条禁令》等。这些文件的出台，对规范决策行为，提高决策水平，防范决策风险，从源头上遏制腐败案件的高发态势起到了十分重要的作用。

其次，各省属企业推行"阳光操作"，杜绝"暗箱操作"。如，省旅集团在完善经营管理制度方面，制定定点采购和指定商户采购制度，规定除批量采购实施招投标外，其他用品和服务必须到指定超市采购；制定大额购置审批制度，力求从根本上杜绝商业贿赂，降低经营成本。

最后，设置反腐倡廉专责机构。除了常规的企业纪委外，有的省属企业还设置了有针对性的专门机构。如水电集团成立了以董事长、党委书记任组长，纪委书记任副组长，财务部、审计监督部、办公室、监察室等部门负责人为成员的治理商业贿赂领导小组。

2. 重视企业领导人的廉洁教育

各省属企业把加强企业领导人员作风建设摆在突出位置，着力解决思想作风、工作作风、领导作风和生活作风方面存在的突出问题。如，利用每年的纪律教育学习月和党课教育等宣传教育时机，通过有线电视、内部报刊、板报、宣传栏、参观学习、讲座等具体形式，突出重点，宣传和宣讲上级、企业的有关规定，反对不良倾向。

3. 完善企业权力运行制衡机制

缺乏制约和监督的权力必然导致腐败。广东省各省属企业通过完善法人治理结构，形成决策权、执行权和监督权互相协调又互相制衡的权力运行机制，以及整合监督资源，充分发挥企业纪委、监事会、职代会、内部审计、外派监事会等各监督主体的作用等措施，不断完善企业权力运行制衡机制。[①]

[①] 黄先耀. 序一//中共广东省纪律检查委员会，广东省人民政府国有资产监督管理委员会. 廉洁风险防控——广东国有企业的探索与思考. 广东旅游出版社，2012.

4. 开展防治商业腐败的自查自纠工作

查办案件是惩治腐败最直接、最有效的手段，也是建立风险防控体系最有力的保障。广东省国资委、省纪检等有关部门加强了对腐败案件的查处，各省属企业也按照部署，积极开展自查自纠，及时预防、发现和制止商业贿赂等腐败行为。如，省旅集团专门制定了《治理商业贿赂工作实施方案》，开展自查自纠工作，重点查纠在营销、工程、物资采购等方面的下列商业贿赂行为：①营销、工程方面：客房、游乐项目营销过程中，为了推销房间或游乐项目而发生的商业贿赂行为；在工程项目建设中，基建单位在施工时涉及监理、中介、施工队伍选择及设备物资采购中，违反国家有关招投标的法律法规的行为；通过提高工程造价或降低工程质量等谋取不正当利益的行为；在工程概算、结算、决算的确定或调整以及项目竣工验收过程中发生的商业贿赂行为；在物业租赁中发生的其他商业贿赂行为。②物资采购方面：酒店副食品、易耗品供应商选择及价格、质量验收、质价审核结算过程中发生的商业贿赂行为；在生产经营中购买设备、物资时，存在的应招投标而未进行招投标的或者与投标单位发生的商业贿赂行为；未经过合法程序制定使用关联企业生产或提供的产品、服务。③在产权交易、资产重组中，与产权交易机构、对象和中介机构等发生的商业贿赂行为，等等。

反腐倡廉是一项长期而艰巨的工作，广东省属企业在省国资委等有关部门的领导下，正坚定不移地防治发生在企业的贪污腐败行为，努力营造风清气正的发展环境，严防国有资产流失，守护国有企业的良好声誉。

二、实践和探索亮点

（一）省属企业在激烈竞争中脱颖而出

近年来，有一种观点认为，国有企业效益好主要是因为垄断，但事实上，我国国有企业多数处于有效竞争中。因为经过多年的改革开放，我国绝大部分行业已经形成竞争格局，包括国有资本比较集中的关系国民经济命脉的重要行业和关键领域，如电力供应、有色金属、化工、建材、建筑、机械制造，不论是进入门槛还是市场运营，都已形成充分竞争格局。以一些人认为垄断的电力行业来说，电网属于自然垄断行业，而发电行业则处于激烈的竞争当中，5家央企占全部市场50%左右的份额，此外就是数量众多的地方国有电厂、民营电厂。从行业分布上看，90%以上的国企处于竞争性领域。[①] 广东省属24家企业除盐业集团属于专营企业外，其他均处于竞争领域。

广东省属企业整体上不论是生产规模、发展速度，还是全员工效、科技创新等主要技术指标，都处于较高的水平，因而在市场的激烈竞争中，凭借自身实力脱颖而出，成为本行业的佼佼者。如：物资集团下属广物汽贸公司在"2009年度中国汽车经销商50强"排名第5，在华南地区排名第1；南粤物流在中国物流与采购联合会开展的中国物流企业50强统计调查结果排行榜中位列第10。以营业收入计，广东省500强企业当中，广新控股以5579451万元位列第12，粤电集团4299930万元位列第22，广弘公司2867536万元位列第26，丝纺集团2784054万元位列第27，广

---

① 佚名. 国资委：国企效益好不靠垄断，多数处于有效竞争，http://news.hexun.com/2012-10-11/146631969.html.

晟公司 2368231 万元位列第 31，建工集团 2129624 万元位列第 33。①

> ● **案例**
>
> ### 中旅集团荣获全国百强旅行社第一
>
> 中旅集团以优质服务和良好的经济效益荣获 2010 年度全国百强旅行社第一位。在 2011 年 7 月国家旅游局揭晓的"2010 全国百强旅行社"排名中，连续 10 多年一直稳居前十强的中旅集团超过诸多"国"字号央企跃居全国第一（其中出境游十强旅行社排名第一位，国内游十强旅行社排名第一位，入境游十强旅行社排名第三位），并实现连续 4 年进入全国"利税十强旅行社"（2010 年全国排名第二位），实现了中旅集团在中国旅行社行业地位的重大突破。

（二）积极配合政府部门打击不正当竞争

欺行霸市、制假售假、商业贿赂扭曲市场机制、危害群众的生命财产安全、破坏公平竞争和正常交易秩序、阻碍市场经济健康发展，是当前人民群众深恶痛绝、影响经济发展和社会稳定的大"毒瘤"。为此，在 2012 年 1 月 6 日的广东省省委十届十一次全会上，广东在全国率先提出 2012 年要在全省范围组织开展以"打击欺行霸市、打击制假售假、打击商业贿赂，建设社会信用体系、建设市场监管体系"为内涵的"三打两建"、建设幸福广东的活动。

广东省各省属企业迅速反应，成立工作领导小组，做好动员部署，积极参与到"三打两建"专项行动中去，取得了出色的成绩。各企业不仅积极查纠自身的有关工作，还积极配合政府部门查处可能发生在自己管理的市场、酒店、物业小区的有关欺行霸市、制假售假行为，以及可能涉及自己产品和品牌的制假售假行为，为政府部门有效开展"三打两建"工作起到了协助作用。

> ● **案例**
>
> ### 广弘公司"三打两建"工作成绩斐然
>
> 广弘公司积极响应省政府关于开展"三打两建"的号召，重点清理排查了市场商户是否有制假售假等违法行为，督促、指导商户规范经营，建立规范诚信市场秩序。
>
> 一是在健全食品安全监管流程基础上，强化责任制管理，组织广弘食品集团市场部与市场管理员签订《冻品交易中心所辖管理区域食品安全责任书》和《冻品交易中心岗位管理食品安全责任书》，确保市场管理员在各自负责的区域上担负起排查商户是否有制假售假等违法行为的责任，同时坚持食品安全日报告制度，保证能最快发现存在的食品安全问题并加以解决。
>
> 二是与属地工商部门一起，通过宣传栏、发传单等方式从主体准入、商品质量、诚信经营、商标侵权的危害四个方面对政策法规进行了解析，引导了经营者规范经营行为，预防和正确处理消费纠纷，共同营造规范、诚信、和谐的市场秩序。经过动员部署和自查自纠阶段的努

---

① 2011 年广东省企业 500 强排行榜，http：//www.ttpaihang.com.

力，广弘公司"三打两建"工作取得阶段性成果。2012年5月以来，广州市工商、荔湾区工商、市打私办及市动物卫生监督所等部门多次对广弘公司的冷库和冻品市场进行突击性"地毯式"检查，都对广弘公司"三打两建"工作的成效给予了充分肯定，广弘公司下属的广弘食品集团也被荔湾区工商分局树立为"三打两建"的正面典型。广弘食品集团完善的食品安全监管体系成为三个监管示范样板之一，在全区进行推广，这将带动全区进一步规范冷库行业经营管理和规范化建设。

（三）自觉接受公众的监督批评

广东省属企业内虽然偶发商业贿赂、贪污挪用、职务侵占等腐败案件，但广东省国资委等有关部门、省属企业坚持不对外隐瞒案件，而是选择公开、反思，接受社会的监督批评。虽然公开会在短时间内使企业、政府陷于舆论批评的旋涡，蒙受一定的声誉损失，甚至影响企业、政府在大众中的威信，但是，社会压力可以促使企业深刻认识自身存在的问题，是企业改进工作的最好时机。因此，从长远来说，这是利大于弊的。实践也证明，这几年来，公开办案获得了公众的认可，让公众看到了企业、政府反腐倡廉的决心和行动，取得了公众对国有企业的信任，维护了政府和国有企业的形象。

（四）将廉洁教育深入职工家庭教育

通常廉洁教育的对象只是员工本人，而不及于员工家属，但家庭成员的法律、道德水平客观上确会对员工产生影响。有鉴于此，有的省属企业将廉洁教育从员工本人延伸至员工家庭成员，是一项颇具特色的反腐倡廉措施。建工集团坚持将廉洁教育和家庭教育结合，把"廉内助"教育活动作为反腐倡廉教育的一项重要工作，纯洁了"家庭圈"，提高了广大妇女的反腐倡廉意识、监督意识，使之能自觉营造廉洁自律、克己奉公的家庭氛围，让家成为和谐、廉洁的港湾，有效地拓宽了反腐倡廉建设的覆盖面。

本章小结

诚实守信是企业生存的基本准则和道德规范，是企业应承担的社会责任。广东省属企业在经营活动中，除商业腐败现象偶有发生外，基本上做到了遵守法律法规，恪守商业信用，依法纳税，杜绝商业贿赂，反对不正当竞争。而且，省属企业作为地方政府参与和干预经济的工具与手段之一，还不折不扣地完成政府指令的基础设施建设、治污减排、保障民生等任务，实现地方政府的政治、经济部署。省属企业以自己的实际行动，在社会上树立了诚信形象。

第七章　广东省属企业履行产品质量责任的实践与探索

产品质量安全不仅关系到消费者的权益，也关系到企业的生产和发展，是企业对消费者的一项重要责任。实践证明，严格把好产品质量关，企业才能赢得信誉，才能赢得市场。因此，保证产品质量安全，无论对于企业还是消费者而言，都非常重要。

第一节　产品质量责任

根据《产品质量法》、《食品安全法》等法律法规的规定，生产者和销售者应保证产品质量。由于产品的设计、制造是保证产品质量最重要的环节之一，因此，《产品质量法》在确定产品质量责任的主体时，应把重点放在生产者身上。销售者是产品实现其使用价值的中间环节，也应当承担一定的产品质量责任。政府部门则负责对产品质量进行监督，实施标准制度、生产许可证制度、认证制度、监督检查和检验制度等。

一、总体情况

调研发现，广东省属企业十分重视产品质量工作，努力为社会提供优质、安全的产品。为此，基本上都实行了产品质量制度化管理，执行国家关于产品标准的规定，并且不断提高产品质量和性能，积极实施产品质量认证，较好地保障产品质量，没有发生过重大质量事故，即使在当前形势较为严峻的食品领域也是如此。

（一）产品质量实行制度化管理

调研发现，广东省属企业根据本企业的实际情况，纷纷建立起有关的质量监督控制制度，概括起来有质量管理体系、标准制度、检验制度、认证制度、质量反馈跟踪制度、产品溯源制度等。如，广弘公司的冷冻食品安全溯源制度是保障食品安全的一项有效制度。该公司的食品防伪溯源系统，是以新一代电子信息技术研发与推广应用为基础，以实现冷冻食品在流通环节中的可追溯管理，建立"来源可查、去向可追、责任可究"的冷冻食品安全管理体系。该制度能够有效地遏制假冒伪劣食品以及检测指标超标食品的流通，保障消费者饮食安全。一旦发生肉品质量问题，通过追溯系统可以很快地找到问题的源头，查处问题肉品的来源地区以及该批次肉品的仓储分布、市场分布等情况，迅速召回相关肉品，避免事故进一步扩大，将事故的影响降到最低，在发生食品安全事件时可以追溯产品的上游供应链，追查产生质量问题的成因，避免事故再次发生，项目经济和社会效益显著。

（二）建立规范的生产流程管理

生产流程由各个工序组成，一个企业的最终产品总是要通过许多的工序才能完成，这就需要企业去组织和管理这些众多的工序，建立有效的生产流程。如果组织、管理得不好，各个工序之间就会相互脱节和混乱，即使单个工序的半成品质量好，但企业的最终产品仍然难以达到要求。广东省属企业大都建立了较为有效的生产流程，抓好每个工序的组织和管理，确保产品质量符合要求。如，盐业集团生产加碘盐，生产线检测工序不小于1次/15分钟的半定量监测碘含量，每班次不小于9份样品的定量检测碘含量，严格执行不合格的原材料不进厂、不合格的半成品不进入下道工序、不合格的产品不出厂。通过严格的生产管理，盐业公司为全省百姓提供了质量可靠的加碘食用盐。

（三）严格执行相关产品技术标准

广东省属企业严格执行相关技术标准，产品质量基本上达到规定的技术标准或客户要求。

承担基础设施施工任务的企业，如水电集团、建工集团、交通集团、广业公司等，其承建的房屋、路桥、电站、污水处理厂等土木工程，据调研了解均达合格以上，甚至获得优良工程鲁班奖。例如，水电集团执行ISO9001质量管理标准、OHSAS18001安全管理标准、ISO14001环境管理标准，2004~2012年，所有完成的工程经检验质量全部合格，而且优良率很高：项目工程验收108个，优良率89.85%；单位工程验收177个，优良率86.4%；分部工程验收1189个，优良率91.5%；单元工程验收14.45万个，优良率90.5%。此外，还获得省部级质量奖项34项，其中国家级奖项9项（鲁班奖3个、市政金杯奖2个、大禹奖4个）。[①]

生产产品的企业，如丝纺集团、广新控股、商业集团、粤海集团、广晟公司等，其生产的服装、食品、酒品、皮革、解码器等产品，大都符合合同约定和ISO国际标准等有关技术标准，不少产品畅销国内外。例如，自2004年至今，盐业集团生产的食用盐在历次国家质量监督检查中，全部合格。

提供服务的企业，如旅游集团、中旅集团、白天鹅宾馆、交通集团、机场集团、粤海集团、联合电子、南方产权中心等，其提供的宾馆、旅游、交通运输、机场服务、物业管理服务、联合电子和不停车收费服务、产权交易服务等，服务品质优良，获得利益相关方好评。例如，广东中旅麾下的移民签证顾问有限公司，自2005年以来，作为某世界500强企业的签证外包服务供应商，以其高质的专业，一直保持良好的合作关系。在该企业每年的签证驻点合作对外招标活动中，该公司都以较强的综合实力击败竞争同行，成功续签。这在市场充分开放、竞争激烈的签证行业内，是很少见的。取得该成绩，与负责该业务的短期签证团队成员注重诚信，积极、认真、负责的工作态度和

---

① 根据调研资料整理。

多年的高品质服务是密不可分的。

提供公共产品、服务的企业，如粤海集团向香港供应淡水、鲜活农产品，盐业集团负担全省食盐和工业用盐供应，直接关系民生，其产品品质保证，是政府和用户放心的企业。例如，粤海集团下属广东粤港供水有限公司2011年全年对港供水8.18亿立方米，水质达国家Ⅱ类水以上标准。多年来，该公司供港原水共计达68亿吨，总值达34.3亿元。[①] 由于向香港供应的源水水质反馈良好，得到了香港各界一致好评。再如，香港消费的70%以上的农产品是由内地供应的。为保障香港同胞吃得放心，所有产品均执行欧盟标准，实施全过程监管，完善质量安全控制体系。首先是严格源头管理，确保供港食品原料质量安全。严格按照质检总局要求实施注册或者备案管理，确保供港食品农产品来源于检验检疫备案基地或注册饲养场，规范食品农产品企业追溯体系，强化食品原料及农业投入品的入场（厂）验收措施，防止农、兽药和其他有毒有害物质通过食物链传递。

(四) 不断提升产品质量和性能

目前，产品竞争异常激烈，许多产品处于饱和或疲软状态，除考虑价格之外，消费者更多考虑的是产品的质量、可靠性。因此质量是企业的生命，价格已不是企业竞争的唯一因素，更高的目标是追求产品质量的优越——产品的适用性和满足用户的要求。这样，市场的竞争就需要企业不断提升产品的质量和性能。广东省属企业努力提高产品的安全性，不断改善产品性能，积极优化服务体系，得以在激烈的市场竞争立于不败之地，部分省属企业还成为广东省科技先锋企业、高端服务业企业的翘楚。

省旅集团下属的白云宾馆，深入开展"啄木鸟"工程和对标管理，通过不断提升服务质量，破茧化蝶，成功由三星级宾馆升级至五星级宾馆，并两获我国饭店业最高荣誉奖项"中国饭店金星奖"。

水电集团一直关注技术改造和技术创新，从而不断提升产品质量和性能。突出的改进有如下几方面：①碾压混凝土施工技术，与常规混凝土施工相比，能降低水泥用量、改善混凝土结构性能，间接降低能源消耗，加快施工进度；②外渗氧化镁混凝土施工技术，能够改善混凝土性能，实现不分缝拱坝施工、大体积混凝土裂缝控制等；③高压喷射水泥灌浆技术，能够实现大深度土堤防渗结构的有效快速施工；④软基旋喷水泥加固技术，能实现软弱地基大深度固化改良，改善建筑物地基承载力。

负责实施高速公路联网收费工作的联合电子，自己并不是"粤通卡"以及电子车载设备产品的生产厂商，而且联网收费属于政府强制性推行，但为了促进联网收费工作的效率、保障消费者权益，联合电子主动跟踪产品质量，督促和协调厂家完善产品功能，提高产品质量。由于高速公路联网收费属广东省首创，与之配套的"粤通卡"以及电子车载设备产品ETC等在国内均没有成熟的生产厂商，联合电子一方面积极培育新的生产厂家，另一方面定期组织厂家针对性的分析产品质量异常投诉情况，进行问题定位测试，促进厂家做好产品质量提升。目前，粤通卡和电子标签产品质量保持了稳定发展，产品回退率不断下降，粤通卡1年期产品回退率下降到0.4%以内，电子标签产品2年期产品回退率下降到6%以内。2007~2011年，粤通卡和ETC系统总体投诉平均为4271宗/年。结合粤通卡通行数据，粤通卡使用异常投诉率自2007年始逐年下降，粤通卡的产品使用故障率也

---

① 根据调研资料整理。

逐年下降。ETC系统投诉中，涉及产品质量投诉得到改善。2009~2011年，涉及产品或设备质量的年投诉量从1302宗逐步下降到573宗，下降幅度为56%。[①]

（五）逐步实施企业质量体系认证和产品质量认证

我国《产品质量法》推行企业质量体系认证和产品质量认证。推行企业质量体系认证制度和产品质量认证制度的目的，是通过颁发认证标志，便于消费者识别，也有利于提高经认证合格的企业和产品的市场信誉，增强产品的市场竞争能力，以激励企业加强质量管理，提高产品质量水平。同时，由作为第三方的认证机构对企业和产品质量进行认证，已成为许多国家保证产品质量的一种普遍做法。经过质量认证的产品可以方便地进入国际市场，有利于进一步促进我国对外经济贸易的发展。

广东省属企业中外向型企业、高端服务业、高新技术企业先行，实施企业质量体系认证和产品质量认证，并带动其他企业陆续实施这项工作，使广东省属企业产品质量有了极大的提升。这些先行者的典型代表有丝纺集团、机场集团、广新控股、广晟公司、粤海集团、铁投集团等。

丝纺集团不断优化服务体系建设，建立了完善的质量体系。按照国际、国内质量和技术标准要求，对丝、绸、服装产品等设置了数十项高标准严要求的技术指标，成立了品牌检测中心，对商标的保护、使用，产品的质量检验制定了严格的管理规定，对"SILIQUE"品牌生产推行了ISO9000国际质量标准认证，从而保证了产品的质量。

广州白云机场获得国际认证权威机构SGS公司颁发的服务认证证书，成为亚洲第一家通过服务认证的机场、国内第一家通过服务认证的企业，标志着白云机场的服务管理工作与国际接轨，并得到国际权威认可。

广新控股旗下广东肇庆星湖生物科技股份有限公司通过了ISO9001：2008质量管理体系认证；星湖生化制药厂通过了GMP认证；利巴韦林产品通过了美国FDA认证；核苷酸产品通过了QS、HACCP、HALAL和KOSHER认证；肌苷、脯氨酸原料药通过KOSHER认证；脯氨酸产品通过欧洲药典委员会COS认证；苏氨酸产品通过HACCP认证和欧洲FAMI-QS认证；果葡糖产品通过了FSSC22000食品安全管理体系认证。完善的质量管理体系保证了公司的产品达到了国际先进标准的要求，产品外部监检合格率历年保持100%，产品深受客户欢迎，远销欧、美、东南亚等许多国家。

广晟公司控股的高科技企业广晟微电子有限公司，于2007年通过了ISO企业质量体系认证；铁投集团属下航盛公司先后通过了ISO9001（企业质量管理体系）、ISO14001（环境管理体系）、OHSAS18001（职业健康安全管理体系）的认证；2011年8月，粤海集团中粤浦项通过了食品安全管理体系（HACCP）/OHSAS认证并取得证书；粤海集团属下香港华美粤海酒店、深圳粤海酒店分别是香港和中国内地第一家通过ISO9001国际认证的企业，目前管理的多数星级酒店均通过了质量认证工作。

---

① 根据调研资料整理。

二、实践和探索亮点

（一）优质产品多

大部分广东省属企业长期坚持以质量为本，通过制度化建设来保障产品质量，严格执行产品技术标准，并按照国际惯例逐步实施质量认证，不断创新创优，提升产品和服务的质量，成就了大量名优产品。如广新控股的珠江桥牌食品、丝纺集团的服装、中旅集团的旅游服务、白天鹅宾馆、白云宾馆以及粤海集团的星级酒店服务等，都是公众认同的优质产品。作为建筑施工企业的建工集团和水电集团，也为社会奉献了众多的精品力作。建工集团在"十一五"期间，承担了一大批高、精、尖、难的大型工程项目建设，如广州大学城、琶洲国际会展中心、珠三角城轨交通等国家及省市重点项目。

> **● 案例**
>
> **广新控股的优质名牌产品"珠江桥牌"酱油**
>
> 由广新控股旗下广东珠江桥生物科技股份有限公司出品的"珠江桥牌"酱油是广东省著名的优质产品。"珠江桥牌"酱油的整个生产过程秉承几千年传统的天然酿造工艺，同时采用现代化的加工设备和国际规范的管理控制手段，从原材料入厂到成品出仓的生产全过程，工厂共设定了19个关键和次关键控制点，100多个检验项目，生产中严格按照国际通行的GMP和HACCP体系的要求，合理配置生产工艺和硬件设施，并通过制定操作规范（SSOP）加以严格管控。
>
> "珠江桥牌"酱油为与国际最高质量标准接轨，不惜重金与英国权威RHMT实验室建立了长期技术合作关系。同时，"珠江桥牌"酱油在内地与华南理工大学合作共建了国家级的"珠江桥牌"食品研发检测中心，为进一步的发展提供科研平台。"珠江桥牌"的这种气魄在业界是屈指可数的。
>
> 目前，"珠江桥牌"酱油已通过国际最严格的HACCP、ISO9001、ISO14001与HALAL等多项国际认证，成为中国首家通过"三证合一"的酱油品牌。"珠江桥牌"在国内获得"中国驰名商标"、"中国名牌产品"、"中国名牌出口产品"的荣誉，在国际上也屡获殊荣：SIAL巴黎国际食品博览会金奖、欧洲质量技术金奖、TQM CC100国际全面质量管理金奖、香港超级品牌SUPER BRANDS。香港绿色和平组织将其列为绿色食品。"珠江桥牌"酱油行销港澳及世界各国40多年，一直畅销不衰，是中国名副其实的优质产品。[①]

（二）社会认同度高

广东省属企业的产品凭借其优良的品质，在国内外斩获众多殊荣，省属企业在履行产品质量社

[①] 温雯.珠江桥牌酱油健康美味，http://paper.wenweipo.com/2004/10/18/OT0410180020.htm.

会责任方面取得了积极的成效，省属企业产品成为了社会广泛认同的安全可靠的产品，获得利益相关方好评。

南方产权中心以专业的服务切实保护交易各方权益，履行保证服务质量的社会责任。2009年获得广东省系统和行业"窗口之星"的称号。在2010年省国资委委托第三方服务机构进行的服务质量调查中，客户总体满意度平均水平达8.93分（10分制打分，接近非常满意），2011年提升到9.27分（非常满意）。南方产权中心自成立以来，没有发生过一宗投诉案例。

2004年以来，建工集团施工的工程获得鲁班奖、詹天佑奖、全国建筑工程装饰奖、国家优质工程奖、全国市政金杯示范工程、中国安装工程优质奖等一大批国家级奖项，获得省市级优良样板工程奖质量奖项共3000多项。建工集团被评为"全国建筑业先进企业"、"广东省重点项目建设工作先进集团"，连续4年荣获"全国工程建设质量管理优秀企业"，连续8年被评为全国"安康杯"竞赛活动优胜企业，在社会上享有较高的知名度和社会影响力。

机场集团白云机场在2011年全球186家参评机场中取得了年度"世界十佳服务机场"的殊荣，在4000万旅客吞吐量级别的机场中排名第五位。白云机场还顺利通过了国际卫生组织的考核验收，荣膺"国际卫生机场"，成为内地第6家"国际卫生机场"；荣获广州市精神文明建设委员会颁发的首批"广州地区文明优质服务示范窗口"；获2007年度"全国最佳服务质量机场"和"全国最佳候机环境机场"殊荣。

（三）产品畅销国内外

广东省属企业的产品因技术质量可靠，一向受到国内外消费者的喜爱。大量名优产品销往海外，如广新控股的产品销往200多个国家和地区，遍及五大洲，经营商品1万多种，拥有"省机械"、"省食品"、"省轻工"等较高国际商誉的企业品牌及"珠江桥牌"（食品）、"鹦鹉"（轻工品）、"帆船"（土产品）、"五羊"（矿产品）、"羊城"（中成药）以及"三角"、"红棉"等国际知名品牌；丝纺集团以丝绸服装出口为主业，与全世界180多个国家和地区建立了贸易联系，拥有"SILIQUE"、"庄姿妮"、"宝路"、"雅迪斯"、"圣甸奴"等国家重点发展的出口品牌及广东省著名商标，2010年进出口贸易总值达42.87亿美元，连续13年稳居全国丝绸纺织行业首位。[①]

第二节 消费者权益保护

《消费者权益保护法》明确规定保护消费者的合法权益是全社会的共同责任。企业作为经营者，是《消费者权益保护法》规定的保护消费者权利的法定义务人。在消费领域，一个企业承担社会责任就是要为消费者提供安全、优质的产品，依法履行义务，保护消费者的合法权益。

---

① 根据调研资料整理。

一、总体情况

在广东省属企业中,有的企业的业务不涉及直接向消费者提供满足个人生活消费需求的商品和服务,这些企业有的是从事基础设施的建设、施工的,有的是面向其他经营者提供生产资料或者服务的,还有的是专门从事投资运作的。但是,省属企业中也有大量的二、三级企业的主要业务就是向消费者提供产品和服务的。本节内容展示的是这类企业在消费者权益保护方面的措施和成效。

广东省属企业在履行消费者权益保护社会责任的实践中,在思想上高度重视消费者权益的保护,采取了各种有效的措施;在保障消费者安全权等基本权益的基础上,不断提升产品质量,以及根据消费者个体的不同需求提供优质的个性化服务,使得消费者权益保护工作更具特色,社会效益和经济效益也更上一层楼。

(一)保障消费者的安全权

消费者的安全权,是指消费者在购买、使用商品或接受服务时所享有的人身和财产安全不受侵害的权利。这是消费者最重要的权利,是其他一切权利的基础。省属企业在实践中,充分尊重和保护消费者的合法权益,严格遵守《消费者权益保护法》,其中在切实保障消费者的安全权方面,采取了完善的防范措施:

(1)确保产品质量(见本章第一节),有效杜绝因企业提供的产品或销售商品和提供服务的配套设施存在瑕疵而直接造成消费者人身、财产权利受侵犯现象的发生。

(2)加强消费场所的安全保卫,防范发生在消费者场所内、由第三方引起的消费者安全损害,如在消费场所内消费者被杀、被抢、被盗等。在省属企业当中,有相当数量的二、三级省属企业经营者消费场所。比如:机场集团下属的各个机场,交通集团、航运集团下属的候车室、候船室等,广东中旅、省旅集团、白天鹅集团、粤海集团、广晟公司等下属的宾馆、酒店、度假村,粤海集团下属的天河城百货等商场,物资集团、商业集团、广弘公司下属的集市,都是人流密集的公共场所,安全保卫工作尤为重要,是保护消费者权益的重中之重。各企业通过制定有关规章制度、岗位职责、员工教育和日常的演练,做到了一旦发生类似情况,企业的工作人员能迅速采取有效措施加以制止。2011年9月1日,在天河城百货发生了一件保安人员勇斗失常精神病人,保障顾客人身安全的感人事例。当天,在天河城百货四楼超市,一名精神异常男子突然拿起货架上的两把菜刀,向周围的人群挥舞。在万分紧急的情况下,天河城百货保安部当值主管许某冒着生命危险上前制止,在搏斗中手臂被菜刀划伤仍毫不退缩。与此同时,保安部其他当值人员在接到报告后也及时赶到了现场进行支援,最后协助警察将其成功抓获,避免了重大安全事故的发生。许某和其他当值人员的行为得到了上级部门、当地派出所和天河区公安分局的高度赞扬,许某也被评为"广州市天河区见义勇为人员"。

(3)对于因消费者自身的疏忽大意而引起的人身和财产损失,如最常见的遗失财物的情况,省属企业也秉承消费者第一的服务精神,急消费者所急,为消费者挽回和减少损失。

如在华夏大酒店,拾金不昧蔚然成风。经统计,华夏大酒店2010~2012年拾金不昧,价值人民币万元以上的共20宗,折合人民币现金约共397239元;近三年来价值人民币万元以下拾遗物品共

2622 宗，其中，332806 元人民币，19432 美元，3466 港币，3150 台币，1059610 日元，220 欧元，手机 120 台，数码照相机 26 台，摄像机 8 台，手提电脑 7 台，投影机 2 台。例如，2010 年 9 月 27 日，华夏大酒店保安部员工梁某某在酒店大堂拾获 5200 美元、20000 元人民币、200 欧元、护照 1 本。2012 年 6 月 9 日，酒店宾客服务经理聂某某、酒店保安部员工陈某某拾获 2910 房已离店客人遗留在客房保险箱内的 97032 元。酒店员工在拾获客人遗留的金钱和物品后能够按照酒店规定将有关物品立即交到酒店保安部。酒店有关部门能急客人之所急，想方设法尽快联系客人并将有关物品如数交还给客人。[①]

（二）提供个性化服务

在市场交易过程中，民族风俗习惯受尊重的权利，是消费者应享有的最基本的权利之一，经营者是否能够做到尊重消费者的民族风俗习惯，不仅关系到自身的经营，还直接关系到各民族平等和国际形象。对此，广东省有关省属企业给予了高度重视。

对于有着不同风俗习惯的消费者，提供适合他们的个性化服务，是尊重消费者的民族风俗习惯的基本举措。例如，白云宾馆在一视同仁对待所有宾客的前提下，对不同国籍、民族、宗教的旅客，提供特色服务。针对阿拉伯客人生活的特殊习惯，一是专设了阿拉伯楼层，在房间内摆放了朝拜毯和指南针；二是在宾馆的网站上，增设了阿拉伯语版，尽可能保障他们在宾馆的权益不受到侵害。

此外，个性化服务不仅是尊重消费者的民族风俗习惯的需要，还是争取高端消费者的重要手段。个性化服务与传统的标准化、规范化服务有所不同，是一种有针对性的服务方式，根据用户的设定来实现，以满足用户的需求。从整体上看，个性化服务打破了传统的以被动服务模式，能够充分利用各种资源优势，主动开展以满足用户个性化需求为目的的全方位服务。个性化服务并不适合于所有的企业，但是广东省属企业中的服务性企业，尤其是高端酒店企业，如白天鹅酒店、白云宾馆、华夏大酒店、香港华美酒店、亚洲国际大酒店等，无一例外都选择提供个性化服务，对于高端服务而言，个性化服务是制胜法宝之一，它可以为企业赢得客户，尤其是高端客户。

如白云宾馆在从三星级晋升五星级酒店的过程中，宾馆的服务实现了从"规范化、标准化"向"个性化、细微化"的升级。其中的一项个性化服务是宾馆为 VIP 客人配备的贴心"小管家"服务项目，一对一的小管家服务能在最短时间内满足客人的各种需求。2010 年广州亚运会期间，2430 房入住了阿拉伯联合酋长国皇室的一名王子，宾馆特意为客人安排了一名小管家，在客人入住期间，小管家努力为客人提供个性化的服务，如帮客人打领结、整理衣物、送洗衣服、带客人看病等，客人非常感动，多次表扬这位细心、体贴的小管家。

又比如白天鹅宾馆，开业近 30 年来，承担了广东省政府大量的外宾接待任务，接待的国家元首包括英国女王、基辛格、老布什、英国首相、古巴总统、德国总理等共计 80 多位。对于这些国家元首，仅提供标准化服务显然是不够的。白天鹅宾馆以高度责任感和大局意识，以及高超的接待能力和水平，每次均完满完成接待任务，为广东外事工作和提升广东形象作出了贡献。

---

① 根据调研资料整理。

（三）保持救济途径的畅通和有效

索赔权是《消费者权益保护法》赋予消费者的一项救济权。调研发现，广东省属企业能认真落实问题产品退换和损害赔偿，切实保障消费者的索赔权。

以广东中旅积极为游客落实人身损害赔偿为例。有一次，一个赴东南亚的旅游团在泰国旅行外出吃饭的时候因为吃了有问题的海鲜食品导致团队大部分客人得了急性肠胃炎。广东中旅领队得知消息后马上向后台操作部门汇报，并且与地接社和当地导游联系，紧急送客人到医院，并逐一安抚客人，做好医生与客人的沟通工作。广东中旅领队为此几乎每天只休息3小时。在等待客人治疗的时候，广东中旅领队与后台操作部门商量应对办法，替客人向保险公司争取保险赔付，落实团队延迟返国的航班和酒店服务安排，让客人无后顾之忧，安心接受治疗。两天后，团队返抵广州白云机场，广东中旅操作部门的总监还亲自到机场迎接客人，送上慰问礼品，并安排车辆送客人回家。客人在机场当场表示非常感谢广东中旅的服务安排，高度评价了广东中旅优质的服务。

（四）构建多渠道的消费者沟通机制

加强与社会各界的沟通，推动利益相关方参与，是企业社会责任管理的重要内容。这不仅能够增加运营透明度，增进利益相关方对企业的了解，增加共识，也有利于企业听取和吸收利益相关方的意见和建议，更好地改进各项工作。

大多省属企业，特别是直接面对消费者的服务企业，如联合电子、机场集团、广东中旅、省旅游集团、粤海集团等，都构建了多渠道的消费者沟通机制，听取消费者意见，受理和处理消费者的投诉。如开通热线电话、微博、官网、营业厅等现场服务点、定期拜访、回访、调查、委托第三方调查和评估等。对于消费者提出的投诉，基本上都予以受理，投诉的解决率也非常高，双方之间建立了良好的沟通关系。这对保护消费者权益、维护省属企业的客户关系起到了积极的作用。

联合电子为了提高高速公路联网收费的效率，多年来致力推广粤通卡，目前粤通卡用户数量已超过60万名。为保障众多用户的合法权益，提高服务质量，联合电子公司构建了多渠道的沟通机制：

（1）打造96533综合服务平台。96533综合服务平台集互联网站、呼叫中心、手机短信于一体，能为用户提供24小时不间断、全方位的服务。经过不断升级扩容和功能完善，96533综合服务平台能较好地满足用户需求。目前，服务网站每月浏览量达到15万左右，自助栏目浏览量达到20多万，呼叫中心月均话务量超过3万个，接通率达到95%以上，外呼话务量6000多个，超过37万用户登记短信服务，每月发送手机短信30余万条。

（2）建立完善的投诉处理机制。针对不同投诉类型建立相应受理处理机制，不断优化投诉处理流程，注重经济用户的实际问题，在用户量快速增长的情况下，月投诉终结率保持在80%左右，年投诉终结率超过95%。

（3）建立客观的服务质量评价体系。公司每年通过第三方调查公司独立对用户进行满意度调查，数据显示，在用户量快速增长的情况下，客户满意度始终维持在80%左右。[①]

[①] 根据调研资料整理。

（五）开展消费者教育

据有关资料显示，目前世界上约有 150 万种商品，我国有近 50 万种，而且新产品层出不穷。[①] 商品日益丰富，而消费者的知识却相对贫乏了。信息的不对称容易使消费者在交易中处于弱势地位。按照《消费者权益保护法》规定，受教育权是消费者拥有的九大权利之一，作为产品供应者的企业有义务开展消费者教育。省属企业依法开展消费者教育。如：盐业集团履行食盐专营"准公共性企业"的社会和经济责任，为民服务，每年组织参加"3·15"消费者权益日、"5·15"食盐加碘消除碘缺乏危害宣传日、"9·15"质量宣传日活动，指导消费者识别假冒伪劣食盐。

（六）保障消费者隐私

现今消费者大都非常重视对自己隐私权的保护，《消费者权益保护法》中虽然没有明文提出消费者的隐私权，但在民法中对隐私权是有明确规定的。企业保障消费者的隐私，不仅是法律的要求，同时也是企业获得消费者信任的要求。广东省属企业中的宾馆、旅行社、机场等，在业务经营过程中接触到大量消费者的私人信息，如身份证号码、电话、家庭地址，甚至特殊喜好等，省属企业基本上能做到采取有效的措施落实消费者隐私权的保护，严格保密，不作非法利用和公开。

二、实践和探索亮点

（一）消费者对省属企业的产品满意度高

从调研情况来看，大多数直接面向消费者的企业，都开展了消费者满意度调查。根据调查数据分析，省属企业在消费者当中的口碑较好。消费者与企业的关系是互相依存的双赢关系。广东省属企业在为消费者提供产品的过程中，充分尊重和保护消费者的合法权益，始终将消费者的人身和财产安全放在企业工作的首位，不仅实现了较高的消费者满意度，在社会上建立了省属企业的良好口碑、树立了省属企业的良好形象，也同时为企业赢得了利润，赢得了生存和发展。

（二）建立便捷的服务支持平台

在购买商品和服务时，消费者普遍都希望能获得方便、快捷的服务，还要求商品携带方便、使用方便、维修方便等。广东省属企业在经营中迎合消费者便利、省事的心理需求，为消费者建立了方便而又完善的服务支持平台，深受消费者欢迎。联合电子打造的 96533 综合服务平台集互联网站、呼叫中心、手机短信于一体，24 小时服务，消费者只需记住这一个号码，咨询、充值、投诉等业务均可以办理。天河城广场只租不售，在商场布局时以百货为主，同时以娱乐、饮食为辅，按照这个原则选择租户，满足了消费者购物、娱乐、饮食一站式的需求。广物汽贸公司首创一站式汽车销售平台，邀请公安车管所、汽车检测站、税务局、路桥费征收、银行、保险公司等单位驻场办公，使顾客不出市场就能办妥手续，极大地方便了消费者。

---

① MBA 智库百科. 消费者教育，http://wiki.mbalib.com/wiki/%E6%B6%88%E8%B4%B9%E8%80%85%E6%95%99%E8%82%B2.

● **案例**

广物汽贸公司的一站式汽车销售平台

物资集团下属广物汽贸公司在"2009年度中国汽车经销商50强"排名中以152.4亿元的年度营业收入位列第五,亦是华南地区排名第一的经销商集团。1997~2008年,累计销售汽车100万辆,销售规模1000亿元;二手车交易30万辆,维修汽车160万辆次。汽车销量分别占广东和广州市场份额的30%和60%。[①] 广物汽贸公司能够做强做大,其成功在于将方便消费者与自己的营销方式、目标结合起来,提升了自己的核心竞争力。

企业的核心竞争力归根结底就是提升服务质量,赢得消费者的信任。对于多数顾客来说,买车前如何比较和选择,买车后怎样办理检测、缴税、按揭、保险、上牌等手续,用车时的年检、维修、保养、更新等大多感到比较陌生。广物汽贸为顾客实行"顾问式"服务,买车前为顾客量身定制购买方案,买车时代办各种手续,买车后建立顾客档案,跟踪服务。总而言之,就是"一次购车,终身服务"。为提高服务水平,公司率先在国内同行中建立起完善的服务支持平台,积极创造条件,邀请公安车管所、汽车检测站、税务局、路桥费征收、银行、保险公司等单位驻场办公,使顾客不出市场就能办妥手续,最快的时候从提车到上好牌只要1个小时。除新车销售外,还开办了旧车交易、汽车租赁、消费信贷、检测评估、维修保养、配件用品、集散配送、拆检定损、新旧置换等业务。在互联网上也开设了电子商城,顾客只需轻点鼠标,便可随时了解最新市场行情、订购商品、享受各种服务。

(三)准公共性企业积极引入竞争

广东省属准公共性企业坚持为消费者着想,在企业的业务活动中引入竞争,通过竞争提高产品和服务质量,也为消费者提供更多的消费选择,彰显了国企服务民众的本质,树立了良好的社会形象。

粤海集团广南行,作为为香港提供鲜活食品的三家供应商之一,在组织货源时,积极培育上游供应商的竞争,从而为香港居民供应优质的鲜活食品。

联合电子为提高高速公路联网收费的效率而推广的粤通卡、电子标签,由于产品功能较为单一,销售渠道狭窄,因此很少厂商自愿生产,这就造成消费者可选择性小,产品质量也难以提高。为改变这一状况,联合电子积极培育新厂家参与市场竞争,引导和配合厂家进行产品开发和改进。目前,已有6个电子标签生产厂商、3个粤通卡生产厂商参与供货,消费者可以从中自由选择。通过竞争,粤通卡、电子标签的质量得到了很大的提高,产品回退率和使用异常投诉率逐年下降,而且,通过竞争,降低了产品生产成本和售价,使消费者从中受益。2010年粤通卡产品工本费从350元/套降为300元/套,2012年进一步降低至275元/套。此价格在国内外同类产品中属于最低水平。[②]

---

① 陈镟. 瘦死的国企 为何广物汽贸能独善其身, http://auto.163.com/10/1013/07/6IS1QRME00084JTI.html.
② 根据调研资料整理。

(四) 保障弱势群体得到基本的消费品

给弱势消费者以人文关怀,在适当的情况下保障他们得到基本的消费品,是任何有道德的企业应尽的社会责任。在这方面,省属企业起到了模范作用,搭建了政府与民众之间的桥梁,体现了政府对弱势群体的关爱,对维护社会稳定发挥了积极作用。

例如:在"五一"、"十一"及春节等重大节假日期间,为保障外来务工人员能够买到返乡车票,安全回家与家人团聚,交通集团下属各运输企业开通外来务工人员返乡专线,增设"劳务工返乡售票专窗",组织外来务工人员包车返乡,赠送保险,开通网络售票,为外来务工人员提供开水、盒饭、棉被、市内免费接送班车、开通新的候车室等服务,使外来务工人员真正体会坐车的便利与实惠,营造"关注劳务工、关爱劳务工"的良好氛围。

本章小结

履行产品质量责任、保障消费者权益是企业履行社会责任的一项重要内容,是一项法定的义务。广东省属企业在履行产品质量责任、保护消费者权益的实践中,高度重视这项工作,采取各种有效的措施,实行制度化管理,不断开拓创新、提升产品质量,涌现出众多在国内外屡获殊荣的名优产品,获得了合作伙伴和消费者的高度认同,社会效益和经济效益显著,担当起了先锋模范的作用。

第八章 广东省属企业履行资源和环境责任的实践与探索

作为一种正在凸显的社会责任，环境责任正日益受到人们的关注。多年来，国家高度重视建设生态文明，注重节约资源，注重产业结构的调整，注重经济增长方式的转变。党的十七大报告提出建设生态文明的理念，党的十八大报告中把生态文明建设放在突出地位，从"四位一体"扩展为"五位一体"，融入经济建设、政治建设、文化建设、社会建设各方面和全过程，努力建设美丽中国，实现中华民族永续发展。国有企业的环境责任建设，既是企业社会责任理论的一种延伸，是对企业在现代社会中地位的关注，也是贯彻科学发展观、构建和谐社会的一种必然要求。2008年，国务院国资委发布的《关于中央企业履行社会责任的指导意见》就明确了对国企环境责任的认同和接纳。本章将从生态环境保护、节能降耗、循环经济和清洁生产四个方面对广东省属企业的资源和环境责任的实践活动进行介绍。

第一节 生态环境保护

广东省工业化、城市化速度加快，在经济快速增长的情况下，环境污染和生态破坏的趋势基本得到了控制，部分城市和地区的环境质量有所改善，还创建了深圳、珠海、汕头、中山四个经济与环境协调发展的国家环境保护模范城市以及顺德伦教镇等31个省级生态示范村（镇、农场）。省属企业作为广东经济的重要组成部分，生态环境保护责任履行状况总体良好，但人为因素等对生态环境所造成的破坏不容忽视。近年来，省属企业不断加强领导和规划，在快速发展经济的同时，切实控制环境污染，改善公众生存环境和生态环境质量，有效地履行了生态环境保护责任。

一、总体情况

（一）生态环境保护意识不断加强

省属国有企业的环境责任认知，首先要求通过广泛的生态教育与自我学习，提升国有企业管理者及其职工对于环境责任的认知水平，不仅要使其明了环境责任与企业发展的根本性一致，更要使其从应然的层面真正认识到国有企业承担环境责任的必要性，从而增强国有企业履行环境责任的自觉性，真正形成国有企业承担环境责任的内生机制。

广东省属国有企业深入贯彻落实国家和广东省关于加快转变经济发展方式，建设资源节约型、环境友好型社会，促进经济社会可持续发展的工作要求。根据调查，广东省属企业在环境保护方面，不断增强社会责任感和使命感，把环境保护与推动发展方式转变，防污减排与促进经济结构调整，环境治理与低碳发展有机结合起来，始终坚持走可持续发展之路，一直将保护生态环境作为企业发展的重中之重，推动下属企业创新经营管理思路，加强内部控制，采取先进的管理经验和方法，不断改善经营管理水平，降本节支，努力在节能减排、发展"低碳经济"等方面发挥积极作用，有效确保了环保工作不出大的问题。

省属企业在组织生态环保管理方面，首先，表现为在战略上高度重视环境责任，使之成为企业管理的核心价值，如机场集团将环境保护工作纳入企业的战略规划，结合节能减排、环境经营和能源环保管理队伍建设工作需要开展节能、环境管理培训，增强员工的环保意识，促进员工积极投身节能减排工作。其次，非常重视环境责任教育，使其成为企业员工的共识和企业文化的有机组成部分，如粤海集团根据绿色饭店创建要求，开展关于公共安全、食品安全、环境保护的培训计划，全员参与，提高员工安全和环保意识；派员参加有关部门主办的有关安全、环境问题的培训和教育。最后，省属企业不断强化环境责任管理，并贯穿于工艺设计、日常经营、品牌建设、产品营销等各个环节。如广新控股为了提高企业参与生态环保意识，主要从以下两方面着手：①积极参与在广东省开展低碳省试点工作以及政府和行业部门组织的节能工作交流活动，并及时将有关政策信息传达给各成员企业。②鼓励所属各企业特别是重点能耗企业加大实施节能技术改造与技术创新力度，加强节能技术的推广和应用，同时不断完善各项促进节能减排的制度建设，有效降低企业在生产过程中的能耗水平。

经过调研发现，少数省属企业尚未设立专门的组织部门统筹企业的环境影响评价、环境保护等，定期发布责任履行情况，回应社会要求并积极做出调整，使环境责任建设工作正规化、日常化、专门化。

（二）充分保障生态环境保护投入

根据社会责任管理的要求，企业应投入足够的人力、物力、财力，建立环境保护的管理体系和污染物处理设施。调研中发现，投入不足一直是制约广东省有效治理环境污染、导致环境污染总体上呈加剧趋势的重要原因。广东省近几年加大了对环境污染防治的直接投入，并逐年增加，工业污染源治理投资、建设项目"三同时"（防治污染措施与主体工程同时设计、同时施工、同时投产）。

省属企业在环保技术创新投入和资金投入等方面非常重视。在技术创新方面，省属企业结合自身的具体情况，根据环境保护的要求，在积极引进各种先进生产设备和消化各种先进技术的同时，开发有利于环境的先进技术，对存在的环保难题进行攻关，为污染治理、清洁生产提供技术支持，从根源上防止污染。如水电集团在工程建设中注重使用建筑用周转材料：一般不使用木材，采用钢材等环保材料，如混凝土模板、脚手架。同时在工程中积极引进粉尘测定仪、噪声监测仪等先进环保检测设备。

省属企业的环保投资近年来增长较快，城市环境基础设施建设继续增加，机制和渠道逐步建立，为环境保护提供了重要的物质保障。基本避免了环境质量急剧恶化的趋势，主要污染物排放量得到基本控制，局部地区的环境质量得到改善，环境保护事业取得积极发展。有数据显示，粤电集团 2011 年用于专项节能减排技改的资金达 3.3 亿元，实施大中型技改项目 370 项，取得了显著的经济和环保效益，如图 8-1 所示。

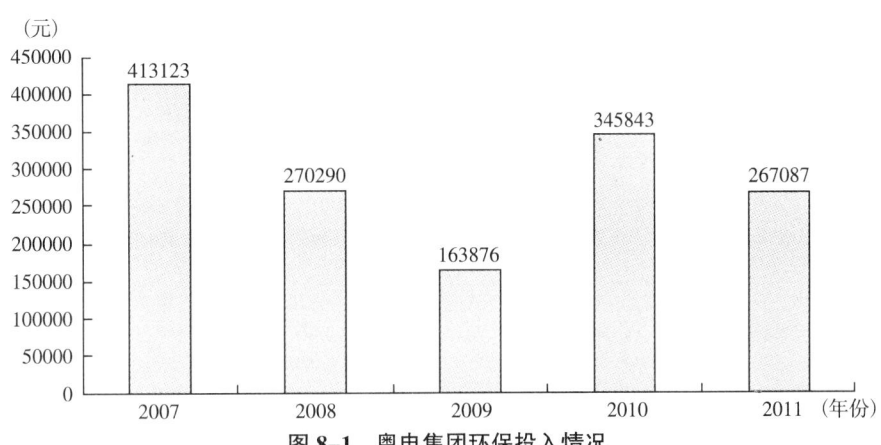

图 8-1 粤电集团环保投入情况

资料来源：根据粤电集团提供资料整理。

省属企业还承担了比较多的大型基础设施建设，随着社会民众对环境保护的要求越来越高，省属企业的生产建设也备受社会公众的关注，因此，省属企业对项目建设的生态环保高度重视，设立专项资金用于建设过程中的生态环保工作。如交通集团高速公路项目建设过程中，直接用于环保的投资所占比重平均约 4.2%，该比例还未包括高速公路项目在设计、建设过程中因考虑环保而采取相关措施、方案等的间接成本。

（三）注重生态环保管理体系建设

省属企业非常注重环保管理体系建设，始终把环保问题放在企业发展战略中的重要位置，致力于开发出安全、环保的"绿色"产品和服务，以满足社会及消费者的更高要求，如交通集团建设广东首条生态环保型高速公路、盐业集团提供"健康盐"、粤海酒店打造"绿色酒店"；省属企业在向顾客提供高质量产品和服务的同时，致力于保护自然环境和实现可持续发展，努力建设环境友好型企业。大多数省属企业都做到将环境管理与企业管理相结合，建立健全环境管理组织机构和运行机制，并纳入企业日常管理中，有些省属企业则通过实施 ISO14001 系列标准提高组织的管理水平，促进企业整体管理水平的提高。如机场集团建立了生态环境保护责任管理体系，省粤电集团也通过 ISO14000 标准认证。

1. 实施环境管理体系认证

环境管理体系是一个组织内全面管理体系的组成部分，它包括为制定、实施、实现、评审和保持环境方针所需的组织机构、规划活动、机构职责、惯例、程序、过程和资源。环境管理体系认证即 ISO14001 的推广和普及在宏观上可以起到协调经济发展与环境保护的关系、提高全民环保意识、促进节约和推动技术进步等作用，因此也受到了各国政府和民众越来越多的关注。

广东省各级环保部门积极鼓励、引导和支持企业开展环境标志产品认定，提高环境标志产品的市场占有率。省属企业也不断加快实施 ISO14000 标准步伐，为其产品进入国际市场创造有利条件。ISO14000 环境管理系列标准的引入和实施，也为广东省属企业消化吸收国际环境管理科学的最新成果，丰富企业先进的环境管理思想，拓展在社会主义市场经济条件下，组织（企业）由被动接受环境管理到自觉投入、参与环境保护工作，建立行之有效的环境管理新模式，全面提高企业的环境管理水平，增强公众的环境意识发挥了积极作用，如表8-1所示。

表8-1　主要省属企业实施环境管理体系建设状况

企业名称	认证或体系建设	主要工作
中旅集团	环境管理体系认证ISO14001标准	积极推进园区规划低碳化、园区建设低碳化、酒店建设低碳化、园区运营服务低碳化，致力将西岸项目建设成为节能园区、绿色园区，为广东绿色低碳经济树立示范效应
粤电集团	"ISO9000、ISO14000、OHSMS18000"三标一体化贯标以及南非NOSA五星管理等	坚持"安全第一、预防为主、综合治理"的安全方针，建设环保、安全生产长效机制，以此为载体构建涵盖人员安全、设备安全、技术监督和环境健康在内的环境和安全管理体系
机场集团	建立了生态环境保护责任管理体系	制定能源环保相关制度。从机场选址、规划和设计开始，注重减少噪声对周围居民和环境产生的影响。由此未来应对气候变化，保护环境，维持企业的可持续发展。集团也在未来的战略规划当中指出将继续积极推进节能减排，通过降低能源消耗，向航空公司、货主和乘客提供更多绿色环保的服务和产品
广业公司	成立华南绿色产品认证检测中心	农业部农产品质量安全中心首批"无公害农产品"认证定点检测机构、国家认证认可监督委员会首批有机产品检测机构、中国实验室国家认可委员会食品安全实验室以及中环联合认证中心"中国环境标志"、中标认证中心"中国环保产品"、中国商品学会"环境标志产品"和北京康居认证检测中心的认证定点检测机构，也是广州市建委备案民用建筑工程室内环境污染检测机构

资料来源：根据省属企业调研资料整理。

2. 实施绿色管理

企业的绿色管理就是将环境保护的观念融于企业的经营管理之中，它涉及企业管理的各个层次、各个领域、各个方面、各个过程，要求在企业管理中时时处处考虑环保、体现绿色。近年来，越来越多的省属企业家认识到，绿色管理是最完美也是最完善的管理。省属企业尤其是竞争性企业，也面临着市场竞争的压力，在为客户提供高质量服务的同时，也要注意内部成本的控制。而实施绿色管理无疑是省属国有企业的优选策略，这样既保证了经济效益，也获得了良好的社会责任绩效。大部分企业把生态环境管理纳入企业管理之中，使生态环境管理和生产经营管理紧密结合起来，逐渐形成了生态经济协调互促型的现代企业管理模式。粤海集团的绿色管理非常注重以下方面的建设：①建立有效的环境管理体系；②建立积极有效的公共安全和食品安全的预防、管理体系；③建立采购人员和供应商监控体系，尽量选用绿色食品和环保产品；④积极采用绿色设计；⑤宣传与引导"绿色利剑"，开展绿色行动，积极寻求顾客与社会的积极赞同，使顾客对饭店的综合满意率达到80%以上。

3. 开展绿色施工

绿色施工是指工程建设中，在保证质量、安全等基本要求的前提下，通过科学管理和技术进步，最大限度地节约资源与减少对环境负面影响的施工活动，实现四节一环保（节能、节地、节水、节材和环境保护）。省属企业有不少建筑施工单位，如交通集团、建工集团、水电集团、粤电集团等都承接了不少工程项目，工程施工中产生的大量灰尘、噪声、有毒有害气体、废物等会对环境品质造成严重的影响，也将有损于现场工作人员、使用者以及公众的健康。因此，减少环境污染、提高环境品质也是省属企业实行绿色施工的基本原则。

省属企业非常注重项目施工的绿色环保，如省建筑工程集团大力推行环保建材的使用，积极开展绿色节能技术研究，努力贯彻绿色施工理念。在建工程项目均按要求编制节能专项方案和文明施工专项方案，积极推行节能新型材料和施工工艺，减少建筑垃圾的产生和排放，并参加了国家和省级绿色施工规范的编制工作；建工集团建筑科学研究院先后承担了建设部《夏热冬暖地区居住建筑节能设计标准》、广东省《公共和居住建筑太阳能热水系统一体化设计、施工及验收规程》和广东省《建筑节能工程施工验收规范》等建筑节能系列标准的主编工作，与节能相关的研究课题相继获得了多项广东省科学技术奖，并自主开发节能软件，逐步推进节能技术的研究、推广、产品开发和咨询等系列工作。2004年至今，集团获得专利112项，其中发明专利27项；每年完成科技成果鉴定100多项。

中旅集团也注重绿色施工过程，其在西岸旅游产业园投资建造6个园区生态停车场，地面采用可吸收太阳辐射的透水透气材料，车位两旁种植草坪和树木，最终达到"树下停车，车旁有树"的环保效果。规划建设15公里长的绿道、50公里长的登山步道、20公里长的电瓶车道，购置50台和80台环保电瓶车供游客乘坐，园区路灯全部采用节能型LED灯。

省属企业包含了许多大型的基础设施建设，包括机场、铁路和高速公路。省属企业非常注重这些重大工程实施过程的生态环保，如交通集团建设广东省首条生态环保型高速公路，渝湛高速公路（粤境段）是列入省政府督办工程的出省通道骨干项目。集团把建设广东首条按生态环保概念建设的高速公路作为集团履行环保责任的重大工程。在工程设计中，明确渝湛高速公路的生态环保目标为"建成具有亚热带风光的生态高速公路"、"广东渝湛高速公路生态公路技术研究"已列入国家交通部科研规划实施项目，渝湛高速公路（粤境段）荣获"中国土木工程詹天佑奖"。

4. 倡导绿色消费

绿色消费是指消费者对绿色产品的需求、购买和消费活动，是一种具有生态意识的、高层次的理性消费行为。据了解，省属国有企业在引导消费者的环保观念方面具有较强的市场优势。省属企业负责任的环保观念也在消费者心中树立了良好的社会品牌形象，进一步扩大了市场绩效。

粤海集团下属酒管集团响应国家建设绿色型、环保型社会的号召，倡导绿色消费，积极开展"绿色饭店"创建活动，在各酒店实施多项绿色环保措施，如建议同一个客人多次使用一套一次性用品拖鞋、清洁用品等；同一个客人可以减少床单、被套、茶杯、毛巾等洗涤次数；减少塑料制品的使用，减少肥皂、口杯等包装、封条；饭店使用无污染的物品或再生物品，节约资源。

盐业集团也积极倡导"绿色、环保、健康"的用盐理念，提倡"少吃盐、吃好盐、选粤盐"的消费方式。积极倡导中老年人和患有高血压、心脏病的人群食用"低钠盐"、提倡食用符合绿色、安全环保型的绿色食品特制食盐（简称"绿标盐"），推广原生态无污染的"澳洲湖盐"和"新疆湖盐"以及具有地方特色、符合广东省群众食用习惯的南方精选海盐系列产品。

二、实践亮点

（一）注重保护周边生态环境

企业在生产投资和项目建设时，难免对周边的生态环境产生影响，如高速公路、铁路、水电厂的建设等都对周边的生态影响很大。省属企业的生产投资项目也大多归于此类，因此，对周边生态环境保护对省属企业来说，也是一项重要的环境保护责任。在省属企业中，粤电集团、水电集团和广业公司等企业都包含了工程建设实施和资源矿产的开采，这些工程项目的实施往往会对周边的自然环境会带来破坏，因此会影响周边生物的自然生长和生态平衡。省属企业在项目规划、建设、生产运营过程中坚持开发与保护并重，致力于生态环境的保护，努力实现生产建设、项目运营与生态环境的和谐共处。

> ● **案例**
>
> **粤电集团对项目周边生态环境的保护**
>
> **出资保护水库生态**：粤电集团长潭水电厂在当地政府开展的长潭水库畜禽养殖污染清理整治工程中，出资4万元用于打捞水库水面水浮莲及漂浮物，保持水库生态。每年清明节前，参与当地政府在长潭库区举行的生物资源增殖放流活动，放养了近3万尾的鱼苗。
>
> **保护生物多样性**：粤电集团非常注重电源建设项目和周边生物的保护，其所属的惠州LNG电厂附近有霞涌旅游区和海产养殖区，为保护当地生态不受破坏，惠电委托中科院南海海洋研究所对温排水做了数模预测，调查研究结果显示，电厂周边旅游区、养殖区等保护目标区域的生态情况均未受到直接的不利影响。

（二）积极开展环保技术创新

随着环保产业在全球范围的扩展，我国的环保产业于20世纪70年代开始起步，现在已经发展到一个相当的规模和水平，也出现了一些比较先进的环保产品与环保技术。但是与世界发达国家相比，我们还存在着较大的差距。只有尽快发展环保产业技术创新才能更快发展环保产业。近年来，省属企业借助政策支持和管理优势，大力发展环保技术创新，打破技术壁垒，促进了整个行业的科技水平的提升，推动环境保护进入一个有序、有规模、可持续发展的良性循环。

> ● **案例**
>
> **广业公司环保集团的技术创新建设**
>
> 广业公司环保集团集中了广业公司系统下主要科研单位，全资拥有各种科研院所5所，参股院所2所。各种工程技术人员有5000多人，高中级职称有1900多人，具备了自主知识产权与技术控制能力。广业公司注重开展污水处理和固废处理领域的自主技术创新研发和外部技术引进。目前，环装总有两项水处理发明专利，机械所有三项实用新型专利，工研所有一项实用新型专利和一个省水环境污染重点试验室。其中，拥有的"微曝氧化沟"自主知识产权污水处理技术，先后获得广东省环保科技进步一等奖、国家环保科技二等奖。

（三）推动生态环保的产业化

环保产业是国家加快培育和发展的七个战略性新兴产业之一。加快发展节能环保产业，也是广东省调整经济结构、转变经济发展方式的内在要求，是发展绿色经济和循环经济，建设资源节约型环境友好型社会，积极应对气候变化，抢占未来竞争制高点的战略选择。据测算，2010年，我国节能环保产业总产值达2万亿元，从业人数2800万人。产业领域不断扩大，技术装备迅速升级，产品种类日益丰富，服务水平显著提高，初步形成了门类较为齐全的产业体系。

"十二五"时期是广东省节能环保产业发展难得的历史机遇期，省属企业也积极发展环保产业，紧紧抓住国内国际环境的新变化、新特点，顺应世界经济发展和产业转型升级的大趋势，着眼于满足节能减排、发展循环经济和建设资源节约型环境友好型社会的需要，加快培育发展节能环保产业，使之成为新一轮经济发展的增长点和新兴支柱产业。

● **案例**

广业公司将环保产业作为支柱产业

2011年广业公司环保产业产值124239万元，占广业环保产业集团公司总产值的30.87%。公司通过整合环保相关的研发、设计、投资、建设、运营、装备和贸易全产业链业务，把环保集团打造成为应用技术、经营模式、运营规模居国内前列的省内环保产业龙头上市企业。重点发展环保减排整体解决方案服务，实施环保工程BOT及工程总承包。重点投资经营污水处理和固废处理业务。广业环保产业集团通过科学的管理制度和先进的环保技术，被广东省环境保护产业协会评为"2010年广东省环境保护产业骨干企业"。同时，环保集团董事长王健同志也因在环保产业锐意进取和真抓实干的务实作风，荣获"2010年度广东省环保产业优秀企业家"的称号。

（四）推进绿色饭店计划

绿色饭店是以环境友好为理念，将环境友好行为、环境管理融入饭店经营管理中，贯彻环保、节约、健康和安全的宗旨，坚持绿色管理和节约资源，建设绿色消费，保护生态环境和合理使用资源的饭店。建设绿色饭店的核心是为顾客提供舒适、安全、有利于人体健康要求的绿色客房和绿色餐饮，并且在生产经营过程中加强对环境的保护和资源的合理利用。省属企业中从事酒店行业的企业包括粤海、白天鹅、省中旅和省旅游等，近年来，这些企业开展一系列"创建绿色饭店"的工作，积累了一些宝贵的经验，也获得了良好的市场绩效和社会反响。

● **案例**

粤海集团积极开展绿色饭店创建活动

粤海集团响应国家建设节约型、环保型社会的号召，为引导企业与员工树立节约和环保意识，倡导"绿色"消费，指导管理酒店积极开展"绿色饭店"创建活动，在各酒店实施多项绿色环保措施，包括对客房用品实行循环使用，如使用布质洗衣袋，更换大支装沐浴液，设环保牌提醒住店客人短期更换床单，实行无纸化办公，利用废品制作礼物等。同时，引进节能降耗的新产品、新工艺、新方法，采取有效管理措施，充分运用先进技术节能降耗，建立健全资源节约的长效机制。

第二节 节能减排

节能减排就是节约能源、降低能源消耗、减少污染物排放。能源问题也是当前我国经济社会发展所面临的最重要的问题之一。根据《广东省"十二五"节能减排综合性工作方案》，未来几年，广东省的主要节能减排管理工作将围绕以下八个方面展开：①合理控制能源消费总量；②强化重点用能单位节能管理；③加强工业节能减排；④推动建筑节能；⑤推进交通运输节能减排；⑥促进农业和农村节能减排；⑦推动商业和民用节能；⑧加强公共机构节能减排。按照省委、省政府的统一部署，广东省属企业认真贯彻落实节能减排有关政策，始终坚持节能减排不动摇，把节能减排和能源问题摆在企业发展的突出位置，采取一系列有力管理措施，推动节能减排降耗，优化能源结构，发展循环经济和清洁生产，改善生态环境，取得了不少成效。

一、总体情况

（一）完善节能减排责任管理体系建设

在中央和省委省政府的积极倡导和政策安排下，广东省属企业的节能减排工作不再停留在"头痛医头、脚痛医脚"的阶段，通过近几年的发展，逐渐将节能减排管理形成体系化，重点体现在企业节能减排评价体系和能源管理体系两个方面的建设上。

1. 建立节能减排评价体系

节能工作是一个系统性、综合性很强的工作。节能减排目标需要企业全方位地思考自身的管理过程，从过程管理中发掘节能减排的潜能。在全面落实国家的要求和部署、努力完成各项节能减排目标任务的号召下，省属企业根据自身生产特点，积极建立节能减排评价体系。该体系的建立，从制度上保证了省属企业资源与环境责任的有效履行。粤电集团建成并投运了火电厂节能减排体系，组织编制了《火力发电机组节能减排指标评价体系管理办法（试行）》，为科学、合理评估火电厂的节能减排能力，动态跟踪基层电厂的能耗水平、环保水平搭建了平台。通过对关键指标进行量化公正测评，并公开评价成果，促进系统内各电厂节能减排工作取得实效，持续提升节能减排能力和水平。广晟公司通过认真贯彻落实国家、省的有关政策规定和《广晟公司关于进一步加强节能减排工作的意见》精神，把节能减排作为促进企业科学发展的硬任务、转变发展方式的硬举措、考核各级干部的硬指标，大力推进技术节能、结构节能、管理节能、机制节能和全员节能，确保"十二五"公司所属企业单位产值能耗明显下降、节能量明显增加。

2. 完善能源管理体系

如果缺乏相互联系、相互制约和相互促进的科学的能源管理理念、机制和方法，就会造成能源管理脱节。能源管理体系就是从体系的全过程出发，遵循系统管理原理，通过实施一套完整的标准、规范，在组织内建立起一个完整有效的、形成文件的能源管理体系。

2001~2015年，中央政府确立了单位国内生产总值能耗降低16%的总体节能目标。为了达到上述目标，省属企业深入实施"绿色行动计划"，切实管理自身环境影响，提升运营能效。注重建立和实施过程的控制，使组织的活动、过程及其要素不断优化，通过例行节能监测、能源审计、能效对标、内部审核、组织能耗计量与测试、组织能量平衡统计、管理评审、自我评价、节能技改、节能考核等措施，不断提高能源管理体系持续改进的有效性，实现能源管理方针和承诺并达到预期的能源消耗或使用目标。如广业公司在2011年以ISO50001能源管理体系为指导，继续完善环境和能源管理体系。采取一系列措施：①制定目标，以国家和行业节能减排目标为指导，制定完成规划，明确公司未来五年节能减排工作目标和措施体系；②强化评估，常态化开展能效评估；③推广成熟措施；④加强考核管理，将节能减排纳入公司考核体系，将节能减排指标分解到下属企业，实现压力的传递，并对考核结果优秀的单位和个人进行表彰；⑤加强宣传交流，开展环保活动，参加交流会。

（二）节能降耗投入显见成效

据调查，广东省属企业近几年在节能技改方面的投入逐渐增多，环保措施的实施逐渐完善了广东环境保护和污染治理的底层结构，而节能措施的实施则是以能源结构调整为突破口，有效促进了广东产业结构的调整和经济的升级转型。在各项制度规范的监督下，广东省属企业节能降耗成效非常明显。2011年，各单位排放的主要污染物（SO_2、COD、有毒有害物质等）总量满足环保部门核定的污染物排放总量控制要求，企业污染减排工程实施进度及减排量符合总量减排要求。

自2004年以来，省属企业粤海集团每年投入一定比例的节能改造费用，对空调系统、热水回收系统、电梯系统等进行技改，不仅降低了油、水、电等的能耗成本，同时实现"低碳"、"减排"，为保护环境做出贡献，不仅赢得了社会的尊重，也使自身获得了长足发展。2011年，珠海粤海酒店荣获珠海市旅游系统节能专项资金。

广新控股的上市公司星湖科技，近年来通过在企业内部推行节能技改项目，不断淘汰落后产能；在环境治理工作方面，不断加大污染物末端治理设施的投入和建设，控制各类污染物的排放。2011年，星湖科技完成节能量4638.42吨标准煤，超额完成政府下达的节能量目标148.67%，同年9月整体被广东省环境保护厅和广东省经信委评为"广东省清洁生产企业"，并连续四年获得广东省人民政府授予的"广东省节能先进企业"称号。

商业集团的深圳东建公司在节能减排方面，投入改造资金1000多万元，添置和更新生产设备，增加废水处理设施和废气噪声处理装置。华侨友谊酒店不断加大技改力度，累计投入逾500万元，建立酒店智能管理系统，以及进行电梯报警系统反馈式节能升级、总机设备和客房玻璃窗改造、更换热水供应系统，使酒店能源损耗减少约30%。

广业公司的省建筑材料研究院开展"建筑节能检测技术"项目。2010年，建筑节能检测收入达1300万元，比2009年增加800万元；利润增加100万元。该项目实现了当年投入当年收效。

省属企业在节能降耗方面也取得了不错的成效，广晟公司的大宝山矿在2011年GDP单位能源消耗量下降5.4%，工业生产耗用能源折标煤6478.28吨，原水耗用量262112万吨，循环水利用率95%，再生水总量750万吨。广晟公司的凡口矿实施选矿废水回用工程，实现废水回用450万~500万立方米/年，"十一五"期间COD总排放量控制在500吨以内。

粤电集团的 SO_2 排放绩效也从成立之初的 4.48 克/千瓦时下降到目前 0.44 克/千瓦时。其他废弃物排放指标也呈现逐年下降,如图 8-2 所示。

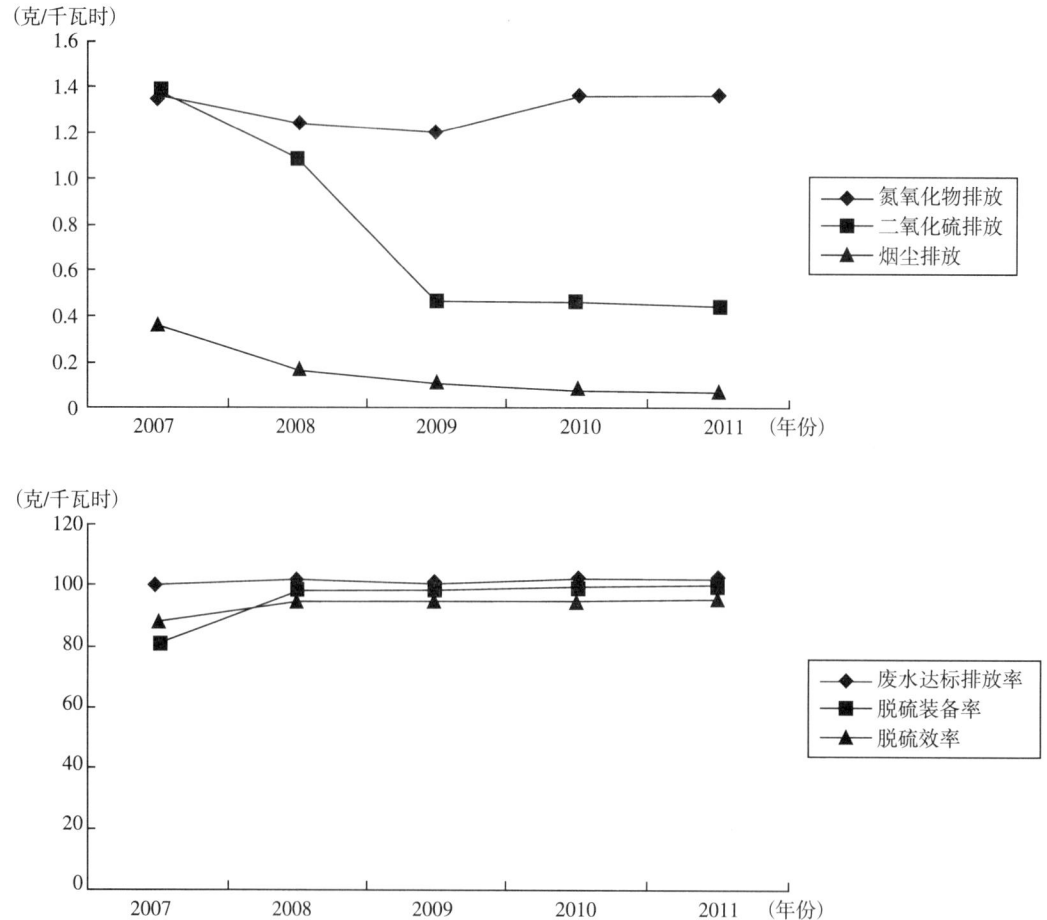

图 8-2 粤电集团节能降耗绩效

资料来源:根据粤电集团提供资料整理。

(三)节能新技术得到广泛应用

根据《广东省"十二五"节能减排综合性工作方案》要求,未来广东省在加快节能减排技术开发和推广应用时主要从加快节能减排共性和关键技术研发、加大节能减排技术产业化示范和加快节能减排技术推广应用等三个方面进行。

在节能减排形势的要求下,省属企业坚持以技术创新为手段、以节能减排降耗为重点,不断推进新技术、新工艺的应用,加大节能技术改造投入力度,积极采用节能新技术,坚持创新和引进并举,完成了众多节能项目。在充分吸纳市场新设备新技术的同时,发挥自身科技人才优势,积极开发新能源、推广新技术,不断加大节能投入,加大资源综合利用和节能改造,做到生产设施节能节约。

省属企业通过新节能技术的应用,主要消耗性指标和排放指标逐年降低,如丝纺集团的美雅公司近年来进行水帘制冷替换空调制冷技术改造工程,大幅降低了夏季的电力消耗,月节约电费达 100 万~150 万元;实施了水洗工序技术改造,选用国产九槽一体式水洗设备替换旧式水洗设备,使得水洗效率大幅提高 2 倍以上,经实践验证改造后整个印花车间的耗水减少 50%,耗蒸汽减少

40%，耗电减少29%，从而大幅降低了对煤的消耗和污水废气的排放，节能减排效果明显。粤电集团通过开发CDM项目，积极应对全球气候变化，以实际行动承担起温室气体减排的义务，持续不断地推进在水电、超超临界、风电、光伏发电、LNG、生物质等方面的CDM项目开发和申报工作。截至2011年，已在联合国成功注册石碑山风电等5个CDM项目，全年共获得联合国签发188万吨"二氧化碳减排量"。省建筑工程集团也一直高度重视科技创新工作，已逐步完善形成了具有"广东建工"特色的极具竞争力的成套化核心技术，为行业的发展进步做出了应有的贡献。

节能与企业的生产服务环节联系紧密，省属国有企业由于生产规模宏大，生产过程复杂，其中能源消耗也占主要比重。据调研，省属企业注重通过技术改进、业务流程优化，加强综合协调管理，来达到全面提升节能水平。机场集团在保证服务质量的前提下，充分利用现代化信息管理技术，优化生产调度和管理流程，提高客货集散与运行效率。开展多放行系统研究，提高航班正常率，缩短航空器地面等待时间。水电集团的施工技术也从两方面来着手降低能源消耗：①减少高能耗材料的使用，间接降低能源消耗；②在施工期间应用低能耗工艺，直接降低能耗。这些技术措施包括应用碾压混凝土施工技术、外掺粉煤灰混凝土施工技术、外掺氧化镁混凝土技术和应用连续拌和混凝土技术等。

二、实践亮点

（一）注重生产过程中的节能降耗

调研中发现，省属企业注重在生产建设过程中，在保证质量、安全等基本要求的前提下，通过科学管理和技术进步等手段，最大限度地节约资源与减少对环境负面影响，实现四节一环保（节能、节地、节水、节材和环境保护），并注重对生产建设过程中的扬尘控制、噪声与振动控制、水污染控制等。通过多种措施并举，保障工作区域的资源和环境保护工作得以平稳推进。

● 案例

广晟公司实施节能降耗

广晟公司积极采用新技术、新工艺，制定了节能降耗、提高资源利用率的项目的规划，通过项目的逐步实施，在节能降耗方面取得了一定的成绩。如2011年大宝山矿GDP单位能源消耗量下降了5.4%，工业生产耗用能源折标煤6478.28吨。原水耗用量262112万吨，循环水利用率95%，再生水总量750万吨。中金岭南公司外排水达标100%、工业复用水率达到87%以上及工业废物综合利用率不低于60%标准要求。韶关冶炼厂也利用多种工业水循环技术对废水系统进行大规模改造升级，实施了以工业废水零排放为核心的环保综合治理工程，实现了工业废水零排放。

（二）积极发展清洁能源

发展清洁能源可以减少化石能源消费带来的二氧化硫、氮氧化物与烟尘等环境污染排放量。从长期来看，改善我国能源结构，必须积极发展可再生能源和新能源，不断提高清洁能源在我国一次能源消费中的比重。《可再生能源法》于2006年1月1日颁布以来，在发电、输电、供电各方努力下，我国的可再生能源获得了空前的发展。

调整优化能源结构是广东省能源与环境经济协调发展的客观需要和战略要求。面临这一严峻的挑战，省属企业积极创新能源发展理念和模式，在发展清洁能源方面为广东省能源结构调整作出了重要的贡献。

物资集团通过大力发展流通新业态，加大低碳环保力度。其中，再生资源业务资产总额年均增长233.3%，业务收入年均增长306.9%，利润年均增长157.1%，实现了资产、业务收入和利润的同步快速增长。

广业公司则积极布局清洁能源业务，其新能源业务的营业收入和利润在公司业务都占据了一定的比例，如图8-3所示。2011年广业公司全年新增装机容量163.75万千瓦，其中新增清洁能源占2.29%。清洁可再生以及新能源项目的投入使用，不仅加快了公司的能源结构优化升级，改善了广东的电源结构和大气环境，增强了珠三角电网负荷中心的调峰能力，还为广东经济的可持续发展，尤其是珠三角的经济发展，创造了一个良好的社会环境。

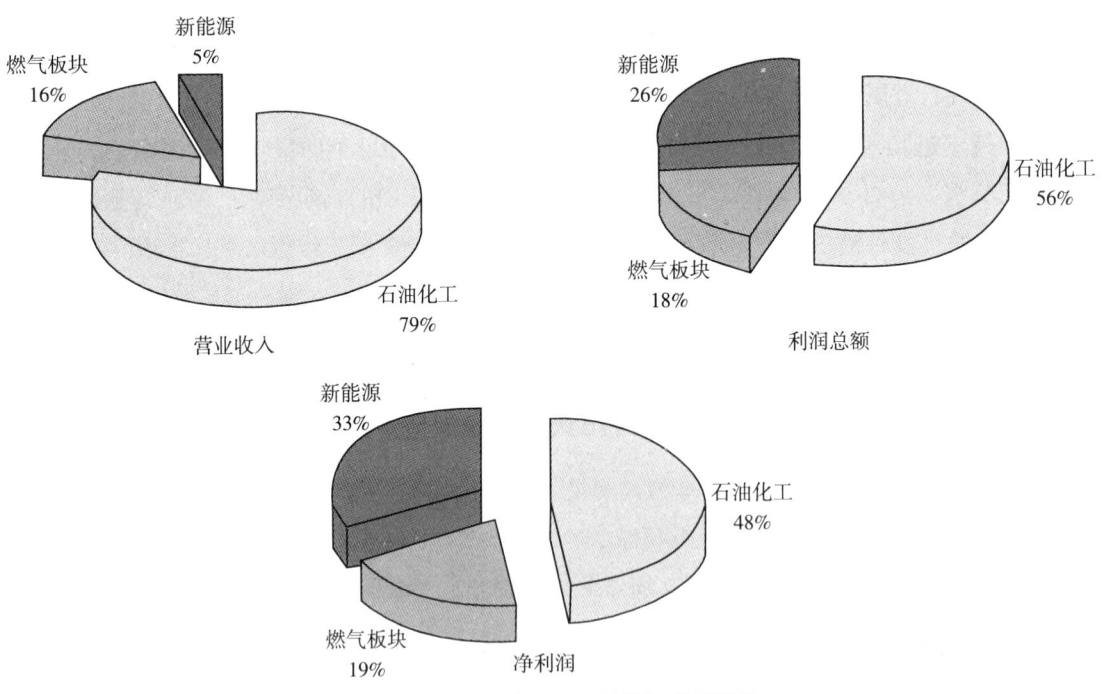

图8-3　2011年广业公司的能源发展结构

资料来源：根据广业公司提供资料整理。

● **案例**

粤电集团大力发展清洁能源

粤电集团秉承"用心创造绿色能源"理念，实践低碳发展道路，加快开发水电、风电、生物质能、太阳能、IGCC等低碳清洁能源，全年新投产清洁能源容量占投产总量的2.8%。截至2011年底，粤电集团可控清洁能源装机473.47万千瓦（含LNG），约占公司可控装机容量的19.08%。

（1）风电：加大风电资源开发力度。积极筹备湛江石板岭风电项目、湛江外罗海上风电、内蒙古白云鄂博风电场二、三期项目。

（2）水电：拥有广东省内8座水电站，投资建设并控股贵州省天生桥一级水电站。

（3）太阳能光伏发电：建成目前广东规模最大的大学城光伏发电项目（首期建设规模3兆瓦），并于2011年1月并网发电。湛江生物质电厂光伏发电项目、顺德光伏发电项目、东方重机光伏发电项目（1兆瓦、1兆瓦、10兆瓦）分别获得2011年国家光电建筑补贴和金太阳示范项目补贴，并均获得省发改委同意开展前期工作的意见。

（4）生物质发电：建成并投产目前我国单机容量最大及总装机容量最大的生物质发电项目。

（5）核电：阳江核电完成入股，台山核电入股工作也已基本完成。

（6）天然气发电：目前粤电集团装机总容量中天然气发电比重为9.43%。黄埔、新会、惠州天然气热电联产项目获省发改委同意开展前期工作。

（7）清洁煤发电（IGCC）：积极推进IGCC清洁煤发电技术的示范建设，和燃气轮机与煤气化联合循环国家工程研究中心组建合资公司，建设新会IGCC（煤气化联合循环）国家级发电试验平台项目。

（三）实施绿色办公与节能采购

绿色办公广义上来说包含的内容相当广泛，如办公环境的清洁、办公产品是否安全、办公人员的健康、员工的身体健康等都成为绿色办公的重要内容。省属企业大部分是历史比较长久的企业，尽管有的企业办公室比较陈旧，但通过秉承绿色环保理念，加强宣传工作，营造节能减排的良好氛围，不断更新改造，积极履行绿色办公措施。如交通集团积极开展节约型机关建设，倡导崇尚节约、合理消费的机关文化。从决策计划、资源配置到日常管理，发挥各级交通主管部门的表率作用，建立节约资源的量化管理体系，从节约和利用资源、高效管理、绿色交通、新产品、新技术应用等方面制定具体管理办法并严格执行。加强政府节能产品的采购工作，加大节能产品政府采购实施力度，优先采购列入《节能产品政府采购清单》中达到较高能效标准的节能产品，禁止采购国家明令淘汰的产品和设备。

> ● **案例**
>
> ### 粤海集团倡导绿色办公
>
> 粤海集团结合NOSA安健环体系的推贯，倡导低碳环保的生活、工作方式。大力开展节煤、节水、节电工作，不断提高办公自动化水平，推行无纸化办公；推进会议改革，通过电视电话会议的形式，有效减少会议数量及相关费用，通过推行绿色办公措施，大幅降低办公费用。实施电池首次领用须进行登记、再次领用时需以旧换新、废旧电池统一收集处理等措施；要求统一收集废旧办公电脑、墨盒等含有毒害物质的办公用品，交给有资质的环保公司进行处理；坚持双面打印，减少打印纸的使用；减少一次性笔的使用，采取更换笔芯的方式减少消耗，办公和生产区域的照明改为节能灯，严格控制办公楼内空调的温度，下班后及时停中央空调。白天尽量减少开灯的数量，提倡乘坐公共交通工具和骑自行车上下班，减少私家车的使用，降低尾气排放和油气资源消耗。这些措施都体现了省属企业积极倡导绿色办公理念，有效履行了清洁生产的社会责任。

（四）实施节能管理新模式

面对越来越大的节能减排和环保压力，省属企业必须创新管理理念和流程、加速实现节能减排目标的大胆尝试。合同能源管理作为一种新型的市场化节能机制，是以减少能源费用来支付节能项目全部成本的节能业务方式。近年来，合同能源管理公司悄然兴起，节能分享采用"你节能，我投资，省下的钱大家分"的模式，对住宅、酒店、企业进行节能改造，成为节能低碳产业发展的助推器。

> ● **案例**
>
> ### 广晟公司应用新模式进行节能改造
>
> 广晟公司积极推广应用"合同能源管理+供应链+金融"的模式进行节能改造，全面实施广晟公司LED照明整体节能改造工程，实现了节能效益和减排责任的双丰收。在新模式的指引下，广晟公司着力开展能量系统优化、余热余压利用、燃煤锅炉（窑炉）改造、工艺节能、建筑节能和节水改造、矿井水利用等技术改造工程。全面淘汰落后用能设备，组织实施风机、水泵、压缩机、变压器、空调系统等节能改造工程，为顺利完成政府下达的节能减排任务打下了坚实的基础。

（五）率先推动碳排放交易

碳排放交易是为促进全球温室气体减排，减少全球二氧化碳排放所采用的市场机制，是《京都议定书》的产物。相较以往通过目标责任制等行政手段推进节能减排，碳排放权交易把与节能、减碳和生态发展密切相关的碳排放权益作为一种可交易的产品，建立了一种统筹能源战略、节能降耗和生态发展的市场机制。

广东省规划在 2015 年基本建立碳排放权在市场主体之间和地区之间合理配置的管理工作体系，初步形成适应省情、制度健全、管理规范、运作良好的碳排放权交易机制和在全国有重要地位的区域碳排放权交易市场。在该过程中，省属企业对促进碳排放权交易发挥了重要作用。在 2010 年 6 月，南方产权中心设立了广东省环境权益交易所。2011 年，在省发改委组织下，南方产权中心牵头省内有关科研机构承担了省碳交易的体制机制设计和相关系统的研发工作。8 月，形成了《关于建设广东省碳排放权交易所的可行性研究报告》及有关广东省碳排放交易市场建设的系列方案。10 月，国家发改委下发《关于开发碳排放权交易试点工作的通知》，明确同意北京市、天津市、上海市、重庆市、湖北省、广东省及深圳市开展碳排放权交易试点。也就是在这一年，南方产权中心完成了全省第一例碳交易。

> ● **案例**
>
> **水电集团通过发展清洁能源增加碳减排收入**
>
> 水电集团成功进军太阳能开发领域。通过抓住国家鼓励发展战略新兴产业的机遇，积极寻找太阳能光伏发电项目，探索新能源发展路子。集团拥有投产发电、在建和有开发权的水电、风电、太阳能电站资源总装机超过 300 万千瓦。水电集团通过大力发展清洁能源，开展"碳减排"交易增加收入 286 万欧元，为环境保护作出了应有贡献。全年累计上网电量 11.28 亿千瓦时，实现发电收入 3.13 亿元，碳减排收入 2668 万元。其中，云南南沙水电站上网电量 3.16 亿千瓦时，实现发电收入 7015 万元，碳减排收入 1988 万元；云南马堵山水电站上网电量 4.98 亿千瓦时，实现发电收入 1.09 亿元；湖南修山水电站上网电量 2.08 亿千瓦时，实现发电收入 6990 万元，碳减排收入 200 万元；海南感城风电场全年上网电量 9640.91 万千瓦时，实现发电收入 5880.96 万元，碳减排收入 480 万元；新丰新源水电站上网电量 992 万千瓦时，实现发电收入 492 万元。

第三节　循环经济

循环经济是指在人、自然资源和科学技术的大系统内，在资源投入、企业生产、产品消费及其废弃的全过程中，把传统的依赖资源消耗的线性增长的经济，转变为依靠生态型资源循环来发展的经济，以尽可能小的资源消耗和环境成本，获得尽可能大的经济和社会效益，从而使经济系统与自然生态系统的物质循环过程相互和谐，促进资源的永续利用。20 世纪 70 年代后，许多国家就开始探索发展循环经济的模式。党的十六届四中、五中全会决议中明确提出，要大力发展循环经济，把发展循环经济作为调整经济结构和布局，实现经济增长方式转变的重大举措。十八大报告着重指出要加强生态文明建设，也就是要通过大力发展循环经济，着力推进绿色发展"循环发展"低碳发展,为广大人民群众创造良好生产生活环境。在这一背景下,省属企业深入研究发展循环经济的有关理论与实践,实施循环经济发展战略,也成为承担社会责任的重要一环。

一、总体情况

(一) 促进资源综合利用

资源综合利用是解决可持续发展道路中合理利用资源和减轻环境污染两个核心问题的有效途径,既有利于缓解资源匮乏和短缺问题,又有利于减少废物排放。资源综合利用产业作为发展循环经济的重要载体和有效支撑,是战略性新兴产业的重要组成部分,具有广阔的发展前景,有利于加快构建资源节约、环境友好的生产方式和消费模式,增强可持续发展能力。

调查发现,广东省属企业资源综合利用推进力度不断增强,利用规模日益扩大,技术装备水平不断提升,政策措施逐步完善,实现了经济效益、社会效益和环境效益的有机统一,资源综合利用取得了积极进展。尤其是随着省属企业的资产规模和投资项目的增加,对资源能源的消耗也逐渐增大。通过运用高新技术和先进管理方式,有效促进了资源的综合利用。如粤电集团不断加大节水工作力度,加强用水节水监督管理;将节水管理贯穿于项目的规划、设计、建设和运行的全过程之中,从根本上控制生产用水总量;积极推广应用空冷、中水回收、海水淡化、循环冷却水深度处理等国内外先进节水技术,采用成熟的节水新工艺、新设备,最大限度减少新鲜水的消耗量;加强水电梯级调度,努力提高水资源利用效率。

资源综合利用同时还是一项涉及多个领域、多个行业、多个环节的综合性系统工程。为此,省属企业积极倡导文明、节约、绿色、低碳理念,充分发挥了各相关行业协会、中介机构作用,通过各种渠道开展政策宣贯、人才培训和技术推广,提高资源节约和环境保护意识,鼓励使用资源综合利用产品,减少一次性用品生产和消费,限制商品过度包装,推广可持续的生产方式和绿色生活模式,营造了全社会共同参与的良好氛围。

(二) 注重废弃物回收利用

对废弃物的回收、加工和处理,可控制直接排放进入自然系统的废弃物,降低对自然环境造成的污染破坏。资源回收利用通过对废弃物的回收加工和处理实现再生利用,从而贯彻了"循环利用"原则。与其他国民经济产业一样,资源回收利用有自己的投入产出和价值链,其生产过程也是一个价值增值过程,而且还是一个全新的财富创造过程。

据了解,省属企业积极履行环境保护责任,积极开展报废产品回收和无害化处理等经营工作,为低碳环保和循环经济发展做贡献。如物资集团开展报废汽车和废旧金属经营,提高资源综合利用效率,增加在医疗垃圾无害化等处理方面环保投入,走低投入、低消耗、低排放和高效率的发展道路。物资集团公司作为华南最大报废汽车回收拆解商和华南最大医疗废物处理商,坚持开拓创新,致力于打造再生资源回收、加工、销售、物流配送一体化的现代产业链,为绿色环保、低碳经济做出贡献。物资集团所属的省金属回收公司被省经信委评为"广东省优势传统产业转型升级示范企业",被中国金属材料流通协会授予"2009~2010年中国金属材料流通行业最具影响力企业"。物资集团所属的广东生活环境无害化处理中心获广州市委、市政府授予的"抗击非典标兵单位"称号。集团公司大力开拓废旧汽车、废船、废电器、废钢等废旧金属回收拆解利用，医疗废物集中无害化处理业务，积极为社会和环境责任作出国企应有的贡献。

省属企业中的省旅集团、中旅集团、白天鹅宾馆和粤海集团等经营的酒店服务过程，包含了不少的废弃物，因此其回收利用工作也是非常关键的。省属企业也采取了十分有效的措施对废弃物回收进行专门管理，如省旅集团的酒店废弃物回收主要体现在以下四个方面：①空调主机的冷凝水回收循环使用；②锅炉的余热回收使用；③为了使资源得到再利用，宾馆把一些虽报废，但仍有使用价值的物资（布草、餐具、厨房设备、电器、家具等）重新利用；④将客房楼层报废的地毯铺在员工电梯间以及餐厅厨房的进口处，防止员工滑倒。

（三）积极应用循环技术

发展循环经济，关键要有相关的技术作支撑。经调查发现，省属企业近年来通过自主创新和引进消化高新技术来发展循环经济，大力推进节能技术、节水技术、链接技术、新材料技术、生态技术的研究开发，同时要促进技术进步和科技成果的转化，以可再生资源替代自然资源，用高新技术和先进实用技术改造传统产业，提高资源节约的整体技术水平。通过将循环经济的理念寓于企业的生产环节，提高资源利用效率，减少或者避免污染物的产生和排放，以减轻或者消除对人类健康和环境的危害。

丝纺集团的始兴县金兴茧丝绸公司建设了水循环利用系统工程项目。该项目采用高新专利"生物降解技术"处理生产废水，同时使用回用水，回用水的水温常年保持在32℃左右，缫丝用水无须加热，煮茧用水和锅炉给水也提高了水温，既节约了水资源和原煤，又减少了锅炉废气排放。项目实施后，节能量为2503.48吨标准煤。

广晟公司通过资源的综合治理技术发展循环经济，主要包括低品位难选铜硫矿资源的开发与利用、低品位褐铁矿及尾矿的综合利用、铜硫尾矿资源综合利用、废水废渣资源回收与综合利用、铝多金属矿资源的综合开发利用等。中金岭南凡口铅锌矿通过对尾砂生产工艺和设备的优化，选矿尾砂回用率可达到80%以上，实施"高铁硫精矿选矿工艺技改项目"提高铁、硫回收率；丹冶厂采用锌氧压浸出工艺对锌精矿中的镓、锗进行回收。

二、实践亮点

（一）通过产业耦合发展循环经济

发展循环经济，实行资源综合利用既是国家对国有企业的要求，也是国有企业发展的必由之路，尤其是对资源型的国有企业。广东省属企业针对这一要求，根据自身特点，采取灵活措施大力发展循环经济。例如，广业公司的云硫集团采纳相关产业耦合发展、废弃物资源化利用、注重节能降耗减排三大体系来发展循环经济，取得了良好的效果。

> ● **案例**
>
> ### 广业公司通过产业耦合发展循环经济
>
> 广业公司是国家第二批循环经济试点单位,广业公司的云硫集团采纳相关产业耦合发展、废弃物资源化利用、注重节能降耗减排三大体系来发展循环经济。坚持从源头上发展循环经济,即通过相关产业耦合发展,实现资源利用效率的最大化,在同样产出的情况下最大限度减少资源消耗。相关产业耦合发展具体表现为硫、磷、钛产业的结合共生。将硫磷钛化工结合,硫铁矿生产的硫酸是磷酸和钛白粉生产原料,钛白粉生产废液中的硫酸亚铁回用循环制取硫酸,废硫酸用来生产湿法磷酸,取得一举两得效果,既解决了钛白粉生产污染问题,又降低了硫酸、湿法磷酸生产成本。

(二)打造循环经济生态产业链

打造循环经济生态工业,对企业所在区域充分发挥资源优势和产业优势,加快经济发展速度,提高经济发展质量,实现环境与经济的协调发展具有十分重要的意义,也是企业履行资源和环境责任发展的重点。调研中发现,省属企业结合当地资源优势和产业优势以及产业结构构成,通过有目的的规划,进行多个企业或产业间的链接和组合,建立起相互关联、相互促进、共同发展的生态工业体系。省属企业通过投入环保资金,应用环保新技术、新工艺和新设备,加强对废水、废气和废渣等方面的综合治理,利用高新技术和先进适用技术改造传统产业,增强高效利用资源和保护环境的能力。

> ● **案例**
>
> ### 广业公司贵糖企业建立循环经济产业链
>
> 2001年,广业公司贵糖实施国家批准立项的以贵糖集团为核心的"国家生态工业(制糖)建设示范园区——贵港"的建设,2005年11月,贵糖被列为全国首批循环经济试点单位。经过多年的发展贵糖形成了制糖循环经济的雏形,建成了制糖、造纸、酒精、轻质碳酸钙的循环经济体系,制糖生产产生的蔗渣、废糖蜜、滤泥等废弃物经过处理后全部实现了循环利用,生产废弃物利用率为100%,综合利用产品的产值已经大大超过主业蔗糖。拥有多项具有国内领先水平的环保自主知识产权。这种循环经济的生产模式创造了巨大的经济和生态效益。目前,贵糖的甘蔗制糖废气物综合利用率达到100%,而且废弃物一年可以为企业创造产值达6亿元以上,占企业总产值的70%,大大超过了制糖本身创造的产值。通过创新综合利用,发展循环经济,贵糖每年利用甘蔗渣制浆13万吨,综合利用废甘蔗渣55万吨,造纸16万吨,按照1吨蔗渣可代替0.8立方米木材计算,相当于节约了44万立方米的原木资源,减少砍伐4.4万亩的森林。

(三) 探索循环经济发展新思路

循环经济必须要采取系统、全面的观念来谋求发展,从产业角度来看,需要超越产业的边界,才能有效地达到资源的综合利用。

如广业公司的云硫集团原设计富矿破碎线的产品因其烧渣（副产品）价值低,已逐渐失去市场竞争力,销量不断萎缩。云硫集团经反复研究、论证,决定实施V系列磨浮系统技改项目。并利用和适当改造现有的精矿脱水和尾矿输送系统,新形成60万吨/年的硫精矿产能,在不影响现有生产线连续生产的情况下,在最短时间内将硫精矿产能大幅提高到140万吨/年,项目投产后创造了良好的经济效益和社会效益。

> ● **案例**
>
> **粤电集团"三步走"促进循环经济发展**
>
> 粤电集团按照环保业务板块"统筹—实体化—产业延伸"三步走的思路,加大了固体废弃物直接利用、合作利用和无害化利用的力度,推动环保公司与系统内各发电厂签订《环保原料及副产品综合利用框架协议》,进一步提高废弃物的综合利用率,探索出一条有效的循环经济发展之路。如粤电集团所属的惠州LNG电厂2006~2011年电力生产用水总量为768万吨,产生的工业废水量为162.5万吨。产生的废水经过工业废水处理系统处理后,水质达到了中水回用的水质标准,全部用于厂区的绿化系统、道路喷洒除尘以及公司供热炉连排的冷却降温。而粤电集团的另一家电厂天一水电厂,则采用夜间低谷机组全停由主变倒送厂用电运行方式,采用"低谷全停"方式实际运行84天,折算增发电量2216万千瓦时,折合效益529万元。基于以上发展循环经济的新思路,2011年,粤电集团环保副产品销售统筹率提高12.3%,系统内单位固废综合利用率为82%。环保公司发电副产品统筹销售316.13万吨,同比增长48.59%。

第四节 清洁生产

清洁生产是指既可满足人们的需要又可合理使用自然资源和能源并保护环境的实用生产方法和措施,其实质是一种物料和能耗最少的人类生产活动的规划和管理,将废物减量化、资源化、无害化,或消灭于生产过程之中。广东省积极推进清洁生产工作,取得了明显成效,"十一五"前四年,广东省单位GDP能耗累计下降13.89%,完成了"十一五"节能目标的85.77%。二氧化硫排放量累计下降17.28%,已提前完成"十一五"目标任务。化学需氧量累计下降13.87%,完成进度也快于时间进度要求。[①]省属企业也一直在探索和实施清洁化生产,充分发挥省属企业在清洁生产中的主体

---

① 中国新闻网. 广东年投入2亿元专项资金 节能工作取得阶段性成效, http://www.chinanews.com/df/2010/11-01/2626741.shtml.

作用，引导广东省企业在稳定达标排放的基础上进行深度治理，不断改善管理、改进工艺，减少污染物的产生和排放。

一、总体情况

（一）完善清洁生产体系建设

实现企业清洁生产是一项系统工程、民心工程，要求完善清洁生产的法律、标准、技术、监督管理等体系，实现产品生产的全程控制，并通过采取行政、经济、技术、法律等多种手段，全面理顺清洁生产的管理体制和评价机制。自《清洁生产促进法》颁布以来，广东省属企业积极开展自愿性清洁生产，多方建设清洁生产项目，不断完善清洁生产体系，将循环经济的理念寓于企业的生产环节，提高资源利用效率，减少或者避免污染物的产生和排放，以减轻或者消除对人类健康和环境的危害，取得了良好的环保效果。如广新控股集团的星湖科技通过实施清洁生产体系建设，在2011年完成节能量4638.42吨标准煤，超额完成政府下达的节能量目标148.67%，同年9月整体被广东省环境保护厅和省经信委评为"广东省清洁生产企业"，并连续四年获得广东省人民政府授予的"广东省节能先进企业"称号。丝纺集团的广东华成皮革有限公司在2010年底开始启动清洁生产重点项目，重点完成污水和废气处理、节能减排等改造项目。污水站水回收利用项目解决了污水达标问题，并可用处理后的60%的废水；锅炉烧重油改烧天然气，使用清洁能源，减少二氧化硫排放；重新安装排污管道，经喷浆机处理废气后高空排放；水场车间实验室屋顶加装太阳能，减少能耗，降低生产成本。

（二）积极应用清洁生产技术

发展清洁生产依赖于清洁技术的应用和开发，作为应用清洁生产技术的主体，省属企业一直把应用先进适用的技术实施清洁生产技术改造，作为提升企业技术水平和核心竞争力，从源头预防和减少污染物产生，降低能耗。如建筑工程集团已逐步完善形成了具有"广东建工"特色的极具竞争力的成套化核心技术，为行业的发展进步作出了应有的贡献。近年来，建工集团大力推行环保建材的使用，积极开展绿色节能技术研究，努力贯彻绿色施工理念。在建工程项目均按要求编制节能专项方案和文明施工专项方案，积极推行节能新型材料和施工工艺，减少建筑垃圾的产生和排放，并参加了国家和省级绿色施工规范的编制工作；集团建筑科学研究院先后承担了建设部《夏热冬暖地区居住建筑节能设计标准》、广东省《公共和居住建筑太阳能热水系统一体化设计、施工及验收规程》和广东省《建筑节能工程施工验收规范》等建筑节能系列标准的主编工作，与节能相关的研究课题相继获得了多项广东省科学技术奖，并自主开发节能软件，逐步推进节能技术的研究、推广、产品开发和咨询等系列工作。2004年至今，建工集团获得专利112项，其中发明专利27项；每年完成科技成果鉴定100多项。

二、实践亮点

（一）注重清洁生产与成本控制相结合

清洁生产是对环境的一种保护，同时也要注意在经济上的可行性，将环境因素纳入企业决策，改变单纯追求利润最大化唯一的效益目标，实现经济效益与生态效益的协调发展。这两者有时候是矛盾的，能否协调好，反映了企业的经营智慧，这点省属企业凭借多年的经验，也摸索出一些管理模式来推动情节生产。

如广晟公司就非常注重开源与节流相结合，在员工意识上树立强化"过冬"心态，树立过"紧日子"的思想，并总结出四个主要的开源节流管理模式：①拓宽低成本融资渠道，降低财务费用，努力提高资金使用效益；②积极争取国家、省对自主创新、"走出去"、节能减排等项目的资金扶持，减轻企业自身财务压力；③抓好节能降耗，推进精细化管理，降低生产成本；④压缩非生产性费用开支，特别是要大力压缩各类考察和接待费用。真正把有限的资金花在刀刃上，争取少花钱办好事。

> **● 案例**
>
> **建工集团的清洁生产与成本控制管理**
>
> 近年来，建工集团积极履行资源和环境责任，全面树立绿色的发展观，通过进一步细化施工项目的管理，把经营风险的意识贯穿在施工生产的全过程，在施工生产过程中努力实现"节能减排、清洁生产、降低成本"的目标，更好地履行国有独资企业的社会责任。项目预结算工作，是对各工序和各分部分项工程的材料、机具、工日数等成本项目在施工前均进行核算，并与预算进行比较，如有较大差异则及时向项目经理报告并采取相应的管理措施。通过"限额领料、实物量单价计件、工完场清"等管理措施，减少了材料浪费。提高了工效，实现了文明施工，节约了生产成本，实现了"算了再干"和"边干边算"的现代成本控制模式，把项目亏本风险控制在工程施工前、施工中的全过程，及时发现在项目管理和施工生产中的漏洞，保证了企业经济利益的实现。

（二）应用清洁生产开发绿色产品

绿色产品作为清洁生产的产物，能够有效地促进环境保护。省属企业在生产经营过程中，将企业自身利益、消费者利益和环境保护利益三者统一起来，以此为中心，对产品和服务进行构思、设计、销售和制造，近年来也开发出许多绿色产品，在消费者心目中树立了良好的企业形象。

如盐业集团通过加大研发投入，研发具有自主知识产权、符合当前低钠少盐健康消费理念、更环保、更安全、更优质、更健康的系列产品，进一步丰富产品种类，优化产品结构，加强技术储备，适合广东盐业市场需求，提升粤盐品牌的口碑与价值。

> ● **案例**
>
> ### 广弘公司的"冷库+市场"发展战略
>
> 广弘公司通过强化管理创品牌,绿色食品产业发展优势进一步增强广弘食品集团稳步实施"冷库+市场"发展战略,强化各项管理,完善服务流程,针对大客户实行有针对性的贴心服务,在周边冷库低价竞争的环境下,确保了客户的稳定,冷藏业务连续六年实现较大增长。面对低迷的畜禽产品销售形势,大力推进品牌创建工作。南海种禽公司自主开发培育的"南海黄鸡1号和弘香鸡配套系"通过了国家级品种审定,"弘香鸡"品种推广项目获得佛山市农业技术推广奖一等奖,企业还被农业部评为"农业部畜禽养殖标准化示范场"。广粮公司重点开发了植物蛋白饮料"粗粮"系列产品,上市后出现了供不应求的销售场面。广之盈公司积极实施"品牌营销,集中优势兵力打歼灭战,快速占领市场"的经营策略,全年实现考核销售收入同比增长46.22%,完成计划的134.38%,实现人均销售收入2828万元,考核净利润同比增长13%,完成计划的103%,人均创净利润10.8万元。

本章小结

本章从生态环境保护、节能降耗、循环经济和清洁生产四个方面对广东省属企业履行资源环保责任的实践活动进行了描述。在生态环境保护责任的履行中,广东省属企业非常注重生态环境的保护意识,不断扩大生态环境保护投入,并取得了良好的绩效。同时,生态环保管理体系也在进一步完善当中,主要表现在实施环境管理体系认证、实施绿色管理、绿色施工和倡导绿色消费。省属企业针对节能降耗责任的履行实践主要表现在对节能减排责任管理体系的建设、注重节能减排的投入并获得良好绩效,同时也特别注重节能新技术的应用。在循环经济发展方面,广东省属企业的主要做法体现在促进资源的综合利用和废弃物的回收利用上,同时将循环技术广泛应用到企业的生产管理过程。在清洁生产方面,广东省属企业的主要做法包括积极完善清洁生产体系建设和注重清洁生产技术的应用。

第九章　广东省属企业履行自主创新责任的实践与探索

自主创新可以理解为一种国家战略和发展道路，也可以理解为一种科技创新方式。[①] 目前，较为统一的认识是，自主创新包括原始创新、集成创新和引进消化吸收再创新三种模式。[②] 2012年8月，广东省人大常委会正式颁布《广东省自主创新促进条例（修正）》，从地方性法规的层面上对广东省内的研究开发与创造成果、成果转化与产业化、创新型人才建设与服务、创新激励等自主创新活动进行规范，这也是广东省大力推进自主创新的重大举措。在广东省全面推行自主创新战略的背景下，省属企业高度重视自主创新工作，自觉把自主创新作为企业实现经济发展方式转变的核心推动力，大力开展自主创新活动，取得了显著成效。

第一节　技术创新实践

科技创新可以分成三种类型：知识创新、技术创新和现代科技引领的管理创新。知识创新的核心科学研究是新的思想观念和公理体系的产生，其直接结果是新的概念范畴和理论学说的产生，为人类认识世界和改造世界提供新的世界观和方法论。技术创新的核心内容是科学技术的发明、创造和价值实现，其直接结果是推动科学技术进步与应用创新的良性互动，提高社会生产力的发展水平，进而促进社会经济的增长。我们的研究对象是省属企业，因此我们将根据《广东省自主创新促进条例（修正）》中对自主创新的定义，重点梳理省属企业在为拥有自主知识产权或者独特核心技术而开展科学研究和技术创新中的先进实践。

一、总体情况

2012年7月6日，全国科技创新大会在京召开。这次大会凸显了两大亮点：①突出明确了企业在自主创新中的主体地位；②提出了协同创新的新理念、新模式。这是继2006年全国科技创新大

---

① 张怡恬.自主创新：关系全局的战略课题（学习贯彻中央经济工作会议精神）——访吕政、胥和平研究员.人民日报，2005-12-26.
② 2006年全国科技创新大会明确提出自主创新包含原始创新、集成创新和引进消化吸收再创新三种模式。

会提出原始创新、集成创新、引进消化吸收再创新三种创新模式之后，又提出的第四种创新模式，这体现了国家以企业为主导深化产学研结合，推动自主创新向纵深发展的重要导向。

广东省属企业高度重视自主创新工作，不断通过科技创新提升产业结构优化升级的驱动力，逐步优化产业结构、推动产业转型升级进而转变经济发展方式的目标。

（一）省属企业逐年加大研发经费投入

2005~2009年，省属企业科技投入总计不足70亿元，研发投入占销售收入的比重在0.8%~0.92%的低水平徘徊，低于中央企业1.6%的平均水平，更低于5%的国际标准（见表9-1）。近年来，省国资委要求原则上省属工业企业每年的科研经费不少于销售收入的3%，其中科技型企业不低于5%，电子信息、新能源、新材料等企业不低于6%，并将该项指标纳入对省属企业的年度考核之中。目前，省属企业的研发投入正在稳步增加。如广晟公司先后投入6亿多元用于科技研发工作，在公司和集团两级按净利润的10%建立了风险投资基金，将企业科研经费在企业销售产值中的比重增加到10%。

表9-1 部分省属企业研发投入情况

单位：万元

	2005年	2006年	2007年	2008年	2009年	2010年	2011年
交通集团	338.30	853.20	151.80	1236.00	17034.00	31622.00	38960.00
广业公司	—	2931.38	4046.04	8491.37	5107.87	7620.03	5389.58
建工集团	5776.94	6643.48	7640.00	8786.00	10103.90	11619.49	14737.31
水电集团	6398.82	7427.27	8048.33	7356.04	11345.63	11044.21	12112.04

资料来源：根据部分省属企业提供的调研资料整理。

（二）省属企业逐步建立和完善自主创新体系

省属企业立足自身自主创新特点，逐步建立覆盖公司系统的科技工作网络，形成以市场为导向、产学研相结合的自主创新体系。例如，广晟公司建立国家级技术中心3个、国家级工程中心1个、国家级工程实验室1个、省级技术中心6个、省级工程中心6个、省级重点实验室1个；广新控股建立了3个国家级技术研发中心和一批企业研发中心，拥有60多项国家专利知识产权；交通集团先后获得国家科技进步奖近20项，省部级成果50余项；广晟公司、交通集团、广新控股3家企业还建立了博士后流动站。

（三）省属企业大力推动创新成果的产业化

自主创新成果产业化是自主创新的关键环节，直接关系到自主创新的最终成效。省属企业充分利用企业自主创新体系，加强企业创新成果的产业化进程，使创新成果尽快转化为生产力，在占领产业竞争的制高点的同时，给企业创造可观的经济效益。如采用广晟公司数字音频编解码技术（DRA）标准的数字音频广播节目信号已覆盖全国300多个城市，DRA技术已对国内外33家音频企业进行了技术使用授权，自主研制的3G手机射频芯片，结束了我国"有机无芯"的历史等。

省属企业通过大力践行自主创新战略，在着力实践集成创新和引进消化吸收再创新的基础上，努力开展原始创新，积极探索协同创新，获得了显著的创新成效，为经济发展方式的转变提供了强有力的支撑。

二、实践亮点

调研显示，省属企业践行自主创新的成效在很大程度上取决于自主创新模式的选择。原因在于企业自身情况（主要是企业现有的技术能力）与自主创新模式的匹配程度决定了企业创新的效果，只有企业技术能力与其选择的创新模式相适应时，企业创新活动才能取得最佳的创新效益。企业选择自主创新模式所遵从的基本原则包括：战略指导原则、有利于核心竞争力培养原则、预期效益最大原则、复合原则、权变原则等。从这个意义上来讲，省属企业践行自主创新责任的成效是通过省属企业根据自身技术特点选择的具体创新模式来决定的，表9-2给出了部分省属企业自主创新的模式及其代表性的创新成果。我们对这一问题的阐述也以自主创新模式的选择为基础来进行。

表9-2 部分省属企业主要自主创新模式及代表性成果

	原始创新	代表性成果	集成创新	代表性成果	引进消化吸收再创新	代表性成果	协同创新	代表性成果
广业公司							★	广业科技产业园，广业国际技术交流中心
广晟公司	★	DRA数字音频编解码技术，TD-SCDMA（3G）手机射频芯片			★	风华高科电子信息产品	★	国家级技术中心，国家级工程中心，国家重点实验室，研发中心，产学研联盟
粤电集团					★	节能减排技术开发	★	与国家工程中心正式签署《IGCC发电试验平台框架协议》
交通集团			★	省交通集团卫星定位汽车行驶安全监控平台			★	交通集团科技研究开发中心、公路工程技术研究开发中心建成科技创新的支撑平台
航运集团					★	现代船舶制造		
物资集团			★	电子商务物流平台				
建工集团	★	矩形顶管机			★	土压平衡盾构机	★	技术研发中心，联合创新平台，重点实验室
广新控股	★	佛塑科技全球锂电池膜					★	技术研发中心，博士后流动站
水电集团	★	现代筑坝技术等6项核心技术			★	建筑业10项新技术	★	高校、研究机构、企业协同创新平台
联合电子	★	两片式电子标签加双界面CPU卡	★	广东高速公路联网收费系统				
南方产权			★	综合型产权交易平台				

注：★表示该企业采用此种创新模式。
资料来源：根据部分省属企业提供的调研资料整理。

（一）原始创新模式实践

原始创新意味着在研究开发方面，特别是在基础研究和高技术研究领域取得独有的发现或发明。原始创新是最根本的创新，是最能体现智慧的创新，是一个民族对人类文明进步做出贡献的重要体现。如我国古代的四大发明造纸、指南针、火药、印刷术等就属于原始创新，具有划时代的创新意义。再如美国研发的苹果电脑和手机技术，始终引领全球电子信息技术新潮流，这也属于典型的原始创新。原始创新的特点突出体现为突破性、首创性和带动性。

省属企业认真贯彻落实省委、省政府的重要精神，在省国资委的支持下，自觉把原始创新作为国有企业实现经济发展方式转变的核心推动力，大力开展原始创新，力争占领战略性新兴产业发展制高点，取得了丰硕成果。如广晟公司自主研发的广东省第一个基础性技术领域的国家标准——"广晟DRA数字音频编解码技术"和第一款具有自主知识产权的TD-SCDMA（3G）手机射频芯片，被工信部认定为"原始创新型技术"。

> ● **案例**
> ### 广晟公司通过原始创新培育战略性新兴产业
>
> 广晟公司始终把"自主创新"作为企业转变发展方式目标的核心战略思想之一，努力成为省属国有企业自主创新的排头兵。公司有两项成果被工信部认定为"原始创新型技术"：
>
> （1）广晟公司历时5年成功研发出具有完全自主知识产权的"广晟DRA数字音频编解码技术"，并推动该技术先后成功申请成为国家电子行业标准。这是我国在多媒体信息领域第一个具有完全自主知识产权的国际商业主流标准，开创了国家核心技术和国家标准首次由一家企业独立研发和申报成功的历史。被工信部认定为"原始创新型技术"。目前，广晟公司已对国内外33家企业进行了DRA相关知识产权的使用授权。
>
> （2）2008年，广晟下属控股企业广晟微电子公司成功开发出我国第一款具有自主知识产权的TD-SCDMA（3G）手机射频芯片，并在2008年北京奥运会上正式开始产业化应用。被国家工信部评价为："结束了中国手机'有机无芯'的历史"，认定为"原始创新型技术"，并荣获"国家高技术产业化十年成就奖"。目前已引入了央企大唐集团作为战略合作者，形成TD-SCDMA手机芯片整体解决方案战略联盟，共同推进我国自主的TD-SCDMA手机的产业化。

（二）集成创新模式实践

集成创新是利用各种信息技术、管理技术与工具等，对各个创新要素和创新内容进行选择、集成和优化，形成优势互补的有机整体的动态创新过程。集成创新强调灵活性，重视质量和产品多样化。医疗技术与微电子技术是毫不相干的独立技术体系，而美国、日本等科技大国，率先利用微电子技术研发了ECT、核磁技术等高端医疗技术产品，带来了人类医疗史上的诊断和医疗技术的新突破。全球金融危机后引发了第三次工业革命，就是技术集成创新的重大成果。

全球第三次工业革命有两个集成创新的新突破：①机械装备制造业要与信息技术相对接，实现机械数控化和管理智能化，探索用3C打印技术制造产品，由制造变成"智造"，这是把传统制造业转型升级为高端制造业的必然选择；②互联网技术与新能源技术相集成，研发智能电网来接纳整合风能和太阳能，打造智力新能源结构。现在的航天、军工技术都是多学科、多技术集成研发和创新的过程。

● **案例**

联合电子现代信息技术与传统服务业有效集成的收费模式

联合电子公司作为国家首批信息化试点工程单位、广东省第一批创新型试点企业，坚持科技兴企，充分运用现代信息、计算机等尖端科技，走出了一条自主创新的新路子。广东高速公路联网收费系统在全国属于首创，"联网收费"、"不停车收费"、"全省一卡通"三项工程同时实施，是高速公路联网收费上的一大创举，技术上处于国内领先水平。其技术应用创新特点主要体现在：

（1）实现全省统一技术标准，推行标准化战略，公司编制了《广东省高速公路联网收费系统》(DB44\127-2003)，为全省联网收费确定了统一的技术规范，该标准于2006年由国家质量监督检验检疫总局和国家标准化委员会授予"中国标准创新贡献奖"。

（2）创造性地实施组合式收费技术。公司采用"两片式电子标签加双界面CPU卡"技术实现了跨系统、跨平台的互联互通以及人工、自动收费系统的兼容，是世界范围内首次采用组合式收费技术实现联网收费，也是目前国内经济发展不平衡条件下解决联网收费系统建设的最佳技术选择，属于创新性突破。

（三）引进消化吸收再创新模式实践

引进消化吸收再创新是在引进国内外先进技术的基础上，学习、分析、借鉴，进行再创新，形成具有自主知识产权的新技术。引进消化吸收再创新是提高自主创新能力的重要途径。发展中国家通过向发达国家直接引进先进技术，尤其是通过利用外商直接投资方式获得国外先进技术，经过消化吸收实现自主创新，不仅大大缩短了创新时间，而且降低了创新风险。例如，我国从日本引进电视机生产技术，通过消化吸收的再创新，在屏幕技术上用液晶技术替代了等离子技术，使电视机的体积、功能、寿命等方面都实现了再创新，现已基本实现了国产化，打破了过去几十年日本索尼、松下电视在中国垄断市场的局面。

大部分省属企业实践自主创新责任，是通过引进消化吸收再创新模式完成的。如广晟公司下属风华高科自成立以来，一直致力于企业技术创新，从简单的模仿到形成自主知识产权、从满足客户需求到引领市场，甚至参与客户设计、为客户提出新产品技术解决方案，走出了一条独具一格的引进消化吸收再创新的发展之路，成为国际上享有一定知名度的专业从事新型元器件、电子材料、电子专用设备等电子信息基础产品的国家高新技术企业。风华高科一直坚持大规模投入研发经费，搭建行之有效的创新平台和知识产权战略，取得较好的成绩。2010年，获由省委宣传部组织颁发的"广东十大创新企业"称号。

● **案例**

建工集团通过引进消化吸收再创新模式开拓新的专业技术领域

建工集团结合行业特点,在保持传统专业技术优势的同时,实施引进消化吸收再创新发展战略,大力拓展新的专业技术领域,努力向地铁、隧道、路桥、铁路、环保清洁能源、污水处理等相关专业链延伸,坚持模仿创新战略,培育新的经济增长点,在潜力和容量巨大的不同专业市场中不断提高占有率;积极开展关键施工工艺的消化、吸收、再创新,开拓新的技术优势,为集团抢占新兴市场先机、转变经济增长方式、扩张品牌形象创造条件,推动集团以新的核心技术迈上新的台阶。建工集团鼓励技术人员研究学习不同厂家、不同类别、不同型号的盾构机知识。在熟悉了泥水平衡盾构技术后,又引进并掌握了土压平衡盾构机的操作方法和构造原理,同时消化吸收了德国海瑞克和美国罗宾斯两大系列盾构机的精华。根据珠三角地区特殊的地质条件,不断改良盾构机。同时,大力推进盾构机零部件和辅助物品的国产化采购,并展开技术攻关合作,实现了产品的国产替代,显著降低了成本。2010年,华隧建设依靠自身技术力量对两台服役八年的三菱直径6.26米泥水盾构机实施大修,使其重新焕发出生机,奠定了建工集团在行业中的前沿地位。

(四)协同创新模式实践

协同创新是创新资源和要素的有效会聚,通过突破创新主体间的壁垒,充分释放彼此间"人才、资本、信息、技术"等创新要素活力而实现深度合作。协同创新泛指在科技创新中,企业、大学、科研单位要协同作战,密切配合,相关科研成果相融合再创新的一种新模式。按照教育部"2011协同创新中心"计划,协同创新可以分为四类:面向科学前沿的协同创新、面向文化传承创新的协同创新、面向行业产业的协同创新和面向区域发展的协同创新。

目前,省属企业的协同创新实践主要集中于面向行业产业和面向区域发展的协同创新两类,突出体现为依托高等学校、科研院所实现"产学研"结合、科技创新平台建设等。如建工集团协同创新平台的建设。目前,建工集团已拥有国家级科技研发机构1家,省级科技研发机构6家,企业内部科技研发机构30家,科技研发机构数量及专业覆盖面在省属建筑企业中处于前列。集团先后建设和完善了广东省亚热带建筑技术公共实验室、广东省建筑工程新技术研究重点实验室、广东省新型节能建材重点科研基地、企业博士后科研工作站和岩土工程硕士点、企业技术中心、集团A8系统信息平台等基础平台,为集团的科技创新奠定了坚实的基础。同时,集团充分发挥各企业的技术优势,积极推进合作创新战略。对重大技术创新项目以及重大技术难题,加强技术合作与联合攻关,提升集团整体创新能力。

粤电集团坚持以企业为主体、以市场为导向、以院校为依托,将最新的科研成果转化成生产力。集团已经与国家工程中心正式签署《IGCC发电试验平台框架协议》,将IGCC发电试验平台项目落户广东;已与华南理工大学合作实施国家"金太阳"示范工程项目——广东粤电华南理工大学光伏发电并网电站项目;已与华中科技大学和广东电力科学研究院合作承担的广东省重大科技专项——"广东省大型火电机组配煤掺烧及经济运行的研究及应用",该项目实施后,可更好地增强大型电厂燃煤煤种的适应性,给电厂的安全经济运行带来显著的效益。

交通集团不断加强综合交通技术自主创新能力建设。现已建成广东省交通集团科技研究开发中心、广东省公路工程技术研究开发中心科技创新的支撑平台;省公路设计院保持和发挥国家高新技术企业的技术创新优势;长大公司建成科技创新和应用的重要基地,争取建成国家工程重点实验室;加强产学研创新联盟建设,培育广东省最强的交通运输产业产学研创新战略联盟;加大自主技术创新力度,推进高新电子信息技术、新材料、新技术在产业中的应用,培育战略性新兴产业的突破口。同时,培养出一批在省内交通工程建设和运营领域有重大影响力的科研创新带头人及工程专家。

● **案例**

广业公司协同创新体系建设

广业公司坚持把自主创新作为提升产业核心竞争力的战略基点和调整优化结构的中心环节,充分发挥11家省级应用型科研院所的优势,以提高自主创新能力为抓手,推动产业协同技术进步。

首先,加大自主创新工作力度。贯彻落实《广东省自主创新促进条例(修正)》,结合具体项目加快运用公司自主创新"1+7"系列文件成果,坚持"三个必须"原则,促进科研成果与产业发展的有机融合。①必须与企业发展战略紧密结合起来,注重与主业融合、与市场结合、与产业发展结合。②必须争取成为政府有关部门的重点项目,积极创建国家级高新技术企业、省级工程技术研究开发中心。③必须以自主创新项目为龙头,实现企业技术创新和产业升级。其次,加快科研创新平台建设。①加快广业科技产业园建设。②积极推进广业国际技术交流中心建设。结合广州市"员琶"地区的发展规划,在省食品研究所旧址,与地块相连的广州市烟尘治理公司合作建设广业国际技术交流中心,在广州会展中心商务区打造国际化的技术交流平台。③争取借助省属韶钢股权、湛江股权切入湛江东海岛国家级循环经济工业园示范项目,建设以循环经济为特征的制造基地平台,打造完整产业链推动产业转型升级。

第二节 知识产权保护

知识产权可以分为广义和狭义两类。广义的知识产权,包括一切人类智力创造成果,例如按照1992年国际保护工业产权东京大会的标准,将知识产权分为"创造性成果权利"和"识别性标记权利"两大类。前者包括发明专利权、集成电路权、植物新品种权、Know-How技术权、工业品外观设计权及版权、软件权等。后者包括商标权、商号权和其他与制止不正当竞争有关的识别性标志权。狭义的知识产权,指工业产权和版权。调研显示,省属企业的知识产权保护工作主要集中于发明专利权、工业品外观设计权及版权、软件权和商标权。

一、总体情况

多年来，在全社会的共同努力下，中国保护知识产权取得重大进展。中国政府通过颁布实施了《中华人民共和国专利法》、《中华人民共和国商标法》、《中华人民共和国著作权法》等涵盖知识产权保护主要内容的法律法规，建立健全符合国际通行规则、门类比较齐全的法律法规体系；建立健全协调、高效的工作体系和执法机制，形成了行政保护和司法保护"两条途径、并行运作"的知识产权保护模式；通过日常监管与专项治理相结合，加大知识产权保护的行政执法力度；高度重视知识产权的宣传普及工作，努力提高全社会的知识产权意识；积极参加国际保护知识产权的主要公约和条约，主动履行知识产权国际保护义务在严格履行自身所承担的保护知识产权国际义务，在知识产权保护方面取得了可喜的成绩。

在2011年全国地区专利综合实力排名中，广东以82.19的总分值，居于全国首位。广东能够拥有今天雄厚的专利综合实力，依靠的不是"大跃进"式的投入和发展，而是其知识产权环境不断优化，知识产权服务体系趋于完善，市场创新主体不断壮大的结果。1996年颁布的《广东省专利保护条例》，是全国第一部专利保护方面的地方法规，被誉为我国专利法制建设中的里程碑事件。时隔14年，2010年，广东省人大又审议通过《广东省专利条例》，成为我国首部在篇章结构和内容编排上完整规范专利创造、管理、保护和运用的地方性法规。2012年9月，广东颁布了《广东省展会专利保护办法》，这是首部我国地方政府制定展会专利保护方面的行政规章。

同时，在重大知识产权政策方面，广东同样成为全国的先行者。2007年11月，广东省政府颁布实施《广东省知识产权战略纲要（2007~2020）》。2008年6月，广东省委、省政府在全国率先提出，要实现从知识产权大省向知识产权强省跨越。2012年，广东省委、省政府出台重大政策文件——《关于加快知识产权强省建设的决定》，对建设知识产权强省做出了明确的规划和要求，并配套了众多重大政策。经过多年的发展，广东在地方知识产权制度建设方面已经取得了重要成就。目前，该省已经基本建成由地方专利法规、重大知识产权政策和具体知识产权措施等构成的全方位知识产权政策法规支撑体系，为促进广东省知识产权事业的发展起到了重要保障和引领作用，也为省属企业推动知识产权保护工作提供了相对完善的制度环境。

在专利创造方面，广东一方面加大专利信息利用和专利预警工作，通过深入开展战略性新兴产业专利信息资源开发利用等计划，有效提升企业和产业的专利创造效能；另一方面还通过专利申请资助政策扶持、专利代理机构与企业对接等工作，切实解决专利技术从创造到申请过程中的难点问题，不断提升专利创造的水平。2012年1~6月，广东省发明专利申请量为2.6683万件，保持较大幅度增长；发明专利授权量为1.0873万件，位居全国第一；以《专利合作条约》（PCT）途径提交的国际专利申请量为4458件，继续位居全国第一。截至2012年6月，广东省有效发明专利量达到6.8742万件，位居全国第一。近年来，广东在中国专利奖评选中也表现优异：在第13届中国专利奖评选中，该省以6项金奖（含外观设计金奖）和34项优秀奖（含外观设计优秀奖），在获奖项目数量上继续领跑全国。

在专利运用方面，广东通过加大专利联盟建设、知识产权质押融资、重大专利实施计划等方面的工作，运用市场经济的规律，促进专利的转化，使企业和产业能够充分运用专利获得市场竞争能力。截至目前，广东省已经成立专利（知识产权）联盟20多个，涵盖数字家庭、LED等战略性新兴产业和家具、电器等传统产业。同时，该省企业还运用知识产权质押融资获得贷款6亿多元，知识产权正成为企业资产的重要组成部分。从2003年至今，广东省累计投入3095万元，扶持专利实施项目426项，覆盖了21个以上地市，带动了社会和企业的更大投入。

在专利保护方面，广东一方面通过地方立法和强化执法，加大专利行政保护和司法保护力度，使专利权人真正获得市场竞争优势；另一方面通过省部会商制度等平台，争取国家资源的支持，使相关企业和产业得到更大的保护。2012年7月，国家知识产权局在广东省中山市举行工作现场会，结合推广开展中山灯饰产业快速维权工作的经验，探索推广知识产权快速维权工作模式，这是广东积极依托国家相关资源、发挥自身优势、加大专利保护的成功举措和重要体现。近年来，广东成功争取了国家知识产权局专利审查协作中心广东中心、区域专利信息服务中心等一大批"国字号"的知识产权服务机构落户，为其打造专利服务强省发挥了积极的促进作用。同时，广东省还通过大量和细致的工作，在创造、运用、保护和管理的各个环节，不断优化知识产权服务环境建设。

2009年4月，美国国际贸易委员会（ITC）就英国泰莱公司发起的广业公司三氯蔗糖生产工艺专利侵权的337调查做出最终裁定：广东食品工业研究所及广东广业清怡食品科技有限公司等企业没有侵犯泰莱公司的专利权，标志着中国企业在此次337调查中获得最终胜利。同年5月，美国埃索拉股份有限公司向美国国际贸易委员会（ITC）提出撤回对广东生益科技股份有限公司提起的337调查，此前该公司曾经提出生益公司侵犯了其黏结片、覆铜板和PCB相关的3项美国专利权。

面对日益复杂的经营环境，省属企业也在不断加强推进知识产权保护工作。原因在于：首先，保护知识产权是依法提升省属企业核心竞争力的客观需要。企业如果只有创新，没有有效的管理和保护，创新成果不能形成知识产权，实际上就无法成为企业在市场竞争中的财产权利，无法转化为企业的核心竞争力。其次，保护知识产权是防范国外法律风险的迫切需要。近年来，省属企业积极实施"走出去"战略，国际化经营水平不断提高。但在此过程中，省属企业面临的法律风险不容忽视，尤其是知识产权领域，更可能成为风险高发区。最后，保护知识产权是为培育世界一流企业提供法律支撑和保障的必然要求。要打造世界一流企业，必须要有一流的法律管理水平与之相适应。近年来，省属企业在保护知识产权工作中已经取得了一些成绩。

（一）省属企业的知识产权保护意识明显增强

随着市场竞争的日趋激烈，省属企业已经充分认识到，在知识经济时代，拥有知识产权是企业市场竞争取胜的资本和先决条件。因此，近年来，省属企业纷纷致力于专利申请、商标注册和版权保护工作，有效地保护了企业的知识产权。如建工集团以施工总承包特级资质新标准为标杆，引领广大科技工作者重视创新成果和总结提升施工工艺和技术，积极撰写技术专著和科技论文，开展技术成果鉴定、工法申报、软件著作权、商标认定，同时注重知识产权保护。广业公司、广新控股、粤海集团都在企业内部设立了不同层次的知识产权保护机构，如广新控股的知识产权保护中心，这种企业层面对知识产权的主动保护体现了省属企业知识产权保护意识的明显增强。

（二）省属企业知识产权创造能力不断提升

在原始创新、集成创新、引进消化吸收再创新以及协同创新实践中的出色表现，大大提升了省属企业知识产权的创造能力,省属企业知识产权成果逐年大幅增加。如 2005~2011 年,广新控股累计申请专利 956 项,获得授权 623 项,其中发明专利 38 项;获颁国际应用标准 6 项,国家、行业、地方标准 32 项;省水电集团共申请发明专利和实用新型专利共 31 项(其中发明专利 19 项),有 20 项获得授权(其中发明专利 8 项)等(见表 9-3)。

表 9-3 2005~2011 年部分省属企业知识产权创造情况

单位:项

企业名称	申请数	授权数	发明专利	实用新型专利	软件版权
交通集团	—	36	15	13	8
广晟公司	—	286	146	—	—
广业公司	133	54	37	16	2
广新控股	956	623	38	—	—
水电集团	31	20	8	—	—

资料来源:根据部分省属企业提供的调研资料整理。

(三)省属企业主动建立健全知识产权管理制度

随着知识产权保护环境的复杂性不断提升,省属企业加强知识产权保护制度在不断完善。省属企业已经开始在企业内部成立知识产权管理机构,落实知识产权管理职责,把知识产权管理融入企业科研、生产和经营中,有效提高知识产权管理和保护的能力与水平。如广业公司、广新控股建立了知识产权办公室等知识产权保护的专门机构,专门负责知识产权申报及保护工作。

目前,企业知识产权的保护途径通常包括立法保护、行政保护、司法保护、集体管理组织保护、权利人自我保护、社会保护等。在省属企业知识产权保护的实践中,立法保护、行政保护、司法保护和集体管理组织保护形式较为常见。

当然,我们也要清醒地看到,目前省属企业知识产权工作还存在一些明显不足和薄弱环节,主要是:通过科技创新驱动企业发展的意识和能力还有待增强,不少产品仍处于全球产业链的中端或者低端,具有自主知识产权的核心技术还不多,国际知名品牌还比较少;企业知识产权战略制定与实施工作还不够深入,发展还不平衡,通过知识产权将科技创新优势转化为市场竞争优势的工作还有待进一步加强;知识产权管理和保护工作还没有完全到位,自我保护和维权的能力还不够强,被侵权现象还时有发生。

二、实践亮点

随着法律意识和知识产权保护意识的不断增强,省属企业越来越重视知识产权保护工作。

(一)运用公共保护途径推动知识产权保护

对自然人而言,在企业知识产权的保护途径中,立法保护、行政保护、司法保护、集体管理组织保护、社会保护等保护形式均属于公共保护途径。而对企业这类社会组织来说,往往可以通过企业自身这个集体管理组织来实施知识产权保护。因此,对于省属企业而言,运用公共保护途径进行知识产权保护即指通过立法保护、行政保护、司法保护、社会保护等途径维护企业知识产权利益。这类保护途径突出体现为通过法律、法规、条例来确认知识产权权益人对知识产权的相关权益,即对企业专利权的授权、商标所有权的确认等。

> **● 案例**
>
> **粤海集团知识产权保护**
>
> 粤海集团在多年的发展历程中始终关注着企业自身的可持续发展，视科技创新、知识产权为企业发展的基石。
>
> （1）保护企业商标所有权。粤海集团及下属公司在中国大陆现有商标共486个，多个商标品牌多次荣获国家、省行业最具价值百强品牌等荣誉，具有较高的品牌影响力。集团及下属公司在国外现有商标共10个，主要是金威集团下属深圳金威啤酒持有10个国外商标。为更好地保护集团的商标体系，维护集团的商标权、名称权，避免他人侵权使用，并结合未来集团的品牌战略规划，从2012年5月开始，粤海集团各部门为申请认定"广州市著名商标"、"广东省著名商标"展开了积极的筹备工作，并通过了广州市工商局对集团所申请认定商标的初检。
>
> （2）保护专利及授权。粤海集团专利权主要集中在下属华金公司、广南集团、金威集团和粤港供水。华金公司有3项发明专利在申请中，其中2项专利权人为华金公司，1项为华金公司与华南理工大学共同所有。粤港供水目前有4项发明专利申请已受理。广南集团目前拥有9项有效专利，其中发明专利2项，实用新型专利7项。金威集团下属成都金威公司拥有1个"啤酒瓶"的外观设计专利。

（二）运用企业自发途径推动知识产权保护

调研显示，省属企业越来越意识到有效保护知识产权对企业创新能力以及可持续发展能力的关键性影响，知识产权保护意识淡漠、知识产权保护知识匮乏的现状逐步改变，开始在知识产权立法保护、行政保护、司法保护的框架下更多地运用知识产权的集体管理组织保护形式，在企业内部建立完善的知识产权保护体系，大力推动企业的知识产权保护工作。如粤海集团、广新控股、广业公司均设立了企业内部的知识产权保护机构，特别是粤海集团的知识产权保护体系更为完善。

> **● 案例**
>
> **粤海集团知识产权管理体系建设**
>
> 粤海集团不断探索知识产权管理体系的建立与完善，取得了显著成效。在机构及人员配置方面，粤海集团下属酒管公司、金威集团专门设立有如品牌管理部或品牌推广部的部门，配备2~3人进行商标、品牌的建设管理。下属其他二级公司大部分由集团法务部、稽核部或行政部兼管。在管理制度建设方面，粤海集团下属永顺泰集团制定了《商标管理办法》、粤海水务公司正在制定《科研项目管理办法》、金威集团制定了《关于品牌形象设计、宣传推广业务领域有关事项法律风险的提示和指引》等有关知识产权方面的制度。目前，集团正在推进下属二级公司有关知识产权管理制度的制定，以期进一步健全集团知识产权制度。

第三节 产业转型升级

广东是中国第一经济大省和世界制造业中心，外向型经济高度发达，外资企业、加工贸易和传统劳动密集型产业比重高，传统增长模式的矛盾暴露得格外突出。中共中央政治局委员、广东省委书记汪洋曾坦承，广东在转型升级过程中遇到最突出的问题是自主创新能力不强，要以自主创新作为引领广东未来发展的核心推动力，通过在广东加快转变经济发展方式过程中推动"腾笼换鸟"，促进传统产业转型升级和现代产业体系建设。可见，自主创新能力是广东区域竞争力的核心，提升自主创新能力、实现产业转型发展是广东经济发展方式转变的中心环节。

一、总体情况

在市场经济背景下，产业结构的优化是一个系统性事件，其核心是企业及整个社会的创新能力。因此，重点领域的自主创新能力与水平是产业转型升级的关键性影响因素，自主创新在产业转型升级中发挥着基础性和决定性作用。

广东省《"十二五"规划纲要》明确提出，加快转型升级、建设幸福广东，必须加快调整经济结构。坚持把经济结构战略性调整作为加快转变经济发展方式的主攻方向，推进需求结构、产业结构、城乡结构、区域结构、要素投入结构的全方位调整，促进速度质量相协调，内需外需相协调，城乡区域发展相协调，促进经济增长向依靠消费、投资、出口协调拉动转变，向依靠三次产业协同带动转变。

省属企业在广东加快经济转型和加快幸福广东建设中发挥重要作用，在贯彻落实科学发展观加快转变经济发展方式中担负着光荣的使命和责任。更好地推进省属企业履行自主创新责任，推动广东产业转型升级，不断提高企业的经济、社会、环境综合价值创造能力，是贯彻落实科学发展观、加快转变发展方式的必由之路。

省属企业的组成结构较为复杂，必须首先对其进行分类，才能对不同类型的省属企业转型升级路径进行梳理。根据公共经济学理论，社会产品可以划分为私人产品和公共产品。二者的区别在于，私人产品具有消费的排他性，由企业和家庭经济部门提供，根据交换原则而产生，实行市场调节；而公共产品则具有消费的非排他性和生产上的非竞争性，由公共经济部门或者说政府部门提供，实行国家管理。

如机场、高速公路的技术、经济特征，使其成为广东重要的基础设施，决定了其公共性、垄断性。虽然机场、公路提供的通行服务主流上是公共产品，但在社会经济发展的特定时期，广东省财政无法承担巨额的公路建设资金。政府通过法律、政策设置，如燃油税、收费政策等为这些行业提供稳定的现金流，从而使其由纯公共产品演变为一种准公共产品，在其原有公共性的同时兼具市场性。因此，这类行业属于准公共性行业，兼具市场性与公共性两大特征。这决定了这类行业在进入政策、投融资政策、投资回报特征，既不同于完全的垄断性行业，也不同于完全的竞争性行业，具有自己的独特特征。

根据以上标准对省属企业的类型进行划分,我们至少可以从两个层面阐述省属企业转型升级的实践特点:①竞争性省属企业的产业转型升级;②准公共性省属企业的产业转型升级。从国际上来看,各国具有准公共性特征的国有企业主要集中于非竞争性的行业,其主要经营目标是提供各种社会服务,主要承担非竞争性产业或承担非竞争性项目,在基础产业、公用设施等领域占有主导地位。与国外和央企情况不完全相同的是,广东省属国有企业中竞争性企业(12家)与准公共性企业(11家)所占比例相对接近。不同类型的省属企业具有不同的产业特点,其转型升级路径也存在明显差异。

(一)竞争性省属企业产业发展与转型升级现状

资料显示,多数竞争性省属企业产业布局集中于贸易、仍以传统行业为主,战略性新兴产业少、低能耗产业少、附加值高的产业少,居于产业链和价值链的低端;企业发展不平稳、不持续,波动性较大,利润总额主要来自少数盈利企业,多数企业持续盈利能力较差。因此,省属企业只有积极应对新形势新挑战,主动抢抓新机遇,加快经济发展方式转变,促进产业结构转型升级,才能从根本上解决这些深层次矛盾和问题,不断提升自身核心竞争力,实现可持续发展。

近年来,竞争性省属企业针对企业自身特点,分别从产业链、价值链、要素等层面上选择差别化产业转型升级路径,如省属资产经营公司(广晟、广业、广弘公司)通过强化核心主业发展带动产业转型升级,丝纺集团通过产业链上下游纵向延伸实现产业转型升级,广新控股通过现代服务链与价值链的耦合和延伸实现产业转型升级,省旅游集团借助产业要素横向重组和拓展推动产业转型升级等。

如广晟公司坚持以投资为导向,推进结构调整和产业升级。经过12年的改革发展,广晟公司已从一家传统军转企业发展成为一家以矿业为核心主业,辅以电子信息、酒店旅游、工程地产,具有一定比较优势和国际竞争力的跨国公司。能够从一家并不知名的地方国企一跃成为业内有影响力的跨国企业,广晟公司的法宝就是,近年来坚定不移地实施"走出去"和资本运营战略。2009年以来,广晟公司利用国际金融危机形成的黄金并购期,大力实施矿产资源"走出去"战略,成功控股4家境外资源类上市公司,掌控海外优质有色金属量700多万吨和16.22亿吨优质焦煤资源,控制的矿产资源分布在四大洲、6个国家,海外矿山已超过18座,涵盖了铅、锌、焦煤、铜等国家重要的战略资源,掌控的海外资源总价值折算高达万亿美元,海外资产对广晟公司的利润贡献率已经超过30%。同时,大力推进自主创新能力的提高,让广晟公司获得长足发展的动力;而资本运营战略的不断成功实施,则让其一举跃入"千亿俱乐部"。目前,广晟公司形成了一业为主、适度多元的发展格局,四大板块的市场竞争力不断增强。尤其是矿业板块,在国内拥有2家上市公司,在海外控股了4家上市公司,利润贡献率多年保持在80%以上。此外,广晟还"一参一控"了两家期货公司,参股了几家前景较好的基金公司、保险公司和商业银行,走出了一条资产资本化、资本证券化的良性发展之路。特别是2011年全面要约并购了澳洲卡利登煤矿,控制了16亿多吨的优质焦煤,此举标志着广晟公司在资本市场和资源领域的战略布局已初步完成。

广业公司坚持科学发展、加快企业转型升级,在加快转型升级中承担了重要使命和责任。公司经过12年的发展,通过不断调整优化结构,集中资源发展主业,特别是近年来,以"一年强基础、两年调结构、三年新跨越、四年促转型"的发展路径为指引，生产经营快速增长，经济效益大幅提升。2011年12月31日，公司经营资产总额229亿元，净资产72亿元，拥有12家产业集团，管理全资和控股企业189家、科研院所18家，员工19000多人。2011年实现营业收入270亿元，利润总额7.59亿元，归属母公司净利润3.32亿元，国有资本保值增值率110.66%，净资产收益率8.15%，实现了老国企向现代化企业集团的全面转型。

丝纺集团不断探索创新与转型之路，确立了"一主两翼"的发展战略，建立贸工农一体化茧丝绸产业链和以客户需求为中心的一站式业务流程，通过对产业链的整合以及构建南中国茧丝绸产业带等多项举措，大力加强品牌建设，重铸丝绸纺织王国的经典与传奇，努力争做中国贸易服务的领先者和丝绸文化的传承者。目前，集团已拥有"丝丽"、"庄姿妮"、"雅迪斯"三大女装品牌，2012年设品牌专柜（专卖店）约300家，预计销售额达到3.5亿元。通过持续的创新转型，从传统企业蜕变成现代丝绸纺织企业。

（二）准公共性省属企业产业发展与转型升级现状

准公共性省属企业主要集中于非竞争性的行业，如基础产业、公用设施等领域，其主要经营目标是提供各种社会服务。准公共性省属企业是政府推行各项社会发展政策和发挥经济职能以弥补市场缺陷、实现社会公平、提供公共产品的重要工具。广东省属准公共性企业又可以进一步划分为政府指令性、专营性、平台性质类。

准公共性省属企业大多存在部分垄断或者准入门槛较高（只有粤海集团、南粤集团、航运集团、恒健公司处于竞争激烈的行业），具有社会化、贡献率、就业比、关联度、不可替代性等突出特征，即准公共性产业和相关产业的关联度高，对其他产业的带动系数大。这决定了准公共性企业转型升级必然表现出与竞争性省属企业的一点突破、单一纵向延伸或横向拓展完全不同的路径，即准公共性企业的转型升级更多地表现为以该行业为中心、带动关联产业融合发展，进而催生新的经济增长模式。如机场集团下属广州新白云机场发展带动能源产业、高新技术产业、现代服务业、制造业联动发展，吸引航空相关产业或具有航空运输指向性产业形成聚集效应，催生新的经济增长模式——临空经济。

如交通集团下属广东省汽车运输集团有限公司近年来紧紧抓住市场机遇，实施并购重组、资源整合、管理创新等措施，实现了企业成功转型升级，经济和社会效益显著，至2010年底，公司资产总额达30.18亿元，拥有营运车辆3376辆，站场33个，企业竞争力得以全面提升，在最近评选的中国道路运输百强诚信企业中，排名进入前三。

机场集团通过扩建广州白云国际机场等措施，大力开拓白云机场航线，打造"世界级国际航空枢纽"；通过探索其他资源的反哺，来弥补航空主业的亏损。除了盘活机场周边的土地、广告、产业资源，还大力拓展各种"非航产业"，逐步涉足仓储、能源供应、酒店、地产等业务，积极探索一套"综合回报模式"来打破机场建设的亏损怪圈；通过"公司制"改革调整发展结构，借助临空经济的发展引领"产业提升"和"体质升级"。这些举措既体现了机场集团紧抓机场建设谋转型的发展战略，也体现了广东省借力临空经济拉动"产业升级"的棋局更加合适。

二、实践亮点

省属企业的转型升级主要体现在发展模式的转变上。发展模式是为了实现发展目标而选择和实行的方式、方法与道路的统一体,它是由主体、客体、目标等要素组成的完整系统,对于经济、社会和人的发展均具有重大决定性影响。发展模式是按照一定的发展观念建构的,不同的发展观念会产生不同的发展模式及其发展效果。

广东省国资委明确提出,竞争性省属企业要转变为完全性的市场竞争主体,最终成为公众公司;准公共性国企要重点强化公共服务功能,实现持续发展与服务社会的双重目标。这是今后相当长的一段时间内,广东省属企业实现产业转型升级的指导方向。

在产业转型升级的实践中,竞争性省属企业根据国家产业政策和行业发展趋势、行业竞争特点及自身拥有的资源,逐渐退出没有竞争优势的行业或子行业,促进资源向具有竞争优势的行业集中。准公共性省属企业则充分利用其规模性、带动性、关联性等突出优势,通过催生新的经济增长模式实现产业的转型升级。

(一)竞争性省属企业产业转型升级实践

竞争性省属企业主要包括实体类企业(如电力生产、建筑工程、贸易商品、酒店、旅游等企业)和资产经营类企业(如广业、广弘、广晟等公司)。省属实体类企业不断强化市场主体地位,发展自主经营,增强市场竞争力;省属资产经营类企业则加快向投资控股集团转型,做强做优主业。

1. 全力打造核心主业带动产业转型升级

广东省部分省属企业属于业务多元化企业,如广业、广弘和广晟三个资产经营公司,其特点是企业涉及领域广、下属企业数量多。这类企业主要是通过合并同类项,减少企业数量,集中打造有限的几个核心主业,以便于资源集中和管理链条的缩短,最大限度地发挥集团管理的优势,实现资源的优化配置和产业的转型升级。同时,企业加强培育富有潜力的产业,改制退出资源消耗大、前途晦暗的产业从而着力打造核心主业。

近年来,省属资产经营公司着力打造核心主业。如一般性工业企业较多的广业公司、广晟公司,其产业结构调整方向是向矿产资源开发、电子信息、环保工程、重大装备制造四个技术含量高、符合国家产业政策和发展方向、在国民经济中占有重要意义的产业聚集。广业公司经过七八年的结构调整,已经初步完成了从行业众多的一般性工业向新兴环保产业、矿产资源开发、清洁能源物流三个产业的集中,同时大规模地退出劣势产业,几年来,通过转让、改制等方式共退出227家劣势企业的经营,下属企业总家数从463家降至137家,全公司80%的资本集中在主业。广晟公司着力打造有色金属采矿、选矿、冶炼、物流、贸易的完整产业链以及拥有自主知识产权和科技创新能力的电子信息产业,已经逐步发展成为"广东有色金属广业航母";同时将业务空间拓展延伸至国外,2008~2009年,接连收购了澳大利亚上市公司PEM公司和PNA公司,大大巩固了有色金属资源产业链条。广弘公司也从综合性贸易企业向食品、教育发行等有限的行业集中。通过打造核心主业,逐步实现企业资源的优化配置和转型升级。

> ● **案例**
>
> ### 广业公司提升主业价值实现产业转型
>
> 广业公司把企业资源和力量配置的重点落实到"四大主业"上来,从价值链的角度提升主业价值创造,加快主业发展。其中,环保产业以污水处理、固废处理、风力发电等环境综合治理全过程服务为重点,加大重大项目投资力度,"十二五"期间累计投资130多亿元,实现污水处理能力500万吨/天、固废处理能力3万吨/天、风力发电装机容量达50万千瓦,成为节能环保行业中知名的企业集团,主要经济指标达到国内前列、省内第一的行业地位。"十二五"末营业收入突破124亿元。燃化能源产业致力于发展低碳清洁能源产业,将其骨干企业发展成为广东乃至区域市场有重要影响力的成品油和化工产品的渠道商、终端商、批发商、代理商、服务商。"十二五"末,实现营业收入275亿元。矿产资源产业以矿业产业和民用爆破工程为重点,把云硫集团打造成为主营业务收入超百亿元的多矿种大型综合性矿业集团;宏大爆破以矿山采剥新业态打造成为国际知名企业。"十二五"末,实现营业收入突破200亿元。现代服务业以新观念、新技术、新业态和新服务方式为内涵,改造和提升传统服务业,实现传统业态向现代服务业的转型。"十二五"末,实现营业收入突破400亿元。

2. 产业链上下游纵向延伸实现产业转型升级

随着外贸进出口权已普遍放开,单纯从事外贸业务的省属企业经营风险越来越大,利润越来越薄,已毫无竞争优势可言。这类企业通过向产业链的上下游拓展,寻求产业新的发展空间是必然的选择。省属企业中原以外贸为主业的企业大多是围绕一个或有限几个主导产品向产业链的上下游延伸,以控股、参股、合作等形式进入上游资源产业以及下游的物流产业,通过上下游一体化、内外贸一体化,实现产业的转型升级,从而获得新的核心竞争力。

如广东省丝绸纺织集团采取贸、工、农一体化的经营模式,大大延伸了产业链条,取得了较好的效果。广新控股通过产业链的纵向延伸,打造企业的核心竞争力,实现产业的转型升级。①以全球化视野在全球范围内整合资源,寻找市场机会。在越南以低成本兴建钢材生产企业成功投产;与阿联酋博禄石油公司合作建立的南沙港物流保税区塑料化工产品供应链中心顺利投产。②跳出外贸"做营销",向产业链上下游延伸,建立产业链。集团已成为全国乃至全球锂电池膜、光电偏光膜、核苷酸、利巴韦林、海上油品服务、广告创意、珠江桥调味品、铝业、有色建材等多个产品的最大生产经营企业。③打破了单一商品经营的思维定势,开展资本运作,实现横向业务多元化和纵向产业链延伸。成功并购"佛塑科技"、"星湖科技"、"兴发铝业"等上市公司,进一步增强产业竞争能力。④以资源、核心技术、提升可持续发展能力和价值创造能力为目标,跨国界、跨行业与行业领先企业合作,后获得全球最大锌矿资源之一的澳大利亚上市公司卡加拉的相对控股权,拥有了总价值超千亿元的矿产资源。与马达加斯加和玻利维亚当地企业合作,并购了钛、铁、锆和铜矿的控股权;与武钢集团联合中标的马达加斯加苏拉拉8.7亿吨露天铁矿。

● **案例**

丝纺集团贸、工、农一体化经营模式

丝纺集团根据企业自身经营特点，积极探索全产业链的整合与延伸。在推进"东桑西移"的过程中，建立完善粤西、粤北和西江流域三大蚕桑基地，推动向产业链上游延伸，为产业转型升级和茧丝绸产业可持续发展创造了条件。同时，重点培育茧丝绸、纺织服装等优势主业，打造高端丝绸服装品牌，推动产业链向下游延伸以实现价值增值。截至2011年末，先后带动18个基地县（市），6600多个自然村，35万农户，150多名万农业人口种桑养蚕，涌现了数以百计的蚕桑专业村和数以万计的蚕桑专业户。像始兴、阳春、翁源、英德等县市，蚕桑业已成为当地农业的重要支柱，是蚕桑专业镇和农户收入的主要来源之一。

3. 现代服务链与价值链的耦合和延伸助力产业转型升级

省属传统商贸企业的产业转型主要是从粗放型商品流通业态向集约化、大型化、专业化的商品流通交易平台转型，打造大型专业市场和物流基地，从而形成规模优势和品牌效应，实现贸易链向供应链、服务链的转变，实现价值链的延伸，提高市场竞争力。如广东物资集团在广州已建成六大专业市场和物流基地，其中广东汽车市场成为全国最大、服务最齐全的汽车市场。广东金属物资市场、广东鱼珠国际木材市场也是全国同类市场中规模最大的。粤海集团的广州天河城则一直是广州市大型和高档购物娱乐中心的一面旗帜。广新控股积极推动贸易链向供应链、服务链转变。目前，集团所属的威敏石油公司是香港地区最大的海上供油企业，并与BP集团合作，在新加坡成立海上加油公司，成为年加油量达500万吨的全球最大的海上能源供应商；同时立足于以国际物流和国际供应链管理服务为核心，与阿联酋博禄石油公司合作建设博禄广东物流中心，年配送总量超100万吨以塑料为主的石油化工产品；与太古集团合作，建立华南最大的冷冻制品供应链中心。通过传统贸易链向现代供应链、服务链的转变，大大提升了企业价值创造和利润拓展能力，实现了产业的转型升级和企业效益的大幅提升。

● **案例**

物资集团打造物流和商品流通交易平台

物资集团通过打造物流和商品流通交易平台，加快实现传统产业的转型升级。①建设物流平台。集团改变传统简单仓储物流模式，密切与央企、生产厂家、矿港等合作，加快发展加工、配送、储运等高附加值物流业务。在"三旧"改造基础上，着力抓好鱼珠国际木材市场和物流基地异地选址重建和发展工作。引进投资者合作开发东莞泥洲码头项目，建立煤炭配送基地。②发展中高级批发市场。在东莞市中堂镇筹建"鱼珠国际木材交易中心"，在佛山市南海区九江镇建设木材、钢材批发市场，推进木材、钢材贸易业务，提升了行业地位。③发展商业地产市场。物资经营利润微薄，集团公司通过商业地产提升效益，反哺物资经营。近期加快在广州、南昌等地建设综合性汽车城，占地规模从数百亩至上千亩不等。汽车城涵盖销售、维修、金融服务、电子商务、汽车文化展示、汽车娱乐、商业餐饮等功能，打造集团新兴产业，增强发展后劲。

4. 产业要素横向重组和拓展推动产业转型升级

省属旅游企业的产业转型是从竞争激烈的旅行社、汽车运输等子行业中逐渐退出，向高星级酒店、高档商业物业开发与经营、景区投资开发等资本密集型和智力密集型的子行业集中。如广东粤旅集团近年来实施了转型战略，将广东国旅旅行社的控股权转让给中国国旅，集中资源投向酒店和商业物业，旗下的白云宾馆通过更新改造成功地晋升为五星级宾馆，具有较强的市场竞争力，其独立开发的位于广西南宁的商业地产项目也获得了成功。

● **案例**

省旅集团业务重组

省旅集团通过要素重组，将广东国旅旅行社的控股权转让给中国国旅，集中资源投向酒店和商业物业，旗下的白云宾馆通过更新改造成功地晋升为五星级宾馆，同时拥有白云湖畔酒店、白云城市酒店、南湖游乐园等多家酒店与度假区，实现了以经营旅游业为主，经营范围涵盖酒店及餐饮业、旅行社、旅游度假区及游乐业、旅游传媒及出版发行、出租客运及粤港客运、综合性商场及房地产开发等多种业务，形成了集"食、住、行、游、购、娱"六要素于一体的旅游产业体系。企业重组实现了国有资产的保值增值，企业的经济实力和市场竞争力不断增强，目前已成为国内领先的大型旅游集团。

（二）准公共性省属企业产业转型升级实践

准公共产品，指具备公共产品的非排他性和非竞争性两个特点中的一个，另一个不具备或不完全具备，或者虽然两个特点都不完全具备但却具有较大的外部收益的产品。准公共性企业大多存在部分垄断或者准入门槛较高，且所在行业往往具有与相关产业关联度高、带动系数大、规模效应明显等突出特征（如机场集团、交通集团、粤电集团等）。这决定了准公共性企业转型升级更多地表现为以该行业为中心、带动关联产业融合发展，进而催生新的经济增长模式。如机场集团下属广州新白云机场的发展催生新的经济增长模式——临空经济。对于平台性质的准公共性企业（如恒健公司、南方产权等），则主要是通过发挥平台企业资本运营、融资服务、股权管理的杠杆作用，最大限度地提升国有资本价值。粤电集团积极转变发展方式，优化产业结构，为提高企业可持续发展奠定了扎实的基础。在坚持做大做强主业的指导思想下，大力淘汰落后产能，加速发展战略性新能源。同时，实施资本运作，快速拓展主业发展空间。面对省内煤电等能源项目发展空间受限的不利形势，集团积极探索通过市场兼并或收购的新方法和新途径，获取新的发展空间。已成功收购北方联合电力公司20%的股权，成为内蒙古规模最大的发电能源企业的第二大股东；已与贵州六盘水市政府签署战略合作框架协议，将收购或开发当地优质水电、风电、煤电一体化等项目。通过发展模式的不断创新，粤电集团进一步完善了集团产业价值链，朝着"成为具有国际竞争力的能源集团"

的战略目标迈出了坚实一步。

● **案例**

机场集团发展临空经济区

机场集团根据自身特点，探索多种产业聚集发展的转型模式。民航业产业链长，其产业链上游是技术、资金、知识高度密集的航空工业，民航业的需求必然有力地拉动包括航空航天、空间技术、自动化控制、材料、冶金、化工、机械制造、特种加工、电子信息等一系列高科技产业在内的航空工业的创新发展。民航业的下游产业多为现代服务业和制造业，如石油加工业、商务服务业、金融业等，这些产业对当地经济也具有很强的带动作用。广州新白云机场周边集聚了大量的人流、物流、信息流、资金流土地资产等资源，吸引航空相关产业或具有航空运输指向性产业聚集，形成地区新的增长极——临空经济区。广州新白云机场目前已经形成了加工物流保税区、机场高新科技产业基地和机场商务区，吸引了联邦快递、新科飞机维修、华钜君悦和富力地产集团等国内外知名企业入驻。根据对广州新白云机场及临空经济区经济效益的测算，"十二五"期间新白云机场及其临空经济区将实现1.4万亿元经济效益，同时到2015年为当地提供近105万个就业岗位。

省属企业近年来实施的产业转型战略是成功的，通过产业转型升级，主业逐渐清晰和明确，逐渐找到了适合自己的发展道路，更好地履行了经济责任和创新责任。

省属企业转型升级的经验说明，通过产业转型提升企业的竞争力是可行的路径。广东省属企业采取的主动调整而不是被动等待的策略、从一般性工业转向新兴产业、从单纯的外贸行业转向上下游产业链的控制、从一般性商贸旅游业转向专业市场和商业物业经营、从单一产业形式转向关联带动、多业态融合的新经济增长模式的具体做法，对其他省市的国有企业产业转型具有一定的参考和借鉴意义。

同时也应该看到，广东省属企业的产业转型还远没有结束，它是一个动态的过程，目前只是取得了阶段性的成果，其效果还有待进一步观察。另外，对产业转型升级过程中暴露出来的一些问题和风险也应有所警觉，如大规模进入新的产业引起资产负债率升高和资金链紧张的问题、可能出现的非相关多元化的趋势、进入新产业群后管理人才和专业知识匮乏的问题等。对这些问题都要引起足够重视，并在今后的发展中加以解决。

第四节 自主品牌培育

自主品牌有三个主要衡量因素：市场保有量、生产研发的历史及其在整个行业中的地位。企业自主品牌首先应强调自主，产权强调自我拥有、自我控制和自我决策，同时能对品牌所产生的经济利益进行自主支配和决策。主要体现在两方面：对品牌知识产权的控制权和所有权。品牌创新，就是赋予品牌要素以创造价值的新能力的行为,即通过品牌塑造与保护,增强品牌生命力,提升企业市场竞争力。品牌作为一种无形资产,是构成企业核心竞争力的关键因素。在市场经济条件下,品牌作为一个国家经济实力的象征和一个地区经济发达的重要标志,是一个产业整体素质的体现和科技进步的结晶,更是企业提升管理、创新发展的灵魂。

一、总体情况

面对自主创新能力不强、自主品牌培育乏力的状况,国家明确提出要把提高自主创新能力作为转变经济增长方式、调整优化经济结构、增强国家竞争力的中心环节,把建设创新型国家作为国家发展战略,并将"形成一批拥有自主知识产权和知名品牌、国际竞争力较强的优势企业"纳入"十一五"时期我国经济社会发展的主要目标。

加快经济发展方式转变,培育自主创新品牌是一项重大的战略任务,是提高我国经济国际竞争力、抗市场风险能力、可持续发展能力和促进社会和谐稳定、提高人民生活水平的客观要求。实现经济发展方式战略转变,培育自主创新品牌,在积极发挥政府部门的推动作用,建立激励机制,健全促进体系的同时,更要充分发挥品牌企业的主体作用,增强企业的品牌意识,提高企业的品牌建设能力。

《关于做好广东省品牌发展专项资金使用管理工作的通知》指出,"自主品牌建设是建设创新型国家的重要内容,也是转变外贸增长方式、提高我省商品和服务国际竞争力的重要举措"。[①] 2012年,广东经济与信息化委员会按照工业和信息化部"工业质量品牌建设年"活动部署要求,结合广东制造业转型升级现实需求,根据"政府引导、企业自愿、市场运作"的原则,在全省范围内试点开展培育广东优质制造,打造"新广货、新品牌"活动。力争通过建立和完善广东优质制造标准体系,推动广东优质制造企业开展"对标达标"活动,树立制造企业"质量标杆"。形成广东优质制造商群体,打造广东制造区域品牌,以优质制造创品优价实新广货,为"广货全国行"和"广货网上行"保驾护航。[②] 随着企业自主创新能力的不断提升,省属企业的自主品牌培育工作取得了一定成效,如表9-4所示。

表9-4 部分省属企业自主品牌培育情况

企业名称	代表性自主品牌
广业公司	宏大爆破、广业检测
广晟公司	广晟有色金属、DRA数字音频编解码技术
交通集团	粤运快车、粤港、岐关、拱运、威盛、广东长大
物资集团	广物汽贸、鱼珠国际木材市场
广新控股	珠江桥、星湖、PACO、生益科技SL、兴发
丝纺集团	丝丽、庄姿妮、雅迪斯、羊城、英佳、美雅
省旅集团	白云宾馆
中旅集团	广东中旅、华厦国际

---

① 广东省财政厅、广东省对外贸易经济合作厅、广东省经济贸易委员会.关于做好广东省品牌发展专项资金使用管理工作的通知,2007.
② 广东省经济和信息化委.关于组织开展培育广东优质制造打造新广货新品牌活动的通知,2012-8-31.

续表

企业名称	代表性自主品牌
粤海集团	粤海、金威、天河城
水电集团	现代筑坝技术、大型隧道与城市轨道交通施工技术、复杂地基基础处理技术
白天鹅宾馆	白天鹅宾馆
联合电子	粤通卡

资料来源：根据部分省属企业提供的调研资料整理。

"十二五"时期是广东省提高自主创新能力、建设幸福广东的攻坚阶段，大力提升企业自主创新能力，尤其是省属企业的自主创新能力是广东经济建设必须面对的重要课题。尽管省属企业品牌培育取得了可喜成绩，但整体上仍存在着不少的矛盾和问题。通过调研发现，广东省属企业多分布在电力、交通、建筑、食品、纺织、酒店旅游、商贸等基础行业和传统行业，电子信息、新材料、新能源等高成长性的新兴产业发展滞后，且部分是以资本运作形式收购获得而非自主培育，规划布局中的这种传统产业多、新兴产业少的现状，导致部分国企自主品牌培育先天性不足。

二、实践亮点

培育自主品牌关键在于自主创新。企业的自主技术创新水平，是决定原创性自主知识产权品牌竞争力的关键性因素。按照先进品牌创建方法及标准进行自主创新，坚持走中国化与国际化相结合的自主创新道路，是新时期我国产业转型升级和自主品牌培育的目标和方向。

（一）通过原始性自主创新实施"品牌锁定"战略

企业应该通过自主创新特别是原始性自主创新实施"品牌锁定"的时代创牌战略，坚持走"核心技术专利化、专利国际标准化、标准促成品牌化"的品牌培育路径，这也是省属企业增强自主创新能力和提高自主品牌培育水平的现实策略。所谓"品牌锁定"，即企业的核心技术要及时申请国际专利，通过将核心技术转化为国际标准和国别标准，将自主国际标准植入自主品牌，以自主品牌锁定市场。这是一种动态加强自主知识产权保护力度的方法。如广晟公司自主创新的"广晟DRA数字音频编解码技术"已经成功申请成为国家电子行业标准，开创了国家核心技术和国家标准首次由一家企业独立研发和申报成功的历史。

● 案例

广晟DRA数字音频编解码技术

广州广晟数码技术有限公司（Digital Rise Technology Co., Ltd.）2007年1月4日，广晟数码基于DRA技术的《多声道数字音频编解码技术规范》被国家信息产业部正式批准成为电子行业标准（SJ/T11368-2006）。2009年2月16日，广晟数码起草的《多声道数字音频编解码技术规范》被国家标准化管理委员会正式颁布为国家标准（GB/T 22726-2008）；2009年3月，被国际蓝光组织正式接纳为蓝光光盘音频格式。DRA技术用较低的复杂度实现了国际先进水平的压缩效率，在标准码率（64kbps/声道）下损伤已较难识别，达到了EBU定义的"不能识别损伤的"音频质量要求（按照ITU-R BS.1116建议书规定的双盲三刺激隐藏基准5级标度法进行测试）。目前，由广电总局主导的移动多媒体广播（CMMB）已经播出DRA编码的音频广播信号；在数字电视应用方面，2011年6月16日，国家标准化管理委员会正式批准颁布《地面数字电视接收机通用规范》国家标准（国标号：GB/T26686-2011），其中规定广晟DRA音频成为我国地面数字电视必选音频标准；同时广州广播电视网计划播出DRA格式的5.1声道环绕声和高清电视节目；蓝光DVD已经采用DRA标准作为其音频标准之一，这是蓝光光盘格式第一次采用中国自主研发的核心技术，具有里程碑式的意义。

（二）通过多模式品牌创新战略推动传统优势产业向品牌效益型转变

省属企业围绕企业自身特点，通过实施管理创新、经营模式创新、商业模式创新等手段，大力开展自主品牌培育工作，提升产品质量和服务水平，提升企业公共形象、美誉度以及市场竞争力，推动传统优势产业走上品牌效益型发展之路。如广业公司打造硫化工产业链，广晟公司建立健全先进完整的有色金属产业体系，广新控股集团拓展海外矿产资源，商业集团发展商品贸易产业，建工集团发展现代建筑产业，广弘公司发展轻工食品产业，丝纺集团发展茧、丝绸、纺织、服装等一体化产业。

交通集团围绕"保安全、保畅通、树品牌"等主题，开展品牌创建活动，通过开展"文明服务月"活动、创建"文明样板路"，打造文明服务品牌。现在集团所属的各级企业都结合本单位的特点，开展特色服务，全面打造企业品牌，如省高的"一路畅行"等营运品牌，"粤运快车"、"粤港"、"岐关"、"拱运"、"威盛"等运输品牌，"广东长大"等施工品牌在泛珠江三角洲地区都享有盛誉，"阳光之路、阳光服务"的理念已深入员工和客户的心中。

丝纺集团建立多层级的品牌管理机构，在集团、二级集团（公司）、三级公司（事业部）层面分别设立品牌管理机构，搭建品牌多层级管理架构，明确各层级的权责划分。同时，集团建立品牌发展基金，加大对品牌产品的设计、宣传、研发和投资力度，对品牌推广销售好的公司和业务人员给予专项奖励，促进品牌发展，近两年品牌建设投入每年均超过2000万元。目前，拥有丝丽、庄姿妮、雅迪斯、羊城、英佳、美雅等30多个自主品牌，其中丝丽被国家商务部列为重点扶持发展的出口品牌。拥有品牌专卖店（柜）250多家（个），年销售15亿元。集团已在"十二五"发展规划中明确要把品牌作为集团重点培育和发展的主要工作来抓。集团十分重视知识产权保护工作，如集团"丝丽"品牌申请海关保护，并得到海关的大力支持。

● 案例

粤海集团自主品牌培育

粤海集团的"粤海"系列商标最早申请注册时间为1993年7月19日，至今已有将近20年的品牌历史。粤海集团下属金威集团的"金威啤酒"，据中国品牌研究院2007年1月10日公布的《中国最有价值商标500强》排行榜，排名第189位，商标价值为12.26亿元；在2011年度华樽杯中国啤酒品牌价值排行榜中，排名第13位，品牌价值达26.01亿元。作为快速消费品生产经营行业的金威集团，2011年投入的品牌推广费用共约2262万元。2011年，下属天河城集团及天河城百货品牌推广费用共约1600万元；2012年4月，天河城百货自有品牌项目开发正式启动。经过3个月的紧张筹备，自有品牌（TEEM QUALITY）毛巾于7月20日在天河城百货天河城店正式上市。截至8月26日，合计实现销售101495.23元。自有品牌毛衣9月底在天河城百货4家门店同时上架经营。其他主要产品为中间产成品的永顺泰集团、广南集团、粤海制革和提供酒店、物业、百货经营等服务业务的酒管公司、东控公司，均没有专门进行市场品牌的推广，仅参加行业协会主办展览会或在行业协会专业杂志内进行少量的品牌推介，所投入费用每年约几万元至十几万元不等。

本章小结

在广东省全面推行自主创新战略的背景下，省属企业高度重视自主创新工作，自觉把自主创新作为省属企业实现经济发展方式转变的核心推动力，大力开展自主创新活动，在技术创新、知识产权保护、产业转型升级、自主品牌培育等方面取得了显著成效。如广晟公司具有自主知识产权的数字音频编解码技术（DRA）成为广东省第一个基础性技术国家标准，打破了该领域被国外技术一统天下的局面，开创了国家核心技术首次由一家企业独立研发成功的历史。广业公司、广新控股下属部分企业已经成立了知识产权办公室，专门负责知识产权申报及保护工作。广新控股等企业培育了多个中国驰名品牌和中国名牌。省属企业通过大力开展自主创新，努力实践企业的创新责任，为国有经济的发展壮大以及地方经济的转型升级做出了突出的贡献。

第十章 广东省属企业履行生产安全责任的实践与探索

安全生产是经济社会可持续发展的重要组成部分，事关最广大人民群众的根本利益，事关改革发展和稳定大局，历来受到国家高度重视。"安全第一、预防为主、综合治理"是党的安全生产工作的基本方针。党的十六届五中全会确立了"安全发展"的指导原则。十届全国人大四次会议《政府工作报告》以较大篇幅阐述安全生产问题，再次向国内外昭示了中国政府搞好安全生产的坚强决心。党的"十八大"报告进一步明确了安全生产工作的指导方向，要求强化公共安全体系和企业安全生产基础建设，遏制重、特大安全事故。深化平安建设，完善立体化社会治安防控体系，强化司法基本保障，依法防范和惩治违法犯罪活动，保障人民生命财产安全。完善国家安全战略和工作机制，高度警惕和坚决防范敌对势力的分裂、渗透、颠覆活动，确保国家安全。广东省历年来也很重视安全生产工作，采取了建立各级政府安全生产责任制，明确各级领导安全生产责任等办法，贯彻"管生产必须管安全"的原则，重视安全生产的教育和培训。省属企业作为广东省经济生产的主力军，安全生产工作更是责无旁贷。本章将从安全生产意识、安全生产管理、安全生产技术和应急管理系统构建四个方面重点介绍省属企业的安全生产责任落实情况。

第一节 安全生产意识

安全生产意识是指生产过程中在脑海里时刻要有安全的意识，以确保人身安全、设备和产品安全以及交通运输安全等。即"预防为主、预防为上"，先采取必要的措施是使事物发展进程起到巨大的促进抑或阻碍作用的条件。主要包括安全生产方针、政策及法规方面的意识，劳动纪律和制度方面的意识和经常性思想工作三个方面。接下来介绍广东省属企业在安全生产意识建设方面的总体情况和实践亮点。

一、总体情况

（一）领导高度重视安全生产

党中央、国务院高度重视安全生产工作，安全生产理论、方针、政策相继出台，体制、机制和法制更加完善，目标、任务和工作更加明确。2005年10月，中共中央召开党的十六届五中全会，明确提出要坚持节约发展、清洁发展、安全发展，把安全发展作为一个重要理论纳入我国社会主义现代化建设的总体战略中。特别是党中央、中央人民政府对"安全发展"理念的提出，使安全生产的地位得到了极大的提高，安全生产形势进一步稳定好转，安全生产事故逐步减少，确保了经济的发展和社会的稳定。

调研中发现，近年来，省属企业各级领导非常重视安全生产工作，把安全生产上升到国家稳定和构建和谐社会的高度，进一步落实企业主体责任。如物资集团把安全生产工作摆上议事日程，与经营工作同时计划、同时部署、同时检查、同时总结、同时考评。为加强组织领导，物资集团公司及下属各单位都建立健全了安全生产组织机构，集团安全生产委员会成员由总经理、分管安全生产领导、相关部门负责人以及二级公司法人代表组成，并根据人员变动情况及时作调整。下属各单位也分别设有安全生产委员会或安全生产领导小组，有基层的单位都设置安全管理专门机构，配备专职或兼职人员负责安全生产工作。

广晟公司坚持企业领导干部安全生产"一岗双责"责任制和"一票否决"制度，严格执行重大生产安全事故责任追究制度。重点抓好非煤矿山及危险化学品事故隐患治理工程，截至2013年，非煤矿山和危险化学品生产企业安全生产标准化全部达到三级以上。2013年6月底前完成地下矿山、井下安全避险六大系统建设。全面加强对尾矿库安全的督促管理工作力度，确保尾矿库安全万无一失。狠抓了安全生产和环保工作。制定新的安全生产管理规章制度和应急预案，编制了《安全生产管理手册》。健全了各级安全生产组织，明确企业是安全生产的责任主体，企业法人代表是安全生产第一责任人。

（二）积极开展安全生产培训

有了安全生产意识，并不能完全遏制安全事故的发生，还应具备丰富的安全生产知识，很多经营者只是对安全生产有个大概的认识，对具体的安全生产知识、理论并不熟悉。我们了解到，在省国资委统一部署下，省属企业不断加快推进社会责任管理，并将围绕保障生产安全、确保队伍稳定采取切实措施。省属企业通过培训增加自身的安全生产知识，大大提高各企业负责人对安全生产的重视，将所学的知识运用到日常管理中，较好地控制企业的安全事故。同时，省属企业非常注重对员工的安全生产培训，通过弘扬、学习与宣传，有目的、有意识地培养和塑造全员安全责任意识，强化员工安全管理知识以及防火、防水、防电、紧急逃生等应知应会知识的宣传教育，将安全文化融入工作流程、工作环境，做到安全宣传随处可见，触手可及。

物资集团始终坚持不懈地开展宣传教育培训，充分利用各种宣传工具，采取多种形式大力宣传安全知识，营造"关爱生命、关注安全"的良好氛围。每年集团都以开展"安全生产月"、"119消防宣传日"等活动为契机，围绕主题，广泛开展宣传教育，提高员工安全意识，做到警钟长鸣，同时狠抓安全培训。集团这几年狠抓了各级责任人、安全管理人员、特种作业人员、新员工的"三级"安全培训教育，分别组织不同人群参加各种安全培训。其中有110人取得了广东省生产经营单位主要负责人安全培训合格证书。以人为本，保护员工权益，构建成长通道，让员工在和谐、安全的工作环境中经营、生活，共享企业发展成果。

（三）逐步完善安全管理体系建设

随着国家出台一系列的安全生产规章制度，企业对安全生产管理也越来越重视。安全管理体系要求科学、系统的安全管理以系统安全的思想为基础，从组织整体出发，把安全管理放在预防事故发生的整体效应上，实行全员、全过程、全方位的安全管理，使系统达到安全状态。《职业安全健康管理体系》在世界各国得到广泛应用，它被认为是安全工作最为有效的管理办法。现在，我国也大力推行职业安全健康管理体系，2001年国家制订了《职业安全健康管理体系规范》（GB/28001-2001），为改善我国的职业安全状况、提高安全工作的管理水平提供了科学、有效的管理标准。广东省内越来越多的企业取得了质量、环境和职业健康安全管理体系的认证，这些管理体系的运行对企业的各项管理工作起到了推动作用。

在调研中了解到，大部分省属企业将安全生产放入重要的战略管理层面。为了使省属企业安全生产管理工作与国际上现代企业的管理接轨，增强企业的竞争、生存和发展能力，建立一整套既符合国际标准又符合省属企业实际的安全生产管理体系，是省属企业安全生产工作自我完善、自我提高，继承创新的客观需要，更是持续、稳定发展的需要。而构建企业生产安全管理体系，则标志着企业的安全管理进一步成熟。

如南方产权积极构建了安全管理系统：①落实"一岗双责"工作要求，形成全体领导干部齐抓共管的良好局面；②加强制度建设，制定了《安全保卫应急手册》；③常态化的日常巡查，定期大检查及不定期的专项活动，排除隐患；④加强对员工的宣传培训教育，掌握应急救援、逃生知识及技能，树立安全生产意识；⑤落实责任，签订消防安全责任书等。

二、实践亮点

（一）多方面加强安全生产投入

安全生产投入是安全生产的基本保障。省属企业的安全生产投入主要包括两个方面：①人才投入；②资金投入。省属企业充分投入安全生产所需的设备、设施、宣传等资金。一方面，绝大部分省属企业创造多样化机会让安全工作人员参加专业培训，组织安全工作人员到安全工作搞得好的单位参观、学习、取经；另一方面，省属企业通过招聘安全管理专业人才，提高公司安全管理队伍的素质，为实现生产安全和谐发展打下坚实的基础。

为贯彻落实省委、省政府关于进一步加强安全生产工作的意见，据了解，绝大部分省属企业认真落实领导班子安全生产"一岗双责"制度，以企业安全生产主体责任为重点、以防范重特大生产事故为中心，切实抓好安全生产和食品安全。省属企业的安全责任意识得到了不断加强，尤其表现在各企业在安全生产投入方面的不断加大。企业安全生产资金管理方面也得到加强，如水电集团按照国家有关规定和要求，在生产经营过程中按1.0%~2.0%的幅度计提安全生产专项资金，并建立专门账户，实施安全专项资金专项专用，有效地改善生产经营作业场所的安全提高条件，减少了安全事故隐患，提高了生产作业场所的安全性，对促进安全生产起到了非常重要的作用。

> **资料**
>
> **主要省属企业的安全生产投入情况**
>
> 交通集团：交通集团明确制定和实施安全生产投入制度措施，为安全发展提供了有力保障，2011年安全生产投入达到1.42亿元。
>
> 广弘公司：广弘公司投入安全生产资金1341万元。当年公司系统没有发生任何生产、消防、交通等生产安全事故，确保了良好的安全生产经营工作环境。
>
> 丝纺集团：2004年以来，丝纺集团公司和下属企业加大对安全生产投入，先后投入资金近900多万元，不断改善企业安全生产条件，提高抵御事故灾害的能力，取得显著效果。
>
> 中旅集团：2004~2011年，中旅集团安全生产资金投入2000多万元，用于对生产经营部门技防、技改及消防基础设施、设备的更换和补充。
>
> 航运集团：近几年来，航运集团共投入约1.1亿元资金，加强对安全科技、技术支撑体系建设和安全基础设施建设。更新改造重要安全生产设备，改善安全生产条件。
>
> 盐业集团：盐业集团将加大安全工作投入作为保障，在办公场所、仓储等重点区域配备防火预警、灭火系统的先进设备，及时更新、更换灭火器、消防水带、消防栓以及消防管道的防锈、打油、喷漆、维护和保养等。

（二）积极落实安全生产责任制

制定和履行安全生产责任制是省属企业安全生产职责的具体体现，也是省属企业管理的基础。省属企业以制度的形式明确规定企业内各部门及各类人员在生产经营活动中应负的安全生产责任，构成省属企业岗位责任制的重要组成部分，也日益成为省属企业最基本的制度。安全生产责任制是贯彻"安全第一、预防为主"方针的体现，是生产经营单位最基本的制度之一，是所有安全生产制度的核心制度。它使安全职责变为每一个省属企业职务人的责任，用书面加以确定的一项制度。

物资集团坚持"安全第一、预防为主、综合治理"的方针，建立健全安全生产责任制，落实企业安全生产的主体责任，逐级签订安全生产责任书，将安全责任层层落实到人。自1991年以来，物资集团公司按《广东物资集团公司安全综合治理达标责任制方案》及其实施细则，每年初都与各成员单位一把手签订安全责任书，明确职责，然后由各成员组织与各部门（分公司）责任人、员工层层签订责任书。通过把安全生产责任层层分解落实到班组和岗位，一级抓一级，逐级负责，从而确保了安全生产责任制"横向到边、纵向到底"，有效促进了"谁主管、谁负责"的落实。

粤海集团也成立安全生产工作领导小组，酒店总经理任组长，财务总监、助理总经理为副组长，各部门负责人为成员，将安全生产工作事项列入酒店日常管理工作中。要求各部门负责人与酒店签订《消防、治安、区域安全责任书》，对所属区域做好全面的日常检查、整改工作。尤其在深圳召开的第26届"大运会"安保工作中，按市有关工作要求，与各部门、各出租单位签订安全生产责任书，确保"大运会"期间安全。

● **案例**

盐业集团的安全生产责任制

盐业集团认真履行社会责任，落实食盐安全生产责任，确保食盐生产和运销各个环节的安全生产，确保食盐的正常供应。盐业集团制定了《食盐安全工作责任书》，并与直属企业签订《食盐安全工作责任书》。要求做到"一把手负总责、分管领导亲自抓、专门机构具体抓"，定期召开食盐安全工作会议，研究防范食盐安全事故，定期组织开展食盐安全大检查，对容易发生食盐安全事故的环节进行严格检查和隐患排查，及时整改，消除食盐生产安全的隐患。盐业集团要求食盐定点生产企业和食盐分装企业，必须符合《食盐定点生产企业质量管理技术规范》(GB/T 19828) 要求。执行《食盐批发企业管理质量等级划分及技术要求》(GB/T 18770) 标准，食盐添加剂的使用必须符合《食品添加剂使用卫生标准》和卫生部公告名单规定的品种及其使用范围和使用量。生产加碘盐的碘剂和生产多品种食盐的添加剂，应按照生产过程中危险品的管理办法，实行专门专锁、双人领用登记制度。规定食盐生产、加工场所必须符合食品卫生的标准和要求，防止环境或人为造成食盐污染。

（三）灵活开展安全生产培训

安全生产培训是实施安全生产的重要一环，调研获知，近年来省属企业通过弘扬、学习与宣传，有目的、有意识地培养和塑造全员安全责任意识，强化员工安全管理知识以及防火、防水、防电、紧急逃生等应知应会知识的宣传教育，将安全文化融入工作流程、工作环境，做到安全宣传随处可见，触手可及。省属企业在组织员工的安全生产培训方面积累了丰富的经验，结合企业特点和员工特点，不断推出让员工接受且富有成效的安全生产培训。如广业公司通过各种形式的安全培训对员工进行安全教育，提高员工安全技术、技能。按规定配套了安全生产管理人员，安全生产第一责任人、分管领导、部门负责人、专兼职人员持证上岗和按规定参加培训办理年检。培训采取"业余培训与脱产培训相结合、安全培训与岗位培训相结合、理论学习与实践操作相结合"的方式，增加培训的实用性，有效提高了员工的安全意识、操作技能和安全管理水平。

粤电集团则以《发电厂优秀班组考核标准》为核心，按照标准化、规范化、精细化的要求，不断加强基层班组建设，强化班组基础管理。如沙角C电厂"标准作业示范平台"建成并投用，为新员工以及承包商员工提供了安健环培训的有效载体。迄今已培训了3000多名参加该厂机组大小修的承包商员工。

● **案例**

中旅集团认真开展安全生产培训教育

中旅集团坚持把员工安全培训和思想教育放在首位，通过"请进来，走出去"的方式，分期分批对安全生产责任人、安全管理人员和员工进行安全生产教育和培训，形成"人人关心安

> 全,安全关系人人"的良好氛围,安全理念由"要我安全"向"我要安全、我会安全"更深层次的转变。对所有新入职员工进行消防、治安、安全生产培训。使他们对消防工作有初步认识,了解本单位的防火重点部位,掌握基本灭火技能,新入职员工培训率达到100%。同时组织集中培训,组织讲座、培训、学习、宣教会议,发放制作编辑、剪报等安全知识宣教资料,组织《安全生产法》和《交通安全法》理论知识学习、考试,选派脱产人员参加市交委、交警支队安全知识培训。

第二节 安全生产管理

安全生产管理是针对企业在安全生产过程中的安全问题,运用有效的资源,发挥管理智慧,通过进行有关决策、计划、组织和控制等活动,实现生产过程中人与机器设备、物料环境的和谐,达到安全生产的目标。省属企业有不少是从事工程建设和生产制造等安全要求较高的活动。在全省促进产业转型升级和现代产业体系建设过程中,省属企业除了需要加大科技投入,还面临劳动力、能源成本上升压力,并且需要在安全生产管理方面的提升以塑造良好的企业形象。

一、总体情况

(一)构筑安全文化

企业安全文化建设,要紧紧围绕"一个中心"(突出"以人为本"这个中心)、"两个基本点"(安全理念渗透和安全行为养成),内化思想,外化行为,不断提高广大员工的安全意识和安全责任,把安全第一变为每个员工的自觉行为。因为安全理念决定安全意识,安全意识决定安全行为。

有关材料显示,省属企业在构筑安全文化方面主要体现在抓好员工安全理念渗透和安全行为养成上下工夫。使广大员工不仅对安全理念熟读、熟记,入脑入心,全员认知,而且要内化到心灵深处,转化为安全行为,升华为员工的自觉行动。省属企业中的工业制造业员工大多是以班组的形式组织生产,他们则通过搞好站场班组安全文化建设来实施,如根据各时期安全工作特点,悬挂安全横幅,张贴标语、宣传画,制作宣传墙报,出版通讯,发放宣传资料,播放宣传片,广播安全知识,在班组园地和各科室张贴安全职责、操作规程,不断向员工灌输安全知识,将安全文化变成员工的自觉行动。

调查中发现,省属企业也非常注重以培育和强化员工安健环意识作为切入点,注重安全教育的常态化,形成了安全培训的长效机制。粤电集团2011年,针对承包商安全管理相对薄弱、安全生产规章制度执行不严等现象,公司组织系统内各单位安监负责人和基层安全员参加了"现场安全管理、两票管理、承包商安全管理培训班",对历年来发生的典型事故案例、现场照片、事故通报等进行了分析讲解,系统内30多家单位的163名基层安全人员和管理人员参加了培训。各单位结合

"安全生产月"活动,以"安全责任,重在落实"为主题,开展形式多样、贴近生产的教育培训、知识技能竞赛、安健环考试、现场模拟演练等活动,全员安全生产意识和技能水平得到了有效提高。

(二)严格履行安全检查

省属企业包含了交通运输、建筑施工、重点工程、危险化学品、机械制造和水上作业等安全生产重点行业领域,严格履行安全检查非常必要。调研获知,省属企业通过认真开展安全性评价工作,以防止人身伤亡事故和重特大设备事故的发生。同时,明确安全检查工作的任务、范围、重点、时间、检查方式和分工,逐级分解落实安全检查工作的任务和责任,一级抓一级,层层抓落实,充分调动各部门的工作积极性,全面动员各类生产经营单位开展全员的事故隐患自查自纠活动,不断地将安全生产的各项防范措施落到实处。

粤电集团从设备系统、作业环境、安全生产管理三个方面,进行深入细致的查评。2011年,对10家电厂进行了发电厂安全性评价或安全性评价复查,共发现问题2716个,其中重点问题438个。各单位对发现的问题高度重视,逐项安排落实整改。通过开展安全性评价工作,机组设备障碍较2010年明显下降,未发生B类及以上设备障碍,C类设备障碍由2010年43次下降至30次,同比下降超过30%,设备健康水平明显提高。截至2011年底,系统内火电厂连续安全生产天数最高纪录为4144天,水电厂连续安全生产天数最高纪录为6740天。

广晟公司则积极开展安全生产隐患排查整改,整改率平均达87%以上。对所属各企业进行了全面的安全生产大检查,加强了对重点单位和矿山在灾害性季节的安全检查。强化对危险化学品、物流仓库、特种设备、环保设备、消防设施等的安全管理。

机场集团结合行业特点和生产实际,全面开展安全隐患排查治理工作。为查找漏洞,从2011年4月开始组织各单位开展了为期180天的"隐患治理保安全"活动。1~10月,先后组织了安全生产综合检查、专项督察、整改情况复查9次,共查出需要采取整改措施的问题193个,提出安全建议63个。各单位根据整改要求,基本完成了整改工作。同时,加强安全信息分析应用,从民航安全信息网、航空安全网等媒介收集安全生产相关信息,及时通报各单位吸取国内外发生的不安全事件的经验教训,有针对性地提出预防措施和安全防范工作重点。

(三)安全责任绩效显著提升

通过严格履行安全生产管理和逐步完善安全管理体系,省属企业在安全生产方面取得了良好的绩效。

截至2011年12月,铁投公司无较大以上安全生产责任事故,圆满完成了全年各项安全生产管理指标,连续实现了第7个安全年。其中,地铁公司实现无较大以上安全生产责任事故9132天,无责任工伤死亡事故9041天,无责任铁路交通一般D类事故533天,连续实现了第25个安全年;航盛公司2011年全年未发生安全生产事故,连续实现了第7个安全年;综交院和财务结算中心保持了安全生产平稳运行态势,连续实现了第2个安全年。

粤电集团以坚持"安全第一、预防为主、综合治理"的方针,不断强调遵规守纪,通过制度培养自觉安全的习惯,使合规文化深入人心,不断提升安全意识和安全技能,消除安全生产隐患,健全安全运营管理体系。安全不限于生产,通过不断提倡全面系统的安全观,强调全面风险管理,获得了良好的安全生产绩效，如表 10-1 所示。

表 10-1　粤电集团 2011 年安全生产绩效

安全项目	完成情况
未发生人身死亡、重伤事故	√
未发生较大及以上设备、火灾、交通事故	√
未发生垮坝、水淹厂房事故	√
未发生本厂责任的全厂对外停电事故、恶性误操作事故、A 类障碍	√
未发生直接人为责任的一般设备事故	√
未发生 B 类障碍	√
未发生职业健康危害事故	√
未发生环境污染事故和环保行政处罚事件	√
未发生重大网络与信息安全事故	√
发电设备 C 类障碍次数同比下降	√

资料来源：根据粤电集团提供资料整理。

二、实践亮点

（一）完善产品安全管理

产品的安全性是指产品在使用、储运、销售等过程中，保障人体健康和人身、财产安全免受伤害或损失的能力。产品的安全是企业的基本责任，非常关键。省属企业在产品安全方面一直具备很好的社会口碑。调研中了解到，省属企业通过加强和完善安全管理，落实岗位责任制。实施由企业领导带头，一把手亲自抓，一级抓一级，层层抓落实，建立了层级负责制，责任到人，制度到位，形成了健全的管理机制。

> ● 案例
>
> **广弘公司对生猪活体疫病的防控工作**
>
> 按照商务部等相关部门要求，广弘公司高度重视生猪活体疫病的防控工作。①加强防疫，防患于未然。公司旗下的生猪活体储备基地是规模化的养殖场，对所有的生猪活体均采取预防接种措施，杜绝生猪疫情的发生。②严格消毒，规范饲养。无论从猪场整体环境到猪舍局部环境，从圈舍到每一头猪，从饲养人员到管理人员都严格消毒。饲养管理上，饲喂全价配合饲料，以保证猪的营养需要，增强猪体的抵抗力。③加强宣传，正确引导。储备基地场采用多种形式科学宣传防控生猪疫情有关知识。同时，广弘公司重点排查和整治不合格产品入库，不断完善和健全食品安全监管流程：①构筑严密的食品安全防范网络。②从源头上确保商品货源安全，推进实施入库商品索证制度。③成立广弘食品集团食品安全巡查小组。

（二）实施 NOSA 体系管理

NOSA 体系管理是南非国家职业安全协会于 1951 年创建的一种科学的、规范的职业安全卫生管理体系，该系统以风险管理为基础，强调人性化管理和持续改进的理念，目标是实现安全、健康、环保的综合风险管理。在国际上2000多个公司推行后，验证了其在减少人员伤亡、减少职业病和其他损失等方面是非常有效的和成功的，它为企业在风险因素控制上提供了一个优良的平台。近几年，省属企业的粤电集团注重NOSA体系与运行管理的融合，为企业实施先进的安全生产理念提供了很好的经验。

● 案例

粤电集团实施NOSA体系

粤电集团注重NOSA体系与运行管理的融合，积极开展风险评估工作，强化危险源控制和过程管理；严格执行"两票三制"，通过开展能效对标和小指标竞赛，优化机组运行方式，提高机组运行经济性；强化燃料管理，开展配煤掺烧，加强燃烧调整，建立入厂、入炉煤煤质预警机制，确保锅炉的稳定和经济运行。通过电厂生产实时信息系统SIS等信息技术平台，加强数据分析、趋势分析，充分掌握设备状态，发现和解决各类安全生产问题，确保机组的安全稳定运行。2011年，公司机组等效可用系数为91.20%，同比升高2.1%；机组非计划停运次数同比减少36台/次；共有44台机组实现全年无非计划停运，占机组总数的55%；最高单机连续安全运行时间达10416小时。

（三）积极推行"年度安全生产计划"

推行"年度安全生产计划"，标志着安全生产已经融入企业的日常管理活动。省属企业坚持贯彻执行"安全第一、预防为主"的安全生产方针，坚持"谁主管、谁负责和管生产必须管安全"的原则，更好地落实安全生产目标管理责任制，及时查出隐患，防止重大事故的发生。

如2011年广业公司首次推行"年度安全生产计划"，全方位地对下属企业进行安全生产监督管理，明确企业安全生产工作目标，重点工作内容，并对工作进行百分制考核。通过"年度安全生产计划"，协调企业生产与安全的关系，促进企业加强抓生产的同时必须抓好安全生产的工作力度，取得了良好的效果。广业公司连续两年实现"全年无重、特大事故发生，不发生责任死亡事故"的安全生产控制目标；下属一级企业南服总获广州市安全生产标准化达标证书；宏大公司广东明华机械有限公司韶关分公司安全生产标准化工作内审达到"二级"企业标准，如表10-2所示。

表10-2 广业公司各一级企业2011年度职工伤亡事故统计情况通报

企业名称	事故数（起）		死亡（起）		轻伤（起）		直接经济损失	
	2011年	2010年同期	2011年	2010年同期	2011年	2010年同期	金额（万元）	累计同比（%）
轻化集团	0	0	0	0	0	0	0	0
机械集团	0	0	0	0	0	0	0	0
环保集团	1	0	0	0	1	0	0	0
粤能集团	0	0	0	0	0	0	0	0
物流集团	0	0	0	0	0	0	0	0
广业香港	0	0	0	0	0	0	0	0
广咨集团	0	0	0	0	0	0	0	0

续表

企业名称	事故数（起）		死亡（起）		轻伤（起）		直接经济损失	
	2011年	2010年同期	2011年	2010年同期	2011年	2010年同期	金额（万元）	累计同比（%）
投资集团	0	0	0	0	0	0	0	0
南服总	0	0	0	0	0	0	0	0
置业公司	0	0	0	0	0	0	0	0
煤炭总	0	0	0	0	0	0	0	0
云硫集团	1	1	0	0	1	1	0	0
合计	2	1	0	0	2	1	0	0

资料来源：根据广业公司有关材料整理。

（四）通过安全生产保障重大社会活动的顺利进行

省属企业由于其政治地位的特殊性，产品生产的公益性，当社会上举办一些大型群体性活动时，往往需要省属企业承担一些责任，为活动提供产品或服务，同时保障活动的顺利进行，近年来省属企业承接了许多大型活动的开展，对这些活动的安全确保工作起到中坚作用。

● **案例**

粤电集团在"大运会"期间铸就"三零"防线保障供电

2011年7月17日，粤电集团承担"大运会"保电工作的深圳前湾电厂组织精干力量，经过近2个月的连续奋战，圆满完成了1号机组汽机叶片缺陷的抢修工作及2号机组B级检修149项检修项目，使机组设备以健康的状态投入"大运会"保电工作。同时，安全管理获得圆满成功。

（1）设备运行"零缺陷"。加强设备管理和技术监督，在保证广东地区电网科学调度的基础上，将大部分火电机组的检修调整到上半年进行，最大限度确保"大运会"期间电网可调度机组容量。开展"大运会"保电专项检查，杜绝安全隐患"死角"。

（2）员工操作"零差错"。主要涉及"大运会"电厂均制定了保供电技术措施，动员系统内电厂各岗位人员落实保电措施，确保安全生产。加强应急预案的演练，提升员工应对突发事件的处置能力。合理安排"大运会"期间生产值班人员，保证设备维护力量。结合"大运会"保电，组织各类技能竞赛、现场模拟演练活动，提升全员安全意识和技能水平。

（3）安全防护"零事故"。开展"防洪、防汛、防台、防震"工作和演练，提高应对自然灾害的应急处置和协调能力。加强"大运会"期间治安保卫和消防安全管理，切实保障电力设施安全。开展信息网络安全评估，制定应急预案，确保"大运会"期间网络与信息安全。

第三节 安全生产技术

安全生产技术的提高，更加有利于企业保障生产的安全。根据调研获知，省属企业在年度预算中专项列入安全生产预算，并逐步增加安全生产的投入，强化安全生产工作的资金保障；省属企业高度重视科学技术快速发展给安全生产带来的挑战和机遇。新产品、新工艺、新业态、新机制、新体制的研发、创新和改革，既给原有的安全生产管理技术和模式带来了新的挑战，又为推动安全生产协调发展创造了新的机遇；省属企业通过加大科技研发投入、提升核心竞争力、促进发展转型升级的同时，加大安全研发投入、提升安全保障能力、促进安全生产相应的转型升级。尤其注重加大新产品、新工艺研发在安全生产上的相应投入，加大先进的远程信息化事故隐患监控技术和装备的投入，加大安全生产应急救援体系的专业化、快速响应和高效化的投入，不断提升安全生产管理的信息化、科技化水平。

一、总体情况

（一）大力发展安全生产科技

调研获知，省属企业大力推进安全生产科技创新，加强科学管理，加大科技研发投入，积极开展重大基础理论和公益性、关键性技术的研发，推广安全可靠、先进适用的新技术、新工艺，努力改善安全生产条件，全面提升安全生产水平，促进安全发展。如广晟公司开展了多项安全生产实用技术的研究，以科技引导公司安全生产科学管理。近年来，广晟公司实施了安全科技研发与技术推广工程，完善安全生产目标考核体系，建立安全生产激励约束机制和安全生产事故应急预案，实现机构、编制、职责、人员、经费"五落实"，推进应急物资储备能力和队伍建设。广晟公司实行井下作业人员安全追踪管理，实现安全生产管理信息化。加强安全生产法规的教育学习和培训。2012年6月，代表广东省参加国家安全生产监督管理总局举办的"平安中国——《安全生产法》知识竞赛"获得第二名的好成绩。交通集团的"隧道施工安全监控和应急指挥系统研发与应用"和"驾驶员违章操作自动识别系统"已初步成型，其所带来的积极效果值得期待。客运车辆GPS监控及防疲劳驾驶中途强制休息电子围栏技术已全面铺开。

（二）重视安全技术自主创新

调研中发现，省属企业牢固树立创新观念，不断加强对安全科技工作的领导，鼓励自主创新，发展高新技术，创造有利于科技进步和科技人才施展才华的政策环境，实现把安全生产事业发展转移到依靠自主创新、科技进步和提高安全技术人员素质上来。比如，联合电子公司通过进一步加强核心技术研发创新，认真组织技术力量开展多义性路径、计重收费、ETC系统国标化等新课题的攻关，保持公路收费技术的可持续发展。公司还制订了收费系统安全升级防范方案，并在珠三角、粤东和粤西区域成功应用，汇总分析了全省65条路段共计600条收费车道的收费数据，为路段收费系统异常解决提供了较为真实全面数据。及时排解使用异常，积极推进关键设备和ETC系统的升级完善，稳步提高系统的稳定运行水平。在新技术攻关方面，联合电子公司先后完成了二义性路径收费、ETC车道国标化、计重收费等一系列公路核心技术课题的攻关工作，获得了国家发改委信息化试点授牌，申请得到国家发改委、省发改委、省经信委等部委配套资金支持500多万元。

二、实践亮点

(一)运用信息化手段构建安全体系

调研可知,省属企业信息化手段的运用对安全体系建设起到了很关键的作用,随着信息技术的发展,省属企业的生产服务过程很多方面都离不开信息化的管理,那么信息的安全也越来越受到重视。

如南方产权运用信息化手段构建安全、稳定、可靠的办公与业务运营环境:①公司办公地点建立技术防范监控系统,在重要区域和出入口安装了监控点,实行人防、技防、物防结合的全方位防控体系,既增强安全系数,又减少日常投入,把可能发生案件的概率控制在最低限度;②在网络安全和信息管理上,平台建立了完善的网络病毒防护系统、入侵检测系统、防火墙系统、网络行为监控系统、负载均衡系统、CA认证系统、用户集中管理系统等,保证了系统集群安全运行。

> ● 案例
> **广弘公司建设基于互联网技术的冷冻食品安全管理体系**
>
> 近年来,社会食品安全问题日益显著,已经成为了关系到国计民生的社会问题。为此,广弘公司积极探索以信息化物联网技术实现冷冻食品安全信息可追溯管理。经过努力,2011年3月,公司的冷冻食品溯源监控系统建设方案被广东省经信委列入《促进物联网发展建设智慧广东行动方案》。项目的实施将整体提升公司以"冷库+市场"为核心业务的冷链物流信息系统,完善公司在肉类食品供应领域中从生产产区、冷藏仓储、市场分拨到食品物流配送的食品安全监管流程,并运用高效快速的互联网技术和无线通信技术,实现冷冻肉类食品在流通过程中,全过程、全方位可溯源的数字化、网络化管理。一旦发生肉品质量问题,通过追溯系统可以很快地找到问题的源头,查处问题肉品的来源地区以及该批次肉品的仓储分布、市场分布等情况,迅速召回相关肉品,避免事故进一步扩大,将事故的影响减小到最低,在发生食品安全事件时可以追溯产品的上游供应链,追查产生质量问题的成因,避免事故再次发生,项目经济和社会效益显著。

(二)提高"科技兴安"能力

随着省属企业经济的快速发展和社会公众对安全问题的普遍关注,实施"科技兴安"战略,提高科技对安全生产贡献率的历史责任,落实到省属企业每一位安全科技工作者的身上。

航运集团大力推广安全生产科技成果,切实提高安全生产和管理的科技含量。粤兴船厂改造船坞、斗门港码头仓库扩建避免人货交叉作业、旅汽公司车辆安装GPS等,不断完善安全生产管理体系,船舶已实施的国际(SMS)、国内(NMS)安全管理体系一直保持有效运行,对船舶管理实行了体系化的系统管理。

● **案例**

交通集团的安全生产技术应用

交通集团开展多项安全生产实用技术的研究，以科技引导交通集团安全生产科学管理。"隧道施工安全监控和应急指挥系统研发与应用"和"驾驶员违章操作自动识别系统"已初步成型，其所带来的积极效果值得期待。客运车辆GPS监控及防疲劳驾驶中途强制休息电子围栏技术已全面铺开。

此外，交通集团作为试点，推广应用卫星定位汽车行驶记录仪，投资建设了"交通集团卫星定位汽车行驶安全监控平台"，基本实现了交通集团对所属运输企业所有运营车辆的实时监控和统一监管，有效预防和减少道路运输行车安全事故，该项工作多次受到省安监局的肯定和表扬。

第四节 应急管理系统构建

当前，我国正处在经济快速发展的关键时期，企业各种安全生产事故和各类突发事件时有发生，企业应急管理体制、机制、法制和应急救援队伍建设等方面还存在着薄弱环节，一些企业危险源的管理和隐患的排查工作还不到位，影响了企业安全生产和社会稳定。2003年7月，胡锦涛、温家宝在全国防治"非典"工作会议上，明确提出加快突发事件应急机制建设，提高政府应对公共危机的能力。党的十六届三中、四中、五中、六中全会都把加强应急管理工作，作为全面落实科学发展观、提高党的执政能力、构建社会主义和谐社会的重要任务，提出要求、做出部署。党的"十七大"报告明确提出要完善突发事件应急管理机制。

一、总体情况

（一）应急管理制度建设

调研中发现，近年来省属企业通过规范公司应急管理制度，提高应对风险和防范事故的能力，保障职工的安全健康和生命安全，最大限度地减少财产损失、环境损害和社会影响。如物资集团根据有关规定和要求，认真做好应急预案制定、修订工作，完善事故应急预案体系。2006年底，物资集团制订了《重特大安全事故灾害应急预案》。盐业集团通过制订《广东盐业应急预案》、《广东省盐业集团有限公司安全生产应急管理预案》、《广东省盐业集团有限公司重大食盐安全事故应急预案》、《广东省盐业集团有限公司突发事件综合应急预案》，构建了应急管理体系。中旅集团通过完成《集团公司重大事故紧急救援预案》编制并下发各企业实施，各企业对自身事故预案进行修改完善，使整个集团安全生产应急管理"横向到边、纵向到底"，形成了统一管理、分级负责，统一指挥、反应灵敏、协调有序、运转高效的安全生产应急管理机制。粤海控股不断完善应急管理体系的构建工作，由各部门制定了各种应急预案16个，用于日常工作管理，确保酒店安全。盐业集团结合企业在仓储、车辆运输、办公设备、办公地点等人员集中场所安全管理的需要，制定有关安全管理工作的制度机制，并将制度挂牌上墙，认真抓好执行和落实，努力从制度层面确保企业安全稳定。

(二) 应急管理体系不断完善

据了解，省属企业积极建立健全企业应急管理组织体系。企业应急管理体系建设要做到机构、人员、职责和工作条件四落实。省属企业根据企业实际出发，建设和完善应急救援体系。通过积极设置或明确应急管理领导机构和办事机构，配备专职或兼职人员，明确其工作职责，形成了企业主要领导全面负责、分管领导具体负责、有关部门分工负责、群团组织协助配合、相关人员参与的应急管理组织体系。特别是高危行业企业要设置或明确应急管理办事机构，配备专职或兼职人员开展应急管理工作，要在企业负责人的领导下组织开展自身应急管理工作。通过重点抓预案制订、应急体制和应急机制的建立完善工作，绝大部分企业制订了综合应急预案和各类专项应急预案，建立了应急指挥机构和应急救援队伍，事故应急救援体系基本建立。

省属企业的交通集团初步构建了由综合应急预案、专项应急预案和现场处置方案构成的、较为完善的集团安全生产应急预案体系，建立了集团安全生产应急专家库，依托长大公司等施工企业建立了3支兼职安全生产应急救援队，配备完善了以公路工程抢险为重点的各类应急救援装备，落实了相关应急物资储备。2011年，集团及下属单位共开展各类演练744次，参演人员达4万人次。

南方产权应急管理系统构建主要措施有：①结合公司实际情况，编制南方联合产权交易中心突发事件综合应急预案、南方产权办公区火灾应急预案、南方产权食物中毒应急预案；②成立以董事长为总指挥的突发事件应急指挥中心，强化与物业公司监控中心形成的快速响应联动机制；③以南方产权的物业管理公司应急救援队伍、救援装备及救援物资为依托，成立公司应急救援小分队。

机场集团则成立了安全管理体系（SMS）建设和航空安保管理体系（SeMS）建设工作领导小组，组建了安全管理体系和航空安保管理体系工作手册编写小组，并组织各机场公司不断推进建设工作进度。同时，进一步规范了各机场公司的安全管理和内保管理。

二、实践亮点

(一) 注重应急预案的管理和演练

有关资料显示，在应急管理系统构建中，省属企业尤其注重应急预案的管理。省属企业高度重视对预案的审查和管理，通过不断修改、完善各种综合应急预案和专项应急预案，确保预案的科学性、针对性、实效性和可操作性，保证了出现紧急情况时能够沉着应对，及时解决危机，避免了不必要的经济损失和社会矛盾的扩大，获得了良好的效果。

粤电集团共编制各类应急预案634个，成立了突发事故应急指挥部，加强重大保电工作、特殊时期的专项应急管理，形成了指挥顺畅、反应迅速、运作高效的应急机制，提升了公司保障公共安全和处置突发危急事件的能力。同时，高度重视应急培训及预案演练，根据预案有效、应对有力的总体要求，对突发事件的预防与应急准备、监测预警、应急处置、救援、事后恢复等的意识与能力进行强化培训，并及时对应急预案进行持续改进完善。2011年，粤电集团系统内各生产企业针对突发极端天气、自然灾害、火灾、环保、治安维稳、单机运行、大面积停电等多发、易发事故灾害，共组织应急演练、反事故演习219次。

物资集团公司也不断加强应急管理工作，2004年以来，物资集团加强对各单位预案编制工作的督促指导，认真审查二级公司上报备案的预案，目前已有18个二级公司共编制应急预案29份，而且健全了应急队伍，按照各自应急预案要求建立了义务消防队、抢险队伍，下属防火重点单位每年至少组织二次灭火或应急疏散预案演练，并与有关专业消防队建立合作、联动机制；其他单位每年组织一次演练，以演练带动训练，以训练学习实战，促进应急队伍的训练、管理工作。如下属省化工轻工总公司、省鱼珠林产集团公司、省燃料油库公司等重点单位这几年都分别与辖区消防大队等专业救援队伍举行过联合演习，提高了队伍的快速反应执行能力、应急救援能力、指挥能力和协同作战能力。

● 案例

水电集团的应急预案

水电集团很重视安全生产事故应急预案的发布、培训与演练工作。集团严格执行应急预案培训计划。结合生产经营情况，每年度都分阶段对各项目的安全生产应急预案的要点、响应程序等内容进行培训：

（1）4~9月，在多雨季节的汛期，重点进行防洪度汛应急预案、防台风应急预案和防触电应急预案等项目的培训。

（2）6月，结合"安全生产月"活动，开展以深基坑、高边坡施工坍塌应急预案的培训和食物中毒、起重吊装作业等项目应急预案管理的综合型培训。

（3）10~12月，是冬季少雨季节，各生产经营单位处在抢工期、赶任务的紧张阶段，重点抓好消防安全应急预案管理工作的培训和高处作业、隧洞开挖施工坍塌应急预案管理等项目的培训。

每年度应急演练计划：

（1）4~6月，水利水电工程施工项目开展防洪度汛演练；超过100人在职工食堂用餐的单位，开展食物中毒应急演练。

（2）5~8月，市政工程、房屋工程开展基坑坍塌应急演练和其他必要专项应急演练。

（3）6~10月，沿海地区及台风波及地区，开展防台风、防雷暴雨袭击演练。

（4）9~12月，开展消防演练及其他专项的演练。

（5）各生产经营单位根据施工进度，自行安排脚手架坍塌和平台倒塌事故、高处坠落事故、触电事故等应急演练。

（二）注重应急管理构建的系统化

调研发现，省属企业按照国家安全生产应急管理工作的总体部署要求和上级主管部门有关安全生产应急管理工作规定，结合本单位实际构建应急管理系统，如设立应急中心总指挥、建立各级部门安全管理体系、成立安全管理专家组等措施，使得企业的安全管理体系日趋完善，并积极开展一系列安全生产应急管理工作和活动,取得了较好的明显效果。

水电集团从应急管理的组织机构和职责作了系统而又全面的安排。集团成立应急管理指挥中心。由集团法人任应急中心总指挥,集团总经理和集团分管安全副总经理任应急中心副指挥,集团应急管理中心下设各有关工作管理部门,分别承担相应的应急管理工作职责和义务。如办公室负责应对办公区火灾事故类和公共卫生事故类;工程管理部门负责应对自然灾害及常规生产安全事故类;机电物资部门负责应对交通、设备事故及电力、电气事故类;人力资源部门负责应急救援人员应急培训、应急救援、人力资源调配,确保应急救援人员的需要。同时根据实际需要组成专家组,负责评审和论证各生产经营单位提交的应急预案,为应急管理提供决策咨询和建议,必要时直接参加事故的应急处置工作。通过健全机构和人力、物资等资源配备,水电集团不断完善应急管理体系。

> ● **案例**
>
> ### 铁投集团的安全生产应急管理建设
>
> 为加强安全生产应急管理建设,及时修改、完善了《安全生产综合应急预案》,调整了应急管理机构,健全了安全生产应急管理体系。综交院也及时制订了《广东省综合交通勘察设计院有限公司安全生产应急预案》(暂行版)、《测量队安全生产操作规程及防汛、防台遇险应急预案》等制度,成立了应急管理机构,初步建立了应急管理体系;省铁公司对其安全生产应急管理制度再次进行了全面梳理,对应急预案再次进行了认真研究,补充、完善了相关内容;地铁公司对其安全生产事故灾害应急救援预案进行了修订和完善,同时开展了机车起复、车辆溜逸预案演练和消防安全演练等多项练兵活动,安全生产应急救援水平得到了提高;航盛公司完善了安全生产应急指挥工作体系,修订了《灾害事故应急救援预案》、《防洪防汛应急救援预案》,应急预案在可操作性方面比以前有明显提高,相关部门、人员职责更为明确,同时开展了不同形式的多种演练(如水上突发事件应急演练、消防演练、隧道突泥突水演练等),通过演练,确实提高了安全生产管理人员与作业人员的应急处置能力和应急救援能力。总之,集团管理内部通过加强应急管理体系建设,着实提高了整体安全生产应急救援水平,进一步夯实了安全生产基础。

本章小结

本章从安全生产意识、应急管理系统构建、安全生产管理和安全生产技术四个方面对广东省属企业履行安全生产责任的实践活动进行了描述。在安全生产意识方面,广东省属企业首先从领导层面就高度重视安全生产,通过安全生产培训、完善安全管理体系建设和多方面实施安全生产投入,取得了良好的安全生产绩效。在安全生产过程方面,广东省属企业的主要做法体现在对安全生产文化的建设、严格履行安全生产检查,以此不断提高安全生产绩效。主要亮点是完善产品安全管理、实施安全体系管理。在安全生产技术方面,广东省属企业的主要做法包括大力发展安全生产科技和加强技术攻关,重视自主创新。广东省属企业针对应急管理系统构建的责任主要表现在对应急管理制度的建设和应急管理体系的完善,主要亮点体现在注重应急管理预案的制定和演练。

第十一章 广东省属企业履行员工权益保护责任的实践与探索

从历史的角度看,企业的社会责任问题首先起源于外部社会对企业内部保护劳工合法权益的要求和压力。[①]如今劳工权益问题已成为一个国际性问题,也是企业承担社会责任的一项重要内容。保护企业员工合法权益,是落实十八大精神、保障和改善民生、保护劳动者权益的具体体现,同时也是深化国企改革的现实需要,是建设新型劳动关系、构建和谐社会的重要举措。因此,要积极引导省属企业履行社会责任,依法保障省属企业员工的合法权益。员工是省属企业赖以生存和发展的基本要素,是省属企业最重要的利益相关方,是省属企业社会责任实践的主体。

第一节 履行劳动合同

1995年1月1日开始施行的《中华人民共和国劳动法》明确规定劳动合同是劳动者与用人单位确立劳动关系、明确双方权利和义务的协议。建立劳动关系应当订立劳动合同。2008年1月1日起施行的《中华人民共和国劳动合同法》规定用人单位自用工之日起即与劳动者建立劳动关系,用人单位应当建立职工名册备查。

一、总体情况

据有关资料显示,2011年,省属监管企业年末从业人数为256887人,年末职工人数为238223人,为社会提供充分的就业机会。课题组调研发现,省属企业认真贯彻落实《中华人民共和国劳动合同法》,依法与劳动者签订劳动合同,企业劳动合同签订率达到100%。省属企业从规范劳动合同管理、按时足额缴纳社会保险以及建立劳动调解机制等方面依法履行劳动合同。

(一)规范劳动合同管理

省属企业在保护员工权益方面,首先从规范劳动合同的管理着手,明确用人单位与劳动者的权利义务关系。自《劳动合同法》实施以来,各省属企业人事部门和工会组织通过讲座、宣传栏、网

[①] 李雪平. 企业社会责任国际法律问题研究. 中国人民大学出版社,2011.

站等各种渠道向员工进行宣传、展开培训，使员工对相关法律法规的内容有较深入的了解，劳动法律意识得到明显加强。省属企业就劳动报酬、工作时间、休息休假、劳动安全卫生、保险福利等事项，与员工签订集体合同，并把集体合同草案提交职工代表大会或者全体职工讨论通过，保障广大员工的利益。根据调研资料显示，省属企业禁止使用童工，严格执行最低工资标准，遵守国家实行劳动者每日工作时间不超过8小时、平均每周工作时间不超过44小时的工时制度。此外，省属企业结合企业自身实际情况，均在遵守相关法律法规的基础上制定公司的劳动合同管理制度。一些企业制定了《全员劳动合同制办法》，规定所有进入公司工作的员工，均与其签订劳动合同。2008年实施《中华人民共和国劳动合同法》，各企业及时印发《关于认真贯彻实施〈劳动合同法〉的通知》，并根据《劳动合同法》的规定进一步修改完善公司用工制度，印发《劳动合同管理办法》，完善企业劳动管理制度，规范企业用工管理。这些劳动合同管理制度从员工招聘、管理、使用，以及职业健康、劳动安全、福利待遇等各方面对员工所享有的权利和义务做了规定。这些配套制度调整了企业用工行为，理顺了用人单位和劳动者之间的劳动关系。同时，省属企业在改制过程中能妥善处理改制前的劳动合同关系，尽最大努力保障员工权益。

（二）足额缴纳社会保险

社会保险是国家依法建立的保障劳动者在年老、患病、工伤、失业、生育等情况下获得帮助和补偿的制度。调研资料显示，省属企业按相关法律法规为与企业建立劳动关系的员工按时足额缴纳"五险一金"等社会保险福利项目，缴纳险种包括养老保险、医疗保险、生育保险、失业保险、工伤保险，以及缴纳住房公积金。有条件的省属企业还充分让员工分享企业经营成果。截至2011年12月，交通集团共有67家单位18927名员工参加了企业年金计划。广东联合电子服务股份有限公司在依法参加社会养老保险的基础上，与工会集体协商，实施了公司企业年金管理办法，签订了集体合同，最大限度地保障了员工利益。通过对公司关键技术岗位、特殊岗位、长期在艰苦环境工作的一线岗位给予专项补贴，不断激发员工的创新意识和工作热情，充分调动了广大员工的积极性。水电集团规定凡是与集团或股份公司签订劳动合同的，都按规定为劳动者缴纳社会保险，从2011年起为临时合同工缴纳了住房公积金，切实保护职工合法权益。此外，南方联合产权交易中心、航运集团、建工集团、商业集团等企业实施企业年金制度。

（三）建立劳动调解机制

劳动调解制度是一种独立的劳动纠纷解决机制，是化解劳动纠纷的重要途径。它通过劝导、建议和调解等方法促使用人单位和劳动者相互谅解，平衡用人单位、劳动者等各方利益，最大限度地消除劳动矛盾。独立的劳动调解制度在协调劳动双方当事人利益、平息劳动争议、促进和谐劳动关系的建立方面发挥着极为重要的作用。各级政府劳动监察部门，依法对用人单位和劳动者签订和履行劳动合同的情况进行监察；完善劳动争议仲裁制度，依法处理劳动争议。课题组在调研中发现，省属企业在贯彻实施《中华人民共和国劳动法》的过程中，依法建立劳动争议调解组织机构，坚持"预防为主、基层为主、调解为主"的原则，发挥工会在协商解决劳动纠纷中的作用，企业管理部门经常组织相关人员深入基层，了解员工的思想动态和合理要求，及时化解劳动纠纷。省属企业坚持进行劳动人事方面的检查监督，加强劳动监察和维权工作。一些企业推行网络化管理，强化劳动保障监察执法力度，依法做好专项检查和举报投诉案件查处工作，切实维护劳动者合法权益，完善保障机制，依法建立稳定和谐的劳动关系。例如，商业集团平息下属企业劳动争议。2008年上半年，商业集团属下广东恒晟商贸实业发展有限公司华南文体用品市场曾发生劳动争议和集体诉求，涉及48名员工。商业集团领导班子高度重视，亲自指挥解决纠纷，经过两个多月的艰苦努力调解，全部员工签署了《补偿协议书》，支付经济补偿金100多万元，化解了矛盾，平息了事态，在维护企业和社会稳定的同时维护了职工的合法权益。2010年5月，省劳动监察部门对该集团下属5家企业的劳动用工情况进行了检查，没有发现违法违规现象。此外，交通集团高度重视劳务工权益受侵犯时的协调处理，建立专门的调解机制，及时协调有关部门和单位化解矛盾。2011年，交通集团认真履行项目业主单位的责任，协调处理了7起劳务工集体上访事件，在保护劳务工权益的同时，维护了社会的稳定。

二、实践亮点

调研发现，省属企业在履行劳动合同，按时足额为员工缴纳社会保险，维护与其有劳动关系的员工权益之外，还关注农民工权益，采取措施保证农民工工资按时发放；有些企业因装修停业仍然妥善安排员工，为社会和谐作出了贡献。

（一）切实维护农民工权益

省属企业为外来农民工提供大量就业岗位，其管理问题也同样是省属企业关注的重点。据第六次全国人口普查资料测算，2010年广东省农民工总量为2635.89万人，分别占全国农民工总量和广东省常住人口的10.9%和25.3%。与2000年末相比，广东省农民工增加961.83万人，增长57.5%，在广东农民工总量中，外省农民工为1710.03万人，省内农民工为925.86万人，分别比2000年末增加584.88万人和376.95万人，增长了52.0%和68.7%，省内农民工的增速比省外农民工高16.7个百分点。从农民工结构上看，省内农民工占农民工总量比重由2000年的32.8%上升到2010年的35.1%，上升2.3个百分点；外省农民工所占的比重则由67.2%下降为64.9%。10年间，广东常住人口增加1788.31万人，其中外省人口增加643.39万人，且90.9%是来自农村的农民工。[1] 从2000年第五次全国人口普查开始，广东流动人口及其中农民工总量均居全国首位。

调研资料显示，省属企业注重以人为本，切实维护农民工的切身利益，采取积极有效的措施规范农民工管理，从制度法规上切实保障农民工的合法权益；依法为农民工办理养老保险、工伤保险等社会保险，落实农民工的各项待遇。为提高农民工的业务素质，增强安全生产意识，对农民工全部进行岗前安全技能培训，加强对农民工的安全管理，切实维护农民工的人身安全。

---

[1] 夏凌燕. 广东省农民工问题研究. 数据，2011（12）.

> ● **案例**
>
> **建工集团确保农民工工资按时足额发放**
>
> 为确保农民工工资按时足额发放,建工集团认真贯彻执行《广州市建筑施工企业工人工资支付保证金管理办法》,开立了银行专用存款账户,并预支规定比例的资金存入该账户,用于保障依法按时支付工人的工资。同时,还制定了《农民工工资支付管理暂行规定》,明确所属各单位一把手和分管生产的副总经理分别是落实农民工工资支付管理的第一责任人和直接责任人,并要求各施工项目设定了"工资准备金"。集团多年来未出现拖欠农民工工资问题。建工集团所属各单位将农民工工资支付管理作为项目管理承包的考核内容之一,在签订工程施工合同时必须明确农民工工资支付责任、工资支付办法及违约责任,有关部门定期对农民工工资发放进行监督检查,及时排除其工程项目存在的分包合作单位拖欠工资隐患。由建工集团自行组织工人进行劳务作业的工程,所属各单位或直管项目部必须向农民工本人提供工资支付清单,并将工资直接发放给农民工本人,发放时需要核对本人身份证,由本人签名、按手印,有的项目部还做全程录像记录,有的把签收工资清单上墙公示。由具备用工主体资格的分包合作单位自己发工资的,依法制定工资分配办法交给项目部存档备案,发现违规行为,立即予以纠正,分包合作单位凡有不按时发放农民工工资的,分公司或直管项目部可按分包合同的有关条款先垫付欠发的农民工工资,并从工程款中抵扣。项目部工会组织在逢年过节重点监督检查农民工工资的发放情况,确保农民工工资及时、足额发放。

(二)注重制度管理与情感管理相结合

课题组在调研中发现,省属企业在员工管理方面,越来越注重劳动合同制度管理与员工情感管理相结合。省属企业在劳动合同管理方面规范,尊重员工,依法为员工缴纳相关社会保险;企业依法建立用工管理方面的规章制度,在人力资源管理方面依法规范,坚持以人为本,实施以制度管理员工的精细化管理模式。省属企业在用工制度方面,坚持从源头上规范用工,履行社会责任,使广大员工实现体面劳动,有尊严地工作和生活。此外,省属企业在合同管理之外还注重对员工管理的情感投入,如白天鹅宾馆在进行更新改造工程时期采取各种措施妥善安排员工。为增强企业竞争力,经省国资委批准,白天鹅宾馆进行更新改造工程。在停业改造期间,白天鹅宾馆本着"以人为本"理念,既考虑企业发展储备人才需要,又充分尊重员工个人意愿,制定停业期间人员安排和薪酬发放办法,采取以下五种办法对员工进行安排:留守岗位、全脱产培训、外派其他管理项目、离岗退养、停工休假。同时,做到不减薪、不裁员。该方案实施后,宾馆各项工作平稳过渡,企业和谐稳定。由此可见,情感投入的直接受益是密切企业中员工与员工、员工与企业的感情关系,增强员工的归属感,树立群体精神,激发和调动全体员工的积极性、主动性和创造性。

● **案例**

白天鹅宾馆集团加强劳务用工管理

白天鹅宾馆集团的劳务派遣用工主要集中在广州白天鹅酒店管理公司及广州白天鹅物业管理有限公司的在管项目上，劳务派遣单位为广东新广国际人力资源有限公司。对于劳务派遣人员的使用和管理，用工单位和劳务派遣单位严格按照有关劳动法律、法规的要求，从以下几方面切实保障劳务派遣人员的合法权益：一是严格按照《劳动法》和《劳动合同法》的有关规定签订劳动合同，并依法履行；二是劳务派遣人员的福利、薪酬待遇与从事相同岗位的员工同工同酬，依法缴纳五险一金，并及时支付法定的各种津贴；三是与劳务派遣单位依法签订劳务派遣协议，双方均严格执行。

（三）处理改制中劳动关系问题

调研资料显示，省属企业在改制过程中，严格遵守《中共中央、国务院关于进一步做好下岗失业人员再就业工作的通知》、《关于国有大中型企业主辅分离辅业改制分流安置富余人员的实施办法》、《关于国有大中型企业主辅分离辅业改制分流安置富余人员的劳动关系处理办法》的相关规定，采取以下措施规范劳动关系：

（1）对从原主体企业分流进入改制企业的富余人员，由原主体企业与其变更或解除劳动合同，并由改制企业与其变更或重新签订固定期限的劳动合同。

（2）对分流进入改制为非国有法人控股企业的富余人员，原主体企业依法与其解除劳动合同，并支付经济补偿金。职工个人所得经济补偿金，可在自愿的基础上转为改制企业的等价股权或债权。

（3）对分流进入改制为国有法人控股企业的富余人员，原主体企业和改制企业按国家规定与其变更劳动合同，用工主体由原主体企业变更为改制企业，企业改制前后职工的工作年限合并计算。

（4）改制企业及时为职工接续养老、失业、医疗等各项社会保险关系。省属企业在改制的过程中，担负起其应承担的社会责任，维护职工权益，对改制后劳动关系的延续问题给予足够的重视。

● **案例**

商业集团改制过程中妥善处理劳动合同问题

商业集团在推进下属企业改制的过程中，集团领导班子坚持把维护员工利益作为一项重要工作来抓，明确提出：改制为国有控股企业的，改制后企业继续履行改制前企业与留用员工签订的劳动合同；改制为非国有控股企业或者国有股完全退出企业的，要严格按照政策规定处理好改制后企业与员工的劳动关系，明确要求新的第一大股东要负责接收留用企业现有员工并履行原劳动合同至期满。

第二节 创造平等发展机会

在 ISO26000 标准语境下,员工的发展包括两个层次的含义:①通过提升员工的能力和技能来扩大其选择范围的过程,从而使所有的男女员工都能过上健康的生活、增长见识且享有体面的生活水平;②保证个人获得政治、经济和社会方面的机会,以便成为创新型和具有高生产率的人才,以及享有自尊及获得社区归属感和对社会作出贡献的成就感。① 在市场经济条件下,我国应该坚持社会公平正义,创造平等发展机会,逐步建立以权利公平、规则公平、机会公平和分配公平等为主要内容的社会公平保障体系。在保障公民权利公平和社会规则公平的情况下,机会公平是制约社会发展的重要因素之一,也是解决社会公平问题的关键。具体到企业中,机会公平的主要内涵是着力促进员工平等并创造条件使员工获得发展机会,员工的平等发展机会主要包括:杜绝各种歧视,保障男女同工同酬;消除一切形式的强迫或强制劳动;公平的考核制度及平等的职业发展机会。

一、总体情况

课题组在调研中发现,省属企业坚持公平原则,加强教育培训、人力资源的开发、提高劳动者素质等,提高员工个体在发展过程中的竞争资本,为员工创造平等发展机会。

(一) 杜绝各种歧视

省属企业遵守法律法规,杜绝种族、肤色、性别、宗教、政见、国籍、社会地位、年龄、地域、户籍等各类歧视,保障男女同工同酬,确保职工就业公平、有序竞争,不以性别为基础确定报酬标准。在省属企业中,劳动者就业,不因民族、种族、性别、宗教信仰不同而受歧视。省属企业在录用职工时,保障女员工享有与男员工平等的就业权利。除国家规定的不适合妇女的工种或者岗位外,不以性别为由拒绝录用妇女或者提高对妇女的录用标准。在工资分配上,遵循按劳分配原则,实行男女同工同酬。企业保障男女同工同酬是基于性别上的不歧视,即男女平等,同工同酬意味着同等价值的劳动应当得到同等的报酬。保障男女同工同酬是要求企业不以性别为基础确定工资或者报酬的标准,在确立男女员工机会均等的基础上给予平等待遇,这是企业尊重人权、履行社会责任的重要内容。

此外,调研资料显示,省属企业严格执行《劳动法》、《残疾人保障法》等法律,主动增加就业岗位,为职工家属中有残疾的人士安排工作,购买各项社会保险。例如,水电集团近几年已安排近 20 位残疾人就业,减轻了职工家属的负担,切实履行了社会责任。

---

① 李伟阳,肖红军. ISO26000 的逻辑——社会责任国际标准深层解读. 经济管理出版社,2011.

（二）提供平等的职业发展机会

课题组在调研中发现，省属企业在职工的招用、聘用、转正、晋级、职称评定、劳动保险等方面严格执行《劳动法》、《妇女权益保护法》等法律、法规中关于为员工提供平等职业发展机会的规定。省属企业为员工提供平等的职业发展机会，坚持"公开、公平、公正"的原则，完善公开竞聘制度，使有能力的员工通过公平竞争得以晋升，实现企业内部人力资源的优化，不断提高员工的积极性和创造力。在干部选拔方面，坚持民主推荐、民主测评、组织考察、党委会集体研究等规范程序做好干部选拔工作，取得较好的效果。物资集团人才选拔制度值得其他省属企业借鉴。物资集团始终坚持以人为本，注重人才的吸纳、培养、选拔和使用。在人才的吸纳上，坚持用"事业、待遇、感情、制度"来吸引人才、留住人才。为优秀人才搭建施展才华的平台，给为企业做出重大贡献的突出人才以优厚待遇；帮助优秀人才营造积极向上、团结和谐的人际关系和工作环境，建立一整套适合企业特点的选人用人机制。在人才的选拔上，坚持"不唯学历、不唯资历、注重德才、注重业绩"、"能者上，平者让，劣者汰"和"公开、平等、竞争、择优"的原则，不拘一格选拔任用干部。努力形成"以行动书写人生，以绩效体现价值"的企业价值观。在人才的使用上，努力做到人尽其才，才尽其用。在人才的培育上，采用多种形式，全面提高人才队伍的综合素质。要求各级管理者树立"培养下属就是提拔自己"的育人观，让每一位员工都能充分发挥自己的聪明才智，从而建立一支敬业奉献、团结拼搏、开拓创新的团队。

（三）公平的考核制度

人力资源是企业最重要的资源之一，拥有高素质人才是企业可持续发展的关键。实践证明，履行社会责任的企业往往能吸引更多优秀人才，企业能可持续发展。而公开、公平、公正的人力资源考核制度是企业的无形资产，有助于企业成功招聘并留住优秀人才，更有助于企业树立良好的企业形象和获得长期的回报。调研资料显示，省属企业根据相关法律法规，结合各企业具体情况，制定薪酬管理办法，遵循"按岗定薪，动态管理"的分配原则，以劳动岗位、劳动责任、劳动技能、劳动强度等劳动要素评价为基础，建立以绩效为导向的差异化薪酬分配机制，按时足额发放员工各项收入，提升激励作用。不少企业以建立市场化的薪酬制度为目标，制定了集团管理部门和下属公司的薪酬考核办法，并在实施的过程中广泛征集修订意见加以完善，提高薪酬体系的内部激励作用和外部竞争力，形成总收入和职位等级与企业经营业绩挂钩的分配方式。努力完善员工绩效考核制度，激发员工积极性。如丝纺集团对管理部门员工设置了以工作计划考核为主、"360度考核"为辅的指标体系，严格考核和评价；考核得分作为确定员工薪酬、职级调整的依据，确保员工队伍处于持续优化状态。对子集团子公司绩效考核制度主要建立了以资产规模、净利润等为指标的量化模型，通过公开打分，使薪酬总额体现效率优先、兼顾公平的原则。该集团按照国务院国资"双控"原则，严格控制工资总额、严格控制工资增长水平，调节过高收入，增加一线员工收入，缩小收入差距。

二、实践亮点

(一) 关注女性员工成长和发展

调研发现,省属企业在员工招聘、雇用、晋升等环节,严禁因种族、肤色、年龄、性别、国籍等与企业无关的因素而对求职者和员工差别对待。一些集团公司的女性员工数量占到总人数的30%以上,女性员工广泛分布在不同层级不同类别的岗位上。集团公司中高层中有杰出的女性管理者,女性员工对企业的稳定和可持续发展做出了重大的贡献。截至2011年,广业公司女性员工中有1人被授予"全国五一劳动奖章",1人被评为全国妇联"先进工作者",1人被评为国家部委"工会先进工作者",1人被评为"广东省工业工会先进工作者",1人被评为"广东省优秀组工干部"。2个集体获评"广东省总工会工业工会女职工工作先进单位"。该公司还为省属兄弟单位输送1名女性总经理。

> **● 案例**
>
> **粤电集团关注女职工的成长和发展**
>
> 截至2011年底,粤电集团在岗员工总数12709人,其中女性员工占24.12%,35岁以下员工3997人,占总员工数的31.45%。女性管理人员占管理人员总数的28%。集团重视女职工工作,关注女职工的成长和发展,女职工特殊权益得到保证,组织女职工开展"粤电建功立业女能手"和"粤电女职工文明示范岗"活动;继续办好《粤电女工》,以电子杂志的形式反映当前女职工工作重点、粤电女性风采和多姿多彩的文体生活,为女职工提供互相学习、交流感情的平台;开展特色女职工活动,提升女职工素质,增强女职工组织凝聚力。

调研发现,省属企业严格遵守女职工特殊权益保障法,一些企业在各级工会组织中建立了女工委员会。女工委员会依据《女职工特殊权益保障法》,积极维护女职工的合法权益,定期召开女工座谈会,交流工作经验,反映女工要求和意见,关注女职工在工作和生活中遇到的问题,改善女职工的劳动环境和劳动条件,落实女职工孕产期、哺乳期休假规定及定期健康体检制度,规定了女职工在结婚、怀孕、生育、哺乳、晋升、专业技术职称评定和享受其他权益方面,做到男女平等,确保了女职工的权益。2012年8月,广东省广晟资产经营有限公司工会女工委员会成立。在成立大会上选举产生了公司工会女工委员会主任、副主任,组织属下有关企业进行了女工工作经验交流,交流内容包括女工组织建设、维护女工权益、开展巾帼建功、帮扶帮困以及创新思维、创新载体等方面,与会女工委员还介绍了结合所在企业实际、有鲜明特色的工作方法。女工委员们均表示要向这些单位学习好的做法和经验,取长补短,结合各自单位的实际创新工作,取得更好的成效。在设立女工委员会的省属企业中,其女工委员会的工作机制如图11-1所示。

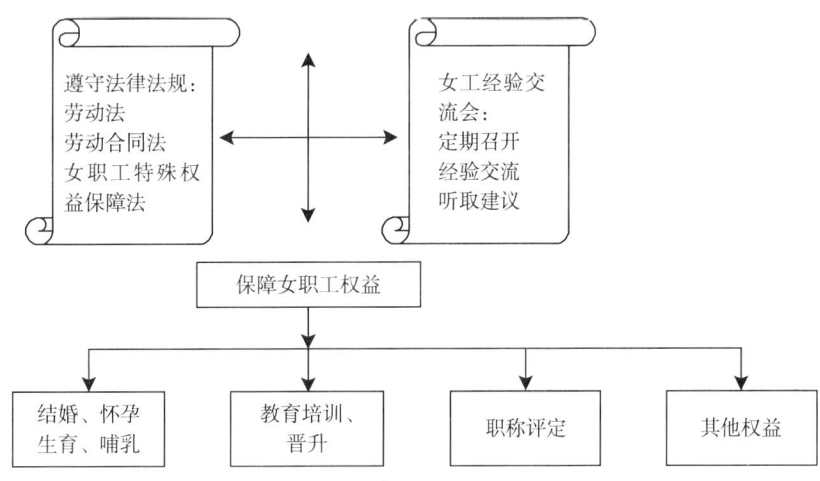

图 11-1 女工委员会工作机制

资料来源：中国远洋集团总公司 2010 年、2011 年可持续发展报告，并结合省属企业调研资料整理而成。

（二）创新薪酬管理机制

在省属企业的发展战略中，薪酬管理是企业战略管理的一个重要环节，薪酬管理制度在企业管理中所起的作用愈益重要，是保障省属企业实现战略目标的工具之一，创新薪酬管理是省属企业战略管理和管理制度创新的重要组成部分。薪酬是劳动者工作应得的报酬，是促使员工为企业尽责的重要动力来源之一，薪酬管理制度的优劣对员工工作积极性有着决定性影响。在对人才的争夺中，仅有直接的经济报酬已经难以吸引优秀人才，企业支付给员工的报酬应该包括必要的非经济报酬。省属企业致力于创新薪酬管理机制，提升企业管理水平。2011 年，粤电集团加大创新力度，深化企业内部改革，实现思维观念创新、体制创新和组织模式创新的转变，提升企业管理水平。人力资源管理效能不断提升。编制了集团"十二五"人才发展规划，推进员工职业生涯规划，探索建立与个人绩效和职业生涯相适应的薪酬制度，让员工共享企业改革发展的成果。管理体制和创新体制不断完善。设立经营管理部、重组资本运营与法律事务部，重新定位信息中心，完善人力资源、安全生产、经营管理、法人治理等制度体系，推进企业自主创新，集团共有 14 项管理成果获得 2011 年度全国电力行业企业管理创新成果奖。信息化建设初见成效，粤电商务网荣获电力行业"十一五"信息化创新成果奖。

调研资料显示，省属企业通过薪酬制度中的绩效考核和激励制度，向员工表明企业追求的目标，有效地影响员工的行为和态度。而员工的行为和态度，又反过来影响企业战略目标的实施。省属企业的管理者更加注重利用薪酬和福利管理对员工内在价值和创造力的挖掘。例如广弘公司将员工的培训和开发投入与薪酬管理结合起来，增加带薪休假制度，推广宽带薪酬制度等。该公司根据省国资委的要求，按照市场化、效益导向、合理调控与自主分配相结合的原则，实施工资总额管理。通过综合考虑企业经营情况、职工工资水平、社会平均工资水平、工资指导线等因素，科学确定工资增长幅度。公司本部按照"效率优先、兼顾公平"和"激励与约束相统一"的原则，实行以职务为基础、以能力和业绩为导向的宽带薪酬制度，并将基本工资与所在市上年度职工平均工资挂钩，形成良性的工资增长机制。在职工福利方面，该公司按照《职工带薪年休假条例》、《企业职工带薪年休假实施办法》、《广东省企业职工假期待遇死亡抚恤待遇暂行规定》等文件规定，让职工依法享受带薪年假、婚假（晚婚假）、产假（看护假）、丧假等假期。同时，按规定为职工发放高温补贴等津贴补贴，切实保障职工合法权益得到落实。宽带薪酬制度的推广，使企业员工的工作更具有挑战性、趣味性、成就感和责任感；为员工创造舒适的工作条件和灵活的工作时间；等等。

> **● 案例**
>
> **中旅集团人才强企**
>
> 中旅集团注重人才培养，从以下方面着手不断优化员工队伍素质：
>
> （1）始终坚持党管干部原则，积极推进企业中层领导人员选拔任用的制度化、规范化、程序化建设。坚持"德才兼备、群众公认、注重实绩"的选拔标准，坚持民主推荐、民主测评、组织考察、党委会集体研究程序，公平、公正地开展好选人用人工作，树立正确的用人导向，不断提高选人用人公信度，取得了较好的效果。
>
> （2）拓宽选人用人渠道，公开招聘企业发展急需的专业人才，充实企业人才队伍。对管理发展部总经理、中旅股份董事会秘书及重大项目专业人才等高级管理岗位已通过调入和招聘的方式广纳贤才。
>
> （3）有计划、有步骤、肯投入推进两级班子梯队建设。近几年，从本部到投资控股企业，进入二级班子45岁以下的成员，均由企业出资在职参加高等院校的更高学历深造。目前，集团有高级工程师、高级经济师、高级会计师、注册税务师、注册评估师等20多人。

（三）维护农民工的发展权

调研组发现，省属企业不仅为企业职工提供平等的发展机会，一些企业还为农民工创造发展平台，不少优秀的农民工成长为企业的正式合同工。

在省属企业的工程项目中，有大量农民工就业。其中绝大部分农民工属于劳务工性质，其文化程度相对较低，欠缺必要的劳动技能。根据统计资料显示，在广东省的农民工中，未接受过教育占0.4%，小学文化程度占11.0%，初中文化程度占67.8%，高中文化程度占17.5%，大专文化程度占2.6%，本科以上文化程度占0.7%。从分年龄组看，低年龄组农民工中高学历比例要明显高于高年龄组，30岁以下各年龄组接受过高中及以上教育的比例为27.1%，其中，21~25岁年龄组接受过高中及以上教育的比例达到30.4%。2010年，广东农村外出务工人员人均从业总收入为15108元，比同期城镇单位在岗职工平均工资（40358元）低25250元，比城镇私营单位平均工资（22633元）低7525元。[①]农民工工资水平与物价和生活消费水平的提高不成比例，与社会平均工资的差距不断扩大，工资收入偏低导致农民工幸福感下降。针对上述问题，省属企业采取各种措施，拓宽农民工发展平台，增强其就业竞争能力，维护其发展权。

---

① 夏凌燕. 广东省农民工问题研究. 数据，2011（12）.

● **案例**

建工集团为农民工提供发展平台

多年来,建工集团积极组织焊工、车工、钳工和铣工以及建筑四大工种参加广东省职工职业技能大赛,并取得了较好的成绩。集团作为省的职工技能比赛的赛区,成功举办了高级电工、高级焊工和电子计算机高级操作员比赛。这里面不乏农民工的身影,在这个平台上,不少优秀的农民工成长为集团的正式合同工。可以说,农民工业余学校、劳动竞赛、技能竞赛较好地维护了农民工的"学习权"和"发展权"。

第三节 加强职业教育

职业培训教育是企业员工应享有的经济权利之一,也是提高员工技能的重要途径。企业中员工的发展与培训权利的核心是要通过对工作场所中的社会问题坚持高标准和高水平的政策和倡议,如反对歧视、平衡家庭责任、促进健康和福利,以及增强工作场所的多样性等来促进员工的发展。其中,特别要求企业应关注提升员工的就业能力,包括:在平等和非歧视的基础上,在所有员工工作经历的各个阶段,向其提供技能开发、培训和学徒及获得职业晋升的机会;确保必要时被裁员的员工获得接受再就业、培训和咨询方面的帮助;制订劳资联合计划来促进健康和福利。[①]因此,加强员工职业教育是重要的劳工实践议题,企业重视员工的职业或技能培训,既可以保障员工的职业培训的权利,又可以通过提高员工的工作技能来提高产品或服务的质量,继而增强企业的活力和发展潜力,增强企业的市场竞争力。

一、总体情况

调研资料显示,省属企业坚持"优秀的企业造就优秀的人才,优秀的人才成就优秀的企业"的人才理念,把增强员工的未来生存发展能力作为对员工最大的关爱,把职业培训教育作为对员工最好的奖励,启动了一系列人才开发规划,逐步建立和完善了公平公正公开的人才选拔机制、科学的评价考核机制、系统高效的培训机制、合理的薪酬分配机制和严格的监督约束机制。

调研资料显示,省属企业重视员工职业生涯发展,把员工个人职业发展需求与企业发展予以统筹。通过建立公平、公开、公正的人才选聘机制,提供多元化的培养渠道,建立以学历与实际工作能力相结合的用人机制,建立以工作绩效为评价标准的考核体系等,鼓励员工全面提升自身的综合能力。省属企业注重建立职业教育制度规范,根据企业战略发展规划和年度目标制订培训计划,组

---

① 李伟阳,肖红军. ISO26000的逻辑——社会责任国际标准深层解读. 经济管理出版社,2011.

织员工进行劳动法规、职业健康安全、管理知识和生产技能等方面的培训教育。为保证培训教育的经费支持，各企业按有关规定按时足额提取职工教育经费，对从业人员技术素质要求高、培训任务重、经济效益较好的企业，按照职工工资总额的2.5%提取教育经费，列入成本开支，其中企业职工教育经费用于高技能人才培训的不少于30%。例如，航运集团坚持抓好职工职业教育和培训工作，每年按工资总额的2%~2.5%计提职工教育经费。丝纺集团支持员工在职学习，修订了《广东省丝绸纺织集团有限公司职工干部教育工作管理规定》，每年计提工资薪金的2.5%作为教育培训经费，员工知识结构进一步优化。而广新控股则致力于为员工提供符合其能力的工作岗位，提供充满挑战和希望的职业生涯，提供成就卓越人生的发展空间。广新控股每年安排300万元设立教育培训基金，向员工提供各种学习、培训机会，并不时因业务形式和发展要求，适时调整培训规划，全面提升干部员工的品德修养、思维观念和国际化与专业化水平。

近几年来，省属企业人才培养的形式多样，培训的人次多、规模大、效果显著，如表11-1所示。

表11-1 部分企业的培训情况

企业名称	时间	培训班	培训员工人次（学时）	备注
水电集团	2004~2012	281期	15823	
建工集团	2005~2012	1144期	104798	
交通集团	2000~2012		40余万	
铁投集团	2004~2012		4000余	
广业公司	2007~2012	39期	7800多	不包括下属企业组织的培训
丝纺集团	2004~2012		1000、18283	

资料来源：根据部分省属企业提供的调研资料整理。

二、实践亮点

（一）职业培训教育形式多样化

调研资料显示，省属企业高度重视员工职业培训工作，以多种形式培训企业员工，包括：①企业与高等院校联合开办各层次学历班，为员工提高学历、提升技能创造机会；②选送优秀党员领导干部参加省委党校培训学习，提升领导干部的理论水平；③选派业务骨干参加中山大学、华南理工大学等MBA、EMBA班的学习、出国（境）学习考察等，拓宽视野，提升管理水平。各企业明确规定将培训结果作为员工定岗、定级、选拔任用、考核的重要依据。水电集团坚持按照上述三种方式培养人才，并于2011年3月通过了广东省人力资源和社会保障厅严格考核审查，符合广东省专业技术人员继续教育施教机构条件，成功备案。此机构资格的成功申报不仅能满足水电集团的人才培养需求，而且能更好地完成广东省人力资源和社会保障厅赋予集团的培养人才的社会责任。人才是企业的核心资源和竞争力，粤电集团坚持为员工提供全方位培训。集团奉行"适者为才，价值为要"和"全面绩效，有效激励"的人力资源理念。2011年，粤电集团以构建现代人力资源管理体系为中心，强化人力资源价值功能，修订调整系统发电企业员工专业技术系列职业规划路径，在试点单位逐步推进员工职业生涯规划管理。在公司层面设置技术专家委员会，拓宽员工职业发展通道。2011年，粤电集团大力实施品牌培训和"走出去"培训战略，为公司积极储备多元化发展人才，全员培训率超90%。开展职业技能鉴定工作24批次,共鉴定1252人,其中高级技师42人、技师229人、高级工699人、中级工273人、初级工9人。公司2011年人均劳动生产率达到418.28万元/人,人均装机容量从2001年的678千瓦/人提高到2011年的1783千瓦/人。粤电集团坚持"全面绩效,有效激励"的理念,逐步建立并完善行之有效的绩效管理体系,进一步健全人才评价与激励机制,开展任期届满考核工作,激发员工和高管队伍的整体活力。

● 案例

盐业集团加大干部职工培训力度

盐业集团加大干部职工业务培训力度。省盐业集团制订了《广东盐业2010年度员工培训实施方案》,加大干部的业务培训力度,进一步提高省盐业集团人力资源的整体素质,为应对盐业体制改革提供智力支持:举办全省盐业营销知识培训班,对直属各运销企业负责业务的中高层管理人员和业务骨干160多人进行深度营销知识的实操培训,提升行业整体的营销能力;举办公司财务骨干应对盐业体制改革财务知识培训班,进一步提高企业财务人员风险防范、成本控制、有效管理应收款等业务管理水平;举办生产企业技术骨干培训班,进一步提高制盐生产技术水平,解决生产企业技术骨干培训班,进一步提高制盐生产技术水平,解决生产技术骨干可能青黄不接的问题;组织直属各企业新增质检人员参加全国盐业质检员上岗培训,举办了4期质检员岗前强化培训班,共有9名新质检员获得《全国盐业质量检测人员合格证》。推荐并组织5个中高层干部分别参加省委党校主体班次及华南理工大学中青年能力建设培训班。采取理论学习与实地考察交流相结合的培训模式,开展转变经济发展方式领导干部培训,组织领导干部走出去,学习国内外同行先进的体制及经营模式。

(二)实施"圆梦计划100"方案

为贯彻省委、省政府关爱新生代产业工人的部署,根据省国资委与团省委联合开展的省属企业新生代产业工人培养发展计划"圆梦计划100"实施方案的要求,省属企业围绕改革和发展实际,以全面提升集团新生代员工素质为目标,联合高等学校,把更多优秀青年员工培养成为推动企业战略转型发展的高素质劳动力。

2011年6月,水电集团组织100名外来务工人员参加了团省委发起的"圆梦计划100"学习,受到外来务工人员的好评。白天鹅宾馆组织实施"圆梦计划 白天鹅100",联合华南师范大学,培养新生代产业工人。广新控股建立规范培训中心运作,参与新生代产业工人"圆梦计划100",输送89名一线员工"圆梦北大"。省旅集团与中山大学合作,送60名新生代产业工人参加"圆梦计划"。粤海集团组织开展"圆梦计划100"活动,采取立足员工实际,拟定培训模式的做法,与中山大学网络教育学院合作,资助省内下属企业优秀新生代产业工人攻读网络远程教育的专科、本科学位(学历)。来自集团下属企业,共35名新生代产业工人(其中,天河城集团26名,粤海房地产7名,粤海酒店管理2名)通过"圆梦计划100"实现"大学梦",迎来人生征程的新起点。其他的省属企业也以实际行动实施"圆梦计划",为各行各业输送了一批高素质的新生代产业工人。图11-2

是部分省属企业近年实施"圆梦计划100"的人数。

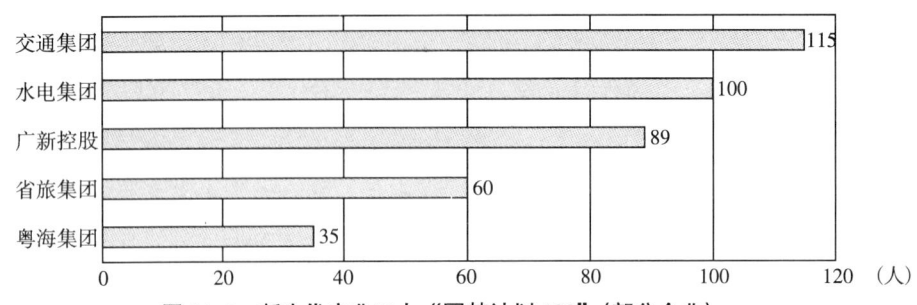

图11-2 新生代产业工人"圆梦计划100"（部分企业）

资料来源：根据部分企业提供的调研资料整理。

> ● **案例**
>
> ## 2012年交通集团115名新生代产业工人圆梦浙江大学
>
> 　　为帮助新生代产业工人提高学历层次、提升综合素质，有效服务集团产业转型升级，交通集团积极响应省圆梦办、省国资委实施新生代产业工人"圆梦计划100"培养工程的部署，通过广泛动员和引导新生代产业工人积极参与，给予政策支持和经费资助，力争将"圆梦计划100"打造成为党团在集团新生代产业工人群体中基本可依靠的培养工程，成为推动新生代产业工人群体"自我管理、自我服务"的管理创新工程，成为助推集团战略发展和"十二五"规划的人力资源储备和人才培训工程，打通集团新生代产业工人成长发展的向上通道。根据集团"十二五"人力资源规划，结合新生代产业工人的学历层次、知识结构、行业特点等实际情况，集团选择了浙江大学为合作高校，组织广大新生代产业工人根据自身需要自愿报名，企业审核条件后择优推荐。经过资格审查和入学考试，2012年共录取了115名学员就读专升本和高升专，其中专升本的有44人，专业为工商管理；高升专的有71人，专业为工商企业管理和会计。这115名学员全部都是来自基层一线的新生代产业工人，学习方式采取远程教育方式，学员在工作之余完成相应课程的学习和考试后，才会获得浙江大学颁发的学历证书，每人培训费用标准为5000元/人，其中集团资助3000元/人，省财政补助2000元/人。2012年9月21日，交通集团115名新生代产业工人参加了入读浙江大学的开学典礼，圆了大学梦。

（三）成立农民工学校

　　调研发现，为了提高农民工安全生产意识和自我保护能力，培训农民工更全面的操作技能，提升农民工素质，一些省属企业结合政府部门相关指导意见，在大型在建项目工地成立农民工业余学校。其中，广东省交通集团有限公司的下属公司广东省长大公路工程有限公司在规范农民工管理方面的经验值得参考。该公司是一家具备国家公路工程施工总承包特级资质，拥有对外经营权的特大型国有施工企业。该公司自成立以来，积极开拓业务，在斜拉桥及大跨径连续钢构桥、悬索桥施工技术，高速公路水泥混凝土、沥青混凝土路面、摊铺以及海水造浆、挂篮悬臂施工、桥梁抗风减振、氧化沥青钢桥面铺装等工艺均居国内同行业先进水平。该公司坚守稳健经营的宗旨，集聚了雄厚的实力，享有良好的社会信誉，在中国建筑行业中享有盛誉。因工程业务需要，该公司需要在各个建筑工地上使用大量农民工。为了提高农民工文化素养，更好地管理和培养农民工，公司在施工项目部开设农民工夜校。由工棚改造成的教室尽管简陋，但教学设备齐全，有桌椅、黑板、电脑，每周的课程表贴在墙上。农民工夜校的教学内容广泛，包括安全知识、专业技能、心理卫生及计生文化等。由于课堂传授的内容切合农民工的需要，课堂气氛轻松平等，深受农民工欢迎，使得农民工改变了以前晚上无事可做到处闲逛的习惯，在夜校里学习技术，增长见识。

● 案例

建工集团成立农民工业余学校

农民工要提高收入水平，必须提高自身素质。为了加强农民工的培训教育，提升农民工素质，规范办好农民工业余学校。广东建工集团在所有大中型在建项目均成立农民工业余学校，并结合《广州市建筑工地农民工业余学校工作指导意见》，制定了集团内部的《农民工业余学校工作指引》，充分利用农民工业余学校平台，组织专门师资队伍，编写规范性的教材，结合项目施工的实际，以预防事故发生为目的，按"缺什么，补什么；干什么，学什么"原则，有计划地开展班组教育培训。通过开展有针对性的教育培训，提高农民工安全生产和自我保护意识和能力，提高杜绝违章作业、抵制违章指挥、遵守劳动纪律的主动性和积极性，夯实企业安全管理的基石，最大限度降低安全风险，为安全文明生产管理工作提供有力的保障，也为农民工提高收入水平打下基础。目前，集团共有农民工业余学校165所，去年举办各类型课程936期，参加农民工业余学校学习近10万人次，举办各种应急演练312次，直接参与人数17619人次，真正做到以农民工为本，确保农民工安全、按时、按质完成项目施工。2010年，集团有5所农民工业余学校、2011年有3所农民工业余学校被评为"广州市优秀农民工业余学校"。

第四节 推进民主管理

2012年2月13日，由中共中央纪委、中共中央组织部、国务院国有资产监督管理委员会、监察部、中华全国总工会、中华全国工商联合会印发《企业民主管理规定》。该规定明确职工代表大会是职工行使民主管理权利的机构，是企业民主管理的基本形式。党的十八大报告也明确提出"全心全意依靠工人阶级，健全以职工代表大会为基本形式的企事业单位民主管理制度，保障职工参与管理和监督的民主权利"。企业应当按照合法、有序、公开、公正的原则，建立以职工代表大会为基本形式的民主管理制度，实行厂务公开，推行民主管理。公司制企业应当依法建立职工董事、职工监事制度。企业应当尊重和保障职工依法享有的知情权、参与权、表达权和监督权等民主权利，支持职工参加企业管理活动。企业职工应当尊重和支持企业依法行使管理职权，积极参与企业管理。企业工会应当组织职工依法开展企业民主管理，维护职工合法权益。

一、总体情况

调研资料显示,省属企业员工参与企业管理,企业逐渐由自上而下的监控式管理转向自主式管理。省属企业尊重员工的价值,实现员工的愿望,满足员工的要求,促进员工的发展,真正确立以人为本的管理思想,在具体工作中,始终把满足员工的愿望和合理需求、促进员工素质的全面提高、解决员工的实际问题作为重点,履行员工权益保护责任,企业中的民主管理水平得到明显的提升。省属企业发挥员工参与民主管理,是企业善治的体现。以人为本的企业发展理念,能够起到示范作用,影响、辐射到社会其他领域。广东省属企业从以下方面积极推进民主管理:

(一)保障员工组织和参加工会的权利

工会是职工自愿结合的工人阶级的群众组织。在中国境内的企业、事业单位、机关中以工资收入为主要生活来源的体力劳动者和脑力劳动者,不分民族、种族、性别、职业、宗教信仰、教育程度,承认工会章程,都有依法参加和组织工会的权利。工会代表广大会员和职工的正当权益,工会必须密切联系职工,听取和反映职工的意见和要求,关心职工的生活,帮助职工解决实际困难,全心全意为职工服务。

调研资料显示,省属企业均按照相关法律法规设立工会,员工入会率达100%。在省属企业的机构设置中,工会是不可或缺的职能部门,是企业联系职工的纽带和桥梁,"有困难找工会"是国有企业工会响亮的口号。省属企业工会依法监督劳动法律、法规的执行,参与劳动争议处理,维护职工合法权益。工会代表职工与企业就劳动报酬、工作时间、休息休假、劳动安全卫生、职业培训、保险福利等事项进行平等协商,签订集体合同或专项集体合同,协调劳动关系,维护职工合法权益。交通集团为切实加强基层工会规范化、制度化建设,推进"职工之家"建设活动的深入开展,2011年交通集团在原有《广东省交通集团有限公司工会"职工之家"考核验收办法》和《"职工之家"考核标准》的基础上,广泛征求各单位意见,结合集团实际,修订了《广东省交通集团有限公司"职工之家"、"职工小家"考核管理办法》。根据考核管理办法,"职工之家"、"职工小家"考核评比分为合格、先进两个等级。建设"职工之家"、"职工小家"的程序包括:考核申报、验收审批和评选。

课题组在调研中还发现,省属企业在推定民主管理过程中,加强沟通管理。员工参与企业民主决策、民主管理、民主监督的机制进一步健全。厂务公开不断规范深化,逐步融入现代企业制度和公司法人治理结构,以企业生产经营管理为中心,维护职工民主政治权利。在公司制企业中,职工董事、职工监事制度得到广泛推行,职工代表依法进入了董事会、监事会,从源头上参与企业重大决策,促进了民主决策和科学决策。同时,有些省属企业还适应新形势,探索拓宽员工民主管理渠道,定期开展企业领导与员工代表民主协商对话,员工代表巡视、监督各项民主管理制度的执行情况,有效维护了员工的知情权和民主监督权。例如,粤电集团非常重视和支持各级工会组织建设。粤电集团严格执行《劳动合同法》等相关法律法规,遵照联合国"全球契约"十项原则要求,充分尊重和维护员工的合法权益,重视和支持各级工会组织建设,公司工会现下设基层工会40个,员工入会率达100%,各基层工会还设立女职工委员会或女职工委员,依法保障企业与员工的合法权益。粤电集团工会建设情况如表11-2所示。

表 11-2 粤电集团工会建设情况

指标名称	2008 年	2009 年	2010 年	2011 年
系统二级工会数量（个）	33	35	37	40
公司及系统内单位建会率（%）	100	100	100	100
集体劳动合同签订率（%）	100	100	100	100
员工入会率（%）	100	100	100	100

资料来源：2011 年粤电集团企业社会责任报告。

（二）发挥职工代表大会作用

调研资料显示，省属企业严格遵守相关法律法规，完善职工代表大会制度（以下简称职代会）。职代会是企业实行民主管理的基本形式，是职工行使民主管理权利的机构。企业职代会坚持企业党委（党组）的领导，以充分发扬民主、依法行使职权、促进公平正义、维护团结稳定为宗旨，保障职工的知情权、参与权、表达权、监督权，推进企业决策的科学化、民主化，推进和丰富基层民主政治建设的实践和成果。省属企业结合企业的实际情况，坚持行使和落实职代会的以下职权：审议建议权、审议通过权、监督评议权、民主选举权、法律法规赋予职代会的其他权利。

调研资料显示，在省属企业中，企业职代会在体制和机制上积极探索创新，在遵循和维护法律法规赋予职代会、董事会、监事会和经理层的职权的基础上，实现现代企业制度下职代会制度与公司董事会、监事会、经理层等治理结构的有效衔接，实现国家利益、出资人利益、企业利益和职工利益的协调发展，推进现代企业制度建设。省属企业职代会以职工为本，进一步加大协调劳动关系和化解矛盾的力度，主动依法科学地维护职工权益，努力建立规范有序、公正合理、互利共赢、和谐稳定的社会主义新型劳动关系，推动和谐企业建设。

此外，省属企业在改制过程中严格遵守法律法规和遵守国务院办公厅2003年颁布的《关于规范国有企业改制工作的意见》的要求，坚持把国有企业改制方案和国有控股企业改制为非国有企业的方案，提交企业职工代表大会或职工大会审议，充分听取职工意见，其中关于职工安置方案经企业职工代表大会或职工大会审议通过，集体企业转制方案经职工代表大会或职工大会审议通过。在企业改制过程中，坚持职工代表大会制度，设有以主席团联席会议等形式代替职代会。召开职代会坚持严格的程序，职工代表大会要有 2/3 以上职工代表出席，全体职工代表半数通过方为有效。审议通过企业改制方案、职工安置方案等内容均采用无记名投票的方式，赞成票必须占全体职工代表半数以上方为有效。调研资料显示，省属企业对于出现"暗箱操作"、"违规操作"造成职工上访、群访事件的，工会及有关职能部门，及时提出整改建议，妥善解决，不留后遗症。严格实行责任追究制度，对违反职代会决议和有关政策规定，导致矛盾激化，影响企业单位和社会稳定的，严格进行责任追究。

（三）坚持厂务公开民主管理制度

调研发现，省属企业坚持厂务公开制度，通过职工代表大会和其他形式，将企业生产经营管理的重大事项、涉及职工切身利益的规章制度和经营管理人员廉洁从业相关情况，按照一定程序向职工公开，听取职工意见，接受职工监督。省属企业坚持向职工公开以下内容：①企业重大决策，包括企业改革、改制方案，职工裁员、分流方案等重大事项；企业生产经营管理方面的重要问题，包括财务预决算、大额资金使用等；②涉及职工切身利益方面的问题，包括工资奖金分配、职工培训计划等；③与企业领导班子建设和党风廉政建设密切相关的问题。省属企业均建立推进厂务公开民主管理的制度办法，切实推进厂务公开工作，并取得较好成效。铁投集团则坚持厂务公开与党务公开相结合。铁投集团各级企业都设立了由党委、行政、纪检、工会负责人组成的厂务公开领导小组，成立了厂务公开民主管理监督小组和厂务公开民主管理办公室，并把厂务公开与党务公开相结合，及时把企业改革重组、转型升级、涉及员工切身利益等重大事项，党风廉政建设的重大问题，以及员工关心的热点、难点问题等作为重点公开内容，通过设置厂务公开栏、OA平台宣传、内部刊物等多种形式，使厂务公开工作制度得到了较好落实。

二、实践亮点

（一）创新工会工作模式

省属企业在工会建设中，成绩显著，有不少企业不断创新工会工作模式，例如水电集团五公司工会开展"2011幸福公式"问卷活动。该公司工会"从心开始"开展"2011幸福公式"、"你最忧患的是什么"员工问卷，倾听员工心声，观民情、解民意、知民心。分两次共下发问卷267份，收回233份。通过问卷找到员工的需求方向，切实解决员工最关心、最直接、最需要解决的问题。该公司工会贴近群众，通过问卷收集民意、体察民情，破解影响和制约公司和谐发展的难题。为了增强农民工的主人翁意识，建工集团在农民工比较集中的工程项目部组建工会分会，采取"四不"方式吸纳农民工加入工会组织。2009年，建工集团首先提出对劳动合同及劳务合同类型的农民工加入工会采取"四不"方式，即农民工本人不必主动申请加入工会组织；农民工加入工会组织不需发放会员证；农民工加入工会组织不必交纳工会会员费；农民工会员离开项目部不必接转组织关系。凡进入工地施工作业的农民工，项目部临时工会都主动登记其资料，进行备案，并张榜公布其成为临时工会的会员，享受与其他会员同等的民主权利。此举为吸纳农民工入会提供了有利条件，较好地将农民工组织起来，增强了他们的主人翁意识，也给他们提供了正常的诉求渠道。建工集团所属省工业设备安装公司在项目部建立工会后，还设立了职工（农民工）维权的指引公示，做到职工与农民工"五同对待"：把农民工视为职工，在政治上同对待，在素质上同提高，在利益上同收获，在工作上同要求，在生活上同关心，使农民工感受到平等尊重和家庭的温暖。迄今为止，建工集团在工程项目部，包括集团在外省的大型项目部，共建立工会分会80个，农民工会员近50000名，切实加强了基层工会组织建设，牢牢把握工会组建的主动权、工会组织的领导权和工会活动的主导权。

广晟公司工会在员工权益保护方面做了大量工作，开展"有困难找工会"扶贫帮困活动，获荣誉称号。

> ● **案例**
>
> **广晟公司工会荣获"广东省五一劳动奖状"**
>
> 在省工业工会2012年度工作会议上,广晟公司工会被省总工会授予"广东省五一劳动奖状"的荣誉称号,这也是广晟公司工会首次获此殊荣。广晟公司工会在开展劳动竞赛、节能降耗、安全生产、劳动保护等方面做了大量富有成效的工作,特别在开展"有困难找工会"的扶贫帮困活动中,工作深入、贴近职工,通过走访、慰问积极为职工解决实际困难和问题,真心实意为职工排忧解难,成绩突出。2011年,广晟公司系统共帮扶困难职工1600多人,慰问老干部、重大疾病患者、住院病人539人次,发放慰问金200多万元。2012年,广晟公司工会将围绕公司中心工作,按照中华全国总工会和省总工会关于开展"面对面、心贴心、实打实服务职工在基层"活动的意见要求,充分发挥工会组织联系紧密的职能作用,进一步深入企业一线,贴近职工,把服务职工的工作做得更深、更实、更细。

(二)严格规范的职代会制度

调研资料显示,在坚持民主程序,发挥职工代表大会作用方面,省属企业均严格规范。各企业按时召开职工代表大会,听取和审议董事长工作报告、工会工作报告和关于"三重一大"问题的决议。对涉及员工切身利益的工资、福利、社会保险等事项,广泛听取员工的意见,并在职工代表大会表决通过后实施。例如,水电集团始终坚持职工代表大会制度,职代会每三年一届,每年年初召开一次全体代表会议,听取和审议董事长工作报告、工会工作报告和关于"三重一大"问题的决议。凡属企业重大生产经营决策、改制改革、职工福利、远景规划以及涉及职工切身利益的重大问题,一律提交职代会审议通过并形成决议、决定后,再予以实施。如集团实行的"岗位工资指导意见"、"内部经济责任制实施细则"等方案都交由职代会审议通过后实施。每年年初集团召开职代会,二级单位也按有关程序和规定召开职代会,广大职工代表充分行使权利参与民主管理和民主监督。职代会闭会期间,由职代会职工代表组组长联系会议发挥职代会职能,表决工资增长方案、选举职工代表监事。集团及属下各单位还定期开展"民主接待日"活动,倾听职工群众的意见和建议,想方设法解决职工中存在的热点、难点问题,大大增强了企业的凝聚力和向心力。

> ● **案例**
>
> **广州白云国际机场股份有限公司尝试创新职代会模式**
>
> 广州白云国际机场股份有限公司尝试创新职代会模式也值得借鉴。充分保障员工权利,发挥员工在公司生产经营中的积极作用。公司成立了职工代表大会,定期向广大员工进行厂务公开。对涉及员工切身利益的工资、福利、社会保险等事项,广泛听取员工的意见,并在职工代表大会表决通过后实施。根据《公司法》和公司《章程》等相关规定,通过职工监事选任制度,确保职工在公司治理中享有充分的权利。积极支持工会依法开展工作,按时划拨工会经费,充

分发挥工会在保障员工利益及内部协调等方面的积极作用。2011年，公司尝试创新职代会模式，采取逐个征求职工代表意见的办法，审议通过了股份公司的《员工手册》、《奖惩条例》等重要规章制度，使职工代表的意见与建议都能得到重视、落实和反馈，促进企业规范决策与管理。

（三）强化企业管理制度建设

规范严谨的企业管理制度是省属企业善治的保障，管理的基础是严密完善的制度体系和严格执行制度。在企业管理中，人治容易导致内耗，严重影响企业的效率。如果企业没有制定为大多数员工认同的制度，员工就没有统一的行动目标，无法形成合力，企业就会处于涣散状态。企业要用制度规范员工的行为，企业以制度管人就必须有完善的制度、明确责任、奖罚分明。近几年，广东省属企业加强制度建设，规范制度管理，有不少企业制定比较完善的管理制度，用于日常企业管理中，取得较好成效。例如：关于员工管理方面，制定《劳动合同管理办法》、《薪酬分配管理办法》等，使得员工管理有章可循；一些企业为加强安全生产应急管理，对企业的安全生产制度进行汇编，编制企业《安全生产综合应急预案》，形成完善的制度体系，为企业开展安全生产管理树立明确的指引。此外，省属企业在厂务公开民主管理方面，开设厂务公开宣传栏、开展合理化建议征集活动等向员工公开企业重要事项，做到了信息公开化、透明化。

● **案例**

联合电子公司开展合理化建议征集活动

联合电子公司积极开展合理化建议征集活动，每年组织员工对公司经营发展的重点难点、技术创新、员工福利等方面开展合理化建议征集活动，为员工参与企业管理、凝聚集体智慧搭建坚实的平台。近几年，共收到员工合理化建议216条，已采纳建议112条，这些建议对公司管理层进行民主决策发挥了重要的参考作用，促进了企业的可持续发展。

第五节 改善员工工作环境和生活条件

企业履行社会责任不仅是企业对社会的经济贡献，而且体现了企业对内部员工的社会责任。改善工作条件和生活条件是企业履行员工权益保护责任的一个重要内容。工作条件包括工资和其他形式的报酬、工作时间、休假时间、劳动纪律、生育保护等福利。在实践中，改善员工的工作环境和生活条件，可以提高员工对企业的归属感及忠诚度。对于员工而言，工作不仅仅是一种生存手段，更是人生价值的体现。企业建立和谐的劳动关系，善待员工，改善员工工作和生活的条件，提供舒适的工作环境，也是企业提高工作效率，激发员工创新精神，员工为企业创造更大经济利益的关键。

一、总体情况

（一）工作中的健康与安全

职业安全与卫生是涉及劳工生命和健康的一项重要的人权。调研发现，省属企业建立、健全劳动卫生制度，严格执行国家劳动安全卫生规程和标准，对劳动者进行劳动安全卫生教育，防止劳动过程中的事故，减少职业危害。省属企业为劳动者提供符合国家规定的劳动安全卫生条件和必要的劳动防护用品，对从事有职业危害作业的劳动者应当定期进行健康检查。

调研资料显示，省属企业注重为员工提供安全、卫生的工作条件，尽最大努力把工作中的潜在危险因素减少到最低限度，采取措施预防事故发生及其对劳工健康的危害，杜绝"血汗工厂"，保障"体面的劳动"，保障员工的生命权、人身安全权和健康权。同时，省属企业注重改良工作条件和职业病防治，职工安全教育常规化、制度化。根据国家有关规定和要求，省属企业不断改良员工工作条件和改善生活环境，特别是建筑施工项目部的员工住房和办公区房屋，统一建成板房，宿舍区和办公区全部硬地化，项目部铺设临时绿化植物，有效地降低了施工粉尘的污染和危害。针对施工过程中，存在粉尘、噪声、电焊辐射等方面的职业危害，交通集团、水电集团、建工集团、广业公司等企业采取以下防治措施：加强安全培训，提高员工安全防范意识、安全技术水平；进一步完善作业现场防护设施；教育员工严格遵守安全操作规程，做好员工作业时的劳动保护；建立和完善职业病防治制度，坚持特殊性工种必须培训考试合格持证上岗；加强职业危害安全检查，发现隐患及时整治消除。各省属企业长期以来坚持职工身体检查制度，员工每年体检一次，特殊工种作业人员必要时每半年体检一次，如有发现员工身体情况不能适应原工作岗位时，则劝其转岗或退岗。

（二）工资正常增长机制

调研发现，省属企业建立合理有序的收入分配格局，完善并严格执行工资总额控制制度，规范收入分配行为，在企业发展的同时提高职工的薪酬、福利水平，做到国家、出资人、企业和职工各方利益的统筹兼顾，企业职工薪酬保持合理增长。据有关资料显示，2008年、2009年和2010年省属企业职工平均工资分别为4.88万元、5.14万元和6.03万元，年均增长率为11.16%，薪酬增长与企业效益和人工成本承受能力相适应，略高于广州市职工平均工资增幅（同期广州市职工平均工资分别为4.54万元、4.92万元、5.45万元，年均增长率为9.56%）。通过增量调控，企业不同层级人员薪酬差距逐步缩小。2008~2010年，省属企业职工工资年均增长10%以上，集团本部职工工资年均增长仅为5%，中层管理人员年均增长4.24%，省属企业负责人薪酬水平则基本没有增长。

2010年，中旅集团有限公司本部部门副职以下人员按15%的标准调升了工资，各公司调升了基层员工、一线部门业务骨干的薪酬，新入职中旅集团两年的员工基本工资都不低于1500元。2011年，集团下属各企业不同程度地上调了员工基本工资，平均升幅超过8%，鼓舞了士气，稳定了队伍。另外，省旅集团工资呈逐年递增趋势。省旅集团及其下属企业都制定了工资福利管理制度，工资形式分为基本工资和效益工资，效益工资与业绩挂钩，形成能者多劳、多劳多得、按贡献大小分配的机制。省旅集团及下属企业每年根据经营业绩升幅的比例，调升工资，改善福利。近5

年来，省旅集团及其下属企业每年工资平均升幅达7%，且呈逐年递增趋势。商业集团则采取措施完善员工收入与企业效益同步增长机制。商业集团为了帮助有困难的员工，出台了为符合申购保障性住房条件的员工提供限额帮扶借款的政策，帮助有条件的员工更好地享受城市住房保障的成果；制订增设工龄工资办法、大专院校毕业生最低收入标准、企业年金、工资套改及晋级办法等一系列民生措施，逐步完善员工收入与企业效益同步增长的机制，员工人均工资从2005年到2012年翻了一番。

（三）关心帮扶困难职工

关心和帮助困难职工，不仅是政府和社会责无旁贷的任务，也是省属企业履行社会责任的重要部分。省属企业通过建立诉求机制、走访制度，广泛开展送温暖献爱心活动，建立困难职工档案，对困难职工做到重大节日必访、家庭遭灾必帮、大病住院必助。与此同时，建立组织帮扶和社会救助帮扶多渠道结合，物质和精神多层面关心的长效机制，实现帮扶工作的日常化、制度化，使困难职工真正感到社会温暖和关爱。例如，广新控股党委重视扶贫帮困工作，向集团员工做出了"三个不"的郑重承诺：不允许有员工因经济困难而解决不了生活问题，不允许有员工因经济困难而无钱供子女读书，不允许有员工因经济困难而无钱看病。集团总部成立了助困专项基金，通过集团董事会预算安排一部分、工会筹集一部分、在职广大干部员工捐助一部分等渠道筹措资金，每年拿出300万元专门解决这些困难。同时，集团还定期开展"手拉手"困难职工结对帮扶工作，坚持开展"金秋助学"活动。2011年，集团关工委荣获全省关工委先进单位称号。

（四）历史遗留人员安置问题

调研资料显示，目前省属企业改制工作从结构布局、产权制度改革和人员身份转换已基本完成，一批具有行业特点的省属企业逐步壮大，多数企业通过改制实现了平稳、健康发展，综合实力增强。但由于受长期计划经济的影响，一些历史遗留问题尚未完全解决，影响到省属企业改制的成果和企业正常经营，甚至会导致不稳定因素。

课题组在调研中发现，省属企业主要从以下方面努力解决历史遗留人员安置问题：

（1）原来由企业管理的人员转为属地社会化管理的难题。国有企业改制后，将离退休人员、失业人员、40~50岁人员、党员管理、育龄夫妇计生管理、职工住宅小区社会治安管理等移交社区实行属地化社会管理，众多职工由企业人变为社会人。社区的社会化管理比较简单，社区人力、物力、财力薄弱，管理人手不足和经验不够，难以承担如此繁杂的日常管理事务，属地社区管理部门存在接收难、管理弱、经费少等困难。

（2）下岗职工实现再就业的难题。尽管完成改制的新企业都优先聘用了原企业职工，但因受产业转型、实际需要以及双向选择等因素的影响，新企业能安排的再就业岗位有限，不少职工下岗后面临再就业难题，而这部分职工因学历低、无技能及年龄偏大等因素制约，难以实现再就业，最终因生活困难而要求企业和政府解决的情况越来越多，成为比较严重的社会问题。

（3）职工保险账户续费的难题。企业改制时，一些困难企业没有足够的财力为职工补缴养老保险、医疗保险等，一些职工养老保险个人账户出现空账，随着时间的推移，需要缴纳的费用也越来越高，导致拖欠社保金额越来越大，一些职工不能正常退休，特别是一些边远、落后矿区的混岗集体职工，企业改制中并没把他们纳入体系之内进行安置，成为历史遗留问题。

近几年，省属企业针对上述困难，切实采取措施，筹集资金解决难题，取得了较大的成绩。如铁投集团成功解决了四大历史遗留问题：在2008年10月，解决了地铁公司韶关地区黄岗大院老公寓273户职工家庭社会化用水的问题；在2009年底，解决了困扰地铁公司14年之久的钟落潭地区72户212名职工家属办理迁户广州的问题；在2009年2月、7月，分两批圆满解决了拖延10年之久的航盛公司鹭江西120户职工国有产权房产证转换问题；自2010年起，分批次为航盛公司滨江东大部分离退休职工解决了存量公房出售问题，让老职工们得以安度晚年。

二、实践亮点

（一）让员工分享企业发展成果

课题组在调研中发现，省属企业能按照国家法律法规保障员工的福利，一些企业在员工福利方面甚至做到"超标准"，让员工分享企业发展成果。例如，中旅集团在全省首创建立集团的"三重医疗保障网"，有效解决职工重大疾病治疗问题。该保障网的第一重是政府强制推行的职工社会基本医疗保险；第二重是广州市政府实行的"补充医疗保险"，费用全部由企业承担，不增加职工负担；第三重是企业内部设立"自助医疗保险"，由集团、各独立核算单位和全体在职职工共同出资成立。2010年，"三重医疗保障"起付标准的报销比例从原来的50%提高到70%；2011年4月1日起，集团再次提高"三重医疗保障"门诊报销标准，每月报销上限由150元提高至200元。2007年至今，报销医疗费4200多人次，报销金额120多万元。2009年至今，补助患重大疾病职工5人次，补助金额63000元，有效解决了突发重大疾病的职工看病难的问题。盐业集团则以"智力帮扶"为切入点，启动省属盐场困难职工子女职业教育帮扶工程。

> **● 案例**
>
> **省属盐场困难职工子女职业教育帮扶工程**
>
> 盐业集团以"智力扶贫"为切入点，从2012年开始在广东盐业系统设立并启动"省属盐场困难职工子女职业教育帮扶工程"，着手解决困难职工子女的职业技术教育问题。集团制定了《广东盐业系统开展帮扶省属盐场困难职工子女职业技术教育方案（试行）》。该方案明确了帮扶人员对象、资助形式、办理程序、费用及经费筹集、工作分工等。按照该方案，符合条件的职工子女接受在选定的职工技术学校进行三年制全日制职业教育，所学专业以省教育厅公布的、该中等职业学校开设的专业为主，本人可根据自身特长在学校所设专业范围内提出申请。在广东盐业设立"省属盐场困难职工子女职业教育基金"。发动盐业系统职工及各单位积极参与活动，踊跃捐款。以后每年扶贫济困日均发动本系统职工及各单位进行捐款。此外，基金利息、集团公司拨款弥补不足部分等成为经费的来源。受资助的困难职工子女在校期间学费、定额生活补贴等由所设立的"省属盐场困难职工子女职业教育基金"专项解决。集团公司负责跟踪所帮扶学生三年学习期间的情况，定期与帮扶对象进行沟通交流，以便更好地了解其学习、

> 生活情况。此外，每年由学生所在学校根据学生学习、生活等各方面综合评定，对品学兼优、综合表现突出的学生进行奖励。同时与学校共同帮助就业推荐和就业指导。为确保此项工作落到实处并取得预期成效，由党群工作部牵头总负责做好此项工作的统筹、协调和落实工作。

（二）强化企业安全防线

调研资料显示，省属企业把员工生命财产的安全放在第一位，采取各种措施力保安全生产。如粤电集团以 NOSA 安健环系统为依托，深入开展危险源辨识和风险评估，定期对作业现场职业病影响因素进行监控，加强现场整治，规范各类标识，致力于改善员工工作条件和环境。广新控股及其下属企业每年举办各种安全培训近百期次，参训人数超 4000 人次；组织各项应急救援和消防演练 100 多次，参训人数 2000 多人次；开展各种安全知识宣传活动，发放安全宣传资料 3000 余册，各类安全培训投入近 50 万元。自 2010 年开始，该集团推行安全生产标准化创建工作，目前已有近 10 家企业通过安全生产标准化相关验收，其中合捷供应链管理公司被国家安监总局评为示范单位。

省属企业严格执行《中华人民共和国职业病防治法》和劳动保护相关制度，不断加大劳动保护投入，确保劳动保护措施的执行与落实，严格按标准为员工提供工作所需的个人防护用品，并予以定期更换、补充；每年组织员工进行健康体检以及组织特殊工种作业人员进行职业病体检。另外，还有一些企业从安全教育、参加安全技术竞赛等活动筑牢安全防线，维护企业员工及工程项目所用的农民工的生命安全。建工集团从讲政治、保稳定、促和谐、增效益的高度出发，组织所属单位职工与农民工持续深入开展全国"安康杯"竞赛活动，为全体农民工购买集体工伤保险。并针对农民工的特点，做好安全技术交底，充分利用农民工业余学校的培训基地，安全教育工作经常化、系统化，有的项目部在施工现场张贴"全家福"牌板，把每个家庭对自己亲人的安全期盼都写在照片下面，利用"父母爱、夫妻情、儿女心"的特殊力量，教育一线职工时刻绷紧安全弦。在筑牢企业安全防线的同时也较好地维护了农民工的安全。该集团连续 9 年荣获全国"安康杯"竞赛优胜单位称号。

> ● **案例**
> **广业公司环保集团所属化建公司开展安全技能培训**
>
> 广业公司环保集团所属化建公司，针对建筑施工行业特点，投入教育经费 70 万元，在重点工程和大型工程均开办了"农民工业余学校"，对职工、农民工进行了培训教育，培训人次达 1000 人次，促进了职工和农民工的安全技能及自我保护能力的提高。这种有针对性的活动的开展，有效促进了职工安全意识和技能的提高。

（三）关爱困难员工的工作细致到位

调研发现，省属企业在关爱困难员工方面的工作做得细致、到位。在日常生活中，企业工会部门的干部坚持探访有困难职工，把关爱员工生活落实到实处，并联合电子公司坚持"五必访"制度。该公司坚持以"温暖、关爱、帮扶"为内容，有重点地开展帮扶工作。特别是对那些生病住院、生活困难的员工，及时伸出援助之手，并将患重大疾病的困难员工列为重点帮扶对象，及时走访慰问，帮助解决一些力所能及的困难。日常生活中，坚持"五必访"制度：对公司生育、生病住院的员工及时探望，对生活上有困难的员工家庭给予资金补助，并坚持节日"送温暖"与日常帮扶相结合，在每年春节、中秋节等重大节日期间开展慰问活动，在高温、严寒季节组织慰问基层员工，及时为一线员工送去清凉饮料、防暑药品及慰问金。近几年，共走访探望、慰问生育生病住院员工578人次，补助困难员工63人次，慰问基层员工达2000次，真正把关爱员工生活落实到实处。

一些企业设立专账专户资金，帮扶工作制度化。中旅集团实施"心连心"工程，帮扶困难职工。2001年，中旅集团在省属企业中首先成立"在职职工解困互助会"，设立了专账专户资金，做到了三个确保，即：有专人管理、有稳定资金来源、困难职工按月领取生活补助金，同时坚持开展两级班子成员对困难员工结对帮扶，集团班子成员和职能部门副职以上人员每年从绩效年薪中拿出5%~10%用于补贴困难职工的生活。

● **案例**

水电集团建立"助残济困基金"

水电集团建立"助残济困基金"，开展"职工有困难找工会"活动，组织捐款、申请困难补助、行政补贴等方式对困难职工进行帮扶。2005~2012年，集团发动职工捐款达100多万元，近120人得到不同程度的救助，解决了困难职工看病难的问题。补助困难职工1400人次，补助金额140万元；为35户家庭办理了低保待遇或伤残补助，切实解决他们的生活困难。此外，集团拨出专款购置2辆电瓶车、配置专门工作人员和"亲民"电话，为基地独居及行动不便老人提供免费接送服务，方便老人们出行、就医，受到职工家属的广泛褒奖。

（四）筹措资金解决历史遗留问题

面对困难重重的历史遗留人员安置问题，省属企业并没有把此包袱简单抛向社会，而是尽最大能力筹措资金用于解决问题，并取得巨大成绩。例如广业公司共支出4亿余元用于解决历史遗留问题和民生问题。其中，省属煤矿系统1.87亿元、岭南厂1000万元、云浮硫铁矿1600万元、南化水泥公司9000万元、三水石膏矿360万元、珠江甘蔗场9700万元。此外，用于处理突发事件、慰问困难群体、扶持再就业等间接支出近1000万元。以上资金全部为现金支出，全部是依靠企业利润和银行贷款解决。

● **案例**

中旅集团切实关心离退休老同志的生活

在省属企业中，中旅集团最早实施离退休老同志由退管中心统一管理。集团现有离退休人员799人，其中离休干部35人，退休干部275人，退休职工489人。集团每年为退休人员购买医疗保险,为离休人员安排体检,开展节日家访慰问,组织离退休老同志省内参观学习、旅游。2010年、2011年离退休人员分别提高了15%、10%的补贴。另外,集团投入近200万元为站前路36户和陈岗路西平里57户离退休人员家庭安装了"一户一表",彻底解决了他们的用电问题。2011年,在政府办证条件允许下,集团再支付20万元,为五仙门12户职工拆迁户办理了房屋产权证,解决了10多年悬而未决的问题。2011年,集团用于民生支出和离退休人员的费用达1030万元。

本章小结

本章从履行劳动合同、创造平等发展机会、加强职业教育、推进民主管理、改善员工工作环境和生活条件五个方面对广东省属企业在履行员工权益保护责任的实践活动进行了描述。在履行劳动合同方面,省属企业严格遵守法律法规,尊重人权,全面履行劳动合同,规范劳动合同管理,按时足额为员工缴纳社会保险,建立劳动调解机制妥善解决劳动纠纷。省属企业创造平等发展机会体现在坚决杜绝各种歧视,尊重男女工作机会均等,同工同酬;提供平等的职业发展机会和公平的考核制度。在推进民主管理方面,省属企业保障员工组织和参加工会的权利,发挥职工代表大会的作用,坚持厂务公开民主管理制度。在改善员工工作环境和生活条件方面,省属企业注重员工工作中的健康与安全、建立工资正常增长机制等。

第十二章　广东省属企业履行社会公益责任的实践与探索

在市场经济条件下，市场通过资源配置来提高效率，推动经济发展；通过对劳动报酬的确认，实现财富的第一次分配，对于市场失灵的一面，政府利用税收、财政、金融等手段实现对收入分配的调节，实现第二次分配。但是，政府的财力有限，需要兼顾和平衡各个不同阶层和群体的利益，这都有赖于进一步的分配机制加以弥补。[①] 第三次分配在社会责任指导下，更多地表现为公益事业。《中华人民共和国公益事业捐赠法》明确公益事业包括非营利的下列事项：救助灾害、救济贫困、扶助残疾人等困难的社会群体和个人的活动；教育、科学、文化、卫生、体育事业；环境保护、社会公共设施建设；促进社会发展和进步的其他社会公共和福利事业。在我国，省属企业的发展离不开国家政策的扶持、社会公众的支持，回报社会也是省属企业应尽的责任和义务。省属企业有了一定的经济效益和资本积累后，应当增强回报社会的责任意识，以自己的爱心和行动回报社会。省属企业参与公益事业是承担企业公民责任，企业可持续发展的社会化要求，也彰显了省属企业的影响力和控制力。

第一节　慈善捐赠

慈善捐赠是出于人道主义的捐赠或资助慈善事业的社会活动。党的十六届六中全会《中共中央关于构建社会主义和谐社会若干重大问题的决定》明确规定："发展慈善事业，完善社会捐赠免税减税政策，增强全社会慈善意识"。在2004年3月的"两会"上，温家宝第一次将"支持发展慈善事业"写进了《政府工作报告》；同年国务院颁布了《基金会管理条例》。2007年，国务院颁布的《企业所得税法》规定："企业发生的公益性捐赠支出，在年度利润总额12%以内的部分，准予在计算应纳税所得额时扣除。"由此可见，党中央、国务院明确支持社会慈善事业。广东省委、省政府高度重视慈善捐赠事业。为加强国有资产监督管理，规范企业捐赠赞助行为，根据《中华人民共和国企业国有资产法》、《企业国有资产监督管理暂行条例》等有关法律法规，出台了《广东省省属企业捐赠赞助管理工作规则》。该规则适用于广东省人民政府国有资产监督管理委员会履行出资人职责的国家出资企业及其全资和控股子企业。省国资委负责指导督促省属企业制定完善捐赠赞助管理制度，对企业捐赠赞助事项进行审核或备案，监督检查企业捐赠赞助管理情况。

---

① 厉以宁. 第三次分配与慈善资本主义的兴起. 观察与思考，2007（2）.

一、总体情况

广东省属企业按照省委、省政府的统一部署,创造性地实施扶贫开发"规划到户、责任到人"战略和参加"广东扶贫济困日"活动,积极捐资助学,有力促进了贫困地区的经济社会发展,大力弘扬中华民族扶贫济困、乐善好施的优良传统,积极倡导感恩奉献、团结互助的精神,坚定了先富帮后富、共同富裕的信念。

(一)参与"广东扶贫济困日"活动

"广东扶贫济困日"是由中共中央政治局委员、时任广东省委书记的汪洋同志倡导并首先提议设立的。2010年6月4日,经国务院批准同意,确定自2010年起每年6月30日为"广东扶贫济困日"。这在全国属于首创,是省委、省政府创新扶贫工作机制、提高扶贫开发水平的重大举措。自2010年6月30日开展"广东扶贫济困日"活动以来,省属企业各单位切实加强组织领导,广泛动员企业干部职工参与"广东扶贫济困日"活动。2010年首个"广东扶贫济困日"活动中,省属企业共捐款1.0871亿元。其中,交通集团、粤电集团、广晟公司各捐款1200万元,广新控股、粤海集团、广业公司各捐款1000万元,获得了"广东扶贫济困红棉杯金杯"奖。2011年,省属企业捐款达1.0938亿元,交通集团、粤电集团、粤海集团、广新控股四家省属企业各捐款超过1000万元,获得了"广东扶贫济困红棉杯"金杯奖。在2012年的"扶贫济困日"活动中,省属企业共捐款过亿元,其中交通集团、粤海集团、粤电集团各捐款过1000万元。在连续三年的"扶贫济困日"活动中,其他省属企业均能倾其所能,积极组织本单位干部员工认捐扶贫款项,以最大能力回报社会。2010年、2011年部分企业具体捐款情况如表12-1、表12-2所示。

表12-1 2010年"广东扶贫济困日"认捐1000万元以上的省属企业

编号	单位	金额(万元)	获奖情况
1	交通集团	1200	红棉杯金杯
2	粤电集团	1200	红棉杯金杯
3	广晟公司	1200	红棉杯金杯
4	粤海集团	1000	红棉杯金杯
5	广新控股	1000	红棉杯金杯
6	广业公司	1000	红棉杯金杯

资料来源:根据广东省国资委网站资料整理。

表12-2 2011年"广东扶贫济困日"认捐500万元以上的省属企业

编号	单位	金额(万元)	获奖情况
1	粤海集团	1500	红棉杯金杯
2	交通集团	1300	红棉杯金杯
3	粤电集团	1300	红棉杯金杯
4	广新控股	1291.83	红棉杯金杯
5	广晟公司	500	红棉杯银杯
6	广业公司	500	红棉杯银杯
7	物资集团	500	红棉杯银杯
8	机场集团	500	红棉杯银杯
9	航运集团	500	红棉杯银杯

资料来源:根据广东省国资委网站资料整理,数据统计起止时间:2011年6月1日至2012年6月20日。

除了参加扶贫济困日捐款外，省属企业还积极响应省委、省政府的号召，开展形式多样的扶贫济困日活动，如开展访贫慰问活动，在每年6月30日前后，省属企业组织党员、团员和干部员工到对口帮扶村，共同开展特殊党日活动、党团组织活动及走访慰问贫困户等。

（二）扶贫"双到"工作

2009年6月，广东正式实施"规划到户、责任到人"扶贫新模式。"扶贫双到"的概念是由广东省在中国扶贫计划中创造出来的，并针对扶贫提出：规划到户，责任到人。扶贫开发"双到"工作有很强的现实针对性。省委、省政府从广东经济社会发展全局出发，针对广东省区域发展不平衡、城乡和贫富差距不断拉大等问题，坚持"政府主导、社会参与、自力更生、开发扶贫"原则，创造性地提出"扶贫开发，造血重于输血"这一重要战略举措。省属企业积极响应省委、省政府号召，落实省委、省政府扶贫工作部署，开展了以发展种植养殖业、改善村基础设施、贫困户危房改造、捐学助教、发展特色产业经济等为主的扶贫开发项目，积极与帮扶村党支部开展一对一共建活动，指导基层党组织建设，取得了良好的经济效益和社会效益。根据相关资料显示，省属企业（含二级、三级企业）对口帮扶55个贫困村、贫困户5151户、贫困人口22815人。2010年和2011年两年共投入帮扶资金1.2亿元，其中2010年投入帮扶资金4468.8万元，2011年投入帮扶资金8236.3万元。截至2011年底全省被帮扶贫困户人均年纯收入达6111元，已有近32万户、137万人摆脱贫困，脱贫率超过85%。2012年，活动募集款项重点用于扶贫开发"双到"工作，支持高寒山区6万户、30万人搬迁项目以及贫困老区的基础设施建设。

（三）捐资助学

调研资料显示，省属企业除了关注企业所在社区的文化教育建设之外，还积极援建希望小学支持国家基础教育事业，共同为农村贫困地区基础教育事业添砖加瓦。省属企业积极响应省委宣传部号召，向欠发达地区县级图书馆捐赠图书资料。2010年，旅游集团有限公司下属企业广东旅游出版社向欠发达地区县级图书馆捐赠图书共490册、向汕头潮南老区贫困学校捐赠图书共412册；2011年，向广东省捐赠换书中心捐赠图书32款共540册、向大庆农家书屋捐赠图书50款共3000册，向"百家出版社文化助残公益行动"捐赠图书49款共1051册，两年来共捐赠图书5493册，折合人民币3.2万元。

如粤电集团历来重视并积极开展了各种爱心助学活动。通过"粤电集团爱心助学基金"，结对帮扶陆河县希望小学贫困生共66人。截至2011年底，粤电集团系统单位和个人历年来捐助的失学儿童近2000人，建立希望小学5所，帮扶贫困村落15个。在捐资助学方面，中旅集团则结合自身行业特色，主办"红色之旅捐建希望小学"的活动。为庆祝长征胜利70周年，2006年8月，中旅集团联合"南方日报"等单位主办了中国旅游史和中国传媒史上具有重大意义的项目——"重走长征路、喜愿传中国——纪念长征胜利70周年大型联合采访暨红色自驾之旅"，途经8省区，行程近8000公里，组织捐款、捐建希望小学共100多万元，充分展示了新时期广东人致富思源、富而思进的新风采。而粤海集团下属公司则为希望小学学生开展"知路、爱路、护路"知识讲座，从知路、爱路、护路三个方面向全校师生讲解《中华人民共和国公路法》、《公路安全保护条例》等相关法规；介绍高速公路的特点以及高速公路上的禁止事项；并结合实际向学生们介绍公路上的交通安全知识，提高学生们的安全意识，以更好地保障自身安全。

二、实践亮点

(一)"授人以渔"式的产业扶贫显成效

早在 18 世纪，现代西方经济学的开山鼻祖亚当·斯密说，如果企业单纯是为了做公益而做公益是一定不会成功的。相反，如果一家企业在追逐自己的利益时，还带来了相应的社会利益，这种效果要比它真正想促进社会利益所得到的效果大得多。[①] 公益事业是省属企业履行社会责任的一部分，是回馈社会、贡献社会，力所能及地为社会和公众解决实际问题的公益行为。但是，偶然的捐赠和功利性公益活动，会引起公众质疑其公益活动的动机，只有参与持续性的公益事业才能赢得公众支持和赞赏，从而为企业建立长久的公信力、树立良好的品牌形象。

省属企业"授人以渔"式的产业扶贫示范基地已初见成效。传统的扶贫理念，只注重给钱给物的短期"输血"，却缺乏能够"造血"的长效脱贫机制。没有产业和就业，就没有长效脱贫的基础和支撑。产业扶贫是提升贫困地区、欠发达地区发展能力、保障贫困农户致富的长远之策。省属企业历来高度重视产业扶贫开发工作，把产业扶贫的发展、贫困村户的增收作为重中之重来抓，成功走出一条独具广东特色的产业扶贫开发之路。在产业扶贫工程组织实施过程中，省属企业坚持"输血"与"造血"相结合，积极培育贫困村发展特色主导产业，通过培育先进的扶贫龙头企业、专业合作社带动农业产业化，引进先进的科学技术、科学的管理模式和雄厚的启动资金，建立扶贫企业与贫困户互利共赢的新型合作关系，实行帮带脱贫，示范带动，实现"授之以渔"的目的，支持引导贫困户发展规模化、商品化生产，创造了许多成功的案例。

其中，丝纺集团产业扶贫模式成效显著。丝纺集团顺应经济发展规律，成功组织实施了蚕桑基地由珠江三角洲老区向粤西、粤北地区的战略转移，先后在湛江、茂名、阳江、韶关、清远等地建立了 50 多个县市子公司，投入 3 亿元资金，形成了配套一条龙的育种、生产、收烘、储运基础设施，实行"公司+农户"生产经营模式，巩固产业链、完善贸工农一体化体制，有许多成功的范例。其中，集团属下广东始兴县金兴茧丝绸有限责任公司的"公司（缫丝厂）+农户"是茧丝绸业发展的一个方向。金兴公司改制前已是破产企业，通过注资收购地方缫丝厂，形成茧、丝规模生产，创造了集团公司贸工农一体化的"始兴模式"，厂丝质量由平均 2A 级提高到最高级 6A 级，改写了广东不能生产高等级厂丝的历史。其规模、效益在同类企业中名列前茅，2006 年净资产达 1129 万元，利润 329 万元，实现了农民致富、企业增效、财政增收的"三赢"，成为省农业龙头企业。金兴公司经营缫丝厂并联结农户养植蚕桑，投入"信誉投资"和实行保护价及优惠价。这些给农户的优惠，实际上是公司基于长期的利益分配。当蚕茧价格高时，生丝的价格也高，缫丝厂获利较高，可以实行优惠价，同时储存部分利润。当蚕茧价格低迷时，生丝价格也低迷，缫丝厂可以拿出部分利润，实行保护价。这样，保护了农民利益，稳定了蚕桑生产，也保护了双方的合作关系，形成良性循环，双方的长期利益都得到实现。

[①] 张虎. 企业公益战略. 中国经济出版社，2010.

● **案例**

广弘公司打造"永不谢幕"的长效帮扶项目

按照广东省委、省政府关于扶贫开发"规划到户、责任到人"工作的重要部署,广弘公司从2010年起对口帮扶清新县石潭镇南楼村。3年来,公司从以下方面开展帮扶工作:

(1)发展"公司+农户"模式的家禽养殖业。由公司下属广弘食品集团为贫困户提供鸡、兔、鹅、猪等禽畜种苗,养成后经广弘公司统一收购或提供统一的销售渠道。根据贫困户的家庭条件、劳动力数量、饲养经验等情况,有针对性地向各户提供不同种类的种苗和分配养殖数量,并向养殖户提供养殖技术、发放一定的养殖成本补贴和销售差价补贴。贫困户通过市场销售出养殖的家禽后,当年纯收入增加7.01万元。

(2)积极探索"公司+合作社+基地+农户"的产业扶贫新模式,努力打造"永不谢幕"的长效帮扶项目。公司根据南楼村山多地少的特点,采取"公司+合作社+基地+农户"的模式,种植中药材。农民提供土地、人力,负责中药材种植、管理。广弘公司下属广弘医药公司负责技术支持,统一保底收购中药材,确保农民有稳定的收入。

(3)深化产业扶贫成果,建立产业基地,促当地经济结构调整和特色农业发展。公司积极探索产业扶贫项目,决定由下属广弘医药有限公司与清新县合作,建设"华南现代中医药健康产业基地"项目,计划用5年时间,将中药材种植基地推广至10000亩以上,规划建设占地超3000亩,建成后将成为"政、产、学、研、工、贸、游"七位一体的健康产业基地。

(二)扶贫开发工作系统化

课题组在调研中发现,省属企业的社会公益意识加强,开始逐步把慈善捐赠和扶贫开发工作融入企业长期发展战略。省属企业意识到进行公益活动本质上是一种长期的自利行为,有利于企业建立良好的外部环境,树立良好的企业形象,有利于提高企业的经济效益和社会效益。省属企业对外捐赠和扶贫开发时,充分考虑自身经营规模、行业特色等综合因素,坚持量力而行原则,合理确定对外捐赠支出和选择扶贫开发模式。在扶贫开发工作中,企业领导重视,反复研究和分析扶贫方案,选派驻村干部,落实各项帮扶措施,形成较为系统的扶贫开发工作模式:

(1)企业认真制订帮扶规划和实施方案。例如,广弘公司经过深入调查研究,公司董事会、党委会多次召开会议,对帮扶工作计划、实施方案和有关项目进行反复研究和分析论证,作出"三年计划、两年完成"的决策,并制订了《广弘公司扶贫开发"规划到户、责任到人"工作总体规划及资金使用计划方案》。粤海集团属下广东粤港投资控股有限公司的领导则亲自深入帮扶村调研,考察帮扶村的道路交通状况、水利设施、医疗条件等,指导制订帮扶方案。

(2)选派得力的驻村干部。驻村干部深入基层,密切联系贫困户,落实各项帮扶措施。

(3)做好产业扶持、科教扶持,完成各项"双到"任务。如广弘公司扶持帮扶村的水利建设、村容村貌建设和村委会办公楼重建,村道硬底化、全部铺通自来水管道,帮扶贫困户完成危房改造,资助小学建设体育场和多媒体科学实验室,向农家书屋捐赠农科技术图书,以及组织干部职工通过爱心捐款开展扶孤助学活动等。粤海集团下属企业广东粤港投资控股有限公司筹措帮扶资金74.5万元，帮扶恩平市大田镇黄沙村购置两间商铺，并于2006年2月成功招租，为该村增加年租金收入约30000多元，实现帮扶村集体经济脱贫目标。同时，为了规范该商铺的权属，驻村工作组还协助黄沙村委员会制定了《广东粤港投资控股有限公司扶贫项目——大田镇黄沙村委员会商铺管理办法》，明确规定了该商铺的权属、产权管理、出租原则和收益分配等，加强对商铺的租赁管理，监督收益分配的落实，确保村民权益。

> ● **案例**
>
> **粤电集团"四型"扶贫开发新模式**
>
> 自2010年以来，粤电集团积极贯彻落实广东省委、省政府扶贫开发"规划到户、责任到人"的相关政策要求，已经直接投入330万元帮扶汕尾市陆河县东坑镇东坑村，创新性地实施了"导向型、扶持型、造血型、惠民型"相结合的"四型"扶贫开发新模式，通过开展"一村一基地"、"一户一法"、就业技能培训和助学帮教等帮扶措施，帮助村集体经济和贫困户发展种植养殖业，使得村集体经济和贫困户的家庭收入得到大幅度提高。同时，通过兴修水利、危房改造、安全饮水等帮扶措施，极大地完善了东坑村的基础设施，顺利完成了省委、省政府下达的各项年度考核指标。截至2011年12月30日，东坑村207户贫困户中已有202户顺利实现脱贫，贫困户人均年纯收入超过4200元，脱贫率达到97.6%，比省考核指标要求超出17.6%；住房困难户危房改造年度完成率达到100%，共有32户住房困难户完成了危房改造，有12户住房困难户完成了老旧房屋修缮；新农村合作医疗保险覆盖了全村人口，60岁以上老人100%参加了新农保，67户低保户全部实现应保尽保；村集体经济收入达到7.64万元，比省考核指标要求高出154%。基本实现了"双到"工作三年任务二年完成的目标。

第二节 对口援建

对口援建是由经济发达或实力较强的一方对经济不发达或实力较弱的一方实施援助的一种政策性行为，是社会主义政治制度下协调地方政府之间关系的一种有效的管理制度，是中央政府宏观调控手段。[①] 20世纪50~60年代，中央政府提出"城乡互助，内外交流"的政策，有计划地组织全国的商品流通和商品供求平衡。尽管当时没有明确提出"对口援建"的概念，但是一些地区之间的交流与协作已形成相当规模，沿海部分省市长期支援新疆、西藏等边疆地区的发展。2008年5月12日发生汶川特大地震，同年6月11日，国务院办公厅印发了《汶川地震灾后恢复重建对口支援方案》，

---

① 北京大学新闻与传播学院《汶川灾后重建模式研究》课题组. 汶川灾后重建模式研究——以广州市对口援建汶川县域威州镇为例. 经济研究参考，2011（14）.

确定广东、江苏、上海、山东等19个省（市）立即开展灾后恢复重建对口支援工作。按照中央要求，对口支援坚持"硬件"与"软件"相结合，"输血"与"造血"相结合，当前与长远相结合，调动人力、财力、物力、智力等多种力量开展支援。

一、总体情况

在广东省委、省政府的领导下，省属企业勇于承担对口支援任务，圆满完成汶川震后重建工作，稳步推进支援新疆和西藏的建设，成绩显著。

（一）对口支援汶川震后重建

为切实加强广东省对口支援汶川县灾后恢复重建项目管理，确保高水平完成对口支援汶川县灾后恢复重建任务，根据国务院《汶川地震灾后恢复重建条例》、《汶川地震灾后恢复重建对口支援方案》和《广东省对口支援地震灾区灾后恢复重建工作方案》及相关规定，经省政府常务会议研究通过《广东省对口支援汶川县灾后恢复重建项目管理暂行办法》，于2008年12月2日印发。根据该文件，援建项目组织实施方式有"交钥匙"方式实施的项目、"资金补助"方式实施的项目、"合作共建"方式实施的项目。省属企业在上述条例及暂行办法的指导下，在省委、省政府的领导和统一部署参与汶川震后重建。各省属企业在汶川地震后，迅速捐资捐物。例如，四川汶川地震后仅3天，交通集团就向灾区捐款600万元以及捐赠价值600多万元大型工程机械设备一批，并陆续组织捐助，企业及员工捐款累计1192万元，免除救灾车辆通行费400多万元。粤海控股向汶川灾区捐款320万元，组织内地企业员工捐款807018元，香港员工捐款108880港元。广业公司共捐款、物折合人民币617.5万元。其他省属企业均积极参与捐款捐物或震后重建。

在广东对口支援汶川震后重建取得的成绩中，省属企业做出了极大贡献。广东对口汶川震后重建，规划实施过程中注重将规划布局与项目安排相结合，以规划布局项目，以项目落实规划，取得了较好的实施效率。截至2010年4月，广东援建项目开工702项，完工614项，累计投资66.23亿元。农村居民住房、城镇居民住房、城乡供水设施、城乡道路设施、社会福利设施、文化体育设施、农村公共服务设施、农产品流通设施、防灾避灾设施等"十大民生工程"共333个项目建成并交付使用。

（二）对口支援新疆建设

对口支援新疆建设是省属企业承担的重要社会责任。广东省（含深圳市）对口援建新疆喀什地区"两市三县"，即：喀什地区疏附县、伽师县、兵团农三师图木舒克市。2012年5月30日，第三次全国对口支援新疆工作会议在北京人民大会堂召开。根据第三次全国对口支援新疆工作会议精神，广东省国资系统分解具体的任务，把对口援疆工作落实到具体的省属企业，通过建立和完善考核激励机制等措施，促进对口援疆工作再上新台阶。广弘公司与新疆当地合作伙伴共同开拓新疆食品、中药材等物资流通领域的商贸机会；广新控股集团将新疆当地优惠政策转化为企业竞争成本优势，建设好现有的棉纱项目；广晟公司和广业公司在农三师完备自身权证资料后，加强矿产资源开发合作；粤电公司开展与农三师合作开发天然气发电项目的初步可行性研究；丝纺集团利用喀什地区的广东商品城、广州城、保税区展销产品;广晟公司与塔什库尔干塔吉克自治县签署《矿产资源风险勘探开发意向书》,结合喀什地区矿产资源开发的"十二五"规划要求,按照国家相关法律政策,积极筹集资金,分阶段进行资源勘探。省属企业采取有效措施切实做好对口援疆工作,取得显著成效,推动受支援地区的社会经济发展。

(三) 对口支援西藏建设

对口支援西藏的建设是省属企业承担的另一项重要社会责任。广东省属企业在自身发展的同时,投入资金、人力等参与到支援西藏建设的工作中。自广东第六批援藏工作队2010年7月进藏后,新一轮广东支援西藏建设发展的工作正式启动。在省财政厅的支持下,全部完成2012年3.6亿元的计划投资,已带动第六批援藏90%以上的项目进入前期准备工作,为2013年项目建设打下了坚实基础。第六批援藏项目总数133个,计划投资11.7484亿元。截至2012年初,共投资3.6189亿元,启动项目38个,竣工20个。2012年3月份又下达55个项目,大部分正在开展前期工作。尤其是两批先行项目启动早、实施快、效果好,使广东援藏工作项目建设走在全国前列。[①]

省属企业参与广东省第六批援藏队实施的重点援藏项目有:西藏林芝地区八一镇福清河景观带建设及民族特色改造、八一镇中心湿地公园建设、鲁朗国际旅游小镇建设和波密县扎木镇民族特色化改造等。有"西藏江南"之称的林芝地区,风景秀丽,是藏东南重要的生态安全屏障。374万公顷的林地面积,264万公顷的森林面积,46%的森林覆盖率,是林芝最重要的生态资源,也是林芝发展受限最大的因素。参与援藏的省属企业根据自身经营行业,开拓出具有特色的援藏项目,成效显著。

二、实践亮点

(一) 基础工程项目援建

广东省对口援疆的喀什地区位于新疆西南部,全区总面积16.2万平方千米,东西宽约750千米,南北长535千米。喀什市是我国最西部的一座边陲城市,历史上是著名的"安西四镇"之一,是具有2000多年历史的古老城市。地广人稀,农村基础设施不够完善,与内地的经济、人员交往不够便利,群众就业致富门路不够宽。所谓"路通财通",省属企业在援疆工作中,加强公路、大楼等基础设施的建设。例如,交通集团无偿援建主干公路。集团先后派出援藏、援疆、驻村扶贫干部17名。2005年,集团所属广东省公路建设有限公司承担无偿援建西藏林芝地区八一镇永久新区1.7千米主干道,投资2200万元;捐款70多万元支援当地购买交通运输车辆。2008年集团所属广东省高速公路有限公司向西藏林芝地区捐款200万元。2012年,根据省国资委《关于支持解决援藏项目经费的函》(粤国资函〔2012〕8号),集团下属企业出资450万元,支持省国资委对口援藏单位——西藏林芝地区易贡茶场道路建设。此外,广业公司援建林芝地区人民医院。2005~2009年,在省委、省政府和省国资委的支持和关心下,广业公司投资207.57万元援建林芝地区人民医院制氧

---

① 黄应来. 广东新一轮援藏已投入3.6亿元. 南方日报, http://www.gpc.com.cn, 2012-03-30.

中心项目。该项目于2007年3月建设，6月底基本完工，7月竣工验收，2008年3月15日全面投入使用。2009年8月，该项目正式移交捐赠林芝地区人民医院。该项目的建成投入使用，基本保证了林芝人民医院内部用氧，发挥了显著的社会效应，为林芝地区医疗事业发展做出了贡献。

● 案例

建工集团援藏项目工程质量优良

由广东建工集团林芝工程指挥部承建的广东第二批援藏重点项目12项工程——广东文化中心、广电中心、农机培训中心、建设大厦、审计大楼、经贸大厦、新华社林芝记者站、干部培训中心、电力调度中心，建筑面积24717平方米；中山大道、深圳广场、广东文化广场道路及广场面积54350平方米。广东第二批援藏重点项目，设计新颖，设备先进，施工组织严密，经消防检测、防雷检测、电梯检测、高低压供电系统试验及初步验收和竣工验收，达到了国家竣工验收标准，经林芝地区广东第二批援藏重点项目竣工验收领导小组一致评定，广东建工集团林芝工程指挥部承建的12项援藏工程质量等级全部为优良，已经交付使用。林芝工程指挥部在承建援藏工程中站在讲政治的高度，积极响应党中央关于"全国支援西藏，广东对口支援林芝"的口号，肩负广东省委、省政府，广东省建设厅的重托，代表广东建工集团全体员工，在工程建设中发扬无私奉献精神，克服了工作和生活的诸多困难，坚持高标准、严要求，严格按设计图纸施工，充分体现广东建工集团务实、团结、拼搏、创新的精神风貌。12项工程从开工到以优良工程通过验收，仅用了418天的时间。林芝地委行署、林芝地委组织部、林芝建委分别赠广东建工集团及指挥部"不负重托，造福林芝"、"共建百年业，同筑粤藏情"、"严管理、高质量、讲奉献、树形象"的锦旗。

（二）产业援建

项目援建是"输血"，产业援建是"造血"。对口援建工作开展以来，省属企业开拓进取，勇于创新援建模式，各类增强援建地区自我"造血"功能的长效援建机制不断推出，产业援建成为重要的援建方式。产业援建实施的是"政府主导、社会参与、市场运作、多元投资"机制，促进广东省属企业产业嫁接、转移到援建地区，帮助当地发展优势特色产业，推动援建方的产业升级，又加速受援方的产业发展，为受援建地区人民群众拓宽了劳动致富的门路，推动对口援建地区的经济发展，为其注入新的活力。按照中央部署，2011~2015年，广东省将安排援疆资金63.27亿元，计划援助项目120多个。其中，2011年为10.78亿元78个项目，当年底资金100%到位、项目100%完成；2012年11.64亿元73个项目正在顺利实施。新疆疏附县的广东商品城，疏附县的广州新城、伽师县的今日景艺和嘉纳仕摩托车生产、农三师的永林奶山羊和锦兴国际棉纺等大项目，是广东"产业援疆"六大亮点项目。

> ● **案例**
>
> ### 广新控股喀什棉纺项目
>
> 2011年11月23日,年加工2.5万吨籽棉的喀什广新纺织股份有限公司轧花厂在喀什投产,这标志着广新20万锭棉纺织生产研发物流项目迈出了实质性的一步。广新控股积极响应中央对口支援新疆工作会议精神和广东省委、省政府关于抓好对口支援新疆的工作部署,曾先后5次组织专家和技术骨干到伽师实地考察,围绕棉花种植和棉纺织生产、研发、物流配送等进行调研。在广东省对口援疆工作前方指挥部和佛山市驻伽师工作队的积极支持和争取下,广新控股决定投资6.5亿元援建20万锭棉纺织生产研发物流项目。2010年9月30日,广新控股与伽师县人民政府签署了《投资合作框架协议》,被广东省发改委确立为广东省援疆工作"一号工程"。2011年5月,喀什广新纺织股份有限公司在伽师挂牌成立。通过半年时间的建设,轧花厂主厂房、综合办公楼、设备安装调试等工作如期完成并顺利投产,2012年6月首期10万锭棉纺织项目也投产。该项目包括建设棉纺织生产中心、国家级棉纺科技研发检测中心、南疆棉纺电子交易及现代物流配送中心,建成后年销售收入15亿元、年创利税2亿元,创造就业岗位3500个。项目建成后,不仅可延伸广东纺织产业链,还将有力地推动伽师乃至喀什地区农业、工业和商贸业的发展,增强受援地可持续发展能力。

(三) 经营模式援建

西藏作为自然条件相对恶劣和经济社会发展水平较低的地区,省属企业在对口援藏中坚持把"输血"型援藏和"造血"型援藏相结合,并在实践中逐渐加强"造血"型援藏,在长期的对口支援西藏建设中创立了项目援藏、人才援藏、技术援藏、资金援藏和经营模式援藏的多种形式。例如,广东对口援助的西藏林芝地区旅游资源非常丰富,省援藏工作领导小组协调会议要求中旅集团承办旅游援藏工作任务。旅行社业务是中旅集团的优势经营业务。2010年,中旅集团在全国26000家旅行社中,首次跃居全国百强旅行社第一位,该集团在旅行社经营、酒店管理方面有着丰富的管理经验。从2011年第四季度开始,中旅集团积极参与"林芝鲁朗小镇旅游建设"的援建项目,集团党委高度重视,及时召开党政联席会议,并立即进行了部署,集团领导先后6次赴林芝考察,积极推进各项工作任务的落实,把集团先进的经营管理理念在援建的项目中推广。2012年3月,集团成立了援藏工作领导小组,并将援藏工作列入集团年度五大主要工作任务进行考核管理。

> ● **案例**
>
> ### 中旅集团旅游援藏
>
> 中旅集团从以下方面进行旅游援藏:
>
> (1) 中旅集团结合自身行业优势援助西藏建设。2012年3月,集团积极拓展西藏旅游市场,成功并购控股了原林芝生态国际旅行社,并精心设计推出了近10条涵盖林芝、拉萨地区

的精品旅游线路，依托广州、成都、重庆及北京、上海等经营网络，着力推广林芝旅游产品，业务快速发展。截至2012年7月，实现收入1500多万元，服务接待游客过万人次，已成为林芝地区经营实力最强的旅行社，为引客入藏旅游做出了积极贡献，受到了林芝和西藏旅游管理部门的高度评价。

（2）高端旅游汽车公司已启动报批程序。规划建设国际一流的高原旅游车队是鲁朗国际旅游小镇建设配套项目之一。项目计划投资6200万元，购置适应高原旅游、会议、接待需要的5类型高端车辆75台。

（3）林芝地区导游培训及管理工作顺利推进。针对林芝地区导游人才缺乏的现状，集团制定了面向林芝地区旅游从业人员开展导游（景区讲解员）培训的工作方案，向相关部门正式申请设立广东中旅林芝导游服务管理中心。集团计划用3年时间，对林芝地区，包括西藏全区户籍的目标人群有选择地培训1000名导游（景区讲解员）。培训地分别设在林芝和广州。集团已责成属下旅游培训学校开始制定培训方案及授课教材，并正联合西藏自治区旅游局向国家旅游局申请经该中心培训合格人员的导游证的资质认证。

第三节　灾害救助

灾害救助是社会救助的重要组成部分。为了让灾民摆脱生存危机，国家或社会组织对灾民进行抢救和援助，在衣、食、住、医等基本生活资料方面给予其最低生活水平的保障，同时使灾区的生产、生活各方面尽快恢复正常秩序。在灾害发生和影响的特殊社会环境下，维护和保障灾民的基本生活需要，解决灾害社会问题，努力减少人员伤亡，最大限度地减轻国家和人民群众财产损失，尽快恢复基础设施，保障灾民基本生活，促进社会公平，维持社会稳定，推动社会发展。

一、总体情况

广东省属企业勇于承担抢险救灾的重任。在2008年1月雪灾殃及中国19个省份、汶川"5·12"大地震、2010年4月14日青海玉树7.1级地震等重大自然灾害面前，广东省属企业第一时间响应，组织力量抗灾救灾，捐款捐物，尽最大努力帮助灾区人民。同时，广东气候灾害种类多，出现频繁，平均每年有3.9个热带气旋登陆广东，在全国各省中是登陆最多的省份。另外，还有寒潮、低温霜冻、低温阴雨、冰雹、暴雨洪涝、干旱、寒露风、霜降风等自然灾害。面对突发的自然灾害，省属企业作为灾害救助的主力军在省国资委的统一部署下，全力地参与灾害救助，抢险工作有组织，行动迅速，始终把人民群众的生命和财产安全放在首位。广泛发动各企业干部职工的力量，拓宽救灾资金和物资筹集渠道，建立社会化救灾资金投入体系，使灾害救助工作更具开放性。建立救灾物资仓储设施，储备救灾物资。救灾物资储备管理制度的建立，在紧急安排灾区群众生活方面发挥着不可替代的作用。

二、实践亮点

在重大自然灾害面前,省属企业领导重视,不畏艰险,反应迅速,抢险救灾行动有组织、高效率,方法科学,能发挥业务优势抢险救灾,研制新型抢险工具,抢险队伍专业,保护人们群众的生命财产安全,涌现出许多感人故事。

(一)发挥业务优势抢险救灾

省属企业以群众安全为己任,利用业务优势,组织了常备的抢险救灾队伍。如交通集团发挥业务优势,组织专业队伍,是广东公路交通抢险救灾的先锋队、应急保障的主力军,在抗冰救灾、扶贫、抗洪抢险等硬仗中,成为省内可以信赖、能够战斗、贴心服务、无私奉献的铁军。建工集团利用专业施工资质和优势,成立了房屋建筑、地基基础、大型钢构安装和水利电大等5支突发事件应急抢险队,以及依托省水电三局、省源天公司成立的省防洪防汛抢险二队、四队,参加了多次政府组织的应急救援,出色完成了多项防洪防汛抢险任务和灾后重建任务。

● **案例**

交通集团抢险救灾先进事迹

建成乐昌"爱民桥"。集团所属长大公司承担了被洪水冲毁的两座桥梁设计施工总承包的艰巨任务,经过10个月的奋力拼搏,比原计划提前3个月通车,被乐昌群众称为"爱民桥",建设队伍被当地干部群众誉为抗灾"铁军"。2007年5月31日,时任中共中央政治局委员、省委书记的张德江同志对此作了重要批示;6月5日,时任省长的黄华华同志也作了批示。

打通冰封京珠北。2008年初,百年一遇的特大低温冰雪灾害突袭粤北。京珠北高速公路大部分路段因结冰而被迫封闭。集团先后投入人员21000人次、出动机械设备11500多台次,破冰里程达450公里,清除冰雪9万立方米,将反复冰封的京珠北高速公路全线抢通,保障了数万名受困司乘人员平安回家过春节。

阳江海陵岛抢险。2008年9月23日,台风"黑格比"冲毁广东阳江海陵大堤,集团所属长大公司立即组织抢险队伍、机械抵达海陵大堤,展现"铁军"风采,与兄弟单位携手抢通受损的海陵大堤。经过集团所属长大公司近半年的紧张施工,海陵大堤顺利修复,确保了海陵岛十万群众的安全与大陆的道路畅通。

阳春抢险救灾。2010年9月20日,受台风"凡亚比"影响,广东阳春遭遇200年一遇的特大暴雨袭击,部分村镇受灾严重,房屋倒塌,交通通信和水电设施损毁中断。集团所属长大公司等单位奋力抢险,抢通省道371线阳春至信宜马贵路段,为灾区开通了一条运送救灾物资的生命便道。

(二) 成立专业抢险队伍

广东省三防机动抢险一队成立于 2001 年 6 月 8 日，是经省三防总指挥部和省水利厅命名、由省属企业水电集团组建的广东省第一支防汛抢险专业队伍。为加强抢险队领导，确保完成省三防下达的各项抢险任务，建立健全了抢险队的领导机构和各职能机构。设有机械设备分队、机电物资分队、开挖分队、混凝土分队、基础工程分队、潜水班、后勤组等机构，由分公司经理担任分队长或组长。多年来，广东省防汛抢险机动队在省委、省政府的正确领导下，积极响应省三防总指挥部和省水利厅的号召，大力弘扬伟大抗洪精神，全面履行职责，全力以赴参与抗洪抢险，较好地完成了各项任务，以实际行动展现了广东省防汛抢险机动队"招之即来，来之能战，战之能胜"的"铁军"形象，得到了各级领导的肯定与赞扬，连续被省委、省政府和省三防总指挥部评为"广东省抗洪抢险救灾先进集体"。2005 年，抢险一队被省三防总指挥部评为"抗洪抢险救灾先进集体"；2006 年，被省委、省政府评为"广东省抗洪救灾模范集体"，被省国资委评为"抗击台风和救灾复产先进集体"；2007 年，被省三防总指挥部评为"抗洪抢险工作表现突出集体"；2011 年，被省三防总指挥部评为"全省防汛防旱防风防冻先进集体"。

● 案例
广东省三防机动抢险一队抢险事迹

近几年广东省三防机动抢险一队抢险事迹：

2009 年 5 月 7 日，广州遭遇历史罕见的特大暴雨，造成广州地铁三号线广州东站隧道内大面积积水，地铁停运。作为两个"广州地铁亚运应急保障队伍"之一，抢险一队接到广州地铁总公司紧急救援通知后，迅速反应，组织抢险，确保了广州东站地铁正常通车。

2010 年 5 月 7 日，广州遭遇了历史罕见的特大暴雨，上千方地面排水倒灌进广州地铁三号线林和西路广州东站、二号线磨碟沙站，造成隧道内大面积积水，地铁停运。抢险一队迅速组织机械设备和 100 多名工程人员紧急奔赴抢险第一线，全力排险，最终赢得了抗洪抢险的胜利。7 月 22 日，台风"灿都"在鉴江口闸坝工程所在地的吴川吴阳镇登陆，最大风力达 13 级。抢险一队全体动员，全力以赴，完成了抗洪抢险任务。

2012 年 4 月，集团控股公司粤水电与增城市防旱防汛防风指挥部办公室正式签订《增城市三防机动抢险队协议》，共同组建增城市三防机动抢险队。5 月 3 日中午，增城市新新路段发生险情，粤水电临危受命，接到通知后立即组织三防机动抢险队出动，经过不懈的努力，终于成功排除险情。5 月 9 日下午，粤水电三防机动抢险队参加增城三防总在增江龙舟场馆东区段举行增城市洪水灾害救援演练。

(三) 自主研制新型抢险工具

重大自然灾害突发而来，为确保人民群众生命和财产安全，抢险救灾工作既要及时迅速，还要有科学性。这就要求进一步提高抢险实战水平和应急处置能力，切实增强防汛减灾工作的预见性、科学性，把握防灾减灾的主动权，时刻做好防大汛、抢大险、抗大灾准备。同时，预警工作要再完善，全面考虑极端天气准备、预警预报方式、重大险情抢护、群众安全转移、物资调拨路线、通信联络方式等方面，制订科学合理、操作性强的防汛抢险方案。在使用抢险工具方面也要有科学性。例如，广东建工集团省水电三局研制的移动式虹吸抢险泵拥有4项国家专利，历经从化吕田镇鱼洞水库、清远市黎溪镇粗石坑水电站及阳江市大滑水库等应急抢险任务考验的三防抢险利器，在赤坎水库抢险会战中，再一次发挥其作用。

● 案例

科学抢险——自主研制新型抢险工具

2011年6月下旬，受热带风暴"海马"及连续强降雨影响，湛江市赤坎水库出现险情，有垮坝危险。省三防总指挥部第一时间组织了省水电三局等单位携带移动式虹吸抢险泵赶赴现场抢险。在现场，专家组了解到，出现险情的输水涵管渗水严重，有关单位正在以铺设彩条带和投放沙包的方式堵塞渗水口，通过降低渗水量稳定险情。但要彻底排除险情，就必须尽快抽干水库，对渗水口进行修复加固。于是，专家组决定，立即安装移动式虹吸抢险泵，以确保尽快彻底排除险情。为了及时排除险情，抢险队员不顾个人安危，直接跳到了齐腰深的水中安装设备。27日晚上8点，经过全体安装人员的不懈努力，第1套移动式虹吸抢险泵成功开始抽水。28日，另外4套移动式虹吸抢险泵陆续安装完毕，顺利投入运行。在5套移动式虹吸抢险泵的共同作业下，赤坎水库的水位开始呈现下降趋势。为了确保完成抢险目标，省防总再次发布调令，命令省水电三局等单位从茂名、韶关等地紧急调运6套移动式虹吸抢险泵增援现场。截至6月30日，水库现场一共安装了11套移动式虹吸抢险泵，水库水位下降速度大大加快。至7月5日上午，水库水位已经降到了修复渗水口的需要高度，现场进行围堰施工并进行全面的修复加固。至此，赤坎水库的险情得到了彻底解除，省水电三局再次圆满完成了省防总部署的抢险任务。

第四节　社区参与和发展

企业参与所在社区的建设是企业承担社会责任的形式之一。企业社区参与是企业与社区的互动，包括企业依据自身活动对社区的影响并推动利益相关方参与，企业回馈所在社区，出资出力支持社区建设，与社区分享共同利益。一般而言，社区参与和发展包括：参与社区教育和文化建设、为社区居民创造就业机会、技术开发、关注社区卫生健康事业、社会投资等。企业参与社区的建设不纯粹是付出，因为企业在参与社区建设的同时，也会给企业带来有形和无形的利益，这些利益表现在企业形象优化、品牌建立和推广、业务增长等方面。企业参与社区建设实际上会带来"双赢"局面，更能证明企业参与社区公益作为企业可持续发展战略的科学性。随着改革开放的不断深入，原来由政府企事业单位包揽的社会职能开始逐渐回归社会和社区。社区建设作为一个系统复杂的工程，需要社会各界力量的参与，省属企业作为社区重要的构成单位，也必定在社区建设中发挥积极的作用，彰显其活力。

一、总体情况

省属企业主动履行社区参与方面的社会责任，企业为社区的文化教育建设投入了人力、物力和财力，提供和促进社区医疗健康服务，组织企业员工志愿者服务社会，为社区人员及高等院校学生提供实习机会，受到社区群众的好评。

（一）参与社区文化教育建设

参与社区文化教育建设是企业承担的社会公益责任之一。企业参与社区的文化教育建设，既是企业尊重所在社区利益相关方的利益和践行企业社会责任的具体表现，也是企业可持续发展的重要途径之一，它在有效地促进企业所在社区经济发展的同时，也为企业的自身发展提供和谐的环境。根据调研资料显示，省属企业积极参与自身所在社区及可能影响到的社区文化教育建设，取得较好的成绩。例如，自2004年以来，省旅集团下属企业广东新白云宾馆有限公司为企业所在社区华乐街在扶贫助学、幸福工程建设方面累计捐资2.2万元。2010年，根据省网球协会的资金短缺请求，交通集团所属广东省长大公路工程有限公司向该协会捐赠70万元。2011年为促进我国民间外交事业的发展，交通集团下属广东省高速公路有限公司向中国和平发展基金会捐赠400万元。另外，粤海集团为广东省粤港澳合作促进会（以下简称促进会）会长单位，为支持促进会有效运作，在效能方面充分发挥会长单位的主心骨作用，2011年，下属天河城集团向促进会赞助200万元作为运作经费。2011年，下属天河城集团为广东中华民族文化促进会捐赠50万元，用于出版一套"客家风情"集画册及拍摄其三集电视片，并把部分获奖产品铸成铜件，以便保留及作海外文化交流之用。广东省网球协会是中国网协一级会员单位，长期致力于推动广东网球界与国内外同行的交流与合作。2011年，属下天河城集团为配合广东省网球协会的业务发展需要，积极参与广东省文化体育事业建设，向其赞助100万元。

（二）提供和促进社区医疗健康服务

省属企业积极参与促进社区医疗健康服务。例如，2011年，粤海集团属下天河城集团向中山大学附属第一医院捐款150万元，向广东公益恤孤会捐款100万元，向广东省流通商会捐款50万元。此外，广弘公司在广东省第六届"山洽会"期间，为积极响应省委、省政府促进山区社会经济发展建设的号召，落实广东省人民政府2010年《政府工作报告》关于"全面推进医药卫生体制改革，完善三级医疗卫生服务网络，推进城市社区和农村基层医疗卫生机构标准化建设，继续实施公共卫生服务均等化项目"的工作，针对山区基层医疗机构基础装备薄弱的实际情况，向全省各山区基层医疗机构赠送约1000万元的医疗设备，解决山区医疗设备落后的状况。水电集团职工医院主动承担和提供促进社区医疗健康服务的社会责任，不定期选派院内、院外专家骨干深入工地一线、部队、乡村、学校、居民社区等地，为广大职工、群众送医送药，进行义诊、健康宣教等。活动过程中，医院人员热心地为前来参加义诊活动的职工、群众诊病、测血糖、量血压、身高、称体重等，并详细解答群众的咨询，就一些常见的医学常识进行了通俗易懂的讲解和宣传，使居民对自身健康有了更全面的认识。2004~2012年，职工医院共组织义诊多达50余次，服务职工、群众数万人。

（三）企业员工志愿者服务社会

省属企业支持和鼓励员工志愿者深入到社区提供公益方面的服务，解决公众一些切实的困难，为企业树立良好形象，得到社区居民的认可。20世纪90年代以来，企业员工志愿者活动实践证明，志愿者服务不仅是企业员工单方面的付出，对于企业而言也有回报。由于志愿者担负起与企业一致的社会责任，它可以促进员工对企业使命感的认同，加强员工对企业的归属感。这种企业公民行为的组织方式，既帮扶了社区有需要的群体，又有利于员工个人长远发展及贯彻企业使命。省属企业组织员工志愿者深入到社区提供公益方面的服务，在树立企业负责的形象方面有很大的帮助，因为社区志愿者活动被许多人看成是一种最真诚、最令人满意的社会参与方式。因此，企业公益活动值得借鉴之处，是企业员工志愿者的广泛参与。

（四）为社区人员提供实习机会

实践证明，财力雄厚的大企业有能力参与社区各项文化教育卫生建设，因为这些大企业有着充足的资本与丰富的资源，部分资金投入社区建设中也未必影响到企业的正常生产，即使企业参与社区建设的初期毫无经济回报，企业也能承受。但对于一些中小企业而言，不能盲目地参与超越自己承受范围的慈善活动。中小企业在搞好企业经营、做大做强自己的同时，参与一些力所能及的社区建设活动，为社区人员提供实习机会也是参与社区建设的一种方式。长期以来，省属企业支持社区建设和发展，主动承担为社区人员提供实习机会的责任。一些省属企业为社区人员和高等院校大学生提供实习机会，10多年来丝纺集团一直为广东工业大学经贸学院国际经济与贸易专业的大学生提供实习机会，并与广东工业大学签署《校外实习基地建设协议书》，成为广东工业大学校外实习基地。中旅集团与暨南大学、广东工业大学签署了合作协议，为大学生参与校外实习提供机会。

二、实践亮点

（一）主动参与社区发展

省属企业主动担当和谐社区建设的责任，是企业承担社会责任的具体表现。在市场经济条件下，省属企业要实现可持续发展，已经不能再以利润最大化为唯一目标，必须做到企业内部的和谐与协调发展，企业与所在社区的和谐与协调发展，其可持续发展目标才可能实现。当然，企业参与社区建设，并不是回到过去的企业"办社会"。在构建和谐社区中，省属企业承担社区建设责任的途径，主要是以构建良好的社会公共关系的方式进行，致力于企业的品牌建设和形象塑造，企业承担社区责任的范围与内容，是以企业与社区双赢为前提。目前，省属企业以多种方式参与社区建设，主动担负起企业必要的社会责任，发挥企业必要的社区作用。

> ● **案例**
>
> ### 粤海集团下属公司员工参与社区活动
>
> 2012年3月5日,粤海集团下属新长江公司贵港站开展"学雷锋爱岗敬业"活动,组织班组学习雷锋故事,讲解雷锋精神,颂扬雷锋的先进事迹,组织收费员工在收费现场为过往司乘人员提供免费车辆维修工具、免费医药箱、免费针线包、行车地图、行路信息等服务,并组织员工对附近村落进行"白色污染"垃圾清理工作,员工们发扬了不怕苦、不怕累的精神,为附近村落创造了优美的卫生环境。通过此次活动,员工们感受到"向雷锋同志学习"需要大家身体力行,在平时工作中、生活中多乐于助人,把自己打造成每个人心目中的雷锋形象。

(二) 多元化的员工志愿者服务

省属企业在进一步探索、构建多元、和谐的社区参与机制,配合所在街道建立议事栏,尝试建立不同群体的利益表达机制,及时了解所在社区群众对企业有关环保、产品等方面的反馈。一些企业参与社区建设的形式是多样的,包括参与文化教育卫生方面的建设以及组织员工参与志愿者活动。省属企业努力拓展参与社区建设的载体和渠道,了解社区参与项目的信息渠道。员工参与社区志愿活动在不断增多,企业也积极支持员工参与志愿服务。2008年,省旅集团下属企业广东新白云宾馆有限公司宾客服务部副经理叶丽芳同志,通过国际金钥匙组织中国区的全国选拔,成为北京奥运会的一名志愿者,负责奥运会绿色家园媒体村的片区服务管理,并在时任国家副主席习近平同志对媒体村进行考察时,受到了慰问。此外,随着企业参与各类公益慈善活动的增多,一些企业正在探讨与之相匹配的内部管理架构,努力构建多元化的社区参与机制。

> ● **案例**
>
> ### 水电集团员工志愿者服务形式多样
>
> 一是关爱独居老人社区志愿服务活动。因工作性质的原因,大部分职工要身处祖国各地施工一线,后方基地社区内独居老人的数量逐渐增多,集团团委与居委会联合成立的社区志愿服务队,定期组织开展社区便民志愿服务活动,并启动了集团针对独居老人的"温暖"志愿服务行动。目前,志愿服务活动共有10余个单位团体参加,活动形式多样,内容新颖,集团组织企业青年志愿者为独居老人上门服务、医院为社区居民义诊,开通"便民车",接送身体不方便的老人去医院就医,并邀请相关单位人员开展了法律帮助、邮政电信业务咨询、再就业培训咨询、义务理发美容等,受到了社区居民、集团职工、家属、离退休职工的热烈欢迎。根据集团党委的部署,集团团委、女工委针对基地社区的独居老人开展长期的上门服务活动,定期上门帮助老人排忧解难,奉献爱心。
>
> 二是"共建和谐企业"关爱青少年志愿服务行动。职工在施工一线工作,双职工子女只能安置在基地家中由老人看管。由于长时间与父母分离,部分"留守"儿童在课业上缺少辅导,

在生活上缺少交流，他们渴望亲情，但很难得到满足。随着父母与孩子两地分居，甚至三地分居的现象越来越多，2012年集团团委组织开展了"大手拉小手，关爱留守儿童"活动。经摸底和宣传，共有19名少年儿童符合活动报名条件。3月，活动正式启动，先后有8个小学生、中学生参加活动，团干每周三晚集中提供学习辅导和心理关爱。经过前一阶段的探索，现初步拟订活动方案，活动以开展趣味游戏、讲座、座谈等形式，帮助孩子之间更好地沟通交流，树立健康快乐的生活理念，为一线职工分忧。

本章小结

本章从慈善捐赠、对口援建、灾害救助、社会参与和发展这四个方面对广东省属企业履行社会公益责任的实践活动进行了描述。在慈善捐赠方面，省属企业领导层面高度重视，实施扶贫双到工作，积极捐资助学。在对口支援汶川震后重建、支援新疆、西藏建设方面，除了基础工程项目援建外，还根据援建地区的环境资源条件，实施产业援建和经营模式援建，为对口援建地区经济发展注入活力。在灾害救助方面，省属企业领导重视，组织有序，成立专业抢险队伍，发挥业务优势，自主研制新型抢险工具进行科学救灾，保护人民群众的生命财产安全。在社会参与和发展方面，省属企业积极参与社区文化教育建设，提供和促进社区医疗健康服务，组织员工志愿者服务社会，为社区人员提供实习机会，努力构建多元化的社区参与机制。

第十三章 广东省属企业履行社会责任的总体特征与不足

随着对企业社会责任问题认识的逐步深化，作为地方经济重要支柱的省属企业依法经营、诚实守信，切实提高产品质量和服务水平，不断提高持续盈利能力，加强资源节约和环境保护，推进自主创新和技术进步，保障生产安全，维护职工合法权益，积极参与社会公益事业，充分发挥国有企业积极履行社会责任的表率作用。尤其是在国际金融危机给经济发展和人民生活带来严重影响的背景下，面对广东省对外贸易发生逆转，有效需求不足，不少企业生产经营困难、就业矛盾凸显等严峻形势，省属企业积极采取应对措施，贯彻落实国家政策，化挑战为机遇，迎难而上，克服了发展中遇到的重大挑战，切实履行社会责任，为促进广东省经济平稳增长做出了积极的贡献。在此过程中，省属企业对企业社会责任的认识逐步清晰，履行企业社会责任的实践也不断深化与创新。

第一节 总体特征

调研显示，不同类型的省属企业，面对的竞争环境有很大的差异，这决定了企业所担负的社会责任的侧重点及履责特征有明显差异。因此，对企业类型的划分，是界定不同类型企业社会责任的基础。根据企业参与竞争的程度，省属企业可进一步划分为竞争性企业和准公共性企业。其中，竞争性企业可以进一步划分为实体经营型、资产经营型、应用科研型，而准公共性企业可以进一步划分为政府指令性、专营性、平台性质类。

一、广东省属企业履行社会责任的现状

广东省属企业在践行国有企业社会责任中，始终切实履行经济、诚实守信、产品质量、资源环境、自主创新、安全生产、员工权益、社会公益等企业社会责任，发挥了省属企业在广东经济发展中的支撑和保障作用。

（一）广东省属企业履行社会责任的绩效

"十一五"期间，省属企业认真贯彻落实党中央、国务院、广东省的各项方针政策，积极履行社会责任，为经济社会发展作出了积极贡献。省属企业履行社会责任主要体现在经济绩效、维护稳

定、产品质量、节能减排、职工权益、安全生产、社会公益等方面。

1. 切实履行经济绩效责任

省属企业是广东国有经济的重要力量，大多集中在关系国家安全和国民经济命脉的重要行业和关键领域，其生产经营活动涉及整个社会经济活动和人民生活的各个方面，对于发挥国有经济的主导作用具有至关重要的作用。省属企业积极履行社会责任，服从服务大局，在关键时刻发挥了关键作用。近年来，省属国有经济作为广东经济发展的重要力量，充分发挥骨干作用，不断提升综合实力，稳步提升经营效益，在广东企业履行经济责任中显示出突出的主导作用。

第一，省属国有资产逐步向交通、电力、矿产资源、公用事业等基础性、战略性产业和基本公共服务产业等能体现国有经济控制力和影响力的领域与行业聚集，24家省属企业中有11家属于准公共性企业，占总数的45.8%，目前已经拥有交通集团、粤电集团等资产超千亿元的大型企业集团。

第二，省属企业积极落实促进经济平稳较快发展、扩内需保增长和产业转型升级的政策措施，主动承担和参与了一大批重点项目建设，如由水电集团承建的广州珠江过江隧道工程、飞来峡水利枢纽，由建工集团承建的广州市轨道交通三号线（沥滘南—大石北区间）盾构工程、广东科学中心工程，广业公司的广东省东西北地区污水处理项目，粤电集团的光伏屋顶并网电站项目等，增强了企业自身发展的实力，发挥了主力军作用，对全省经济社会贡献日益突出。

第三，省属国有资产规模和效益稳步提高，为社会经济繁荣创造了大量物质财富，在国民经济发展中发挥了重要作用。据统计，截至2011年12月底，省属企业资产总额6718亿元，同比增长14.02%；累计实现营业收入3682亿元，同比增长16.25%；实现利润总额183亿元，与2010年基本持平，如果剔除机场集团、铁投集团政策性亏损，实际完成利润总额191亿元，同比增长4.1%；上缴税金170亿元，增长11.3%。

2. 发挥维护社会稳定作用

面对国际金融危机爆发后就业形势严峻的局面，省属企业积极响应党中央、国务院"保民生、保稳定，关键是保就业"的号召，按照"减薪不裁员、歇岗不失业"的要求，稳定就业岗位，克服金融危机给企业生产经营带来的困难，积极采取措施，尽最大可能吸纳就业，在保障就业、维护社会稳定中发挥了主要作用。

省属企业在保障国家重大活动、抗击严重自然灾害中发挥了关键作用。在2008年抗击历史上罕见的低温雨雪冰冻灾害中，交通集团积极应对冰雪灾害，全力抢通京珠北高速；建工集团下属源天公司广大干部职工爬冰卧雪，全力投入粤北华润电力"西电东送"500千伏桥曲乙线的修复工程，恢复电网运行，修复通信设施，保障市场供给，为灾区人民生活和灾区恢复生产发挥了重要作用。在2008年汶川大地震发生后，省属企业全力投入抗震救灾的工作中，机场集团全力以赴做好震区伤员转运工作，粤海控股、物资集团、南方产权、广盐集团、交通集团等省属企业均以特殊党费、企业捐赠等形式向灾区捐款捐物，支持灾区重建。在筹备举办广州亚运会中，建工集团、粤电集团、交通集团等在亚运场馆建设、电力通信保障、安保系统等方面，提供了优质的产品和服务，赢得了各方面的高度评价和广泛赞誉。

同时，省属企业也把培养员工看做企业最主要的社会责任之一。企业不仅要对员工的薪资、社会福利负责，更重要的是承担教育和培养员工的责任。培养员工的职业技能和职业精神，这是现阶段中国企业家的共识，也是必须承担的义务，这关系到未来中国的产业转型和国际竞争力，省属企业对此责无旁贷。省旅游集团、交通集团通过圆梦计划输送新生代产业工人进入知名大学深造,广晟公司工会还成立女工委员会,保护女性职工权益。

3. 自觉履行诚实守信责任

近年来,我国由企业失信引发的重大事件呈现多发趋势。当前我国企业诚信引发的社会危机已经成为社会关注的焦点、经济工作的重点、市场监管的难点。中国消费者协会发布的2009年全国消协组织受理投诉情况分析报告显示,在各类投诉性质中,除了涉及质量、价格、计量和虚假品质表示的投诉量同比有一定程度下降外,2009年投诉量居前五位的依次是服装鞋帽、移动电话、食品、电信和销售。加强企业诚信,提供优质的服务和高质量的产品,已经成为企业社会责任不可避免的内容。

省属企业在发展中坚持依法经营、诚实守信,模范遵守法律法规和社会公德、商业道德以及行业规则,保证产品和服务的安全性,完善服务体系,不断提高产品质量和服务水平,最大限度地满足消费者的需求。如广弘公司作为广东最大的肉制品战略储备企业,把消费者的健康放在首位,实施全产业链安全战略,以消费者为导向,控制从田间到餐桌需要经过的种植采购、贸易物流、食品原料和饲料原料、养殖屠宰、食品加工、分销物流、品牌推广、食品销售等每一个环节,对产品质量进行全程控制。粤电集团以优质服务保障广大用户及时用电、安全用电、便捷用电、放心用电、满意用电、和谐用电。它们坚持发挥整体优势,强化业务部门工作配合,加强业务环节统筹协调,形成保障用户优质服务的合力;坚持塑造一流服务品牌,广泛及时地了解用户需求,规范服务行为,优化服务流程,自觉接受监督。

4. 大力履行自主创新和节能减排责任

当前,加快经济发展方式转变已经成为我国经济社会发展面临的重大而紧迫的现实课题。经过多年的发展,我国高耗能、高污染、高投入、低附加值的传统经济增长方式已经受到了能源短缺、劳动力成本上升、环境改善,社会经济结构调整等的强力制约。省属企业深入贯彻落实科学发展观,积极采取措施,切实把保护环境、节约资源与企业经营相结合,转变发展方式,将挑战转化为新的增长点,实现企业可持续发展。

省属企业积极发挥科技创新引领作用,加大研发投入,大力开展技术创新,取得了一批重大科技成果,自主创新能力不断提升,在广东省原始创新、集成创新和引进消化吸收再创新以及协同创新中发挥了积极的带动作用。建工集团研发的矩形顶管机拓展了国产矩形顶管设备在华南地区的应用领域,为铸就广东基础在华南地区矩形顶管的研发与应用的领先地位提供了有力支撑。广晟公司历时5年成功研发出具有完全自主知识产权的"广晟DRA数字音频编解码技术",是我国在多媒体信息领域第一个具有完全自主知识产权的国际商业主流标准,开创了国家核心技术和国家标准首次由一家企业独立研发和申报成功的历史,被工信部认定为"原始创新型技术"。这些都成为广东省自主创新的典范。

省属企业还认真贯彻落实国家和地方政府有关节能减排的一系列方针政策,加强资源环境保护,切实履行环境责任,"十一五"期间全面完成了节能减排目标。调查显示,绝大多数的被调查省属企业已经能够深刻认识到保护环境的必要性,积极采取相关措施,履行环保责任实践。100%的企业对废旧产品进行回收利用,95%的企业建立环境方针并在企业内部得到有效贯彻和落实,90%的企业建立环境保护目标和指标以及环境保护责任制度,90%的企业对污染物、化学品与其他危险物质的排放采取控制措施，90%的企业采用资源利用率高、污染物排放少的设备和工艺，90%的企业使用可再生资源和能源，80%的企业有减少温室气体排放的具体措施和目标。例如，粤电集团重点开展了"大型燃煤电站锅炉印尼煤掺烧技术应用研究"、"无烟煤锅炉煤种适应性研究"、"煤场数字化精确配煤技术研究与应用"等技术创新，节约大量成本。其中，"煤场数字化精确配煤技术研究与应用"项目通过自主研制开发的数字化煤场管理系统，使得电厂煤耗同比大幅度下降，每年可节约成本近1亿元。

表13-1 省属企业履行环境保护责任情况

列项	所占被调查企业的百分比（%）
对废旧产品进行回收利用	100
建立环境方针并在企业内部得到有效贯彻和落实	95
建立环境保护目标和指标以及环境保护责任制度	90
对污染物、化学品与其他危险物质的排放采取控制措施	90
采用资源利用率高、污染物排放少的设备和工艺	90
使用可再生资源和能源	90
有减少温室气体排放的具体措施和目标	80

资料来源：根据部分省属企业提供的调研资料整理。

5. 积极履行职工权益责任

近年来，省属企业员工合法权益保障的总体情况有了很大改善，但随着经济社会转型加快，劳动用工方面出现的新情况、新问题也不容忽视。一些企业在劳动管理上的违法违规现象仍然十分严重，表现在劳动合同、工资、劳动时间和职业安全等各个方面。当前，劳动关系问题已经成为影响经济发展和社会和谐的主要因素。全面提高员工的工作条件，综合改善员工的各方面福利，已经成为当前经济社会的普遍共识。员工工资的增长机制的问题也已经成为当前社会高度关注的一个热点议题。

坚持以人为本，是国有企业发展的根本要求。安全是坚持以人为本、维护职工权益的首要任务。省属企业高度重视安全生产，落实安全生产责任，加大安全生产投入，严格安全生产管理。省属企业认真贯彻落实《劳动合同法》、《工会法》等法律法规，切实保障农民工的合法权益，依法合规与职工签订劳动合同，严格按照相关法律法规为所有与企业建立劳动关系的员工按时足额缴纳"五险一金"等社会保险福利项目，缴纳险种包括养老保险、医疗保险、生育保险、失业保险、工伤保险以及住房公积金。此外，有条件的省属企业还充分与员工分享企业发展成果。如白天鹅宾馆对广大员工努力做到"人格上尊重、生活上关心、感情上贴近、思想上疏导"；建工集团与农民工共享健康权、受教育权、劳动报酬权、荣誉权，为其上"三险"、购置安全物资、实行工资实名制、开办夜校、进行技能培训；广晟公司、广业公司、粤电集团高度重视女性员工的发展权益；铁投集团、交通集团、水电集团、丝纺集团不断加强对员工的培训力度，促进员工成长；铁投集团坚持职代会制度，推行厂务公开，积极推进职工民主管理，调动了广大职工的积极性和创造性，增强了干部职工的主人翁责任感和自豪感，增强了省属企业的凝聚力。

从调查结果来看，被调查企业在劳动合同签订、工资报酬、职业安全卫生等方面都有积极的实践。《劳动合同法》实施以来，贯彻实施情况总体良好，劳动合同签订率明显上升。调查结果显示，被调查企业劳动合同的签订率为100%，企业在用工过程中没有出现强迫劳动、使用童工现象，在招聘、任免、升迁和解雇过程中没有出现歧视现象，女性员工能够获得平等的发展机会。另外，部分省属企业，如建工集团还高度重视农民工的发展权利，对其加强职业教育。

从工资支付情况来看，被调查省属企业都能按时支付企业员工工资，并足额缴纳各项社会保险，并实施带薪休假制度。同时，各个公司能够严格执行相关加班的法规，同时足额支付加班工资。调查中也有企业原则上不安排加班。

工会组织是劳动者利益的代表，工会的组织程度以及地位和作用的发挥，决定着劳动者在劳动关系中的权益是否能够得到保护。调查显示，被调查的省属企业全部建立了工会组织或职工代表大会，79%的企业在制定各项规章制度时，能与员工进行充分的沟通，以增强民主决策，透明决策。与此同时，59%的企业还成立了内部的劳动争议调解组织。同时，企业还关心员工的技能提高和个人成长，所有的公司都向员工提供充分的培训机会和相关经费支持。

职业健康安全卫生是企业提供良好工作条件的重要方面。调查显示，大部分企业能够建立相关的职业安全卫生管理制度，并提供相应的防护设备。90%的企业还进行了重点疾病的宣传和预防培训，增强员工的防御知识。

表 13-2 省属企业员工权益保护情况

列　项	所占被调查企业的百分比（%）
全员签订劳动合同	100
"五险一金"缴纳情况	100
女性员工平等发展机会	100
招聘、任免、升迁和解雇过程中无歧视现象	100
按时足额发放薪酬	100
足额支付加班工资	100
有带薪休假制度	100
正常情况下，每日工作不超过8小时，每周工作不超过40小时	100
已建立工会组织或职工代表大会	100
在制定各项规章制度中，与工会、职工代表大会或全体员工进行充分协商	79
已建立劳动争议调解组织	59
向员工提供充分的培训机会和经费	100
已建立职业健康安全管理体系	90
提供必要的防护设备	90
进行重点疾病的宣传和预防培训	90

资料来源：根据部分省属企业提供的调研资料整理。

6. 努力践行社会公益责任

回报社会，投身公益事业是企业社会责任的重要方面。省属企业积极参与扶贫助教、慈善捐助等社会公益活动。所有省属企业均承担援疆援藏或定点帮扶老少边穷地区的任务。省属企业派出得力干部，投入大量资金，帮助这些地区加强基础建设，援建项目涉及交通、城建、教育、科技、卫生、人才培训、劳务输出等多个领域，并积极探索立足企业主业、结合主业实施特色扶贫帮困的模式，促进了这些地区的产业结构调整和经济社会发展，为改变贫困落后面貌做出了积极贡献。中旅集团开展旅游援藏项目、丝纺集团探索农—工—贸一体化发展模式，为地方经济发展与脱贫致富做出了显著贡献。2008年汶川地震和2010年青海省玉树地震发生后，省属企业均积极向灾区捐款捐物。

根据问卷调查结果，我们发现省属企业管理者对社会公益事业的态度比较理性。他们认为，目前企业对公益事业的热情有些缺失，但造成这种现象的根源不完全在企业，企业从事社会公益事业需要相应的社会环境配套。从事公益事业就意味着企业要承担生产经营之外的活动，这首先要求企业做好自己的事，没有好的效益就不可能有充裕的资金从事公益事业。目前，省属企业多数规模较小，融资渠道受阻，企业必须把有限的资金投入到研发和生产活动中去。对企业而言，生存才是第一位的，不要把企业社会责任过多地拔高，更不能拿捐钱多少来衡量一个企业的社会责任。因此，企业从事公益事业必须考虑自身的经济实力，量力而行。要把对社会的责任体现在行动中，为股东创造价值，让客户享受到优质的产品和服务，促进国家的可持续发展，这样的企业才是有社会责任感的企业。

（二）省属企业社会责任信息披露情况

1. 发布社会责任报告

企业社会责任报告（以下简称"CSR 报告"）是指企业将其履行社会责任的理念、战略、方式方法，其经营活动对经济、环境、社会等领域造成的直接影响和间接影响、取得的成绩及不足等信息，进行系统的梳理和总结，并向利益相关方进行披露的载体。早在 2006 年 3 月，国家电网公司已经发布了中国企业第一份社会责任报告。

广东省属企业社会责任报告的发布工作还处于起步阶段。2011 年，粤电集团发布了广东省属企业第一份社会责任报告。2012 年 8 月，粤电集团、机场集团、交通集团、广晟公司、广业公司相继发布了企业社会责任报告，这标志着广东省属企业社会责任报告的发布工作开始进入全面推动阶段，如表 13-3 所示。

表 13-3 广东省属企业社会责任报告发布情况

年 份	2011	2012
数量（份）	1	5
省属企业数量（家）	24	24
发布比例（%）	4.16	20.83

资料来源：根据省属企业相关资料整理。

省属企业中发布社会责任报告的企业所占比例较低，部分省属企业虽未发布企业社会责任报告，但是已经在履行企业社会责任的过程中，逐步开始对企业社会责任管理进行一些有益的探索。例如，粤海集团已经意识到并明确提出将企业社会责任融入集团发展战略中。

2. 其他方式

目前，省属企业中还没有企业建立或正在筹备建立由公司高层领导的、多部门参加的社会责任委员会或领导小组或者其他社会责任归口管理部门，也没有以社会责任或可持续发展命名的部门或处室，专门负责社会责任推进工作。截至目前，粤电集团、广晟公司、广业公司、机场集团、交通集团已有专门人员负责社会责任报告编制。粤电集团已有专人负责社会责任的推进工作，具体机构设置在集团战略发展部，但是仍然没有以社会责任或可持续发展命名的部门或处室。其他省属企业的企业社会责任推进工作模式大多是由集团某一部门牵头，其余部门配合该部门的工作，具体推进工作由各部门分散完成。而牵头部门的指定，在不同企业存在明显差异性。其中，设定企业战略发展部（含发展研究部）为牵头部门的有 5 家企业，以集团办公室（含董事会办公室、集团综合部）为牵头部门的有 14 家企业，只有 2 家企业以党群工作部或工会为牵头部门，如表 13-4 所示。

表 13-4 部分省属企业社会责任管理机构情况

	集团内企业社会责任管理归口（牵头）部门	企业社会责任信息披露情况
机场集团	战略发展部	—
广业公司	规划部	—
广弘公司	集团办公室	—
广晟公司	综合部	—
粤电集团	战略发展部	集团主页设置"社会责任"栏目，下设安健环和社会公益两个子栏目；企业履行社会责任的信息已经受到媒体报道
交通集团	战略发展部	集团网站披露社会责任相关信息；新闻媒体报道了企业社会责任业绩与社会责任报告发布情况
航运集团	综合部（含法律部）	—
物资集团	集团办公室（含董事会秘书室）、集团法律总顾问	—
商业集团	集团办公室	—
建工集团	集团办公室	—
广新控股	董事会办公室	集团主页设置"社会责任"栏目，下设安全生产和回馈社会两个子栏目
丝纺集团	集团办公室	—
省旅集团	党群工作部、办公室	—
中旅集团	综合部	—
粤海集团	战略发展部	集团主页设置"社会责任"栏目，无下设子栏目，只是企业履行社会责任相关事件的罗列
盐业集团	集团办公室	—
水电集团	集团办公室	集团主页设置"社会责任"栏目，下设抗洪抢险等子栏目
铁投集团	党群工作部、工会	—
白天鹅宾馆	办公室	—
联合电子	公司办公室	—
南方产权	发展研究部	—

资料来源：根据部分省属企业提供的调研资料整理。

省属企业在通过发布企业社会责任报告进行信息披露的同时，也对其他信息披露方式进行了探索和尝试，如通过省属企业官网、新闻媒体等途径进行信息披露。目前已有 4 家省属企业（粤电集团、广新控股、粤海集团、水电集团）在对外宣传平台上（如公司网站主页）设立企业社会责任栏目，但该栏目下涉及的企业社会责任范围仅限于安全生产、回馈社会、抢险救灾、社会公益等方面（见表 13-4）。还有部分企业履行社会责任的实践在报纸等媒体上有所反映。如粤电集团履行社会责任方面取得的成效已经受到电视、报纸等媒体的多次报道，如《南方日报》的报道"十年履责，跨'粤'前行"、《中国电力报》的报道"益邦惠民，重责在肩"等。值得注意的是，这些媒体的报道大多是在对企业社会责任报告进行解读的基础上完成的，这表明发布企业社会责任报告的确是企业进行信息披露和外部沟通的有效途径。

（三）省属企业社会责任管理工作推进情况

企业社会责任管理体系是指确保企业履行相应社会责任，实现良性发展的相关制度安排与组织建设，建立企业社会责任管理体系是一项涉及企业的远景与使命、企业文化和企业发展战略，事关企业长远发展的重大任务。

根据企业社会责任管理流程所涉及的要素，一般一个完整的企业社会责任管理体系应大致包含六个方面的内容，分别为企业社会责任组织管理体系、企业社会责任日常管理体系、企业社会责任指标体系、企业社会责任业绩考核体系、企业社会责任信息披露体系、企业社会责任能力建设体系。

企业社会责任组织管理体系是指为服务和促进企业全方位履行社会责任而建立的组织机构与运行程序，其组织结构通常包括组织机构、人员的职责、权限和相互关系的安排。目前，省属企业中还没有企业已经建立或筹备建立由公司高层领导的、多部门参加的社会责任委员会或领导小组或者其他社会责任归口管理部门，也没有以社会责任或可持续发展命名的部门或处室，专门负责社会责任推进工作。

企业社会责任日常管理体系是指把履行社会责任的要求融入企业运营全过程和日常管理，完善公司各部门、各单位、各岗位的工作职责、管理要求与行为守则。目前，省属企业只有粤海集团等少数企业明确提出将履行企业社会责任列入集团发展战略中，大约占全部省属企业的5%。

企业社会责任指标体系是企业社会责任管理体系的重要组成部分，它是由相互联系、相互独立、相互补充的一些社会责任指标所组成，主要是用于推进企业社会责任管理，加强与利益相关方的沟通，对企业社会责任的绩效来进行评价而提供的一套完善、系统的工具和标准。目前，省属企业中大约有40%的企业已经制定了社会责任相关的工作目标、方案，但是均未以社会责任的名称予以命名，且尚未形成具体的企业社会责任指标体系。

企业社会责任业绩考核体系是指对公司整体、各部门、各单位以及员工个人履行社会责任的行为和结果符合职责要求和考核目标的程度进行具体评价与奖惩安排，旨在建立促进公司履行社会责任的激励机制与约束机制，由公司社会责任业绩考核制度和业绩考核程序等组成，是公司业绩考核体系和全员绩效管理的重要组成部分。省属企业尚未进行明确的企业社会责任业绩考核。

企业社会责任信息披露体系是指建立企业社会责任信息披露的程序，健全企业社会责任信息披露的渠道，向利益相关方提供必要的信息，并且接受利益相关方监督和管理的运作体系。通过建立多层次、多角度、多渠道的信息披露渠道，向利益相关方完整、准确、及时地提供企业在履行社会责任方面的信息，有助于各方形成共识，赢得信任，建设和谐的与利益相关方的关系。

企业社会责任能力建设体系是指企业实现履行社会责任的目标或职责所具有的知识、技能和意愿。每个员工在自己的岗位上明确自己对社会责任管理应尽的义务和应承担的责任，并积极地做好它，整个组织管理体系方可有效运行，这要求在明确职责的基础上不断提高员工的社会责任整体能力。这需要对员工进行全面的企业社会责任理念宣贯，在这一点上，省属企业尚属起步阶段。

表 13-5　省属企业社会责任管理工作推进情况

列　项	所占被调查企业的百分比（%）
企业发展战略中有社会责任的描述	5
已制定社会责任目标和管理方案（不含明确以社会责任命名的文件、方案）	40
制定社会责任管理指标体系	0
有专门负责企业社会责任的办公室	0
拥有负责企业社会责任工作的专职人员	5
已编写发布社会责任报告	20
社会责任业绩考核	0
社会责任能力建设（包含对员工社会责任意识的宣贯）	0

资料来源：根据省属企业相关资料整理。

二、广东省属企业履行社会责任的总体特征

国有企业不同于其他企业的根本之处在于，履行企业社会责任对国有企业而言是特定的、强制的、法定的企业目标和责任。有学者认为，国有企业的社会责任中既有非经济目标的内容，也有经济目标的内容。总体上看，国有企业的社会责任更多的是要着眼于非经济目标的实现，经济目标的实现是为非经济目标的实现服务的。[①] 时任国务院国有资产监督管理委员会（以下简称"国资委"）主任李荣融指出，根据我国国有企业的特点、地位与作用，国有企业首先要履行政治责任，同时也要履行经济、道德、法律、环境资源和慈善责任等社会责任。

（一）省属企业履行社会责任突出的"政治性"

国有企业是为了实现一定的重大经济、社会目标和政治目标而存在的经济组织。[②] 国有企业在经济建设中发挥支柱作用和主力军作用，尤其是要承担起政治责任。国有企业的这种责任突出体现为公益性责任，如维护社会稳定、缩小分配差距、承担着重大特殊任务、关心国计民生等。因此，国有企业还必须关注与积极参与国家政治事务，自觉贯彻落实国家与区域发展战略，勇于承担政治责任。

省属企业是广东全面建设小康社会的重要力量，一直坚定地与党中央、省委保持高度一致，自觉贯彻落实国家、区域战略，积极实践政治责任。省属企业在汶川地震、玉树地震、冰雪灾害等重大自然灾害中承担了抢险救灾、灾后重建等重要工作。如省交通集团2008年京珠北高速公路抗冰抢险，抢修阳江海陵大堤，支援汶川地区抗震救灾和灾后重建、向汶川灾区捐款600万元和价值600万元的机械设备；2009年，交通集团下属新粤公司仅用2个月时间完成四川震后首条连接成都与汶川的交通"生命线"都汶高速公路的机电工程；2010年，由集团属下省长大公路工程公司等单位组成的抢险队为阳春台风灾区开通了一条运送救灾物资的便道。广弘公司、水电集团积极解决企业历史遗留问题，帮助员工解决医疗保险、社会保障、生活条件等问题。这些社会责任工作从经济绩效的角度来看，是与企业的经济责任目标相悖的，这是典型的政治责任实践。

（二）省属企业履行社会责任形式的多样性

企业履行社会责任的传统方式，基本上都会选择直接捐款，或者选定受助弱势群体，有针对性地给予现金等援助。省属企业在履行社会责任过程中，逐渐意识到单纯捐赠模式的弊端，越来越多的省属企业、企业家将绩效理念引入慈善资本主义的范畴，不再将慈善与经营截然分开，致力于更有效的社会责任履行。省属企业尝试选择适合自身价值观的战略性重点领域，挑选可以支持企业经营目标的社会活动，选择与自身的核心产品及核心市场相关的主题，支持可以为实现营销目标提供机会的主题，开始更为注重改善企业的政府关系、社区关系。

部分省属企业逐步探索履行企业社会责任与企业经营紧密契合的路径，积累了一些颇有特点的

[①] 黄速建，余菁. 国有企业的性质、目标与社会责任. 中国工业经济，2006（2）.
[②] 傅成玉. 国有企业要发挥制度优势担当政治责任. 中直党建，2012（9）.

实践经验。如丝纺集团根据企业自身经营特点，积极探索全产业链的整合与延伸，建立完善粤西、粤北和西江流域三大蚕桑基地，推动向产业链上游延伸。同时，重点培育茧丝绸、纺织服装等优势主业，打造高端丝绸服装品牌，推动产业链向下游延伸以实现价值增值。截至2011年末，先后带动始兴、阳春、翁源、英德等18个基地县（市），6600多个自然村，35万农户，150多万农业人口种桑养蚕，使蚕桑业成为当地农业的重要支柱和当地农户脱贫致富的主要途径。这种贸—工—农一体化的经营模式，既良好地践行了企业的经济责任，又满足了企业履行扶贫帮困等公益和社区责任的需要，是省属企业多种形式履行社会责任的典型案例。

（三）省属企业履行社会责任的自发性

面对竞争日益激烈的国内外市场，和中央企业相同，省属企业也面临产品质量、环境污染、消费者权益等诸多社会责任问题，其履行社会责任状况备受社会各界关注。这必然导致省属企业要最大限度地降低履行社会责任中可能产生的负面事件及其影响，自觉地履行社会责任。如交通集团、机场集团、铁投集团等企业积极承担大型基础设施的修建等工作，广弘公司承担冷冻食品储备任务，广业公司积极开拓环保产业、致力于节能降耗，粤电集团发展清洁能源，省旅游集团、中旅集团积极践行循环经济，建工集团、广晟公司着力发展自主创新等。

（四）省属企业履行社会责任的国际性

过去，广东省属企业中只有部分企业拥有海外业务，企业在走出去的过程中感受到的履行社会责任的环境与制度压力不甚显著（如20世纪80年代，省属企业中接受过"客户验厂"的只有丝纺集团）。然而，伴随着广东经济发展模式的转变，相当一部分具备条件的省属企业开始走出去参与以资本运营为核心的国际化竞争，如广晟公司、广新控股、粤海集团等。在这种背景下，省属企业逐步认识到企业履行社会责任的重要性与紧迫性，省属企业开始积极探索履行社会责任。如粤电集团已经编制完成英文版的企业社会责任报告。

另外，广东省毗邻港澳，省属企业在对港澳的统一战线工作中起到一定的喉舌作用，对国家统一、社会稳定都发挥了积极的作用，这充分体现出广东省属企业履行社会责任的特殊性。如粤海控股广南行全力保障香港鲜活产品供应，稳定香港市场价格、造福民生等。

（五）省属企业履行社会责任成效展示的滞后性

绝大多数省属企业数十年一直自觉自发地履行企业社会责任，但是在我们的调研中却发现，相当一部分省属企业对企业社会责任的理解非常有限，对企业社会责任的认识基本停留在慈善捐赠，甚至不知道企业致力于自主创新、环境保护、员工权益等事业的发展均属于企业履行社会责任的范畴。省属企业对自身履责范畴认识的局限性必然导致企业对履责成效的主动展示，因此绝大多数省属企业在履行企业社会责任实践中一直"只做不说"，这必然使得省属企业履行社会责任的成效不为社会大众和利益相关者所知，企业对自身履责成效缺乏系统性的展示。

（六）省属企业社会责任管理体系建设的初级性

2008年1月，国务院国资委发布《关于中央企业履行社会责任的指导意见》（国资发研究

〔2008〕1号），为中央企业履行社会责任指出了明确方向。2011年9月，国资委制定发布了《中央企业"十二五"和谐发展战略实施纲要》，纲要从战略层面对中央企业社会责任工作进行了部署，并提出还将制定发布《中央企业社会责任工作指引》。这标志着中央企业社会责任工作已经全面转向对企业社会责任管理工作的推动。

与中央企业社会责任工作推进的程度相比，省属企业社会责任工作还处于起步阶段。目前，省属企业均未建立专门的企业社会责任管理机构或部门，更未将社会责任融入企业发展战略，更谈不到建立企业社会责任管理体系。而在履行社会责任的过程中，大部分省属企业存在对社会责任认识不到位、在决策中保障利益相关方利益的机制缺失、社会责任沟通机制不畅、社会责任评价系统缺乏等问题。这些问题的存在，导致省属企业社会责任难以建立和完善企业社会责任管理体系，社会责任绩效难以得到提升。

第二节 管理者认知调查

作为广东经济的主导力量，省属企业越来越意识到承担社会责任的重要意义。在这样的背景下，为了解省属企业在履行社会责任方面的现状与问题，倾听省属企业管理者对于企业社会责任的认识与感受，探索落实企业社会责任的有效途径，项目组组织实施了省属企业管理者履行企业社会责任认知调查。调查内容主要包括省属企业管理者对于企业社会责任的了解与认识、对于企业社会责任履行情况的感知与评价、对于影响企业履行社会责任的相关因素的看法等。

一、被调查企业基本情况

项目组采取发放问卷和实地调研相结合的方式，按照每家企业35份，向24家省属企业中的21家发放了735份社会责任调研问卷，回收了690份，回收率93.9%。其中，有效问卷636份，占回收样本的92.2%。此次问卷调查所反映出来的情况将为本项目提出推进省属企业社会责任工作的政策建议提供重要参考。从行业分类来看，问卷调查反馈的行业分类比较广泛，既有传统的制造业，也涉及了战略性新兴产业，既有竞争性行业，也有准公共性行业。

本次调研所用问卷，其设计是从省属企业管理者对企业社会责任认知角度出发，内容涵盖省属企业社会责任治理、责任融合、责任绩效、责任沟通、责任研究等方面。[①] 从调查结果来看，大部分省属企业能从战略高度重视企业的社会责任议题，重视与各个利益相关方的沟通和交流，并落实到实际行动中。

本次调查结果显示，省属企业管理者普遍认同"企业家一般具有强烈的社会责任感"，企业在创造利润的同时也在为社会创造财富，促进国家的发展。省属企业管理者认识到企业履行社会责任对企业的持续发展非常重要，认为近年来企业社会责任意识在不断提高。省属企业管理者高度认同

---

① 问卷中的部分内容借鉴了中国企业家调查系统《企业家看社会责任：2007中国企业家成长与发展报告》的部分研究成果。

企业履行经济、员工、创新、公益、环保 5 个方面社会责任的重要意义。其中，对经济责任认同度最高；对股东、员工等内部利益相关者的责任意识高于对客户、社区等外部利益相关者的责任意识。调查同时表明，大多数省属企业管理者较关注履行社会责任的成本，还有部分省属企业管理者认为，社会责任是企业发展到一定阶段才能顾及的事。不少省属企业管理者将提升企业品牌形象作为企业履行社会责任的主要动因。

调查发现，对企业社会责任认识不够、对企业履行社会责任的理论和途径缺乏了解、企业经营困难、省属企业管理者素质不高、缺乏良好的社会诚信环境以及社会相关部门责任履行不到位，被省属企业管理者认为是导致企业履行社会责任不够好的主要原因。

省属企业管理者认为，履行好企业的社会责任需要全社会的共同努力。一方面要在提高省属企业管理者个人素质的基础上，提高整个企业对社会责任的认识和履行社会责任的自觉性，尤其需要提高企业的诚信意识和环境保护意识；另一方面要强化社会各界的责任意识，尤其是政府相关部门的责任意识；建立健全相关法规制度，加强全社会诚信环境建设；借鉴有关社会责任的国际经验和国际标准，总结中国企业履行社会责任方面的成功经验，为建立与和谐社会相适应的现代商业文明而共同努力。

二、省属企业管理者对企业社会责任的基本认知

本次调查主要从以下几个方面来考察省属企业管理者对于企业社会责任的了解与认识：①企业家具有社会责任感的必要性；②企业履行社会责任的成本；③企业社会责任的范畴及认同程度；④对企业社会责任相关知识的熟悉程度。

关于省属企业管理者对企业社会责任的认识，调查结果显示，对于"企业家一般具有强烈的社会责任感"这一说法，绝大多数省属企业管理者表示认同。大多数省属企业管理者也认同企业的根本责任是"为社会创造财富"和"促进国家的发展"。相对而言，赞同企业的根本责任是"为股东创造利润"的比重相对较低。关于"企业社会责任主要是大企业的事情"和"企业社会责任是企业基本责任之外的责任"等说法，调查结果显示，同意的分别为 62.9%和 66.9%（不同意的分别为 26.7%和 13.5%），可见，省属企业管理者对企业履行社会责任的认识水平有限。

需要注意的是，不少省属企业管理者在认同企业应当履行社会责任的同时，比较关注企业履行社会责任的成本，这表明管理者会根据企业自身发展和回馈社会之间的关系来决定本企业履行社会责任的方式和程度。调查结果显示，63.1%的省属企业管理者同意"履行企业社会责任会增加企业的成本"，62.2%的省属企业管理者同意"管理者认为履行社会责任在短期内会产生损失"。对于"企业社会责任是企业发展到一定阶段后才能顾及的"说法，有 45.4%的省属企业管理者表示同意。

对于"国内外公司履行企业社会责任的典型做法"，熟悉（包括"很熟悉"、"较熟悉"，下同）的省属企业管理者占 25.2%；对于"同业中其他企业履行企业社会责任的经验"，熟悉的省属企业管理者占 28.6%；对于"有关企业社会责任的主要国际标准"，熟悉的省属企业管理者占 27.3%。大多数省属企业管理者还没有系统了解有关企业社会责任的理论观点和国际标准，对于"同业中其他企业履行企业社会责任的经验"和"国内外公司履行企业社会责任的典型做法"的熟悉程度还有待提高，如表 13-6 所示。

表 13-6　省属企业管理者对企业社会责任的基本认识

题项	不同意（熟悉）(%)	较不同意（熟悉）(%)	不清楚 (%)	比较同意（熟悉）(%)	非常同意（熟悉）(%)
企业家的社会责任感一般都比较强烈	5.8	8.2	10.3	22.8	52.9
国企的根本责任是为社会创造财富	2.8	7.1	15.4	31.8	42.9
国企的根本责任是促进国家的发展	1.2	4.7	10.3	18.6	65.2
国企的根本责任是为股东创造利润	35.9	22.7	12.1	8.9	20.4
履行企业社会责任会增加企业的成本	18.3	12.7	5.9	27.6	35.5
企业的社会责任是企业发展到一定阶段后才能顾及的	3.7	9.2	21.7	22.9	42.5
企业社会责任是企业基本责任之外的责任	12.5	14.2	10.4	24.7	38.2
企业社会责任主要是大企业的事情	5.8	7.7	19.6	30.5	36.4
履行社会责任与企业的可持续发展有非常密切的关系	14.7	15.6	10.8	20.4	38.5
管理者对国内外公司履行社会责任的典型做法的熟悉程度	33.9	25.2	15.7	12.9	12.3
管理者对同业中其他企业履行社会责任经验的熟悉程度	30.1	27.4	13.9	15.7	12.9
熟悉有关企业社会责任的理论观点	32.9	24.8	15.6	18.8	8.9
管理者对有关企业社会责任的主要国际标准的熟悉程度	27.8	28.2	16.7	13.2	14.1
企业社会责任履行对于企业形象的树立有帮助	2.9	4.7	18.6	23.9	49.9
管理者认为履行社会责任在短期内会产生损失	4.6	15.3	17.5	29.3	33.3
管理者认为履行社会责任在长期内会产生收益	5.9	12.8	19.3	27.2	34.8

资料来源：根据部分省属企业调研问卷结果整理。

三、省属企业管理者对企业履行各种类型的社会责任的认知

本次调查借鉴国内外有关企业社会责任的研究成果和理论，参考相关的国际标准，并结合广东省属企业发展的实际情况，选取 13 个题项来具体了解省属企业管理者对诚信经营责任、经济发展责任、产品质量责任、环境和谐责任、自主创新责任、安全生产责任、员工权益责任、社会公益责任的看法。

调查结果显示，省属企业管理者高度认同企业各个方面的责任，认为企业很有必要履行经济发展责任、诚信经营责任、产品质量责任、自主创新责任、员工权益责任。其中，对经济发展责任的认同程度最高，对社会公益责任的认同程度相对较低。

从不同类型和经营状况的企业来看，调查结果显示，省属企业管理者对各类企业社会责任的认同程度存在一定的差异。总体来说，大型企业、上市公司、盈利企业的管理者对各类社会责任的认同程度相对较高。这在一定程度上反映了经济实力较强的企业更加关注企业社会责任。

从省属企业管理者对履行社会责任对企业的影响来看，对履行社会责任能够"提升了企业商誉与品牌形象"、"提高企业的管理水平"、"提高开拓国际市场能力"、"改善了经营的外部环境"、"有助于企业的可持续经营"、"塑造了良好的企业文化"等认同程度较高。同时，还有一些省属企业的管理者较为认同履行企业社会责任会"增加企业经营成本和负担"、"降低了企业经营效率"、"没有什么有意义的影响"等观点。

省属企业管理者大多认同阻碍企业履行社会责任的主要因素是"政府或行业组织引导、推动不

力"、"来自客户或消费者的社会责任压力不大"、"法律制度不健全"、"企业社会责任构不成企业的核心竞争力"、"社会责任意识尚未内化为企业全员共识"、"缺少相应的社会氛围"等。

同时,在企业履行社会责任改进措施方面,省属企业管理者对"诚信经营"、"保护环境、节约资源"、"保证产品质量安全"、"公平竞争,遵守行业规范"、"依法纳税"等途径较为认同,而对"保持与社区的友好关系"、"完善售后服务"等认同程度相对较低,尤其是对"积极参加公益事业"认同程度最低,这也从一个侧面反映出省属企业管理者已经不再狭隘地认为企业履行社会责任就是公益捐赠,如表13-7所示。

表13-7 省属企业管理者对企业履行社会责任的影响、因素、改进措施的认知情况

履行社会责任对企业的影响	认同比例(%)	阻碍企业履行社会责任的主要因素	认同比例(%)	企业履行社会责任的改进措施	认同比例(%)
提升了企业商誉与品牌形象	75	政府或行业组织引导、推动不力	80	确保企业利润	85
提高企业的管理水平	73	来自客户或消费者的社会责任压力不大	75	诚信经营 保护环境、节约资源	78
提高开拓国际市场能力	71	法律制度不健全	71	保证产品质量安全	72
改善了经营的外部环境	68	企业社会责任构不成企业的核心竞争力	65	公平竞争,遵守行业规范	66
有助于企业的可持续经营	63	社会责任意识尚未内化为企业全员共识	59	依法纳税	63
塑造了良好的企业文化	58	缺少相应的社会氛围	52	保持与社区的友好关系	42
增加产品销量、提高企业利润	52	行业未形成良好风气	36	完善售后服务	34
没有什么有意义的影响	70	经济实力不足以支撑企业履行更多责任	25	积极参加公益事业	19
增加企业经营成本和负担	66	企业尚未发展到相应阶段	21	维护员工利益	28
降低了企业经营效率	61	履行社会责任不是应对竞争的有效方法	14	技术自主创新	32
有助于建立和谐的社区环境	42	企业家个人素质低	7	建立先进企业文化	21
现阶段实力有限,今后发展起来才能给予更多考虑	37				
提高了企业内部凝聚力	22				
社会责任已成为企业战略中的核心内容	15				
通过企业自身发展为国家和社会做贡献	9				

资料来源:根据部分省属企业调研问卷结果整理。

在履行诚信经营责任的各项中,省属企业管理者对"诚信经营的理念与保障"、"建立健全企业治理结构"、"企业守法合规体系的建立"表现出较高的认同感,这表明省属企业管理者非常注重保障企业诚信经营的制度环境。

在履行经济发展责任的各项中,省属企业管理者对"保持企业持续的竞争力"和"保持良好的经营业绩"的认同程度最高,其他依次是"依法纳税"和"保障股东权益",这表明省属企业管理者把企业自身的生存和发展摆在首要的位置。

在履行产品质量责任的各项中,受访者对"提升产品合格率"、"企业建立完善的产品质量管理体系"的认同程度最高,其他依次是"积极应对客户投诉"、"售后服务体系的建立"和"定期对客户满意度进行调查并不断提升满意度"。

在履行环保节能责任的各项中,"建立完善的企业环境管理体系"、"建立并严格执行节约能源的

政策措施"、"提升能源资源循环利用率或利用量"、"积极推动可再生能源的使用"受到高度认同。

在履行自主创新责任的各项中,省属企业管理者较为关注"对企业创新能力与绩效的考核列入对企业高层管理者的业绩考核体系"、"企业不断加大创新投入"、"新增专利数、科技成果获奖数已成为考核该企业创新绩效的重要指标",这表明将对创新能力与绩效的考核纳入高层业绩考核的指标体系中对企业管理者尤其是高层管理者的创新意识产生相当明显的提升作用。

在履行安全生产责任的各项中,受访者最为认同的是"企业建立了完善的安全生产管理体系"和"企业建立了安全应急管理机制",这也说明省属企业管理者更注重通过建立健全安全生产的保障体系来提升企业安全管理的水平。

在履行员工权益责任的各项中,"签订劳动合同"、"社会保险覆盖率"、"平等雇佣制度的建立"、"建立员工职业发展通道"等得到较高认同,对"企业建立了完善的员工与企业高层管理者的沟通渠道"的认同度较低,这说明省属企业管理者特别是高层管理者与基层员工的沟通机制还不顺畅,管理者对与员工深入沟通的重要性的认识还不够。

在履行社会公益责任的各项中,"企业支持社区成员(尤其是弱势群体)的教育和学习"、"企业支持志愿者活动的政策与措施"得到较高的认同,而对"企业捐赠总额"的认同度最低,这表明省属企业管理者对企业履行公益责任形式的认知发生了明显的变化,省属企业管理者认为履行企业公益责任的首要工作是救助社会弱势群体,其必要性比参与公益活动、捐助慈善事业更高一些,如表13-8所示。

表13-8 省属企业管理者对履行各类社会责任的具体认知

社会责任类别	题 项	认同比例(%)
诚信经营责任	诚信经营的理念与保障	86
	建立健全企业治理结构	80
	企业守法合规体系的建立	77
经济发展责任	保持企业持续的竞争力	89
	保持良好的经营业绩	81
	依法纳税	74
	保障股东权益	72
产品质量责任	提升产品合格率	90
	企业建立完善的产品质量管理体系	85
	积极应对客户投诉	80
	售后服务体系的建立	78
	定期对客户满意度进行调查并不断提升满意度	71
环保节能责任	建立完善的企业环境管理体系	83
	建立并严格执行节约能源的政策措施	81
	提升能源资源循环利用率或利用量	80
	积极推动可再生能源的使用	76
自主创新责任	对企业创新能力与绩效的考核列入对企业高层管理者的业绩考核体系	88
	企业不断加大创新投入	87
	新增专利数、科技成果获奖数已成为考核该企业创新绩效的重要指标	84
安全生产责任	企业建立了完善的安全生产管理体系	82
	企业建立了安全应急管理机制	79
员工权益责任	签订劳动合同	95
	社会保险覆盖率	92
	平等雇佣制度的建立	87

续表

社会责任类别	题项	认同比例（%）
员工权益责任	建立员工职业发展通道	83
	企业建立了完善的员工与企业高层管理者的沟通渠道	26
社会公益责任	企业支持社区成员（尤其是弱势群体）的教育和学习	76
	企业支持志愿者活动的政策与措施	72
	企业捐赠总额	15

资料来源：根据部分省属企业调研问卷结果整理。

四、省属企业管理者对企业社会责任管理体系与推进机制的认知

在被调查企业中，只有 1 家企业（粤海集团）明确表示将社会责任纳入发展战略中，并进行相关陈述，1 家企业（粤电集团）拥有负企业社会责任工作的专职人员，暂无企业设立专门的社会责任管理机构，40%的企业已有社会责任管理方针，30%的企业与利益相关方建立了有效的沟通机制，20%的企业编写和发布了企业社会责任报告，如表 13-9 所示。

表 13-9 省属企业管理者对企业社会责任管理体系与推进机制的认知

题项	认同比例（%）
企业高层管理者参与企业社会责任推进体系的建立和实施的程度	42
社会责任绩效的考核已经纳入企业总体绩效考核体系	0
企业高层管理者具有清晰的社会责任管理方针	40
企业建立了有效的社会责任员工行动守则	0
企业建立了完善的社会责任培训与学习机制	12
企业建立了定期的信息披露机制（包括负面信息）	20
企业建立了企业（尤其是高级管理层）与各利益相关方的沟通与对话机制	30
企业建立了有效的社会责任考核机制	0

资料来源：根据部分省属企业调研问卷结果整理。

第三节 主要不足

当今世界，企业社会责任呈现全球化趋势，已经成为重要的时代潮流和商业规范，成为企业提高竞争力的有效途径。企业社会责任是企业为实现自身与社会的可持续发展，以遵循法律、道德和商业伦理的透明行为，在运营全过程中对利益相关方、社会和环境负责，追求经济、社会和环境的综合价值最大化。国资委高度重视企业社会责任工作，采取了一系列措施推动企业积极履行社会责任，取得了积极成效。目前，中央企业社会责任理念进一步深化，制度进一步完善，实践进一步丰富，在履行社会责任方面做出了表率，树立了负责任的良好社会形象。但是从管理的角度看，社会责任工作在系统化、流程化、规范化、制度化方面还有很大差距。企业社会责任管理体系是指确保企业履行相应社会责任，实现良性发展的相关制度安排与组织建设，也就是通过建立一套管理体系，有效管理企业运营对利益相关方、社会和环境的影响，追求经济、社会和环境的综合价值最大化。只有建立健全企业社会责任管理体系，才能对企业履行社会责任中的意识不强、措施不力、效

果不佳等问题进行对标管理和改进，最终提升企业履行社会责任的绩效。建立企业社会责任管理体系是一项涉及企业的远景与使命、企业文化和企业发展战略，事关企业长远发展的重大任务。从这个意义上讲，通过省属企业建立社会责任管理体系，是进一步推动省属企业社会责任工作理论与实践发展、提升省属企业整体管理水平的必由之路。具体来说，企业社会责任管理体系包括六个方面：责任战略、责任治理、责任融合、责任绩效、责任沟通、责任研究。上述六项推进工作中，责任战略的制定过程实际上是企业社会责任的计划（P）；责任治理、责任融合的过程实际上是企业社会责任的执行（D）；责任绩效和报告是对企业社会责任的评价（C）；研究自己社会责任工作的开展情况、利益相关方意见的反馈以及将责任绩效反馈到战略的过程就是企业社会责任的改善（A）。这六项工作整合在一起就构成了一个周而复始、闭环改进的PDCA过程，从而推动企业社会责任管理可持续发展。在这里，我们将依据PDCA循环中的六大要素，对省属企业履行社会责任中的主要不足与企业社会责任管理体系进行对标分析，从企业社会责任管理提升的角度找出省属企业履行社会责任中的不足并提出解决办法。

一、责任理念和愿景方面

省属企业管理层应该认识到国有企业履行社会责任，是全面落实科学发展观，构建社会主义和谐社会的必然要求，履行社会责任是体现国有企业控制力、影响力和带动力的重要方式，也是国有企业对企业价值的全面追求、企业自身持续稳定发展的客观需要。省属企业高级管理者在实施全面社会责任管理方面具有关键性的作用。只有高层管理者认识到企业社会责任管理的重要性，并将这一工作上升到企业战略的高度，社会责任管理工作才能切实有效的推进，否则，就会流于形式。

（一）部分省属企业对社会责任的认识尚有欠缺

省属企业管理者对企业社会责任的总体认知程度不高，对企业社会责任的理解尚显肤浅，对社会责任的必要性和重要性缺乏深刻认识，少数企业甚至对社会责任存在片面看法，而对企业社会责任管理体系相关内容几乎没有认识。本章第二节的问卷调查分析发现，还有63.1%的接受调查企业认为承担社会责任会增加经营成本，甚至还有5家接受调查企业认为承担社会责任会降低企业经营效率。

有企业在社会责任调研材料中表明，省属企业承担责任的主要动力在于政府相关部门的号召或者要求，或者说，省属企业把很多社会责任内容作为政治任务来承担。一些省属企业管理者是为了响应政策、适应国际市场而履行社会责任，是形势使然，对企业家本身的价值观体现甚少。还有部分省属企业管理者对履行社会责任抱有一定的抵触情绪。此外，一些省属企业管理者还认为企业履行社会责任，实际上就是把理应由政府部门负责的事情揽到企业身上，结果"不仅对企业健康成长不利，有时也会培养政府惰性"。

另外，有相当数量的省属企业管理者对社会责任的认识停留在慈善救助等层面上，认为企业履行社会责任就是慈善捐赠。虽然这些行为能为企业带来良好的声誉，但大多与企业本身的经营行为无关，无法与企业的战略匹配，不仅不能使企业的资源得到优化利用，而且耗费了企业的宝贵资金。在全国上下关注慈善的大环境下，许多企业在慈善上下了很大工夫，希望通过这种方式来履行社会责任。但是，调查分析显示，在慈善方面的投入并不能相应地提高企业在社会责任方面的得分。在 2012 年度《财富》（中文版）企业社会责任排行榜上的企业中，捐赠最多的和最少的 10 家公司在企业社会责任上的得分区别并不显著，可见企业过于注重在慈善方面的投入，而缺少对其他履行社会责任的途径的关注，使履行社会责任的效果大打折扣。

对于这一问题，英特尔公司中国首席责任官杨钟仁认为，一个企业履行社会责任有三个层面：第一个层面是通过慈善公益事业回报社会；第二个层面是把企业的核心资源和竞争力发挥出来，从而推动企业更好地履行社会责任；第三个层面是把社会责任的履行融入企业业务的持续发展，系统地催化社会创新。对照这三个层面，省属企业在履行社会责任时往往停留在第一个层面，还处于比较初级的阶段。履责阶段的局限性导致省属企业在履行社会责任的过程中很难直接感受到履责对企业竞争力提升的作用，从而降低了企业履责的积极性，而履责积极性的降低又导致省属企业出现明显的履责意识不强、履责愿景模糊、履责动力微弱等问题。

（二）省属企业对企业社会责任知识不够熟悉

从总体来看，省属企业管理者对企业社会责任的基本概念不够熟悉。其中，国际劳工公约、企业社会责任报告等企业社会责任机构和名词的知名度不高，对企业公民、联合国契约、OECD 公司治理、生产守则、SA8000、ISO26000 等知识了解较少。

（三）省属企业对企业社会责任与广东经济发展的关系缺乏认识

企业社会责任的含义是广义的。对于企业内在的、自发履行的社会责任，与企业的利益是一致的。比如首先企业要完成创办企业的目的，要对股东也就是对投资者负责，要为股东创造价值，当企业在为股东创造财富的同时也为社会创造了财富，这是企业能够自觉履行的。同时，也存在强制性的企业社会责任。这些社会责任是法律法规规定的企业责任，如缴税、环保、节约资源、产业转型、员工的社保等，这些社会责任可能对企业创造财富和利润没有直接关系，且对企业的当前利益有影响，所以政府要用强制性的手段要求企业履行。面对广东经济发展的现实，省属企业对于强制责任的认识还停留在根据政府政策法规被动执行的层面上，尚未达到作为负责任、守法经营的企业理应将强制的责任变为自觉行为的层面。另外，省属企业的社会责任还要体现在对社会坦诚、透明、规范、诚信上，强调企业社会责任意识和提高企业对社会的公信力。

（四）省属企业对履行企业社会责任与改善广东社会民生的关系认识欠缺

省属企业尚未认识到履行社会责任对改善广东社会民生状况的重要作用，未将二者结合起来认识。省属企业履行社会责任可能会带来利润上的短期损失，但从长远来看符合省属企业的根本利益。例如，省属企业如果能够合理地提高薪水或者在困难时努力维持就业，那么虽然在短期内降低了股东分红，但必将获得员工的积极工作回报和地区社会的长久支持，从而有助于实现企业的可持续发展，也符合股东的长远利益。不仅如此，企业积极主动地履行保护环境、消除贫穷、提高人类生活质量等社会责任，不但可以免受政府部门、公益团体、社会公众的指责和各种抵制，还可以无形中提高企业形象和品牌知名度等。

二、责任战略方面

省属企业能否从战略的高度来认识企业社会责任问题,将成为制约其持续发展的关键,也是省属企业能否成功"走出去",应对国际挑战的关键所在。因此,省属企业要主动采取企业社会责任战略,并将其纳入企业的战略目标管理是非常必要的。

(一)省属企业对企业社会责任战略内涵的认知存在差异

分析结果可以发现,省属企业管理者对企业社会责任具体内容的认识并不一致,大致可以分为三类:

(1)核心层。这类企业社会责任内容得到了受访省属企业管理者100%的认同,具体包括企业利润、依法纳税、产品质量安全、员工权益、减少环境污染,这类社会责任可以认为是省属企业社会责任的核心内容。

(2)普适层。这类企业社会责任内容并未得到省属企业管理者一致认同,但反对意见不足20%,具体包括知识产权保护、企业文化、有效配置资源、行业道德规范、诚信经营、节能降耗、自主创新等。

(3)争议层。省属企业管理者反对将此类事务纳入社会责任范畴的企业比重超过30%,具体包括财务状况、支持公益事业和社会捐赠等。

从调查结果可以看到,省属企业管理者对企业社会责任战略的内涵认知存在较大差异,这决定了省属企业管理者制定本企业责任战略的重点。

(二)省属企业尚未将履行社会责任与企业发展战略融合起来

近年来,省属企业社会责任实践不断发展。作为中国经济发展大省,广东省属企业社会责任工作起步较晚,跟中央企业相比,还存在不小差距。当前,省属企业对企业社会责任的认识参差不齐,造成了实践上也出现了较大差异。正确认识并主动承担社会责任,是省属企业自身健康发展的需要,也是实践科学发展观、构建和谐社会的要求。

省属企业面临挑战的关键是企业是否把社会责任融入企业发展战略,全面融入投资、管理、市场开拓和文化建设的全过程,使省属企业社会责任真正成为增加企业价值,提升企业竞争力的宝贵资源。在公司战略方面,省属企业要树立社会责任理念,全面提高以责任竞争力为核心的企业社会责任意识,建立和完善以可持续发展为目标的社会责任管理体系,将企业社会责任管理融入企业战略、融入企业日常运营、融入供应链管理。

目前,省属企业已经全部制订了"十二五"规划,但在其中提及企业社会责任议题的企业尚属鲜见,这表明省属企业尚未将"企业社会责任"植入企业发展战略,甚至连已经发布了企业社会责任报告的粤电集团、机场集团、交通集团、广业公司、广晟公司五家企业的"十二五"规划中也未体现企业社会责任管理工作。到目前为止,省属企业中只有1家(粤海集团)明确提出在未来发展中会将企业社会责任履行融入企业中长期发展战略,通过企业社会责任与企业战略的高度融合达到企业价值提升与价值创造的目标。其余企业均未明确表示这一发展方向,这也说明省属企业对良好地履行企业社会责任会推动企业未来的价值提升乃至价值创造这一潜在收益认识不足。

三、责任治理方面

省属企业要体现出国有企业对社会责任的重视，确保省属企业社会责任管理落到实处，首要的工作就是完善省属企业履行社会责任的相关治理结构。从国际角度来看，跨国企业承担社会责任的实现方式主要有两大类：董事会决策模式和董事会承担、经理决策模式。由于省属企业的治理结构不尽相同，应结合自己的具体情况选择相应的治理结构。

省属企业普遍认为企业社会责任的具体内容过于模糊，边界不清，省属企业管理者不清楚哪些工作是企业必须做的，哪些是企业应该做的，哪些是不应该做的。省属企业要将社会责任真正转化为行动，必须要建立一个专门的社会责任体系，但省属企业实施社会责任，始于近两年，多数企业都没有成型的社会责任管理工作部门。

（一）省属企业均未建立专门的社会责任管理机构

企业要更好地履行社会责任，需要建立社会责任日常管理体系，即把履行社会责任的要求融入企业运营全过程和日常管理，完善公司各部门、各单位、各岗位的工作职责、管理要求与行为守则。其职能管理支持体系包括人力资源管理、财务资源管理、科技资源管理、信息资源管理、企业文化建设和风险控制体系等。企业社会责任日常管理体系是对企业现有的日常管理体系的改进、丰富和完善。企业各部门、各单位、各岗位的日常管理要全面落实履行社会责任的要求，在制度、资源和人员上保障企业运营满足安全、高效、绿色、和谐的要求，确保企业全面、全员、全过程履行社会责任，将企业利益相关方的期望和需求的满足融入企业的日常管理和运营工作中。

调查发现，到目前为止，还未有省属企业建立专门的社会责任管理机构。目前，在省属企业履行社会责任的实践中，大多是采用一个部门牵头，多个部门各自负责某一方面的社会责任履行的模式，急需建立全面、统筹全局的社会责任管理专门机构。因此，在省属企业履行社会责任的过程中，难以避免地出现了分散管理、效率降低的情况。

（二）大部分省属企业没有在决策中建立保障利益相关方利益的机制

利益相关方理论是 ISO26000 构建社会责任指南的重要理论基础，这是因为在 ISO26000 中，利益相关方涉及组织社会责任的方方面面，决定了组织社会责任的对象、内容和范围。具体来说，在 ISO26000 中，利益相关方与社会责任间的关系主要包括：利益相关方是组织社会责任的主要对象；利益相关方的期望是组织确定其社会责任的重要依据；利益相关方决定了组织社会责任范围的大小。

近年来，社会各利益相关方越来越踊跃参与、影响和推动企业履行社会责任，资本市场出现了评价企业社会责任的指标体系，投资者出现了责任投资新潮，行业巨头要求商业伙伴或者产业链企业履行社会责任，社会责任对企业商业活动的影响和约束日趋严格。国有企业要想实现"做强做优、世界一流"的目标，必须大力提高履行社会责任的能力和水平，加快培育在国际经济贸易中的责任竞争力新优势。

目前，由于企业社会责任管理发展水平的限制，省属企业在识别利益相关方、促进利益相关方积极参与同组织之间的对话、保持与利益相关方之间良好的沟通等方面存在明显不足。绝大多数省属企业没有在高层决策中建立保障利益相关方利益的机制。在建立利益相关方利益保障机制的企业中，选择建立重大决策前专家论证制度的比重最高，达到100%，而直接征求外部利益相关方意见和决策方案需经委员会同意再提交董事会的各占50%，使用外部董事代表外部利益相关方利益的占30%。

（三）省属企业社会责任管理组织制度体系不完善

企业社会责任管理涉及企业的各项业务和日常运营的各个环节，健全的组织和制度体系是加强社会责任管理的基础。目前，大多数中央企业建立了由公司主要负责人牵头的企业社会责任领导决策机构，但是大多数省属企业的社会责任管理行为缺乏系统性，表现为"就事论事"，即简单地把一些具体的管理体系（如维护员工管理体系、社会公益事业管理体系等）罗列起来，没有把社会责任作为一个整体建立全面的体系来管理。从问卷调查的企业来看，几乎全部省属企业对"已建立社会责任相关机构"这一题项的具体描述仅是某一具体社会责任内容领导机构（如扶贫领导小组、安全生产小组、节能工作领导小组、信访维稳工作领导小组等），并未建立全面、统筹全局的社会责任管理机构，更谈不到建立完善的社会责任管理体系。

四、责任融合方面

履行社会责任的关键是把责任和要求融入企业运营的全过程，对各项业务进行持续系统的改进。只有切实把社会责任理念落实到每项工作、每个岗位和每位员工，成为生产经营活动的有机组成部分，成为全体员工的信念、素质和自觉行动，才能组织化、制度化和常态化地开展社会责任工作，取得实效。

（一）省属企业尚未建立社会责任管理组织网络

省属企业尚未在企业社会责任最高治理机构（如董事会中的社会责任委员会或总经理领导的社会责任委员会）的领导下，在企业内部建立覆盖各经营单位、各职能部门的社会责任管理组织网络，任命责任人，更未能建立并把企业社会责任管理体系与企业已有管理体系紧密结合，因而不能明确规定企业内部各部门的职能、职责和权限，无法依次来督导企业社会责任的实践和提出改进意见，难以确保企业社会责任战略能顺利落地，持续改进。

（二）省属企业尚未制定履行社会责任保障制度

目前，省属企业尚未建立专门的企业社会责任管理机构，尚处于不同类型的社会责任分别由不同的部门和机构负责，这种分散管理的模式必然会使省属企业难以形成完善的社会责任管理体系，最终影响省属企业履行社会责任的绩效。省属企业的社会责任管理要落到实处，还需要制定各种保障制度，比如人力资源制度、财务制度、内部沟通制度等，保证部门之间沟通的顺畅性和合作的紧密性，才能将企业的社会责任价值观和战略传达到每个部门、岗位和员工，使社会责任管理到位、到人。

(三) 省属企业尚未展开履行社会责任的全员宣贯

把企业社会责任化为公司价值观和实践，是提升企业核心竞争力的重要途径，是推动企业又好又快发展的强大动力。整合培训资源，加大社会责任宣贯力度，深入推进社会责任全员培训是省属企业的一项重要任务。而员工正是企业履行社会责任的主体，员工对于企业社会责任的认识与理解直接影响到企业的履责表现。可见，企业社会责任管理首先必须提升员工的责任意识。但目前，省属企业尚未设立完善的社会责任培训计划，定期培训在职员工，并及时培训新进的和临时雇用的员工，保证他们能够践行企业的责任价值观，理解企业的社会责任管理制度，增强员工的责任意识，并以此规范行为。今后，省属企业应广泛开展面向全员的社会责任宣贯和培训活动，并结合企业文化建设工作，通过多种形式开展责任文化传播活动，强化社会责任的自觉履行。

(四) 省属企业对企业运营流程进行全方位社会责任管理不足

随着全球化的不断深入，企业之间的依存度不断增加。基于供应链管理履行企业社会责任已经日益成为企业提升竞争力的一种方式。供应链上的供应商、分销商等都会对企业的产品产生影响，为了确保产品的安全与质量，需要企业与供应商、分销商等合作伙伴共同履行社会责任，或是监督合作伙伴的企业社会责任实施水平。省属企业尚未做到企业生产经营的全过程进行全方位的社会责任管理，认真检查产品的研发、采购、生产、销售、使用和回收全过程，梳理每一产品的生命周期，不留死角，使社会责任与生产运营严密地整合在一起，将社会责任真正落到每一环节、每一岗位。这也体现出加强供应链责任管理将成为企业提升竞争力的重要方面。

五、责任绩效方面

企业社会责任绩效考核，是指对企业整体、各部门、各单位以及员工个人履行社会责任的行为和结果符合职责要求和考核目标的程度进行具体评价与奖惩安排，旨在建立促进公司履行社会责任的激励机制与约束机制，由公司社会责任业绩考核制度和业绩考核程序等组成，是公司业绩考核体系和全员绩效管理的重要组成部分。其中，建立企业社会责任绩效考核制度，是企业全面履行社会责任的机制保障。

(一) 省国资委尚未建立省属企业履行社会责任考核体系

目前，广东省省国资委尚未将企业履行社会责任相关情况纳入省属企业的考核体系中，省属企业在履行社会责任中缺乏有力的推动力量。因此，对于省属企业履行社会责任的效果就难以衡量，省属企业也难以有进一步履行社会责任的目标和方向，推进企业履行社会责任以及建立企业社会责任管理体系工作都难以持续。

(二) 省属企业自身亦未建立履行社会责任绩效评价体系

近年来，省属企业不断地学习过去的经验，运用所获得的经验知识，不断改善和提高履行企业社会责任的能力和水平。而省属企业的履责难点之一就是企业社会责任涉及的范围广，难以评价与考核。目前，省属企业自身也未建立明确、具体、可操作的企业社会责任指标体系，从而难以明确企业社会责任的范围并确定一套符合省属企业实际、符合中国国情、符合国际通行惯例，兼具重要性、可操作、经济性和持续性等特征的省属企业社会责任指标体系。这就使得省属企业履行社会责任绩效无法与企业业绩考核、经济效益、员工考核挂钩，严重影响了从实现社会责任目标角度衡量企业绩效和进步，降低了省属企业社会责任管理的可实施性。从国际惯例来看，省属企业应当提出包含公司概况指标、利益相关方信息指标、公司治理和管理体系指标、企业基本经济业绩指标、企业环境业绩指标、企业社会业绩指标、反腐败和反商业贿赂指标、社会贡献（公益事业）指标等内容在内的社会责任指标框架。

六、责任沟通和责任研究

省属企业要持续地与企业内外的利益群体沟通，以强化社会责任在企业战略制定和执行中的重要地位，并将社会责任政策和具体实践作为沟通的具体内容，保持并修正企业的社会责任实践行为。

省属企业社会责任战略的有效实施必须依赖有效的社会责任沟通机制，有效的社会责任沟通机制的关键部分是信息、评价、报告和传播系统，以确保整个社会责任系统能够得到有效控制。省属企业尚未具备较为完善的责任沟通计划、有效管理的沟通内容，因此也很难按计划对企业社会责任管理的工作方式和成果进行外部意见沟通。管理层应根据内部审核和外部沟通的结果，与由利益相关方代表组成的团队交流企业社会责任计划的实施绩效，做出持续改进的承诺，并按规范保存沟通记录。以确保企业中的每一个员工和供应链中的每一个环节都认识到承担社会责任的重要性和企业社会责任战略目标、框架要点和实施步骤。企业要持续地与企业内外的利益群体沟通，以强化社会责任在企业战略制定和执行中的重要地位，并就社会责任政策和实践沟通，保持并修正企业的社会责任实践行为。同时，企业应该增强对企业社会责任内涵的理解和把握能力，充分认识到社会责任在企业内部经营和外部利益相关方沟通中的重要价值，加强企业社会责任综合管理水平，综合利用社会责任等多种工具，与利益相关方的参与和沟通，增强国际化水平，实现企业的可持续发展。

（一）省属企业社会责任沟通机制不畅

企业社会责任工作具有很强的外部性，工作体系不仅包含企业各个系统，还涵盖各个利益相关方。加强与社会各界的沟通，推动利益相关方参与，是企业社会责任管理的重要内容。这不仅能够增加运营透明度，增进利益相关方对企业的了解，增加共识，也有利于企业听取和吸收利益相关方的意见和建议，更好地改进各项工作。

近年来，中央企业积极探索创新加强社会责任沟通的形式和途径。大多数企业建立并完善了社会责任报告发布制度，有的企业还发布了国别报告、省市公司报告和专题报告，不少中央企业的报告获得了国内外有关机构的高度评价。大部分企业在集团主页开设了社会责任专栏，很多专栏信息完整、内容丰富、更新及时、可读性较高，并提供了历年社会责任报告的下载链接，建立了社会责任信息交流平台。

由于省属企业社会责任工作尚在起步阶段，企业在社会责任沟通方面还有不少挑战，企业运营透明度有待进一步提高，利益相关方参与机制有待进一步完善。目前，省属企业现有的企业社会责任沟通机制不畅，接受问卷调查的企业中有17%左右的企业表示没有与社会沟通的渠道，只有粤电集团、粤海集团等少数几家省属企业以发布企业社会责任报告、在集团主页上开设企业社会责任专栏等形式进行信息披露以及与利益相关方的沟通。

（二）省属企业社会责任沟通主动性不足

目前，省属企业对于发布可持续发展报告或社会责任报告这一对外社会责任沟通最为普遍和有效的做法，认识也尚未达到一致。当前，企业社会责任报告已经成为企业与外部沟通责任实践的平台。随着企业社会责任实践的不断深入，企业社会责任报告作为一种综合性的非财务报告，已经成为企业履行社会责任的综合展现，是利益相关方评价企业履行社会责任绩效的重要依据，又是推进社会责任管理的重要工具。目前，省属企业发布社会责任报告的比率并不高。现已发布企业社会责任报告的只有5家，约占全部省属企业的22%，其中自发、连续发布社会责任报告的只有粤电集团1家，还有10%的企业表示不打算发布社会责任报告。这说明，部分省属企业对主动、新型的责任沟通机制还比较陌生，也有所抵触。

（二）省属企业普遍缺乏对企业社会责任的系统研究

长期以来，省属企业都是在自发的状态下实践企业社会责任的，大多处于"只做不说、只做不研究"的状态，普遍缺乏对省属企业履责情况、履责目标的研究。大多省属企业无法全面正确地理解为什么要履行企业社会责任、本企业已经履行了哪些社会责任、今后在哪些方面需要改进、履行企业社会责任会对企业经营产生什么样的影响、未来企业应该如何更好地履行社会责任。在调研中我们发现，目前较少有省属企业对本企业履行社会责任的情况进行系统的梳理，更未对照企业社会责任标准（如ISO26000）对本企业履行社会责任的实践进行对标管理。

本章小结

经过深入调研，我们发现，目前省属企业在推进社会责任管理工作过程中，存在对履行企业社会责任的目标、途径、效果和广东经济发展的关系等问题认识的欠缺。在今后的企业社会责任履行中，省属企业应当更加关注：①实施企业社会责任战略。应当把对社会和环境的关注融入企业经营主流，即融入企业战略、组织结构和日常运营中，谋求经济、社会和环境三重效益。②建立责任管理体系。把履行企业社会责任纳入企业全面管理体系，在决策的制定和实施中，充分考虑企业对社会和环境的影响，在对利润的追求和利益相关者之间获得平衡。③建立与社会利益相关者的沟通联系渠道。④把企业优势与履行社会责任相结合。

下 篇
借鉴与对策

第十四章　中央企业与其他地区推动企业社会责任工作的经验与启示

作为国有企业的主力军，中央企业在履行社会责任方面可谓走在了前列。这一方面是中央企业本身性质和角色的内在要求，另一方面是国家政策环境的推动与有规划的推进，同时也是在"走出去"的过程中面对日益复杂的国际环境的必然选择。事实上，已有的研究和调查显示，中央企业在履行社会责任的过程中，确实走在了前列。除中央企业之外，我国一些省市地方政府以及各类行业协会等组织在企业社会责任的推进工作中也扮演了积极的重要作用，并已有部分典型企业进行着积极的尝试与探索。而这些都为广东省推进企业社会责任工作提供了丰富的经验和启示。

第一节　中央企业履行企业社会责任的现状与启示

企业承担社会责任的情况是与其自身的性质和特点分不开的。与普通国有企业和其他所有制形式企业相比，作为中央政府直接掌握的一种经济力量，正是其特殊的性质和在国民经济中的重要地位及作用决定了中央企业应当承担与普通国企和其他类型企业截然不同的、特殊的社会责任。中央企业履行企业社会责任是在一系列国内外动因的作用下共同推动的。虽然企业社会责任作为一种舶来品是最近十几年才被引入国内，但中国并不乏企业社会责任的传统意识，企业社会责任的思想基础更可谓源远流长。近年来，中国企业社会责任运动更是蓬勃发展。然而，由于中国的法人企业出现较晚，现代意义上的公司形成更晚，因此中国企业社会责任发展不同于私有产权和市场经济发育较早的欧美国家，而是形成了独具特色的演进路径和特征。

一、中央企业履行企业社会责任的历程[①]

中央企业履行社会责任的历程同我国其他国有企业的发展历程在前期和中期基本一致，但在后期明显快于其他国有企业，中央企业社会责任的履行也随着国有企业体制的不断改革而表现出鲜明的时代特征。根据不同时期在企业社会责任制度环境、履责实践和推动力量等方面的差别，新中国

---

① 此部分综合多篇文献观点。包括：a. 张卫平. 中央企业社会责任问题研究. 山东师范大学，2012；b. 王昶，焦娟妮. 央企社会责任内涵认知结构探析. 学术交流，2008（8）；等等。

成立以来的企业社会责任发展大致经历了四个阶段：企业办社会型"满载"履责阶段、企业社会责任产生与起步阶段、企业社会责任反思调整发展阶段与企业社会责任快速发展的制度探索阶段。

（一）企业办社会型"满载"履责阶段（1949年至1983年）

新中国成立之初及此后的很长时间，我国选择了以计划经济体制为核心的社会主义公有制度，经济体制实行自上而下的、垂直的行政管理体系。在这种高度集中的计划经济体制下，企业既不是独立的经济组织，也没有独立的经济利益，而是扮演国家机关附属物的角色。在这种运行方式下，企业发展的根本目标是帮助国家完成宏观调控和经济运行目标，追求社会公共利益，由此导致企业过分地强调道德和伦理责任，最终形成企业办社会的格局。

在这一时期，企业不是独立的经济主体和法人组织，与社会之间边界模糊，企业的基本责任是完成政府下达的各项指标任务，为人民生活提供基本的物质资料，实现对国民经济命脉的控制，因而企业办社会成为企业承担社会责任的主要方式，大量的社会职能成为企业的必要职责。简言之，这一阶段的中央企业履责具有明显的企业办社会型"满载"特征。

（二）企业社会责任产生与起步阶段（1984年至20世纪90年代中期）

从20世纪70年代末开始，中国拉开了经济体制改革的序幕，并由此步入了长时间的经济转轨期。然而，对于中国企业社会责任发展来说，其历史转折点则是1984年10月召开的党的十二届三中全会。这次会议通过了《中共中央关于经济体制改革的决定》，提出"要使企业真正成为相对独立的经济实体，成为自主经营、自负盈亏的社会主义商品生产者和经营者，具有自我改造和自我发展的能力，成为具有一定权利和义务的法人"。企业作为独立法人组织地位的明确，标志着现代意义上的企业社会责任在中国正式产生。此后，经过多年的改革，企业作为独立经济主体的地位逐步形成。1994年开始生效的《中华人民共和国公司法》从根本上确立了企业的法人地位，奠定了履行社会责任的法律主体。

这一阶段，企业除需要关注自身的内部经营管理外，还必须考虑更多利益相关方的利益。这一阶段国有企业履责的主要特点包括：

（1）基本形成企业履行社会责任的法律环境。政府出台和修订了多部法律法规，涉及人权保护、劳动用工、消费者权益、安全生产、环保节约等多个领域，基本形成了企业履行社会责任的法律环境。

（2）企业履责实践侧重经济责任而普遍忽视社会责任和环境责任。这一阶段，多种所有制企业开始出现并重新定位自己的社会角色。企业履行社会责任主要是以法律要求为基础的经济责任，同时部分优秀企业开始承担扶贫和慈善捐赠等社会公益责任。然而，由于在经济转轨初期出现明显的制度供给不足，企业社会责任缺失现象普遍存在。

（3）企业履行社会责任的推动力量开始出现多元化。除了政府和企业两个传统主导力量外，非营利性社会团体也开始加入推动中国企业社会责任发展中，为企业履行社会责任提供渠道和平台。其标志是1989年启动的希望工程和1994年成立的中国光彩事业促进会和中国慈善总会。

这一时期，国有企业的重心转移到片面的经济利益的追求上，忽视其他社会责任的承担，国有企业的社会责任已经淡化，因此也有学者将这一阶段称为"空载"阶段。

(三) 企业社会责任反思调整发展阶段 (20世纪90年代后期至2005年)

经过20多年的改革开放，我国经济取得了快速发展，但严重资源浪费、环境恶化、职工下岗、收入差距加大等社会问题也随之而来。这一时期，国有企业开始反思改革开放以来带来的对社区、对环境责任的欠缺和逃避。政府在GDP增长的同时也开始关注越来越多的社会问题，2002年中共十六大把"可持续发展能力不断增强"作为全面建设小康社会的目标之一。国有企业开始重新考虑社会责任问题。但是对于社会责任的内涵、实现途径等问题，在理论界和实践界都处于调整阶段。

这一阶段，国有企业履行社会责任的主要特点包括：

(1) 企业履行社会责任的法律制度进一步完善。我国政府在劳工权益、安全生产、社会公益、环保节约等多个领域进一步完善了相关的法律法规。其中，2005年10月修订的《中华人民共和国公司法》更是明确规定，"公司从事经营活动，必须遵守法律、行政法规，遵守社会公德、商业道德，诚实守信，接受政府和社会公众的监督，承担社会责任"，这是在国家立法中首次提出"社会责任"。

(2) 企业履责实践拓展到环境和社会责任且初现主动性。随着经济体制转型的进一步深入以及全球竞争的压力，企业履行社会责任的意识有了较大提升，关注点由原来的经济责任拓展到环境和社会领域。尤其是出口导向型企业。此外，这一阶段企业履行社会责任开始从被动转向主动。2005年在中欧企业社会责任北京国际论坛上，以海尔、长安等为代表的10家中国企业发出了履行社会责任的北京宣言，积极倡议履行社会责任。

(3) 企业履行社会责任的推动力量更加多元化且涌现一批企业社会责任组织。随着卖方市场向买方市场的转变、信息技术的广泛应用以及经济全球化浪潮的兴起，消费者、媒体和社会公众、知名跨国公司以及国际组织都开始成为推动我国企业履行社会责任的积极力量。此外，这一阶段还出现了一批致力于我国企业社会责任发展的非政府组织，包括中国企业联合会全球契约推广办公室和可持续发展工商委员会、中国社会工作者协会企业公民委员会、中国企业社会责任联盟等。

(四) 企业社会责任快速发展的制度探索阶段 (2006年至今)

2005年修订的《中华人民共和国公司法》第一次明确提出了公司应当承担社会责任。2006年，国家电网公司率先发布了我国大陆公司的第一份企业社会责任报告，这也是首家发布企业社会责任报告的中央企业。随着科学发展观与社会主义和谐社会的提出，我国企业社会责任在多元力量的推动下得到了快速发展，进入全面推进与蓬勃发展时期。特别是2006年，企业社会责任第一次从法律、国家发展战略和方针、国家领导人等各个方面被同时肯定，因此这一年可谓我国企业社会责任的"元年"。2008年，国务院国资委发布了《关于中央企业履行社会责任的指导意见》，对中央企业履行社会责任的重要意义、指导思想、总体要求和基本原则以及主要内容和主要措施做出了规定，这标志着我国政府已开始重视并强调央企社会责任承担的问题，同时开始探索用制度去规范。

这一阶段的主要特点包括：

(1) 用于规范和引导企业履行社会责任的政策文件相继出台。一方面，相关的法律法规体系更加健全，如新《中华人民共和国劳动法》于2008年1月1日开始生效；另一方面，各级政府和相关机构相继出台了用于规范和引导企业履行社会责任的专门性政策文件，特别是2008年国务院国资委以1号文下发了《关于中央企业履行社会责任的指导意见》，明确了中央企业履行社会责任的重要意义、指导思想、总体要求、基本原则、主要内容和主要措施等。

（2）企业履责实践变得相对更全面、主动和理性。企业履行社会责任的内容更加全面与合理，经济责任、环境责任与社会责任同时成为企业的履责重点；企业履行社会责任的主动性显著增强，企业纷纷通过发布社会责任报告、建立社会责任管理体系等方式确保自己履行对利益相关方的责任；企业履行社会责任的行为变得更加理性，能够结合国情、企业特点以及普适的价值观确定自己的履责重点。

（3）社会监督成为推进我国企业社会责任发展的重要力量。企业、政府与社会共同推进我国企业社会责任发展的态势基本形成，特别是包括国际组织、国内非政府组织以及新闻媒体在内的社会力量发挥了至关重要的作用。联合国全球契约、全球报告倡议组织等国际组织在我国的影响力迅速扩大。截至2012年10月6日，我国有270家企业和机构加入了联合国全球契约。[①]

二、中央企业履行企业社会责任的政策环境演变

企业履行社会责任的历程伴随着一系列政策的发布与政策环境的不断变化。而政策在为企业履行社会责任指明方向的同时，还从战略的角度引导着企业实现可持续发展。2005年以来，我国各级政府和各行业发布了一系列的政策和标准，具体如下：

2005年5月，中国纺织工业协会参照国际同行编制的社会责任行业指标，制定了《CSC9000T中国纺织企业社会责任管理体系》，这是中国首个行业社会责任标准。

2005年10月27日，第十届全国人大常委会第十八次会议修订了《公司法》，规定公司应对其劳动者、债权人、供应商、消费者、公司所在地的居民、自然环境和资源、国家安全和社会的全面发展承担一定的责任。

2006年9月，深圳证券交易所发布《上市公司社会责任指引》。同年，深圳市政府推出《关于进一步推进企业履行社会责任的意见》，并设立了"企业社会责任奖"。

2007年7月24日，上海浦东新区召开了建立企业社会责任体系推进大会，并在会上发布了三个重要文件——《浦东新区企业社会责任导则》、《浦东新区推进企业履行社会责任的若干意见》、《浦东新区建立企业社会责任体系的三年行动纲要》。这三个文件形成了有规范、有引导、有激励、有制约、有响应的企业社会责任框架体系。

2007年12月29日，国务院国资委发布《关于中央企业履行社会责任的指导意见》（国资发研究[2008]1号），为中央企业履行社会责任指出了明确方向。

2009年，上海浦东新区正式发布《企业社会责任导则》，这是全国唯一一个企业社会责任方面的省级地方标准。

2010年，杭州市率先出台《企业社会责任评价体系》，针对企业应该履行的社会责任进行评价打分。

2011年8月17日，宁波市法制办发布《宁波市企业信用监管与社会责任评价办法》（征求意见稿），并向社会公开征集意见。这将是国内首个针对企业信用监管与社会责任评价的办法。

---

① 全球契约中国网络，http://www.gcchina.org.cn/.

2011年8月23日，沈阳市环保局正式启动《沈阳市企业环境信用等级评价管理办法（试行）》。企业环境信用等级评价将由环境保护行政主管部门根据排污企业的各种环境信息，按照一定的评价程序和指标，对企业环境信用进行的综合评价定级。

2011年9月，国务院国资委发布了《中央企业"十二五"和谐发展战略实施纲要》，明确指出要"以可持续发展为核心，以推进企业履行社会责任为载体，立足战略高度认识、部署和推进中央企业与社会、环境的和谐发展，为实现'做强做优、世界一流'目标提供支撑"。

2011年12月，厦门市国资委制定并印发了《厦门市属国有企业履行社会责任的指导意见》。

2012年5月18日，成立了国资委中央企业社会责任指导委员会。

2012年12月，厦门市国资委下发了《关于贯彻落实〈厦门市属国有企业履行社会责任的指导意见〉的通知》。

此处需特别指出的是，2012年5月18日，国务院国有资产监督管理委员会成立国资委中央企业社会责任指导委员会（以下简称"指导委员会"），明确其主要职责为"在国资委和国资委党委领导下，认真贯彻落实党中央、国务院关于企业履行社会责任的有关精神，研究审议国资委及中央企业社会责任工作的重大问题和事项；研究制定国资委推进社会责任工作的政策措施；研究制定国资委推进中央企业社会责任工作的战略、规划和年度计划；指导中央企业建立完善社会责任工作体制和制度"。

而从国家层面来看，近年来国务院国资委出台的一系列政策及保障性措施在推动企业社会责任实施的过程中扮演着关键性角色（见图14-1），为中央企业社会责任工作的稳步推进提供了更为有力的保障，并推动着中央企业社会工作的快速发展。

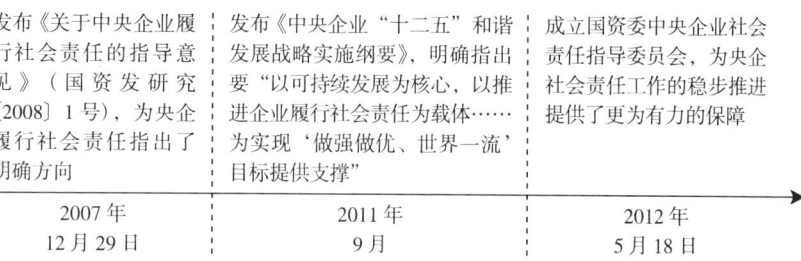

图14-1 国务院国资委一系列社会责任保障性措施的出台路径

三、中央企业履行企业社会责任的现状[①]

国务院国有资产监督管理委员会2007年12月29日印发的《关于中央企业履行社会责任的指导意见》明确指出，中央企业是国有经济的骨干力量，大多集中在关系国家安全和国民经济命脉的重要行业和关键领域，其生产经营活动涉及整个社会经济活动和人民生活的各个方面。积极履行社会责任，不仅是中央企业的使命和责任，也是全社会对中央企业的殷切期望和广泛要求。并同时指出，在经济全球化日益深入的新形势下，国际社会高度关注企业社会责任，履行社会责任已成为国际社会对企业评价的重要内容。中央企业在履行企业社会责任的过程中，可谓走到了全国的前列，

[①] 此部分资料整理自中央企业及相关组织网站。

而在履责的实践与经验上又各有差异。

鉴于中央企业履行企业社会责任的难以综合评价性,我们选取企业社会责任报告的发布、企业社会责任管理及CSR工作的推进、加入的CSR相关国际组织及扮演的角色、国际认证/评级、中央企业近年来的履责情况5个方面来描述中央企业履行企业社会责任的现状。

(一) 从企业社会责任报告的发布看中央企业履责现状

作为对履行社会责任的理念、组织制度、措施与绩效等要素所进行的系统信息披露和企业与利益相关方进行全面沟通交流的重要载体,企业社会责任报告①的定期发布既是企业加强与利益相关方沟通、提升企业形象的重要手段,也是企业持续改进社会责任工作、提升管理水平和竞争力的重要途径,同时也是企业社会责任的系统、有效展示。

企业社会责任报告从广义而言,可以包括环境报告、安全健康报告等反映特定责任的报告。但通常而言,企业社会责任报告是指从责任的角度全面把握和反映企业与社会或利益相关方及环境的关系的综合性报告。正是从这种意义上说,国家电网公司2006年3月发布了中国企业第一份社会责任报告。之前,我国企业曾经发布过环境报告、安全健康环境报告、社会公益事业报告。比如,中国石油天然气集团公司从2000年起发布健康安全环境报告,宝钢集团有限公司分别在2003年、2004年发布过两次环境报告,江西移动通信有限责任公司曾经发布过名为企业责任报告的社会公益事业报告。

2006年3月10日,国家电网发布了《2005年度社会责任报告》,这是继一些跨国公司在中国的企业发布社会责任报告后,中国央企发布的首份社会责任报告。这份报告得到了温家宝总理作出的重要批示,肯定了公司的做法,并指出企业要向社会负责,并自觉接受监督。从此拉开了中国企业发布企业社会责任报告的大幕。

1. 中央企业社会责任报告发布的数量特征

中国社会科学院经济学部企业社会责任研究中心于2011年12月发布的《中国企业社会责任报告白皮书2011》的数据显示,2011年,中央企业社会责任报告发布工作取得了积极进展,报告数量和质量有了很大提升,继续走在全社会所有企业的前列。截至2011年底,发布社会责任报告的中央企业已达76家,比2010年增加21家,一些尚未发布报告的企业也在积极推进这项工作。总体上看,76份报告在结构框架设计、表达形式以及对专业词汇解释方面的总体表现较好,表现形式丰富、图文并茂并且排版精美,部分报告还对行业专业词汇进行了解释说明。创新性主要评价报告在内容或形式上是否具有有价值的创新。76份报告总体表现较好,多数企业充分考虑连续编制社会责任报告的需要,从形式和内容上既坚持了一贯风格和传承,又在年度报告中突出了本企业和本年度的亮点,确保了报告的连续性与创新点。综合以上对76份报告的各项分析,总体上看,中央企业社会责任报告的质量在不断提升,在国内处于领先水平。中远集团、国家电网公司、中国南方电网有限公司、中国移动通信集团公司、中国中钢集团公司、中国五矿集团公司、中国石化化工集团公司等部分企业报告的质量已经达到国际领先水平。②

---

① 本书所指社会责任报告,统指社会责任报告或可持续发展报告。
② 钟宏武等. 中国企业社会责任报告白皮书2011. 经济管理出版社,2011.

2007 年以来，中央企业社会责任报告的发布数量如表 14-1 及图 14-2 所示。

表 14-1　2007~2011 年中央企业社会责任报告发布数量

年度（年）	2007	2008	2009	2010	2011	2012①
数量（份）	10	22	38	55	76	56
中央企业数量（家）	159	151	142	129	117	117
发布率（%）	6.2	14.5	26.7	42.6	65.0	—

资料来源：各中央企业、国务院国资委官方网站。

截至 2011 年底，117 家中央企业中，已有 76 家发布了企业社会责任报告或者可持续发展报告，发布率 65.0%，远高于其他国有企业、民营企业和外资企业。

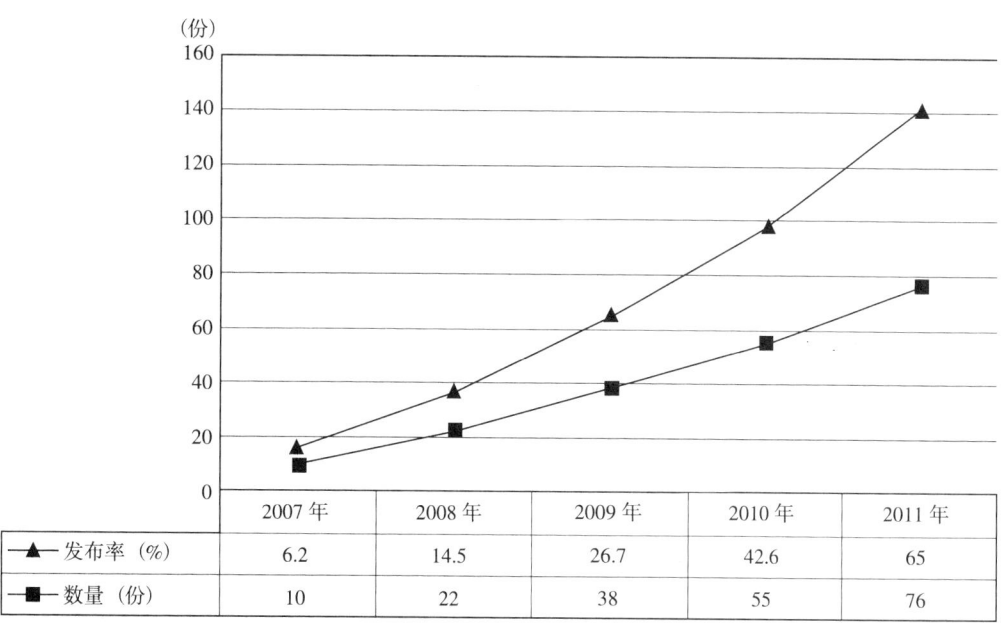

图 14-2　2007~2011 年中央企业社会责任报告发布数量

资料来源：各中央企业、国务院国资委官方网站。

2006 年以来，中央企业社会责任报告的具体发布情况如表 14-2 所示。截至 2012 年 10 月 6 日，共有 56 家企业发布了 2011 年企业社会责任报告，其中 12 家为首次发布。

表 14-2　中央企业社会责任报告的已发布情况②

序号	企业名称	备注
1	中国核工业集团公司（2008 年）	
2	中国航天科技集团公司（2010 年、2011 年）	
3	中国航天科工集团公司（2008 年、2009 年、2010 年、2011 年）	
4	中国航空工业集团公司（2009 年、2010 年）	
5	中国船舶工业集团公司（2009 年、2010 年）	
6	中国船舶重工集团公司（2008 年、2009 年、2010 年）	
7	中国兵器工业集团公司（2009 年、2010 年、2011 年）	
8	中国兵器装备集团公司（2010 年、2011 年）	
9	中国电子科技集团公司（2010 年）	首次发布

①② 统计时间截至 2012 年 10 月 6 日，因 2012 年的发布数据是不完全统计，故不纳入此后的进一步分析，仅作一般描述性使用。

续表

序号	企业名称	备注
10	中国石油天然气集团公司（2006年、2007年、2008年、2009年、2010年、2011年）	
11	中国石油化工集团公司（2007年、2008年、2009年、2010年）	
12	中国海洋石油总公司（2005年、2006年、2007年、2008年、2009年、2010年、2011年）	可持续发展报告
13	国家电网公司（2005年、2006年、2007年、2008年、2009年、2010年、2011年）	
14	南方电网有限责任公司（2007年、2008年、2009年、2010年、2011年）	
15	中国华能集团公司（2006年、2007年、2008年、2009年、2010年、2011年）	可持续发展报告
16	中国大唐集团公司（2006年、2007年、2008年、2009年、2010年）	
17	中国华电集团公司（2007年、2008年、2009年、2010年）	
18	中国国电集团公司（2007年、2008年、2009年、2010年、2011年）	
19	中国电力投资集团公司（2008年、2009年、2010年）	
20	中国长江三峡集团公司（2010年、2011年）	
21	神华集团有限责任公司（2007年、2008年、2009年、2010年、2011年）	
22	中国电信集团公司（2010年、2011年）	
23	中国联合网络通信集团有限公司（2006年、2008年、2009年、2010年）	
24	中国移动通信集团公司（2006年、2007年、2008年、2009年、2010年、2011年）	可持续发展报告
25	中国电子信息产业集团有限公司（2010年、2011年）	
26	中国第一汽车集团公司（2009年）	
27	东风汽车公司（2008年、2009年、2010年）	
28	中国第一重型机械集团公司（2008~2009年、2010年）	
29	中国第二重型机械集团公司（2008年、2009年、2010年、2011年）	
30	哈尔滨电气集团公司（2010年、2011年）	
31	中国东方电气集团有限公司（2007~2008年、2009年、2010年、2011年）	
32	鞍山钢铁集团公司（2007年、2008年、2009年、2010年）	2007~2009年为可持续发展报告
33	宝钢集团有限公司（2008年、2009年、2010年、2011年）	
34	武汉钢铁集团公司（2007年、2008年、2009年、2010年、2011年）	
35	中国铝业公司（2005年、2006年、2007年、2008年、2009年、2010年）	
36	中国远洋运输（集团）总公司（2005年、2006年、2007年、2008年、2009年、2010年、2011年）	可持续发展报告
37	中国航空集团公司（2010年）	首次发布
38	中国东方航空集团公司（2008年、2009年、2010年、2011年）	股份公司发布
39	中国南方航空集团公司（2007年、2008年、2009年、2010年、2011年）	股份公司发布
40	中国中化集团公司（2006年、2007年、2008年、2009年、2010年、2011年）	可持续发展报告
41	中粮集团有限公司（2009年、2010年、2011年）	
42	中国五矿集团公司（2007年、2008年、2009年、2010年）	可持续发展报告，澳洲报告
43	中国建筑工程总公司（2009年、2010年、2011年）	股份公司发布，可持续发展报告
44	中国储备粮管理总公司（2005~2009年、2010年）	
45	国家开发投资公司（2008年、2009年、2010年、2011年）	
46	招商局集团有限公司（2008年、2009年、2010年）	可持续发展报告
47	华润（集团）有限公司（2009年、2010年、2011年）	
48	中国港中旅集团公司（2010年、2011年）	
49	国家核电技术有限公司（2010年）	首次发布
50	中国节能环保集团公司（2007年、2008年、2009年、2010年）	
51	中国中煤能源集团有限公司（2008年、2009年、2010年、2011年）	
52	中国机械工业集团有限公司（2009年、2011年）	两年发布一次

续表

序号	企业名称	备注
53	中国中钢集团公司（2007年、2008年、2009年、2010年、2011年）	可持续发展报告
54	中国冶金科工集团有限公司（2009年、2010年、2011年）	股份公司发布
55	中国化工集团公司（2010年、2011年）	可持续发展报告
56	中国盐业总公司（2010年）	首次发布
57	中国恒天集团有限公司（2010年、2011年）	
58	中国建筑材料集团有限公司（2009年、2010年、2011年）	
59	中国北方机车车辆工业集团公司（2009年、2010年、2011年）	股份公司发布
60	中国南车集团公司（2009年、2010年）	股份公司发布
61	中国铁建股份有限公司（2008年、2009年、2010年、2011年）	
62	中国中铁股份有限公司（2008年、2009年、2010年、2011年）	
63	中国交通建设集团有限公司（2007年、2008年、2009年、2010年、2011年）	
64	电信科学技术研究院（2010年、2011年）	
65	中国中纺集团公司（2009年）	2010年、2011年未发
66	中国外运长航集团有限公司（2010年）	首次发布
67	中国医药集团总公司（2010年、2011年）	
68	珠海振戎公司（2010年）	首次发布
69	中国民航信息集团公司（2009年、2010年）	
70	中国航空器材集团公司（2009年）	
71	中国黄金集团公司（2010年、2011年）	首次发布
72	中国储备棉管理总公司（2010年、2011年）	首次发布
73	中国华录集团有限公司（2009年、2010年）	
74	上海贝尔股份有限公司（2008年、2009年、2010年）	
75	武汉邮电科学研究院（2010年）	首次发布
76	葛洲坝集团（2009年、2010年）	已经重组入中国能源建设有限公司
77	中国国际航空公司（2011年）	首次发布
78	中国普天信息产业集团公司（2011年）	首次发布
79	中国轻工集团公司（2011年）	首次发布
80	中国工艺集团（2011年）	首次发布
81	中国广东核电集团（2011年）	首次发布
82	中国国旅集团有限公司（2009~2011年）	首次发布
83	中国海运集团（2011年）	首次发布
84	中国林业集团（2011年）	首次发布
85	中国能源建设集团（2011年）	首次发布
86	中国商用飞机公司（2011年）	首次发布
87	中国有色矿业集团（2011年）	首次发布
88	中国航空油料集团公司（2011年）	首次发布

资料来源：各中央企业、国务院国资委官方网站。

整体而言，自2006年以来，中央企业发布的社会责任报告呈逐年上升递增态势，新增报告已从2006年的5家上升至2011年的76家，报告总量也从5份增至198份，增加38.6倍。但从发布比例看，76家企业占中央企业总数117家的65%，基本持平于《财富》世界500强企业的平均水平，还有提升空间。可见，在内外部环境的共同影响下及国务院国资委工作的有序推进下，中央企业在展示企业社会责任的工作中表现逐年提升。

2. 中央企业社会责任报告的信息发布特征

2011年，中央企业发布的社会责任报告在完整性方面表现突出，在报告前言、责任管理、市场责任、社会责任、环境责任以及报告后记六个方面相关指标信息均有较大篇幅披露，领先于其他类型企业的优势明显。其中，中远集团、中国南方电网有限责任公司、国家电网公司、武汉钢铁（集团）公司、中国移动通信集团公司等企业社会责任报告信息披露的完整性尤为突出。

从整体上看，2011年中央企业发布的社会责任报告实质性指标披露表现较好，多数企业的报告都对所在行业关键性社会责任指标进行了积极披露。2011年中央企业发布的76份社会责任报告中，有28份[①]报告披露了企业在报告期的相关负面信息，基本符合报告信息披露的正负平衡性要求。从纵向可比性看，76份报告的总体表现尚可，28份披露了负面信息的企业全部披露了纵向可比性信息，多数企业能够较为充分地披露历年历史数据，如表14-3所示。

表14-3 中央企业社会责任报告（2011年）的负面信息发布情况

序号	企业名称	负面信息	纵向可比性
1	武汉钢铁集团	√	√
2	中国中钢集团公司	√	√
3	中国电信集团公司	√	√
4	华润有限公司	√	√
5	神华集团有限责任公司	√	√
6	中国储备棉管理总公司	√	√
7	中国兵器工业集团	√	√
8	中国兵器装备集团	√	√
9	中国电子信息集团	√	√
10	中国航天科技集团公司	√	√
11	中国华能集团公司	√	√
12	中国黄金集团公司	√	√
13	中国机械工业集团	√	√
14	中国建筑股份有限公司	√	√
15	中国建筑材料集团有限公司	√	√
16	中国南方电网公司	√	√
17	中国石油天然气集团公司	√	√
18	中国医药集团总公司	√	√
19	中国中煤能源集团有限公司	√	√
20	中国远洋运输（集团）公司	√	√
21	国家电网公司	√	√
22	中国核工业建设集团公司	√	√
23	中国诚通控股有限公司	√	√
24	中国盐业总公司	√	√
25	中国华电集团公司	√	√
26	中国铝业公司	√	√
27	中国五矿集团公司	√	√
28	国家核电技术有限公司	√	√

资料来源：各中央企业所发布的企业社会责任报告。

3. 中央企业对企业社会责任管理的有益尝试

在履行企业社会责任及发布企业社会责任报告的同时，部分中央企业对企业社会责任管理进行了许多主动尝试并取得了良好的成效，如表14-4所示。

---

① 中国社会科学院的白皮书显示为43份，本课题检索为28份，有较大出入，因用于进一步数据分析故采用本课题所检索的信息。

表 14-4　中央企业对企业社会责任管理的有益尝试

企　业	时　间	主要尝试
国家电网公司	2006 年 3 月 10 日	发布国内第一份企业社会责任报告
	2007 年 12 月 28 日	出台国内第一份企业社会责任管理指南
	2009 年 7 月 16 日	在国内率先开展全面社会责任管理试点
中国移动通信集团公司	2006 年	明确提出社会责任"三步走"规划
	2008 年	最早建立两级社会责任组织管理体系
	2008 年	国内第一个明确提出加入道琼斯可持续发展指数
中远集团	2006 年 6 月	投入上千万元开发全面风险管理和社会责任指标管理体系
	2010 年 4 月	国内唯一连续多年入选联合国全球契约网站典范报告榜的企业
中国石油天然气集团公司	2006 年	国内第一家对石油行业社会责任国际标准和最佳实践进行全面研究的企业
	2010 年	健康安全环境（HSE）管理体系具有国际先进水平
宝钢集团有限公司	2003 年	拥有国内首个诚信建设基地
	2004 年 6 月	最早发布环境报告的中国企业
中国中钢集团公司	2008 年	发布国内第一份社会责任国别报告《可持续发展非洲报告》
中国五矿集团公司	2011 年 10 月 27 日	《中国五矿集团公司 2010 年可持续发展澳洲报告》应用国际社会责任最新的 ISO26000 标准，是全球第一份运用此标准的报告
中国铝业公司	2012 年 7 月 3 日	在首届社会责任工作会议上发布《ISO26000 在中国企业的应用研究》成果，填补了 ISO26000 在国内应用领域里的一项空白

资料来源：各中央企业所发布的企业社会责任报告。

（二）从企业社会责任管理及 CSR 工作的推进看中央企业履责现状

截至 2012 年 9 月 26 日，117 家中央企业中，已有 61 家中央企业建立了或已筹备建立由公司高层领导的、多部门参加的社会责任委员会或领导小组，并已建立社会责任归口管理部门（见表 14-5）。其中，28 家企业建立了社会责任委员会，20 家企业建立了社会责任领导小组，13 家企业筹备建立社会责任领导机构。部分企业还设立了以社会责任或可持续发展命名的部门或处室，专门负责社会责任推进工作。

表 14-5　中央企业社会责任管理推进状况

序　号	企业名称	推进状态
1	中国机械工业集团有限公司	建立社会责任委员会
2	中国航空工业集团公司	建立社会责任委员会
3	中国兵器装备集团公司	建立社会责任委员会
4	中国电子科技集团公司	建立社会责任委员会
5	国家电网公司	建立社会责任委员会
6	中国国电集团公司	建立社会责任委员会
7	神华集团有限责任公司	建立社会责任委员会
8	中国联合网络通信集团有限公司	建立社会责任委员会
9	中国移动通信集团公司	建立社会责任委员会
10	中国普天信息产业集团公司	建立社会责任委员会
11	中国第二重型机械集团公司	建立社会责任委员会
12	哈尔滨电气集团公司	建立社会责任委员会
13	宝钢集团有限公司	建立社会责任委员会
14	武汉钢铁（集团）公司	建立社会责任委员会
15	中国铝业公司	建立社会责任委员会
16	中国远洋运输（集团）总公司	建立社会责任委员会
17	中国航空集团公司	建立社会责任委员会

续表

序 号	企业名称	推进状态
18	中国东方航空集团公司	建立社会责任委员会
19	中国南方航空集团公司	建立社会责任委员会
20	中国中化集团公司	建立社会责任委员会
21	中国五矿集团公司	建立社会责任委员会
22	中国煤炭地质总局	建立社会责任委员会
23	中国建筑工程总公司	建立社会责任委员会
24	国家开发投资公司	建立社会责任委员会
25	国家核电技术有限公司	建立社会责任委员会
26	中国储备棉管理总公司	建立社会责任委员会
27	中国航空油料集团公司	建立社会责任委员会
28	中国航空器材集团公司	建立社会责任委员会
29	中国冶金科工集团有限公司	建立社会责任领导小组
30	中国工艺（集团）公司	建立社会责任领导小组
31	中国盐业总公司	建立社会责任领导小组
32	中国建筑材料集团有限公司	建立社会责任领导小组
33	中国船舶重工集团公司	建立社会责任领导小组
34	中国兵器工业集团公司	建立社会责任领导小组
35	中国南方电网有限责任公司	建立社会责任领导小组
36	中国华能集团公司	建立社会责任领导小组
37	中国大唐集团公司	建立社会责任领导小组
38	中国华电集团公司	建立社会责任领导小组
39	中国电子信息产业集团有限公司	建立社会责任领导小组
40	中国第一汽车集团公司	建立社会责任领导小组
41	东风汽车公司	建立社会责任领导小组
42	中国交通建设集团有限公司	建立社会责任领导小组
43	中国中丝集团公司	建立社会责任领导小组
44	中国东方电气集团有限公司	建立社会责任领导小组
45	中国国旅集团有限公司	建立社会责任领导小组
46	珠海振戎公司	建立社会责任领导小组
47	中国海运（集团）总公司	建立社会责任领导小组
48	中国港中旅集团公司 ［香港中旅（集团）有限公司］	建立社会责任领导小组
49	中国核工业建设集团公司	筹备建立社会责任领导机构
50	中国化学工程集团公司	筹备建立社会责任领导机构
51	中国石油天然气集团公司	筹备建立社会责任领导机构
52	中国石油化工集团公司	筹备建立社会责任领导机构
53	中国恒天集团公司	筹备建立社会责任领导机构
54	中国电力投资集团公司	筹备建立社会责任领导机构
55	中国长江三峡集团公司	筹备建立社会责任领导机构
56	中国电信集团公司	筹备建立社会责任领导机构
57	中国铁路工程总公司	筹备建立社会责任领导机构
58	上海贝尔股份有限公司	筹备建立社会责任领导机构
59	中国黄金集团公司	筹备建立社会责任领导机构
60	中国保利集团公司	筹备建立社会责任领导机构
61	中粮集团有限公司	筹备建立社会责任领导机构

资料来源：各中央企业所发布的企业社会责任报告。

已有许多中央企业切实将企业社会责任作为工作的重要组成部分，将社会责任工作内容纳入企业的总体战略。例如，国家电网公司、中远集团、宝钢集团有限公司、中国北车股份有限公司等企业还研究制订了社会责任的规划，提出了可持续发展的总体思路、原则、发展战略、发展目标以及发展的保障措施。

并有部分企业将推进下属企业的社会责任工作作为工作重点，积极推进下属企业建立社会责任归口管理部门。例如，中国华能集团公司的各区域公司和产业公司均成立了社会责任领导小组，明确归口管理部门，负责推进实施集团公司社会责任工作的决策部署，汇总提交社会责任建设有关议题、信息，开展与利益相关方的沟通与合作；中国大唐集团公司以集团公司社会责任办公室为核心，在分子公司、基层企业总经理工作部（办公室）设立社会责任办公室；中远集团各公司均成立了全球契约推进小组或"可持续发展委员会"，设立日常管理机构将实施全球契约和可持续发展工作纳入日常管理职能；中国保利集团公司和中国黄金集团公司也均已下发文件，要求各下属企业建立起相应的社会责任管理机构。

（三）从加入的 CSR 相关国际组织及扮演的角色看中央企业履责现状[①]

伴随着央企"走出去"的战略与对履行企业社会责任的重视程度越来越高，越来越多的中央企业加入到 CSR 相关的国际组织中，并扮演着日渐重要的作用。

截至 2012 年 9 月 29 日，117 家中央企业中，共有 25 家企业加入了不同的 CSR 相关国际组织（见表 14-6），其中共计 21 家企业加入了全球契约组织。需特别指出的是，中国石油化工集团公司为全球契约中国网络首届轮值主席单位。中国远洋运输（集团）总公司成为联合国全球契约领导力（LEAD）项目成员，中国港中旅集团公司〔香港中旅（集团）有限公司〕集团董事长张学武现为全球契约中国网络主席团成员。

表14-6 中央企业加入的 CSR 相关国际组织及所扮演角色

序号	企业名称	加入的国际组织	扮演的角色
1	中国兵器工业集团公司	全球契约	成员单位
2	中国石油化工集团公司	全球契约	(1) 成员单位 (2) 全球契约中国网络首届轮值主席单位
3	中国海洋石油总公司	全球契约	成员单位
4	国家电网公司	全球契约	成员单位
5	中国南方电网有限责任公司	全球契约	成员单位
6	中国华能集团公司	全球契约	成员单位
7	中国大唐集团公司	全球契约	成员单位
8	中国电力投资集团公司	全球契约	成员单位
9	中国电信集团公司	全球契约	成员单位
10	中国移动通信集团公司	全球契约	成员单位
11	宝钢集团有限公司	全球契约	(1) 2009 年加入 CEO 水资源纲领 (2) 2011 年加入全球契约组织中国网络
12	中国远洋运输（集团）总公司	全球契约	联合国全球契约领导力（LEAD）项目
13	中国东方航空集团公司	全球契约	成员单位
14	中国南方航空集团公司	天合联盟社会责任协会	成员单位

[①] 各中央企业官方网站及其所发布的企业社会责任报告。

续表

序号	企业名称	加入的国际组织	扮演的角色
15	中国中化集团公司	全球契约	成员单位
16	中国五矿集团公司	全球契约	成员单位
17	国家开发投资公司	全球契约	成员单位
18	华润（集团）有限公司	世界水泥可持续发展倡议组织	世界水泥可持续发展倡议组织中国区联席会议主席
19	中国港中旅集团公司［香港中旅（集团）有限公司］	全球契约	集团董事长张学武现为全球契约中国网络主席团成员
20	中国中钢集团公司	全球契约	成员单位
21	中国化工集团公司	蓝星夏令营	创办单位
22	中国建筑材料集团有限公司	世界水泥可持续发展倡议组织	成员单位
23	中国铁道建筑总公司	全球契约	成员单位
24	中国黄金集团公司	全球契约	成员单位
25	上海贝尔股份有限公司	全球契约	成员单位

资料来源：各中央企业官方网站及其所发布的企业社会责任报告。

（四）从获奖情况看中央企业履责现状

在履行企业社会责任的历程中，部分中央企业的履责行为得到了社会的广泛认可，获得了良好的社会评价。并有部分企业获得了一系列国际及国家级的奖项（见表14-7）。这些奖项的获得也在某种程度上反映了中央企业的履责情况。

表14-7 中央企业履行企业社会责任的获奖情况

序号	企业名称	所获奖项
1	中国海洋石油总公司	《中国海洋石油总公司2010年度报告暨可持续发展报告》在首届可持续发展与企业竞争力年会上荣获"2011联合国全球契约·中国企业社会责任典范报告奖"
2	国家电网公司	联合国全球契约·中国企业社会责任典范报告
3	中国南方电网有限责任公司	（1）获评2010金蜜蜂优秀企业社会责任报告领袖型企业 （2）获金蜜蜂优秀企业社会责任报告·长青奖
4	中国华能集团公司	（1）公司2010年可持续发展报告被联合国全球契约中国网络中心评为典范报告 （2）公司可持续发展报告连续三年荣登"金蜜蜂优秀企业社会责任报告"榜单 （3）被授予"金蜜蜂优秀企业社会责任报告·长青奖2011"
5	中国大唐集团公司	集团公司社会责任报告连续两年被评为全球契约中国网络"典范报告"
6	中国电力投资集团公司	2009年报告获全球契约中国企业社会责任典范报告奖
7	神华集团有限责任公司	金蜜蜂2011优秀企业社会责任报告·领袖型企业奖
8	中国东方电气集团有限公司	被评为金蜜蜂2010企业社会责任领袖型企业
9	中国储备粮管理总公司	总公司新发布的《中储粮社会责任报告·2010》被评为"金蜜蜂2011优秀企业社会责任报告·领袖型企业"
10	国家开发投资公司	《2010年企业社会责任报告》获得"金蜜蜂2011优秀企业社会责任报告单项奖"
11	中国中钢集团公司	荣获2010联合国全球契约典范报告奖，这是集团报告连续三年获此殊荣
12	中国化工集团公司	中国化工的"蓝星夏令营——塑造22年的责任品牌"案例荣获"2011中央企业优秀社会责任实践"奖
13	中国建筑材料集团有限公司	获"2010金蜜蜂企业社会责任中国榜领袖型企业"称号
14	中国有色矿业集团有限公司	荣登"2010金蜜蜂企业社会责任·中国榜"，获得"金蜜蜂·和谐贡献奖"
15	上海贝尔股份有限公司	2011年6月荣获"金蜜蜂社会责任——中国榜永续发展奖"

资料来源：各中央企业官方网站及其所发布的企业社会责任报告。

（五）从履责绩效看中央企业履责现状[①]

"十一五"期间，中央企业认真贯彻落实党中央、国务院的各项方针政策，在企业持续快速发展的同时，模范履行社会责任，为经济社会发展作出了积极贡献。从绩效评估的角度来分析，中央企业的履责主要体现为实现国有资产保值增值、促进经济社会平稳发展、全面完成节能减排任务、维护职工合法权益、加强安全生产、积极参与社会公益活动。

1. 实现国有资产保值增值

中央企业在实现国有资产保值增值、自身不断得到发展的同时，通过上缴税金、国有资本收益和国有股转持社保基金等方式，为国家贡献了巨大财富。"十一五"期间，中央企业累计实现净利润32417.1亿元，向国家缴纳税收52378.7亿元，上缴国有资本收益2309亿元，向全国社会保障基金转持国有股总值1718.4亿元。2002~2011年，中央企业的资产总额从7.13万亿元增加到28万亿元，营业收入从3.36万亿元增加到20万亿元，中央企业上缴税金从2926亿元增加到1.7万亿元，年均增长20%以上。其中，2010年1~12月中央企业累计实现营业收入166968.9亿元，同比增长32.1%；上缴税费总额14058.2亿元，同比增长27.7%；累计实现净利润8489.8亿元，同比增长40.2%，其中，归属于母公司所有者的净利润5621.5亿元，同比增利1500.1亿元，增长36.4%。2011年1~12月中央企业累计实现营业收入202409.3亿元，同比增长20.8%；应缴税费总额16803.9亿元，同比增长19.7%；累计实现净利润9173.3亿元，同比增长6.4%，其中，归属于母公司所有者的净利润6086.4亿元，同比增长7.2%。[②]

具体而言，发布社会责任报告的中央企业大多效益良好，这点从国务院国资委2011年的统计也可以得到验证，这些经济数据反映出中央企业较好地履行了对投资人的责任，经济效益突出，实现了国有资产的保值增值。

此外，在全部中央企业中，2009年底资产总额超过千亿元的企业有53家，比2008年增加8家；2009年实现营业总收入超过千亿元的企业有38家，比2008年增加5家。在美国《财富》杂志2010年公布的世界500强企业中，上榜的中央企业有30家，比2009年增加6家，比2003年增加24家。[③]一批中央企业不仅是国内行业的排头兵，在国际市场上也有很强的竞争力，2012年《财富》世界500强企业排名中，79家中国企业上榜，其中中国内地和香港上榜企业达到73家，比2011年增加12家，国务院国资委监管的中央企业达到43家，比2011年增加5家，如表14-8所示。

2. 促进经济社会平稳发展

中央企业多年来在落实国家宏观调控政策、保证市场供应、维护国家经济安全等方面发挥了重要作用，为国民经济平稳较快发展作出了重要贡献。

中央电力企业认真执行国家电价政策，克服电能价格长期偏低、缺乏合理输配电价形成机制、可持续发展能力受到严重制约所带来的各种困难，坚持不断地加快电力建设，优化配置国家能源资

[①] 此部分主要引用《中央企业"十二五"和谐发展战略实施纲要》中对"十一五"期间中央企业履责情况的描述以及2010年8月3日国务院国资委副主任黄淑和在国务院国资委召开的"履行社会责任，央企在努力"媒体见面会上的讲话。
[②] 国务院国有资产监督管理委员会官方网站. 中央企业2011年1~12月经营情况. http://xxgk.sasac.gov.cn/gips/contentSearch?id=14783030.
[③] 国务院国有资产监督管理委员会官方网站. 中央企业2009年度总体运行情况. http://xxgk.sasac.gov.cn/gips/contentSearch?id=9505796.

表14-8 2012年《财富》世界500强企业排名中的中央企业

序号	2012年排名	2011年排名	公司名称	营业收入（百万美元）	利润（百万美元）
1	5	5	中国石油化工集团公司	375214.0	9452.9
2	6	6	中国石油天然气集团公司	352338.0	16317.0
3	7	7	国家电网公司	259141.8	5678.1
4	81	87	中国移动通信集团公司	87543.7	11702.5
5	100	—	中国建筑工程总公司	76023.6	1108.0
6	101	162	中国海洋石油总公司	75513.8	8836.0
7	111	—	中国铁道建筑总公司	71443.4	489.3
8	112	95	中国中铁股份有限公司	71263.4	1034.8
9	113	168	中国中化集团公司	70990.1	1177.5
10	142	145	东风汽车集团	62910.8	1321.1
11	152	149	中国南方电网有限责任公司	60538.3	755.4
12	165	197	中国第一汽车集团公司	57002.9	2297.4
13	169	229	中国五矿集团公司	54509.1	753.7
14	194	221	中国中信集团有限公司	49338.7	5648.2
15	197	212	宝钢集团有限公司	48916.3	1866.7
16	205	250	中国兵器工业集团公司	48153.9	597.8
17	216	211	中国交通建设股份有限公司	45958.7	1220.6
18	221	222	中国电信（微博）集团公司	45169.8	556.9
19	233	346	中国华润总公司	43439.5	1881.7
20	234	293	神华集团	43355.9	5671.7
21	238	227	中国南方工业集团公司	43159.5	176.1
22	246	276	中国华能集团公司	41480.6	25.5
23	250	311	中国航空工业集团公司	40834.9	930.4
24	280	297	中国冶金科工集团有限公司	37612.6	−399.6
25	298	331	中国铝业公司	35839.2	76.4
26	318	431	中国航空油料集团公司	34352.4	170.5
27	321	341	武汉钢铁（集团）公司	34259.5	664.4
28	333	371	中国联合网络通信股份有限公司	33336.1	218.4
29	341	405	中国国电集团公司	32580.0	−91.5
30	349	430	中国铁路物资股份有限公司	31991.1	155.5
31	365	485	中国建筑材料集团有限公司	30021.9	656.5
32	367	435	中国机械工业集团有限公司	29846.3	630.6
33	369	375	中国大唐集团公司	29603.2	−132.5
34	384	399	中国远洋运输（集团）总公司	28796.5	−651.8
35	390	—	中国电力建设集团有限公司	28288.6	354.4
36	393	366	中粮集团有限公司	28189.7	728.5
37	402	475	中国化工集团公司	27706.7	100.1
38	425	408	中国电子信息产业集团有限公司	26022.5	203.0
39	433	504	中国华电集团公司	25270.0	−21.6
40	434	463	中国船舶重工集团公司	25144.5	836.7
41	451	519	中国电力投资集团公司	24399.8	−118.8
42	462	—	鞍钢集团公司	24089.0	247.3
43	484	—	新兴际华集团	22832.3	242.6

源，满足我国经济社会发展的需要，为提升我国整体产业的国际竞争力提供了能源支撑。根据国际能源署统计，2002~2007年，国际能源署统计的56个国家居民平均电价累计上涨76%，工业平均电价累计上涨84%，同期我国电价涨幅仅为32%。

中央粮食企业2005~2009年累计政策性收购粮食和油料25900多万吨，使种粮农民年均直接增收100多亿元。在2006~2008年上半年席卷全球的国际粮食危机中，中央粮食企业坚决执行国家最低收购价、拍卖销售、跨省移库等调控政策，维护粮食市场稳定，使我国成为全球粮食危机中的"安全岛"。

中央石油石化企业积极支持国家宏观调控，保证了国内成品油的稳定供应，维持了我国成品油价格的相对平稳。2008年，中央三大石油石化企业炼油板块因政策性因素总共亏损1652亿元，其中，国家财政补贴约为632亿元，企业动用自有资金补贴1000多亿元。

"十一五"期间，中央企业积极落实国家宏观调控政策，促进经济社会平稳发展。煤电油运和商贸储备等行业企业切实采取有效措施，全力保障市场供应。电力、电信和涉农企业加强"三农"服务，为农业稳定高产作出积极贡献。中央企业有效应对国际金融危机的严重冲击，为国家经济安全和社会稳定作出了积极贡献。

3. 全面完成节能减排任务

"十一五"期间，各中央企业坚持以科学发展观为指导，认真贯彻落实党中央、国务院关于节能减排工作的各项方针政策，把节能减排作为企业转变发展方式、优化产业和产品结构、履行社会责任的重要手段，圆满完成了国家下达的"十一五"节能减排各项目标任务，为全国实现节能减排目标作出了重要贡献。中央企业认真贯彻落实国务院有关节能减排的一系列方针政策，建立领导体制，落实工作责任，节能减排工作取得了明显成效。"十一五"时期中央企业节能减排工作成效显著，截至2010年底，中央企业万元产值综合能耗（按可比价计算）比2005年下降20.3%；五年累计节能1.75亿吨标准煤，占全国节能量的27.8%。供电煤耗、吨钢综合能耗居国内领先水平，部分企业相关指标达到国际先进水平。纳入国家节能考核的190家中央企业，五年节能4900万吨标准煤，是节能考核目标的1.8倍，占全国千家企业节能量的32.7%。二氧化硫排放量比2005年减少36.3%，降幅超过全国平均水平22个百分点；化学需氧量排放量减少36.1%，降幅超过全国平均水平23.7个百分点。特别是五大火力发电中央企业的二氧化硫排放量减少295.9万吨，完成国家"十一五"减排总量目标的116%。[1] 2011年6月，国务院国有资产监督管理委员会根据《中央企业节能减排监督管理暂行办法》（国资委令第23号），授予中国石油天然气集团公司、国家电网公司等32家企业"'十一五'节能减排优秀企业"称号。

许多中央企业结合自身业务特点，大力推进节能减排和环境保护工作。例如，中国华能实施了"燃煤发电厂年捕集二氧化碳3000吨试验示范工程"，是国内首个燃煤电厂烟气二氧化碳捕集装置，也是国际上技术先进、规模较大的燃煤电厂烟气二氧化碳捕集项目。中国华电在乌江、金沙江水电开发中高度重视水土保持和生态保护工作，对流岩原鲤、白甲鱼等珍稀鱼类实施了增殖放流保护项目，保护了水生野生动物。

4. 维护职工合法权益

中央企业积极响应党中央、国务院"保民生、保稳定，关键是保就业"的号召，积极采取措施，尽最大可能吸纳就业，为缓解全社会就业压力做出了贡献。据不完全统计，2009年，99家中央企业招收应届高校毕业生20.3多万人，比2008年增长7%。2010年，中央企业招收应届高校毕

---

[1] 国务院国资委官方网站. 国资委召开中央企业节能减排工作会议. http://xxgk.sasac.gov.cn/gips/contentSearch?id=13628128.

业生 24.23 万人，比 2009 年增幅约 19.4%。港中旅集团、华润集团、招商局集团、南光集团等中央企业在香港、澳门积极吸纳就业，为香港、澳门应届毕业生就业做出了积极贡献。此外，中央企业还积极吸纳农民工就业。截至 2010 年 5 月底，有 108 家中央企业共吸纳农民工共计约 683.4 万人。

中央企业按照"减薪不裁员、歇岗不失业"的要求，稳定就业岗位，模范遵守新颁布的《劳动合同法》，依法合规与职工签订劳动合同，养老、失业、医疗、工伤、生育"五大类基本保险"基本实现了全员覆盖。大力实施企业职工素质工程，强化员工技能培训，有效提高了职工的劳动技能和综合素质。坚持职代会制度，推行厂务公开，积极推进职工民主管理，调动了广大职工的积极性和创造性。

"十一五"期间，中央企业基本都依法与职工签订并履行劳动合同，保证合理的薪酬待遇，基本实现了职工养老、失业、医疗、工伤、生育五大类基本保险的全员覆盖。加强职工民主管理，不断完善以职代会为基本形式的职工民主管理制度，探索实施职工董事制度。加强职业教育培训，开展职工素质工程，创造平等发展机会，促进职工与企业共同发展。

5. 加强安全生产

"十一五"期间，中央企业继续加大安全投入，全面加强安全管理，严格落实安全生产责任制，切实提升安全生产水平。2010 年，中央企业百亿元销售收入以上较大安全生产事故死亡率比 2005 年下降 53%。神华等一些重点企业的安全生产指标达到了国际领先水平。

中央企业还建立完善了职业安全与健康管理体系，为职工提供安全、健康、卫生的工作条件和生活环境，有效预防各种可能的伤害，保障职工职业健康。

6. 积极参与社会公益活动

中央企业积极参与扶贫助教、慈善捐助等社会公益活动。许多中央企业承担了援疆援藏和定点帮扶老少边穷地区的任务，投入大量资金，帮助这些地区加强基础建设，援建项目涉及交通、城建、教育、科技、卫生、人才培训、劳务输出等多个领域，促进了这些地区的产业结构调整和经济社会发展，为改变贫困落后面貌作出了积极贡献。

许多中央企业积极捐款捐物，设立各种形式的公益基金，用于各类慈善事业和社会公益事业。2008~2010 年，中央企业累计对外公益捐赠 133.7 亿元，争做优秀企业公民。根据中央企业对外捐赠季报统计，2011 年 1~6 月有 84 家中央企业发生对外捐赠支出，累计支出总金额为 127312.54 万元，其中，救济性捐赠 36215.85 万元，占 28.45%；公益性捐赠 79954.98 万元，占 62.80%；其他捐赠 11141.71 万元，占 8.75%。在救济性捐赠中，定点扶贫及援助捐赠 29699.05 万元，向受灾地区捐赠 6516.90 万元。在公益性捐赠中，向科教文卫体事业捐赠 10854.96 万元。[①]

此外，"十一五"期间，充分发挥中央企业顶梁柱作用，在抗击雨雪冰冻、汶川地震和玉树地震等重大自然灾害的特殊时期，在保障北京奥运会、上海世博会、新中国成立六十周年庆典、广州亚运会等国家重大活动的关键时刻，冲锋在前，勇挑重担。热心社会公益事业，关心支持社会公共福利，积极参与重大自然灾害救助，努力保障和改善民生，服务城乡、区域的协调发展。

[①] 国务院国资委官方网站. 中央企业 2011 年 1~6 月对外捐赠情况. http://xxgk.sasac.gov.cn/gips/contentSearch?id=13848301.

四、中央企业履行社会责任对省属企业的启示

中央企业作为我国重要的企业类型，其在履行企业社会责任方面已经走在了所有企业类型的最前列，并有诸多成功的经验。而这些经验是广东省属企业及其他类型企业在后续实施企业社会责任管理的过程中可以切实参照的，对央企履责经验与启示的分析有助于有效指导广东省省属企业的企业社会责任实践。

（一）省属企业履责应实现政府引导与企业实践的有机结合

中央企业在履行社会责任的发展过程中表现为政府引导与企业实践相结合，既发挥企业作为履行社会责任的主体地位，又发挥政府作为履责环境创造者的作用。

从政府引导来看，政府在企业社会责任发展中的引导作用主要体现在两个方面：

（1）政府依据权力实行强制性制度变迁，成为有效制度安排的主要供给者，并具体表现为扮演法规制定者和政策引导者的角色。特别是，近年来我国各级政府出台了多个用于引导企业自觉履行社会责任的政策文件，如2006年10月党的十六届六中全会审议通过《中共中央关于构建社会主义和谐社会若干重大问题的决定》，明确提出"广泛开展和谐创建活动，形成人人促进和谐的局面。着眼于增强公民、企业、各种组织的社会责任"；国资委相继出台了企业履行社会责任的指引性文件。

（2）政府加强对企业履行社会责任的宣传、倡导和鼓励，培养全体公民的社会责任意识，形成企业履行社会责任的外部环境与氛围，推动公众和企业对企业社会责任认识的提升。尤其是近些年来，党和国家领导人多次在公开场合强调企业社会责任，这对引导和激励我国企业主动、正确履行社会责任产生了重要影响。如胡锦涛在2007年中央经济工作会议指出，"既要继续健全企业激励机制，也要注重强化企业外部约束，引导企业建立现代经营理念，切实承担起社会责任"。从企业实践来看，随着经济社会转型的深入，我国十分强调企业的社会责任，要求企业树立现代经营观念，主动对社会负责。

事实上，尽管仍然存在大量企业社会责任缺失现象，但我国许多企业都重视自己的履责表现，这在2008年我国"5·12"汶川特大地震发生后达到一个高潮。特别值得关注的是，我国一些优秀企业近些年从制度建设、报告发布等多个方面对企业社会责任进行了主动实践和探讨，对其他企业产生了良好的示范作用。

对于省属企业而言，一方面应切实发挥政府的主导作用，从政策与制度层面创造良好的履责环境；另一方面应切实发挥企业的主动性，通过理念宣贯、中高层管理者培训等工作使企业真正认识到履责的意义与价值，从而推动企业主动履责。

（二）省属企业履责从战略层面自上而下的实施更为有效

从现有的中央企业履责实践来看，并不是每家企业的履责情况都比较好。国务院国有资产监督管理委员会"中央企业社会责任研究"研究成果显示，8%的中央企业调查样本认为履行社会责任会降低企业的经营效率。此外，少数企业将社会责任等同于企业公益，狭隘化了企业社会责任的内涵，从而导致企业社会责任推进工作不到位。还有少数企业对社会责任的重视程度不足，社会责任

工作仍流于形式，并未制定较为完善的社会责任推进制度。有些企业在履责的过程中不断反思并最终实现了战略的转变，如中国移动通信集团公司，由早期的发布企业社会责任报告到发布可持续发展报告，从2006年的确立企业社会责任观到2008年的成立企业社会责任指导委员会，是将履责纳入企业战略管理，同时也是对多年履责实践的反思。实践证明，这种纳入企业发展战略自上而下的实施更为有效。

而现有的央企实践也证明，自上而下的从战略层面实施企业社会责任一方面更有推动力，另一方面更具执行力。此外，由哪个部门来推动企业社会责任的实施，则表现出完全不同的意义。将社会责任工作纳入党办及宣传部门的企业，一般将其视为宣传工作的一部分。而将社会责任工作纳入市场及营销部门的企业，一般是将其视为营销手段。将社会责任工作纳入战略发展及相关部门的企业，一般已将其视为企业发展战略的一部分。而事实上，将企业社会责任纳入战略发展往往推动力和执行力更强，实施效果也更为明显。

对于省属企业而言，由于履责实践先于履责"表述"，现有的履责行为大多是企业的"被动"行为，或者是在政府等外力推动下的被动行为，或者是在企业自身内部压力下的被动行为，并没有从战略上系统认识到企业社会责任的履行对企业的关键意义。因此对于处于履责起步阶段的省属企业，引导其从战略层面自上而下的实施企业社会责任将更有效，并能避免"走弯路"。

（三）省属企业应根据企业自身情况进行履责模式的选择与调整

从企业来看，虽然我国强调所有企业要具备社会责任意识，自觉履行社会责任，但在实践中选择了以国有企业、出口型企业、上市公司作为推进企业社会责任的突破口。对于国有企业，我国强调国有企业特别是中央企业要发挥履行社会责任的表率作用。如前所述，我国一批中央企业在履行社会责任方面开展了先行先试，对其他企业形成了强有力的示范作用。对于出口型企业，主要是开展企业社会责任标准认证，执行跨国公司所要求的生产守则。对于上市公司，上交所、深交所都出台了上市公司履行社会责任的指引，要求上市公司积极承担社会责任。从行业来看，我国将企业履行社会责任的重点与行业特点相结合，针对不同企业社会责任内容选择不同行业作为实施重点。比如，推行环保节约责任以高耗能、高污染行业为突破口，推行劳工保护责任以劳动力密集型行业为突破口。这种首抓重点行业的方式，使得我国在一些重要企业社会责任领域的绩效迅速改善。从责任管理来看，我国多数企业选择以编制和发布社会责任报告为突破口，通过报告的编制与发布过程来提升企业各层级对社会责任的重视，在此基础上再编制社会责任战略规划和建立社会责任管理体系。这种循序渐进、由点到面的推进方式，容易被企业在对社会责任尚不是非常了解的情况下接受，从而使得推行起来更为顺利。

从现有的履责模式来看，央企履责模式大致可以划分为以下四种：

（1）全面社会责任管理模式。此模式较适用于较大规模且已有比较丰富的履责知识和实践经验的企业。比如国家电网公司，该公司现正推行的就是这种模式。一方面，该公司从2006年就发布了第一份企业社会责任报告，有较丰富的履责知识和大量的履责实践；另一方面，国家电网公司在实际的履责过程中一直较注重履责的理论探索，并能将理论探索的成果有效运用于企业履责实践，因此取得了良好的效果。

（2）结合专业优势的履责模式。即将企业的核心竞争力与履责切实结合起来。这种模式无论企业大小均可以采用。这种模式的典型代表是国家电网。

（3）关注经营影响的履责模式。这种模式充分考虑自身经营所造成的影响，并努力减少负绩影响，增加积极影响是企业履行社会责任的基本要求。此种模式也适用于所有的企业。在中央企业中，比较典型采用此模式的是中国石化。中国石油化工集团公司（以下简称"中国石化"）于巴西当地时间2012年6月18日，在巴西里约热内卢发布了中国石化首份社会责任国别报告——《中国石化在巴西》。该报告详细介绍了中国石化在巴西的业务开展情况、在巴西绿色生产中实施的生态保护、以员工本地化来融合当地文化和在捐资助学等履行企业社会责任、致力于实现可持续发展的相关情况，还包括巴西石油署和当地合伙伙伴对中国石化的评价等内容。

（4）特定议题的履责方式。即在履行社会责任的实践中，一些企业可能会特别关注某个特定的社会责任议题或者特定的社会责任项目，由此采取具体的行动履责。这种模式往往能迅速地产生直接的责任绩效，因此也是企业履责实践中的普遍途径。在中央企业中，中国移动通信集团公司近年来较多的采用此种模式，且效果较为显著。其2011年的责任议题包括严守诚信合规准则、致力创新高效运营、打造优质畅通网络、全力保障放心消费、全面减小数字鸿沟、创新便民利民服务、有效管理环境影响、推广节能环保应用、助力构建和谐社区、关爱支持员工成长、引领产业健康发展、尽力拓展"走出去"12个核心议题，并针对这些议题展开了一系列的履责行动，收效良好。

对于省属企业而言，考虑到各省属企业的下属企业数量庞大、构成复杂，分布行业广泛，加之企业社会责任涵括的内容非常多，因此在企业社会责任实践中应根据自身特点进行履责模式的选择。采取了重点突破与全面推进相结合的战略，重点抓薄弱环节，抓关键环节，抓影响全局的环节，同时强调以点带面，循序渐进，不断总结经验，促进企业社会责任整体水平的提高。

（四）省属企业将可持续发展融入企业社会责任是履责的有效手段

我国企业社会责任的发展过程，本质上也可以说是微观经济主体不断变革的过程，尤其是国有企业改革从启动到初步进展再到深化的过程。综观几者的演变历程可以发现，我国一直比较强调企业履行社会责任要与企业改革结合起来，形成企业在改革中履责、以履责促改革的互动格局。这一点在国资委《关于中央企业履行社会责任的指导意见》中得到集中反映，该文件强调，中央企业要"坚持履行社会责任与促进企业改革发展相结合，把履行社会责任作为建立现代企业制度和提高综合竞争力的重要内容，深化企业改革，优化布局结构，转变发展方式，实现又好又快发展"的原则。

从企业与社会的关系来看，我国一直强调企业社会责任发展必须与企业改革进程相适应、相匹配。从履责与发展的关系来看，始终强调"发展是第一要务"，坚持企业改革的目的是为了实现企业可持续发展，企业履行社会责任必须以企业可持续发展为基础。在具体的履责实践中，中央企业重视将履行社会责任与改革发展结合起来，将履行社会责任要求融入企业改革之中。而已有的中央企业实践也证明，将可持续发展与企业社会责任的履行进行有效的结合将取得良好的企业综合效益，如中国移动通信集团公司的履责实践与履责历程。

具体到省属企业，我们应使企业切实了解履责与企业可持续发展的关系，履责的最终目的即实现企业的可持续发展，二者相辅相成，并非对立的关系。良好的企业履责有助于获得企业社会责任投资与企业社会责任消费，并最终有助于实现企业的可持续发展。因此在履责工作推动的初期就应将履责实践与企业可持续发展有机结合，从战略层面推动全面企业社会责任管理。

（五）省属企业应避免进入履责误区

我国部分公众认为，中央企业作为特殊企业，理应承担更多的社会责任，对中央企业承担社会责任、解决社会责任期望过高，甚至对中央企业履行社会责任提出了过高的甚至不切实际的要求。过高期望促成了对企业的强大压力。由于期望过高，导致压力并未转变为动力，反而构成了中央企业履行社会责任的障碍，增加了中央企业履行社会责任的难度。

中央企业的性质、目标追求以及垄断等自身天然的优势决定中央企业应当比一般企业承担起更多的社会责任，但是这种承担应是有界限的。中央企业承担社会责任的两个误区也是我国国有企业曾经走过的两个阶段。"满载"和"空载"是中央企业承担社会责任的两个误区。"满载"是指让中央企业承担过多的社会责任，"企业办社会"。"空载"是指过分地追求经济效益，完全忽视了社会责任的承担。显然，中央企业承担社会责任既不应当"空载"，也不宜"满载"。

具体到省属企业，在履责的过程中，一方面要避免"满载"的误区，另一方面要避免"空载"的歧途。满载是一种模糊的企业定位，将企业社会责任拓展到无限大，而消失了边界；而空载则是一种错误的企业定位，将企业的社会责任局限于经济责任。显然，这两种都是不可行的。

（六）省属企业履责应将国际视野与中国国情相结合

20世纪90年代中期以来，中央企业社会责任发展一直非常注重国外经验的引入，特别是进入21世纪，更是从融入全球的要求出发，研究、导入并发展国外的成功做法，这也是最近几年中央企业社会责任获得迅速发展的重要原因。与此同时，中央企业并没有采取纯粹的拿来主义和全盘接受的态度，而是始终立足国情，坚持将企业社会责任与国内经济社会发展阶段相结合，从而形成了既与国际接轨又具中国特色的中央企业社会责任发展之路。

从履责理念来看，中央企业在引入西方先进的企业社会责任理念的同时，积极开展与各种国际组织的沟通、交流与合作。并同时注重将履责要求与国内各时期的主流价值观相结合，比如，将企业社会责任与科学发展观、社会主义和谐社会思想相融合。从标准与规范来看，一方面，注重引入企业社会责任国际标准、指引和规范，全球契约十项原则、全球报告倡议组织（GRI）的《可持续发展报告指南》等相继被引入，并对中央企业社会责任实践起到了重要指导作用；另一方面，中央企业也结合国内实际情况，陆续出台了针对性的企业社会责任标准与规范，如中远集团和中国移动的履责实践。

从履责方式来看，中央企业注重"洋为中用"，先后对国外先进企业的社会责任实践以及相关的国际标准进行了研究与考察，并吸收其中的成功经验与做法。比如，2007年，国家电网公司组织专家对法国电力、东京电力等社会责任表现优秀的电力企业进行了对标分析。但是，中央企业并没有照搬照抄国外的做法或国际标准要求，而是根据企业实际进行选择性吸收。

具体到省属企业，我们一方面要积极参照中央企业、海外企业履责的有效实践经验，积极引入国内外先进标准与规范；另一方面也要积极地进行选择性吸收，并将国内外先进经验积极融入企业具体实践，从而"站在巨人的肩上"更好地实现有效履责。

（七）省属企业的类型与企业战略影响履责模式选择

现有的履责实践表明，企业类型、企业主业所处行业以及企业战略对其履责行为都具有深远影响。财政部于2007年12月11日印发的《中央企业国有资本收益收取管理暂行办法》中第九条规定："国有独资企业上交年度净利润的比例，区别不同行业，分以下三类执行：第一类10%；第二类5%；第三类暂缓3年上交或者免交。"第十条规定："国有控股、参股企业应付国有投资者的股利、股息，按照股东会或者股东大会决议通过的利润分配方案执行。"其中，第一类是石油、电力、煤炭、通信、烟草等垄断行业，第二类是钢铁、建筑、航空、轻工业、汽车、农业等行业，第三类是非营利性的研究院、军工、航天等行业及免交利润的储备粮、棉行业。从利润的上缴分类来看，对于不同行业的中央企业承担的社会责任内容也应当有所区别。国有独资的中央企业应当承担更多的社会责任，而国有控股和参股的企业则应当在保证持续盈利的基础上承担相应的社会责任。

具体到省属企业履责实践中，不同的企业应根据自身所处行业及企业战略选择不同的履责模式，而不应不加选择的"接受统一安排"，进而实现履责成效的事半功倍。

第二节　其他地区与行业组织的企业社会责任推进工作

除中央企业之外，我国一些地方政府以及行业协会等在企业社会责任的推进工作中也发挥着积极的重要作用。我国在引入国外企业社会责任理念及管理体系的同时，也进行着本土化的尝试。这些尝试有政府部门的主动推进，也有行业协会的行业化推进，还有具体企业的探索与创新。

一、其他省市政府的有效推动

在中国，政府在推进企业履行社会责任中发挥着重要作用，一些地方政府在企业社会责任发展的初期扮演着主导者的角色。目前，已经有部分地方政府开始积极发挥政府部门的职能作用，以政策去引导和规范企业负责任的行为，同时通过逐步建立市场激励和社会监督与服务机制来积极推动企业履行社会责任。

地方政府的积极参与源于对企业社会责任理念越来越完整和清晰的认识，地方政府把推动企业履行社会责任作为全面落实科学发展观，完善企业外部约束机制，促进发展方式转变的重要手段；作为统筹经济社会发展，推进社会主义和谐社会建设的重要内容；作为全面建设小康社会惠及地方人民的有效途径。

由于地方经济发展状况有所差别，社会文化环境有所不同，各省、市政府推进企业社会责任的政策和举措呈现出了各自的特点。部分省份根据各自地区的实际情况，进行认真实践、大胆探索，制定推进履行企业社会责任的政策并采取相关举措。有的地区尝试设立企业社会责任标准，对企业履行社会责任情况进行评估；有的地区把企业履行社会责任视为地方各级工会组织贯彻国家劳动法规、和谐劳动关系以及维护职工合法权益的重要载体和有效途径；有的地区对履行社会责任的优秀企业进行表彰，并给予政策性扶持。以此增强企业的社会责任意识，切实落实和谐社会的建设工作。

从2004年开始，中国的一些地方政府，包括省级和市级政府，陆续采取推进企业社会责任的政策性措施，尤以广东省深圳市、上海市浦东新区、江苏省常州市、河北省和浙江省的表现较为突出。

中国社会科学院在2011年的一项关于"政府推进企业社会责任"的研究中指出，政府在推进企业社会责任的过程中扮演着规制者、推进者和监督者的三重角色。从地方政府推进CSR的有效性来看，上海市浦东新区、浙江省和江苏省常州市推进效果显著，其中以上海市浦东新区为最佳。深圳市、山东省、湖北省襄樊市、江苏省无锡市和浙江省义乌市次之，河南省和山西省效果一般。

（一）上海市浦东新区的实践

2007年，上海市浦东新区出台了推动企业履行社会责任的三大政策，通过政策性措施的实施，把构建企业社会责任体系、推动企业履行社会责任作为综合配套改革、转变政府职能、构建和谐社会的重要举措；把提升区域责任竞争力作为新一轮发展的新抓手。在政策的指引下，不仅促进了企业履行社会责任，同时推动了区域经济的发展，增强了区域责任竞争力。

上海市浦东新区倡导建立政府、企业、中介、社会"四位一体"推进企业社会责任体系。2007年7月，浦东新区召开了建立企业社会责任体系的推进大会，在会上发布了三个重要文件：

第一个文件是《浦东新区企业社会责任导则》（以下简称《导则》）。《导则》中提出企业社会责任包括法律层面责任，也更多的引导引入了高于法律要求的道义层面的责任，并提出共包括权益责任、环境责任、诚信责任、和谐责任四个方面的60项指标。根据《导则》，浦东新区制定了可量化的浦东新区社会责任评估办法，对区内企业进行履行社会责任的达标评估。评估遵循企业自行申请、第三方评估公司现场评估、评估结果公示的原则。2007年10月，浦东企业社会责任试评估机制正式启动，截至2008年底，完成对100家区内企业履行社会责任评估报告。

第二个文件是《浦东新区推行企业履行社会责任的若干意见》（以下简称《意见》）。《意见》作为浦东新区综合配套改革第一个规范性意见，对新区社会责任达标企业在政府采购、申请科技发展基金、贷款担保、技改贴息、检验检疫便捷通道、报关、企业年检、各类认定、补贴资助等便利措施方面予以支持。

第三个文件是《浦东新区建立企业社会责任体系的三年行动纲要》（以下简称《行动纲要》）。《行动纲要》为浦东新区开展企业社会责任工作提出了方向，即通过三年的努力，力争达到符合各类诚信标准示范企业1000家、符合社会责任标准企业超过200家、发布社会责任报告企业300家的工作目标。

浦东新区改革开放18年，经历了经济的高速发展。目前，浦东新区积极尝试推进建立企业社会责任体系建设，努力把浦东新区打造成为现代工商文明的示范区、企业履行社会责任的示范区、可持续发展的示范区，提升区域责任竞争力，开创浦东新区发展的新模式。

（二）浙江省的实践

2008年1月，为增强企业的社会责任意识，使和谐企业的创建活动更具针对性和实效性，浙江省宁波市总工会工业工会从职工最直接、最关心的利益问题着手，向140多家市属工业企业推出了企业承担社会责任承诺书，得到了企业的积极响应。近百家企业的董事长、总经理表示要积极履行企业社会责任，并签署了承诺书。

此后，宁波市劳动保障局也制定了《宁波市推进企业劳动保障社会责任建设实施企业劳动保障年度书面审查办法》，自2008年开始在全市范围内实施，以此促使企业自觉遵守《劳动法》、《劳动合同法》、《就业促进法》、《劳动保障监察条例》等法律法规。

2008年2月，浙江省政府下发《浙江省人民政府关于推动企业积极履行社会责任的若干意见》（以下简称《意见》）。这是中国第一个由省级政府出台的推进企业履行社会责任的政策性文件。根据《意见》，浙江省嘉兴市于2008年5月出台了《嘉兴市人民政府关于推动企业积极履行社会责任的若干意见》。

2010年，杭州市率先出台《企业社会责任评价体系》，针对企业应该履行的社会责任进行评价打分。

2012年9月11日，杭州在《杭州市企业社会责任评价体系》的基础上，起草了针对建设业和服务业的子体系。诚信经营，依法用工分值提高，企业员工工资增长率高于平均值，可获得加分。对建设业企业来说，诚信、产品质量及用工行为是最能反映企业社会责任履行情况的指标。因此，新制定的《建设业评价体系》诚信经营分值增加到120分，与通用版相比增加了20分；依法用工分值原来是90分，现在也增加到120分。在新制定的《服务业评价体系》中，诚信经营类指标的分值增加到了180分，与通用版相比增加了80分。此外，产品质量类指标的分值增加了10分。公益责任的总分值与通用版相比增加了10分。同时，两个子体系还根据行业特点修订了12个二级指标，增加了用工管理、工资发放、工资增长等内容。企业员工年人均工资高于上年度，可得10分；企业员工工资增加率高于杭州市职工平均工资年增加率，可得20分；企业员工人均工资年增长率高于企业人均利润年增长率，可得30分。两个子体系分别适用于在杭州市注册登记，并在杭州市内实际从事建筑、建设活动，且主营业务为建设业的企业；在杭州市注册登记，并在杭州市内实际从事服务性活动，且主营业务为服务业的企业。其他的行业则依然适用通用版本评价体系。企业社会责任评估将每两年进行一次。获得"最佳社会责任企业"称号的企业将给予重奖，并对企业进行政策支持，财政、工商、质监、劳动保障、建委、银行等部门也将提供资源和手段，引导企业履行社会责任，调动企业开展社会责任建设的积极性。

（三）江苏省常州市

江苏省常州市从2004年开始，由市总工会牵头，协同市劳动和保障局、市安全生产监督管理局、市质量技术监督局、市工商局、市经济贸易委员会、市企业联合会等7个部门组成了"常州市企业社会责任标准化委员会"，制定了《常州市企业社会责任标准》，并出台了贯标、达标工作的意见。

2005年2月，常州市委办公室、市政府办公室下发了常办发［2005］12号《关于转发市总工会等七部门〈常州企业社会责任标准实施意见〉的通知》，确定了贯彻《常州市企业社会责任标准》的工作目标，这项工作在全市开始启动。2007年，全市有220家企业提出了贯标申请，64家企业通过了达标审核。

为使社会责任成为企业的自觉行动，2006年底，常州市确定由政府设立"企业社会责任奖"。2007年5月，20家企业获得企业社会责任奖，受到政府表彰。由政府设立并颁发企业社会责任奖的这一做法在全国尚属首家。凡获得常州市企业社会责任奖的单位，三年内可在劳动、工商、安全生产等方面免予年检，并可在同等条件下优先享受政府相关优惠政策。同时，企业承担社会责任的情况，将作为评选五一劳动奖状、评选企业家劳模的重要条件。

2007年8月，常州市总工会在全市推广企业社会责任报告制度，企业履行社会责任的情况将每年通过职代会向全体职工报告，这在全国也是首创。

（四）广东省深圳市的实践

广东省深圳市是一个国际化、开放型城市，集中了大量劳动密集型和出口型的企业，面临着农民工安置、国际采购商验厂等企业社会责任相关问题，这促使深圳政府探索新时期经济、社会发展的新模式。由此深圳市政府调整了其发展战略——从以忽视社会和环境利益为代价追求发展的战略转变为经济、社会和环境平衡发展的战略，成为中国第一个通过推进企业社会责任调整社会发展模式的城市。

广东省深圳市于2003年下半年起就着手进行企业社会责任的课题调研，2005年完成了调研报告《深圳应力促企业履行社会责任》。2006年，深圳市委、市政府将"建立推进企业履行社会责任制度"列为重大调研课题，课题组以《深圳应力促企业履行社会责任》的政策建议为蓝本，草拟了《关于进一步推进企业履行社会责任的意见》讨论稿。2007年5月9日，深圳正式出台了《中共深圳市委深圳市人民政府关于进一步推进企业履行社会责任的意见》。

（五）河北省的实践

2007年4月23日，河北省国资委发布《履行出资人职责企业社会责任报告》，这在全国省级国有资产监督管理机构中尚属首例，该报告旨在强化国有企业社会责任意识，增强企业公民意识，在提高经济效益的同时注重社会效益。

2007年7~12月，河北省以省精神文明办公室、省社会科学院为指导单位，由《河北日报》报业集团、省工商业联合会、省工业经济联合会、省企业家协会联合主办最具社会责任感企业暨企业家调查推选活动，最终确定了17家"最具社会责任感企业"和8位"最具社会责任感企业家"，省政府希望企业以此为契机，担当更多社会责任，促进河北又好又快发展。

此外，其他省份也进行着企业社会责任推进工作的具体实践。如新疆维吾尔自治区设立"履行社会责任先进奖"，从科学发展、环保节能、保护知识产权工作、热心参与社会公益慈善活动等方面进行评选。2007年1月底，通过认真遴选，新疆首次从近200家外商投资企业中选出10家，并授予它们"履行社会责任先进奖"。

截至2012年9月29日，我国地方政府及政府相关部门已出台的CSR自愿性标准，如表14-9所示。

表14-9 地方政府CSR自愿性标准一览

序号	标准名称	出台政府
1	企业社会责任义乌标准评判指标体系	义乌市
2	中国企业社会责任评价体系（山东省）	山东省
3	企业社会责任地方标准（上海市）	上海市

续表

序号	标准名称	出台政府
4	盐城市企业社会责任标准	盐城市
5	常州市企业社会责任标准	常州市
6	无锡新区企业社会责任导则	无锡市
7	山西省工业企业社会责任指南	山西省
8	中共深圳市委、深圳市人民政府关于进一步推进企业履行社会责任的意见	深圳市
9	福建上市公司、证券期货经营机构、证券期货服务机构社会责任指引	福建证监局
10	上海银行业金融机构企业社会责任指引	上海银监局

资料来源：根据网络资料整理，不完全统计。

二、各类行业组织的积极推进

在各级政府进行探索与尝试的同时，各级各类的行业协会也根据本协会的具体实践进行着更为专业化、具有行业特征的有效实践，并在行业发展的过程中发挥着越来越重要的作用。

面对外部宏观环境的恶化，企业要合理调整市场预期、转变市场结构、调整供应链结构、提高劳动生产率，同时要提高风险管理意识、加强创新能力，特别是品牌规划和投入，全方位强化社会责任建设。而作为"从事国民经济中同性质的生产或其他经济社会的经营单位或者个体的组织结构体系的详细划分"，行业的社会责任工作，既是实现可持续发展的一种必要方法，也是可持续发展的一个重要目标。在微观层面上，行业应保障劳动者权益、平等机会，实现体面劳动，同时还应提供充分且物美质优的产品，提高个人生活水准和消费质量，这是对人，主要是对劳动者和消费者的责任。在中观层面上，行业应当保持和改善环境，提高资源的有效产出率；并倡导规范、可持续的产业秩序和社会价值，促进市场和社会的法治化和文明化，这是对环境和中国社会的责任。在宏观层面上，行业是一个就业密集型的组织，因此行业也有责任提供、保持并促进就业，保障民生基础和国家和谐；同时，行业还有责任稳定并优化国际供应链和价值链，这是对于国际社会的责任。

截至2012年9月29日，我国各种行业协会已出台的CSR自愿性标准，如表14-10所示。

表14-10 行业组织CSR自愿性标准

序号	标准名称	出台部门
1	中国银行业金融机构企业社会责任指引	中国银行业协会
2	中国纺织服装企业社会责任报告纲要	中国纺织工业协会
3	中国纺织服装企业社会责任报告验证准则	中国纺织工业协会
4	中国纺织服装企业社会责任管理体系	中国纺织工业协会
5	中国工业企业及工业协会社会责任指南	中国工业经济联合会
6	中国有色金属工业企业社会责任指南	中国有色金属工业协会
7	中国皮革行业社会责任指南	中国皮革协会
8	中国对外承包工程行业社会责任指引	中国对外承包工程行业协会
9	房地产企业社会责任指引（试行版）	广东省房地产协会

资料来源：根据网络资料整理，不完全统计。

三、典型企业的创新性探索

在"走出去"的过程中，参照国际标准可以更好地适应国际竞争环境的需求，但是国际标准往往是多方博弈的结果，并非完全适用于各种类型的所有企业。因此，我国的企业，尤其是中央企业，在一开始就进行着个性化与共性化共存的自我标准的探索与设计。其中尤以国家电网公司和中远集团表现突出。

自主确定报告指标的企业以发布我国首份企业社会责任报告的国家电网公司为代表，其指标体系围绕创新研发的公司社会责任模型，全面涵盖了公司的12个方面社会责任。国家电网公司在年度报告中披露的社会责任指标逐年增加，并且在其2006年和2007年的社会责任报告中增加了与GRI指标的对照表，表明公司开始把国际利益相关方纳入公司的管理视野，注意与国际社会倡议标准的有机衔接。国家电网公司于2007年底发布了我国第一个企业履行社会责任指南——《国家电网公司履行社会责任指南》（以下简称《指南》）。《指南》中明确提出了企业社会责任指标体系的框架和分别在公司总部、各部门、各岗位、各层级建立社会责任指标体系的具体要求。2008年，国家电网公司组织开展国家科技部国家软科学研究项目《企业社会责任指标体系》专项课题研究，对国内外社会责任相关标准和优秀企业社会责任指标体系构建实践进行了全面深入的研究，努力探索建立符合国情和中国企业实际的全面社会责任管理指标体系。

中远集团全面引进全球报告倡议组织的《可持续发展报告指南》框架，确定了总数达到500多个，涵盖了公司经营、安全、员工、环保、人权、社区、公益等各领域的社会责任指标体系，并建立了以企业管理信息系统为基础的指标管理信息平台，积极探索指标管理的标准化管理。

中国移动通信集团公司在2007年的社会责任报告中披露了公司要在2008年完善企业社会责任管理的指标体系，识别关键绩效指标。

此外，上海证券交易所和深圳证券交易所也分别出台了《公司履行社会责任的报告编制指引》和《深圳证券交易所上市公司社会责任指引》，为上市公司的企业社会责任履行和展示提出了明确的指引。

四、其他地区与行业组织企业社会责任推进工作对省属企业的启示

整体而言，回顾中国地方政府与各级行业组织推进企业社会责任的政策与举措以及典型企业的创新性探索，已有成功经验说明了政府从政策角度参与推动企业履行社会责任的必要性和有效性。随着企业社会责任运动在中国的蓬勃发展，地方政府在推进企业社会责任建设过程中的作用将愈发显著。

第一，越来越多的地方政府将会出台相关政策，推进企业履行社会责任。随着和谐社会建设的逐步深入，越来越多的地方政府将参与到推进企业社会责任发展的过程中来，以制定和出台政策为主要措施，并在政策的指导下采取具体的行动以提高地方企业社会责任水平。

第二，地方政府的相关政策将会越来越具针对性。通过汲取已有地方政策的经验，同时针对不同地区所面临的社会条件、经济条件和自然条件，企业社会责任政策的制定将更加具有针对性。地方政府可以通过企业社会责任政策的制定和实施，解决当地的一些实际问题，如经济发展的可持续性、就业、自然环境的保护与改善等。

第三，地方政府相关政策的有效性将逐步加强。政策的有效性将成为地方政府在制定企业社会责任政策过程中着重考虑的因素。企业社会责任政策需要切实指导地区企业社会责任发展的方向，

为企业履行社会责任创造条件并提供帮助，为利益相关方的共同推动搭建平台，营造有益于企业履行社会责任的良好氛围。

第四，通过政府的积极引导，将会逐步形成综合性促进企业社会责任发展的长效机制。随着越来越多的地方政府参与推进企业社会责任，地方政府的企业社会责任措施将向着多元化发展，体现出多样性的特点：鼓励与惩罚并重，自愿与强制相结合，法律、经济、行政、社会多重机制，多利益相关方参与。政府所采取的这些措施将逐渐向常态化、制度化演变，最终形成促进企业社会责任发展的长效机制。

第十五章 广东省属企业社会责任管理体系设计

目前,部分省属企业已经认识到社会责任的重要性和必要性,但对于如何引进和推广社会责任理念并与企业经营全面融合,是履责实践所面临的新挑战。即使对于作为先行者的中央企业,截至2012年9月26日,117家中央企业中,也只有61家中央企业建立了或已筹备建立由公司高层领导的、多部门参加的社会责任委员会或领导小组,并已建立社会责任归口管理部门。其中,28家企业建立了社会责任委员会,20家企业建立社会责任领导小组,13家企业筹备建立社会责任领导机构。而广东省属企业中建立相应组织体系的企业则几乎没有。已有的事实表明,对企业社会责任进行有效管理是企业提升管理绩效的有效方式,而企业社会责任只有置于企业管理体系之中,才能发挥最大效能。因此,本章我们将着重讨论广东省属企业社会责任管理体系设计。

第一节 企业社会责任管理体系概述

管理体系的建立是企业规范化履行社会责任的基础与保障,也是切实推进企业社会责任工作的有效手段。

一、企业社会责任管理体系内容

国务院国资委副主任邵宁在中央企业社会责任管理提升专题培训班上的讲话中指出,新形势下,加强社会责任管理对于系统推进社会责任工作、提升中央企业履行社会责任能力和水平,具有十分重要的现实意义。加强企业社会责任管理,更好地推进企业社会责任工作,是贯彻落实"十二五"和谐发展战略,实现"做强做优、世界一流"改革发展目标的重要举措。并指出,加强企业社会责任管理是创新管理模式提升中央企业管理水平的需要,加强企业社会责任管理是适应国内外社会责任发展趋势的需要,社会责任管理就是要以追求经济、社会和环境的综合价值最大化为目标,通过建立一套管理体系,有效管理企业运营对利益相关方、社会和环境的影响。他进一步指出,加强社会责任管理,要重点做好以下几个方面的工作:①深化社会责任理念、选准核心议题;②完善社会责任管理组织制度体系;③强化社会责任与企业经营的有机融合;④探索建立社会责任绩效评价体系；⑤加强社会责任沟通。①

企业社会责任管理是企业将社会责任理念与企业战略和日常经营相结合的过程，是企业推进社会责任的核心，也是企业转变经营理念、履行社会责任的重要举措。②

企业社会责任管理体系是指确保企业履行相应社会责任，实现良性发展的相关制度安排与组织建设，建立企业社会责任管理体系是一项涉及企业的远景与使命、企业文化和企业发展战略，事关企业长远发展的重大任务。一般来讲，企业社会责任管理体系应涵盖如下内容：①企业责任管理的主体性内容，即企业自身组织建设、管理价值和管理精神等。通常企业社会责任的变革与企业组织发展变化有着密切的联系。②企业责任管理的客观效果评价，即要根据对社会环境的影响，客观评价这种管理活动的效果。一种比较理想的企业社会责任管理体系，应该是主体性组织建设与客观效果评价机制相结合的体系。

二、典型企业社会责任管理体系概述

当前应用较为普遍的企业社会责任管理体系主要包括全面社会责任管理、ISO26000 社会责任指引以及中国社会科学院 CSR 研究中心企业社会责任管理体系。三种体系在实施路径上略有差异，对企业管理体制的要求也更有差异。但是，最终都是为了实现企业的可持续发展。

（一）全面社会责任管理

当前关于企业社会责任管理体系的研究与实践中，全面社会责任管理受到了较多的关注。全面社会责任管理作为一种社会价值目标管理模式，它与目前的股东利润目标管理模式在管理框架、管理目标、管理对象、管理价值和管理机制上都存在着本质区别。同时，相比于传统的企业社会责任管理，全面社会责任管理具有管理性质定位的全局性、管理责任内容的全面性、管理实施范围的全覆盖、管理体系建设的全融合以及管理预期目标的综合性等特征。在中央企业中，已有企业采用此种模式进行社会责任管理，如国家电网公司。

Waddock 等（2002）在借鉴全面质量管理（TQM）概念的基础上，提出过全面社会责任管理的概念与简要定义，即"对三重底线责任进行平衡管理的系统方法"。并受全面质量管理的启发，根据当前跨国公司在社会责任管理方面的举措，总结提出了全面社会责任管理（TRM）的模式。③他们认为，企业的社会责任管理不仅仅是企业高层管理者的事务，而是一个全员参与、全方位、全过程的管理体系。也就是说，企业的社会责任也像其商业目标一样可以通过管理来实现，用一个最简单的线性路径来描述这一管理模式：理念、愿景、理想→社会责任战略→社会责任治理→政策、标准、方法→培训交流贯彻→内部汇报→审计/监督→外部汇报→外部反馈→评估→政策改进。

（二）ISO26000 社会责任指引

2010 年 11 月 1 日，国际标准化组织（ISO）在瑞士日内瓦国际会议中心举办了社会责任指南标

---

① 国务院国资委研究局网站. 邵宁在中央企业社会责任管理提升专题培训班上的讲话. 2012-08-02.
② 彭华岗. 企业社会责任管理体系研究. 经济管理出版社，2011.
③ Waddock, Sandra A., Bodwell C., et al. Responsibility: The new business imperative, Academy of Management Executive, 2002, 16 (2): 22-27.

准（ISO26000）的发布仪式，该标准正式出台。

ISO26000是对传统社会责任理念和社会责任标准的突破和颠覆，主要体现在以下方面：

(1) 颠覆了社会责任的传统认知。它首次在全球范围内定义了社会责任，认为社会责任是"一个组织用透明、合乎道德规范的行为，对它的决策或者活动在社会和环境中产生的影响负责"，其性质是"对社会负责任的组织行为"，隐含着要求组织基于社会价值考虑组织行为的过程和结果。该定义强调社会责任是组织基于组织决策和组织活动对社会和环境的影响这一因果"链条"的"担责"，与传统社会责任认知有很大不同。

(2) 扩充了社会责任的承担主体。该标准在定义社会责任时，强调社会责任的主体是"组织"，而组织又被标准界定为"是赋有责任、权威和关系以及可以识别目标的实体或人员群体和设施"，即不仅仅是企业或经济组织，其他组织如学校、医院、学术团体、中介机构或一般意义上的政府机构（不包括政府在制定和实施法律、履行司法权威、贯彻建立公共政策或信守国家国际义务的职责方面的主权作用）等，均是社会责任主体。

(3) 明确了社会责任的基本实践。ISO26000指出，社会责任有两项基本实践：一是组织承认它的社会责任，包括承认组织的利益相关方，识别组织决策和活动的影响及其范围，因组织决策和活动影响产生的社会责任议题，处理这些议题有助于可持续发展的方法等四个方面的内容。因此，组织承认社会责任应该理解三个层次的关系：组织与社会之间的关系、组织与它的利益相关方之间的关系、利益相关方与社会之间的关系。二是组织识别它的利益相关方并使其参与组织社会责任的承担与实践，这是处理一个组织社会责任问题的中心所在。为此，组织应明确理解利益相关方参与的目的，识别利益相关方的利益，确定在组织和利益相关方之间由利益所产生的直接的和重要的关系，确定相关方利益与可持续发展的关联性和重要性，确认利益相关方获得必要的信息并明白自己的决定。

(4) 界定了社会责任的核心主题。这些主题包括组织管理、人权、劳工实践、环境、公平运营、消费者议题、社区参与和发展7个方面。核心主题的界定，全面、准确地指明了组织履行社会责任的方向、明确了社会责任的内容，即组织应建立有助于社会责任决策过程的组织结构，促进社会责任的核心原则和基本的实际应用，并应在人权、劳工实践、环境保护等其他6个方面，具体阐释和体现组织社会责任内涵。

(5) 提出了社会责任的组织渗透。ISO26000除了将社会责任由"是否需要做"上升为"需要做什么"，还提出了以社会责任的组织渗透为内容的社会责任保障。其主要内容包括组织把握组织与组织的社会责任特征间的关系、理解组织的社会责任、组织内和组织间社会责任沟通、在组织内和利益相关方间提高社会责任报告和声明的可信度、评价和改善组织的社会责任行动和实践、社会责任的自愿性倡议等，将社会责任融入整个组织的实践。总结而言，即要把社会责任融入一个组织的管理体系，作为其履行社会责任的至关重要的内容，在整个组织形成关于社会责任的共识，将社会责任在组织决策和活动中置于优先位置，使社会责任成为组织的一致行为。

(6) 突破了既有标准的"双面"形象。ISO26000开发目的和开发定位，回避了既有标准的"壁垒"责难。ISO26000指出，其开发目的在于："鼓励全世界的组织改善它们的可持续发展关键绩效指标，同时有能力改善它所在的社区的生活质量，进而有助于组织为可持续发展做出贡献。"而ISO26000的定位，是它不作为社会责任管理标准而开发，而仅仅是社会责任的实用指南，不为合同或法律法规所采用,为其他相关工具和手段提供"非替代性"的补充。从中可以看出,ISO26000的开发,排除了基于认证、法律和合同角度的"壁垒"特性,完全着眼于推动组织及利益相关方的社会责任,推动全球视野下的可持续发展。

ISO26000指出,将社会责任融入组织的经营过程需要经过如下步骤:①从社会责任角度理解组织的性质和特征;②理解组织的社会责任内涵;③将社会责任整个融入组织;④社会责任的沟通;⑤提升社会责任绩效的可信度;⑥审查改进组织的社会责任相关行动与实践。如图15-1所示。

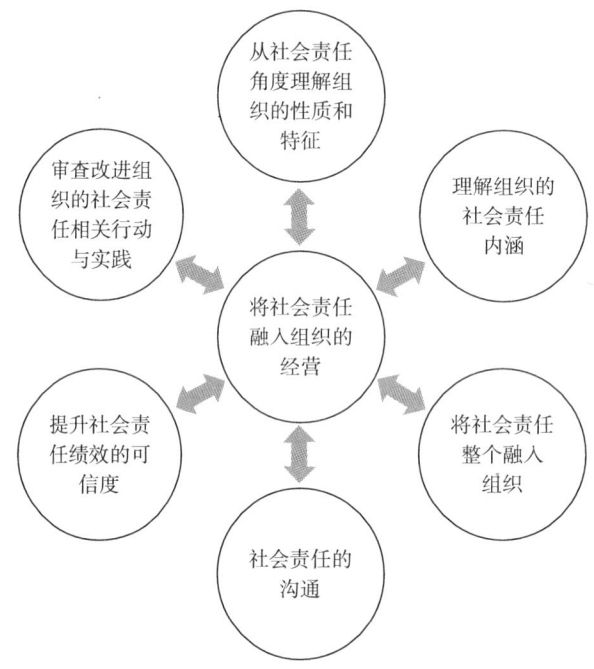

图15-1 将社会责任融入组织的经营过程的步骤

(三)社科院CSR研究中心企业社会责任管理体系

中国社会科学院企业社会责任研究中心提出的企业社会责任管理体系框架模型指出,企业社会责任涵盖六个维度:责任战略、责任治理、责任融合、责任绩效、责任沟通、责任调研。[①] 如图15-2所示。

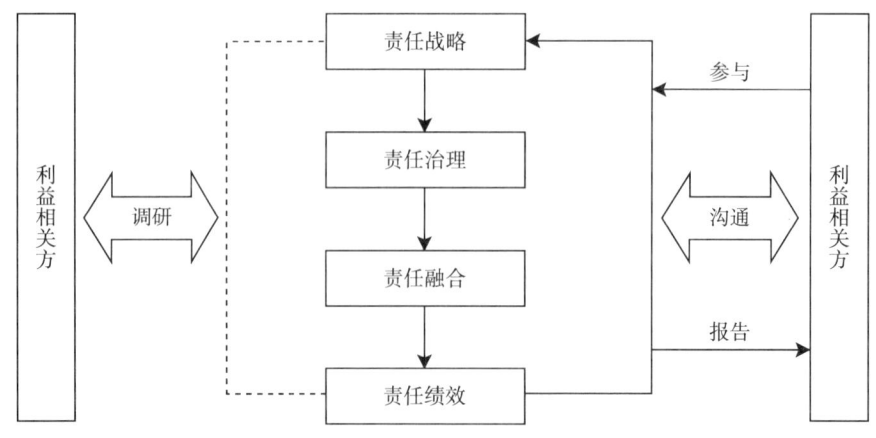

图15-2 企业社会责任管理体系框架模型

---

① 彭华岗. 企业社会责任管理体系研究. 经济管理出版社,2011.

(1) 责任战略。社会责任战略是指企业在全面认识自身业务对经济社会环境影响、全面了解利益相关方需求的基础上，制定明确的 CSR 理念、核心议题和规划，包括 CSR 理念、CSR 议题和 CSR 规划三个方面。

(2) 责任治理。CSR 治理是指通过建立必要的组织体系、制度体系和责任体系，保证公司 CSR 理念得以贯彻，保证 CSR 规划和目标得以落实，包括 CSR 组织、CSR 制度和 CSR 责任三个方面。

(3) 责任融合。CSR 融合是指企业将 CSR 理念融入企业经营发展战略和日常经营中，也涵盖结合企业经营业务的 CSR 危机管理、专题实践和慈善活动，包括融入战略、融入日常运营、CSR 危机管理、CSR 专题实践和慈善公益活动五个方面。

(4) 责任绩效。CSR 绩效是指企业建立非财务可持续发展指标体系并进行考核评价，确保 CSR 目标的实现，包括 CSR 指标体系和 CSR 考核评价两个方面。

(5) 责任沟通。CSR 沟通是指企业就自身社会责任工作与利益相关方开展交流，进行信息双向传递、接收、分析和反馈，包括利益相关方参与、CSR 网络专栏、发布 CSR 报告和内部 CSR 沟通四个方面。

(6) 责任调研。CSR 调研是指根据企业社会责任理论与实践的需要，自行开展社会责任研究课题，对企业的责任战略、治理、融合、绩效、沟通等方方面面的工作进行考察。

上述 6 个要素在推进工作中，实际上责任战略的制定是企业社会责任的计划（P），责任治理、责任融合的过程实际上是企业社会责任的执行（D），责任绩效和责任沟通是对企业社会责任的评价（C），而责任调研则是企业社会责任的改善（A）。这 6 个要素构成了一个周而复始、闭环改进的 PDCA 过程，从而推动企业社会责任管理的持续发展。

第二节 省属企业社会责任管理体系设计

在对全面社会责任管理、ISO26000、中国社会科学院企业社会责任中心 CSR 管理体系进行综合分析的基础上，结合课题组在广东省属企业调研中所了解的广东省属企业社会责任履行特点与履行状况，本课题组提出如下具有涵盖 7 个要素的企业社会责任管理体系：

理念、愿景设计→社会责任战略设计→社会责任治理设计→社会责任融合设计（政策、标准、方法与培训交流贯彻）→责任绩效评价体系设计→责任沟通机制设计（内部汇报、审计/监督、外部汇报、外部反馈）→责任评估与政策改进。

上述 7 个要素之间构成了一个从顶层设计到企业治理再到系统改进的闭环，从而推动企业社会责任的持续改进。7 个要素之间的关系，如图 15-3 所示。

一、企业社会责任理念与愿景设计

企业愿景是企业战略发展的重要组成部分，其本质是将企业的存在价值提升到极限。传统观念认为，企业的存在价值是企业作为实现幸福的人类社会的手段与工具，在促进全社会幸福和寻找新

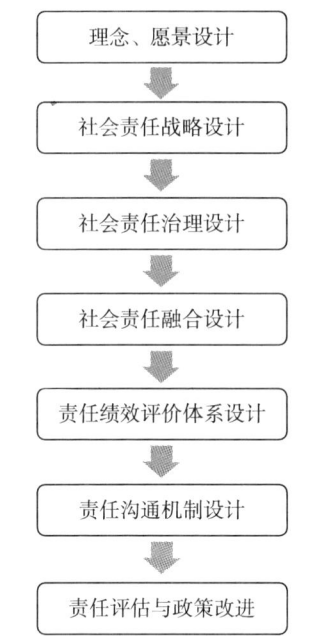

图 15-3　广东省属企业 CSR 管理体系

的财富来源的过程中创造出来的。近年来，在此基础上对企业的活动增加了与全球自然环境共生（如 ISO14000 环境管理体系）和对国际社会的责任和贡献（如国际性的标准 SA8000）等内容，使企业存在价值这一概念更加完整。在价值观经历全球化变革的时代，企业愿景及其概念范围也有必要扩大。

在先进企业的经营活动中，很容易发现优秀企业愿景的例子，如"建设世界一流电网，建设国际一流企业"的国家电网公司理念、"成为卓越品质的创造者"的中国移动通信集团的理念、"建设具有较强国际竞争力的跨国能源化工公司"的中国石油化工集团公司的理念等。

企业愿景可以划分为三个层次：上层是企业针对社会或世界的；中层是企业的经营领域和目的；下层是员工的行动准则或实务指南。将企业愿景与社会责任结合，形成企业独有的品牌主张，能为品牌带来知名度，引起消费者的注意。一项调查表明，83% 的消费者倾向于购买符合环保标准的产品。当不同产品的价格和品质相同时，很多消费者表示，他们会选择购买有社会责任感的企业的产品。

对于广东省属企业而言，在将企业愿景与社会责任进行结合时，应当遵循如下基本原则。

（1）确立焦点。焦点不仅能带来高曝光率，也能带来影响力。比如，中国石油化工集团公司将自己的焦点放在"油"上；中国移动通信集团公司将焦点放在"沟通"上。

（2）要能够持久一贯。长期维持焦点能为企业带来惊人的累积效果，而持久的宣贯也容易在利益相关方产生"投射效应"。

（3）要将愿景与企业品牌有效结合。一种将愿景和企业品牌有效结合的方式是选择一个和企业主业相关的议题领域。中央企业中已有部分企业明确提出了企业社会责任愿景，如中国石油化工集团公司的"每一滴油都是责任"，中国南方电网责任有限公司的"万家灯火，南网情深"，中国移动通信集团的"以天下之至诚而尽己之性、尽人之性、尽物之性"。

二、企业社会责任战略设计

企业社会责任战略具有丰富的内涵，主要表现为：

（1）企业社会责任战略是企业社会责任实践的方向。企业社会责任实践只有围绕社会责任战略开展，才能达到预期目标，盲目的实践不会给企业的发展带来任何益处。

（2）企业社会责任战略是企业在社会责任领域的共识。企业社会责任战略的确立是企业成员在对话与交流的基础上达成的，是企业社会责任理念、机制和原则等方面形成的共识。

（3）企业社会责任战略与企业责任竞争力密切相关。企业社会责任战略作为企业整体发展战略的重要组成部分，是以企业整体战略目标的实现和整体竞争力的提升为导向，因此企业责任竞争力的提升有赖于企业社会责任战略的实施。

从当前的国内外环境和企业发展现状来看，省属企业能否从战略高度认识企业社会责任问题，将成为制约其持续发展的关键，也是其能否成功"走出去"、应对国际挑战的关键。因此，省属企业要主动采取企业社会责任战略，并将其纳入企业的战略目标管理，将社会责任理念融入企业战略发展目标中，提升企业的核心竞争力。

在对企业的社会责任战略进行分析时，应至少涵盖如下内容：

（1）环境分析。在制定企业社会责任战略前，必须全方位分析企业所处的内外环境，从政治、经济、社会和技术环境等方面对企业社会责任战略进行分析。

（2）资源和战略能力分析。在资源和战略能力分析中，应如实评价企业在履行社会责任过程中面临的优势和劣势、存在的机会和挑战，并得出相应结论，为企业社会责任战略的制定提供参考。

（3）利益相关方期望分析。基于双方共同的需要，企业有必要在社会责任战略分析过程中，通过各种方式和渠道明确各相关方的利益期望和诉求，使企业社会责任战略更具针对性、更契合各方的需要。当然，这离不开与利益相关方的沟通和交流，要求企业与利益相关方建立起畅通的沟通机制，让各利益相关方参与到企业的社会责任战略制定中来。

企业社会责任战略作为企业整体发展战略的重要组成部分，在实施之前，同样需要明确定位，这就涉及战略部署和业绩目标问题：

（1）企业社会责任战略部署。明确企业社会责任战略定位，首要步骤是合理规划战略部署。在对企业所处的内外环境、资源和战略能力、利益相关方期望进行全方位分析的基础上，对企业的优势和劣势、机会与威胁有清晰的认识，才能使企业合理规划社会责任战略部署成为可能。

（2）企业社会责任业绩目标。企业社会责任业绩目标可以分为两类：一类是反映整体绩效的定性指标，另一类是反映具体业绩的量化指标。在整体绩效定性指标方面，主要涉及有关企业社会责任相关事务履行、处理好坏的判断，比如从整体上看企业是否履行环境方面的责任以及履行的大致情况等；在具体业绩方面，则更多采取可量化的指标，对企业的各项具体社会责任进行量化和具体评价。

应当特别指出的是，在企业社会责任战略的实施过程中，应切实关注如下问题：

（1）资源规划和配置。资源规划包括两个层面：企业层面和业务层面。不同的层面，需要制定不同的计划，并且采取不同的资源配置方式。具体来看，在企业层面，需要全方位规划企业的人力、物资和资金等各项资源，并根据需要配置到企业内各相关部门，为从整体上推进企业社会责任战略的实施提供物质保障。在业务层面，则需要根据企业各部门的实际情况和部门内社会责任工作开展的需要，在企业整体资源规划的指导下，合理规划、配置本部门的资源，推动企业社会责任战略在各个部门的具体落实。

（2）组织架构的调整与优化。企业社会责任战略的实施需要对组织架构作相应调整和优化。在企业社会责任战略制定后，原有的组织架构显然不足以支撑新战略的实施，这样组织架构的调整和优化就摆上了企业的议事日程。如成立专门的企业社会责任管理委员会、企业社会责任管理小组等。

（3）日常工作推进体系。企业社会责任战略的执行需要有力的日常推进机制。完善的企业社会责任日常工作推进体系包括职责分配机制、绩效考核机制、监控反馈机制、工作改进机制等。其中，职责分配机制主要是明确有关社会责任的各项职责，将与企业社会责任相关的各项事务落实至各个部门、各位员工；绩效考核机制以企业责任目标为导向，以工作责任制为基础，对部门、员工在社会责任方面事务的落实情况作出考查，并以奖惩制度进行正向激励，肯定积极行为、否定消极行为，提供激励企业内各部门和成员不断改进社会责任实践、努力创造社会责任更加绩效的动力源泉；监控反馈机制是在监控实际工作推进状况和企业社会责任绩效考核情况的基础上，对于与企业社会责任战略相违背的现象或行为及时进行反馈；工作改进机制则是结合监控反馈的情况及时进行改进和完善，避免企业社会责任实践偏离预定目标，确保企业社会责任战略能够按预定计划顺利推进。

三、企业社会责任治理设计

支持将社会责任纳入公司治理的理论主要是基于利益相关方的契约理论和产权理论，前者认为企业是所有利益相关方之间的一系列多边契约，只有承认相关利益方相互之间的利益才能达到他们的团结，所以公司治理结构应该符合公平契约的信条；后者认为财产权的概念包括对多重相关利益方而不只是公司股东的责任，管理层对受托责任的履行状况进行报告的对象不仅仅是股东，还应包括其他利益相关方和广大公众。在实践中，一个普遍做法是将社会责任纳入公司治理层面，包括董事会决策模式和董事会承担、经理决策模式两种。国外学者主要通过市场反应来研究企业社会责任信息与财务绩效的关系，并得出了一系列有价值的结论。根据 Griffin 和 Mahon（1997）对 1972~1994 年经过同行评审发表的 52 篇研究结果进行的回顾，企业社会责任与财务业绩正相关结论的研究有 33 份，没有发现两者之间存在关系的研究有 14 份，而存在负相关关系的研究有 5 份。

企业社会责任治理包括外部治理和内部治理。其中，外部治理的功能是发布企业必须履行社会责任的刺激信号，并通过法律、行政和市场手段强化企业的社会责任意识。

（一）企业社会责任的外部治理

外部治理机制包括如下措施：

1. 立法明确企业社会责任

在我国 2006 年 1 月 1 日起开始实施的《中华人民共和国公司法》中，虽然要求"公司从事经营活动，必须承担社会责任"，但对于如何承担、承担到何种程度却没有进一步说明。此外，《中华人民共和国劳动法》、《中华人民共和国环境保护法》、《中华人民共和国安全生产法》、《工会法》、《中华人民共和国产品质量法》、《中华人民共和国职业病防治法》、《中华人民共和国消费者权益保护法》等相关法律虽然都要求企业承担保护职工和消费者权益、控制污染排放、保证产品质量、安全生产经营等方面的社会责任，但并没有具体的实施细则。深圳证券交易所于2006年首次针对上市公司发布了《企业社会责任指南》，但是作为规章制度其约束力和影响范围都比较有限。

为了有效地推进企业社会责任工作在省属企业中的实施，可以以《企业社会责任条例》的地方条例形式，对企业承担社会责任的原则、范围、内容以及相关的报告、披露和评价等予以具体详细的规定，便于企业和相关部门实施、执行。

2. 开展企业社会责任认证

目前，国际上的社会责任认证组织主要包括社会责任国际（SAI）、公平劳工协会（FLA）、贸易行为标准组织（ETI）和工人权利联合会（WRC）等，这些组织都先后制定了各自的社会责任标准。其中社会责任国际（SAI）制定的SA8000标准影响较大。虽然国际上广泛采用的这些认证体系对我国制定企业社会责任标准都具有重要的借鉴意义，然而由于国情、文化和经济发展阶段的差异，国外的标准尚不能完全照搬到我国。

广东省在推进省属企业社会责任工作的过程中，比较可行的做法是，在参照国际及国内其他省市及行业协会相关标准的基础上，结合广东省属企业的实际情况，制定符合区域企业特点的企业社会责任标准，组织专门机构开展企业社会责任认证工作。同时，鼓励第三方评估机构对省属企业的社会责任绩效进行评估，定期发布以社会责任指数为代表的企业社会责任排行榜，为企业各利益相关方提供社会责任指南。

3. 推行企业社会责任报告制度

国际上通常采用两种方式披露企业社会责任信息，一种是在公司年报中载明企业社会责任业绩，另一种是定期发布独立的企业社会责任报告。企业定期发布企业社会责任报告，接受利益相关方和社会各界的监督，有助于塑造良好的企业公民形象，同时也有助于提升其可持续发展能力。

目前，省属企业中发布企业社会责任报告的较少，且多是在国资委的推动下进行的发布。为更好地推进企业社会责任工作，广东省一方面可以要求企业定期披露社会责任信息；另一方面可以在披露形式上予以规范，保证认证机构、利益相关方和社会公众可以对企业社会责任的履行情况进行审查、监督和评价。

4. 发展企业社会责任型投资

社会责任型投资是一种为了适应可持续发展而产生的金融衍生产品，通过整合多方面的指标（社会正义性、环境可持续性、财务绩效）于投资过程中，使得社会责任型投资可以同时产生财务性及社会性的利益。社会责任型投资是将融资目的和社会、环境以及伦理问题相统一的一种融资模式，即以股票投资、银行贷款等形式为那些承担了社会责任的企业提供资金支持。它要求企业在对其盈利能力加以"合理"关注以外，同时也关心环保和社会公正对待所有企业生存影响与日俱增的因素。社会责任型投资能使环境和社会业绩同时出色的公司脱颖而出，约束经理层参与社会责任治理问题，从而改善企业在这些领域的业绩。

我国的社会责任投资仍处于起步阶段，而广东省的社会责任投资基本还未出现，因此可以在宏观调控层面积极借鉴国外经验，促进各类社会责任投资基金和各种社会责任投资工具的发展。

5. 加强行政和司法监督

在推行企业社会责任工作的过程中，广东省可以考虑综合发挥财政、税收、工商、安监、质监、环保等部门在企业社会责任治理中的监督作用，对企业危害社会和侵害利益相关方的行为，通过相应手段予以处理、处罚。企业违反社会责任的信息可由主管部门录入"企业社会责任档案"中，并在企业日后的银行信贷、上市融资、劳动用工、排放指标、工商年检及品牌建设中予以关注，从而惩戒企业违反社会责任的行为。

（二）企业社会责任的内部治理

企业社会责任的内部治理机制包括如下措施：

1. 将社会责任纳入企业治理结构中

企业社会责任要落到实处，就必须纳入企业的治理环节中。有效的公司治理结构应该包含企业社会责任的承担与实现机制，能够在企业面临决策时，综合考虑利益相关方的利益，使得决策行为符合企业利益相关方价值最大化原则，这样企业的行为就是可以预期和控制的。

从省属企业的治理结构来看，企业的社会责任可以由董事会牵头，并在董事会设立专门委员会（如社会责任委员会）负责企业社会责任事宜。

2. 实现社会责任管理与企业战略、组织和制度的耦合

毕马威国际会计师事务所在企业社会责任调查报告中指出，企业社会责任越来越被企业看作企业核心价值和战略中不可分割的一部分，而不是组织内部应对负面新闻时才履行的一种临时功能。

本课题调研显示，虽然部分省属企业的企业社会责任意识逐渐增强，但企业社会责任管理尚缺乏战略、组织及制度的支撑。因此，企业社会责任必须融入企业战略，并将"企业公民"的思想融入经营理念，渗透到企业可持续发展过程中。

3. 强化内部审计在企业社会责任承担中的作用

内部审计参与企业社会责任监督的目的是向企业管理者提供社会责任风险管理和内部控制的"增值"服务，内部审计部门在审计委员会的指导下开展工作，对企业经营管理活动中的社会责任履行情况进行评价，包括：评价企业在社会责任方面相关的政策、计划和表现；对已识别的社会责任风险是否充分进行评价，找出未被风险管理系统识别和控制的潜在风险，确保剩余风险在企业承受的风险阈值范围内；对企业社会责任内部控制设计的有效性和执行的有效性进行评估，找出社会责任内部控制方面的弱点和缺陷。最后内部审计部门要对企业社会责任的治理机制设计、社会责任风险管理体系以及社会责任内部控制制度中存在的薄弱环节提出建议和咨询意见，从而帮助企业管理层改善企业社会责任履行质量。

（三）广东省属企业社会责任的治理结构选择

通过前述分析可以看出，广东省在推进省属企业社会责任的过程中，应确保企业将社会责任管理落到实处，建立切实可行的治理结构。从国际角度来看，企业承担社会责任的方式主要有两大类：董事会决策模式和董事会承担—经理决策模式。由于省属企业的治理结构不尽相同，应视具体情况选择相应的治理结构。

1. 董事会决策模式

董事会决策模式是在董事会层面设专门委员会（一般称为社会责任管理委员会）负责企业社会责任事项，这个社会责任的专门委员会对与企业相关的公共政策、法律和环境等事项，负有评估和提出相关建议的责任。

2. 董事会承担—经理决策模式

董事会承担—经理决策模式在董事会的职能中明确董事会要承担企业社会责任；在操作上，授权管理层负责相关事项。除了在执行委员会下设委员会，董事会更一般的授权方式是把企业社会责任授权给总经理或者CEO负责，并不在董事会的结构中体现。[①]

四、企业社会责任融合设计

履行社会责任的关键是把理念、愿景与战略融入企业运营的全过程，对各项业务进行持续系统的改进。只有切实落实到每项工作、每个岗位和每位员工，成为生产经营活动的有机组成部分，成为全体员工的信念、素质和自觉行动，才能组织化、制度化和常态化地开展社会责任工作，并取得预期成效。在具体的责任融合实践中，省属企业可以采取如下措施。

（一）建立社会责任管理组织体系

省属企业应在企业社会责任最高治理机构（如董事会中的社会责任委员会或总经理领导的社会责任委员会）的领导下，在企业内部建立覆盖各经营单位、各职能部门的社会责任管理组织体系，任命责任人并明确规定其职能、职责和权限，督导企业社会责任的实践，并向高层报告和提出改进意见，确保企业社会责任战略能顺利落实，持续改进。

（二）制定社会责任保障政策

省属企业的社会责任管理要落到实处，还需制定各种保障政策，如人力资源政策、财务政策、内部沟通政策等，只有这样才能切实将企业的社会责任价值观与战略传达到每个部门、岗位和员工，使社会责任管理到位、到人。

（三）宣贯企业社会责任知识

企业社会责任管理首先必须提升员工的责任意识。因此，省属企业应设立系统的社会责任培训计划，定期培训在职员工，保证他们能够践行企业的责任价值观，理解企业的社会责任政策，增强员工的责任意识，并以此规范行为。

（四）进行全面社会责任管理

省属企业应该对企业生产经营的全过程进行全方位的社会责任管理，认真检查产品的研发、采购、生产、销售、使用和回收全过程，使社会责任与生产运营紧密整合，将社会责任真正落到每个

[①] 黄溶冰，王跃堂. 基于复杂适应系统的企业社会责任治理机制. 软科学，2009（9）.

环节、每个岗位。

（五）建立企业社会责任沟通机制

社会责任管理持续改善过程中需要高度关注利益相关方的意见和建议，省属企业应建立利益相关方沟通机制，并建立反馈机制，以促进企业更好地履行社会责任。

（六）内部审核评估

省属企业应对企业社会责任管理工作进行内部审核评估，并向管理者报告审核结果，对违反社会责任政策的行动及时纠正，对违反后果予以及时补救。

五、企业社会责任绩效评价体系设计

（一）企业社会责任绩效考核管理概述

企业社会责任业绩考核，是对公司整体、各部门、各单位以及员工个人履行社会责任的行为和结果符合职责要求和考核目标的程度进行具体评价与奖惩安排，旨在建立促进公司履行社会责任的激励机制与约束机制，由企业社会责任业绩考核制度和业绩考核程序等组成，是企业业绩考核体系和全员绩效管理的重要组成部分。其中，建立企业社会责任业绩考核制度，是企业全面履行社会责任的机制保障。

企业社会责任绩效即企业履行社会责任的能力和效果，而企业社会责任绩效评价则是对企业履行社会责任的能力和效果进行的评价。企业绩效评价属于企业管理控制体系的一部分，它与各种行为控制系统、人事控制系统共同构成企业管理控制体系。有效的绩效评价系统在各企业中表现各有不同。而绩效评价体系的构建必须与企业的利益相关方及其利益诉求直接相关。

（二）企业社会责任绩效考核标准选择

利益相关者既是企业社会责任的对象，又是企业社会责任绩效评价的影响因素。由于不同类型的利益相关方对企业管理决策的影响以及被企业活动影响的程度不同，因此对企业社会责任绩效评价的影响也就不同。因此，基于利益相关方的企业社会责任绩效评价指标体系，就是从企业利益相关方各自的目标出发选取评价指标，然后汇总得到企业的综合得分。省属企业的核心利益相关方往往涉及如下群体：

（1）出资人（国资委）。出资人给企业提供其生存和发展所需要的资本金，承担着企业经营风险。因此，出资人作为企业最重要的利益相关者的地位是不容置疑的。作为企业的出资者，出资人必然要求一定的收益作为回报。

（2）员工。员工是企业业务流程的直接操作者，企业的有关计划和决定都要由员工去执行。因此，企业要让其外部利益相关者满意，首先要让其内部利益相关者——员工满意，为员工提供健康安全的工作环境、优厚的报酬、健全的福利、职业发展通道、培训机会等，致力于吸引人才、留住人才和培育人才。

（3）消费者。随着科学技术水平的不断提高和经济的发展，消费者的需求越来越个性化，不仅关注产品品质与价格，还要求企业提供良好的售后服务及维修。在可持续发展成为人类发展主题时，消费者也开始考虑产品的使用对环境资源的影响等企业社会责任方面的问题。相关研究表明，拥有较高顾客满意度及忠诚度的企业往往在长期内获取较高的利润。所以，得到消费者的认同是企业成功的关键。

（4）供应商。供应商向企业提供产品的质量和成本，很大程度上决定了企业产品的最终质量和成本，供应商运作的效率直接制约着企业为客户服务的效率。在市场竞争已激烈到白热化程度的当今时代，让供应商参与到产品设计中，一是可以缩短产品上市的时间，提高企业竞争力，二是可以加强企业同其供应商的战略合作。越来越多的企业将供应商作为其合作伙伴，分享"链条成本"降低的好处及共享资源与信息，以整合其独特的竞争优势。可见，供应商已成为企业争夺的重要资源，并且供应商与企业的合作质量极大牵制着企业的发展。

（5）社区。企业作为社区的一员，同社区有着紧密相连的关系。首先，企业通过给社区创造就业机会、支持社区文化教育建设、提供公共基础设施等，一定程度上缓解社区就业压力、为社区的安定与繁荣做出了贡献。其次，社区向企业输入劳动人员，社区人口的素质会影响到企业员工的储备和素质的提高。最后，社区向企业提供政策方面的支持可以降低企业运营成本。总之，企业要实现长期发展，就必须树立良好的企业形象，承担公民义务，建立良好的社区关系，得到社区支持。

（6）政府。政府为企业提供了宏观运行环境，制定行业发展规则，推动行业协会的运行，提供有关企业发展方面的交流平台、创建公共基础设施等。企业与政府建立良好的关系，依法履行纳税义务，积极响应国家的方针政策，遵守当地法规，能提高企业对政策环境的适应性，获得良好的外部发展环境。

（7）环境资源。环境资源问题已成为企业不可忽视的问题。企业如果对环境资源的保护持消极态度，往往会增加治理成本、引起社会责任方面的诉讼、毁坏企业公众形象等。因此企业必须推行积极的环境资源政策，以实现可持续发展。

（三）企业社会责任绩效考核设计

绩效考核指标的设计必须遵循如下原则：①客观性。客观地反映利益相关方的利益诉求。②可比性。评价结果能实现企业之间的横向比较和时间上的纵向比较。③系统性。实现各类指标在评价体系中的合理构成以及指标间的关联度，通过对指标的合理取舍和指标的权重设置，达到评价指标不仅能够突出重点，且能够保持相对的均衡统一，从而实现整个评价体系的最优化。

实质性议题是企业对各利益相关方最直接的回应，准确、完整地识别核心的实质性议题，可以最为有效的回应各方要求，强化利益相关方参与。实践中可从如下方面展开。

（1）结合企业实际，确认核心议题：根据企业自身所处行业、规模、经营地域、产权性质、员工规模等特征，确认与企业运营活动最为相关、对利益相关方具有重大或潜在影响、企业具有不可替代作用的实质性议题。

（2）将社会焦点问题不断融入社会责任议题：定期跟踪国内外社会责任焦点问题，不断反思与自身相关的内容，做到与时俱进，不断调整、丰富企业核心议题。

在省属企业核心利益相关方分析的基础上，可以针对核心利益相关方的关键利益诉求，依据上述原则进行相应的考核因子与考核指标设计。应特别注意，考核因子与考核指标的设计应与企业社会责任指标体系的设计保持一致性。

六、企业社会责任沟通机制设计

沟通是企业社会责任实施过程中很重要的一个要素。省属企业要持续地与利益相关方沟通，以强化社会责任在企业战略制定和执行中的重要地位，并将社会责任政策和具体实践作为沟通的具体内容，保持并修正企业的社会责任实践。利益相关方沟通直接影响到企业对社会责任的认识、核心议题的确定、平衡的回应等工作，随时了解各利益相关方期望的变化，不断进行自我调整，可以更大程度地回应有关方面的要求，实现企业与社会、环境的协调发展。

省属企业社会责任战略的有效实施必须依赖有效的社会责任沟通机制，有效的社会责任沟通机制的关键部分是信息、评价、报告和传播系统，以确保整个社会责任系统能够得到有效控制。因此，省属企业应做好责任沟通计划，有效管理沟通内容，按计划对企业社会责任管理的工作方式和成果进行外部沟通。而管理层应根据内部审核和外部沟通的结果，与由利益相关方代表组成的团队交流企业社会责任计划的实施绩效，做出持续改进的承诺，并按规范保存沟通记录。以确保企业中的每一个员工和供应链中的每一个环节都认识到承担社会责任的重要性和企业社会责任战略目标、框架要点和实施步骤。

在具体的实践中，省属企业可从如下方面展开沟通管理：

(1) 定期全面披露——企业社会责任报告。在企业社会责任报告披露过程中，要把企业社会责任内部学习培训、外部对话，包括议题讨论，企业社会责任的优化方案贯穿在整个企业社会责任报告的编制和发布过程之中，将企业社会责任报告机制建设为学习机制、对话机制和改进机制。

(2) 临时披露——企业社会责任危机处理。危机处理是指企业在履行社会责任的过程中，由于各种不确定的因素，特别是企业跟利益相关方之间引发了某种冲突而造成对企业声誉的潜在威胁或者说是一种实际的危害时，企业采取的信息披露形式。主要包括预警阶段、应对阶段、善后阶段的信息披露工作。通过建立多层次、多角度、多渠道的信息披露渠道，向利益相关方完整、准确、及时地提供企业在履行社会责任方面的信息，有助于各方形成共识，赢得信任，建设和谐的与利益相关方的关系。

七、企业社会责任评估与政策改进

有效的评估是企业社会责任改进的先决条件。明确社会责任管理目标及评价标准可以为开展企业社会责任工作提供重要指导，也可以有效提高工作的针对性及效率。具体到省属企业履责的实践中，可从如下方面展开评估工作。

(1) 实施目标管理、进度管理。将企业社会责任战略层层分析，确立清晰、明确的成果及过程管理目标，并结合企业的评价定期监控，在企业上下形成合力，共同推动企业日常社会责任事务的开展。

(2) 有效借助外部评价体系。为确保履责工作达到既定标准，选择国际通行的标准并接受其定期的外部评价，以促进企业社会责任工作的不断完善。

第十六章　广东省属企业社会责任管理指标体系设计

企业社会责任指标体系是企业社会责任管理体系的重要组成部分，它由相互联系、相互独立、相互补充的一些社会责任指标所组成，主要用于推进企业社会责任管理，加强与利益相关方的沟通以及对企业社会责任的绩效进行评价。随着经济社会的发展以及社会责任运动的日益高涨，国际社会以及国内环境的变化对企业提出了越来越高的要求。国务院国资委下发的《关于中央企业履行社会责任的指导意见》对中央企业建立社会责任指标体系提出了有关要求，而我国已先后有上海市、义乌市、杭州市等地市制定了企业社会责任的地方化标准。广东省作为改革开放的前沿和经济社会发展的重要区域，企业社会责任工作的推进度尚显不足，而区域差异与省属企业复杂的多样性又使得建立符合本地需求的指标体系成为企业社会责任管理的重要环节。因此，本章在梳理企业社会责任管理国际标准的基础上，参照国内已有的地市指标体系和当前国内的一些推进企业社会责任管理的政策要求，构建了具有区域特征的企业社会责任指标体系，并进一步据此构建了企业社会责任的考核体系。

第一节　企业社会责任管理国际标准与规范

近年来，社会各界越来越踊跃参与、影响和推动企业履行社会责任，资本市场出现了评价企业社会责任的指标体系，投资者出现了责任投资新潮，行业巨头要求商业伙伴或者产业链企业履行社会责任，社会责任对企业商业活动的影响和约束日趋严格。企业社会责任的自愿门槛不断上升，必尽责任的范围越来越大，越来越多的软约束转变为硬约束，对企业管理理念和管理方式的调整和变革提出了新的要求。随着国际社会对企业社会责任关注度的提高，企业社会责任呈现标准化和刚性约束的趋势。截至 2012 年 12 月，全球社会责任自愿性标准已达 300 多个，制定者包括全球组织、国家、跨国公司、行业协会等，内容涉及劳工、环境保护、可持续发展、社会公平等各种经济、社会和环境议题。这些国际标准对企业管理领域、管理内容和管理方式都提出了新的要求。

一、国际标准与规范

（一）ISO26000

国际标准化组织（International Standard Organization，ISO）从 2001 年开始着手进行社会责任国际标准的可行性研究和论证。2004 年 6 月，最终决定开发适用于包括政府在内的所有社会组织的"社会责任"国际标准化组织指南标准，由 54 个国家和 24 个国际组织参与制定，编号为 ISO26000，是在 ISO9000 和 ISO14000 之后制定的最新标准体系，这是 ISO 的新领域，为此 ISO 成立了社会责任工作组（WGSR）负责标准的起草工作。2010 年 11 月 1 日，国际标准化组织（ISO）在瑞士日内瓦国际会议中心举办了社会责任指南标准（ISO26000）的发布仪式，该标准正式出台。

ISO26000 包括与社会责任有关的术语和定义、与社会责任有关的背景情况、与社会责任有关的原则和实践、社会责任核心主题和问题、社会责任的履行、处理利益相关方问题、社会责任相关信息的沟通等主要内容。ISO 建议应用该标准时，要考虑社会、环境、法律、文化、政治和组织的多样性及经济条件的差异性，同时尊重国际行为规范；还应遵循包括担责、透明、良好道德行为、尊重利益相关方的关切、尊重法治、尊重国际行为规范、尊重人权 7 项核心原则。ISO26000 标准体系旨在帮助组织通过改善与社会责任相关的表现与利益相关方达成相互信任。

ISO26000 是对传统社会责任理念和社会责任标准的突破和颠覆，主要体现在以下方面：①颠覆了社会责任的传统认知；②扩充了社会责任的承担主体；③明确了社会责任的基本实践；④界定了社会责任的核心主题；⑤提出了社会责任的组织渗透；⑥突破了既有标准的"双面"形象。

（二）SA8000

SA8000 即"社会责任标准"（Social Accountability 8000），社会责任国际标准体系（Social Accountability 8000 International Standard，SA8000）是一种基于国际劳工组织宪章（ILO 宪章）、联合国儿童权利公约、世界人权宣言而制定的，以保护劳动环境和条件、劳工权利等为主要内容的管理标准体系。

SA8000 是全球首个道德规范国际标准。其宗旨是确保供应商所供应的产品，皆符合社会责任标准的要求。SA8000 标准适用于世界各地、任何行业、不同规模的公司。其依据与 ISO9000 质量管理体系及 ISO14000 环境管理体系一样，是一套可被第三方认证机构审核之国际标准。作为全球第一个可用于第三方认证的社会责任国际标准，SA8000 标准旨在通过有道德的采购活动改善全球工人的工作条件，最终达到公平而体面的工作条件。

SA8000 作为社会责任方面的一个认证体系，不仅明确了社会责任规范，而且也提出了相应的管理体系要求。将社会责任和企业管理结合起来，在一定程度上可以规范组织尤其是企业的道德行为，有助于改善劳动条件，保障劳工权益。

SA8000 标准的主要内容包括童工、强迫劳工、安全卫生、结社自由和集体谈判权、歧视、惩罚性措施、工作时间、工资报酬及管理体系 9 个要素。主要内容如下：

1. 劳工标准

（1）童工。公司不应使用或者支持使用童工，应与其他人员或利益团体采取必要的措施确保儿童和应受当地义务教育的青少年的教育，不得将其置于不安全或不健康的工作环境和条件下。

（2）强迫性劳动。公司不得使用或支持使用强迫性劳动，也不得要求员工在受雇起始时交纳"押金"或寄存身份证件。

（3）自由权。公司应尊重所有员工结社自由和集体谈判权。

（4）歧视。公司不得因种族、社会阶层、国籍、宗教、残疾、性别、性取向、工会会员或政治归属等而对员工在聘用、报酬、训练、升职、退休等方面有歧视行为；公司不能允许强迫性、虐待性或剥削性的性侵扰行为，包括姿势、语言和身体的接触。

（5）惩戒性措施。公司不得从事或支持体罚、精神或肉体胁迫以及言语侮辱。

2. 工时与工资

（1）公司应在任何情况下都不能经常要求员工一周工作超过48小时，并且每7天至少应有一天休假；每周加班时间不超过12小时，除非在特殊情况下及短期业务需要时不得要求加班；且应保证加班能获得额外津贴。

（2）公司支付给员工的工资不应低于法律或行业的最低标准，并且必须足以满足员工的基本需求，并以员工方便的形式如现金或支票支付；对工资的扣除不能是惩罚性的；应保证不采取纯劳务性质的合约安排或虚假的学徒工制度以规避有关法律所规定的对员工应尽的义务。

3. 健康与安全

公司应具备避免各种工业与特定危害的知识，为员工提供安全健康的工作环境，采取足够的措施，降低工作中的危险因素，尽量防止意外或健康伤害的发生；为所有员工提供安全卫生的生活环境，包括干净的浴室、洁净安全的宿舍、卫生的食品存储设备等。

4. 管理系统

公司高管层应根据本标准制定符合社会责任与劳工条件的公司政策，并对此定期审核；委派专职的资深管理代表具体负责，同时让非管理阶层自选一名代表与其沟通；建立适当的程序，证明所选择的供应商与分包商符合本标准的规定。

SA8000与ISO9000质量管理体系及ISO14000环境管理体系一样，皆为一套可被第三方认证机构审核的国际标准。它主要关注的是人，而不是产品和环境。SA8000只有一个国际统一认证机构SAI（Social Accountability International），即社会责任国际。

推行SA8000管理系统的成功关键因素：①最高管理层的承诺；②关注社会责任法律法规；③加强内外的沟通；④管理系统的整合。

（三）GRI

全球报告倡议组织（GRI）成立于1997年，是由美国的一个非政府组织"对环境负责的经济体联盟"（Coalition for Environ Mentally Responsible Economies，CEREs）和联合国环境规划署（United Nations Environment Programme，UNEP）共同发起的，秘书处设在荷兰的阿姆斯特丹。

2000年，GRI发布了第一代《可持续发展报告指南》。2002年，GRI正式成为一个独立的国际组织。同年，GRI第二代《可持续发展报告指南》2002年版本（简称G2）在南非约翰内斯堡的世可持续发展峰会上正式发布。2006年10月5日，GRI在荷兰阿姆斯特丹召开大会，发布了第三代《可持续发展报告指南》（也称2006年版指南，G3）。

GRI框架顾及各行各业的实际需要，包括小企业以及大机构等。在GRI-G3第三代报告框架里，它界定了报告内容、质量及界限。比如各种注意事项、指标、项目等，也涵盖了企业的价值观、政策、营运管理系统、目标等内容。

除此以外，作为一个报告标准，企业能根据GRI的指南来披露如下内容：

（1）战略及概况、管理方针、绩效指标。

（2）经济绩效（如机构活动因气候变化而引起的财务负担及其他风险、福利计划的赔偿界限、直接经济价值、市场占有、间接经济印象等）。

（3）环境绩效（如能源、水、生物多样性、排放物、污水、产品及服务、运输等）。

（4）劳工措施及合理工作绩效（如雇用，劳资关系，职业健康与安全，培训与教育，多元化等）。

（5）人权绩效（如投资与采购措施、非歧视、童工、强制劳动等）。

（6）社区（如贿赂、公共政策、遵守法规、反竞争行为等）。

（7）产品责任（如客户健康与安全、客户隐私权、产品及服务标签等）。

通过这个报告，企业能总结过去的企业社会责任活动的实行状况与成果，并对其进行评价、改善，从而掌握和有关利益方的对话。

（四）全球契约

《联合国全球契约》是在经济全球化的背景下提出的，强调的是企业的社会责任。联合国全球契约组织是全球最大的自愿企业公民倡议组织。截至2012年12月，已经有8000多家企业和其他利益相关组织加入了全球契约，成为其正式成员。全球契约在90多个国家建立了当地全球契约网络组织。

《联合国全球契约》十项原则涵盖人权、劳工权利、环境保护和反对腐败四大领域。"协议"的目的是动员全世界的跨国公司直接参与减少全球化负面影响的行动，推进全球化朝积极的方向发展。同时，号召企业采取行动支持更广泛的联合国目标，包括千年发展目标（MDGs）。通过这样，企业可协助推动市场朝着充分惠及全球各地经济和社会综合发展的方向不断深化。

联合国全球契约作为一项由诸多企业首席执行官高度认可的领导倡议，是真正意义上的就可持续发展以及切实实施和公开披露负责任企业战略和实践的领导力平台。联合国全球契约将世界各国的企业和关键性利益相关方群体聚集一堂，促成企业与政府、非政府组织、劳工组织、投资者、教育机构以及联合国的广泛对话和相互学习。

联合国全球契约要求企业在其影响范围内，接纳和支持就人权、劳工、环境和反腐败领域的一系列核心价值观并付诸实际行动。全球契约的十项原则享有全球共识，这些原则来源于《世界人权宣言》、《国际劳工组织关于工作中的基本原则和权利宣言》、《关于环境与发展的里约宣言》以及《联合国反腐败公约》。

全球契约十项原则包括：

（1）人权：①企业应该尊重和维护国际公认的各项人权；②绝不参与任何漠视与践踏人权的行为。

（2）劳工保护：①企业应该维护结社自由，承认劳资集体谈判的权利；②彻底消除各种形式的强制性劳动；③消除童工；④杜绝任何在用工与行业方面的歧视行为。

（3）环境保护：①企业应对环境挑战未雨绸缪；②主动增加对环保所承担的责任；③鼓励无害环境技术的发展与推广。

（4）反对腐败：企业应反对各种形式的贪污，包括敲诈、勒索和行贿受贿。

企业参与"全球契约"获得的好处包括：

（1）体现作为负责任的公民的表率。

（2）与有共识的公司及组织交流经验，相互学习。

（3）与其他公司、政府组织、劳工组织、非政府组织及国际组织建立合作关系。

（4）与联合国各机构，包括国际劳工组织、联合国人权事务高级专员办公室、联合国环境计划署、联合国发展计划署等建立合作伙伴关系。

（5）通过实施一系列负责的管理计划与措施并将公司发展视野扩大到社会范畴，从而使商业机会最大化。

（6）参与旨在寻找解决世界重大问题的方法的对话。

二、当前环境下省属企业的可能选择

与管理指标相比，我国企业的社会责任报告指标由于有GRI《可持续发展报告指南》等国内外指南和标准可供参考，因而企业之间差别较小。目前，我国企业社会责任报告指标的发展存在两种主要方向：一种是尽量缩小与国外标准的差距，力争全面达到其要求；另一种是参考国际标准，但核心是报告指标能够反映企业自身的社会责任特色，与国外标准的契合程度并不重要。从社会责任实践的角度，我们认为社会责任报告的核心目的是如实披露企业社会责任表现和绩效，促进企业与利益相关方的沟通、增加双方的理解和信任，只要能够实现这个目的，企业完全可以根据自身经营环境和利益相关方的要求选择适当的报告指标。

影响企业社会责任指标体系发展的因素主要包括相关国际标准的指标应用、企业自主研发创新、指标体系的稳定性、指标与企业主营业务的结合程度、报告审验等，在对上述因素进行综合分析的基础上，我们将广东省属企业可能的社会责任指标体系选择分为认证型、引入型、融汇型和发展型4种类型。下面分别对这四种类型的企业社会责任指标体系进行分析。

（一）认证型社会责任指标体系

认证型社会责任指标体系是指企业建立指标体系的目的主要是为了通过社会责任相关认证，指标体系也完全按照认证标准的要求建立。建立这类社会责任指标体系的企业主要是出口加工型企业。由于这类企业的社会责任指标体系完全服从于跨国公司的生产守则或国外组织制定的社会责任标准，对中国企业的实际情况考虑较少，因而其部分指标对中国企业并不适合，但由于社会责任认证与企业订单相挂钩，企业只能被动接受，接受跨国公司通过验厂方式的社会责任检查。此外，由于企业通常是被迫采用这类指标，因而指标的执行和改进都缺乏足够的动力。

在广东省属企业中，部分企业的混合业务类型中包含出口加工型二级或三级企业，因此从这种意义上看，这类企业可以采用认证型指标体系。

（二）引入型社会责任指标体系

引入型社会责任指标体系是指企业主动遵循国际组织倡导的标准体系，完全引入国际社会特定的社会责任指标体系作为企业的社会责任指标体系。建立这类指标体系的企业以外向型企业为主，因为企业经营的国际化程度很高，参照国际标准可以使企业的社会责任表现和绩效易于被国外客户认可，有助于企业占领国际市场。采用这种指标体系对企业的内部管理水平提出了很高的要求，因为国际标准通常是根据欧美大型跨国公司的企业管理水平制定的，对企业管理的制度化、规范化、体系化、信息化等基础管理要求比较高。企业采用引入国际组织倡导的通行指标体系可以在一定程度上表明企业管理的国际化程度。

对于广东省属企业来讲，全部采用国际指标既不现实也没有必要。因此，这类指标体系只适合少数企业采用。

（三）融汇型社会责任指标体系

融汇型社会责任指标体系是指企业根据自身的实际情况，借鉴国际有关社会责任的指标体系，建立符合国情和我国企业实际的，并能适应企业长期可持续发展需要的社会责任指标体系。构建融汇型社会责任指标体系需要企业对社会责任有较为全面深入的认识，了解国际企业社会责任指标体系构建现状，并对企业自身的管理能力和水平具有比较客观的认识。满足这些要求，意味着企业应当有雄厚的社会责任理论研究力量和较为丰富的社会责任实践经验，因此，一般只有大型企业具备这样的实力。

虽然可能需要比较大的投入，但是，建立融汇型社会责任指标体系的意义也最大。因为不仅企业自己可以使用，而且经过适当修改后也可以为其他中国企业所借鉴使用。同时，这也会对制定我国企业的社会责任标准产生积极的影响。以国家电网公司为代表的部分企业已经开始在这方面进行探索和尝试。对于广东省属企业来讲，这是我们比较建议采用的指标体系。

（四）发展型社会责任指标体系

发展型社会责任指标体系是指企业尽管已经建立了社会责任指标体系，但主要是简单模仿国际通行指标和部分公司内部管理指标的组合，由于缺乏成熟的符合企业特性的社会责任内容框架，其社会责任指标体系的基本框架还未成型，未来还需进一步借鉴国际经验，结合国情和企业实际开展进一步的探索。

可以说，国内大多数企业的社会责任指标体系属于这种类型。这种情况表明，我国有关部门和机构应当抓紧开展社会责任指标体系的研究，组织制定指引型框架，为企业构建社会责任指标体系提供指导。而广东省属企业的社会责任推进工作尚处于比较初步的阶段，因此我们建议在系统梳理省属企业履责特征的基础上，结合广东省属企业的现实需求与区域特征，制定符合区域需求的发展型社会责任指标体系，如表16-1所示。

表 16-1 当前环境下广东省属企业的可能选择

指标体系类型	适用企业	省属企业建议采用度
认证型	出口加工型企业	★★★
引入型	外向型企业为主	★★
融汇型	有雄厚的社会责任理论研究力量和较丰富的社会责任实践经验的大型企业	★
发展型	大多数企业	★★★★★

注：★的数量表示建议采用度，★级越高表示建议采用度越高，★级越低表示建议采用度越低。其中，★★★★★最高，★最低。

第二节 中央企业社会责任标准选择及对省属企业的启示

当前，社会对于企业该如何履行社会责任还存在一定的争议，面对诸如"社会责任是大企业的事，不是小企业的事"的说法，国务院国资委研究局局长彭华岗指出，企业履行社会责任是创造自身经济效益、社会效益和环境效益三个方面的重要价值，既要实现自身发展，又要在发展的过程中保护好经济、社会和环境的利益。"每个企业都有履行社会责任的义务，但不同类型的企业在履行社会责任的议题方面可以有所不同，有所侧重。"因此企业要在做好核心业务的基础上，找到一个既能够发挥自身核心优势，又能够参与解决一些相关社会问题的最佳契合点。在这个契合点上，企业自身能够实现更好的发展，同时又能够促进社会发展和保护环境的多方共赢。

一、中央企业社会责任的标准选择

（1）中央企业注重引入企业社会责任国际标准、指引和规范，《联合国全球契约》十项原则、全球报告倡议组织（GRI）的《可持续发展报告指南》等相继被引入中国，并对中国企业社会责任实践起到了重要指导作用。在截至 2012 年 10 月 6 日中央企业发布的 56 份 2011 年企业社会责任报告中，有 47 份报告在不同程度上参考了或者按照 GRI 报告指南（见表 16-2），占比 83.9%。其中，30 家企业参考了 GRI 进行企业社会责任报告的撰写，16 家企业部分按照 GRI 报告指南的指标进行信息的披露，而仅有中远集团一家企业完全按照 GRI 指标要求进行披露。

（2）中国也结合国内实际情况，陆续出台了针对性的企业社会责任标准与规范，如 2005 年中国纺织工业协会推出了国内第一个行业社会责任管理体系指南《纺织行业社会责任管理体系总则及细则（CSC9000T）》，2008 年中国工业经济联合会等 11 家工业协会共同制定和发布了《中国工业企业及工业协会社会责任指南》。

（3）还有部分中央企业选择中国社会科学院经济学部企业社会责任研究中心的《中国企业社会责任报告编写指南（CASS-CSR 2.0)》作为 CSR 的披露标准或者执行规范。

（4）并有部分企业在探索建立自己的指标体系。

表 16-2 中央企业 2011 年度社会责任报告的 GRI 报告指南参考状况

序号	企业名称	参考 GRI	部分按照 GRI 指标披露	完全按照 GRI 指标披露
1	中国港中旅集团公司	√		
2	国家电网公司	√		
3	中国北车股份有限公司	√		
4	中国中化集团	√		
5	武汉钢铁集团	√		
6	中国中钢集团	√		
7	中国电信集团公司	√		
8	中国东方航空股份有限公司		√	
9	中国国际航空公司		√	
10	中国海洋石油公司	√		
11	中国化学工程公司	√		
12	中国冶金科工集团有限公司	√		
13	中国长江三峡集团		√	
14	宝钢集团有限公司	√		
15	华润（集团）有限公司	√		
16	神华集团有限责任公司	√		
17	中国电子信息集团	√		
18	中国东方电气集团		√	
19	中国第二重型机械集团公司		√	
20	中国工艺集团		√	
21	中国广东核电集团	√		
22	中国国旅集团有限公司	√		
23	中国海运总公司	√		
24	中国航天科工集团	√		
25	中国航天科技集团公司		√	
26	中国华能集团		√	
27	中国化工集团	√		
28	中国机械工业集团有限公司		√	
29	中国建筑股份有限公司		√	
30	中国建筑材料集团有限公司	√		
31	中国联合网络通信集团有限公司	√		
32	中国林业公司	√		
33	中国南方电网公司		√	
34	中国南方航空股份有限公司		√	
35	中国葛洲坝集团公司		√	
36	中国普天信息产业集团公司	√		
37	中国商用飞机公司		√	
38	中国石油天然气集团公司	√		
39	中国铁路物资公司		√	
40	中国医药集团	√		
41	中国移动通信集团公司	√		
42	中国有色矿业集团	√		
43	中国中铁股份有限公司	√		
44	中国航空油料集团公司	√		
45	中粮集团有限公司	√		
46	中煤能源集团有限公司		√	
47	中国远洋运输（集团）总公司			√

资料来源：根据各中央企业社会责任报告整理。

二、中央企业社会责任标准选择对广东省的启示

我国企业社会责任指标体系建立的依据主要有理论根据、指标来源、选择标准三个方面。在理论上，主要以"三重底线"模型、"金字塔"模型等社会责任基本思想和契约理论、利益相关方理论等社会责任主流理论为基础。在指标来源上，主要取值于企业现有的管理指标，或者对其中部分指标进行改进和完善，并在统计体系能够支持的情况下增加了部分社会责任指标。在选择标准上，我国企业社会责任指标强调符合国家政策法规的要求，符合我国已经签署的国际公约规定，符合企业自身特点和履责实际状况。同时，在尽可能的情况下，与企业社会责任或可持续发展报告的国际倡议标准相衔接。

目前，我国企业社会责任指标体系主要发挥以下四方面功能：

(1) 用于企业与利益相关方的沟通交流。加强企业与利益相关方的沟通交流既是企业履行社会责任的重要内容，也是当前我国企业深化社会责任实践的迫切需要。当前，我国面临的环境和社会问题日益突出，解决好这些问题一方面需要企业加强社会责任管理，另一方面需要企业加强与利益相关方的沟通和交流，让他们增加对企业的了解和认识，进一步理解和企业的发展战略和日常运营。在沟通实践中一些企业已经取得了成功经验，如国家电网公司与地方政府就电力投资与满足地方经济社会发展对电力的需求而进行的常态沟通就取得了明显成效。

(2) 用于企业社会责任报告编制。企业编制社会责任报告是企业加强社会责任管理、促进与利益相关方沟通的有效形式，已经为越来越多的中国企业所采用。社会责任报告的核心内容是企业在经济、社会和环境等方面的表现和绩效，而这在相当程度上需要通过披露企业社会责任指标体系来实现。因此，企业社会责任指标体系在编制社会责任报告中得到了广泛应用。

(3) 用于企业社会责任日常管理。企业履责取得实效的关键在于要把履责要求落实到公司内部各部门、各单位、各岗位，也就是要把全面社会责任管理完全融入公司日常管理。为达到这一要求，企业需要把社会责任指标进行分解落实，实施目标管理。因此，社会责任指标是企业社会责任日常管理的基础工具。

(4) 用于企业社会责任绩效考核。社会责任绩效考核是衡量企业社会责任工作是否取得成效的关键环节，也是持续改进社会责任工作的基础。企业进行社会责任绩效考核的依据和标准主要来自社会责任指标。随着企业对社会责任工作重视程度的提高，社会责任指标在社会责任绩效考核中的应用会日益深入。

企业社会责任指标体系的运用要求遵循的一些基本的原则：

(1) 及时性原则。就是指标数据的采集应该根据要求按时进行，保证指标能够及时反映企业各项工作的最新发展。

(2) 准确性原则。就是企业社会责任指标的采集和处理应该严格按照要求进行，不能随意改变数值的大小，要保证指标能够准确反映企业社会责任的基本状况。

(3) 动态性原则。就是指标体系的指标不是孤立不变的，它是根据企业内外环境的不断变化而有所调整和改善，指标要能够反映企业在推进社会责任方面的实际情况。

(4) 灵活性原则。就是企业社会责任的工作应该坚持强制性和自愿性相结合的方针，这指标的

运用要根据实际情况的变化灵活把握,区分为不同性质的指标。

第三节 省属企业社会责任管理指标体系设计

企业在进行社会责任管理的过程中,不断地学习过去的经验,运用所获得的经验知识,不断改善和提高企业社会责任管理水平。其实施难点在于企业社会责任涉及的范围广,难以评价与考核。因此政府及相关部门应有计划、有步骤地推进国有企业社会责任指标体系建设,引导各个国有企业建立各自的社会责任指标体系。国有企业应通过建立一套明确、具体、可操作的企业社会责任指标体系,明确企业社会责任的范围,确定一套符合国有企业实际、符合中国国情、符合国际通行惯例,兼具重要性、可操作、经济性和持续性等特征的国有企业社会责任指标体系,从实现社会责任目标角度衡量企业绩效和进步,层层分解社会责任的指标,以此增强企业社会责任管理的可实施性。

一、省属企业的类型

行业差异是国有企业履责差异的重要原因。主营业务完全不同的企业在承担企业社会责任的过程中,核心议题各有不同。例如,制造业、采矿和采石业等对环境的影响较一般服务业更大,因此在履责的过程中应特别突出环保议题。因此,我们在讨论省属企业社会责任管理指标体系设计之前,必须首先理清省属企业的行业及企业类型。

(一)行业分类标准的梳理

1. 国际标准产业分类体系①

国际标准产业分类体系(International Standard Industrial Classification of All Economic Activities,ISIC)已历经半个多世纪,经过多次修订(见图 16-1),目前已成为世界上对经济活动进行分类最

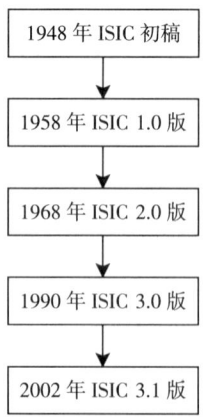

图 16-1 国际标准产业分类体系的演变过程

---

① 此部分内容参考维基百科,http://wiki.mbalib.com/wiki/ISIC。

成熟、最权威、最有影响力的国际标准之一（见表16-3）。我国于2002年10月1日起正式实施的《国民经济行业分类》（GB/T4754-2002）[①]就改编自国际标准产业分类体系3.0版。

表16-3 ISIC3.0版的行业大类划分

序号	部门	包含产业
1	A	农业、林业和狩猎
2	B	渔业
3	C	采矿和采石业
4	D	制造业
5	E	电、气和水供应
6	F	建筑业
7	G	批发、零售、汽车、摩托车、个人和家用产品修理
8	H	餐馆和旅馆
9	I	运输、储存和通信业
10	J	金融中介
11	K	房地产、租赁和商务活动
12	L	政府管理、国防和义务的社会保障
13	M	教育
14	N	医疗和社会服务
15	O	其他社区、社会和个人服务活动
16	P	有雇工的私人家庭
17	Q	国外的机构

考虑到各国的经济发展水平、自然资源、气候等不同，导致各国的产业结构也具有很大的差异，因此联合国统计委员会构建国际标准产业分类体系的初衷并不是为了取代各国原有的产业分类体系，只是提供一个产业分类的框架，各国可根据该框架制定出符合本国国情的新的产业分类体系，也可通过调整原有的产业分类体系使其和该框架保持一致，从而使各国的数据具有可比性。

国际标准产业分类体系的分类原则：

（1）该体系对所有经济活动分类是按照经济活动或产业来划分，而不是按照职业或商品。各机构完全按照经济活动类型进行分类。因此，即使所有制形式不同，只要从事的经济活动类型相同，这些机构就被分在同一个组。同样，在制造业中，只要所从事的经济活动类型相同，那么它们也被分在同一组。

（2）确定分类机构的原则是：该机构应该能利用它所拥有的资源相对独立地进行有关经济活动，并向一个或多个地区提供与该活动有关的产品或服务、原材料、劳动力、直接或间接的物质资源。

（3）该体系的分类基础是多数国家存在的经济活动。

（4）对于有多种业务的机构，按其主要产品的类型对该机构予以分类。

2. 国家统计局的经济行业分类

国家统计局发布的国民经济行业分类（GB/T 4754-2011）将我国的行业划分为二十大类，如表16-4所示。

[①] 现已开始使用2011年版。

表 16-4 国民经济行业分类（GB/T 4754-2011）

序 号	部 门	行业大类
1	A	农林牧渔业
2	B	采矿业
3	C	制造业
4	D	电力、燃气及水生产和供应业
5	E	建筑业
6	F	批发和零售业
7	G	交通运输、仓储和邮政业
8	H	住宿和餐饮业
9	I	信息传输、软件和信息技术服务业
10	J	金融业
11	K	房地产业
12	L	租赁和商务服务业
13	M	科学研究和技术服务业
14	N	水利、环境和公共设施管理业
15	O	居民服务、修理和其他服务业
16	P	教育
17	Q	卫生和社会工作
18	R	文化、体育和娱乐业
19	S	公共管理、社会保障和社会组织
20	T	国际组织

（二）广东省属企业的类型界定

类型划分是区分企业社会责任的履行方式及履行类型最基本的要素。根据中华人民共和国国家统计局的《关于划分企业登记注册类型的规定》，以工商行政管理部门对企业登记注册的类型为依据，将企业登记注册类型分为以下几种：

（1）内资企业。包括国有企业、集体企业、股份合作企业、联营企业、有限责任公司、股份有限公司、私营企业和其他企业。

（2）港、澳、台商投资企业。包括合资经营企业（港或澳、台资）、合作经营企业（港或澳、台资）、港、澳、台商独资经营企业、港、澳、台商投资股份有限公司、其他港、澳、台商投资企业。

（3）外商投资企业。包括中外合资经营企业、中外合作经营企业。

（4）外资企业。包括外商投资股份有限公司和其他外商投资企业。

据此，显然省属企业属于内资企业的范畴。根据企业参与竞争的程度，可进一步划分为竞争性企业和准公共性企业。其中，竞争性企业可以进一步划分为实体经营型、资产经营型、应用科研型，而准公共性企业可进一步划分为政府指令性、专营性、平台性。

在中央企业及广东省属企业的调研告诉我们，不同类型的企业面对的竞争环境有很大的差异，而所处的行业又决定了企业所担负的社会责任的侧重点及重点议题有明显差异。因此，对企业类型的划分，是界定不同类型企业社会责任的基础，也是绩效评价的基础。

表16-5 广东省属企业的类型划分[①]

企业类型	企业类型细分	企业名称	行业类型[②]	主业所属行业	竞争性[③]
竞争性企业[④]	实体经营型	广东省物资集团公司	物资贸易（大型）	H 批发和零售业 F 交通运输、仓储和邮政业	竞争激烈[⑤]
	资产经营型	广东省广业资产经营有限公司	全国国有企业（大型）	C 制造业 D 电力、燃气及水的生产和供应业 H 批发和零售业	竞争激烈
	资产经营型	广东省广弘资产经营有限公司	全国国有企业（大型）	C 制造业 H 批发和零售业	竞争激烈
	资产经营型	广东省广晟资产经营有限公司	全国国有企业（大型）	B 采矿业 C 制造业 I 住宿和餐饮业	竞争激烈
	实体经营型	广东省商业企业集团公司	商业贸易（大型）	H 批发和零售业 L 租赁和商务服务业	竞争激烈
	实体经营型	广东省建筑工程集团有限公司	建筑业（大型）	E 建筑业	竞争激烈
	实体经营型	广东省丝绸纺织集团有限公司	商业贸易（大型）50%＋农业（大型）50%	A 农林牧渔 H 批发和零售业	竞争激烈
	实体经营型	广东省旅游集团有限公司	大旅游（大型）	H 批发和零售业	竞争激烈
	实体经营型	广东中旅（集团）有限公司	大旅游（大型）	H 批发和零售业	竞争激烈
	实体经营型	广东省广新控股集团有限公司	商业贸易(大型企业)60%＋工业（大型企业）40%	C 制造业 G 交通运输、仓储和邮政业 H 批发和零售业	竞争激烈
	实体经营型	广东省水电集团有限公司	建筑业（大型）	E 建筑业 D 电力、燃气及水的生产和供应业	竞争激烈
	实体经营型	白天鹅酒店集团有限公司	住宿和餐饮业（大型）	I 住宿和餐饮业	竞争激烈
准公共性企业[⑥]	专营性	广东省交通集团有限公司	高速公路（全行业）	G 交通运输、仓储	准入门槛较高[⑦]
	专营性	广东省机场管理集团公司	机场（全行业）	G 交通运输、仓储和邮政业	部分垄断
	专营性	广东省粤电集团有限公司	电力生产业（大型）	D 电力、燃气及水的生产和供应业	准入门槛较高
	专营性	广东省航运集团有限公司	水上运输业 交通运输仓储业	G 交通运输、仓储和邮政业	竞争激烈
	专营性	广东粤海控股有限公司	全国国有企业（大型）	C 制造业 H 批发和零售业 I 住宿和餐饮业	竞争激烈
	专营性	广东南粤集团有限公司	建筑业 商业贸易	C 制造业 H 批发和零售业 N 水利、环境和公共设施管理业	竞争激烈
	专营性	广东省盐业集团有限公司	采盐业 商业贸易	C 制造业 H 批发和零售业	部分垄断[⑧]
	平台性	南方联合产权交易中心	信息咨询服务业（全行业）	L 租赁和商务服务业	准入门槛较高

① 广东省人民政府国有资产监督管理委员会，http://www.gdgz.gov.cn/focus_profile.html，对省属企业主营业务的描述性介绍并结合中华人民共和国国家统计局。http://www.stats.gov.cn/tjbz/t20030528_402369827.htm，《三次产业划分规定》中对产业的划分进行相应的划分。
②③ 广东省国有资产监督管理局《2011 年度省属企业行业类型及竞争程度分类表》。
④ 可进一步划分为实体经营型、资产经营型、应用科研型。
⑤ "竞争激烈"即经营处于激烈竞争环境的行业。
⑥ 可以进一步划分为政府指令性、专营性、平台性。
⑦ 政府规定了较高的准入条件，经营处于竞争较激烈环境的行业。
⑧ 政府特许经营；价格受政府部门调控。

续表

企业类型	企业类型细分	企业名称	行业类型	主业所属行业	竞争性
准公共性企业	平台性	广东联合电子服务股份有限公司	计算机服务与软件业（全行业）	I 信息传输、软件和信息技术服务业	部分垄断
	专营性	广东省铁路建设投资集团有限公司	地方铁路（全行业）	G 交通运输、仓储和邮政业	部分垄断
	平台性	广东恒健投资控股有限公司	投资公司（全行业）	L 租赁和商务服务业	竞争激烈

二、省属企业社会责任的一般指标框架

（一）国内其他省份/城市企业社会责任的一般指标体系

近年来，作为企业社会责任的先行者，国内已有部分省份/城市进行了企业社会责任一般指标体系的有益探索，进行了企业社会责任指标体系的设计（见表16-6），并对企业社会责任的一级指标、二级指标以及较为具体的三级指标进行了较为细致的介绍。

表16-6 国内典型省份/城市企业社会责任的一般指标体系

城市/城区	企业社会责任一级指标	企业社会责任二级指标
无锡新区	权益责任	劳动合同、内部环境、文化生活、员工发展
	环境责任	环境保护、资源节约、环境绩效管理
	诚信责任	对消费者的责任、对商业伙伴的责任、对股东的责任、对管理者的责任
	和谐责任	政府关系、社会事业、企业完善
上海市	权益责任	劳动合同、组织与员工、文化生活、员工发展
	环境责任	环境保护、资源节约、环境绩效管理
	诚信责任	对消费者的责任、对商业伙伴的责任、对股东的责任、对管理者的责任
	和谐责任	政府关系、社会事业、持续改进
杭州市	社会责任	诚信经营、财会纳税、产品质量
	环境责任	环保减排、低碳节能
	用工责任	依法用工、协调机制、安全生产、职业健康
	公益责任	公益慈善、社会评价
上海市浦东新区	权益责任	劳动合同、内部环境、文化生活、员工发展
	环境责任	环境保护、资源节约、环境绩效管理
	诚信责任	对消费者的责任、对商业伙伴的责任、对股东的责任、对管理者的责任
	和谐责任	政府关系、社会事业、企业完善
义乌市	劳动关系	劳动合同、社会保险、工资福利、工时休假、劳动环境、教育文化、制度建设
	自然关系	环境保护、资源利用
	社会关系	守法经营、产品质量、信用诚信、公益事业
	社会评价	奖惩记录、短信投票
常州市	童工	—
	劳动用工	—
	健康与安全	—
	组建工会与集体谈判权利	—
	歧视	—
	惩戒性措施	—
	工作时间	—
	工资、福利和社会保险	—
	管理系统	—

续表

城市/城区	企业社会责任一级指标	企业社会责任二级指标
广东省房地产协会	企业发展的责任	—
	对企业员工的责任	—
	对消费者的责任	—
	公共关系和社会公益的责任	—
	环境保护的责任	—
	企业社会责任管理	—

资料来源：根据地方政府在网上公开发布的信息整理而来，不完全梳理。

由表 16-6 可见，除常州市以外，多数城市/城区是依据利益相关方的角度来探讨企业社会责任问题并制定相应指标的。而常州市则更多地从员工责任的角度来定义企业社会责任，并对管理系统进行了指标性要求。此外，杭州、无锡新区、上海、上海浦东新区四个市/区的指标体系相似性较大，基本上将企业社会责任的一级指标划分为了权益、诚信、和谐、环境四个层面。而广东省房地产协会的一级指标则非常明显的是从利益相关方的角度来界定的。

但是，无论指标体系的设计有怎样的差异，我们可以看出，上述所有的指标基本上都围绕着"三重底线"——经济、社会、环境来设置。

（二）省属企业社会责任建议性一般指标体系

结合国务院国有资产监督管理委员会 2008 年 1 号文件中对企业社会责任的八要素界定——坚持依法经营诚实守信、不断提高持续盈利能力、切实提高产品质量和服务水平、加强资源节约和环境保护、推进自主创新和技术进步、保障生产安全、维护职工合法权益、参与社会公益事业，并根据广东省属企业的特点及其他市/区已有的先进经验，参照国际上现行的标准，我们将省属企业社会责任的一级指标确定为：①诚信责任（坚持依法经营、诚实守信）；②企业发展责任（不断提高持续盈利能力、推进自主创新和技术进步）；③环境保护责任（加强资源节约和环境保护）；④权益责任（保障生产安全、维护职工合法权益）；⑤社会责任（切实提高产品质量和服务水平、参与社会公益事业）。在一级指标的基础上，进一步明确各一级指标的二级指标。具体如表 16-7 所示。

表 16-7　广东省属企业社会责任的一般指标体系

一级指标	二级指标	对应 2008 年 1 号文件
诚信责任	遵守法律法规	模范遵守法律法规和社会公德、商业道德以及行业规则，及时足额纳税，维护投资者和债权人权益，保护知识产权，忠实履行合同，恪守商业信用，反对不正当竞争，杜绝商业活动中的腐败行为
	恪守商业信用	
	依法纳税	
	杜绝商业贿赂	
	反对不正当竞争	
企业发展责任	公司治理	①完善公司治理，科学民主决策。优化发展战略，突出做强主业，缩短管理链条，合理配置资源。强化企业管理，提高管控能力，降低经营成本，加强风险防范，提高投入产出水平，增强市场竞争能力 ②建立和完善技术创新机制，加大研究开发投入，提高自主创新能力。加快高新技术开发和传统产业改造，着力突破产业和行业关键技术，增加技术创新储备。强化知识产权意识，实施知识产权战略，实现技术创新与知识产权的良性互动，形成一批拥有自主知识产权的核心技术和知名品牌，发挥对产业升级、结构优化的带动作用
	创新机制	
环境保护责任	环保减排	认真落实节能减排责任，带头完成节能减排任务。发展节能产业，开发节能产品，发展循环经济，提高资源综合利用效率。增加环保投入，改进工艺流程，降低污染物排放，实施清洁生产，坚持走低投入、低消耗、低排放和高效率的发展道路
	环境保护	
	资源节约	
	环境绩效管理	

续表

一级指标	二级指标	对应 2008 年 1 号文件
权益责任	劳动合同 职业教育与员工发展 工作环境 文化生活 健康与安全	①严格落实安全生产责任制，加大安全生产投入，严防重、特大安全事故发生。建立健全应急管理体系，不断提高应急管理水平和应对突发事件能力。为职工提供安全、健康、卫生的工作条件和生活环境，保障职工职业健康，预防和减少职业病和其他疾病对职工的危害 ②依法与职工签订并履行劳动合同，坚持按劳分配、同工同酬，建立工资正常增长机制，按时足额缴纳社会保险。尊重职工人格，公平对待职工，杜绝性别、民族、宗教、年龄等各种歧视。加强职业教育培训，创造平等发展机会。加强职代会制度建设，深化厂务公开，推进民主管理。关心职工生活，切实为职工排忧解难
社会责任	产品/服务质量 消费者权益 与利益相关方的沟通机制 政府关系 公益事业 企业完善 社会事业	①积极参与社区建设，鼓励职工志愿服务社会。热心参与慈善、捐助等社会公益事业，关心支持教育、文化、卫生等公共福利事业。在发生重大自然灾害和突发事件的情况下，积极提供财力、物力和人力等方面的支持和援助 ②保证产品和服务的安全性，改善产品性能，完善服务体系，努力为社会提供优质安全健康的产品和服务，最大限度地满足消费者的需求。保护消费者权益，妥善处理消费者提出的投诉和建议，努力为消费者创造更大的价值，取得广大消费者的信赖与认同

在上述一级指标及二级指标的基础上，根据《中华人民共和国劳动法》、《中华人民共和国劳动合同法》、《中华人民共和国安全生产法》、《中华人民共和国环境保护法》等法律法规和有关资料，以及 GRI-G3、ISO26000 等相关体系和国务院国资委 2008 年 1 号文，并根据广东省属企业的实际特征，进一步制定出企业社会责任的三级指标，如表 16-8 所示。

表 16-8 广东省属企业社会责任的三级指标体系

一级指标	二级指标	三级指标
诚信责任	遵守法律法规	知识产权
		公平竞争
	恪守商业信用	商业合作伙伴的责任
		负责采购
	依法纳税	法律税务及财务会计信用状况
	杜绝商业贿赂	促进廉政建设
	反对不正当竞争	商业秩序
企业发展责任	公司治理	工会组织
		组织与制度建设
		持续盈利能力
		品牌战略
	创新机制	自主创新
		自主知识产权
		核心技术进步
环境保护责任	环保减排	污染物排放
		清洁生产
	环境保护	环保投资
		环境影响评估
		保护生态环境
	资源节约	资源节约使用
		废物利用
		节约办公
	环境绩效管理	环保管理体系
		绿色统计
		环境监测和预防
		环境管理创新
		企业对社会的环境贡献

续表

一级指标	二级指标	三级指标
权益责任	劳动合同	劳动合同执行
		员工收入
		保障和保险
		休息的权利
	职业教育与员工发展	教育和培训
		民主参与
		分享发展成果
		工作与生活的平衡
	工作环境	安全设施与工作环境
		安全管理制度
		事故发生率
	文化生活	文化设施与文化生活
	健康与安全	定期体检和职业病防范措施
		心理健康关怀
社会责任	产品/服务质量	产品质量和安全
		持续改进产品质量
		产品与服务跟踪
	消费者权益	营销道德
		售后服务
		保证消费者权益
		消费者的投诉与意见反映
	与利益相关方的沟通机制	沟通方法
		沟通内容
		沟通频率
	政府关系	依法纳税
		促进就业
		促进廉政建设
	公益事业	—
	企业完善	履行社会责任状况的审计
		履行社会责任状况的改进
	社会事业	社区活动参与
		社会慈善活动参与
		关心弱势群体
		技术创新
		支持教育事业发展
		公共关系

第四节 省属企业社会责任管理绩效评估方法

中央企业及省属企业的调研告诉我们，企业社会责任只有有效地纳入企业考核才能真正落到实处。而中央企业中，已有中国移动通信集团公司将CSR纳入内部绩效考核中，并取得了良好的效果。据悉，中国移动目前已成立了企业社会责任指导委员会，制定了企业社会责任三年规划，重点探索将企业社会责任关键绩效指标纳入绩效考核，树立负责任的企业形象，提升软实力与国际影响力。

一、省属企业社会责任的评估体系

从国际惯例来看，省属企业可以采用包含以下内容的社会责任考核框架。

（1）企业概况。主要包括公司基本情况、主营业务、经营规模、组织及治理结构、报告期间的社会评价等。

（2）利益相关方信息。主要涉及利益相关方界定、识别和选择利益相关方的主要依据、与利益相关方沟通的内容、各利益相关方沟通方式和频率等。

（3）公司治理和管理体系指标。主要指标涉及公司治理的架构；最高层的决策程序；最高层对于企业风险管理的程序；股东和员工向最高层提出建议的机制；公司内部制定的与经济、环境、社会效益相关的战略目标、价值观、行为守则等。

（4）企业基本经济业绩指标。主要涉及销售收入、营运成本、员工薪酬、税收、未分配利润、公司承诺的各种福利、为促进公共利益对基础设施的投资和提供的服务的发展和影响情况、国有资产保值增值率等。

（5）企业环境业绩指标。主要涉及使用主要原材料对环境的影响情况、使用原材料中可循环使用原材料的比例、能源消耗基本情况、节能降耗的主要业绩和产生的效益、水的使用量和其中可以循环使用水的比例、有害气体排放、废弃物的回收与处理、对动植物和社区环境影响情况和处理方法。

（6）企业社会业绩指标。主要包括雇用类型和不同性质雇员的比例结构及地域分布；劳动合同和集体合同覆盖率；管理层和全体员工性别比例；员工培训；职业安全卫生方面的制度、管理机制及业绩；产品安全质量保证制度和措施；促进国家技术进步的投入和创新活动等内容。

（7）社会贡献指标。主要包括社会公益事业的发起和参与情况、参与社会慈善事业的管理机制、员工参与社会慈善事业的情况等。

显然，企业社会责任考核的一般指标应与广东省属企业社会责任的一般指标体系相匹配，但同时还应该增加"企业社会责任治理"的要素。因此，具体到企业社会责任考核的一般指标中，我们可以采用的指标体系，如表16-9所示。

表16-9 广东省属企业社会责任的评估体系

一级指标	二级指标	三级指标	考核内容
企业社会责任治理	治理机构	—	治理机构的完备性
	治理内容	—	治理内容的系统性
	治理措施	—	治理措施的可行性
诚信责任	遵守法律法规	知识产权	是否有破坏知识产权的行为
		公平竞争	是否有违背公平竞争的行为
	恪守商业信用	商业合作伙伴的责任	商业合同的订立与履行
		负责采购	采购时是否关注社会责任
	依法纳税	法律税务及财务会计信用状况	是否依法纳税
	杜绝商业贿赂	促进廉政建设	是否有贿赂行为发生
	反对不正当竞争	商业秩序	促进和维护良好商业秩序的情况

续表

一级指标	二级指标	三级指标	考核内容
企业发展责任	公司治理	工会组织	是否建立有效的工会组织
		组织与制度建设	是否建立有效的组织和制度体系
		持续盈利能力	是否具有持续盈利能力
		品牌战略	是否实施明确的品牌战略
	创新机制	自主创新	是否具有自主创新机制
		自主知识产权	是否具有自主知识产权
		核心技术进步	是否具有核心技术创新机制
环境保护责任	环保减排	污染物排放	污染物排放的达标情况
		清洁生产	执行清洁生产情况
	环境保护	环保投入	环境保护投入
		环境影响评估	环境影响评估报告情况
		保护生态环境	生态环境保护情况
	资源节约	资源节约使用	资源节约措施与实施情况
		废物利用	废物回收、利用与再生利用情况
		节约办公	节约办公制度与实施情况
	环境绩效管理	环保管理体系	环境保护体系的建立与实施情况
		绿色统计	绿色办公、绿色采购情况
		环境监测和预防	环境质量和环境事故的监测与预防情况
		环境管理创新	环境管理创新成果与技术创新情况
		企业对社会的环境贡献	参与社会环境事业情况
权益责任	劳动合同	劳动合同执行情况	劳动合同内容的完备性
			劳动合同的签订率
		员工收入	员工收入的平等协商机制
			执行最低工资收入情况
			按时、足额发放工资情况
			员工收入与企业效益同向变化情况
		保障和保险	社会保险缴纳情况
			补充保险缴纳情况
		休息的权利	工作时间的合法性
	职业教育与员工发展	教育和培训	是否有员工培训计划及其执行情况
		民主参与	民主参与的渠道与机制
		分享发展成果	员工收入与企业效益同向变化情况
		工作与生活的平衡	倡导员工工作与生活的平衡情况
	工作环境	安全设施	安全设施的建立与应用情况
		安全管理制度	安全管理制度的建立与实施情况
		安全事故	事故发生率
	文化生活	文化设施与文化生活	文化设施的设立与文化生活的开展情况
	健康与安全	职业病防范	定期体检和职业病防范措施情况
		心理健康关怀	员工心理健康状况及关怀措施
社会责任	产品/服务质量	产品质量和安全	产品合格率
			产品安全性
		持续改进产品质量	产品改进和创新情况
		产品与服务跟踪	产品质量和服务的跟踪情况
	消费者权益	营销道德	在营销活动中是否违背商业道德
		售后服务	售后服务体系的建立与实施情况
		保证消费者权益	消费者权益的保护机制与实施情况
		消费者的投诉与意见反应	消费者投诉的处理机制与实施情况
			合理建议的采纳情况

续表

一级指标	二级指标	三级指标	考核内容
社会责任	与利益相关方的沟通机制	沟通方法	信息沟通机制的建立与应用
		沟通内容	信息沟通的完整性、真实性与及时性
		沟通频率	信息沟通的频率与有效性
	政府关系	依法纳税	依法纳税和财会信用状况
		促进就业	吸纳就业情况
		促进廉政建设	是否有贿赂行为发生
	公益事业	—	公益事业的参与情况
	企业完善	履行社会责任状况的审计	履行企业社会责任的评估机制及实施情况
		履行社会责任状况的改进	履行企业社会责任状况的改进情况
	社会事业	社区活动参与	社区活动参与情况
		社会慈善活动参与	社区慈善活动参与情况
		关心弱势群体	对弱势群体的关注状况
		技术创新	创新研发投入状况
		支持教育事业发展	教育事业的支持情况
		公共关系	公共关系的处理机制及实施情况

需要特别指出的是，企业社会责任评估体系的设定，主要包括标准的设定、权重的设定、信息披露制度的设定、认证机构与审计原则的设定。由于篇幅的限制，我们在此并未对各因子的权重设定给出进一步的说明，将在今后的研究中进一步进行详细的说明。

（1）标准的设定。标准的设定是基础，即企业社会责任的基本标准是什么，企业应当完成的企业社会责任有哪些，这需要基于已有的企业社会责任标准和我国具体实践，经过细致全面的选取与考量从而得到。标准的设定是一项长期不断革新的过程，需要将创新理念融入企业社会责任评价标准中，以实现企业社会责任评价标准的与时俱进。

（2）权重的设定。根据标准的全面细致选取，不同行业不同性质的企业应当有不同的权重，此权重不应当由企业任意改变，需要相关监管部门或者行业协会确定，在确定的过程中需要引入民众的观点以确保价值判断与企业社会责任权重的一致性。

（3）信息披露制度的设定。建立统一规范的企业社会责任信息披露制度，规范企业社会责任信息披露的行为，为企业的利益相关者、政府和媒体提供企业社会责任履行的相关信息应当被强制化要求。信息披露大致可以分为两种形式：数字形式和语言形式。数字形式应尽量保证数字的完整性，并应达到真实、简洁、公正；语言形式应尽量保证简短且全面，不偏重于好的忽略坏的，不使用具有歧义性词汇，在语言形式的审查方面，应保证不会出现理解偏差，尽量保证理解的容易和全面以确保社会责任信息的可读性。

（4）认证机构与审计原则的设定。因为认证机构与审计原则能够确定信息的可信性，只有信息是可信的才是可操作的，才能够使激励约束政策产生效果。监管机构与行业协会应当致力于建立企业社会责任的审核和认证机构。企业公布的社会责任必须经过合格认证机构系统的考核，这不仅能够保证企业社会责任信息的公正性和权威性，也能保证企业社会责任激励约束制度的有效运转。

二、广东省属企业社会责任的评估方法

评估是督促企业社会责任实施的有效机制。在具体的实施过程中,省属企业可以采用如下三种方法进行企业社会责任的评估,如图16-2所示。

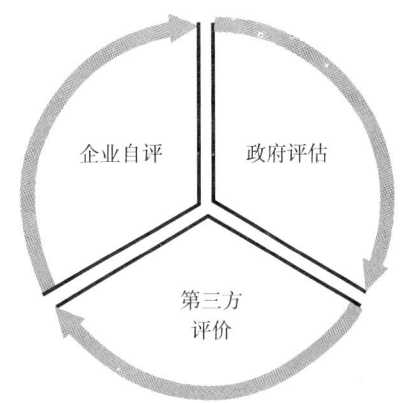

图16-2 广东省属企业社会责任的评估方法

(1)企业可参照表16-8所列的指标体系和表16-9所列的考核指标体系进行相应的评估,并据此进一步完善提高企业内部的生产、经营和管理。

(2)政府有关部门可在行业协会的配合下,根据企业的自愿申报,按表16-8所列的指标体系和表16-9所列的考核指标体系,并参照相关方法对广东省属企业进行评估。

(3)可委托第三方机构按照公开、公平、公正的原则进行评估,并要求其对评估的有效性负责。

在上述三种方法中,从中立的视角出发,较建议采用第三种方法,即委托权威而可靠的第三方评价机构进行企业社会责任评估,并出具相应的评估报告。

应特别注意,我们同时鼓励企业在了解考核体系的基础上,进行经常性、周期性的自查,以将企业社会责任切实纳入企业管理中,更好地履行社会责任。

三、广东省属企业社会责任工作的推进步骤

已有的实践告诉我们,对于省属企业社会责任工作的推进,不应一蹴而就,而应采取循序渐进的方式逐步将企业社会责任纳入考核体系。然而,企业社会责任的评价是一个复杂的系统工程,由于现有研究条件的限制,此处我们并没有进行细致到操作性细节的描述,这将在进一步的研究中进行有效深化。

具体而言,我们认为省属企业社会责任工作的推进可以采用前文所述的企业社会责任管理体系,即PDCA的模式,如图16-3所示。

而作为省属企业出资人与监管者的广东省国有资产监督管理委员会,选择三步走的战略推行企业社会责任工作的可行性则较强,如图16-4所示。

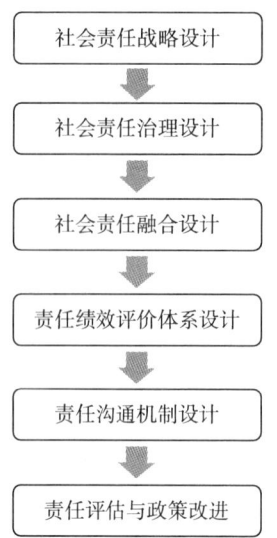

图 16-3 省属企业社会责任工作的推进机制

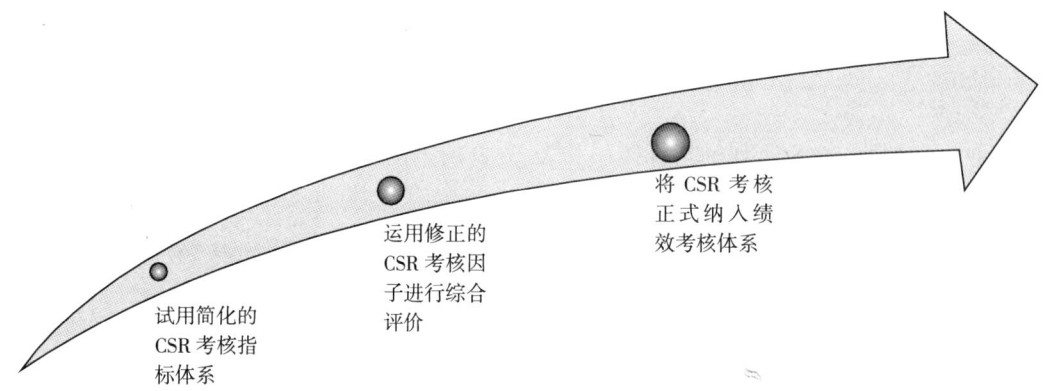

图 16-4 省属企业社会责任考核的推进步骤

第一步,在广东省国资委现有的国有企业绩效考核体系中加入简化的企业社会责任考核因子,并作为参考性指标试用 1 年。

第二步,在广东省国资委现有的国有企业绩效考核体系中加入修正的企业社会责任考核因子,并作为综合评价指标正式执行 1 年,但所占因子权重不宜高于 10%。

第三步,在广东省国资委现有的国有企业绩效考核体系中正式纳入企业社会责任考核指标,所占因子权重待定。

第十七章　广东省属企业社会责任政策导向

企业不能积极主动承担甚至回避社会责任必然导致公众、政府以及各种不断出现和壮大的非政府组织的强烈质疑与谴责，企业作为一个整体必然越来越多地面临合法性危机；企业不善于承担社会责任，不能将承担社会责任与自身商业利益有机结合起来，必然导致企业承担社会责任的内在经济动力的丧失。本书尝试从公共管理政策、企业社会责任管理策略以及非政府组织的推动方式三个角度提出一些推动广东省属企业承担社会责任的政策建议。

第一节　政府引导

政府作为社会基本制度结构的确定者和文化价值观念的重要影响力量，政府在推动企业承担社会责任方面具有不可替代的作用。这种作用主要体现在两个方面：首先，政府可以通过立法、行政管理以及对社会文化价值观念的引导建立和强化推动企业承担社会责任的压力机制，如出台旨在禁止某些企业不负责任行为的法律法规、引导非政府组织评价和监督机制的形成等；其次，政府还可以通过同样的手段培育推动企业承担社会责任的利益诱导机制，如出台鼓励企业从事社会公益活动的地方性法律法规以及具体政策措施等。具体而言，目前广东省相关政府部门至少可以从以下几个方面引导企业承担更多的社会责任。

一、推动董事会信托责任制度改革

基于"股权至上"立法思想和立法理念，我国现行《公司法》规定董事仅仅对公司利益和股东利益负责，《公司法》第四十七条规定"董事会对股东会负责"。为了树立和强化企业社会责任意识、强制和鼓励企业承担社会责任，这种立法思想和立法理念应做相应调整。《公司法》应该明确规定，董事不仅是股东的代理人或信托责任人，而且是其他非股东利益相关者的代理人和信托责任人。这种公司法改革思路，一方面可以通过授权董事在进行经营管理决策时适当考虑其他非股东利益相关者权益实现；另一方面也可以通过将维护其他非股东利益相关者权益规定为董事的一项法定义务实现。

事实上，这一企业治理结构变革思路在某些发达国家已经变成现实。20世纪80年代末以来，美国已有半数以上的州先后修改公司法，并突破了传统公司法"股权至上"的基本精神。这些法律大致可以区分为许可型立法和强制型立法两类。前者为大多数州所采纳，这些州的新公司法要求经理"得"（May）考虑非股东相关者的利益。这一法律规定虽未强制企业承担非股东利益相关者责任，却为企业承担社会责任提供了基本的法律依据。后者仅为康涅狄格州所采纳，该州新公司法要求经理"须"（Shall）考虑非股东利益相关者的利益，从而将社会责任界定为企业必须承担的责任。美国作为传统"股权至上"企业治理结构的典型代表对企业董事信托责任的重新定义特别值得我们思考和借鉴。

二、加大财政税收支持

在推进企业承担社会责任过程中，除了企业自愿履行企业社会责任和义务外，政府和非政府组织通过立法和设定行为准则等强制性和非强制性的激励约束手段是企业履行社会责任的一个非常重要的推进机制。2007年我国修订了《企业所得税法》，该法已于2008年1月1日起正式实施。修订后的《企业所得税法》从促进社会公平、维护雇员权益、推动技术创新、提倡环境保护、鼓励社会慈善等多方面体现了国家对企业承担社会责任的积极引导。该法的出台是《公司法》关于企业承担社会责任条款的引申，更具有可操作性。政府相关职能部门可以通过举办不同层次的专题研讨班或政策研讨会，引导国有省属企业学习与利用这些具体法律法规。同时，政府相关职能部门还应该认真研究广东省属企业的具体情况，出台有针对性的鼓励与支持性财政与税收政策。

由于政府机构改革和企业改制等原因，广东省属企业中有不少企业面临较多的历史遗留问题，其中广东省广业资产经营有限公司，广东省广弘资产经营有限公司、广东省航运集团有限公司、广东省水电集团有限公司、广东省建筑工程集团有限公司、广东省广业资产经营有限公司等省属企业所面临的历史遗留问题比较突出。这类历史遗留问题主要体现为离退休职工退休金及补贴数额较大、离退休职工生活与住房安置费用较高等。这些企业妥善解决这些问题实际上是在承担重要的社会责任，也不得不承担较大的费用预算压力。建议参照"维稳经费计为企业利润"的政策出台具体的支持性政策，如对企业退休职工与在职员工数量之比达到一定比例时，（如25%或20%等），企业负担的退休金或补贴支出的某个比例（如30%等）视同考核净利润，对于招聘社会特困人员、残障人员，并达到一定数量的企业，加大财政与税收优惠或考虑在企业考核时给予考核加分等。

广东省交通集团有限公司、广东省机场管理集团公司、广东省盐业集团有限公司、广东省铁路建设投资集团有限公司、广东省广业资产经营有限公司、广东省广弘资产经营有限公司等部分广东省属企业承担大量政策性投资与建设任务，或从事公共事业性质的生产经营活动。这种类型的投资或生产经营活动本身就是在承担重大的社会责任，对广东省的社会经济发展以及社会民生保障做出了巨大贡献，建议有关管理部门出台差别性的经营业绩与社会责任业绩考核机制。

三、构建企业社会责任治理机制

基于"股权至上"立法思想和立法理念，公司董事会的选举权由股东控制，董事会成员基本由股东组成，这种董事会选择程序以及股东占绝对主导地位的董事会结构为企业经营管理决策绝对服从股东利益奠定了制度基础。以下几个方面的治理机制创新有助于推动企业承担社会责任：

（1）在现有董事会框架下，参照薪酬委员会、战略委员会、审计委员会、提名委员会、薪酬委员会等专门委员会的运行方式，建立社会责任专门委员会，进一步提升省属企业社会责任的管理层次。该专门委员会负责企业社会责任方面的重大决策，并对经营管理者的相关管理工作进行监管。

（2）借鉴国外独立董事制度建立社会责任独立董事制度，按适当比例将社会威望高的专业人员引入企业董事会，确保企业经营管理活动不对社会公共利益产生危害。

（3）根据企业所处行业与技术特征，尝试建立专业董事制度。如在环境议题比较突出的企业，将环保部门、民间环保组织代表以及企业所在地居民代表适当纳入董事会，以确保企业生产经营活动不至于对生态环境造成较大的不利影响。建议在广东省粤电集团有限公司、广东省广晟资产经营有限公司、广东省广业资产经营有限公司、广东省水电集团有限公司等环境议题较为突出的省属企业先行建立环保董事制度。

（4）建立与社会责任董事制度相匹配的企业社会责任专门管理部门，负责企业社会责任日常管理工作。

四、引导企业披露社会责任信息

信息披露有助于企业接受社会公众和企业主要利益相关者的监督。我国现行《公司法》和《证券法》严格规定了企业信息披露责任和义务，但这种信息披露制度的具体规定主要是着眼于保护股东的权益，没有顾及其他非股东利益相关者的权益；同时，从对信息披露内容的规定看，我国现行《公司法》和《证券法》明确规定信息披露的内容主要局限于企业财务信息公开，这种要求不利于推动和鼓励企业承担社会责任。应该在强化企业财务信息披露制度的基础上，通过立法和行政干预措施适当扩展企业信息披露的范围，引导企业建立企业社会责任信息披露制度。

根据国际经验，企业社会责任信息披露制度应该要求企业定期以公众或政府认可的方式（一些著名的跨国公司主要通过公开年度社会责任报告披露信息）披露以下几个方面的信息：企业生产经营活动的环境影响、职员满意度、消费者关系、社区关系、企业公益活动状况等。企业社会责任信息披露制度一方面有助于积极承担社会责任的企业提高社会声誉，另一方面对逃避社会责任的企业形成强大的社会压力。我国大多数中央企业建立完善了社会责任报告发布制度，截至2011年底，已有76家中央企业发布了社会责任报告或可持续发展报告，有些中央企业还发布了国别报告、省市公司报告和专题报告，不少中央企业的报告获得了国内外有关机构的高度评价。

在广东省国资委的指导下，一些省属企业已经在这方面做了很好的尝试。2011年，广东粤电集团率先发布首份广东省属企业年度社会责任报告；2012年，交通集团、粤电集团、广业公司、广晟公司、机场集团五家省属企业先后发布年度社会责任报告。广东省国资委要在总结五家企业社会责任报告编撰与发布经验的基础上，尽快出台鼓励和引导措施，推动省属企业通过发布年度社会责任报告等披露社会责任信息，力争在2015年以前全省属企业定期发布社会责任报告。逐步在全省范围内推动国有和国有控股企业定期发布社会责任报告，力争在2020年以前绝大多数省内国有和国有控股企业定期发布社会责任报告。

相关管理部门进一步加强企业社会责任报告编制的指导工作。2011年已经完成的社会责任报告多数是企业各自根据自身对社会责任以及社会责任信息披露的不同理解进行自行编制，存在编制标准不统一、不规范的问题。相关管理部门应该引导省属企业进一步规范企业社会责任报告编写。如要求省属企业根据2006年10月全球报告倡议组织（GRI）在荷兰阿姆斯特丹发布的第三代《可持续发展报告指南》（也称2006年版指南，G3）编制社会责任报告。中国社会科学院2011年3月发布的《中国企业社会责任报告编写指南（CASS-CSR2.0)》是国内研究机构编制社会责任报告编制指南，也值得省属企业参考。

相关管理部门要求和指导企业适当采取其他方式不定期披露企业社会责任信息。作为年度社会责任信息披露文件，社会责任报告在披露篇幅方面有较大的局限性，难以全面系统反映企业社会责任的信息；同时，社会责任报告在披露时间上具有滞后性，不能及时反映企业社会责任信息与业绩。因此，企业可以参照国际经验和中央企业成功实践采取新闻发布会、校园报告会、宣传手册、电视专题、官网专栏等多种途径披露社会责任信息，构建企业社会责任信息立体披露体系。中央企业在通过官网专栏等披露社会责任信息方面普遍做得较好，大部分企业在公司主页开设了社会责任专栏，很多专栏信息完整、内容丰富、更新及时、可读性较高，并提供了历年社会责任报告的下载链接，建立了社会责任信息交流平台。建议有关管理部门组织省属企业相关管理人员前往中央企业进行交流学习。

积极构建信息化平台，促进省属企业履行社会责任信息的规范化与透明化。建议省国资在官方网站设置"省属企业社会信息"栏目，及时公布监管企业履行社会的业绩、成功经验、社会责任管理创新等方面的信息，推动监管企业积极履行社会责任。省国资委支持与鼓励监管企业通过各种途径披露社会责任信息，如进一步抓紧落实《关于进一步加强省属企业信息化工作的指导意见》的各项要求，在23家省属企业资金、财务、人事、产权、投资等数据联网和数据自动撮合的基础上，将省属企业履行社会责任信息纳入数据联网。

五、支持相关研究与教育培训工作

发达国家企业社会责任理论研究和实践之所以能够步入健康发展轨道，与政府和全社会的广泛认同和大力支持密切相关。在美国，早在1976年，哈佛大学就首次开设了企业伦理学和企业社会责任方面的讲座。20世纪80年代，美国企业伦理学和企业社会责任研究和教学进入繁荣时期，并开始向欧洲国家扩展。美国还拥有多家专门关注企业社会责任的研究和教育机构，如波士顿公共关系社区学院中心（Boston College Center for Corporate Community Relations）、沃威克商业学校的企业公民研究分部等。还有许多非营利组织性质的发展研究机构和基金会致力于企业社会责任问题研究，训练有一定专长的人员进入非营利组织，专门谋求与捐赠企业的合作。他们帮助企业学习必要的知识、沟通信息，策划相互合作项目，咨询政策与法律，进行必要的资源整合。

近年来，我国已经取得长足的进步，建立了一些专门的研究机构，如中国社会科学院经济学部企业社会责任研究中心、北京融智企业社会责任研究所、北京大学社会责任与可持续发展国际研究中心等，中国社会科学院等一些研究机构与大学也启动企业社会责任MBA教育，并取得了良好的成效。

广东省应该借鉴这些做法，率先在省内做好这方面工作。在具体做法上，建议广东省有关管理部门积极与国内尤其是省内高校与研究团队进行合作,大力推动社会责任研究与教育。支持省属企业与高水平企业社会责任研究团队进行合作,提升省属企业的企业社会责任管理与实践水平,广东省粤电集团有限公司与中国社会科学院经济学部企业社会责任研究中心的合作已经取得了较多的成果。同时,通过定期或不定期开展省属企业社会责任专题研究活动加强与高校以及研究团队的合作,提升广东省企业社会责任研究与教育水平,为提高广东省属企业社会责任实践水平提供智力支持。

2012年6月16日,国务院国资委在河北省廊坊市举办了中央企业社会责任管理提升专题培训班,取得了良好的效果。有关管理部门可以借鉴国务院国资委以及其他省市的经验,定期举办年度省属国有企业社会责任管理培训班,聘请相关知名学者以及社会责任管理专家培训省属企业社会责任管理人员,提升省属企业相关管理人员的社会责任意识与社会责任管理水平。这种培训班也是省属企业相关管理人员相互学习和交流的重要平台。事实上,在调研过程中,我们发现省属企业相关管理人员也有强烈的学习与交流意愿。

六、建立企业社会责任考核机制

2004年以来,我国的一些地方政府,包括省级和市级政府,陆续出台推进企业社会责任的专门政策性措施以具体地评价监管标准,其中广东省深圳市、上海市浦东新区、江苏省常州市、河北省和浙江省等省市成效突出。2007年7月,上海浦东新区颁布《浦东新区企业社会责任导则》。根据导则,浦东新区制定社会责任量化评估指标体系,邀请第三方评估机构进行评估。截至2008年底,浦东新区完成对100家区内企业社会责任评估,并对达标企业在政府采购、申请科技发展基金、贷款担保、技改贴息、检验检疫便捷通道、报关、企业年检、各类认定、补贴资助等便利措施等方面予以支持。浦东新区企业社会责任评估不仅有效地促进了区内企业履行社会责任,也提升了企业竞争力、改善了区域竞争环境。目前,国务院国资委已经启动了专门的研究课题,研究建立中央企业社会责任评价指标体系,条件成熟将建立社会责任评价机制。

建议广东省有关管理机构借鉴上海浦东新区和其他省市的成功经验,制定和颁布企业社会责任管理办法与绩效评价指标。作为广东省属企业的授权监管机构,广东省国资委不仅要强化与优化传统监管内容,也要适应时代发展需要,将省属企业社会责任考核纳入监管范围。建议广东省国资委尽快组织力量针对省属企业制定社会责任专项指导意见和社会责任绩效评价方案,以及具体指标体系。考虑到广东省属企业在行业分布、竞争程度、技术特征、资源条件等各方面存在较大差异,建议广东省国资委在出台一般性省属企业社会责任指导意见的同时,要进一步制定进一步细化的分类评价指标体系。

在目前难以制定完全细化的社会责任绩效评价指标体系的情况下,广东省国资委至少应该尽快启动制定针对准公共性企业与竞争性企业的两大类企业社会责任绩效评价指标体系。在积累了足够经验的基础上,再进一步制定与颁布针对不同行业以及在技术特征、资源条件等方面具有明显差异的企业的细化社会责任绩效评价指标体系。

推动省属企业编制适合自身特色的社会责任评价与考核指标体系。一些中央企业积极探索建立符合本企业实际的社会责任指标体系和评价体系。如中国石油编制了包含经济、环境、员工和社会四大责任领域的118个社会责任指标，南方电网构建了战略与治理、电力供应、经济绩效、绿色环保、社会和谐五大系列、146个方面的社会责任指标体系。中远集团建立了由789项指标构成的可持续发展指标体系。这些指标体系在指导和推动省属企业承担社会责任方面发挥了良好的作用，建议省属企业在借鉴中央企业经验的基础上尝试编制社会责任指标体系。

七、赋予企业自主决策权

目前，企业和相关管理部门对企业承担责任的必要性有越来越深刻的认识，企业承担社会责任的积极性越来越高，管理部门的引导作用也越来越有效。2004年以来，我国先后有多个政府管理部门颁布了企业社会责任管理文件或社会责任评价指标体系。但相关管理部门的引导与管理也存在一些有待改进的方面，如简单以捐赠规模作为衡量企业社会责任业绩的标准，甚至简单地将企业社会责任等同于慈善捐赠，在对口扶贫等社会公益项目的指导方面缺乏具体分类指导与足够的灵活性，"拉郎配"现象较为突出，导致企业在对口扶贫等社会责任实践活动中不能充分发挥企业自身资源与技能优势，社会责任实践的"双赢"效应难以实现。

在推动省属企业承担社会责任的过程中，相关管理部门应该更多地赋予企业自主决策权，让企业依据自身资源、规模、盈利能力、专业技能优势等自主选择企业社会责任项目、项目执行时间、项目执行方式、项目管理方式等。杜绝"摊派式"和"一刀切式"公益项目。在引导企业参与扶贫项目过程中，相关管理部门应该主要做好牵线搭桥工作与服务工作，尽可能多地收集与公布扶贫对象的各方面具体情况，不搞简单化的指定扶贫对象的做法，支持企业依据自身资源与专业技能优势选择扶贫对象，引导企业通过承担社会责任获得发展机遇。

八、强化执法与监管

应该说，我国强制和鼓励企业承担社会责任的法律法规体系已经基本建立起来。如从一般企业法的角度看，改革开放以来，我国陆续颁行了《全民所有制工业企业法》、《城镇集体所有制企业条例》、《乡镇企业法》、《私营企业暂行条例》、《中外合资经营企业法》、《中外合作经营企业法》、《外资企业法》、《公司法》、《合伙企业法》、《个人独资企业法》等十余部法律法规。这些法律法规均对企业承担社会责任有所规定。以职工权益保护为例，集体所有制企业法除确认职工民主管理权以外，职工大会或职工代表大会还被规定为企业的权力机构；私营企业法和外商投资企业法则规定企业通过工会等形式实行民主管理；《公司法》要求公司在研究决定涉及职工切身利益的问题时应事先听取工会和职工的意见，并邀请工会或职工代表列席有关会议，规定职工监事制等；《全民所有制工业企业法》第22条、《私营企业暂行条例》第30条以及《公司法》第十五条还要求企业执行国家有关劳动保护的规定，建立必要的规章制度，提供劳动安全、卫生设施，以保障职工的安全和健康。

然而，由于执法不严、监管不力，有些具体的法律法规在实际执行过程中往往大打折扣。处罚和监管不力，对企业放弃最基本的社会责任行为难以构成实质性威慑，企业守法成本大幅上升、违法收益大幅上升。因此，政府应该在不断完善现有法律法规的基础上，充实劳动监察机构，加强劳动监察力度，查处违法行为。特别要加强对企业社会责任运动重点关注的劳动密集型出口企业的劳动监察；及时公布劳动监察结果，加强正面宣传，准确反映和传递我国劳工权益保护工作的现状及改进情况；合理借鉴企业社会责任审核中的具体方法，完善劳动保障诚信制度。广泛吸纳工会、行业协会和相关研究机构共同参与，逐渐建立起开放的、有社会代表性的劳动保障诚信制度；抓紧制定劳动保障诚信制度的具体办法，帮助企业提高管理水平，减少劳动保障违法行为。

九、加强组织与领导

成立省国资委企业社会责任推进委员会，根据企业行业差异与其他具体情况，分类指导、推进省属企业履行社会责任，委员会主任与副主任由省国资委主要领导担任。省国资委建立独立的企业社会责任工作职能部门，配备专职工作人员，负责贯彻执行"推进委员会"的工作部署，帮助企业开展与世界一流企业以及中央企业的对标学习，加强社会责任培训，组织与指导企业社会责任报告编制与发布，研讨省属企业在履行社会责任过程中的所遇到的共性问题。

加强党组织对企业社会责任工作的领导，充分发挥企业党组织的政治核心作用和党员的先锋模范作用，广泛动员和引导广大党员带头支持与推动企业社会责任工作，积极主动履行社会责任。支持共青团、工会、妇女组织等在履行社会责任中发挥积极作用，努力营造有利于企业履行社会责任的良好氛围。

第二节 企业自觉

推动企业承担社会责任的另一个重要力量是企业社会责任可能带来的商业利益。相对于外部压力，商业利益是推动企业承担社会责任的内在经济力量，因而是一种更为持久的推动力量。上述分析说明，虽然越来越多的企业认同商业目标与社会责任的一致性，但较多省属企业仍然明显缺乏能够将商业目标与社会责任有机结合起来的具体思路与手段，企业自觉履行社会责任的积极性与主动性不够强。本书认为，以下几个思路和手段有助于提升省属企业履行社会责任的主动性与自觉性。

一、更新企业社会责任观念

静态而直观地观察，关注股东以外的利益相关者权益必然有损于企业财务业绩和股东利益。事实上，企业财务业绩和社会责任业绩不仅不相互冲突，而且相互推进、相互兼容。因此，企业应该更新企业社会责任观念，将承担社会责任视为能够带来丰厚回报的投资行为，从而将企业社会责任决策与企业整体竞争战略融为一体，尤其要将其与企业营销战略以及企业形象策划紧密结合起来。1981年，美国运通资助修复自由女神像的"公益型营销"（Cause-related Marketing）迅速为其赢得竞争优势；思科系统公司（Cisco Systems Inc.）20世纪90年代初创办的免费网络技术培训项目，不仅产生了巨大的社会效益，也卓有成效地改善了公司竞争环境，如企业与所在地政府及社区的关系、网络管理人员素质、公司社会声誉、客户关系以及员工工作热情等都因此有明显改善。

一些省属企业在正确处理经济与社会责任的关系方面亦有非常成功的实践。中旅集团的"重走长征路"旅游项目与"援疆旅游"项目等将自身优势能力和资源（旅游项目开发与经营）与社会公共利益（爱国、援疆等）有机结合起来，通过承担社会责任提升自身竞争力；广东省广弘资产经营有限公司和广东省丝绸纺织集团有限公司将扶贫济困项目（贫困村药材种植、贫困村种桑养蚕）与自身核心业务（药材贸易、丝织品贸易）有机结合起来，获得良好的商业机遇。这些成功的企业社会责任实践经验意味着社会责任与商业利益并非相互排斥和对立。

建议相关管理部门采取以下两种方式逐步推动省属企业各级管理人员树立新的企业社会责任观：①邀请资深专家学者主持成功案例研讨会，对著名成功企业社会责任实践进行分析讨论。②组织研究团队对广东省属企业社会责任成功案例进行研究，举办省属企业社会责任实践经验交流会，总结与推广成功经验。

二、精心挑选社会责任项目

企业社会责任实践项目应该与企业商业目标具有重要的直接或间接关系，应该有利于企业商业目标的实现。要达到企业与社会的"双赢"目标主要包括：

第一，企业社会责任活动必须对企业公共关系、政府关系、市场地位等产生积极影响。中央企业在这方面也有成功的实践，宝钢根据钢铁行业大量利用资源和对环境影响比较大的特点，提出"环境经营"的构想，从设计、采购、生产到销售、物流、服务全流程推进绿色管理。中国中铁根据建筑行业劳动用工比较密集、大量使用农民工的特点，推行农民工与职工同学习、同劳动、同管理、同生活、同报酬的"五同"管理，切实维护农民工合法权益，受到社会各界的广泛赞誉。跨国公司的经验也值得借鉴，如环球旅行公司（Grand Circle Travel）选择资助历史遗产保护项目、卡夫通用食品（Kraft General Foods）选择反饥饿、麦格劳—希尔出版公司（Mc Graw-Hill）选择文字普及、思科公司举办网络技术培训等，都有效地达到了"双赢"目标。

第二，企业在选择社会责任项目时，还应该将社会责任活动与企业自身独特资源优势完美结合起来。资金投入无疑十分重要，但一些公益活动更需要企业投入独特资源，如专业技能、技术知识或配送网络等。这不仅有利于提高企业社会责任活动的效率，更能充分调动职员、供货商、顾客以及政府官员投身公益事业的积极性，企业品牌将因此得到更广泛的宣传和认可。如1994年以来，IBM公司充分利用自身软件和网络技术资源优势，为教师及立志从教的大学生建立一套基于网页的培训课程体系，取得良好的社会效益和经济效益；大学及社区既无财力亦无能力做到这一点。

第三，企业社会责任活动定位不宜宽泛，而应具体并具有鲜明特色。例如，若企业选择资助教育事业，它应该集中精力资助早期教育、青少年教育或学位教育等，这样才能突出特色，真正达到提升和创建品牌的目的。再如，雅芳公司在选择资助女性保健运动时，主要关注低收入女性乳腺癌预防问题，从而有助于雅芳产品市场的进一步扩展。

水电集团、广弘公司、丝纺集团、中旅集团等省属企业，已经在根据自身核心能力与资源选择合适的企业社会责任项目方面进行了很好的探索。这些企业的社会责任实践既有助于社会公共利益，也是提升企业竞争力的重要手段。

三、加强企业之间的合作

企业承担社会责任虽然具有提升企业竞争优势的潜在可能性，如企业资助教育有利于劳动力素质的普遍提高，改善与政府的关系有助于政府规制的放松，支持区域经济发展规划推动经济繁荣等。然而，社会公益与竞争环境具有典型的公共物品的性质。公共物品具有消费的非排斥性特征，某个经济主体对公共物品的消费或使用，并不能阻止其他经济主体对该公共物品的消费或使用。如某企业通过资助教育有效地改善了当地劳动力素质，所有企业从中受益，"行善"企业不可能排斥其他企业分享。企业社会责任的公共物品特征导致所有企业希望其他企业承担社会责任，自己却放弃承担社会责任，最终导致企业运行环境的恶化。

化解企业社会责任公共物品困境的关键是加强企业之间的合作。企业在承担社会责任方面相互合作，即通过沟通而推动的集体行动，不仅更有效地改善竞争环境，成本也因分摊而降低，如思科公司通过与其他高科技公司（太阳微系统公司、惠普公司、Adobe 系统公司和 Panduit 公司等）的广泛而深入的合作，不仅将思科网络技术学院的社会效应扩展到全世界，也为公司及其他合作企业的进一步发展提供了广阔的市场空间和强大的人才储备。

目前，广东省属企业的社会责任实践基本上是以各自为政的方式推进，各个企业在社会责任管理与实践方面缺乏基本的交流与合作。建议有关管理部门积极推动省属企业在社会责任领域的合作与交流，尤其要注重推动拥有互补优势资源与能力的企业在社会责任领域的合作。

四、构建社会责任管理体系

目前，我国大多数中央企业建立了由公司主要负责人牵头的企业社会责任领导决策机构，如国家电网公司率先建立了自上而下覆盖公司各层级的社会责任组织管理体系，中国石化在董事会层面设立了社会责任管理委员会，董事长担任主任，委员由董事组成。在具体管理和执行层面，中央企业普遍明确了社会责任工作的归口管理部门，兵器工业、鞍钢集团、上海贝尔、中国电科、南方电网等多家企业设立了专门的社会责任工作部门。许多中央企业明确了企业运营过程中各部门、各岗位，以及下属企业的社会责任工作职责，有效落实了工作责任。

我们建议，省属企业要逐步建立健全公司治理层面社会责任工作的领导决策机构，切实发挥在统筹推动企业社会责任工作方面的核心作用。同时，逐步建立社会责任归口管理部门的职责，明确工作目标，落实工作责任。清晰界定各相关职能部门社会责任工作职责，指导各分支公司社会责任工作，统筹推进社会责任管理。相关职能部门不仅负责企业社会责任的日常管理工作，更应该根据企业的自身条件与资源优势制定企业责任长期战略。

此外，省属企业还可以尝试在组织结构外部设立负有伦理使命的特殊结构，如设立独立于企业的独立调查委员会等。如雀巢公司在 20 世纪 80 年代初就是靠设立这种委员会来处理因向第三世界销售母乳代用品而引起的冲突。省属企业还可以尝试在相关管理部门的指导下变革整个组织，使其有助于揭示企业伦理问题和推动企业承担社会责任，如"网络型组织"和德鲁克新型组织——扁平组织。我们还进一步认为，在既定组织内部设立专职企业社会责任官员时，不仅要赋予其解决企业社会责任危机问题的职责，更应该要求其将企业社会责任管理与企业日常经营管理整合起来，研究通过承担社会责任而赢得竞争优势的方法、途径和机会。

五、加强商业伦理教育

除了组织因素以外，企业在承担社会责任方面的消极态度还可以从企业员工，尤其是企业高层管理者的价值观上得到说明。一些重要的实证研究表明，企业员工和高层管理者的伦理标准和企业社会态度总体上是消极的。鲍姆哈特（Baumhart，1961）、布伦纳和莫兰德尔（Brenner 和 Molander，1977）、贝克尔和弗里切（Becker 和 Fritzsche，1987）的调查显示，虽然在这一段时期内经济生活中道德沦丧的局面没有进一步恶化，但同样也证明了各种负面道德价值观念和企业经营观念是相对根深蒂固的。考夫曼、克贝尔和楚勒纳（Kaufmann、Kerber、Zulehner，1986）的实证研究更明确地显示了这一点，其基本结论：现实中的商业道德——尤其在年轻经理中，表现出了一种明显的"投机基本倾向"，而积极的伦理倾向则相对较为少见。

从国际经验看，加强商业伦理教育是改进企业员工和高级管理者基本价值和道德观念的主要方法。发达国家商学院商业伦理教育产生于 20 世纪 70 年代，并在 20 世纪 80 年代迅速进入繁荣时期。商业伦理教育主要由商学院商业伦理教育和在职商业伦理培训两个部分组成，前者为即将进入企业工作的商学院学生进行基本的社会—道德教育，后者注重具体方法和策略的训练。

我们认为，企业难以主导商学院商业伦理教育，但可以通过强化企业内部和外部在职商业伦理培训改进员工和高级管理者的基本价值和道德观念，如在企业内部组织关于企业社会功能的研讨、探讨具体企业社会责任和企业伦理问题的案例等，都能够有助于达到上述目的。

六、推进社会责任与企业经营的融合

将社会责任理念融入企业战略和日常运营中，实现社会责任与企业经营的有机融合，是推进社会责任工作、更好地履行社会责任的核心和关键。中央企业在这方面的实践积累了较多的经验，以下几个方面值得借鉴：

（1）将社会责任管理融入企业战略。我们建议，省属企业在制定企业发展战略和进行重大决策的过程中，要充分体现企业社会责任理念，不仅要充分研究企业重大决策对企业自身发展的影响，也要综合考虑其对各种利益相关者的影响，努力追求经济、社会和环境的综合价值最大化。

（2）将社会责任管理融入企业日常运营。省属企业要将社会责任理念融入日常经营的各个流程和环节，融入人力资源管理、财务管理、市场营销、风险管理、业绩考核等企业运营各个职能体系。同时，还要积极推动社会责任融入全体员工的日常工作，鼓励企业员工自觉承担社会责任，提高员工履行社会责任的意识、能力和水平。

（3）将社会责任管理融入供应链管理。建议省属企业将社会责任管理融入产业链和供应链的各个环节，通过对产业链和供应链的产品质量、安全环保、合同履约率、员工权益保护等社会责任议题的控制与评估，择优选择社会责任感强的供应商，促进上下游相关企业共同履行社会责任。

第三节 社会监督

一、非政府组织监督

西方发达国家企业社会责任运动的一个重要特点是，国际组织、非政府组织以及非政府民间评价和监督标准发挥了十分重要的作用。SA8000、联合国全球契约、ISO26000、美国的"公平劳工协会"、荷兰的"洁净衣服组织"、英国的"道德贸易行动"、绿色和平组织（Green Peace）等是推动发达国家企业承担社会责任的重要民间力量。著名财经杂志《财富》最受赞赏和最不受赞赏公司的年度排名、CEP企业良心奖、《企业伦理规范奖》、英国《金融时报》欧洲最受尊重的公司的年度评比等，都有力地推动了企业承担社会责任。

虽然这些组织及其所制定企业社会责任评判标准具有明显的西方文化价值观念的痕迹，但其做法仍值得我国借鉴和学习。事实上，这些国际非政府组织及其评判标准已经对推动我国企业社会责任发挥着重要的作用。有关管理部门应该鼓励和引导省属企业有选择性地参与或联络得到广泛认同的相关国际和非政府机构，参照国际公认标准或指南指导企业社会责任实践，逐步改变企业社会责任单纯的商业运作模式，以确保企业社会责任认证的客观性和准确性。

目前，在我国产生较大影响的主要是SA8000、联合国全球契约、ISO26000三大社会责任标准体系。其中，SA8000可用于第三方认证，但越来越多地被发达国家企业和机构滥用，在一定程度上成为发达国家的贸易壁垒。联合国全球契约主要注重自由参与与履责承诺，是成员企业的自我约束条款，目前在我国设立分支机构"全球契约中国网络"，我国成员企业和研究机构目前达到270余个，建议有关管理部门引导省属企业积极联络与参与该机构。ISO26000是一个详细的组织履责指南，一般不用于第三方认证，备受各国企业和研究机构关注，建议有关管理机构引导和组织省属企业有关人员学习与吸收其核心条款。

近年来，我国本土社会责任评价标准与认证活动也越来越多。有关管理部门可以结合我国实际情况，鼓励民间机构或行业协会主导的"绿色企业"和"优秀企业公民"认证活动，以规范企业的环保行为和社会公益活动，促进企业提高环保意识和社会责任感。但由于国内标准与认证活动的社会认可度存在较大差异，相关管理部门应该正确引导省属企业参与这类认证与评奖。

二、行业协会自律

行业协会是促进企业社会责任的重要社会力量。行业协会通过制定行业自律规则达到对协会成员的约束和管理，在拥有潜在共同利益的成员企业之间，逐步形成一套行之有效的赏罚规则。作为市场和国家之外的第三种治理结构，行业协会在促进企业社会责任履行方面有着其他力量不可替代的作用，其主要通过行业协会自律在经济部门的治理中发挥着自己的作用。建议相关管理部门从以下几个方面推动行业协会在促进企业承担社会责任方面发挥作用。

（1）制定行业社会责任标准。行业协会在推动企业社会责任实践方面发挥着着越来越重要的作用。2005年，中国纺织工业协会推出了国内第一个企业社会责任标准——《中国纺织企业社会责任管理体系》（CSC9000T）。此后，中国工业经济联合会、中国有色金属工业协会、中国皮革协会、中国对外承包工程行业协会等，也出台了规范各自行业企业的社会责任标准。这些行业社会责任标准或指引有效地促进了行业企业履行社会责任。从广东省的情况看，2010年广东省房地产协会颁布了《广东省房地产企业社会责任指引》，有力地推动了广东省房地产企业承担社会责任。建议省国资委引导和鼓励省属企业积极参与行业协会活动，尤其引导和鼓励省属企业在推动行业社会责任标准和指南方面发挥重要作用。

（2）推动企业社会责任认证。20世纪90年代以来，西方国家企业和非政府组织颁布了一系列约束企业行为的企业"内部生产守则"和"外部生产守则"。从我国的情况看，一些生产守则的认证和验厂是我国企业产品进入国际市场的"绿色通行证"。行业协会应该充分发挥自身信息和专业技能优势，指导和协助企业参与企业社会责任认证活动。同时，行业协会也可以对境外供货企业进行社会责任约束。德国等发达国家在这方面的实践值得借鉴。为了推动国外供货企业积极履行社会责任，德国外贸零售商协会及其会员企业颁布了社会责任行业规范。德国外贸零售商协会联合部分荷兰零售企业在2003年初正式启动社会标准项目，并分阶段实施：初期阶段以做好宣传和推介工作为主，即主要在供货商、零售商、检验机构和消费者中做广泛宣传和推介；然后进行尝试性地到部分供货企业进行巡查，及时发现问题，并提出整改建议；挑选出履责情况较好或整改后基本达到标准的供货企业，鼓励其申请SA8000等认证；通过与当地工会、非政府组织以及政府部门合作，建立制度化的监督与约束体系，推动供货企业进行自我约束、自觉遵守社会责任行业规范。

（3）推进诚信环境建设。在诚信环境建设方面，行业协会可以通过制定行业自律规则发挥积极的作用。如建立与完善企业信用档案信息系统；在全行业发出"诚信自律"倡议；颁布行业管理者、从业者遵守的执业品德、纪律、操守等行为规范；尝试推动和实施企业诚信评级等。在推进诚信环境建设方面，上海市物业管理行业协会的经验值得推广，该会组织会员企业采用自愿申报、协会确认、定期公布、动态管理的运作模式开展了诚信承诺活动，取得了良好的效果。在具体操作中，参加诚信承诺活动的物业管理企业要向社会和服务对象做出9个方面的承诺，协会对审定合格的企业进行信用等级评级，分别发给"上海市物业管理行业诚信承诺企业、诚信承诺A级企业、诚信承诺AA级企业、诚信承诺AAA级企业"诚信等级证书，并进行跟踪监管。

（4）建立社会责任信息平台。创办相关刊物和论坛，大力宣传企业积极承担社会责任、回报社会，推动企业开展慈善事业；支持企业积极从事公益活动，关心社会发展与进步，奉献爱心和真诚。同时，规范企业诚实守法，公平、公正、依法纳税。充分利用协会宣传阵地和各种信息平台，宣传监督会员依法经营，规范服务，遵守企业职业道德，推动职业道德建设。让社会责任意识深入到每个企业和企业管理者。

三、媒体推动

媒体监督，是指报纸、刊物、广播、电视以及新兴传播方式等大众传媒，对企业回避社会责任、漠视社会公共利益的行为进行揭露和批评，借助舆论压力推动企业树立社会责任观念，通过媒体宣传提升企业社会责任管理水平。一般而言，新闻媒体可以从以下几个方面有效地推动企业承担社会责任。

（1）促进产品质量提高。相对于政府部门的监管，媒体在披露企业产品质量问题方面拥有独特的优势，从而在促进产品质量提升、保护消费者权益方面能够发挥重要功能。媒体应该进一步加强对企业产品的生产过程、产品信息和服务内容进行公开报道，尤其要关注那些和消费者日常生活密切相关的食品、药品、日用品等产品和餐饮、医疗、美容、家装等服务行业，及时曝光企业的非法行为。我国中央电视台《每周质检报告》、《"3·15"晚会》等栏目在监督企业生产经营活动、促进我国产品整体质量提升方面发挥了重要作用。从长期看，企业社会责任与企业商业利益不仅不相互冲突，还是相互促进和相互兼容的。建议省国资委等相关政府部门进一步加强与省内外媒体的合作，如与省级媒体合作开设相关专栏介绍省属企业社会责任实践等。

（2）构建交流平台。随着计算机信息处理技术的发展，新兴媒体不断涌现。新兴媒体能够对大众同时提供个性化内容，使传播者和接受者融合成对等的交流者，而无数的交流者相互间可以同时进行个性化交流。借助新兴媒体，企业可以进一步提升产品质量服务和售后服务水平。如通过互联网、手机短信等新兴媒体，企业能够更加便捷和有效地获得消费者反馈信息和建议，以及消费者的投诉等。通过媒体的跟踪报道，食品安全中的"三聚氰胺"、"地沟油"等问题得以曝光。建议国资委等相关部门鼓励和引导媒体加大对产品质量、消费者权利、经营者义务、消费者维权途径等方面的宣传，帮助消费者实现受教育的权利。这不仅能够使消费者丰富消费知识，也能增强他们准确判断产品和服务质量的能力，树立维权意识，主动参与到对企业社会责任履行状况的监督活动中去。

（3）促进依法经营。遵守法律法规是企业社会责任的底线责任，同时也与企业的长期利益相一致；违法经营可能获得短期利益，但最终将招致法律法规的制裁。相关管理部门应当推动媒体加大对相关重要法律法规的宣传，如《公司法》、《劳动法》、《合同法》、《消费者权益保护法》、《产品质量法》、《税法》等，推动企业树立良好的法律意识，做到合法经营、诚信竞争、维护员工和消费者权益等。同时，相关管理部门要加强推动媒体对重要国际社会责任标准与指南文件的宣传，推进省属企业责任实践尽快实现与国际接轨。这些标准和指南包括 SA8000、ISO26000、联合国全球契约、道·琼斯可持续发展指数 DJSI、透明国际组织的腐败认知指数 CPI 等。媒体对社会责任国际标准和指南的宣传，有助于国内企业管理者及时了解和掌握这些标准，并将其运用于企业的合法经营管理中，为其参与国际合作打下良好基础。

（4）加大低碳经济宣传。企业生产经营活动难以避免对生态环境造成不利影响。随着企业生产经营规模的扩大和经济实力的增强，企业也越来越拥有足够的经济实力和资源以及能力优势在生态环境保护和低碳经济发展方面做出重要贡献。企业对生态环境的社会责任要求企业在追求经济利益的同时，应该更加关注生态环境以及发展方式的变革。建议相关管理部门推动媒体加大对绿色消费和全民低碳消费的宣传报道，引导消费者自觉选择有利于节约资源、保护环境的生活方式和消费方式，倡导人们消费有助于公众健康的绿色产品。同时，媒体也应加大对各种环保行为、环保活动的宣传，促进全民的资源忧患意识和环境保护意识，督促企业更好地承担循环经济条件下的社会责任。

（5）加大企业公益事业报道。企业在追求经济利益的同时，应该树立回报社会与感恩社会的意识，担负起对救助灾害、救济贫困、教育、科学、文化、卫生、体育事业以及社会公共设施建设、社会公共和福利事业等方面的社会责任。相关管理部门应该鼓励媒体加大对企业从事公益事业的宣传报道。这种正面宣传有助于提升企业的信誉度，也能激励其他企业社会责任意识的提升。如媒体对在汶川、玉树地震中踊跃捐款捐物的企业的报道，促进了对关心慈善事业、关爱社会弱势群体、崇尚商业道德等中国传统企业文化的宣扬和企业社会责任价值体系的构建。

附录1 企业家谈社会责任

一、广东省交通集团有限公司董事长朱小灵谈企业社会责任

广东省交通集团有限公司（以下称交通集团、集团）是2000年经广东省委、省政府批准设立的特大型国有资产授权经营有限责任公司。经过10多年的努力，交通集团已经发展成为以高速公路投融资、建设、经营及管理为核心产业、以公路客货运输及现代物流为主导产业、以工程施工和科研、检测、设计、监理为配套产业的国有大型企业集团。截至2011年底，集团注册资本268亿元，集团总资产从2000年组建时的512亿元增加到1816亿元，成为广东省资产规模最大的省属国有企业，多年连续上榜中国企业500强和广东企业50强。集团拥有全资和控股的二级企业16家，其中拥有广东省高速公路发展股份有限公司（简称粤高速）和广东省南粤物流股份有限公司（简称南粤物流）两家上市公司以及四家港澳注册的全资或控股公司。交通集团一直坚持企业利益服从国家和社会利益，是广东交通基础设施建设和经营中的主力军，高质量、高标准完成政府各项指令性任务，为人民群众创造了安全便捷的出行条件，对完善广东交通运输网络、"双转移"战略的实施以及区域经济协调发展发挥了巨大作用，实现了集团的经济效益和社会效益双丰收。

（一）高速公路建设——主力军

交通集团秉承"担当社会责任、共享发展成果"的核心价值观，充分发挥广东省高速公路建设和运营的主力军作用。截至2011年底，交通集团投资、管理的高速公路通车里程达3328公里，占全省高速公路通车里程5049公里的66%。

交通集团坚持"好"字优先，按时保质完成高速公路建设任务。集团如期完成省委、省政府确定的2003年实现全省中心城市通山区高速公路，2004年实现全省地级市通高速公路，2005年实现与各周边省区（相隔琼州海峡的海南省除外）陆路至少通一条高速公路，以及2010年末全省高速公路通车里程达5000公里左右的战略目标。自金融危机以来，集团落实省政府提出的应对战略，实施了大批建设项目。

"十一五"期间，交通集团勇于承担省委省政府交办而民营企业所不能办、不敢办的粤东、西、北等欠发达地区和沿海、跨省高速公路建设。目前，已有15个招标流标项目由交通集团建设运营，合计里程1710公里。其中，经营性项目11个，1134公里，1277亿元；政府还贷项目4个，576公里，534亿元。

"十二五"时期，交通集团在广东省高速公路建设中将再挑重担。2011年起，为实现"十二五"

末全省"县县通高速"的目标,交通集团掀起粤东、西、北的交通建设大会战,共承担"县县通高速"项目11个,合计1554公里,总投资约1611亿元,并力争2015年集团高速公路通车里程接近5000公里。未来10年,集团主导产业十分明朗,高速公路指令性任务非常清晰明确,高速公路建设将是主旋律。

(二)道路安全运输——新使者

交通集团坚持"安全就是生命,安全就是效益"的安全理念,积极推进高速公路营运管理专业化、规范化、规模化,努力为社会提供安全便捷的出行环境。2011年,交通集团所属运输企业长途客运量达8400万人次,公交运送客运量达1.5亿人次。目前,交通集团拥有三级以上客运站45个,货运站7个。客运周转量占广东省总客运周转量的11.8%,并构建了覆盖粤、港、澳三地的运输网络。

交通集团加强养护管理,出台公路桥梁等养护的规范性指导意见。积极做好2011年全国干线公路养护管理检查备检和受检各项工作,取得较理想的成绩,以交通集团所属项目为主的广东高速公路各项考评指标总体良好,排名比2005年上升了7位。

交通集团还开展"京珠线"、"广湛线"、"广梅线"文明样板路活动,以及"南方最美最新高速公路"评选活动,提升高速公路文明服务水平。深汕西大修工程创造了广东高速公路大修又好又快的成功管理模式,广深高速公路建立桥梁基础加固应急机制,努力提高应急处置能力,消除桥梁安全隐患,取得可喜成绩。

以人为本,具有成熟的安全生产管理体系。集团所属省汽运集团树立"以人为本"的理念,建立起了一套较为完善的安全生产管理体系,从成立至今,一直保持着平稳的安全生产状况。近几年,公司及部分下属单位陆续获得省安监局、省交通运输厅、广州市交通委员会评出的"广东省企业安全生产工作先进单位"、"广东省安全文化示范企业"、"广东省企业安全管理现代化创新成果奖"、"广州市安全生产先进单位"、"广州市员工安全教育竞赛先进单位"等荣誉称号。公司从成立至今,一直保持着平稳的安全生产状况。未发生任何重特大道路交通责任事故和火灾、中毒、卫生防疫以及员工工伤等安全生产事故。近5年来安全生产的四项指标大大优于行业的考核指标,且一直保持在行业的较好水平。

(三)生态文明公益——阳光路

长期以来,交通集团坚持"人文交通、绿色交通"的环保理念。按照省委、省政府部署,该集团在2011年启动、2012年实施高速公路生态景观带建设,共有10条路、近千公里纳入2012年实施计划,打造"绿色交通"。

广东首条生态环保型高速公路——渝湛高速公路(粤境段)在工程设计中,按我国目前高标准设计建造,路面结构可有效减弱行车震动,路段种植红花绿树,突出亚热带风光的生态特点,从而打造"椰林树影若画中"的景观。

在项目建设过程中,交通集团直接用于环保的投资所占比重平均约4.2%。同时,严格执行交通部颁布的有关标准,在绿化方面有专项设计和费用,并与主体工程同步验收、使用,高速公路里程绿化率100%。

交通集团坚持服务地区发展,发挥在广东省经济稳定和发展的中坚作用。在原材料、征地拆迁、劳动力等建设造价和成本成倍增加,包括其他公益性行业提价应对的情况下,交通集团经营的高速公路收费标准从早期通车的路段算起10余年没有上调,收费价格整体稳中有降。交通集团执行交通运输部等有关减免费的政策,从2008年至2011年,仅高速公路"绿色通道"政策一项(对在"绿色通道"上行驶的整车合法装载鲜活农产品运输车辆,免收车辆通行费),共减少收入37.54亿元,承受了巨大的经营压力。同时,为了保证畅通,加强节假日人员保障,当遇到车流高峰和突发事件时,车流堵塞超过一定长度坚决实施间歇性免费放行,2010~2011年,间歇性免费达2600万元。

交通集团做好推进联网收费的各项工作,大力推广电子不停车收费方式。通过加强路警合作、改善服务区环境等多种途径,切实提高"保安全、保畅通"的服务能力。截至2011年底,交通集团所属ETC车道有257条,占全省ETC车道数的60%。为了推广ETC,交通集团为使用粤通卡车主让利提供98折路费优惠。

交通集团致力于回报社会,积极参与救灾、扶贫、教育、社会公益和助学助残等活动,开展社会帮扶和捐助活动。交通集团慈善捐赠超过1亿元,投入捐建、援建大型工程机械设备100多台(套)。其中,2008年5月15日,四川汶川地震后仅3天,集团就向灾区捐款600万元以及价值600多万元大型工程机械设备一批,并陆续组织捐助,企业及员工捐款累计1192万元,免除救灾车辆通行费400多万元。2010年捐赠1815万元,2011年捐赠1901万元。

(四)区域协调发展——推动者

交通集团把握基础设施建设大发展的战略机遇,致力于广东省规划的高速公路项目的投资、建设与经营,在关乎国计民生和产业发展的基础领域,科学、合理、快速集聚配置基础设施资源。交通集团的高速公路项目不仅从根本上改善了广东省交通基础设施,也在推动区域经济发展、确保区域经济稳定增长中做出了突出贡献。自金融危机以来,交通集团积极实施省政府提出的应对金融危机的战略措施,实施了一大批建设项目。2008~2011年底,高速公路建设共投资780亿元,在较短时间内完成了一批建设任务,直接拉动GDP增长达2233亿元。

交通集团在推动区域协调发展过程中,始终将全局利益放在第一位,助力广东产业转型战略,实施建设欠发达地区的重点项目。粤东、粤西、粤北等经济欠发达地区项目的建设和完成,搭建起东、西两翼和粤北山区快步发展的骨干网络,为广东产业升级、区域协调发展,缩小东、西、北地区和珠江三角洲地区间经济差距,提供了重要的基础设施。同时,在建设过程中增加工作岗位,创造就业机会,对促进消费增长起到了积极作用;有力地加强了珠三角的辐射能力,带动偏远山区的发展,加快泛珠三角区域经济的共同发展。

以交通集团在河源市投资的高速公路为例,自2003年河惠高速公路通车,以及河龙、梅河、粤赣等高速公路相继建成,河源进入珠三角"两小时经济生活圈"。高速公路网络的完善不仅提升了当地的交通水平,也形成了高速公路经济走廊(河源"一区六园"都选择在高速路口及附近设立),河源市社会经济迅速进入快速发展轨道。2002年,河源市经济总量、人均GDP、一般财政预算收入等经济指标在全省排名靠后。随着2003年以后境内高速公路陆续开通,河源市经济得到超常规增长,2002~2006年,地方财政一般预算收入增长3.61倍;规模以上工业增加值增长6.33倍;

地方税收增长4.25倍,连续四年增幅名列全省第一。"十一五"期间,河源市GDP平均增速达16.6%,高出全省平均增速(12%)4.6个百分点。地方经济发展的腾飞,有河源市自身的努力,但高速公路的建成确实给地方社会以及经济发展带来了巨大变化。

(五)"急难险重"任务——急先锋

交通集团在关键时刻能够出色地完成省委、省政府下达的急、难、险、重的指令性任务,在抗冰救灾、扶贫、抗洪抢险和抵御金融风险等硬仗中,成为广东省可以信赖、能够战斗、贴心服务、无私奉献的铁军。

交通集团是公路交通抢险救灾、应急保障的主力军,很好地履行了省属大型国有企业应尽的社会责任。2006年抢通韶关市水毁桥梁;2008年京珠北高速公路抗冰抢险,抢修阳江海陵大堤;支援汶川地区抗震救灾和灾后重建,向汶川灾区捐款、捐赠机械设备;2009年,广东新粤公司仅用2个月时间完成四川震后首条连接成都与汶川的交通"生命线"的都汶高速路的机电工程,较计划提前12个月。2010年受台风"凡亚比"影响,广东阳春遭遇200年一遇的特大暴雨袭击,部分村镇受灾严重,房屋倒塌,交通通信和水电设施损毁中断。经交通集团属下省长大公路工程公司等单位组成的抢险队奋力拼搏,为灾区开通了一条运送救灾物资的便道。

积极承担政府和社会重大运输任务。①按上级部署及要求,做好重大节假日旅客输运工作,确保客流畅通和各口岸的安全。②积极承担政府及社会重大运输任务。出色完成了国家领导人访问澳门、广州亚运会服务用车、粤港第九次与第十次联席会议、香港立法会议员考察珠三角、广东省第十次党代会、香港回归十周年大型联欢活动、历届珠海国际航展中外参展团、首届世界经济发展宣言、中葡论坛、粤台经贸交流会、泛珠三角经济发展论坛等大型活动交通服务任务。先后承担了国家重大基建项目"港珠澳"大桥开工典礼、澳门特别行政区回归10周年庆典等重大活动贵宾的包车接送运输任务,得到中央办公厅、中联办及粤、港、澳三地政府的表彰。圆满地完成了京珠北的抗灾任务,被省交通厅授予"抗灾保通先进单位"称号。

未来几年,交通集团将通过产业结构优化升级,实现从传统交通企业向现代交通企业的转变,成为全国综合实力领先的交通集团,并力争2015年集团高速公路通车总里程接近5000公里,占全省高速公路通车总里程的70%左右。交通集团不仅要实现量的增长,还要追求质的提升。交通集团将继续恪守"担当社会责任,共享发展成果"的核心价值观,努力实现企业健康稳定持续发展,并在持续发展中承担更多的社会责任,更好地服务区域经济发展,满足人民群众日益提高的出行需求。

二、广东省机场管理集团公司董事长吕业升谈企业社会责任

广州是中国最重要的交通枢纽之一,开创了中国民航机场事业发展的先河。20世纪30年代初,广州白云国际机场建成启用,并始终位居中国机场发展的前列。2004年2月25日,为进一步促进发展,经广东省人民政府批准,组建成立广东省机场管理集团公司,由广东省国资委直接领导,统一经营管理广州白云、汕头、湛江和梅县机场。广东省机场管理集团公司成立以来,在民航局和广东省委省政府的领导和关心下,紧紧围绕"建设航空枢纽"的战略目标推进工作。2010年,全集团累计完成飞机起降35.65万架次,实现旅客吞吐量4322.74万人次,货邮吞吐量115.23万吨。

广东省机场管理集团始终以邓小平理论和"三个代表"重要思想为指导,以科学发展观统领全局,以将白云机场建设成为亚太航空枢纽为核心,以提升竞争力、做大做强集团公司、提高广大员工收入水平为总目标,坚持以人为本,始终以抓好发展为第一要务,弘扬"团结、诚信、廉洁、务实、创新、优质"的企业精神,深化体制改革,促进集团公司加快发展、协调发展、率先发展,更好地为区域经济建设服务。集团始终坚持以为航空公司和客户服务为理念,追求和谐、合作,会聚各方力量,精诚共进,力争早日把白云国际机场建设成为亚太地区门户复合型航空枢纽,并以此带动属下各机场共同发展,为民航强国建设和地区经济社会发展做出更大贡献。在发展壮大过程中,广东省机场管理集团切实履行企业社会责任,取得了令人瞩目的成绩。

(一)切实履行经济责任——增长引擎

广东省机场管理集团公司下属广州白云国际机场是中国民用航空局确立的我国三大门户复合枢纽机场之一。2010年,白云国际机场以4097.57万人次旅客吞吐量跻身世界机场前20强,成为亚太地区最繁忙的国际机场之一。2010年,白云国际机场的国际航线总数达99条,每周国际航班数量达到559班,通达五大洲160多个城市和地区,现有国外和地区航空公司38家在白云国际机场运营。2010年2月9日,白云国际机场东三、西三指廊正式启用,新增年旅客1000万人次的保障能力。目前白云国际机场拥有南航、深航和国航三家基地航空公司,机队规模总和590架左右。2011年,亚太转运中心货邮吞吐量达30.81万吨,占白云机场全年国际货邮吞吐量的56.7%,货邮吞吐总量的26.1%。2011年,广东省机场集团实现合并营业收入分别为51.4亿元,预计向国家和地方共纳税6.2亿元。其中,白云国际机场股份公司实现营业收入、税前利润分别为42.5亿元、9.8亿元,白云国际机场对广东省经济的直接、间接、诱发和催化效应之和为627亿元,占广东省GDP的1.12%,白云国际机场对广东地区社会经济贡献的直接效应为213.0亿元,其中航空公司创造了约178.6亿元的直接效应,白云国际机场直接就业人数约为5.1万人。同时,为全国创造了1687亿元经济效益;为广东地区创造的总就业岗位数为58.5万个;白云国际机场为省外创造1060亿元经济效益,是省内经济效益的1.7倍。

预计"十二五"期间,白云国际机场将为广东省创造4532亿元的经济效益,为全国创造11874亿元经济效益;2015年,广州机场将为广东地区创造的总就业岗位数为103.9万个。对广州白云国际机场业投资1亿元,所带来的经济效益总和为4.34亿元,其中对广东省产生的经济效益为1.76亿元,带来1778个就业岗位,而流向全国其他地区的经济影响为2.58亿元。

(二)带动区域产业发展——强力拉动

机场业的发展对石油加工、采矿业、航空制造业、金属及非金属制品制造、电机及电子设备制造等制造业,以及金融商务服务等现代服务业行业的带动作用较大,而对机场业依赖性较大的行业主要是科技服务、物流和邮政、商务服务、金融、旅游等服务业,以及建筑业、电机及电子设备制造业、机械制造业等制造业。机场的开通能够有效促进这些行业的发展,并通过这些行业的经济活动间接影响经济的发展。如广州现通航雅加达、马尼拉、新加坡、曼谷、吉隆坡、槟城、金边、河内等11个主要城市近20条航线,广州机场业的快速发展为这部分国际航线旅客提供了便捷的服务。同时,广东省外向型经济的特点要求航空运输为其提供有效的保障航空。航空客运对于企业进行全球推销活动，开辟新市场，与客户进行面对面的会晤，解决客户特殊需求，加强与客户长期互信关系都极为重要。

据测算，仅白云国际机场对供应行业投资1亿元所产生的经济效益为1.44亿元，对消费行业所产生的经济效益为0.32亿元。2011年，白云国际机场每百万旅客为广东省带来12.2亿元增加值，为全国其他地区带来20.7亿元增加值，每十万吨货物为广东省带来10.9亿元增加值，并为全国其他地区带来18.6亿元增加值。2011年，由广州机场带动的旅游业增加值达到295亿元，预计占当年广东省旅游业增加值的12%，通过白云国际机场进口的货物为国家带来34亿元的税收收入。

（三）促进产业结构升级——积极引领

产业结构的升级换代，是优化经济结构、转变经济发展方式的重要内容。机场业在产业结构升级换代中具有显著的提振作用。在广东省的产业结构中，与广州机场业发展密切相关的产业多为能源产业、高新技术产业或现代服务业和制造业，如石油加工业、航空制造业、商务服务业、金融业等，而这些产业对广东省国民经济的发展起到重要的支持作用。这表明广东机场业的上游产业和下游产业对当地经济有很强的带动作用，同时对当地产业结构调整起到关键作用。特别是新科宇航公司和广州机场进行有效的战略合作后，将有力地支持、推动当地航空制造业升级和高科技产业发展，催生新的经济增长点，提升我国民航业在全球产业分工中的地位。

（四）促进增长模式转变——临空经济

临空经济的形成是区域经济发展到一定水平后，以机场业为核心发展起来的新的经济增长模式。随着机场规模的扩大以及地区产业结构的升级，机场周边集聚了大量的人流、物流、信息流和资金流等资源，而且由于机场往往地处城郊结合部，土地等资源丰富且价格低廉，从而吸引航空相关产业或具有航空运输指向性产业聚集，形成临空经济区。临空经济的形成表明航空运输业对地区经济的影响不仅体现在增加产出和就业、改善区域产业结构，还进一步影响到区域的经济发展模式，临空经济区成为地区新的增长极。倾向于在临空经济区内集聚的企业大多具有生产周期短、产品附加值高、单位产品承担运费能力强等特点，如电脑芯片、软件、生物医药、高科技电子产品等，这些产品的运输成本较低，只占到总成本的很小一部分，但对市场的敏感程度却很高，产品的生命周期也比较短，只有快速占领市场，才能获得高额利润，产品对运输的要求很高。航空运输快速安全的优势满足了这些产品的运输要求。此外，与机场相关的现代服务业也是临空经济区内的重要产业。如物流、仓储、酒店等，随着机场规模的扩大，临空经济区内软硬件条件逐步改善，吸引广告、会展、金融等企业入驻。

（五）打造卓越服务品牌——文明使者

2010年11月，白云国际机场完成了历史上最大规模的改造工程，以崭新的形象迎接亚运盛会，并最终取得了白云国际机场历史上规模最大、时间最长、难度最大的专项保障工作的胜利，赢得了亚运宾客、各级政府及社会各界的广泛赞誉。近年来，白云国际机场积极推进服务质量管理体系建设。2011年，机场集团创建"世界十佳服务机场"活动实现新突破，广州白云国际机场在国际机场协会（Airports Council International，ACI）公布的2010年第四季度全球机场的服务测评结果中综合服务指标位列全球第七，白云国际机场首次跻身全球十佳行列。

2012年，为不断提升机场服务水平，集团公司"开放办机场，服务大提升"面向社会广泛征集"金点子"活动，这是机场贯彻落实"民航强国"战略，建设国际航空枢纽，为广东建设"中国提高国际竞争力的主力省"和打造良好的"国际营商环境"贡献力量的具体体现，是践行"以人为本、旅客至上"理念，进一步改进和提升服务质量的一次创新。"金点子"征集活动，重在增强对普通旅客的人文关怀，解决广大旅客到达、出发过程中遇到的主要问题。集团公司还发布了白云国际机场服务整改提升方案，首批纳入机场服务提升计划的，全部是旅客提出意见的"热点"，包括"信息化建设、设施设备完善、服务流程优化、环境及商业布局优化、客户关系管理、机场形象宣传和品牌推广"等8大类36项措施。据此，白云国际机场将投入4000万元用于全方位提升服务，并分"近期、中期、远期"3个阶段实施完成，而提升内容也将涵盖入选一、二、三等奖的17个金点子和其他320条建设性意见。据了解，白云国际机场从2013开始，每年选择一个主题公开征集服务提升建议，将"开放办机场"活动常态化，让每一个"金点子"都成为一把"金钥匙"，提升服务品质，营造良好体验，打造国际品牌，让广东机场集团旗下各机场成为广东"建设国际化营商环境"，成为广大旅客"幸福出行"的重要窗口。

（六）积极承担公益责任——业界表率

机场集团积极践行社会公益责任，在抗灾救灾、维护社会稳定中发挥了重要作用，受到广泛肯定。2008年汶川地震中，机场集团迅速启动救灾应急保障机制，成立抗震救灾工作领导小组，指定专人负责组织、协调各方救灾工作；全力完成运送救援人员、救灾物资及地震伤员转运保障工作；实施"救灾特办"原则，为赴灾区救援人员提供"绿色通道"。救灾期间，白云国际机场共接收转运地震灾区伤员包机21架次，运送伤员677人、陪护家属645人、随机医务人员201人，经白云国际机场接收的地震伤员，占全省接收伤员总数的72%。值得一提的是，白云国际机场快捷高效的转运效率及科学安全的转运方法，圆满地完成了伤员转运的任务，得到了广东省卫生厅、民航西南地区管理局和包机承运地震伤员的各航空公司的高度赞扬。在历次抗灾救灾工作中，机场集团党员以"特殊党费"形式、团员青年以"赈灾献爱心特殊团费"等形式向灾区积极捐款。

三、广东中旅（集团）有限公司董事长王万年谈企业社会责任

作为新中国旅游业的创立者，作为中国知名品牌、中国驰名商标"中旅"的共同创立者，广东中旅见证、参与和推动了中国旅游业从无到有、从计划经济到市场经济的全过程。

广东中旅（集团）有限公司（下称广东中旅、集团）前身是成立于1956年，以接待华侨、外籍华人、港澳同胞、台湾同胞为主要任务，有"华侨之家"美誉的广东省华侨服务社。新中国成立后广东中旅最早开展入境游、最早投资兴建和管理大型酒店——全国第一家"华侨大厦"（广东老字号，何香凝女士题名，全国的华侨大厦皆来源于此），改革开放后最早开展港澳游和出境游，最早投资建设广东各地中旅，多年来的努力为加强中外民间友好往来、发展侨务事业、推进改革开放、促进旅游事业和地方经济的繁荣做出了重大贡献。经过近60年的努力，广东中旅从一家无资产划拨的单一侨务接待单位发展成为在职员工近6000人，以旅游为主业，涵盖旅行社及相关业务、

旅游汽车客运、酒店投资管理、景区投资管理四大板块，年上缴利税过亿元的全省龙头旅游企业，为中国旅行社协会副会长、中国中旅集团理事会副会长、中国旅游车船协会常务理事、广东旅行社行业协会会长、广州道路运输协会副会长及包车专业委员会主任、广州地区酒店行业协会副会长的单位。

近几年来，广东中旅全面贯彻省委、省政府一系列关于转变发展方式和加快转型升级、建设幸福广东的方针部署，以创新的理念、前瞻的眼光谋划发展新格局，以产业集聚发展为战略、以重大项目为引领、以资本运作为依托，抢抓发展机遇，加快转型发展，取得了显著成效，广东中旅迎来了有史以来最好的发展时期，为再造一个广东中旅和实现跨越式发展奠定了较好的基础。

2011年，省委政策研究室、省政府发展研究中心来广东中旅进行专题调研，分别在《情况与建议》和《领导参阅》上刊发了《服务业同样需要转型升级——广东中旅集团大发展大变化启示》、《从传统旅游业向现代服务业转变，建设让人民群众享受的幸福产业——广东中旅集团加快转型升级的调研报告》并发至全省，省长、时任常务副省长朱小丹批示"把中旅经验推广开来"，时任省委副书记、省长黄华华批示"很好，望省中旅再接再厉，做强做大"，省委常委、时任省委秘书长徐少华批示"此调研报告抓住一个企业转型的路径方法，深入分析，进行思考，提出建议，富有参考价值"。

按照集团"十二五"规划，广东中旅将致力于打造中国领先的旅游集团，成为广东旅游资源整合的领导者、国内旅游产业转型升级的最佳示范者和产业规范与标准的重要制定者，实现"十二五"再造一个"广东中旅"，资产翻一番达50亿元、营收翻一番达40亿元、利税翻两番达4亿元，成为华南地区综合实力最强的旅游集团，不断追求和成为最受尊敬的旅游服务供应商和百年品牌企业。

（一）广东中旅主要社会责任业绩

1. 切实履行经济责任

同比2008年，2011年集团营收增长了93.7%，利润总额增长了238.84%，净利润增长了326.11%，资产负债率下降了8.46%，资产总额增长了117.33%，净资产增长了200.3%。

广东中旅连续18年位居国家旅游局主办的"2010全国百强国际旅行社"排名全国前十和广东第一。2010年，广东中旅超过多家"国"字号央企，跃居全国百强旅行社第一，其中出境游十强旅行社排名第一，国内游十强旅行社排名第一，入境游十强旅行社排名第三，并实现连续4年进入全国"利税十强旅行社"，其中2010年全国排名第二。2011年，广东中旅位居全国十强旅游集团第四和广东第一。实现了广东旅游业和广东中旅行业地位历史性的新突破。截至目前，拥有以"广东中旅"注册设立的省内外连锁旅行社23家，门市部150多个，设立并运营英国、德国、比利时、加拿大、丹麦、阿联酋、西班牙7家签证申请中心，是华南地区网络规模最大、服务最齐全的旅游分销商，是广东省和广州市多家机构公商务的指定承办、接待单位。拥有高级营运车辆600余台，经营旅游客运、企业班车、长途客运、空港快线和粤港澳直通车业务，是广东营运规模最大的旅游客运企业，是广州亚运会、深圳大运会、全国九运会等多个国际、国内大型活动的指定交通运输服务单位。拥有华厦大酒店、天河华厦国际商务酒店、广州科学城华厦国际商务酒店等高星级全资酒店5家，纯品牌输出和受托管理酒店12家，管理房间数超过7000间，为广东管理酒店资产量最大的旅游企业之一。顺应国家和广东产业导向，紧贴区域产业发展需求，在全国率先提出"旅游产业园"发展理念，以产业集聚发展为方向，在珠三角、粤东、粤西投资建设佛山南海、梅州客天下和湛江滨海三个旅游产业园项目，初步完成产业集聚发展战略布局。其中，广东中旅南海旅游产业园为全国唯一"国家旅游产业集聚（实验）区"，为中国旅游产业转型升级创造了示范效应。

2. 坚持开展诚信经营

（1）诚信立企，着力解决历史遗留问题。20世纪90年代中期，受盲目多元化投资影响，广东中旅背上了沉重债务包袱并已严重资不抵债。本着对历史旧账负责、对国有资产负责、对广大员工负责的精神，在没有向省国资委要一分钱，又没有拿企业任何资产置换的情况下，通过几年与5家银行和两大资产经营公司艰辛谈判及努力拓展主业经营，彻底完成了债务重组，在化解生存风险的同时，赢得了社会和员工的信赖。

（2）优质服务，提升中旅品牌。①树立"用心服务、追求卓越"的服务理念，并将其贯穿于全集团四大业务板块经营活动的全过程。②加强管理。实施"每日一报"制度，监控团队服务质量；通过游客意见反馈表和电话回访，收集游客意见；通过地接综合能力评分表和团队质量保证书，保证地接服务质量。经过长期努力，广东中旅形成了一整套良好的操作流程，通过了历次ISO9001质量体系认证。华厦大酒店实施优质服务，在广州地区最早加入"金钥匙"国际组织。③注重细节。面对甲型H1N1对游客可能造成的潜在危险，启动应急措施，为游客提供旅游意外险、出游安心锦囊和用车消毒三重保障，随时关注游客健康状况。华厦大酒店在酒店业中第一个开展登记"的士"车牌服务，第一个在餐饮场所中为用膳的客人提供椅背衣服罩。④管好导游。加强《导游人员管理条例》、《导游服务质量国家标准》等法规学习，增强导游诚信意识；开展导游人文素质培训，使导游员成为"旅客之友"、"旅游顾问"；注重领队的考察和培训，培养了一批金牌领队。广东中旅近几年培养了以全国劳动模范、高级导游吴泽中为代表的优秀导游员群体，赢得了游客的一致好评。⑤内外监督。每年聘请30名社会监督员暗访或随团监督服务质量，及时对他们反馈的意见进行整改。

广东中旅高标准、高质量的服务，使得广东中旅成为省委、省政府公务出访的指定承办、接待单位，成为广州亚运会、亚残运会、深圳大运会、全国九运会、全国少数民族运动会、全球越棉寮华人大会，苏迪曼杯羽毛球赛、国际龙舟邀请赛等大型活动的指定交通运输服务单位。广州亚运会期间，广东中旅以"零事故、零投诉、零差错、零失误、零摩擦"的出色成绩完成了接待工作并获得亚运会"突出贡献单位"、"激情亚运、大爱动人单位"等荣誉称号。深圳大运会期间，广东中旅的服务受到海内外媒体客人的好评，省委常委、深圳市委书记王荣亲临一线慰问广东中旅的同志们。

广东中旅在广东旅行社业中第一家获广东"青年文明号"称号，获国家劳动人事部和国家旅游局颁发的"全国旅游系统先进集体"奖，国家工商总局授予"守合同重信用"称号，全国总工会授予"工人先锋号"称号及省委省政府授予"广东省先进集体"等众多荣誉，一直保持投诉率广州地区最低的水平，在历次旅游行风评议中一直名列前茅。

3. 坚持创新经营，打造幸福产业

（1）创新产品，引领旅游消费。20世纪90年代以来，广东中旅首家推出集旅游与文化、体育、探险于一体的"新、特、大"旅游产品和旅游项目，如全国首个罗布泊探险团、千人游广州、丽星邮轮海上婚礼团、粤港哈利车队珠三角之旅、首届泛珠三角汽车集结赛等，实现了旅游项目与文化内涵、经济效益与社会效益的成功结合，为引导旅游市场发挥了示范作用。

（2）创建旅游产业园，引领旅游产业转型升级。近几年来，广东中旅顺应国家和广东产业导向，紧贴区域产业发展需求，在全国率先提出"旅游产业园"发展理念，以产业集聚发展为方向，在珠三角、粤东、粤西投资建设佛山南海、梅州和湛江三个旅游产业项目，初步完成产业集聚发展战略布局。其中，规划总面积约8500亩，总投资过百亿元的广东中旅南海旅游产业园获国家旅游局授牌全国唯一的"国家旅游产业集聚（实验）区"，纳入全国旅游发展"十二五"重点项目和国家扩大内需旅游储备项目，列入广东省现代产业500强、现代服务业100强项目。目前，南海西岸项目一期建设进展顺利，国家AAAA级景区西岸森林生态园已营业，白金五星级酒店、中国最时尚的水上乐园等将于2013年"五一"完成建设并开园。2012年9月14日上午，中共中央政治局委员、广东省委书记汪洋，国家旅游局局长邵琪伟，广东省委副书记、省长朱小丹，世界旅游业理事会总裁大卫·斯克斯尔等领导和嘉宾在2012中国（广东）国际旅游产业博览会上察看南海西岸项目沙盘，对我们的工作给予充分肯定。

（3）规划建设国际旅游总部大厦，填补广东旅游总部经济空白。计划在琶洲总部经济区建设集旅游研发、展示、推广等于一体的旅游产业城市综合体项目（用地面积约1.5万平方米，建筑面积约14万平方米），助力广州打造影响全国、面向世界的亚太地区最具活力"国际总部经济之都"，建成后将成为广东旅游文化的新地标、广东对外交流的新窗口、旅游产业研发的新高地。

（4）推进资本运作，中旅股份上市工作全面启动。2010年底，中旅股份上市工作重新启动，2010年和2011年先后成功引进广东中科白云投资基金、上海乔祥投资基金，分别募集资金1亿元，管理日益规范，上市前景良好。未来中旅股份将着力打造旅行社、旅游汽车客运、景区景点投资（广东中旅南海旅游产业园西岸项目等）三个业务板块，目标是力争2013年在中小板实现IPO上市，成为广东第一家纯旅游概念、上市后预计市值达30亿元的国有控股上市公司，并实现上市与旅游产业园项目的良性互动发展。

4. 坚持机制建设，构建和谐中旅

（1）首创"三重医疗保障"。在全省企业中首创建立了旨在解决员工患病后顾之忧的"三重医疗保障网"。第一重，政府强制推行的职工社会基本医疗保险；第二重，广州市政府实行的"补充医疗保险"，费用全部由企业承担，不增加职工负担；第三重，企业内部设立"自助医疗保险"，由集团、各独立核算单位和全体在职职工共同出资成立。2011年4月1日起，再次提高"三重医疗保障"门诊报销标准，每月报销上限由150元提高至200元。2007年至今报销医疗费4200多人次，报销金额120多万元。同时，建立突发重大疾病员工救助基金。2009年至今，补助患重大疾病员工5人次，补助金额63000元，有效解决了突发重大疾病的员工看病难的问题。

（2）实施"心连心"工程，帮扶困难职工。2001年，广东中旅在省属企业中首先成立"在职职工解困互助会"，设立了专账专户资金，做到了确保有专人管理、确保有稳定资金来源、确保困难职工能按月领取生活补助金，同时坚持开展两级班子成员对困难员工结对帮扶，集团班子成员和职能部门副职以上人员每年从绩效年薪中拿出5%~10%用于补贴困难职工的生活。

（3）提高员工收入。完善薪酬激励机制，体现员工绩效与部门业绩和个人付出双挂钩，调动了员工积极性。针对近几年物价上涨的情况，集团各企业不同程度地上调了员工基本工资，平均升幅超过8%，并不同程度地增加了员工的生活补贴。近几年，广东中旅每年在离退休人员等方面的经费支出达数百万元,近两年更是突破 1000 万元。

（4）开展文化活动。开辟企业文化墙,通过总经理致辞、员工先进事迹,加强企业文化宣传;开展"用心服务之星"评比,表彰默默奉献的岗位英雄;实施生日送花制度,由总经理为员工写生日贺卡;开展"感恩中旅,放飞梦想"演讲比赛及工会日活动,优化团队氛围。

（5）重视人才工作。多年来,集团坚持党管干部原则,公平、公正地开展好选人用人工作。近三年来两级班子的梯队建设做到了有计划、有步骤、肯投入,从本部到投资控股企业,进入二级班子 45 岁以下的成员,均由企业出资在职参加高等院校的更高学历深造。目前,集团有高级工程师、高级经济师、高级会计师、注册税务师、注册评估师等 20 多人。在 2011 年 3 月省委组织部组织的"一报告两评议"活动中,30 个省属企业,集团干部选拔任用工作满意度分值为 91.83,排名第五。

5. 坚持共同发展,促进社会和谐

（1）积极开展旅游赈灾。近几年来,集团及各二级企业通过捐赠、旅游赈灾等方式共为汶川及省内外灾区捐款数百万元。2010 年,联合汶川县民政局、汶川旅游局共同举办了"关爱汶川广东爱心万人行"活动,为全国首个走入震区最大型的长者游、亲子游团队和"旅游援建"时间最长的团队。

（2）策划推出大型红色之旅。为庆祝长征胜利 70 周年,2006 年 8 月,我们联合《南方日报》等单位主办了中国旅游史和中国传媒史上具有重大意义的项目——"重走长征路、喜愿传中国——纪念长征胜利 70 周年大型联合采访暨红色自驾之旅",途经 8 省区,行程近 8000 公里,组织捐款、捐建希望小学共 100 多万元,充分展示了新时期广东人致富思源、富而思进的新风采。

（3）切实履行会长单位责任,引导行业健康发展。联合全省中旅社发布《和谐旅游宣言》,倡导全行业共同建立旅游信用体系,优化旅游消费环境,倡导文明旅游、和谐旅游。发起开展"幸福广东人、和谐港澳游——百日港澳游专项整治活动",受到港澳地区媒体的好评。领衔制定广州道路运输业"十二五"发展规划,并在打击非法营运等方面发挥了龙头企业作用。

（4）积极开展"扶贫双到"工作。认真贯彻省委"扶贫双到"工作部署,三年内投入 600 多万元对口扶持五华县长布镇福兴村。重点推进饮水工程,目前主体工程已竣工;成立公司重点扶持淮山特色种养,获得了丰收;捐赠 250 万元用于"两不具备"村庄的搬迁建设以及购买农村老人社保;贴补贫困户种养资金;协助村两委开展工作,按计划推进危房改造;定期开展技术培训,聘请清华大学农业专家做专题讲座。2010 年考核得分 98.8 分（优秀）,成为五华县 60 多个扶贫点的 5 个示范点之一和插红旗单位,并获得"爱心企业"的殊荣（全省共 100 家）。2011 年,集团自评完成所有贫困户的脱贫,村集体收入超过 15 万元。省扶贫办 2010 年、2011 年两年考核结果均超过 90 分,达到优秀。

（5）积极开展援疆援藏工作。创立旅游援疆援藏模式,设立了旅游援疆的平台——广东中旅喀什旅行社有限公司。早几年在省国资委统一部署下投资 600 万元对口援建了西藏林芝宾馆。按省政府部署,广东中旅承担打造精品旅游线路、规划建设一流旅游车队及挑选优秀藏族青年集中到广东培训三项工作。2012 年 3 月 31 日,朱小丹省长、西藏自治区白玛主席亲自为广东中旅林芝生态旅行社揭牌。集团计划投资 6200 万元,购置高端车辆 75 台,运营广东中旅西藏旅游汽车服务公司。计划用三年时间,为林芝地区培训 1000 名导游和景区工作人员。已协助林芝县完成全县旅游资源普查,计划投资 3 亿元建设鲁朗国际旅游小镇周边景区项目。2012 年 8 月 6 日,自治区政府丁业现副主席继 2012 年 3 月后再次到广东中旅林芝旅行社考察，强调自治区政府将通过各种优惠政策全力支持广东中旅在西藏及林芝地区的发展。

广东中旅在 2011 年之前无国家资本金投入，长期靠银行贷款和经营利润发展。改革开放初期，广东中旅的免税、侨汇和旅游业务每年均为国家创造利税近亿元，每年仅侨汇就达 5000 多万元，为广东经济和旅游业做出了重要贡献。曾拨款 1600 万元支持省侨办建设广东华侨博物馆。多年来，广东中旅一直严格按章纳税。近几年，每年缴纳税费均在 4000 万元以上并呈逐年大幅增长态势，已连续 4 年进入全国同行业纳税十强，2010 年获得全国同行业"利税十强"第二位。

（二）广东中旅履行社会责任的几点体会

1. 必须毫不动摇地解决历史遗留问题，夯实发展基础

正是依靠"勇于对历史旧账负责、勇于对国有资产负责、勇于对广东中旅负责、勇于对广大员工负责"的把握，依靠坚定的事业心和高度的责任感，依靠顽强的意志和锲而不舍的精神，广东中旅才能够在没有向省国资委要一分钱，又没有拿企业任何资产置换的情况下，彻底完成了债务重组，赢得了社会和员工的信赖，赢得了跨越式发展的极大空间。

2. 必须毫不动摇地转变发展方式，加快转型升级

广东中旅近十年来艰辛的改革发展历程充分证明，在市场经济的大环境中，在旅游行业全面竞争的大背景下，转型升级已成为我们不二的选择。从退出劣势企业、劣势项目、劣势业务到回归和突出发展旅游主业，从锲而不舍解决历史遗留债务到夯实发展基础实现净资产的历史性提升，从传统旅游业务到投资建设旅游产业园，从旅游产业园到旅游总部大厦项目，到产业集聚发展，无一不是转型升级的结果。作为省属企业，广东中旅必须毫不动摇地自觉争当转变发展方式、加快转型升级、建设幸福广东的排头兵。未来，广东中旅将继续发挥国企信用优势、品牌优势、产业链优势，在转变发展方式的大势中，勇于探索，创新发展。

3. 必须毫不动摇地坚持重大项目引领，推动中旅持续发展

谋划推进重大项目是突破路径依赖、实现产业转型升级的重要抓手和有效举措。经过近两年的实践，我们更是深刻地体会到，重大项目是推进广东中旅主业协调发展、推进广东中旅战略发展、推进广东中旅队伍建设、推进广东中旅幸福企业建设的战略选择。创建南海西岸项目、推进中旅股份上市是集团抓住政府大力发展旅游业这一战略机遇，适时做出的重大决策。两大项目虽然启动时间不长，但广东中旅已由此初步形成了产业集聚、资本集聚、人才集聚的良好发展态势以及"借力发展，顺势而为"的政策效应，实现了"十二五"的良好开局，取得了有史以来的最好成绩。

四、广东省粤电集团有限公司董事长潘力谈企业社会责任

广东省粤电集团有限公司（以下简称粤电集团）成立于 2001 年 8 月 8 日，是全国首家因实施电力体制改革而诞生的发电企业。公司注册资本 215 亿元，由广东省人民政府和中国华能集团公司分别持有 76% 和 24% 的股权。截至 2011 年底，粤电集团总资产为 1322 亿元，员工为 13900 多人，现有全资、控股、参股单位 130 余家，并控股上市公司——广东电力发展股份有限公司（粤电力）。粤电产业涉及火电、水电、风电、核电、LNG 发电、生物质发电、光伏发电等多种能源，遍布广东

全境，并积极向省外和海外延伸。

近年来，粤电积极实施相关多元化发展战略，在煤炭、航运、天然气、金融、设备制造等领域均取得突破性发展，推进产业链向核心主业上下游延伸，实现了核心价值的有效提升。公司连续10年在广东省属国有资产经营责任制考核中成绩为优，在2011年度中国企业500强中位列第197位。

作为广东省实力最强、规模最大的发电企业，成立十一年来，粤电集团以科学发展观为指导，秉承"合和共生 守正出新"的企业哲学和"厚德善能 益邦惠民"的企业使命，以具有粤电特色的"安全、卓越、绿色、和谐"为履责目标，恪尽公司在经济、社会、环境方面的责任，有效实现了企业经营与社会责任的高度统一，实现了企业全面、协调、可持续发展。

（一）居安思危，用心守护安全粤电

为广东经济社会发展提供安全的电力保障，是粤电的核心责任。粤电集团始终坚持"安全第一、预防为主、综合治理"的方针，通过不断完善安全生产管理制度，层层落实安全生产责任，有效建立了安全生产长效机制。在系统各单位积极推行ISO9000、ISO14000、OHSMS18000三标一体化贯标及南非NOSA五星管理等现代管理方法，所属发电企业全部获得"三标一体化"认证证书，18家发电企业通过NOSA审核并获得星级评级，其中1家电厂（沙角C电厂）成为亚洲首个获得NOSCAR评级最高荣誉的电厂，另有5家电厂获得NOSA五星评级，11家电厂获得NOSA四星评级；不断加强应急管理体系建设，专门成立了突发事件应急指挥部，系统各单位共编制各类同应急预案634个，为重大保电工作、特殊时期的专项应急管理等建立了指挥顺畅、反应迅速、运作高效的应急机制。注重对突发事件、应急预案的演练。仅2011年，系统各发电企业针对突发极端天气、自然灾害、火灾、环保、大面积停电、单机运行等预案演练219次；同时，通过设备治理、运行管理、班组管理等举措，提高机组安全运行水平。针对承包商安全管理相对薄弱的环节，加大对承包商安全管理力度。以培育和强化员工的安、健、环意识为切入点，积极开展各类安全生产活动，营造"人人讲安全、重安全、保安全"的安全文化，有效提高安全生产管理水平。

扎实的安全管理基础，使得粤电圆满完成了抗灾和各项重大活动保电工作，得到了政府和社会各界的肯定与认同。在2008年的抗冰救灾中，粤电不计成本地开出全部在役机组，集结所有资源，确保机组的稳发满发，用30%的装机容量支撑起全省近50%的电力供应；在2010年广州亚运会期间，粤电集团共计近1600万千瓦火电机组和近100万千瓦水电机组容量（省内）供系统调度，最大限度地保证了亚运会期间电网可调度机组容量和电网的安全稳定，由此被国家电监会授予"亚运保电突出贡献奖"及"亚运保电先进单位"二项殊荣。在2011年大运会期间，粤电集团系统内的广前公司、沙角A电厂、沙角C电厂等单位勇担保电重任，全力以赴为大运会提供了安全、可靠的电力保障，均获得国家电监会颁发的"大运会保电先进单位奖"。

从成立至今，粤电集团连续多年获得"广东省电力迎峰度夏工作先进单位"荣誉称号，为保障全省电力供应做出了种种突出贡献，彰显出粤电勇于担当的胸怀和气魄。

（二）争创一流，用心打造卓越粤电

粤电集团一直以"企业整体价值最大化"为经营目标，追求公司经济效益、社会效益和生态效益协调与统一。以产业价值链为基础，立足发电主业，拓展集团在能源、运输、金融等关联产业的

发展空间，较好地履行国有企业的经济责任：坚定不移地实施"走出去"战略，立足广东、面向全国，走向海外，努力开拓外部市场，参与国际经济合作与竞争；坚持以发电板块为主、相关产业多元化协同发展的"一主多元"发展模式，努力实现常规电源做强、新能源不断做大、多元化产业不断做优的发展目标；在所属火电企业全面开展对标管理工作，形成具有粤电特色的对标管理平台和网络体系；积极构建粤电集团全面风险管理体系，逐步完善内控体系、法律风险防范体系，发挥审计工作监督防护功能，实施资金支付联签制度；大力实施自主创新，在发展模式创新、管理模式创新、科学技术创新等方面均取得了良好成绩，于2010年，获"广东十大创新企业"殊荣；2011年，共14项管理成果获得"全国电力行业企业管理创新成果奖"；2012年，"大型火电机组负荷自适应控制优化技术"项目获广东省科学技术一等奖；并通过加强信息化建设、推行"整合一体化"管理体系、努力探索构建战略业务单元等措施，构建了具有行业先进水平的"粤电发电管理模式"。其中，粤电商务网的开发运用，实现了公司信息化与廉政建设的相融合，获得了电力行业"十一五"信息化创新成果奖。

2011年，面对融资成本上升、煤运价格高企等错综复杂的经济和外部形势，粤电全面强化精细管理，加大产业结构调整，推进节能降耗，全年实现营业收入534.27亿元，可控电厂完成上网电量1190.54亿千瓦时，同比增长21.25%，超额完成广东省国资委考核优秀值，有效地应对了后金融危机时期的严峻经济形势和恶劣市场环境，实现了"十二五"的良好开局。

（三）低碳环保，用心绘就绿色粤电

为履行资源和环保责任，粤电集团从2002年起就致力于"蓝天工程"一期（脱硫）建设，投入55亿元巨资对系统内34台运火电机组进行烟气脱硫工程建设，成为全国首家系统电厂全面完成脱硫的发电企业。并在所属电厂积极试点开展脱硫系统扩容改造、电除尘改造工作，使改造后的脱硫效率可达95%，脱硫能力大大提高。粤电系统内的湛江电厂进行技术攻关，在大修中将该厂2号炉电除尘改造为袋式除尘器，使粉尘排放浓度均下降到30mg/Nm³以内，除尘效率大于99.94%，达到国家最严格的标准，被国家能源局、广东省发改委列为综合升级改造示范机组。截至目前，粤电系统内电厂年平均脱硫效率和投运率均超90%，二氧化硫年减排量约36万吨，占广东全省减排量的50%以上；2011年，粤电又投入2.2亿元推进"蓝天工程"二期（脱硝）建设，陆续对系统内34台现役燃煤机组进行烟气（脱硝）装置改造。2010~2011年，粤电系统内15家火电厂连续两年获得"广东省环保厅绿牌企业"称号，树立了诚信履责、绿色发展的良好企业形象。

此外，粤电集团还大力推进技术创新，实施锅炉点火节油技术改造，节约燃料成本数亿元；对53台电机实施高压变频改造，节电20%~30%；实施精确配煤和机组负荷优化分配，火电机组供电煤耗由2005年的348克/千瓦时，下降到目前的325克/千瓦时，累计节约标准煤180万吨；积极应对全球气候变化，持续不断地推进在水电、超超临界、风电、光伏发电、生物质、LNG等方面的CDM项目开发和申报工作，目前已有188万吨"二氧化碳减排量"获联合国签发；注重发展循环经济，注重对固体废弃物直接利用、合作利用和无害化利用，系统单位固废综合利用率为82%。实施低碳办公，开展节煤、节水、节电、无纸化办公等活动。加大节能资金投入，仅2011年，用于专项节能减排技改的资金达3.3亿元，系统共十余单位被评为"广东省节能先进单位"，多人被评为"广东省节能先进个人"。仅在2007~2011年，粤电集团为环保投入资金已达146亿元。

(四）携手共进，用心建设和谐粤电

坚持规范劳资关系是依法保证企业员工合法权益的重要内容。粤电集团严格执行《劳动法》和《劳动合同法》等相关法律法规，关注联合国"全球契约"十项原则，规范劳动用工秩序；重视和支持各级工会组织建设，集团工会现下设基层工会 40 个，员工入会率达 100%；注重对女职工成长和发展，各基层工会设立女职工委员会或女职工委员，并组织开展"粤电建功立业女能手"和"粤电女职工文明示范岗"活动，有效提升女职工素质；通过职工代表大会、厂务公开、民主对话会、领导接待日、开展合理化建议等形式，畅通员工参与民主管理渠道，保障了员工的知情权、参与权、表达权和监督权。粤电还严格依纪依法办案，推进党风廉政建设和反腐败工作深入开展，促进企业健康和谐发展。

坚持人本管理，以提升企业核心竞争力。粤电集团注重各类人才队伍建设，关注员工成长发展。2011 年编制了粤电集团"十二五"人才发展规划，修订调整系统发电企业员工专业技术系列职业规划路径，在试点单位逐步推进员工职业生涯规划管理，拓宽员工发展通道。建立完善绩效管理体系、选人用人机制，公司领导人员选拔任用工作评议在 30 家省属企业中排名前列。在系统单位开展薪酬改革试点工作，完善薪酬与业绩考核相结合的多元化薪酬体系。大力实施品牌培训和"走出去"培训战略，集团全员培训率超 90%。

和谐于心，为善于行。粤电集团致力于通过自身的发展促进社会进步和经济发展，与政府、银行、同业、客户、供应商等携手并进，共迎挑战，共谋发展。2011 年，粤电集团与中国工商银行和中国农业银行紧密合作，分两次在银行间市场公开发行 60 亿元中期票据，认购量超过实际发行金额两倍。并分别与中国建设银行、中国工商银行、中国农业银行签署了 300 亿元战略合作协议。

粤电集团认真履行企业公民之义务，积极推进企业与社会和谐发展，热心参与公益事业建设。成立至今，粤电集团依法上缴税费 490.45 亿元；每年组织员工探访敬老院、帮扶单亲家庭、救助贫困孤儿；公司自身及组织系统员工为汶川大地震捐款近 1000 万元，为云南贵州抗旱救灾捐款 200 万元；积极开展扶贫"双到"活动，投入各项目扶贫资金超过 3700 万元；捐助失学儿童近 2000 人，建立希望小学 5 座，帮扶贫困村落 15 个。在 2010 年全省扶贫"双到"工作座谈会上，广东省委书记汪洋在听取了粤电集团作为企业唯一代表单位所做的汇报后，高度评价说："如果大家都能像粤电重视'双到'工作，我就放心了。"粤电集团坚持不懈地履行企业社会公益职责得到了社会各界的认可，连续两年荣获"广东扶贫济困红棉奖金奖"。

（五）锐意创新，社会责任融入管理

致力于建设成为具有国际竞争力的能源集团的粤电，在践行"让每一度电凝聚责任的力量"的活动中，专注于企业社会责任的管理，从责任治理、责任战略、责任文化融合等方面着手，层层深入、逐步完善，探索实施企业社会责任管理。

1. 完善机构，将社会责任纳入企业治理架构

社会责任管理是一项长期而艰巨的工程。作为广东省国资系统首家实现集团层面产权多元化的公司，从 2003 年开始，粤电集团就致力于建立规范的企业法人治理结构，依法经营，确保国有资产保值增值。按照现代企业制度要求，建立由股东会、董事会、监事会和高级管理层组成的"三会

一层"法人治理结构及严密的组织机构；完善了"三重一大"决策制度，即重大事项决策、重要干部任免、重要项目安排和大额资金的使用均由集体研究决定。

2011年，为了加强资本运营、资产证券化工作和全面风险管理的需要，公司总部将原董事会及法律事务部更名为资本运营与法律事务部，部门职能也作相应调整、充实，这是公司充分整合资源，提高资本运营水平和战略协同能力，提升集团化治理管控水平的有力举措。2012年，组合成立了审计及监事会工作部，进一步强化突出企业的监督功能，为企业健康发展保驾护航。

2. 着眼未来，将社会责任纳入企业发展战略

从成立至今，粤电集团始终围绕"以能源为核心，相关产业协同发展，立足广东、面向全国、开拓国际市场，打造国内一流并具有国际竞争力的能源集团"的发展战略，把企业社会责任理念融入核心业务规划、节能减排规划、相关多元化发展规划等的建设实践中：优化发展高参数、大容量的火电机组，加快发展风电、太阳能等可再生能源，积极发展水电、核电、生物质等清洁能源；大力开展科技攻关、实施技术创新进行减排降耗，推进节能减排重点工程的加速建设；积极实施以能源为核心的相关产业协同发展战略，进一步完善上下游产业链，围绕发电、物流、公用产品、环保、金融服务五大业务板块，将社会责任与公司发展战略紧密融合，将企业发展目标与社会责任统一规划，推动了企业的可持续发展。

3. 升华理念，将社会责任融入企业文化

在经济全球化的时代，企业社会责任呈现全球化的趋势，先进的社会责任理念和行为已成为企业不可或缺的竞争力，也成为企业创造财富、提升价值的有效途径。为此，粤电集团以"合和共生、守正出新"为企业哲学，体现了粤电生存发展的意义和对履行社会责任的自觉追求；以"厚德善能　益邦惠民"为企业使命，体现了粤电追求责任、效益和环境协调统一，为社会发展提供可靠动力，为利益相关方创造和谐价值；以"专业、高效、协同、诚信"为核心价值观，体现了粤电作为能源企业的立业之基、兴业之本、成功之要、常青之法；以"成为具有国际竞争力的能源集团"为企业愿景，体现了粤电每一位员工的不懈追求。

附录 2　课题调研报告

接受研究任务后，项目组立即开展项目调研工作。2012 年 8 月 6~12 日，项目组一行 11 人赴北京对中央企业、联合国全球契约组织在华机构及国内知名企业社会责任（CSR）研究机构进行调研。2012 年 9 月 12~13 日，项目组两名成员前往上海市浦东新区企业社会责任办公室调研。项目组成员就上海市浦东新区推进社会责任管理工作的主要做法与经验进行了交流与调研。2012 年 8 月 20 日至 2012 年 9 月 7 日，在省国资委有关领导的陪同与指导下，项目组对广东省交通集团有限公司、广东省水电集团有限公司等 21 家广东省属企业进行全面深入调研。项目组采取座谈、实地走访等方式，就相关企业社会责任实践以及相关管理部门的管理经验等进行深入了解，具体情况如下。

一、中央企业社会责任实践走在全国前列

中央企业认真贯彻落实党中央、国务院的各项方针政策，在企业持续快速发展的同时，模范履行社会责任，为经济社会发展做出了积极贡献。从企业社会责任业绩来看，中央企业的履责主要体现为实现资产保值增值、促进经济社会平稳发展、全面完成节能减排任务、维护职工合法权益、加强安全生产、积极参与社会公益活动。

中央企业社会责任管理尤其走在全国前列。截至 2012 年 9 月 26 日，117 家中央企业中已有 61 家中央企业建立了或已筹备建立由公司高层领导的、多部门参加的社会责任委员会或领导小组，并已建立社会责任归口管理部门。其中，28 家企业建立了社会责任委员会，20 家企业建立社会责任领导小组，13 家企业筹备建立社会责任领导机构。部分企业还设立了以社会责任或可持续发展命名的部门或处室，专门负责社会责任推进工作。

许多中央企业切实将企业社会责任作为工作的重要组成部分，将社会责任工作内容纳入企业的总体战略。例如，国家电网公司、中远集团、宝钢集团有限公司、中国北车股份有限公司等企业还研究制订了社会责任规划，提出了可持续发展的总体思路、原则、发展战略、发展目标以及发展的保障措施。

部分中央企业将推进下属企业的社会责任工作作为工作重点，积极推进下属企业建立社会责任归口管理部门。例如，中国华能集团公司的各区域公司和产业公司均成立了社会责任领导小组，明确归口管理部门，负责推进实施集团公司社会责任工作的决策部署，汇总提交社会责任建设有关议题、信息，开展与利益相关方沟通与合作；中国大唐集团公司以集团公司社会责任办公室为核心，在分子公司、基层企业总经理工作部（办公室）设立社会责任办公室；中远集团各公司均成立了全球契约推进小组或"可持续发展委员会"，设立日常管理机构将实施全球契约和可持续发展工作纳

入日常管理职能；中国保利集团公司和中国黄金集团公司也均已下发文件，要求各下属企业建立起相应的社会责任管理机构。

中央企业社会责任信息披露工作成效突出。截至 2011 年底，发布社会责任报告的中央企业已达 76 家，比 2010 年增加 21 家，一些尚未发布报告的企业也在积极推进这项工作。总体上看，76 份报告在结构框架设计、表达形式以及对专业词汇解释方面的总体表现较好，表现形式丰富、图文并茂并且排版精美，部分报告还对行业专业词汇进行了解释说明。创新性主要评价报告在内容或形式上具有有价值的创新。76 份报告总体表现较好，多数企业充分考虑连续编制社会责任报告的需要，从形式和内容上既坚持了一贯风格和传承，又在年度报告中突出了本企业和本年度的亮点，确保了报告的连续性与创新点。综合以上对 76 份报告的各项分析，总体上看，中央企业社会责任报告的质量在不断提升，在国内处于领先水平。中远集团、国家电网公司、中国南方电网有限公司、中国移动通信集团公司、中国中钢集团公司、中国五矿集团公司、中国石化化工集团公司等部分企业报告的质量已经达到国际领先水平。

二、上海市浦东新区企业社会责任推进措施值得借鉴

从 2004 年开始，中国的一些地方政府，包括省级和市级政府，陆续出台了推进企业社会责任的政策性措施，尤以广东省深圳市、上海市浦东新区、江苏省常州市、河北省和浙江省的表现较为突出。

2007 年，浦东新区出台了推动企业履行社会责任的三大政策，通过政策性措施的实施，把构建企业社会责任体系、推动企业履行社会责任作为综合配套改革、转变政府职能、构建和谐社会的重要举措；把提升区域责任竞争力作为新一轮发展的新抓手。在政策的指引下，不仅促进了企业履行社会责任，同时推动了区域经济的发展，增强了区域责任竞争力。

上海市浦东新区倡导建立政府、企业、中介、社会四位一体推进企业社会责任体系。2007 年 7 月，浦东新区召开了建立企业社会责任体系的推进大会，在会上发布了三个重要文件。

第一个文件是《浦东新区企业社会责任导则》（简称《导则》）。《导则》中提出企业社会责任包括法律层面责任，也更多地引入了高于法律要求的道义层面的责任，并提出共包括权益责任、环境责任、诚信责任、和谐责任 4 方面的 60 项指标。根据《导则》，浦东新区制定了可量化的浦东新区社会责任评估办法，对区内企业进行履行社会责任的达标评估。评估遵循企业自行申请、第三方评估公司现场评估、评估结果公示的原则。2007 年 10 月，浦东企业社会责任试评估机制正式启动，到 2008 年底，完成对 100 家区内企业履行社会责任评估报告。

第二个文件是《浦东新区推行企业履行社会责任的若干意见》（简称《意见》）。《意见》作为浦东新区综合配套改革第一个规范性意见，对新区社会责任达标企业在政府采购、申请科技发展基金、贷款担保、技改贴息、检验检疫便捷通道、报关、企业年检、各类认定、补贴资助等便利措施方面予以支持。

第三个文件是《浦东新区建立企业社会责任体系的三年行动纲要》（简称《行动纲要》）。《行动纲要》为浦东新区开展企业社会责任工作指出了方向，即通过三年的努力，力争达到符合各类诚信标准的示范企业 1000 家，符合社会责任标准企业超过 200 家，发布社会责任报告企业 300 家的工作

目标。

浦东新区改革开放 18 年，经历了经济的高速发展。目前，浦东新区积极尝试推进建立企业社会责任体系建设，努力把浦东新区打造成为现代工商文明的示范区、企业履行社会责任的示范区、可持续发展的示范区，提升区域责任竞争力，开创浦东新区发展的新模式。

三、广东省属企业社会责任实践取得初步成效

作为广东社会经济发展的主导力量，省属企业不仅在广东经济建设中发挥骨干作用，也在履行经济责任、诚实守信责任、产品（服务）质量责任、资源与环境责任、自主创新责任、安全生产责任、员工权益保护责任、社会公益责任等社会责任方面不断取得突出成效。

积极履行经济责任。省属企业成功应对国际金融危机等重大挑战，经营业绩连创新高，较好地实现了国有资产保值增值。截至 2011 年 12 月底，省国资委监管的 24 家省属企业资产总额 6718 亿元，归属于母公司所有者权益 1585 亿元，分别比 2008 年增长 42.24%和 13.95%。2011 年，省属企业实现营业收入 3682 亿元、利润总额 191 亿元，分别比 2008 年增长 34.43%和 105.38%。涌现了交通集团（1842 亿元）、粤电集团（1311 亿元）两家企业资产超千亿元的国企航母，物资集团等 8 家省属企业上榜 2011 年中国企业 500 强。目前，《珠三角规划纲要》"四年大发展" 84 项重大项目和 23937 亿元总投资中，省属企业承担或参与 17 项，总投资达 7008.86 亿元，截至 2011 年底，已完成投资 3014.8 亿元。

全力参与灾害救助。省属企业充分发挥资源与技能优势，组织常备专业抢险救灾队伍，在 2008 年雪灾、汶川"5·12"大地震、2010 年青海玉树地震等重大自然灾害救助方面发挥重要作用。水电集团组建的广东省三防机动抢险一队连续被省委、省政府和省三防总指挥部评为"广东省抗洪抢险救灾先进集体"，2005 年，被省三防总指挥部评为"抗洪抢险救灾先进集体"；2006 年，被省委省政府评为"广东省抗洪救灾模范集体"，被省国资委评为"抗击台风和救灾复产先进集体"；2007 年，被省三防总指挥部评为"抗洪抢险工作表现突出集体"；2011 年，被省三防总指挥部评为"全省防汛防旱防风防冻先进集体"。

切实保护雇员权益。省属企业目前吸纳在岗职工 26 万余名，劳动合同签订率达到 100%，省属企业全部建立了工会组织或职工代表大会，79%的省属企业在制定各项规章制度时，能与员工进行充分沟通，以增强民主决策、透明决策。59%的省属企业还成立了内部劳动争议调解组织。大部分企业能够建立相关的职业安全卫生管理制度，并提供相应的防护设备。90%的省属企业还进行了传染病、艾滋病和其他流行性疾病的宣传和预防培训，增强员工的疾病预防知识。

积极承担环境保护责任。"十一五"期间，省属企业全面完成节能减排目标，100%的企业对废旧产品进行回收利用，95%的企业建立环境方针并在企业内部得到有效贯彻和落实，90%的企业建立环境保护目标和指标，以及环境保护责任制度，90%的企业对污染物、化学品与其他危险物质的排放采取控制措施，90%的企业采用资源利用率高、污染物排放少的设备和工艺，90%的企业使用可再生资源和能源，80%的企业有减少温室气体排放的具体措施和目标。

注重承担技术创新责任。省属企业自主创新工作取得了初步成效，在首批 28 项省属企业自主创新项目中，相当部分项目达到"国际同步、国内领先、广东第一"的水平，其中具备世界先进水

平的项目7项。广晟公司的DRA数字音频编解码技术，是我国在多媒体信息领域第一个具有完全自主知识产权的国际商业主流标准，开创了国家核心技术和国家标准首次由企业独立研发和申报成功的历史，被工信部认定为"原始创新型技术"。建工集团研发的矩形顶管机拓展了国产矩形顶管设备在华南地区应用领域，为铸就广东基础在华南地区矩形顶管的研发与应用的领先地位提供了有力支撑。

此外，广东省属企业在解决历史遗留问题、承担社会公益责任等方面等做出了积极的努力，也取得了丰硕的成果。但也存在一些问题，如企业社会责任管理体系还不够健全，在经营管理层，省属企业基本还没有建立相对独立的管理机制和制度，企业社会责任管理工作一般附属于不同职能部门，其中5家企业设置在企业战略发展部（含发展研究部）、14家企业在集团办公室（含董事会办公室、集团综合部）、2家在党群工作部或工会。

作为企业社会责任管理的重要方面，省属企业的社会责任信息披露工作已经取得初步成效。2011年，粤电集团发布了广东省属企业第一份社会责任报告。2012年，粤电集团、机场集团、交通集团、广晟公司、广业公司5家省属企业先后发布企业社会责任报告，标志着广东省属企业社会责任报告发布工作开始进入启动阶段。其中，交通集团《2011年度企业社会责任报告》对集团成立以来至2011年底履行社会责任实践进行了回顾和总结，该报告在完整性、实质性、平衡性、可比性、易读性、创新性等方面均达到较高水准，《南方日报》等新闻媒体报道了交通集团社会责任报告的发布情况以及集团主要社会责任业绩。省属企业在利用新闻发布会、公司官网、宣传手册、电视专题等多种方式披露社会责任信息方面，也还显得不够成熟。

四、调研总结

本项目调研工作持续一个半月，调研范围涉及部分中央企业、国内知名企业社会责任研究机构、相关国际机构、国内部分公共管理机构以及几乎全部省属企业。项目组全体成员参加北京第一次调研和省属企业调研，掌握了大量第一手数据与资料，尤其对广东省属企业的社会责任基本情况及存在的不足之处有了全面深入的把握，为展开项目研究奠定了坚实的基础。

附录3　调查问卷

《省属企业履行社会责任实践与政策导向》课题组

尊敬的先生/女士：

您好！感谢您在百忙之中填写这份问卷。我们是广东省国资委企业社会责任相关问题研究组，正在对省属企业的社会责任问题进行研究，希望能得到您的支持与帮助。本问卷采用匿名方式，所得数据仅用于科学研究，请您放心填写！再次感谢您的支持！

一、您的基本信息（请在符合您情况的□内打"√"）。

1. 贵公司所属行业：
   □ 农林牧渔业　　□ 采掘业　　□ 制造业　　□ 电力、煤气及水的生产和供应业
   □ 建筑业　　□ 交通运输、仓储和邮政业　　□ 信息传输、计算机服务和软件业
   □ 批发和零售业　　□ 房地产业　　□ 租赁和商业服务业　　□ 其他

2. 贵公司所属行业特征：
   □ 高科技产业　　□ 战略新兴产业　　□ 优势传统产业　　□ 其他

3. 贵公司是否为混业经营：
   □ 混业　　□ 单一行业（产业）

4. 您的性别：
   □ 男　　□ 女

5. 您的年龄：
   □ 30岁以下　　□ 31~40岁　　□ 41~50岁　　□ 51~55岁　　□ 55岁以上

6. 您的受教育程度：
   □ 初中或者以下　　□ 中专、高中　　□ 大专　　□ 大学本科　　□ 硕士研究生
   □ 博士研究生

7. 您的最高学历是＿＿＿＿专业。
   □ 文史哲法律　　□ 经济　　□ 管理　　□ 理工农医　　□ 其他

8. 您的现任职务：
   □ 高管　　□ 中层管理　　□ 员工　　□ 其他

二、对企业社会责任的一般认知（请在符合您情况的□内打"√"）。

1. 企业家的社会责任感一般都比较强烈。
　□ 不同意　　　□ 较不同意　　　□ 不清楚　　　□ 比较同意　　　□ 非常同意

2. 国企的根本责任是为社会创造财富。
　□ 不同意　　　□ 较不同意　　　□ 不清楚　　　□ 比较同意　　　□ 非常同意

3. 国企的根本责任是促进国家的发展。
　□ 不同意　　　□ 较不同意　　　□ 不清楚　　　□ 比较同意　　　□ 非常同意

4. 企业的根本责任是为股东创造利润。
　□ 不同意　　　□ 较不同意　　　□ 不清楚　　　□ 比较同意　　　□ 非常同意

5. 履行企业社会责任会增加企业的成本。
　□ 不同意　　　□ 较不同意　　　□ 不清楚　　　□ 比较同意　　　□ 非常同意

6. 企业的社会责任是企业发展到一定阶段后才能顾及的。
　□ 不同意　　　□ 较不同意　　　□ 不清楚　　　□ 比较同意　　　□ 非常同意

7. 企业社会责任是企业基本责任之外的责任。
　□ 不同意　　　□ 较不同意　　　□ 不清楚　　　□ 比较同意　　　□ 非常同意

8. 企业社会责任主要是大企业的事情。
　□ 不同意　　　□ 较不同意　　　□ 不清楚　　　□ 比较同意　　　□ 非常同意

9. 履行社会责任与企业的可持续发展有非常密切的关系。
　□ 不同意　　　□ 较不同意　　　□ 不清楚　　　□ 比较同意　　　□ 非常同意

10. 您熟悉国内外公司履行社会责任的典型做法。
　□ 不熟悉　　　□ 较不熟悉　　　□ 不清楚　　　□ 比较熟悉　　　□ 非常熟悉

11. 您熟悉同业中其他企业履行社会责任的经验。
　□ 不熟悉　　　□ 较不熟悉　　　□ 不清楚　　　□ 比较熟悉　　　□ 非常熟悉

12. 您熟悉有关企业社会责任的理论观点。
　□ 不熟悉　　　□ 较不熟悉　　　□ 不清楚　　　□ 比较熟悉　　　□ 非常熟悉

13. 您熟悉有关企业社会责任的主要国际标准。
　□ 不熟悉　　　□ 较不熟悉　　　□ 不清楚　　　□ 比较熟悉　　　□ 非常熟悉

14. 贵公司发布过企业社会责任报告。
　□ 从未发布　　□ 准备发布　　　□ 偶尔发布　　□ 经常发布　　　□ 连续发布

15. 您认为企业社会责任履行对于企业形象的树立_____。
　□ 不重要　　　□ 较不重要　　　□ 不清楚　　　□ 比较重要　　　□ 非常重要

16. 贵公司有成立专门的部门来负责企业社会责任管理的工作。
　□ 没有设立　　□ 不清楚　　　□ 考虑设立　　　□ 已经设立

17. 您认为贵公司在履行社会责任过程中，短期内在经济上的收益或损失情况可能会如何。
　□ 损失较大　　□ 有些损失　　　□ 难以判断　　　□ 有些收益　　　□ 收益较大

18. 您认为贵公司在履行社会责任过程中，长期内在经济上的收益或损失情况可能会如。
　□ 损失较大　　□ 有些损失　　　□ 难以判断　　　□ 有些收益　　　□ 收益较大

三、对企业履行各类社会责任必要性的看法（请在符合您情况的□内打"√"）。

1. 以下哪类企业社会责任是您最关心的？（请按照您心目中的重要程度排序）_____。
①诚信经营责任　②经济发展责任　③产品质量责任　④环境和谐责任
⑤自主创新责任　⑥安全生产责任　⑦员工权益责任　⑧社会公益责任
⑨其他

2. 对于贵企业社会责任履行得较好的方面，您认为主要原因在于（请按照您心目中的重要程度排序，选项数量不限）：_____。
① 政府或行业组织的引导、推动和监督　②行业良好风气　③客户要求
④为了减低法律风险　⑤可更好地创造利润　⑥有助于提升企业品牌形象
⑦应对竞争对手的压力　⑧实现企业家个人价值追求　⑨应对来自社会舆论和媒体的压力
⑩建立持续竞争优势，形成核心竞争力　⑪企业文化的要求，已内化为全体员工共识
⑫其他（请注明：_____）

3. 有关履行社会责任对贵企业的影响，您的看法是（选项数量不限）：_____。
①提升了企业商誉与品牌形象　②增加产品销量、提高企业利润　③增加了企业经营成本和负担　④提高了企业的管理水平　⑤提高了企业内部凝聚力　⑥降低了企业经营效率　⑦提高开拓国际市场能力　⑧改善了经营的外部环境　⑨有助于企业的可持续经营　⑩塑造了良好的企业文化　⑪社会责任已成为企业战略中的核心内容　⑫通过企业自身发展为国家和社会做贡献　⑬有助于建立和谐的社区环境　⑭没有什么有意义的影响　⑮现阶段实力有限，今后发展起来才能给予更多考虑　⑯其他影响（请注明：_____）

4. 您认为阻碍一些企业履行社会责任的因素是：_____。
①政府或行业组织引导、推动不力　②行业未形成良好风气　③来自客户或消费者的社会责任压力不大　④法律制度不健全　⑤经济实力不足以支撑企业履行更多责任　⑥企业尚未发展到相应阶段　⑦履行社会责任不是应对竞争的有效方法　⑧企业家个人素质低　⑨缺少相应的社会氛围　⑩企业社会责任构不成企业的核心竞争力　⑪社会责任意识尚未内化为企业全员共识　⑫其他（请注明：_____）

5. 在企业社会责任方面，您认为贵企业在哪些方面仍需改进（可多选）：_____。
①确保企业利润　②依法纳税　③诚信经营　④维护员工利益　⑤保证产品质量安全　⑥完善售后服务　⑦技术自主创新　⑧保护环境、节约资源　⑨保持与社区的友好关系　⑩积极参加公益事业　⑪建立先进企业文化　⑫公平竞争，遵守行业规范　⑬其他（请注明：_____）

6. 贵企业在履行诚信责任中，您认为应该做好下列哪些工作（请按照您心目中的重要程度排序）：_____。
①诚信经营的理念与制度保障　②公平竞争的理念与制度保障　③建立健全的企业治理结构　④企业守法合规体系的建立

7. 贵企业在履行经济责任中，您认为应该做好下列哪些工作（请按照您心目中的重要程度排序）：_____。
①企业保持良好的经营业绩　②企业在发展中始终保持持续的竞争力

③企业始终坚持依法纳税　　④企业坚持保障股东权益　　⑤确保就业及（或）带动就业

8. 贵企业在履行产品质量责任中，您认为应该做好下列哪些工作（请按照您心目中的重要程度排序）：_____。

①提升产品合格率　　②企业建立完善的产品质量管理体系　　③积极应对客户投诉　　④售后服务体系的建立　　⑤定期对客户满意度进行调查并不断提升满意度

9. 贵企业在履行环保与节能责任中，您认为应该做好下列哪些工作（请按照您心目中的重要程度排序）：_____。

①建立完善的企业环境管理体系　　②建立企业环境事故应急机制　　③加大环保培训力度　　④建立绿色采购和环境信息披露制度　　⑤环保产品的研发与销售　　⑥新建项目的环境评估　　⑦建立并严格执行节约能源的政策措施　　⑧积极推动可再生能源的使用　　⑨提升能源资源循环利用率或利用量　　⑩推动绿色办公　　⑪减少废气、废水、温室气体的排放　　⑫市场噪声治理　　⑬厂区及周边生态环境治理

10. 贵企业在履行创新责任中，您认为应该做好下列哪些工作（请按照您心目中的重要程度排序）：_____。

①企业建立了支柱产品/服务创新的制度并严格执行　　②企业不断加大创新投入　　③新增专利数、科技成果获奖数已成为考核贵企业创新绩效的重要指标　　④将企业创新能力与绩效的考核列入对企业高层管理者的业绩考核体系

11. 贵企业在履行安全责任中，您认为应该做好下列哪些工作（请按照您心目中的重要程度排序）：_____。

①企业建立了安全应急管理机制　　②企业建立了完善的安全生产管理体系　　③企业非常注重加强员工的安全教育培训　　④企业的安全生产投入不断加大

12. 贵企业在履行员工权益责任中，您认为应该做好下列哪些工作（请按照您心目中的重要程度排序）：_____。

①企业建立了完善的职工健康管理体系　　②建立确保体面劳动的制度和措施　　③企业为员工进一步成长和发展提供了许多机会　　④平等雇佣制度的建立　　⑤企业建立了完善的员工与企业高层管理者的沟通渠道　　⑥建立员工职业发展通道　　⑦签订劳动合同　　⑧困难职工帮扶投入　　⑨社会保险覆盖率

13. 贵企业在履行公益责任中，您认为应该做好下列哪些工作（请按照您心目中的重要程度排序）：_____。

①企业设立公益基金/基金会　　②企业支持志愿者活动的政策与措施　　③企业捐赠总额　　④企业支持社区成员（尤其是弱势群体）的教育和学习

四、对企业社会责任管理体系与推进机制的认知（请在符合您情况的□内打"√"）

1. 贵企业高层管理者参与企业社会责任推进体系的建立和实施的程度如何？
□ 尚未参与　　□ 不清楚　　□ 考虑参与　　□ 已经参与　　□ 积极参与并已取得成效

2. 贵企业高层管理者明确提出了企业社会责任管理理念吗？
□ 尚未提出　　□ 不清楚　　□ 筹划提出　　□ 已经提出　　□ 提出并已形成体系

3. 贵企业高层管理者具有清晰的社会责任管理方针吗？
   □ 尚不清晰　　□ 不清楚　　□ 探索当中　　□ 已经具有　　□ 非常清晰

4. 贵企业建立了有效的社会责任员工行动守则吗？
   □ 尚未建立　　□ 不清楚　　□ 筹划建立　　□ 部分建立　　□ 有效建立

5. 贵企业建立了完善的社会责任培训与学习机制吗？
   □ 尚未建立　　□ 不清楚　　□ 筹划建立　　□ 部分建立　　□ 有效建立

6. 贵企业建立了定期的信息披露机制吗（包括负面信息）？
   □ 尚未建立　　□ 不清楚　　□ 筹划建立　　□ 部分建立　　□ 有效建立

7. 贵企业建立了企业（尤其是高级管理层）与各利益相关方的沟通与对话机制吗？
   □ 尚未建立　　□ 不清楚　　□ 筹划建立　　□ 部分建立　　□ 有效建立

8. 贵企业建立了有效的社会责任考核机制吗？
   □ 尚未建立　　□ 不清楚　　□ 筹划建立　　□ 部分建立　　□ 有效建立

9. 贵企业建立了有效的企业社会责任工作的外部评价机制吗？
   □ 尚未建立　　□ 不清楚　　□ 筹划建立　　□ 部分建立　　□ 有效建立

10. 对于社会责任绩效的考核已经纳入贵企业总体绩效考核体系吗？
    □ 尚未纳入　　□ 不清楚　　□ 筹划纳入　　□ 部分纳入　　□ 有效纳入

参考文献

[1] Berman S. L., Wicks A. C., Kotha S., Jones T. M. Does Stakeholder Orientation Matter [J]. Academy of Management Journal, 1999 (10).

[2] Carroll A. B.. Corporate Social Responsibility [J]. Business and Society, September 1999.

[3] Carroll, A. B.. Three Dimensional Conceptual Model of Corporate Social Performance [J]. Academy of Management Review, 1979 (10).

[4] Cone C. L., Feldman M. A., DaSilva A. T.. Causes and Effects [J]. Harvard Business Review, 2003 (7).

[5] Davis K.. Can Business Afford to Ignore Social Responsibilities [J]. California Management Review, Spring, 1960.

[6] Dodd E. M.. For Whom are Corporate Managers are Trustees [J]. Harvard Law Review, 1932 (45).

[7] Frederick W. C.. The Growing Concern over Business Responsibility [J]. California Management Review, 1960 (6).

[8] Freeman, R. E.. Strategic Management: A Stakeholder Approach [M]. Boston: Pitman Publishing, 1984.

[9] Keim G. D.. Corporate Social Responsibility: An Assessment of the Enlightened Self-interest Model [J]. Academy of Management Review, 1978 (2).

[10] Linder, Jane, Susan Cantrell. Changing Business models: Surveying the Landscape [J]. Accenture, 2000, 24 (5).

[11] McGlone C., Martin M.. Nike's Corporate Interest Lives Strong: A Case of Cause-Related Marketing and Leveraging [J]. Sport Marketing Quarterly, Volume 16, 2006.

[12] Mitchell, Donald, Carol Coles. The Ultimate Competitive Advantage of Continuing Business Model Innovation [J]. Journal of Business Strategy, 2003, 25 (5).

[13] Pfeffer J., Salancik G. R.. The External Control of Organizations [M]. New York: Harper & Row, 1978.

[14] Porter M. E. and Kramer M. R.. The Competitive Advantage of Corporate Philanthropy [J]. Harvard Business Review, 2002 (11).

[15] Porter M. E., Kramer M. R.. The Competitive Advantage of Corporate Philanthropy [J]. Harvard Business Review, 2002 (11).

[16] Prahalad C. K., Hamel G.. The Core Competence of the Corporation [J]. Harvard Business Review, 2003, 68 (3).

[17] Rapper, Michael. Business Models on the Web. North Carolina State University. http://models/models.html.

[18] Roger Martin. The Virtue Matrix: Calculating the Return on Corporate Responsibility [J]. Harvard Business Review, 2002 (3).

[19] Savage G. T., Nix T. W., Whitehead C. J. and Blair J. D.. Strategies for Assessing and Managing Organizational Stakeholders [J]. Academy of Management Executive, 1991 (5).

[20] Timmer, P.. Business Models for Electronic Markets, Electronic Market, 1998, 8 (2).

[21] Varadarajan P. R., Menon A.. Cause-related Marketing: A Coalignment of Marketing Strategy and Corporate Philanthropy [J]. Journal of Marketing, 1988 (7).

[22] Varadarajan P. R. and Menon A.. Cause-related Marketing: A Coalignment of Marketing Strategy and Corporate Philanthropy [J]. Journal of Marketing, 1988 (7).

[23] Zenisek T. J.. Corporate Social Responsibility: A Conceptualization Based On Organizational Literature [J]. Academy of Management Review, 1979 (7).

Afuah, Allan and Christopher L. Tucci, 电子商务教程与案例: 互联网商务模式与战略 [M]. 北京: 清华大学出版社, 2005.

[24] [美] 莱斯·特萨拉蒙. 全球公民社会——非营利部门视界 [M]. 北京: 社会科学文献出版社, 2002.

[25] [英] 苏·阿德金斯. 善因营销 [M]. 逸文, 译. 北京: 中国财政经济出版社, 2006.

[26] [美] 迈克尔·波特. 竞争论 [M]. 北京: 中信出版社, 2003.

[27] [美] 米尔顿·弗里德曼. 资本主义与自由 [M]. 北京: 商务印书馆, 1986.

[28] 北京大学新闻与传播学院"汶川灾后重建模式研究"课题组. 汶川灾后重建模式研究——以广州市对口援建汶川县域威州镇为例 [J]. 经济研究参考, 2011 (14).

[29] 编写组. 十八大报告辅导读本 [M]. 北京: 人民出版社, 2012.

[30] 陈宝智. 从传统走向现代安全管理 [J]. 现代职业安全, 2001 (9).

[31] 陈宏辉. 企业利益相关者的利益要求: 理论与实证研究 [M]. 北京: 经济管理出版社, 2004.

[32] 陈佳贵, 等. 企业社会责任蓝皮书: 中国企业社会责任研究报告 (2011) [M]. 北京: 社会科学文献出版社, 2011.

[33] 陈素玲. 行业协会在企业社会责任履行中的作用 [J]. 企业经济, 2008 (6).

[34] 陈少晖, 朱珍. 分级所有: 中央与地方国有资产产权结构的优化选择 [J]. 行政事业资产与财务, 2012 (9).

[35] 陈纬. 基于企业社会责任之下的人力资源管理探讨 [J]. 现代商业, 2008 (15).

[36] 陈英. ISO26000 与联合国全球契约 [J]. 中国工业报, 2010 (11).

[37] 丁翔, 陈东林. 国有资产分级产权体制下的国有投资公司研究 [J]. 财贸研究, 2003 (4).

[38] 杜剑. ISO26000 背景下企业社会责任与员工权益探析 [J]. 财会研究, 2011 (19).

[39] 冯电波. 国有企业社会责任影响力和制定建设研究 [D]. 长春：吉林大学，2011.

[40] 傅成玉. 国有企业要发挥制度优势担当政治责任 [J]. 中直党建，2009.

[41] 高清. 论企业环境责任的建构 [J]. 法学杂志，2009（7）.

[42] 高小林. 新形势下的国有资产管理体制改革问题浅析 [J]. 行政事业资产与财务，2011（8）.

[43] 古桂琴. 我国政府规制企业履行环保责任缺失原因分析 [J]. 黑龙江教育学院学报，2009（5）.

[44] 广东省财政厅，广东省对外贸易经济合作厅，广东省经济贸易委员会. 关于做好广东省品牌发展专项资金使用管理工作的通知，2007.

[45] 广东省经济和信息化委. 关于组织开展培育广东优质制造打造新广货新品牌活动的通知，2012（8）.

[46] 国务院国有资产监督管理委员会官方网站. 中央企业 2009 年度总体运行情况. http：//xxgk.sasac.gov.cn/gips/contentSearch？id=9505796.

[47] 国务院国有资产监督管理委员会官方网站. 中央企业 2011 年 1~12 月经营情况. http：//xxgk.sasac.gov.cn/gips/contentSearch？id=14783030.

[48] 国务院国资委. 关于中央企业履行社会责任的指导意见（国资发研究〔2008〕1 号）.

[49] 国务院国资委. 中央企业"十二五"和谐发展战略实施纲要（国资发研究〔2011〕146 号）.

[50] 国务院国资委官方网站. 国资委召开中央企业节能减排工作会议. http：//xxgk sa.sac.gov.cn/gips/contentSearch？id=13628128.

[51] 国务院国资委官方网站. 中央企业 2011 年 1~6 月对外捐赠情况. http：//xxgk.sasac.gov.cn/gips/contentSearch？id=13848301.

[52] 广东省国资委. 国企先锋 [M]. 北京：中国广播电视出版社，2009.

[53] 韩小乾，王立杰. 论市场经济体制下的安全生产监督管理工作 [J]. 中国安全科学学报，2001，11（5）.

[54] 胡书君. 国有企业负责人经营业绩考核体系探析 [OL]. http：//www.51kj.com.cn.

[55] 黄群慧，钟宏武. 国有企业如何建立全面社会责任管理体系 [J]. 宁波大学学报（人文科学版），2008（7）.

[56] 黄溶冰，王跃堂. 基于复杂适应系统的企业社会责任治理机制 [J]. 软科学，2009（9）.

[57] 黄速建，余菁. 国有企业的性质、目标与社会责任 [J]. 中国工业经济，2006（2）.

[58] 黄应来. 广东新一轮援藏已投 3.6 亿元 [OL]. http：//www.gpc.com.cn.

[59] 蒋楚麟. 企业社会责任中的利益相关方沟通策略 [J]. 贵州师范学院学报，2010（8）.

[60] 冷东. 在中国走向世界的过程中考察广州十三行的历史地位 [OL]. http：//wenku.baidu.com/view/fa34db89d0d233d4b14e69a4.html.

[61] 黎友焕. 企业社会责任理论 [M]. 广州：华南理工大学出版社，2010.

[62] 李春光，彭华岗，黄文生. 每一滴油都是承诺 [M]. 北京：经济管理出版社，2011.

[63] 李梅. 我国汽车企业社会责任绩效的模糊评价及应用 [D]. 北京：北京第二外国语学院. 2009.

[64] 李伟阳，肖红军. ISO26000 的逻辑——社会责任国际标准深层读解 [M]. 北京：经济管理

出版社，2011.

[65] 李伟阳，肖红军. 全面社会责任管理：新的企业管理模式[J]. 中国工业经济，2010（1）.

[66] 李伟阳. 立足战略高度深入认识中央企业履行社会责任的重要意义[J]. WTO经济导刊，2010（8）.

[67] 李伟阳. 全面社会责任管理12项推进行动策略[J]. WTO经济导刊，2012（6）.

[68] 李雪平. 企业社会责任国际法律问题研究[M]. 北京：中国人民大学出版社，2011.

[69] 厉以宁. 第三次分配与慈善资本主义的兴起[J]. 观察与思考，2007（2）.

[70] 刘俊海. 改革开放30年来公司立法的回顾与前瞻[J]. 法学论坛，2008，23（3）.

[71] 刘俊海. 公司的社会责任[M]. 北京：法律出版社，1999.

[72] 刘茂盛，黄生妙. "两型社会"下企业社会责任绩效监管问题[J]. 吉首大学学报（自然科学版），2009（7）.

[73] 刘晓斌. 岭南文化对企业竞争力影响分析[OL]. http：//www.kesum.com/zjzx/xxzl/lxb/200704/36178.html.

[74] 刘玉平. 国有资产管理[M]. 北京：中国人民大学出版社，2008.

[75] 卢代富. 国外企业社会责任界说述评[J]. 现代法学，2001（6）.

[76] 陆铭. 国有企业的相对劳动生产率[J]. 经济学季刊，2003（4）.

[77] 潘岳. 呼唤中国企业的绿色责任[J]. 环境保护，2005（7）.

[78] 彭华岗，楚序平，钟宏武，张蒽. 企业社会责任管理体系研究[M]. 北京：经济管理出版社，2011.

[79] 彭华岗. 分享责任[M]. 北京：经济管理出版社，2012.

[80] 彭华岗. 企业社会责任管理体系研究[M]. 北京：经济管理出版社，2011.

[81] 彭华岗. 中国企业社会责任信息披露理论与实证研究[D]. 长春：吉林大学，2009.

[82] 钱颜文，孙林岩. 对经营模式的分类研究[J]. 科学学与科学技术管理，2003（9），2012-3-30，南方日报.

[83] 乔为国. 商业模式创新[M]. 上海：上海远东出版社.2009.

[84] 全球契约中国网络. http：//www.gcchina.org.cn/.

[85] 邵宁. 国有企业与国有资产管理体制改革[J]. 中国发展观察，2010（1）.

[86] 沈燕. 现行国企绩效评价系统的主要不足及完善设想[J]. 学习月刊，2003（4）.

[87] 沈占波，杜鹏. 我国企业社会责任绩效评价体系的构建[J]. 改革与战略，2009（5）.

[88] 盛顺喜. 企业社会责任缺失的原因及强化对策[J]. 上海企业，2005（4）.

[89] 史正富. 国企改革出路不在民营化而是社会化[J]. 粮食科技与经济，2007（4）.

[90] 苏慧慧. 浅析企业社会责任履行对企业竞争力的影响[J]. 魅力中国，2011（3）.

[91] 唐更华，许卓云. 西方策略性企业慈善行为理论、实践与方法评介[J]. 外国经济与管理，2005（9）.

[92] 唐更华. 企业社会责任发生机理研究[M]. 长沙：湖南人民出版社，2008.

[93] 田超，干胜道. 企业社会责任推进机制中的税收政策研究——基于我国新旧企业所得税法的比较分析[J]. 财会学习，2010（11）.

[94] 田静. 企业社会责任绩效评价指标体系的设计与应用——以 TQ 公司为例 [D]. 南京理工大学硕士学位，2007.

[95] 童泽平. 基于员工权益的企业社会责任分析 [J]. 经济与管理，2009（7）.

[96] 万莹仙. 企业承担环境责任的若干思考 [J]. 财政监督，2009（10）.

[97] 王碧淼. 从 SA8000 到 ISO26000 看社会责任标准的变化 [J]. 宁夏大学学报（人文社会科学版），2011（2）.

[98] 王昶，焦娟妮. 央企社会责任内涵认知结构探析 [J]. 学术交流，2008（8）.

[99] 王磊. 论人力资源管理与企业社会责任 [J]. 现代商贸工业，2009（11）.

[100] 王淑红. 国内企业绩效管理维度的实证研究 [J]. 企业管理研究，2006（7）.

[101] 魏峰. 国有企业退出与公司控制权 [J]. 改革，1999（6）.

[102] 夏凌燕. 广东省农民工问题研究 [J]. 数据，2011（12）.

[103] 谢秀梅，贾文广. 我国企业环保责任 [J]. 合作经济与科技，2007（9）.

[104] 许金柜. 论我国国有企业的社会责任 [J]. 长春工业大学学报（社会科学版），2012（1）.

[105] 闫俊伍. 国有企业社会责任评价体系研究 [D]. 长春：吉林大学，2011.

[106] 杨成名. 企业社会责任的分层管理策略研究 [J]. 改革与战略，2010（12）.

[107] 杨文. 国有资产法经济分析 [M]. 北京：知识产权出版社，2006.

[108] 殷格非，李伟阳，吴福顺. 中国企业社会责任发展的阶段分析 [J]. WTO 经济导刊，2007（12）.

[109] 殷格非，于志宏，吴福顺. 中国企业社会责任调查报告 [J]. WTO 经济导刊，2005（9）.

[110] 于平. 国有企业社会责任的边界问题研究 [J]. 技术与市场，2011（8）.

[111] 原磊. 商业模式分类问题研究 [J]. 中国软科学，2008（5）.

[112] 袁东升. 国有资产管理体制调整探究 [J]. 社会科学家，2012（5）.

[113] 张国. 新时期中国国有经济控制力研究 [J]. 长白学刊，2012（2）.

[114] 张虎. 企业公益战略 [M]. 北京：中国经济出版社，2010.

[115] 张磊，张苹. 岭南文化的特点：新、实、活、变 [OL]. http://news.sohu.com/20040713/n220984538.shtml.

[116] 张连城. 论国有企业的性质、制度性矛盾与法人地位 [J]. 首都经济贸易大学学报，2004（1）.

[117] 张卫平. 中央企业社会责任问题研究 [D]. 山东师范大学.2012.

[118] 张怡恬.自主创新：关系全局的战略课题（学习贯彻中央经济工作会议精神）——访吕政、胥和平研究员 [N]. 人民日报，2005（9）.

[119] 赵麟. 企业社会责任绩效评价研究 [D]. 兰州理工大学，2008.

[120] 郑毅. 法制背景下的对口援疆——以府际关系为视角 [J]. 甘肃政法学院学报，2010（5）.

[121] 中共广东省国资委纪律检查委员会，广东省监察厅派驻省国资委监察专员办公室. 警醒与沉思——广东国有企业典型腐败案例盘点 [M]. 广州：广东旅游出版社，2012.

[122] 中共广东省纪律检查委员会，广东省人民政府国有资产监督管理委员会. 廉洁风险防控——广东国有企业的探索与思考 [M]. 广州：广东旅游出版社，2012.

[123] 中国企业家调查系统. 企业家看社会责任：2007中国企业家成长与发展报告 [M]. 北京：机械工业出版社，2007.

[124] 中央企业"十二五"和谐发展战略实施纲要.

[125] 中央企业管理提升活动小组. 企业社会责任管理辅导手册 [M]. 北京：北京出版集团公司，北京教育出版社，2012.

[126] 钟宏武，张唐槟，田瑾，李玉华. 政府与企业社会责任——国际经验与中国实践 [M]. 北京：经济管理出版社，2010.

[127] 钟宏武. 慈善捐赠与企业绩效 [M]. 北京：经济管理出版社，2007.

[128] 周长江. 论国有大中型企业的安全管理 [J]. 中国安全科学学报，2003（5）.

后 记

本书是广东省国资委2012年"国资国企课题研究"三个课题之一（粤国资函〔2012〕350号）——《省属企业履行社会责任实践与政策导向》的研究成果。该成果对广东省属企业履行社会责任的实践与社会责任管理进行了调研与梳理，以问卷调查方式对广东省属企业管理层的企业社会责任认知进行了分析，初步构建了一个地方国有企业社会责任管理指标体系与考核体系，提出了一些进一步推进广东省属企业社会责任工作的具体思路与建议。

课题研究在2012年7月底启动。课题组首先前往北京分别对中国石油化工集团公司、国家电网公司、中国移动通信集团公司、中国五矿集团公司、中国社会科学院经济学部企业社会责任研究中心、联合国全球契约中国网络、北京融智企业社会责任研究所等进行调研，并与国务院国资委有关司局领导进行座谈。本次调研不仅开阔了课题组的研究视野，也对国务院国资委有关企业社会责任的监管措施与政策动向有了更多的把握。2012年8月，课题组对广东省交通集团有限公司等21家广东省属企业及其驻港企业进行调研，通过座谈、问卷调查、实地走访等多种方式，对省属企业的社会责任实践以及社会责任管理状况等有了更全面的了解，获得了大量第一手数据与资料，为课题研究的开展奠定了坚实的基础。2012年9月，课题组部分成员前往上海市浦东新区企业社会责任办公室调研，就上海市浦东新区推进社会责任管理工作的主要做法与经验进行交流与学习。

全书共分三篇，包括上篇（理论与背景）、中篇（实践与探索）和下篇（借鉴与对策）。上篇阐述企业社会责任基本理论与发展演变、广东省属企业履行社会责任的背景与意义、广东省属企业的基本状况、广东省属企业履行社会责任的制度环境。中篇对广东省属企业履行经济责任、诚实守信责任、产品（质量）责任、资源和环境责任、自主创新责任、生产安全责任、员工权益保护责任、社会公益责任的总体情况和实践亮点进行了梳理，并对广东省属企业履行社会责任的总体特征与不足进行了分析。下篇主要包括中央企业与其他省市推动企业社会责任工作的经验与启示、广东省属企业社会责任管理体系以及企业社会责任管理指标体系的设计。

该书是课题组集体劳动的成果，课题组由来自广东工业大学、广东省社会科学院和广东省委党校的专家学者联合组建。研究任务的具体分工如下：研究框架由唐更华拟订初稿并由课题组成员共同讨论确定；第一章、第二章、第十七章、附录1（一、三、四）、附录2由唐更华执笔；第五章、第九章、第十三章、附录1（二）由谭蓉娟执笔；第十四章、第十五章、第十六章由罗美娟执笔；附录3由谭蓉娟、罗美娟设计；第三章、第八章、第十章由邓晓锋执笔；第十一章、第十二章由许维利执笔；第四章、第六章、第七章由李巧毅执笔。广东工业大学管理学院2012级硕士研究生周宗同学为课题研究成果编辑排版以及调研资料整理做了大量工作。课题组成员对各自负责撰写的部分承担责任。

近年来，随着我国企业社会责任实践的不断发展与深化，我国企业社会责任研究处于快速发展阶段，研究文献大量涌现，研究范围不断拓展，研究水平日益提升。在课题研究过程中，课题组借鉴和吸收了大量相关研究成果，并以脚注与参考文献等方式注明，在此表示衷心感谢！借此成果出版机会，课题组还要对以下各位领导、专家和朋友表示诚挚的感谢！

中国社会科学院原副院长、全国人大常委、中国社会科学院经济学部主任、研究员　陈佳贵

国务院国资委研究局局长、博士、研究员　彭华岗

中共中央政策研究室经济局局长、博士、教授　白津夫

国务院国资委研究局副局长　赵欣

中国社会科学院工业经济研究所党委书记、博士、研究员　黄群慧

中国社会科学院企业社会责任研究中心主任、博士、副研究员　钟宏武

中国企业联合会全球契约推进办公室主任（全球契约中国网络执行副主任）　韩斌

中国企业联合会国际联络部副处长（全球契约中国网络执行副主任）　王凤佐

全球契约中国网络秘书处副处长　王卫

北京融智企业社会责任研究所所长、博士　王晓光

北京融智企业社会责任研究所咨询部副主任　王海龙

上海市浦东新区企业社会责任办公室主任助理　姚华平

广东省国资委党委委员、总经济师　黄敦新

广东省国资委综合法规处处长　洪立鸿

广东物资集团公司总经理　罗维羽

广东省交通集团有限公司副总经理　刘伟

广东中旅（集团）有限公司副总经理　何汉平

广东省商业企业集团公司副总经理　熊元勋

广东省丝绸纺织集团有限公司副总经理　尹国强

广东省交通集团有限公司战略发展部部长、博士　姜理

广东省广弘资产经营有限公司办公室主任　胡军梅

广东省广晟资产经营有限公司总经理助理、综合部部长　刘伟

广东省航运集团有限公司综合部部长　莫渡次

广东物资集团公司总法律顾问　卢瑞芬

广东省建筑工程集团有限公司办公室主任　张志忠

广东省广新控股集团有限公司董事会办公室主任　付琳

广东省丝绸纺织集团有限公司总经理办公室主任　谢汝校

广东省旅游集团有限公司党群工作部部长　刘书琪

广东中旅（集团）有限公司管理发展部总经理　徐红枫

广东省盐业集团有限公司办公室主任、博士　余汉抛

广东省水电集团办公室主任　陈常青

南方联合产权交易中心有限责任公司发展研究部部长　陈婧

广东省广业资产经营有限公司规划与投资发展部副部长　郑培明

广东省广业资产经营有限公司规划与投资发展部副部长　姚子虞

广东省广晟资产经营有限公司综合部副部长　庄雪涛

广东省交通集团有限公司战略发展部副部长　苏志东

广东中旅（集团）有限公司行政综合部副总经理　王坚

广东省铁路建设投资集团有限公司综合法务部副部长　吴伟峰

广东省粤电集团有限公司综合部公共关系部经理　俞岚

广东省交通集团有限公司战略发展部主管　刘启党

广东省交通集团有限公司战略发展部主管　吴纯辉

广东省机场管理集团公司计划经营部　杨杰

中国移动发展战略部总经理　王红梅

国家电网公司对外联络部社会责任处处长、教授　李伟阳

中国五矿集团公司办公厅副主任、博士　谢卫军

中国移动发展战略部副总经理　肖雷

中国移动发展战略部企业企划处副经理　文雪莲

中国石油化工集团有限公司办公厅　周泉生

中国石油化工集团有限公司办公厅　曾四海

广东省委党校副校长、博士、教授　苟志效

华南师范大学教授　许卓云

广东工业大学副校长、博士、教授　张光宇

广东工业大学副校长、博士、教授　张力

广东工业大学副校长、博士、教授　郝志峰

广东工业大学副校长、博士、教授　章云

广东工业大学经济与贸易学院院长、博士、教授　张成科

广东工业大学财务处处长、教授　邓彦

广东工业大学科技处处长、博士、教授　戴青云

《省属企业履行社会责任实践与政策导向》课题组

2013 年 1 月

图书在版编目（CIP）数据

广东省属企业履行社会责任实践与政策导向/《省属企业履行社会责任实践与政策导向》课题组.—北京：经济管理出版社，2013.3
ISBN 978-7-5096-2376-3

Ⅰ.①广… Ⅱ.①省… Ⅲ.①企业责任—社会责任—研究—广东省 Ⅳ.①F279.276.5

中国版本图书馆 CIP 数据核字（2013）第 057329 号

组稿编辑：陈　力
责任编辑：杨国强
责任印制：木　易
责任校对：陈　颖　李玉敏

出版发行：经济管理出版社
　　　　　（北京市海淀区北蜂窝 8 号中雅大厦 A 座 11 层　100038）
网　　址：www.E-mp.com.cn
电　　话：（010）51915602
印　　刷：三河市延风印装厂
经　　销：新华书店
开　　本：880mm×1230mm/16
印　　张：29
字　　数：738 千字
版　　次：2013 年 3 月第 1 版　2013 年 3 月第 1 次印刷
书　　号：ISBN 978-7-5096-2376-3
定　　价：69.00 元

·版权所有　翻印必究·

凡购本社图书，如有印装错误，由本社读者服务部负责调换。
联系地址：北京阜外月坛北小街 2 号
电话：（010）68022974　邮编：100836